Nicolai Hartmanns Dialoge 1920–1950

Nicolai Hartmanns Dialoge 1920–1950

Die „Cirkelprotokolle"

Herausgegeben von
Joachim Fischer und Gerald Hartung

Unter Mitwirkung von
Friedrich Hausen und Thomas Kessel

DE GRUYTER

ISBN 978-3-11-099669-2
ISBN (PDF) 978-3-11-042104-0
ISBN (EPUB) 978-3-11-042114-9

Library of Congress Control Number: 2020945308

Bibliografische Information der Deutschen Nationalbibliothek
Die Deutsche Nationalbibliothek verzeichnet diese Publikation in der Deutschen
Nationalbibliografie; detaillierte bibliografische Daten sind im Internet
über http://dnb.dnb.de abrufbar.

© 2022 Walter de Gruyter GmbH, Berlin/Boston
Dieser Band ist text- und seitenidentisch mit der 2020 erschienenen gebundenen Ausgabe.
Umschlagabbildung: © Lise Krämer [Ausflug des „Cirkels" in der Umgebung von Berlin. In
der Mitte vorne Nicolai Hartmann (Seitenansicht) mit Teilnehmern und Teilnehmerinnen.]
Satz: B&S XML Dienstleistungen, Wuppertal
Druck und Bindung: CPI books GmbH, Leck

www.degruyter.com

Inhalt

Nicolai Hartmanns Dialoge 1920–1950. Einleitung zu einem Fund von philosophiegeschichtlicher Bedeutung —— 1

Die Dialoge („Cirkel-Protokolle")

1   *Wesen des idealen Seins* (Wintersemester 1923/1924) —— 33

2   *Vom Wesen des Wesens* (Wintersemester 1925/1926) —— 99

3   *Anschauung und Begriff* (Sommersemester 1931) —— 143

4   *Was sind ästhetische Werte?* (Wintersemester 1939/1940) —— 193

5   *Über Geistiges und seelisches Sein* (Sommersemester 1942) —— 255

6   *Über das Denken* (Sommersemester 1948) —— 303

Anhang

1   Editorischer Bericht —— 389

2   Das Protokoll und seine Bedeutung im Werk Nicolai Hartmanns —— 395

3   Bericht zur Erstellung der Abstracts —— 409

4   Teilnehmerprofile —— 415

5   Bibliographie der Schriften Nicolai Hartmanns —— 457

6   Vorlesungsverzeichnis Nicolai Hartmann (ab 1919) —— 473

Abkürzungen —— 485

Personenregister —— 487

Nicolai Hartmanns Dialoge 1920–1950

Einleitung zu einem Fund von philosophiegeschichtlicher Bedeutung

Joachim Fischer / Gerald Hartung

Es geht um die Geschichte der deutschsprachigen Philosophie im 20. Jahrhundert – und um gleich die richtigen Proportionen, die Größenordnung herzustellen, soll mit der Gewichtung von Hartmann und Heidegger begonnen werden. Dieses Kräftemessen zweier zeitgleich auftretender, einander seit Marburg gut bekannter Schwergewichte in der deutschen Philosophie der Zwanziger Jahre kann man durch zwei gewichtige jüngere Zeitzeugen vornehmen lassen: Hans Georg Gadamer und Helmuth Plessner, die beide je eine Zeitlang auch Teilnehmer von Hartmanns „Disputierkreis" waren.

Alle kennen die Anekdote von Hans Georg Gadamer aus dem Marburg seiner Studien- und Promotionszeit Anfang der 20er Jahre von der sogenannten *philosophia perennis*, die er in seiner Autobiographie *Philosophische Lehrjahre* kolportiert: Es wird in Marburg ununterbrochen philosophiert – Heidegger philosophiert tagsüber, Hartmann nachts – und deshalb kommen sie trotz Zusammentreffen vor den interessierten Studenten in keinen Dialog, der eine ist bereits müde, wenn der andere wach wird.[1] Gadamer war ein Teilnehmer der in Marburg erstmals einsetzenden Hartmannschen Diskussionsabende „von Studenten und Studentinnen, die gegen 21 Uhr begannen": sie „entfalteten erst nach Mitternacht ihren vollen Glanz. [...] Als Heidegger dann nach Marburg kam und seine Vorlesungen um 7 Uhr morgens ansetzte, wurde schon deshalb ein Konflikt unvermeidlich – wir waren nach Mitternacht in Hartmanns Zirkel nichts mehr wert."[2] Wobei zu der Gadamerschen Geschichte gehört, dass er zunächst beide, Hartmann wie Heidegger hören und vergleichen konnte, Hartmann auch sehr schätzte und dann in der eigenen Philosophieoption für Heidegger Hartmann gleichsam hinter sich zurückgelassen hat. Und da Gadamer am Ende des 20. Jahrhunderts das philosophische 20. Jahrhundert (zumindest der deutschen Philosophie) aktiv repräsentierte, konnte es so scheinen, als habe mit ihm, mit seiner Option, die Philosophie insgesamt Hartmanns Philosophie zugunsten der von Heidegger zurückgelassen. Das ist für die

---

1 Gadamer, Hans Georg, *Philosophische Lehrjahre*, Frankfurt a. M. 1977, 21.
2 Gadamer, Hans Georg, *Philosophische Lehrjahre*, 22.

Frage von Hartmanns philosophischem Überleben im 20. Jahrhundert eine nicht unerhebliche Anekdote gewesen.

Einen Gott kann man nur durch einen Gott überwinden, eine Anekdote kann nur durch eine andere Anekdote in Schach gehalten werden – und zwar durch die, die Helmuth Plessner erzählt, und zwar ebenfalls Anfang der 20er Jahre, als er als jüngerer Philosoph in Marburg 1924 an einem Tag Hartmann und Heidegger kennenlernt, worüber er seinem Philosophenfreund Josef König in einem Brief berichtet: Als er auf einer Reise durch die deutsche Philosophie ist, um das scientific board seiner geplanten neuen Philosophiezeitschrift *Philosophischer Anzeiger* zu rekrutieren, verabredet er sich zum Kennenlernen mit Hartmann am selben Tag in Marburg wie mit Heidegger. Genau genommen ist das Arrangement so, dass er Heidegger bei Hartmann zum Abendessen trifft. Diese direkte originale Plessnersche Vergleichsmöglichkeit zwischen Heidegger und Hartmann war wegweisend – und zwar für Plessner, der philosophisch einen ganz anderen Weg als Gadamer einschlug: nicht den zur existenzphilosophisch getönten Philosophischen Hermeneutik, sondern konträr den zur naturphilosophisch grundierten Philosophischen Anthropologie. Plessner wird übrigens zwei Jahre später in Köln, als zu seiner Begeisterung Hartmann auf Grund von Schelers Vorschlag das zweite Ordinariat übernimmt, 1926 auch für ein Semester Mitglied des Hartmannschen Gesprächskreises: „Sehr hübsch waren in diesem Semester Diskussionsabende bei Hartmann jeden Donnerstag von 9–12 [21–24 Uhr] über den Begriff des Wesens."[3] Es erscheint als folgenreich für diese dann sich bildende Kölner Konstellation (um Hartmann, Scheler und Plessner), dass Plessner, obwohl auch angetan von Heidegger, an diesem besagten Tag 1924 in Marburg tief von Nicolai Hartmann beeindruckt wurde – und zwar im Kontrast zu Heidegger. Heidegger charakterisierte er wie folgt: „Vor dem Essen [bei Hartmann] erschien Heidegger in Kniehosen und eine Art Alpenhüttenkostüm. [...] Auch von Heidegger bekam ich einen sehr angenehmen Eindruck. Eine kleiner, schwarzer, etwas impetuöser Mann, mit dem sicher nicht zu spaßen ist, von dem man aber sofort den Eindruck gewinnt, dass er an sich die höchsten Ansprüche stellt." Das ist durchaus ein anerkennender erster Eindruck, aber durchsetzt mit der typisch Plessnerschen Ironie. Anders der vollkommen ironiefreie, geradezu feierliche Erhabenheitston von Plessner hinsichtlich Hartmanns: „Einen gewaltigen Eindruck erhielt ich von Hartmann. Die Stille dieses Menschen, die Versunkenheit in sich, die absolute Lauterkeit zogen mich völlig in ihren Bann. [...] Wir verstanden uns, wenn ich nach meinem Gefühl gehen darf, ausgezeichnet. Ich hatte den ganzen Abend das Gefühl, und

---

[3] Plessner, Helmuth, „Brief an Josef König, 11. November 1924", in: König, Josef, Helmuth Plessner, *Briefwechsel 1923–1933*, München/ Freiburg 1994, 119.

das wirkt bis heute ungeschwächt nach, einem antiken Philosophen, vielleicht auch einem Hegelschen Geiste, gegenüberzusitzen."⁴ Zum Erhabenheitseindruck – Aristoteles-Hegel-Hartmann – gehört übrigens, dass Plessner nicht nur staunend das gewaltige weiße Sternenfernrohr in Hartmanns Arbeitszimmer erwähnt – ein Symbol seines kühlen Distanzhabitus –, sondern auch bewundernd vermerkt, dass Hartmann am Tag vor dem Treffen einen realen Spaziergang von 65 km hinter sich gebracht habe – während Heidegger, so könnte man die Briefstelle interpretieren, nur im „Alpenhüttenkostüm" – verkleidet – erschien.

Diese Plessner-Geschichte zur simultanen Doppelerfahrung von Hartmann und Heidegger, die anders als die von Gadamer zugunsten von Hartmann ausgeht, ist zwar noch nicht so verbreitet wie die Gadamer-Geschichte, man könnte sie aber ab jetzt an allen möglichen Orten immer wieder einstreuen – dann steht es im Feld der philosophiegeschichtlichen Anekdoten zunächst ausgeglichen zwischen Heidegger und Hartmann.

Es gibt aber noch eine andere Formel in der zeitgenössischen Philosophie Mitte des 20. Jahrhunderts, die der Wirkung von Nicolai Hartmann ähnlich wie die Gadamer-Anekdote nachhaltig geschadet hat: Es gäbe in Deutschland „zweieinhalb Philosophen" – Heidegger, Jaspers und Hartmann – Hartmann war mit dem halb gemeint. Auch Wolfgang Harich kolportiert in seinen ausführlichen Erinnerungen und Analysen zu Hartmanns philosophischer Stellung dieses Gerücht oder diesen Spruch,⁵ um sich auf seine Weise bis in den Anfang der 90er Jahre des 20. Jahrhunderts gegen diese aus seiner Sicht sachlich falsche Einschätzung zu stemmen. Zieht man auch andere Zeugnisse über die zeitgenössische Philosophie von jüngeren Studierenden heran, dann gilt Nicolai Hartmann in seiner Epoche durchaus als bedeutendster deutscher Philosoph seiner Epoche – noch vor Heidegger und Jaspers. Es sei für diese fraglose Geltung von Hartmann als *dem* Philosophen seiner Epoche die Erinnerung von Wolfhart Pannenberg (dem späteren Systematischen Theologen) herangezogen, der – sicher für viele Göttinger Nachkriegsstudierende der Philosophie (zu denen auch Jürgen Habermas, Günther Patzig und Thomas Nipperdey gehörten) stellvertretend – über sein Studium nach 1947 beim Göttinger Philosophen Hartmann schreibt:

„But mainly I was occupied with reading the works of Nicolai Hartmann, who had been professor of philosophy at Berlin until the end of the war and afterwards

---

4 Plessner, Helmuth, „Brief an Josef König vom 11. 11. 1924", in: König, Josef, Helmuth Plessner, *Briefwechsel 1923–1933*, München/ Freiburg 1994, 58.
5 Harich, Wolfgang, „Nicolai Hartmann. Der erste Lehrer", in: *Schriften aus dem Nachlass Wolfgang Harichs*, Bd. 10, Baden-Baden 2018, 600: „Schon während der dreißiger und vierziger Jahre ging das Wort um, Deutschland habe zweieinhalb Philosophen. Mit dem halben war Hartmann gemeint" – gegenüber Heidegger und Jaspers.

changed to Göttingen in West Germany, where I had the chance to attend his lectures and seminars for two terms, in 1948 and 1949. Hartmann was probably the most knowledgeable German philosopher at that time, more so than Karl Jaspers and even Martin Heidegger."[6]

Pannenberg dreht die Reihenfolge im umlaufenden Spruch über die „zweieinhalb Philosophen" geradezu um – zu Gunsten von Hartmann, zu Lasten von Heidegger und Jaspers. Als ein weiterer Beleg für den erheblichen Stellenwert von Hartmanns Philosophie in der deutschsprachigen Philosophie auch noch in der zweiten Hälfte des 20. Jahrhunderts sei das von Georg Schischkoff verfasste *Philosophische Wörterbuch* im Kröner-Verlag angeführt (es wäre zu untersuchen, ob weitere Lexikon-Artikel einen Resonanzraum Hartmannscher Philosopheme bieten), das noch 1982 (in der 21. Aufl.) im Artikel über die „deutsche Philosophie" festhält, als über die „Neue Ontologie" als der vierten Hauptströmung in der ersten Hälfte des 20. Jahrhunderts gehandelt wird (neben Lebensphilosophie, Phänomenologie, Existenzphilosophie):

„Ihr wichtigster Vertreter [der Neuen Ontologie] ist Nicolai Hartmann […], eine der bedeutendsten Gestalten der Gegenwartsphilosophie überhaupt. Er zeichnet sich aus durch eine beispielhafte Feinheit und Schärfe der philos[ophischen]. Analysen und durch eine ganz seltene Klarheit und Durchsichtigkeit der sprachlichen Form seiner umfangreichen und weitgespannten Werke."[7]

Es bleibt allerdings ein schwer zu bestreitendes Diktum von Herbert Schnädelbach 1983 in seinem Buch *Philosophie in Deutschland 1831–1933* zur Gewichtung von Hartmann und Heidegger: „Vergleicht man die Ontologie Nicolai Hartmanns mit der Heideggers aus heutiger Perspektive, so muss man sagen, dass Hartmann zwar seine Epoche *bestimmt*, aber nicht – wie Heidegger – *Epoche gemacht* hat."[8] Die außer- und innerphilosophischen Gründe könnten darin liegen, dass Hartmann in der durchgehaltenen Konzentration auf die Sache sich nicht der existenzphilosophischen Strömung einerseits, der sprachanalytischen Richtung andererseits öffnete, die dann die zweite Hälfte des 20. Jahrhunderts dominierten.[9] Eine Gesamtgeschichte und Gesamtwürdigung der deutschen Philosophie im 20. Jahrhundert liegt noch nicht vor. Es ist offen, wie die Akzente bei einem solchen Vorhaben zukünftig gesetzt werden.

---

6 Pannenberg, Wolfhart, „An Intellectual Pilgrimage", in: *Dialog. A Journal of Theology*, vol. 45 (2) / 2006, 181–194; hier: 185.
7 Schischkoff, Georg (Hg.), *Philosophisches Wörterbuch*, Stuttgart 1982, 124.
8 Schnädelbach, Herbert, *Philosophie in Deutschland 1831–1933*, Frankfurt a. M. 1983, 259.
9 Diese Kritik an Hartmanns Philosophie seitens der analytischen Philosophie findet sich bereits bei Wolfgang Stegmüller, *Hauptströmungen der Gegenwartsphilosophie*, Bd. 1. Stuttgart 1960, 245–287.

Im offenen Ringen über die tatsächlichen Erträge der Philosophiegeschichte des 20. Jahrhunderts könnte nun der Fund der sogenannten *Cirkelprotokolle* von Nicolai Hartmanns *Dialogen* eine Rolle spielen. Mit der Publikation der Cirkelprotokolle wird somit indirekt auch das Ringen zwischen Hartmann und Heidegger noch einmal eröffnet. Der vorliegende Band dokumentiert ein entsprechendes Editionsprojekt, welches von der Deutschen Forschungsgemeinschaft (DFG) von 2016 bis 2020 unterstützt wurde. Es handelt sich um die im Familienarchiv aufgefundenen Protokolle der von Nicolai Hartmann[10] von 1920 bis 1950 semesterweise initiierten „Philosophischen Gespräche", die sich nun im *Literaturarchiv Marbach* befinden. Es ist ein philosophiegeschichtlich bedeutender Fund, weil Nicolai Hartmann (1882–1950) als einer der international bedeutenden Philosophen der deutschsprachigen Philosophie im 20. Jahrhundert gilt.[11]

Die Einleitung entwickelt die Überlegungen zu *Hartmanns Dialogen* in drei Schritten. Zunächst (1) wird erinnert, was bereits *vor* diesem Fund über den *Cirkel* bekannt war, den Hartmann sein ganzes akademisches Leben an verschiedenen Universitäten initiiert und organisiert hat. Dann (2) wird ausführlich über den Fund der Cirkelprotokolle im Nachlass von Nicolai Hartmann 2013, seine Analyse und über die Schritte zu seiner Präsentation berichtet: mit der dadurch ausgelösten Erforschung zur Organisation des *Cirkels* (2.1), zu den Regeln der Diskussion (2.2), zum Protokoll (2.3), zum Bestand an Dokumenten und ihrem Themenspektrum (2.4), zum Teilnehmerkreis (2.5). Berichtet wird außerdem über die Hauptaufgabe der Edition (2.6), den öffentlichen Pfad zum dokumentierten Ereignis des Cirkels zu bahnen: der Transkription (2.6.1) einerseits und der Zusammenfassung der Cirkelprotokolle in Abstracts (2.6.2) andererseits, die den Zugang erleichtern sollen. Schließlich wird ein Ausblick gewagt (2.7) über die Präsentation ausgewählter Cirkelprotokolle in diesem Band hinaus auf eine geplante Präsentation aller Dokumente auf eine Nicolai Hartmann-Website, die gemeinsam mit dem *Verlag De Gruyter* entwickelt wird. Zuletzt (3) werden fünf Argumente für die Relevanz dieser Cirkelprotokolle entwickelt, welche die Edition dieses philosophiegeschichtlichen Fundes rechtfertigen und Anregungen für künftige Forschungsperspektiven geben können: (3.1) Das *enzyklopädische Spektrum der philosophischen Probleme und Disziplinen* in den Cirkelprotokollen; (3.2) *Dialogik oder Diskurs als Form des Philosophierens* im akademischen Umfeld Hartmanns; (3.3) Bedeutung der Cirkelprotokolle für die noch zu schreibende *Philosophiegeschichte der ersten Hälfte des*

---

10 Zu Hartmanns Philosophie vgl. die einschlägigen Übersichten und Forschungsbände: Gurvitch (1930; Heimsoeth/Heiss (1952); Stegmüller (1960); Buch (1982); Patzig (1982); Morgenstern (1997); Poli/Scognamiglio/Tremblay (2011); Poli (2012); Hartung/Wunsch (2014); vgl. das Literaturverzeichnis zu dieser Einleitung.
11 Vgl. das Literaturverzeichnis zu dieser Einleitung.

20. Jahrhunderts; (3.4) ihre Bedeutung als *Resonanzboden der Zeitgeschichte von 1920 bis 1950*; und (3.5) die Cirkelprotokolle als erstklassige *Quelle für die Genese von Hartmanns Werken*.

1 Nicolai Hartmanns *Cirkel* 1920–1950 – was bereits bekannt war

Es war und ist unter Hartmann-Lesern und Hartmann-Forschern durchaus seit langem bekannt, dass er an seinen jeweiligen Universitäten (Marburg, Köln, Berlin, Göttingen) von 1920 bis zu seinem Tod 1950 *Cirkel* veranstaltet hat, also Gesprächsrunden mit ausgewählten Studenten und Promovierenden. Hartmann selbst hat im August 1932 im Vorwort zu *Probleme des geistigen Seins* ausdrücklich auf das Faktum des „Kölner Disputierkreises" und seine Bedeutung für die Entstehung dieses geschichts- und sozialphilosophischen Werkes aufmerksam gemacht (Hartmann 1933, IV). Die Tatsache dieser Veranstaltungen ist später, nach seinem Tod, durch die davon nachhaltig beeindruckten Teilnehmer bezeugt worden und hier und da in ihren Erinnerungen behandelt worden – zum Beispiel durch Bruno Freytag-Löringhoff ([1986] 2003), Robert Heiß (1952), Hermann Wein (1951), Wilfried Stache (1954), Dorothea Johannessohn ([1952] 2003), Hans Georg Gadamer (1977) und durch Juliane Lepsius-Trendelenburg (1984).[12] Durch diese verstreuten Zeugnisse hat man im Prinzip also bereits wissen können, dass Hartmann unabhängig von den unmittelbaren Lehrverpflichtungen wöchentlich oder alle vierzehn Tage einen *Cirkel* mit Studenten der Philosophie veranstaltete, die zusammen ein Semester lang über ein ausgewähltes Thema diskutierten. Erwähnt werden in den Erinnerungen strenge Regeln der Teilnahme an den Veranstaltungen – was die kontinuierliche Anwesenheit und die erwartete Konzentration betraf. Auch Hartmanns notorisches Misstrauen in philosophische Letztlösungen wird immer erneut erinnert. Diese Haltung prägt die Atmosphäre der Gesprächsrunden in der Hinsicht, dass nur schlagende Beispiele oder überzeugende Unterscheidungen und Argumente zählten, nicht aber der Verweis auf Autoritäten oder auf Denktraditionen für den Fortgang oder Fortschritt der Diskussionen ausschlaggebend waren. Es war also bereits bekannt, dass Hartmann nach Einschätzung einiger Teilnehmerinnen und Teilnehmer größten Wert auf diese Gespräche gelegt hat, dass er die Kultur der Konzentration, der Kontinuität und der Dokumentation dieser philosophischen

---

[12] Vgl. das Literaturverzeichnis zu dieser Einleitung.

Gespräche gepflegt und gehegt hat.[13] Es wurde deutlich, dass der „Disputierzirkel, der ihm stets wahrhaft am Herzen gelegen hatte",[14] ganz offensichtlich seine Lehre und seine Werkprojekte stimulierte, dass er aber auch über 30 Jahre mit seinem philosophischen Ethos des Maßes und Ausgleichs mit verschiedenen philosophischen Standpunkten koinzidierte.[15] Und wie zudem überliefert wurde, allerdings in einer privaten Aufzeichnung durch Frida Hartmann), stammte Hartmanns tiefes Interesse an solchen organisierten Dialogen und an diesem Dialogformat des Denkens bereits aus seiner Studienzeit in St. Petersburg 1903/1904, als er Philosophie und Klassische Philologie studierte (also mit Sicherheit auch die Platonischen Dialoge).[16] Er und sein Freund Vasily Sesemann sollen demzufolge einen *Cirkel* in St. Petersburg besucht haben, in dem ein Student namens Weidemann den Vorsitz hatte. Vermutlich hat Hartmann bereits zu diesem frühen Zeitpunkt in dieser Dialogpraxis die stimulierende Kraft für die Entwicklung seines eigenen Denkens entdeckt. Auch José Ortega y Gasset findet bei seinem zweiten Aufenthalt in Marburg um 1910 den intensiv diskutierenden Hartmann bemerkenswert: „Mit Nicolai Hartmann, mit Paul Scheffer, mit Heinz Heimsoeth habe ich über Kant und Parmenides diskutiert, oft mitten in der Nacht."[17]

Das Faktum und die Bedeutung solcher Gesprächsrunden wurde öffentlich erstmals erkannt und bekannt, als wenige Jahre nach dem Tod Hartmanns zwei ausgewählte Cirkelprotokolle in gekürzter Fassung von dem späten Hartmann-Schüler Wilfried Stache unter dem Titel *Nicolai Hartmann, Philosophische Gespräche* (1954) in einem Göttinger Verlag veröffentlicht wurden: Das Protokoll von 1933 unter dem Titel *Klugheit und Weisheit* und eines von 1936 unter dem Titel *Der Wahrheitsanspruch der Dichtung*. Bereits zuvor war im Gedenkband für Hartmann das von Heinrich Springmeyer bearbeitete Cirkel-Protokoll *Klugheit und Weisheit* unter dem Titel *Diskussionsprotokolle aus dem Sommersemester 1933*

---

[13] Freytag-Löringhoff, Bruno Baron v., „Erinnerungen an Nicolai Hartmann" (Vortrag auf Burg Stettenfels 1986), in: Lise Krämer (Hg), *Nicolai Hartmann. Facetten der Persönlichkeit* [Privatdruck], Kalletal 2003, 54–63.
[14] Johannessohn, Dorothea ([1952] 2003), „Erinnerungen an Nicolai Hartmann (1952)", in: Lise Krämer (Hg), *Nicolai Hartmann. Facetten der Persönlichkeit* [Privatdruck], Kalletal 2003, 48.
[15] Heiß, Robert, „Nicolai Hartmann", in: Heinz Heimsoeth, Robert Heiß (Hg.), *Nicolai Hartmann. Der Denker und sein Werk*, Göttingen 1952, 20–22.
[16] Hartmann, Frida, „Aufzeichnungen von Frida Hartmann, geborene Rosenfeld (1979)", in: Lise Krämer (Hg), *Nicolai Hartmann. Facetten der Persönlichkeit* [Privatdruck], Kalletal 2003, 13.
[17] Ortega y Gasset, *Schriften zur Phänomenologie*, hg. v. Javier San Martin, Freiburg/München 1998, 236. Diesen Hinweis auf Ortega verdanken die Herausgeber Thomas Kessel.

abgedruckt worden.[18] Diese Editionen beruhten offensichtlich auf von Stache und Springmeier stark überarbeiteten, gekürzten und stilisierten Protokollen – wie im Vorwort ausdrücklich erwähnt wird. Die Hartmann-Schüler lenkten ausdrücklich die Aufmerksamkeit auf diesen zentralen Teil in Hartmanns Werk und Wirken. „Nicolai Hartmann legte den Diskussionen in diesem Kreise, seinem ‚Philosophischen Cirkel', größte Bedeutung bei", wie Stache, in der Göttinger Zeit selbst Mitglied, aus dem persönlichen Gespräch mit Hartmann berichtete. „Mit einem gewissen Lächeln nannte er sie gelegentlich den wichtigsten Teil seines Wirkens; sicherlich war es ihm der liebste."[19] Auch eine damit verbundene Forschungsperspektive wurde angedeutet: „Das Diskutieren dieser vielen Jahrzehnte ist in Protokollen gesammelt und harrt der Auswertung", bemerkte Hermann Wein.[20] Aber obwohl der schmale Band (eine Art Taschenbuch) aus dem Göttinger *Verlag Vandenhoeck & Ruprecht* mit über 5000 Exemplaren durchaus eine beachtliche Auflage und eine weite Verbreitung fand, kam keine weitere Veröffentlichung zustande, es wurde kein weiterer Zugang zu diesen Protokollen z. B. seitens Frida Hartmann gebahnt – es gab beim Publikum keine entsprechende Erwartung.[21] So fielen Hartmanns Cirkelprotokolle insgesamt dem Vergessen anheim, und sie spielten – soweit zu sehen ist – keine Rolle in der international durchaus beachtlichen Forschung zu Hartmanns Denken, zu seiner akademischen Biographie oder in der Diskussion seiner einzelnen Werke – bis heute.

---

[18] Diskussionsprotokolle aus dem Sommersemester 1933: „Klugheit und Weisheit", in: Heinz Heimsoeth, Robert Heiß (Hg.), *Nicolai Hartmann. Der Denker und sein Werk*, Göttingen 1952, 256–285.

[19] Stache, Wilfried, „Einführung", in: *Nicolai Hartmann. Philosophische Gespräche*, Göttingen 1953, 3.

[20] Wein, Hermann, „Nicolai Hartmann als Lehrer", in: *Neue Zürcher Zeitung*, Nr. 33, vom Samstag 3. Februar, 8.

[21] Der Verlag sah 1960 keine weitere Veröffentlichungsmöglichkeit, „nachdem das Gespräch über Nicolai Hartmann so stark abgeklungen ist. Ich habe das nun schon so oft bei Gelehrten beobachtet, auch bei sehr großen, daß sie zunächst einmal nach ihrem Tode fast in Vergessenheit geraten oder daß man nur wenig von ihnen spricht. So ist es doch zur Zeit auch mit Nicolai Hartmann." Brief an W. Stache vom 22.3.1960. in: *Briefkorrespondenz Dr. Wilfried Stache – Verlag Vandenhoeck & Ruprecht* (Staatsbibliothek Berlin, Nachlass 494, G 1950-54/ 9. Bl. 661-839; hier Bl. 756.).

2 *Cirkelprotokolle* – der philosophiegeschichtliche Fund: eine Analyse

Diese Situation hat sich grundlegend verändert, seit 2013 eine ganze Kollektion von Gesprächsprotokollen im Familienarchiv entdeckt wurde. Diese Sammlung von „Cirkelprotokollen", die sich über 30 Jahre von 1920 bis 1950 erstreckt, konnte nur ans Licht gelangen, als im Zuge einer seit 2010 einsetzenden internationalen und nationalen Hartmann-Renaissance[22] die späteren Herausgeber die Familie, insbesondere die Tochter Lise Krämer, geb. Hartmann, und den Sohn Olaf Hartmann überzeugten, die bisher privat auf dem Dachboden gelagerten Dokumente insgesamt an das *Deutsche Literaturarchiv Marbach* zu übergeben – an das bedeutendste Zentrum für Nachlässe deutscher Dichter und Denker vor allem des 20. Jahrhunderts. Innerhalb des nun zu entdeckenden gesamten Hartmann-Nachlasses mit Briefbeständen, seiner Bibliothek und Entwürfen zu den verschiedenen Monographien war die bis dahin der Öffentlichkeit in diesem Ausmaß unbekannte Sammlung von Cirkelprotokollen ein herausragender Fund. Er zog die Aufmerksamkeit auf sich und wurde schon auf den ersten Blick als ein editionswürdiges philosophie- und zeitgeschichtliches Dokument des 20. Jahrhunderts eingeschätzt.

Die Sichtung ergab, dass die meisten Protokolle in wechselnden Handschriften verfasst waren (entsprechend der wechselnden Protokoll-Verantwortlichkeit unter den Teilnehmern) – was ist eine große Herausforderung für den Transkriptionsvorgang war. Nach 1928 sind Protokolle auch maschinenschriftlich überliefert – ungefähr 20 % des Gesamtbestandes. Jeder Protokollsatz von einem Semester hat einen Umfang von 10 bis 14 Einzelprotokollen. Die Protokolle sind in Mappen geordnet, die jeweils durch einen Titel gekennzeichnet sind.[23] Insgesamt handelt es sich um ungefähr 3600 Blatt.[24]

---

22 Vgl. die Akten der Hartmann-Tagung in Rom mit Gründung der Hartmann-Society: Poli, Roberto, & Scognamiglio, Carlos, Tremblay, Frederic (Hg.) *The Philosophy of Nicolai Hartmann*, Berlin-Boston 2011; sowie die Beiträge der Hartmann Tagung an der Bergischen Universität Wuppertal: Hartung, Gerald, Wunsch, Matthias, Strube, Claus (Hg.), *Nicolai Hartmann – Von der Systemphilosophie zur systematischen Philosophie*, Berlin-Boston 2012.
23 Diese erste Bestandsaufnahme stammt von Thomas Kessel, Mitarbeiter des DFG-Editionsprojektes in Wuppertal, ebenso wie die folgende Übersicht über die Cirkelprotokolle.
24 In Box VIII. bis X. des Hartmann-Nachlasses befindet sich eine nahezu kontinuierliche Dokumentation der Sitzungsprotokolle (= Cirkelprotokolle). Diese bestehen zumeist aus DIN A 4 großen Blättern, die zu kleinen Heften gefaltet sind. Der Umfang einer einsemestrigen Protokollsammlung liegt im Schnitt bei 10 bis 14 Protokollen, welche zusammen eine Stärke von jeweils ca. 100 Seiten (50 Blatt, doppelseitig) ausmachen. Die Texte sind überwiegend als Manuskripte [Ms.] überliefert; ab 1928 gibt es einen Anteil an Typoskripten [Ts.] von ca. 20 %. Die Protokolle sind bereits in

Erst durch diese Sichtung des Fundes wurde manifest, dass Hartmann seit seiner Marburger Zeit als Hochschullehrer (1920) bis in die Göttinger Zeit (1950) mit einem wechselnden Kreis, genannt *Cirkel*, von persönlich eingeladenen Studentinnen und Studenten, älteren Schülerinnen und Schülern wie auch Mitarbeitern und Kollegen zu varianten Themen und Problemen kontinuierlich einen *Disputierkreis* geradezu kultiviert hat. Das umschließt vor allem auch seine Kölner (1925–1931) und Berliner (1931–1945) Jahre. Hier trifft die Bemerkung seiner zweiten Frau, die er im Marburger Zirkel kennenlernte: „Disputierkreis. Einen solchen musste er zeitlebens um sich haben."[25] Und die Bemerkung seiner Mitarbeiterin Dorothea Johannessohn: Der „Disputierzirkel, der [Hartmann] stets wahrhaft am Herzen gelegen hatte."[26]

Erst in der sich nun aufdrängenden Zusammenführung und Sichtung der bisher verstreuten Zeugnisse über diesen Gesprächskreis wird deutlich, wie zentral für Hartmann diese Institution war – aber auch für viele der Teilnehmerinnen und Teilnehmer ein lebensbedeutsames geistiges Ereignis bildete: „Allen, die an solchen Abenden teilgenommen haben, wird der Geist dieses Zusammenseins unvergeßlich sein. Die Art und Weise, wie hier etwas durchgesprochen wurde, war unvergleichlich."[27] Diese Dialoge waren Hartmann selbst so wichtig, dass er großen Wert auf die Aufzeichnung all dieser Diskussionsrunden von 1920 bis 1950 gelegt hat. Im Rückblick schreibt er 1946 an einen Teilnehmer aus der frühen Marburger Zeit: „Der Zirkel selbst lebt immer noch. Er hat in Köln geblüht und in den Berliner Jahren, und jetzt ist er hier [in Göttingen] wieder neu aufgelebt, wie es scheint, lebendiger als je." Und er hält das institutionelle Moment der Veranstaltungsreihe fest: „Merkwürdig wie lebensstark solche Einrichtungen sind, obgleich immer neue Köpfe sie tragen – gleichsam ein Stoffwechsel höherer Ordnung."[28] Es ist offensichtlich, dass diese im Nachlass vorgefundenen 46 *Cirkelprotokolle* von Hartmann sorgfältig gesammelt und aufbewahrt wurden – es waren ihm also nicht nur der Rhythmus der Gespräche selbst wichtig, sondern ihre Aufzeichnung

---

Mappen chronologisch vorsortiert und enthalten die Titel der Sitzungsprotokolle. Die Mappen enthalten je zwei bis vier Protokollsammlungen. Die Protokolle sind überwiegend nummeriert. Offensichtlich sind diese Protokolle zum Teil auch in den Händen der Teilnehmer, zumindest der jeweiligen Protokollanten gewesen.

25 Hartmann, Frida, „Aufzeichnungen von Frida Hartmann, geborene Rosenfeld (1979)", in: Lise Krämer (Hg), *Nicolai Hartmann. Facetten der Persönlichkeit* [Privatdruck], Kalletal 2003, 5–15; hier: 13.
26 Johannessohn, Dorothea ([1952] 2003): „Erinnerungen an Nicolai Hartmann (1952)", 48.
27 Heiß, Robert, „Nicolai Hartmann", 20.
28 Nicolai Hartmann, „Brief an Dr. Johannes Werner Klein, Hamburg, 9.8.1946", in: Nachlass Nicolai Hartmann, Literaturarchiv Marbach, Briefkontakte Nicolai Hartmann, Box 7, 2. Abteilung: Briefe von Nicolai Hartmann.

und ihre Sammlung – für seinen eigenen Gebrauch und vielleicht auch für eine zukünftige Entdeckung.

Durch den Fund im Nachlass ist gleichsam nach über 60 Jahren mit den „Cirkelprotokollen" ein echter Durchbruch für die Erforschung von Hartmanns Werk möglich geworden. Das Editionsprojekt beruht auf einer Kooperation der beiden Herausgeber. Sie haben zusammen unter dem Titel *Nicolai Hartmann. Die Cirkelprotokolle (1920–1950). Edition aus dem Nachlass. Deutsches Literaturarchiv Marbach* bei der Deutschen Forschungsgemeinschaft (DFG) einen Antrag auf finanzielle Unterstützung der Forschungs- und Editionsarbeit gestellt, der Anfang 2016 bewilligt wurde. Das Editionsprojekt lief von 2016–2019 parallel in Dresden und Wuppertal. Mitarbeiter waren Dr. Thomas Kessel (Wuppertal) und Dr. Friedrich Hausen (Dresden).

2.1 Zur Organisation des *Cirkels*

Teilnahme kam durch „Berufung in den sogenannten Zirkel"[29] durch Hartmann zustande. Für jedes Semester gab es ein Thema, auf das sich die eingeladenen Teilnehmern – etwa ein „gutes Dutzend"[30] – einigten und festlegten. „Zu Anfang des Semesters wurde ein Thema ausgemacht, dieses wurde über ein oder auch zwei Semester durchgesprochen."[31] Obwohl es dem Semesterrhythmus folgte, handelte es sich nicht um ein Universitätsseminar, sondern um „Hartmanns Hausprivatissimum", zu dem er am späteren Abend für die Zeit zwischen 21 und 24 Uhr einlud.[32] Hartmann bevorzugte in der Kommunikation den Terminus *Philosophischer Cirkel*, wie noch 1947 in einer brieflichen Bemerkung deutlich wird: Der „Philosophische Zirkel [...] arbeitet ständig, fortlaufend über ein Grundthema disputierend." Und wichtig für die Form der Organisation dabei Hartmanns Selbstzurücknahme, anders als im Kolleg oder im Seminar: Der Zirkel „steht unter niemandes Leitung, ich selbst bin da auch nur Mitglied."[33] Freytag-Löringhoff beschreibt diese ausgeklügelte Struktur des *Cirkels* so: „Die Rolle des Sitzungsleiters und die des Protokollanten gingen in dem guten Dutzend Teilnehmer reihum. [...] Der Protokollant bekam für die nächste Sitzung, in der er es verlas, quasi zur Belohnung die Leitung. Das

---

29 Freytag-Löringhoff, Bruno Baron v., „Erinnerungen an Nicolai Hartmann", 56.
30 Freytag-Löringhoff, Bruno Baron v., „Erinnerungen an Nicolai Hartmann", 56.
31 Heiß, Robert, „Nicolai Hartmann", 20.
32 Plessner, Helmuth, „Brief an Josef König vom 8. 4. 26", in: *Briefwechsel 1923–1933*, 133.
33 Nicolai Hartmann, „Brief an Dr. J. H. Höfert, Königsbronn, 4.4.1947", in: Nachlass Nicolai Hartmann, Literaturarchiv Marbach, Briefkontakte Nicolai Hartmann, Box 7, 2. Abteilung: Briefe von Nicolai Hartmann an Höfert 1946–49.

war sehr praktisch, dann man hat dadurch einen Leiter, der über das Vorangegangene so gut wie möglich im Bilde ist. Er hatte das erste Wort und konnte durch eine kleine Eröffnungsrede unter Umständen den Fortgang der Arbeit wesentlich beeinflussen, besonders wenn er beim Herstellen des Protokolls fruchtbar weiter gedacht hatte."[34]

2.2 Regeln der Diskussion

Hartmanns Selbsteinordnung in den *Cirkel* bedeutete, dass er um des Erfolges des Dialoges willen nicht versuchte, inhaltlich das Gespräch zu dominieren; allerdings beeinflusste er den Stil der Diskussion. Es „gab eine Reihe stillschweigender Gesetze, die keiner überschritt." Ein elementares Gesetz der Diskussion war „daß sie nicht gestört werden durfte und daß sie nicht ausfallen konnte." Dieses eherne Gesetz signalisierte, dass das philosophische Gespräch für die Teilnehmerinnen und Teilnehmer einschließlich Hartmann oberste Priorität hatte: „Ich habe niemals erlebt", so Robert Heiß, Teilnehmer des „Kölner Disputierzirkels", „daß Hartmann eine solche Diskussion ausfallen ließ, und es mußte einem von uns schon sehr schlecht gehen, wenn er sich entschuldigte oder fernblieb".[35] Neben dieser elementaren physischen Voraussetzung gab es eine intellektuelle: „Das wichtigste und niemals laut verkündete Gesetz aber war [...]: Jeder der sprach, mußte an etwas anknüpfen, was vorher gesagt wurde, er mußte entweder einen Gedanken weiter entwickeln, der schon aufgeworfen war, oder er mußte im Anschluß an einen solchen Gedanken entwickeln, was er zu sagen hatte und warum er abwich."[36] Aber natürlich waren es Gespräche unter realen Personen: „Wie in allen Diskussionen brach plötzlich dieser oder jener aus, der eine oder andere verrannte sich, manche hatten ihre Lieblingsgedanken und Steckenpferde, es waren solche dabei, die nahezu ständig schwiegen und nur selten etwas sagten, es waren andere dabei, die immer etwas zu sagen hatten. Gelegentlich standen die Meinungen heftig gegeneinander, dann wiederum kamen Stunden, wo sich die Diskussion mühsam und lahm dahinschleppte."[37] Hartmann führte bewusst nicht die Diskussion, „aber über der Diskussion waltete eine geistige Zucht und diese ging vor ihm aus. Und ein jeder nahm sich zusammen, nichts Vorwitziges zu sagen."[38]

---

34 Freytag-Löringhoff, Bruno Baron v., „Erinnerungen an Nicolai Hartmann", 56 f.
35 Heiß, Robert, „Nicolai Hartmann", 21. Heiß gibt ein extremes Beispiel dieser Selbstdisziplinierung, die Hartmann sich und den Teilnehmern zumutete.
36 Heiß, Robert, „Nicolai Hartmann", 21.
37 Heiß, Robert, „Nicolai Hartmann", 20 f.
38 Heiß, Robert, „Nicolai Hartmann", 21.

Die entscheidende methodische Basis der Gespräche war die geistige Anschauung, der Ausgang von Beispielen. Man kann dieses Verfahren als eine eigentümliche phänomenologische Methode à la Hartmann bezeichnen: „Augen auf! Und rundumschauen". Der Effekt für die Teilnehmer war: „Bei diesem Besprechen der Sache bekommt diese ihren Platz im Ganzen der Dinge und kommen viele ihrer eigenen Züge zur Sprache, scheiden sich in wichtige und weniger wichtige, allgemeine und besondere, normale Fälle und Grenzfälle verschiedener Art werden in den Blick genommen und man versucht, daraus allgemeine Einsichten und einen genauen Begriff der Sache begründet zu gewinnen."[39] Dabei ging es von Hartmann aus gesehen vor allem um die „normalen Fälle":

„Ich erinnere mich, daß Hartmann in solchen Gesprächen oft diejenigen Teilnehmer bremste, die besonders interessante und extreme Grenzfälle daherbrachten und womöglich zur Richtschnur oder zum Prüfstein in Streitfragen machen wollten. Er meinte, man müsse sich zunächst am Bereich normaler Fälle orientieren, später, wenn die Begriffe klarer geworden seien, erledigten sich die Probleme der Grenzfälle meist leicht oder von selbst."[40]

Das von Hartmann vermittelte Ethos der Gespräche war das Bestreben, Phänomene zu sehen und Phänomene zu achten. Diesen ‚Altruismus des Erkennens', d.h.: dem Unscheinbaren, dem Unsensationellen seinen Platz bewahren gegenüber dem Extremen, das schneller einschlägt",[41] verband Hartmann im Cirkel mit dem Instrumentarium des modernen Philosophierens, das er im Ausgang von Aristoteles wiedergewann. Gemeint ist das Problemdenken bzw. die Aporetik. Bei dieser immer erneuten Rückwendung in die Anschauung und dem Festhalten der in ihr aufbrechenden Problematik „sorgte Hartmann dafür, daß ein kontinuierlicher Faden durch diese Diskussion hindurchging. Alles, was ihm und anderen des Nachdenkens wert war, wurde aufgegriffen, es wurde durchgesprochen, es wurde so und so formuliert, und Hartmann ruhte nicht, bis schließlich eine gute oder beste Formulierung erreicht war."[42]

2.3 Das Protokoll

Die Protokollierung war das Rückgrat der 10 bis 12 Gesprächsrunden pro Semester – einschließlich der Protokollverlesung zu Beginn jeder neuen Sitzung. „Ein solches etwa dreistündiges Gespräch festzuhalten und in die Formen eines in den wich-

---

39 Freytag-Löringhoff, Bruno Baron v., „Erinnerungen an Nicolai Hartmann", 57.
40 Freytag-Löringhoff, Bruno Baron v., „Erinnerungen an Nicolai Hartmann", 57 f.
41 Wein, Hermann, „Nicolai Hartmann als Lehrer", 8.
42 Heiß, Robert, „Nicolai Hartmann", 21.

tigsten Punkten ausführlichen Protokolls zu bringen, ist schwer", erinnert sich Freytag-Löringhoff: „Ich habe jeweils viele Tage an die Erstellung eines solchen Protokolls gewandt."[43] Von den Teilnehmern wurde reihum die Anfertigung eines Protokolls erwartet, wobei Hartmann sich von dieser Pflicht nicht ausnahm. In der Protokollierung unterzogen sich die Teilnehmer der sozialen Kontrolle der Protokollverlesung: „An das Protokoll wurden in der nächsten Sitzung sehr hohe Anforderungen gestellt. Alle nahmen es scharf unter die Lupe. [...] War das Protokoll [...] aber schwach, so wurden die ersten Minuten nach seiner Verlesung ausgesprochen peinlich, und der Verbleib des Protokollanten im Zirkel [...] konnte gefährdet sein."[44] Die Diskussionen wurden jeweils in direkter, den Beteiligten zugeordneter Rede von einem Teilnehmer protokolliert, der sich auf die laufende Diskussion konzentrierte. Dass die Niederschriften eine dialogische, personale Struktur aufweisen, in der die jeweiligen Redebeiträge als Beiträge namentlich genannter Teilnehmer nachvollziehbar gemacht sind, kristallisierte sich allerdings erst in den zwanziger Jahren als Praxis heraus, wie man im Durchgang durch die Protokolle erkennen kann.[45]

2.4 Der Bestand der Cirkelprotokolle

Auf der konsequenten Protokollierung beruht überhaupt der Bestand an überlieferten Cirkelprotokollen. Aufgrund ihrer systematischen Breite an Themen und des Berichtszeitraums von 30 Jahren werden die Dokumente zu einem bedeutenden Fund für die philosophie- und zeithistorische Forschung im allgemeinen und die Hartmann-Forschung im besonderen. Hier nun eine Übersicht über die vorgefundenen Dokumente mit Titeln und Semesterangaben:

[Marburg]
Wintersemester 1920/1921: Phänomenologische Untersuchung über das Wesen des Zwecks [Ms./Ts.].
Sommersemester 1921: Über den Begriff des Unbewussten [Ms.].
Wintersemester 1921/1922: Cohens Logik [Ms.].
Sommersemester 1922: Ästhetischer Gegenstand [Ms.].
Wintersemester 1922/1923: Religionsphilosophie [Ms.].
Sommersemester 1923: Über die Einleitung in die philosophische Weltgeschichte [Ms.].

---

43 Freytag-Löringhoff, Bruno Baron v.; „Erinnerungen an Nicolai Hartmann", 56 f.
44 Freytag-Löringhoff, Bruno Baron v.; „Erinnerungen an Nicolai Hartmann", 57.
45 Vgl. hierzu den Beitrag von Thomas Kessel in diesem Band.

Wintersemester 1923/24: Wesen des idealen Seins [Ms.].
Sommersemester 1924, Wintersemester 1924/1925 und Sommersemester 1925 fehlen oder fanden nicht statt.

[*Köln*]
Wintersemester 1925/1926: Vom Wesen des Wesens [Ms.].
Sommersemester 1926: Ästhetischer Gegenstand [Ms.].
Wintersemester 1926/1927: Erkenntnistheorie [Ms.].
Sommersemester 1927: Wesen der Erkenntnis [Ms.].
Wintersemester 1927/28: Antinomien und Paradoxien [Ms.].
Sommersemester 1928 fehlt oder fand nicht statt.
Wintersemester 1928/1929: Religionsphilosophie [Ms./Ts.].
Sommersemester 1929 fehlt oder fand nicht statt.
Wintersemester 1929/1930: Geschichtsphilosophie [Ms./Ts.].
Sommersemester 1930: Geschichtsphilosophie [Ms./Ts.].
Wintersemester 1930/1931 fehlt oder fand nicht statt.
Sommersemester 1931: Anschauung und Begriff [Ms./Ts.].

[*Berlin*]
Wintersemester 1931/1932: Vom Sein der Werte. [Ms./Ts.].
Sommersemester 1932: Vom Sein der Werte. [Ms./Ts.].
Wintersemester 1932/1933: Urteil und Erkenntnis [Ms./Ts].
Sommersemester 1933: Erkenntnispsychologie [Ms./Ts., bereits ediert].
Wintersemester 1933/1934: Logische Sphären [Ms./Ts].
Sommersemester 1934: Das Problem der Individualität [Ms./Ts.].
Wintersemester 1934/1935: Das Wesen des Erlebens/ Zur Geschichtsphilosophie [Ms./Ts.].
Sommersemester 1935: Zur Formulierung [Ms./Ts.].
Wintersemester 1935/1936: Die Funktion des Irrtums [Ms./Ts.].
Sommersemester 1936: Anthropologie [Ms./Ts.].
Wintersemester 1936/1937: Der Wahrheitsanspruch der Dichtung [Ms./Ts.].
Sommersemester 1937: Über den Wandel der Begriffe [Ms./Ts.].
Wintersemester 1937/1938: Der Wille [Ms./Ts.].
Sommersemester 1938: Über das Sich Auskennen [Ms./Ts.].
Wintersemester 1938/1939: Über das Wesen der Wissenschaft [Ms./Ts.].
Sommersemester 1939: Vom Wertbewusstsein in den werterschließenden Akten [Ms./Ts.]
Wintersemester 1939/1940 fehlt oder fand nicht statt.
Sommersemester 1940: Was sind ästhetische Werte? [Ms./Ts.].

Wintersemester 1940/1941 bis Wintersemester 1941/1942 fehlen oder fanden nicht statt.
Sommersemester 1942: Geistiges und Seelisches Sein [Ms./Ts.].
Wintersemester 1942/1943: Phänomenologie der Arbeit [Ms./Ts.].
Sommersemester 1943 bis Wintersemester 1945/46 fehlen oder fanden nicht statt.

[*Göttingen*]
Sommersemester 1946: Träger geistiger Akte [Ms./Ts.].
Wintersemester 1946/1947: Über das Begründen [Ms./Ts.].
Sommersemester 1947: Aufmerksamkeit und Interesse [Ms./Ts.].
Wintersemester 1947/1948: Das Individuelle und das Allgemeine [Ms./Ts.].
Sommersemester 1948: Das Denken [Ms./Ts.].
Wintersemester 1948/1949: Das Kriterium der Wahrheit [Ms./Ts.].
Sommersemester 1949: Die Beziehung zur fremden Person [Ms./Ts.].
Wintersemester 1949/50: Nachdenken – Formulieren [Ms./Ts.].
Sommersemester 1950: Reziproke Akte [Ms./Ts.].[46]

2.5 Die Teilnehmer

Was lässt sich über die Teilnehmer der *Cirkel* ermitteln? An den Cirkelgesprächen nahmen über 30 Jahre – also insgesamt ca. 50 Semester – hinweg 115 verschiedene Teilnehmer und Teilnehmerinnen teil – Studenten und Studentinnen, die Philosophie als Hauptfach bzw. für ihr Lehramtsstudium studierten, Doktorandinnen und Doktoranden, sowie in Ausnahmefällen auch Kollegen. Einige nahmen nur an

---

[46] Die Herausgeber haben während der Projektzeit von einem „Gerd Reifarth" per Email einen Hinweis bekommen, dass die im Marbacher Nachlass versammelten Dokumente nicht vollständig sein könnten. Dabei wurde verwiesen auf vier ausdrücklich gekennzeichnete Cirkelprotokolle „Vom Wesen des Begriffs" (Sommersemester 1928; 10 Sitzungen); „Die Existenzweise des Allgemeinen" (Sommersemester 1929; 10 Sitzungen); „Das Problem der Realdialektik" (Wintersemester 1930/31; 12 Sitzungen); „Das philosophische Problembewusstsein" (Sommersemester 1940; 12 Sitzungen). Von unserer Bestandsaufnahme her würde es sich dabei um Dokumente handeln, die in der oben aufgeführten Liste als fehlend oder nicht stattgefunden vermerkt sind. Dieser Hinweis war so angelegt, dass ein näherer Kontakt nicht vorgesehen war. Es ist deshalb nicht gelungen, von dem Hinweisgeber eine weitere Aufklärung oder sogar die Übergabe dieser eventuell zusätzlichen Dialoge an das Literaturarchiv Marbach zu erreichen. Recherchen haben ergeben, dass es sich vermutlich um Gerd Reifarth (Karl-Marx-Stadt) handelt, der in Wolfgang Harichs Bemühungen um eine (nicht zustande gekommene) Hartmann-Ausgabe in der damaligen DDR eine Rolle spielte; vgl. Harich, Wolfgang, „Nicolai Hartmann. Der erste Lehrer", in: *Schriften aus dem Nachlass Wolfgang Harichs*, Bd. 10, Baden-Baden 2018, 939.

einem Semesterzyklus teil, viele an mehreren.[47] Die uns bekanntesten Namen sind Hans Georg Gadamer im Wintersemester 1923/24 in Marburg, Helmuth Plessner im Wintersemester 1925/26 in Köln, Bruno Liebrucks im Wintersemester 1947/48 in Göttingen und Günther Patzig vom Wintersemester 1948/1949 bis zum Wintersemester 1949/50 ebenfalls in Göttingen. Der Bogen reicht also von Gadamer nach dem Ersten Weltkrieg, der später die neuere Philosophische Hermeneutik begründen sollte, bis zu Günther Patzig, der ab 1960 einer der Protagonisten der Analytischen Philosophie in der Bundesrepublik wurde. Zu den Partizipanten gehörten selbstverständlich auch die, die bei Hartmann promovierten oder sich habilitierenden – also z. B. Hermann Wein, Theodor Ballauf, Gerhard Krüger, Heinrich Springmeyer, Bruno von Freytag-Löringhoff, Gottfried Martin, Ingetrud Pape oder Juliane Trendelenburg. Einige Teilnehmer, wie beispielsweise Jacob Klein (1899–1978), sind jüdischen Glaubens. Hartmann scheint jedoch – nach bisheriger Quellenlage – kein Interesse am religiösen Bekenntnis, an der politischen Gesinnung, wie auch der soziokulturellen Herkunft seiner Studierenden gehabt zu haben. Auch die Geschlechtszugehörigkeit war für ihn kein Kriterium zur Einschätzung einer philosophischen Begabung. Überhaupt ist bemerkenswert, dass im Zeitalter der Emanzipation seit den 1920er Jahren unter den Beteiligten zahlreiche Studentinnen oder Mitarbeiterinnen an den Cirkeln beteiligt waren – zu erwähnen sind Marie von Kohoutek, Ernestine Assenmacher, Lona Bosse, Ingetrud Pape, Juliane Lepsius-Trendelenburg. Das war offensichtlich wichtig für Hartmanns Dialoge, für deren Atmosphäre, für die Qualität seiner Gesprächsrunden und für Hartmann selbst. So war Hartmanns zweite Frau, Frieda Rosenfeld, zunächst eine Teilnehmerin des Cirkels im Sommersemester 1922 in Marburg – bevor sie 1926 in Köln Frieda Hartmann wurde; aber auch z. B. Dorothea Johannesson, die in der Zeit Anfang bis Ende der 40er Jahre eine wichtige Mitarbeiterin von Hartmann in Berlin und dann in Göttingen wurde. Es handelt sich also bei den 115 Teilnehmern um ein über Studentengenerationen anwachsendes Netzwerk der deutschen Philosophie, ein Geflecht von Produzenten der Philosophie, die eine akademische Laufbahn eingingen, *und* von Multiplikatoren der Philosophie, die nach ihrem Studium oder auch der Promotion im Bildungs- und auch Medienwesen tätig wurden. Viele Teilnehmer und Teilnehmerinnen ließen sich nur mit einigem Aufwand oder möglicherweise gar nicht mehr identifizieren. Unter den Teilnehmern waren auch

---

47 Lise Krämer, die Tochter von Hartmann, hat sich auf Bitten der Herausgeber hin die Mühe gemacht, die Namen aus den Protokollen in einer Liste herauszuschreiben und erste Assoziationen bzw. Lebensdaten hinzuzufügen – als ein erster entscheidender Schritt, einige weniger bekannte Dialogteilnehmer identifizieren zu können. Ebenfalls hat der Sohn Olaf Hartmann auf Basis dieser ersten Liste einschlägige Erinnerungen an eine Reihe von Teilnehmern notiert. Darauf wird in den „Teilnehmerprofilen" in diesem Band zurückgegriffen.

einige ausländische Studenten während der dreißiger Jahre – der Chinese Chung Chen, der Russe Wassil Rudko, der spätere türkische Professor für Philosophie in Istanbul Takiyettin Mengüşoğlu.[48]

2.6 Pfade zu den Cirkelprotokollen: die Edition

Die Hauptfrage für die Herausgeber war, wie ein für künftige Leserinnen begehbarer Weg zu den einzelnen Dokumenten gebahnt werden konnte. Dabei haben wir uns für einen zweifachen Zugang entschieden: Eine philologisch einwandfreie, aber gut lesbare Fassung der Cirkelprotokolle herzustellen, und zusätzlich jedem Cirkelprotokoll einen Überblick vorzuordnen, der hinsichtlich Thematik und Debatte eine erste Orientierung leisten soll.

2.6.1 Die Transkription

Eine der Hauptgaben zur Erschließung des Fundes war die mehrstufige Transkription der in verschiedenen Handschriften vorliegenden Protokolle. Dieser Arbeitsschritt wurde im Team vorbereitet und durch die Mitarbeiter Dr. Thomas Kessel (Wuppertal) und Dr. Friedrich Hausen (Dresden) durchgeführt. Notwendig war hierfür eine doppelte Expertise, zum einen für diesen philosophiegeschichtlichen Zeitraum, zum anderen für die editorische Arbeit.[49]

2.6.2 Die Abstracts

Um den Zugang zu den philosophischen Gesprächsinhalten zu bahnen und eine Brücke zwischen Text und Leserin zu schlagen, haben wir uns entschieden, Abstracts zu jedem der Dialoge zu erstellen. Parallel wird also für jedes Cirkel-Gespräch in einem Semester ein Überblick entworfen, der eine Einführung, einen Zugang zum Dialog bahnt an Hand der Fragen: Worum geht es inhaltlich in der jeweiligen Diskussion? Was sind die philosophiegeschichtlichen Hintergründe? Was für Kontroversen werden deutlich? Gibt es einen Bezug zum publizierten Werk

---

[48] Vgl. die Teilnehmerprofile in diesem Band, die vor allem auf Basis der Recherchen der Dresdener studentischen Hilfskraft Fabio Rovigo erstellt wurden.
[49] Vgl. hierzu den Editionsbericht von Dr. Thomas Kessel im vorliegenden Band.

von Nicolai Hartmann? Für welche gegenwärtigen Philosophiedebatten könnte das Dokument einschlägig sein?[50]

2.7 Die Publikation

Die Herausgeber sind sich in der Einschätzung einig, dass es sich bei *Hartmanns Dialogen* um ein bedeutendes Diskurs-Dokument der deutschen Philosophiegeschichte handelt, das der Öffentlichkeit zugänglich gemacht werden muss. Angesichts des Umfanges der überlieferten Protokolle war von Beginn an eine zweigleisige Veröffentlichung beabsichtigt: Der weitaus größte Teil der Dokumente soll auf der Website des Verlages De Gruyter als angestammten Publikationsort der Werke Hartmanns in einem eigenen Webportal präsentiert werden. Nur eine Auswahl der Dokumente wird im vorliegenden Band in Buchform publiziert.

Von den Mitarbeitern ist bei der Arbeit an den Transkriptionen in verschiedenen Bearbeitungsstufen immer auch bereits mit einem Seitenblick evaluiert worden, welches der Dokumente eine besondere Qualität oder Lesbarkeit aufweisen. Die Kriterien, die bei der Endauswahl der Cirkelprotokolle für die Buchpublikation berücksichtigt wurden, waren: a) die inhaltliche Relevanz generell und für das Werk Hartmanns, b) die Themenverschiedenheit, die verschiedene Felder der Philosophie abdeckt, c) das philosophische Niveau, d) die Prägnanz der Kontroversen, e) sowie die sprachliche Qualität, f) die Präsentation verschiedener Phasen und Institutionen der 1920er bis 1940er Jahre, g) und die Option, interessante Teilnehmerinnen und Teilnehmer einzubeziehen, beispielsweise Gadamer und Plessner wie auch weibliche Teilnehmerinnen wie Ingetrud Pape und Dorothea Johannessohn.

3 Fünf Argumente für den Fund, die Publikation und zukünftige Forschungsperspektiven

Wir möchten vorschlagen, fünf Argumente im Hinblick auf die Gesamtbedeutung des Befundes der *Cirkelprotokolle* zu bedenken: 1. ihr *enzyklopädisches Spektrum*; 2. ihre *dialogische Form des Philosophierens*; 3. ihr Stellenwert Cirkelprotokolle für eine erst noch zu schreibende *Philosophiegeschichte der ersten Hälfte des 20. Jahrhunderts* und 4. dies *vor dem Hintergrund wechselnder Zeitgeschichte*; sowie 5. ihre

---

50 Vgl. hierzu den Abstract-Bericht von Dr. Friedrich Hausen im vorliegenden Band.

Bedeutung für die Genese von Hartmanns Werk. Da wir uns in der Arbeit in erster Linie auf die Hebung, Sicherung und Aufbereitung der Dokumente konzentriert haben, handelt es sich bei den nachfolgend aufgeführten Relevanzpunkten um Perspektiven einer künftigen Forschung zu *Hartmanns Dialogen.*

3.1 Das enzyklopädische Spektrum der philosophischen Probleme und Disziplinen

Erstens beeindruckt das enorme Spektrum der philosophischen Themen, Probleme und Disziplinen, die mit Nicolai Hartmanns systematischem, an Aristoteles und Hegel orientiertem, d. h. enzyklopädischem, gleichwohl offenem Philosophieprojekt zusammenhängen. Frei gewählter Ausgangspunkt der Dialoge sind ja gerade nicht klassische Texte, sondern Sachprobleme. Bildet man tentativ eine Ordnung der Inhalte der Cirkelprotokolle entlang von philosophischen Disziplinen, so kann man sagen: Die Gespräche handeln zur *Epistemologie* und *Wissenschaftsphilosophie* („Reines Erkennen"; „Das Kriterium der Wahrheit"; „Urteil und Erkenntnis"; „Funktion des Irrtums"; „Vom Wesen des Wesens"; „Wandel der Begriffe"; „Das Wesen der Wissenschaft"). Daneben gibt es weitere Diskussionsrunden zu Fragen der *Logik* – wie „Antinomien und Paradoxien", „Logische Sphären", „Wesen des idealen Seins". In das Gebiet der *Ethik* gehören zum Beispiel die Dialoge über „Der Wille", über „Werte" und „Vom Wertbewusstsein in den werterschließenden Akten". „Nachdenken und Formulieren" und „Wandel der Begriffe. Begriff und Begriffswandel" gehören in den Bereich einer Begriffs- und Problemgeschichte der Philosophie und in die *Sprachphilosophie*. Es gibt weitere Gespräche zur *Religionsphilosophie* und zur *Ästhetik* – „Über die Struktur des ästhetischen Gegenstandes", „Was sind ästhetische Werte?", „Wahrheitsanspruch in der Dichtung". Dokumente wie „Über den Begriff des Unbewussten" oder „Das Wesen des Erlebens" oder „Über Aufmerksamkeit und Interesse" fallen in die *Philosophische Psychologie*, die Themen „Über geistiges und seelisches Sein", „Über den Träger der geistigen Akte", „Anthropologie" sind zur *Philosophischen Anthropologie* und *Kulturphilosophie* zu rechnen; in den Umkreis der *Geschichtsphilosophie* und *Theorie der Geisteswissenschaften* gehören z. B. „Geschichtsphilosophie"; „Das Individuelle und das Allgemeine". Auch gibt es Dialoge zur *Sozialontologie* bzw. *Sozialphilosophie*: „Phänomenanalyse der Arbeit", „Die Beziehung zur fremden Person", „Über reziproke Akte".

Es handelt sich also um bedeutende Sachprobleme der Philosophie, und zwar im ganzen Spektrum von der Theoretischen Philosophie bis zur Praktischen Philosophie, von der Naturphilosophie, Philosophischen Anthropologie bis zur Kulturphilosophie, Ästhetik und Ethik. Allein diese thematische Weite und Differenziertheit macht die Dokumente für die Forschung interessant. Und hinter dieser über dreißig Jahre lang diskutierten Fülle von Themen und Problemen steckt natürlich Hartmanns Anspruch, alle diese Themen in einer systematischen Philosophie, in einem offenen System zu integrieren – ohne diesen Anspruch wäre die enzyklopädische Struktur der Cirkelprotokolle nicht zustande gekommen.

3.2 Dialogik oder Diskurs als Form des Philosophierens im Hartmann-Cirkel

Zweitens dokumentieren die Protokolle in der Art ihrer Aufzeichnung die Form der praktizierten Dialogik. Es ist nicht leicht vorstellbar, dass es einen vergleichbaren philosophischen Textkorpus aus der ersten Hälfte des 20. Jahrhunderts gibt, der in diesem Umfang durchweg dialogische Struktur aufweist. Obwohl von Hartmann zweifellos initiiert und in den Regeln bestimmt, ordnet er selbst sich gemäß den Gesprächsregeln des *Cirkels* in das dialogische Prinzip der Sachklärung ein – als *ein* Diskussionsteilnehmer unter anderen, als mitunter verantwortlicher Protokollant. Hartmann entpuppt sich als ein bedeutender philosophischer Dialogiker. Das überrascht, weil er durch Werke von scheinbarer Geschlossenheit und hoher argumentativer Kohärenz vor sein Lesepublikum getreten ist. Aber – wie Hermann Wein es markiert – „seinen umfangreichen Niederschriften sieht man es nicht mehr an, was zu seiner innersten Essenz gehörte: ein Feind des philosophischen Monologs zu sein."[51]

Dass Hartmann mit der Aura als „antiker Philosoph"[52] bei der Initiative zu diesen Dialogen und im kontinuierlichen Festhalten an ihnen, in ihrer Verschriftlichung und ihrer Sammlung an die Platonischen Dialoge anknüpfen wollte, ist nicht unwahrscheinlich. Der Sohn von Hartmanns Marburger Lehrer Paul Natorp – Hans Natorp – stellt übrigens diese Verknüpfung von Hartmanns „Disputierkreis", wie Natorp ihn nennt, zur Grundregel platonischer Dialogik her, als er Frida Hartmann 1955 für ihre Zusendung des Bändchens *Philosophische Gespräche* dankt: „Ihr Gatte hat – hierin bewusst oder unbewusst? – das ausgebaut und anscheinend vervollkommnet, was auch meinem Vater [Paul Natorp] nachgerühmt wurde, ja was er [Hartmann] selbst meinem Vater nachrühmte: Das Disputieren philosophischer Probleme mit Jüngeren, dem Nachwuchs, auf Spaziergängen und im Seminar, auf anscheinend der Grundlage der Gleichberechtigung."[53] Übrigens ist hier auch

---

51 Wein, Hermann, „Nicolai Hartmann als Lehrer", 8.
52 Plessner, Helmuth, „Brief an Josef König vom 11. 11. 1924", 58.
53 Hans Natorp an Frida Hartmann, 20.10.55, in: Nachlass Nicolai Hartmann, Literaturarchiv Marbach, Briefkontakte Nicolai Hartmann, Box 9, 3. Abteilung: Briefe an Nicolai Hartmann.

das Eros-Moment der Hartmannschen Dialoge zu erwähnen – es ist bekannt, dass Hartmann ausdrücklich auf die Beteiligung von Philosophiestudentinnen an den Diskussionsrunden Wert legte, dass ihn deren Beteiligung beflügelte. Immerhin hat er ja – wie erwähnt – auch seine zweite Frau, Frida Rosenfeld, durch deren Beteiligung an den Marburger Cirkeln kennengelernt. Als Frida Hartmann nahm sie an den Diskussionsrunden in Köln und auf den weiteren Stationen teil.

Inwieweit dieser Schwung zum dialogischen Prinzip bei Hartmann auch durch das zeitgenössische Philosophieren Anfang der 20er Jahre inspiriert war, wäre der Aufklärung wert. Immerhin stand die damalige Philosophie nach der kollektiven Weltkriegskatastrophe unter dem Eindruck einer modernen Begegnungs- und Dialogphilosophie als prinzipiellem Korrektiv des monologischen Denkens des Einzelsubjekts – so vor allem bei Georg Simmel und Martin Buber. Als ein zusätzlicher Beleg für die Arbeitshypothese, dass es sich um eine zeitgenössische Innovation, vielleicht zum Teil eine philosophische Mode gehandelt haben könnte, wäre Hartmanns Generationsgenosse Leonard Nelson heranzuziehen, der zeitgleich das sokratische Gespräch mit äußerster Strenge und Energie in seinem Göttingen Schülerkreis explizit wiederbelebte.[54] Mit dieser immer am Beispiel einsetzenden „sokratische Methode"[55] begründete Nelson in den zwanziger Jahren in Anlehnung an die Platonische Akademie der Antike eine *Philosophisch-Politische Akademie*: Eine vernunftgeschulte Elite sollte gemeinsam nach mühevoller Erörterung im ringenden Gespräch zu Vernunftwahrheiten gelangen, die für alle Beteiligten kraft Einsicht dann ethisch und vor allem politisch verbindlich sein sollten.[56]

Eine wirklich prominente Kategorie der Philosophie ist der „Dialog", der „Diskurs", das „herrschaftsfreie Gespräch" erst in der Philosophie der zweiten Hälfte des 20. Jahrhunderts geworden, als mit dem *linguistic turn* die kommunikative Wende in der Philosophie von Karl-Otto Apel und Jürgen Habermas, von der Erlanger Schule um Paul Lorenzen und anderen das Verfahren des Gesprächs bei wissenschaftlicher Wahrheits- und gesellschaftlicher Konsensfindung als zentral postuliert wurde. Aber das heißt noch lange nicht, dass dieser theoretischen Weichenstellung auch eine dialogische Praxis des Philosophierens folgte. Diese Überlegung weist auf ein Forschungsdesiderat hin.

---

54 Heckmann, Gustav, *Das Sokratische Gespräch – Erfahrungen in philosophischen Hochschulseminaren*, Hannover 1981.
55 Nelson, Leonard, „Die sokratische Methode. Vortrag, gehalten am 11. Dezember 1922 in der Pädagogischen Gesellschaft in Göttingen", in: Otto Meyerhof, Franz Oppenheimer, Minna Specht (Hg.), *Abhandlungen der Fries'schen Schule. Neue Folge*, Bd. 5, H.1., Göttingen 1929, 21–78.
56 Fischer, Joachim, „Sokratik und Politik", in: Dieter Krohn, Jürgen Heinen-Tenrich, Detlev Horster (Hg.), *Das Sokratische Gespräch. Ein Symposion*, Hamburg 1989, 79–106.

Aus dem Rückblick des postulierten Diskurszeitalters in der zweiten Hälfte des 20. Jahrhunderts ist es bemerkenswert, dass bei Hartmann das dialogische Prinzip faktisch bereits seit den 1920er Jahren mit wechselndem Personal ein tatsächlich eingeübtes Verfahren des Philosophierens war – davon geben die Cirkelprotokolle ein beeindruckendes Zeugnis.

„Wir alle lernten das, was Hartmann wirklich konnte: zuhören, auf den anderen hören, wir lernten nachdenken, was ein anderer vor uns gesagt hatte. Hartmann selbst war es, dafür das beste Beispiel gab [er war geradezu die Verkörperung des dialogischen Prinzips]. Er dozierte in keiner Weise, er hörte, was ein anderer sprach, er antwortete darauf. Aber dies geschah keineswegs von der Höhe seines überlegenen Wissens herab, sondern er nahm wirklich Stellung, zustimmend oder abwehrend, niemals spöttisch oder ironisch, immer um die Sache oder den Gedanken bemüht. [...] Wenn irgendwo, so konnte man hier erfahren, was eine ehrliche und sachliche Diskussion ist."[57]

3.3 Bedeutung der Cirkelprotokolle für die Philosophiegeschichte der ersten Hälfte des 20. Jahrhunderts

Drittens könnten die *Cirkelprotokolle* eine wichtige Quelle für die deutsche Philosophiegeschichte des 20. Jahrhunderts werden. Die durcherzählte, polyperspektivische Geschichtsschreibung der deutschen Philosophie in der ersten Hälfte des 20. Jahrhunderts ist ein Forschungsdesiderat – und wird mit der saloppen Formulierung von der „Zeit der Zauberer"[58] kaum zureichend getroffen. Das liegt an der Komplexität, der explosionsartigen Fülle von Entwürfen und konkurrierend auftretenden Denkströmungen – das Feld ist faszinierend und abstoßend zugleich.

Geht man nicht nur auf einzelne Denker und deren Werke, sondern entlang der von Dieter Henrich am Deutschen Idealismus erprobten Konstellationsforschung im Sinne einer jeweiligen kommunikativen Verdichtung von Denkern an einem Ort und in einem Zeitraum, so sind etwa längst noch nicht alle produktiven Konstellationen dieser Epoche entdeckt und angemessen beschrieben. Die Konstellationen des Wiener Kreises um Carnap und Neurath, der Frankfurter Schule um Horkheimer und Adorno, der Marburger existenzphilosophischen Konstellation um Heidegger, Bultmann und z. B. Arendt sind gut erforscht. Aber die Erforschung von

---

57 Heiß, Robert, „Nicolai Hartmann", 21.
58 Eilenberger, Wolfram, *Zeit der Zauberer. Das große Jahrzehnt der Philosophie 1919–1929*, München 2018.

Nicolai Hartmann mit seiner Zugehörigkeit zur „Kölner Konstellation"[59] der Jahre 1925 bis 1930 steht erst in den Anfängen, und vermutlich wird erst in dieser Kölner Konstellation *seine* produktive Formationsphase der Ontologie zwischen Scheler und Plessner in Köln deutlich werden können. Die Kölner Konstellation steht für den distanzierten kategorialen Blick auf das Seiende, gleich ob es nah oder fern ist, Scheler, Hartmann und Plessner kombinieren einen naturphilosophischen Ansatz mit einer Kulturphilosophie, dessen kulturphilosophische Anschlussmöglichkeiten auch für Ernst Cassirer am Ende der 20er Jahre zunächst unveröffentlichten IV. Band der *Philosophie der symbolischen Formen* interessant werden.[60] In jedem Fall setzt die Denkergruppe anders an als die mit einer existentialer Analyse operierenden Heidegger oder Jaspers. Es ist offensichtlich diese Kölner Konstellation (aus der heraus Hartmann 1940 nachträglich auch noch Arnold Gehlen und sein Werk *Der Mensch* einordnete), die Hartmann in diesen Jahren zur gleichzeitigen Ausformulierung seiner *Naturphilosophie* (erst 1950 veröffentlicht) und seiner Kulturphilosophie (*Geistiges Sein* 1932) bringt und zur ersten Ausformulierung seiner erst später so genannten *Neuen Ontologie* motiviert.[61]

Vermutlich kann die deutsche Philosophie der ersten Hälfte des 20. Jahrhunderts erst nach der Schwelle zum 21. Jahrhundert adäquat rekonstruiert werden. Natürlich gibt es dazu erhebliche Vorarbeiten, die der Auswertung und Summierung harren – z. B. die Institutionengeschichte der deutschsprachigen Philosophie in diesen Jahrzehnten.[62] Aber die Ebene der vertrackten Berufungs- und Gutachtengeschichte ersetzt nicht die Ebene des philosophischen Diskurses selbst. Und für diese Ebene sind die Protokolle des von Hartmann ab 1920 initiierten *Cirkels*, die streng sachorientierten Diskussionen (mit wechselndem Personal) über einen Zeitraum von 30 Jahren hinweg eine erstklassige Quelle. Ein vergleichbar durchlaufendes Dokument gibt es in der deutschen Philosophiegeschichte des 20. Jahrhunderts nach der bisherigen Einschätzung nicht. Hartmann lässt fortlaufend dialogisch durch die Zeitenwenden weiterdiskutieren – das ist ein außerordentliches Phänomen, weshalb es sich um einen bedeutenden, der weiteren

---

[59] Fischer, Joachim, „Neue Ontologie und Philosophische Anthropologie. Die Kölner Konstellation zwischen Scheler, Hartmann und Plessner", in: Gerald Hartung, Matthias Wunsch, Claudius Strube (Hg.), *Von der Systemphilosophie zur systematischen Philosophie – Nicolai Hartmann*, Berlin, Boston 2012, 131–152.
[60] Hartung, Gerald, *Das Maß des Menschen. Aporien der philosophischen Anthropologie und ihre Auflösung in der Kulturphilosophie Ernst Cassirers*, Weilerswist 2003.
[61] Fischer, Joachim, *Philosophische Anthropologie. Eine Denkrichtung des 20. Jahrhunderts*, Freiburg, München 2008.
[62] Vgl. Tilitzki, Christian, *Die deutsche Universitätsphilosophie in der Weimarer Republik und im Dritten Reich*, 2 Bde., Berlin 2002.

Erforschung bedürfenden Fund zur deutschen Philosophiegeschichte der ersten Hälfte des 20. Jahrhunderts handelt. Hartmanns Cirkelprotokolle aus dem Nachlass könnten der deutschen Philosophiegeschichtsschreibung für das 20. Jahrhundert einen neuen Impuls geben.

3.4 Die Dokumente als Resonanzboden der Zeitgeschichte

Viertens stellen die *Cirkelprotokolle* durch das Hineinragen der wechselvollen Zeitgeschichte – also der Weimarer Republik, dem Dritten Reich des Nationalsozialismus in wiederum seinen Phasen, der Nachkriegszeit in der englischen Besatzungszone Westdeutschlands – eine große Herausforderung dar. Mit wechselndem Personal werden verschiedene philosophische Probleme durch die ganze Epoche der Weimarer Republik, durch die zwölf Jahre des Dritten Reiches und durch weitere fünf Jahre der westdeutschen Nachkriegszeit bis zur Gründung der Bundesrepublik Deutschland erörtert. Insofern sind die Cirkelprotokolle auch eine erstklassige zeitgeschichtliche, indirekt mentalitätsgeschichtliche Quelle. Sie haben mit ihrem Personal, den diskutierenden Köpfen ihren Sitz im Leben – in den Erfahrungen und Erwartungen des Zeitgeistes. Das betrifft natürlich die Frage, wie Hartmanns Denkstil und philosophische Theoreme überhaupt kultur- oder wissenssoziologisch zu verorten sind.

Und insofern bleibt die Frage der Wahlverwandtschaft, der Art des von Hartmann stilisierten Philosophierens bis in den Duktus des Gesprächszirkels mit den kulturellen Strömungen der Zeit interessant. Man könnte die Hypothese wagen: Wo Heideggers existenzphilosophisches Philosophieren, auch in seinem eigenwilligen Sprachgestus und auch in dem Gepackt- und Ergriffenwerden der Studierenden, wahlverwandt zum *expressionistischen Stil* der zeitgenössischen Ästhetik vom Anfang der 20er Jahre erscheinen kann, weist die Hartmannsche Philosophie bis in den nüchternen, immer am Sachbeispiel befestigten Tonfall der Cirkelprotokolle eine Wahlverwandtschaft zur *Neuen Sachlichkeit* auf – einem Stil, wie er sich in Literatur, Bildender Kunst und Architektur in der zweiten Hälfte der zwanziger Jahre manifestiert. Dabei geht es nicht um direkte Einflüsse, sondern um habituelle Affinitäten. Der Kult der Distanz, der Verhaltenheit, *nicht* die Emphase des Engagements prägt auch die Gespräche des *Cirkels*. In gewisser Weise sind die protokollierten Gespräche in ihrer Sachlichkeitsfokussierung eine Verkörperung der Moderne.

Lebens- und Politikoptionen der verschiedenen Teilnehmerinnen und Teilnehmer ragen in die Thesen und Argumentationen der Diskussionsrunden hinein. Das gilt in jedem Fall für die dicke Akte zur „Geschichtsphilosophie" 1929/30, in der ausführlich Marx, Dilthey und Lukács hinsichtlich der angemessenen möglichen

Durchdringung, auch der methodischen Annäherung an Kultur- und Politikgeschichte diskutiert werden. Das gilt selbstverständlich auch für die NS-Zeit der Diskussionsrunden – hier bedarf es der weiteren genauen Prüfung. Offensichtlich sind in diesen Jahren mindestens zwei sehr produktive Teilnehmer unter den Diskutanten Mitglieder der NSDAP, nämlich Heinrich Springmeyer und Hermann Wein, Hartmanns Assistent. Im Nachlass findet sich ein moderierendes Gutachten von Dr. Heinrich Springmeyer, dem Schüler von Hartmann, gleichzeitig Obmann des *Nationalsozialistischen Deutschen Studentenbundes* (NSD), von 1939 über die „politische Einstellung" seines Lehrers, als es um dessen Aufnahme in den Nationalsozialistischen Dozentenbund geht. Andererseits hat wiederum der Zeuge von Hartmanns späten Berliner Jahren, Wolfgang Harich, hervorgehoben, dass z. B. in den Seminaren von Hermann Wein bloße spezialisierte Kantexegese betrieben wurde – obwohl das Abzeichen am Revers erkennbar war. Im Cirkelprotokoll zur „Anthropologie" im Jahr 1936 wird ein ganzer Mix einschlägiger Autoren eingeführt und diskutiert – unter anderem auch die Thesen von Hans Heyses *Idee und Existenz*, also dem Autor, der von Gerhard Lehmann in seiner nationalsozialistischen Lesart zur *Deutschen Philosophie der Gegenwart* im Jahr 1943 als Speerspitze der von ihm am Schluss der Darstellung ausgezeichneten sog. „Politischen Philosophie" sprich völkischen Philosophie vorgestellt wird.[63] In den folgenden Sitzungen werden Heideggers Existentialanalysen aus *Sein und Zeit*, dann Jaspers Existenzphilosophie, dann Friedrich Schillers Humanismuskonzeption vorgestellt und diskutiert. In der letzten Sitzung gibt es eine offene Diskussion über das Verhältnis von rassischer Determination und kulturell-traditionaler Determination, ihre Abhängigkeit oder Unabhängigkeit voneinander. Diese Dokumente bedürfen einer genauen Analyse und sachgerechten Aufarbeitung durch Kontextualisierung. Auch die Teilnahme junger Studierender und Doktoranden jüdischer Herkunft – sich eventuell selbst dem deutschen Judentum zurechnend und von anderen als Juden ausgegrenzt – ist noch nicht untersucht.

Insgesamt gilt aber für Dokumente in den 30er Jahre, was überhaupt die Merkwürdigkeit seiner philosophischen Existenz auf dem prominentesten philosophischen Lehrstuhl im NS-Deutschland auszumachen scheint: Hartmann ist in diesen Dialogen „politisch unnahbar und unangreifbar".[64] Dieser Habitus führt nach 1945 gerade nicht zur politischen Belastung von Hartmann, sondern ganz im Gegenteil: Er wird in der britischen Besatzungszone zu einer Fülle von Entlastungsgutachten aufgefordert. Zugleich aber führt diese durchgehaltene politische Enthaltsamkeit

---

[63] Lehmann, Gerhard: Die deutsche Philosophie der Gegenwart, Stuttgart 1943, 539–543.
[64] Lepsius-Trendelenburg, Juliane, *Ratinger Erinnerungen. Eine Generation erzählt aus ihrem Leben*, Ratingen 1984, 53.

auch zu einer gewissen Enttäuschung der Studierenden, die nun Antworten auf die drängenden Fragen der Zeit erhoffen. Anders als bei Karl Jaspers, der als Philosoph die „Schuldfrage" öffentlich stellte, gab es für die Hartmannianer „keine Diskussion zu den brennenden Fragen unserer Zeit" – wie Juliane Lepsius-Trendelenburg kritisch festhält.[65] Durchaus ist aber in den Dokumenten der Nachkriegszeit eine Zuwendung zu speziell sozialtheoretischen Themen erkennbar, zu dem, was dann als Intersubjektivitätstheorie bekannt wird: „Das Verstehen des Fremdseelischen" und „Über reziproke Akte". Hartmanns durchgehaltenes dialogische Prinzip erwies sich zudem als das nun öffentlich erforderte demokratische Prinzip: Von jeher war ja „im Diskussionskreis [...] jeder gleich stimmberechtigt und vorsitzberechtigt [...]. Jeder musste einmal heran und eine Sitzung leiten und dabei sehen, was das verlangte."[66]

3.5 Cirkelprotokolle als erstklassige Quelle für die Genese von Hartmanns Werken selbst

Schließlich kann man noch einmal zum enormen Themenspektrum der Cirkelprotokolle zurückkehren und daraus noch ein weiteres, *fünftes* Argument der Relevanz dieser Dokumente entwickeln. Wenn Hartmann ein bedeutender Philosoph des 20. Jahrhundert ist, dann durch das enorme Spektrum seiner systematischen, insgesamt sogar untereinander gleichrangigen Werke – der *Metaphysik der Erkenntnis* (1921), der *Ethik* (1925), der *Probleme des geistigen Seins* (1933) als seiner Kultur- und Geschichtsphilosophie, der *Philosophie der Natur* (1950), den Werken zur Neuen Ontologie bis hin zum *Aufbau der realen Welt* (1935–1950), der *Ästhetik* (1953). In diesem Zusammenhang sind die Cirkelprotokolle der Jahre 1920 bis 1950 auch eine erstklassige Quelle für eine Analyse der intellektuellen Biographie Nicolai Hartmanns und der Genese seiner Werke. Dass hier ein Junktim zwischen den Werken und Cirkelprotokollen besteht – dafür hat Hartmann selbst den entscheidenden Hinweis bezogen auf die Genese seines Werkes *Probleme des geistigen Seins* im Kontext der Diskussionen im Kölner *Cirkel* gegeben. Er spricht dort vom Weg zu diesem Werk: „Allein, im einsamen Denken, hätte ich ihn schwerlich zurücklegen können. Die Hilfe kam von einer Reihe jüngerer Köpfe, die sich in den Jahren 1929/30 in meinem Kölner Disputierkreis zusammenfanden und zwei Semester lang fortlaufend mit mir den geschichtsphilosophischen Problemen nachgingen." Und er fährt fort: „In den Protokollen dieser Verhandlungen findet sich vieles vor-

---

[65] Lepsius-Trendelenburg, Juliane, *Ratinger Erinnerungen. Eine Generation erzählt aus ihrem Leben*, 80.
[66] Wein, Hermann, „Nicolai Hartmann als Lehrer", 8.

gezeichnet, was diesem Buch dem Inhalt wie der Richtung nach die Grundlinien gegeben hat." Hartmann geht sogar noch einen Schritt weiter, um die Relevanz der dialogischen Gesprächsform für die Genese des Werkes herauszustellen: „In diesem Sinne kann ich das vorliegende Buch nicht einfach das meinige nennen." Er erwähnt ausdrücklich Heinrich Springmeier, Robert Heiß und Bodo von Waltershausen, um zu schließen: „Das Verhältnis ist vielmehr dieses: was ich in diesem Buch vorlege, ist in vielen Stücken ebensosehr das ihrige wie das meinige."[67]

Cum grano salis wird das auch von den anderen Werkgenesen gelten. *„Disputieren"* war ein Habitus von Hartmann, er nahm es als ein Kontinuum wahr, mit anderen *und* mit sich selbst philosophische Fragestellungen, Begriffe und Probleme argumentativ durchzuarbeiten.[68] Faktisch werden sich in den Cirkelprotokollen, dort wo Hartmann argumentiert, sicher ad hoc formulierte Denkfiguren oder argumentative Zurückweisungen finden lassen, die seit der Marburger Zeit aus seinen bereits vorliegenden Werken stammen, aber eben auch Denkfiguren, die vor allem in die noch zu schreibenden Werke eingehen. Wenn also in einem anhaltenden Interesse an der Philosophie Hartmanns[69] die genannten Hauptwerke Hartmanns in den Blick rücken und auf ihre Abschlussfähigkeit für aktuelle Fragestellung in der Philosophie gelesen werden, dann wird man sich auch zunehmend für die Genese seiner Werke interessieren und dann, ja dann werden auch die protokollierten Cirkelgespräche von 1920 bis 1950 eine zusätzliche Neugier auf sich ziehen.

Literaturverzeichnis

Buch, Alois Joh. (Hg.), Nicolai Hartmann 1882–1982, Bonn 1982.
Eilenberger, Wolfram, Zeit der Zauberer. Das große Jahrzehnt der Philosophie 1919–1929, München 2018.

---

[67] Hartmann, Nicolai, *Das Problem des geistigen Seins. Untersuchungen zur Grundlegung der Geschichtsphilosophie und der Geisteswissenschaften*, Berlin, Leipzig 1933, Vorwort, iv–v.
[68] So schreibt er an Otto Friedrich Bollnow, der ihm das Buch „Ehrfurcht" zugesandt hat: „Ich lese ganz langsam, jede Einzelheit auf die Waagschale legend, und disputiere innerlich alles mit Ihnen durch." (Hartmann an Bollnow 19.2.1948, in: Nachlass Nicolai Hartmann, Literaturarchiv Marbach, Briefkontakte Nicolai Hartmann, Box 7, 2. Abteilung: Briefe von Nicolai Hartmann). Und an den Korrespondenzpartner Hans Aengeneyndt über das noch ausstehende Werk „Philosophie der Natur": „Die Naturphilosophie selbst muss noch in einigen Stücken durchdisputiert werden." (Hartmann an Hans Aengeneydt, 9.9.47, in: Nachlass Nicolai Hartmann, Literaturarchiv Marbach, Briefkontakte Nicolai Hartmann, Box 7, 2. Abteilung: Briefe von Nicolai Hartmann).
[69] (Poli/Scognamiglio/Tremblay 2011; Poli 2012; Hartung/Wunsch/Strube 2014)

Fischer, Joachim, „Neue Ontologie und Philosophische Anthropologie. Die Kölner Konstellation zwischen Scheler, Hartmann und Plessner", in: Gerald Hartung, Matthias Wunsch, Claudius Strube (Hg.), Von der Systemphilosophie zur systematischen Philosophie – Nicolai Hartmann, Berlin, Boston 2012, 131–152.

Fischer, Joachim, „Sokratik und Politik", in: Dieter Krohn, Jürgen Heinen-Tenrich, Detlev Horster (Hg.), Das Sokratische Gespräch. Ein Symposion, Hamburg 1989, 79–106.

Fischer, Joachim, Philosophische Anthropologie. Eine Denkrichtung des 20. Jahrhunderts, Freiburg, München 2008.

Freytag-Löringhoff, Bruno Baron v., „Erinnerungen an Nicolai Hartmann" (Vortrag auf Burg Stettenfels 1986), in: Lise Krämer (Hg), Nicolai Hartmann. Facetten der Persönlichkeit [Privatdruck], Kalletal 2003, 54–63.

Gadamer, Hans Georg, Philosophische Lehrjahre, Frankfurt a. M. 1977.

Gurvitch, Georg, Les Tendances Actuelles de la Philosophie Allemande. Edmund Husserl, Max Scheler, Emil Lask, Nicolai Hartmann, Martin Heidegger, Paris 1930.

Harich, Wolfgang, Nicolai Hartmann. Der erste Lehrer. Schriften aus dem Nachlass Wolfgang Harichs, Bd. 10, hg. v. Andreas Heyer, Baden-Baden 2018.

Hartmann, Frida, „Aufzeichnungen von Frida Hartmann, geborene Rosenfeld (1979)", in: Lise Krämer (Hg), Nicolai Hartmann. Facetten der Persönlichkeit [Privatdruck], Kalletal 2003, 5–15.

Hartmann, Nicolai, „Brief an Dr. J. H. Höfert, Königsbronn, 4.4.1947", in: Nachlass Nicolai Hartmann, Literaturarchiv Marbach, Briefkontakte Nicolai Hartmann, Box 7, 2. Abteilung: Briefe von Nicolai Hartmann an Höfert 1946–49.

Hartmann, Nicolai, „Brief an Dr. Johannes Werner Klein, Hamburg, 9.8.1946", in: Nachlass Nicolai Hartmann, Literaturarchiv Marbach, Briekontakte Nicolai Hartmann, Box 7, 2. Abteilung: Briefe von Nicolai Hartmann.

Hartmann, Nicolai, „Brief an Friedrich Bollnow, 19.2.1948", in: Nachlass Nicolai Hartmann, Literaturarchiv Marbach, Briefkontakte Nicolai Hartmann, Box 7, 2. Abteilung: Briefe von Nicolai Hartmann.

Hartmann, Nicolai, „Brief an Hans Aengeneydt, 9.9.47", in: Nachlass Nicolai Hartmann, Literaturarchiv Marbach, Briefkontakte Nicolai Hartmann, Box 7, 2. Abteilung: Briefe von Nicolai Hartmann.

Hartmann, Nicolai, Das Problem des geistigen Seins. Untersuchungen zur Grundlegung der Geschichtsphilosophie und der Geisteswissenschaften, Berlin-Leipzig 1933.

Hartung, Gerald, Das Maß des Menschen. Aporien der philosophischen Anthropologie und ihre Auflösung in der Kulturphilosophie Ernst Cassirers, Weilerswist 2003.

Hartung, Gerald; Wunsch, Matthias; Strube, Claus (Hg.), Nicolai Hartmann – Von der Systemphilosophie zur systematischen Philosophie, Berlin-Boston 2012.

Hartung, Gerald; Wunsch, Matthias (Hg.), Nicolai Hartmann. Studien zur Neuen Ontologie und Anthropologie, Berlin-Boston 2014.

Heckmann, Gustav, Das Sokratische Gespräch – Erfahrungen in philosophischen Hochschulseminaren, Hannover 1981.

Heimsoeth, Heinz; Robert Heiß (Hg.), Nicolai Hartmann. Der Denker und sein Werk, Göttingen 1952.

Johannessohn, Dorothea ([1952] 2003), „Erinnerungen an Nicolai Hartmann (1952)", in: Lise Krämer (Hg), Nicolai Hartmann. Facetten der Persönlichkeit [Privatdruck], Kalletal 2003, 43–49.

König, Josef, Helmuth Plessner, Briefwechsel 1923–1933, hg. v. Hans Ulrich Lessing, Almut Mutzenbecher, München/ Freiburg 1994.
Lehmann, Gerhard, Die deutsche Philosophie der Gegenwart, Stuttgart 1943.
Lepsius-Trendelenburg, Juliane, Ratinger Erinnerungen. Eine Generation erzählt aus ihrem Leben, Ratingen 1984.
Morgenstern, Martin, Nicolai Hartmann zur Einführung, Hamburg 1997.
Natorp, Hans, „Brief an Frida Hartmann, 20.10.55", in: Nachlass Nicolai Hartmann, Literaturarchiv Marbach, Briefkontakte Nicolai Hartmann, Box 9, 3. Abteilung: Briefe an Nicolai Hartmann.
Nelson, Leonard, „Die sokratische Methode. Vortrag, gehalten am 11. Dezember 1922 in der Pädagogischen Gesellschaft in Göttingen", in: Otto Meyerhof, Franz Oppenheimer, Minna Specht (Hg.), Abhandlungen der Fries'schen Schule. Neue Folge, Bd. 5, H.1., Göttingen 1929, 21–78.
Ortega y Gasset, Schriften zur Phänomenologie, hg. v. Javier San Martin, Freiburg/München 1998.
Pannenberg, Wolfhart, „An Intellectual Pilgrimage", in: Dialog. A Journal of Theology, vol. 45 (2) / 2006, 181–194.
Patzig, Günther (Hg.), Symposium zum Gedenken an Nicolai Hartmann (1882–1950), Göttingen 1982.
Poli, Roberto; Scognamiglio, Carlos; Tremblay, Frederic (Hg.) The Philosophy of Nicolai Hartmann, Berlin- Boston 2011.
Schischkoff, Georg, Philosophisches Wörterbuch, Stuttgart 1982.
Schnädelbach, Herbert, Philosophie in Deutschland 1831–1933, Frankfurt a. M. 1983.
Stache, Wilfried (Hg.), Nicolai Hartmann. Philosophische Gespräche, Göttingen 1953.
Stache, Wilfried, Briefkorrespondenz mit dem Verlag Vandenhoeck & Ruprecht, in: Staatsbibliothek Berlin, Nachlass 494, G 1950-54/ 9. Bl. 661-839.
Stegmüller, Wolfgang, Hauptströmungen der Gegenwartsphilosophie, Bd. 1. Stuttgart 1960.
Tilitzki, Christian, Die deutsche Universitätsphilosophie in der Weimarer Republik und im Dritten Reich, 2 Bde., Berlin 2002.
Wein, Hermann, „Nicolai Hartmann als Lehrer", in: Neue Zürcher Zeitung, Nr. 33, vom Samstag 3. Februar, 8.

Die Dialoge („Cirkel-Protokolle")

1 *Wesen des idealen Seins* (Wintersemester 1923/1924)

Das „Wesen des Idealen Seins", das weder nur mit logischen Beziehungen noch bloß mit realem Sein identifiziert werden soll, ist Thema des „Disputierkreises" im Wintersemester 1923/1924: Gibt es ideale Gegenstände mit Ansichsein, die unabhängig von realen Gegebenheiten sind? Und wenn ja, welcher Art sind sie?

Der Dialog zeigt eine übergreifende Ordnung: Die Verhältnisse Ideales und reales Sein *und* Individuelles und Allgemeines werden nacheinander bezüglich verschiedener Themenfelder erörtert, so in Geschichte, beim ästhetischen Gegenstand, in Recht, Ethik, Wertetheorie und Religion. Hartmann eröffnet im Fall dieses Dialoges mit einer Vorgabe, indem er auf Bereiche eingeht, in denen Gebilde idealen Seins gewöhnlich gesucht werden. Er nennt: das Mathematische, das Logische, das Mathematische im Mechanischen, das Leben, die Werte und zwar insbesondere die sittlichen, das Ästhetische, das Religiöse (Idealität des Glaubens) und das Geschichtliche (Zeitgeist u. a.). Entgegen einer „in der klassischen Philosophie oft behaupteten These", dass das Ideale Sein schlicht die Kategorien des Realen wären, wird geltend gemacht, dass jedem real Konkreten (bspw. dem realen Raum) unendlich viele ideale Konkreta (bspw. ideale Räume) gegenüberstehen, und jedem ideal Konkreten (z. B. der Idee einer bestimmten Person) viele verschiedene reale Personen. Eine Zuordnung von dem Konkreten zum Realen und dem Allgemeinen zum Idealen scheint widerlegt und die Frage nach dem Wesen des Idealen muss erneut gestellt werden (I). Im Anschluss an diese Exposition werden im Disputierkreis Beziehungen von Prinzipien zu Realisiertem, von Allgemeinem und Besonderem mit Blick auf Idealität und Realität diskutiert (II, III), antike Positionen zu Individuum und Idee, Prinzip und Konkretisierung, teils im Vergleich mit modernen Positionen (IV), die Rolle des Idealen in der Geschichte (V), das Verhältnis von Idealität zu Individualität und Konkretheit am ästhetischen Gegenstand (VI–VIII). Ein weiterer Themenkomplex betrifft Ideales und Reales Sein im Recht (IX, X), gefolgt von der Ethik, und insbesondere der Werte im Verhältnis zu ihrer historisch bedingten Realisierung (XI–XIII) und zuletzt der Religion (XIV) vor einer abschließenden, generellen Diskussion (XV).

Schaut man auf die philosophischen Hintergründe und Referenzen der Diskussion, dann kommen philosophische Positionen von der Antike bis zum 19. Jahrhundert zur Sprache, von Aristotelischen „Wesensbestimmtheiten" (I) bis zu Bolzanos „idealem Gebilde"(III). Es gibt eine breite Diskussion bezüglich der Beziehungen von Idee und Prinzipien zu Wesen bei Aristoteles und Platon (I, IV). Ebenfalls liefert Hegels Idee von Geschichte als „Für-sich-Sein des absoluten Geistes" (V) Ansatzpunkte für die Diskussion. Von der zeitgenössischen Philosophie bildet Husserls Unterscheidung von Wesen und Tatsache in der dritten Sitzung einen Referenzpunkt.

Inhaltlich wie auch dramaturgisch handelt es sich um einen spannenden Disputierkreis, der von ausgeprägten Charakteren wie Hans-Georg Gadamer oder Gerhard Krüger im Widerpart zu Hartmann viel Lebendigkeit erhält. Achtet man auf die Positionen und Argumentationslinien, dann entfalten sich viele davon entlang der Frage nach dem Verhältnis der Unterscheidung von Allgemein und Individuell zu derjenigen von realem und idealem Sein, oftmals unter besonderer Berücksichtigung phänomenaler Zugänge.

Nach Hartmann fassen Phänomenologie und Naturforschung das Wesen desselben Gegenstands von entgegengesetzter Seite aus. Von Interesse ist hier Hartmanns sehr pointierte Kritik an einem einseitig phänomenologischen Standpunkt (I). Die Phänomenologie bleibe an der Oberfläche der Erscheinung, während die Naturwissenschaft die Gründe des Seienden erforscht: „Die Phänomenologie hat selbst einen beschränkten Blick. Sie bleibt nur bei der Oberfläche, beim Phänomen stehen. Naturforschung treibt dagegen Tiefenforschung am Gegenstand. Die herausgestellten Naturgesetze klären die Gründe des Gegenstandes auf. Man kann das Sein nicht erforschen mit Umgehung der Naturwissenschaft. Hier liegt ein Grundirrtum der Phänomenologie. Dabei hebt die Naturforschung die Phänomene nicht auf, ersetzt sie nicht! Die Phänomenologie bezahlt die Breite ihres Gegenstandes mit einer Verkürzung der Tiefe nach." (I) Krüger wirft vor allem die Frage auf, ob nicht die Geschichte mit ihren Verallgemeinerungen ihren Gegenstand verfehlt und fälscht: „Liegt hierin nicht vielleicht eine willkürl[iche] Erhebung ins Ideale, Wesenhafte, gegen die die überall individuelle geschichtl[iche] Realität sich sperrt?" (IV). Nach Hartmann ist zwar Geschichte reales Geschehen, und Geschichtswissenschaft „Realwissenschaft", jedoch kann so, „wie die Idee einer Person hinausragen kann über den in ihr realisierten Gehalt, [...] auch das Wesen in der Geschichte mehr enthalten, als die Realität. Hierin liegt ein Platonisches Element." (V) Als Beispiel für ein Individuelles, das ideell ist, führt Hartmann den Hintergrund am ästhetischen Gegenstand an: Nicht nur der reale Vordergrund eines Kunstwerks, auch dessen idealer Hintergrund, bspw. eine fiktive Person, ist demnach individuell (VII).

Das problematische Verhältnis absoluter Ansprüche, die moralische Werteinstellungen begleiten und historischer Besonderheit wird prägnant ins Auge gefasst (XI). Hartmann fragt: „Gesetzt, eine Moral erkennt den Wert der Treue nicht an. Gibt es ihn dann also nicht?" Später konstatiert er: „Überall, wo Zuverlässigkeit im Verkehr der Menschen verlangt wird, wird Treue als moralischer Wert gefühlt. Der Absolutheitsanspruch ist überall identisch."

Interessante Spannungen und Dissense entfalten sich zwischen verschiedensten Zirkelteilnehmern und verdichten sich zwischen Gadamer und Hartmann: Nach

Gadamer ist mit Blick auf das Reale Individuelles gegenüber dem Allgemeinen primär, das Allgemeine ist hinsichtlich des Grades gestuft. Nur das Individuelle ist „absolut". Hartmann dagegen nimmt an, dass auch das Allgemeine absolut sei und dass Stufungen nur bezüglich des logischen Umfangs, nicht aber bezüglich des Allgemeinseins bestünden (II). Hartmann vermutet, dass Gadamer Begriffe wie Existenz und Realität vermengt und verteidigt die Position, wonach durchaus nur Individuelles existiere, aber die Keplerschen Gesetze durchaus real seien, wenn sie auch nicht „existierten" (III). Es gibt desweiteren einen Dissens zum Wesen der Individualität: Hartmann: „Die Individualität einer Persönlichkeit unterscheidet sich qua Individualität in nichts von der Individualität dieses Bleistiftes." Gadamer: „Aber wenn wir von der Individualität einer Persönlichkeit sprechen, meinen wir doch gar nicht ihr hic et nunc, sondern das Identische, das sie in allen ihren Schicksalen und Situationen zeigt." (VI).

Der Dissens zwischen Gadamer und Hartmann setzt sich fort. Gadamer ist der Auffassung, dass zwar das Individuelle des ästhetischen Gegenstands Vordergrund und Hintergrund enthält, jedoch das Individuelle des Hintergrunds nicht von demjenigen des Vordergrunds zu trennen ist, da das Individuelle im Hintergrund zugleich allgemein ist. Hartmann dagegen besteht darauf, den Hintergrund, das ideelle Moment eines konkreten Kunstwerks auch losgelöst von dessen Vordergrund als individuell aufzufassen. Hartmann schwächt seinen Punkt darauf hin ab (bzw. präzisiert ihn dahingehend), dass zumindest eine Illusion der Individualität des Hintergrundes gegeben sei, hingegen der Hintergrund zwar nicht im strengen Sinne individuell, wohl aber konkret sein müsse (VII). Gadamer vertritt den Gedanken einer Heteronomie des ästhetischen Gegenstands, während Hartmann die Vorstellung vertritt, dass nicht nur die reale Verkörperung, sondern auch die ästhetische Idee (bspw. die des Alkibiades) individuell sein müsse, weil sie sonst Doppelgänger zulasse, was der involvierten Idee der Liebe widerspräche (VIII).

Ein Gegensatz zwischen Wertobjektivismus bei Hartmann und hermeneutischem Primat geschichtlichen Teilens für die Werterkenntnis bei Gadamer scheint in Protokoll XI durch: Gadamer stellt fest: „[...] Wenn wir seltsame chinesische Sitten beobachten, werden wir auf gewisse Werte schließen, die für die Chinesen dabei bestimmend sind. Aber welches diese Werte sind, ist nur dem zugänglich, der ein durch die geschichtliche und ökonomische Realität des chinesischen Lebens bestimmtes Wertbewußtsein besitzt." Hartmann entgegnet: „Gewiß. Aber als Wert ist er über die tatsächliche Realisierung hinaus. [...] Was leitet mich z. B. im moralischen Vorbilde? Daß dort ein Wert realisiert ist, kann ich nicht wissen ohne Wertgefühl. Ja, die historische Realität ist hier sogar unwesentlich, z. B. die Jesus-Erscheinung."

Dass Dissens und gegenseitiges Missverstehen oft schwer unterscheidbar sind, veranschaulicht ein Wortwechsel am Ende von Sitzung XII, der auch die methodische Egalitätstruktur des Cirkels veranschaulicht: Hartmann bemängelt mit Blick auf den Gang der Diskussion „[...] In alldem ist die Hauptfrage nach dem Idealitätscharakter der Werte noch nicht berührt, sofern sie vom geschichtlichen Relativismus gesehen werden sollte: welchen Seinscharakter haben die Werte, sofern sie wandelbar sein sollten? Die Diskussion ist daran vorübergegangen." Krüger wendet ein: „Ich muß mich wundern. Ich habe die ganze Zeit über von nichts anderem gesprochen. Der Herr Professor muß geschlafen haben." (XII)

Ambiguitäten des Wertbegriffes bei Hartmann werden in der Diskussion der Abhängigkeit oder Unabhängigkeit idealen Seins von Realität und dem Vergleich mit mathematischen Gegenständen deutlich: Hartmann stellt in den Raum: „[...] Gesetzt, die Welt wäre so, daß es keine Treue in ihr geben könnte, behält der Satz, daß Treue wertvoll ist, seinen Sinn? Oder gesetzt, es gäbe keine sittliche Größe, ist deshalb die sittliche Größe nicht mehr wertvoll? In dem Sinne, den Bolzano mit der ewigen Wahrheit des ‚Satzes' verband, ist die Treue oder die sittliche Größe wertvoll, unabhängig davon, ob es eine Welt gibt, in der sie verwirklicht werden können." Jacob Klein entgegnet: „Das heißt aber nicht, daß sie als Wert ideales Sein haben, bevor sie in der Welt auftreten. Daß die Treue wertvoll ist, bedeutet nicht, daß ihr Wert Sein hat, bevor es ihn in der Welt gibt." Hartmann widerspricht: „Doch! Denken Sie, Sie hätten sämtliche Kurven eines Systems entworfen bis auf eine. Gibt es diese deshalb nicht?" Klein und Krüger dagegen: „Allerdings! Die Kurve hat ihr ideales Sein, nicht aber der Wert ohne die Wirklichkeit des realen Verhältnisses, an dem er auftritt." (XIII)

Sichtet man den Dialog insgesamt auf die Beispiele und geteilte Anschauungshintergründe der Teilnehmer, dann werden u. a. als Beispiel das Wesen einer konkreten Tasse und der Tasse überhaupt, oder das Wesen des Menschen herangezogen (III). Zur Frage der Lösbarkeit der Individualität des Hintergrunds vom derjenigen des Vordergrunds an ästhetischen Gegenständen wird die Polonius-Szene im Hamlet zitiert (VI). Das Christentum wird als Beispiel einer Moral, die die Koexistenz verschiedener Werte, die konfligieren können, enthält, angeführt: Reinheit im Extrem zu Anachoretismus, Nächstenliebe zum tätigen Leben (XII). Mit Blick auf das ideale Ansichsein wird die Paulinische Theologie und der Sündenbegriff (XIV) herangezogen, es werden Werte wie Treue und Gerechtigkeit im Vergleich mit mathematischen Kurven diskutiert (XIV), und dabei die Abhängigkeit oder Unabhängigkeit des Seins der Werte von ihrer Realisierung behandelt.

Gibt es thematische Überschneidungen mit früheren oder späteren Dialogen? Die Diskussionen zum *Wesen des Wesens* vom Wintersemester 1925/1926 nehmen einige Erörterungslinien wieder auf. Auch in *Anschauung und Begriff* vom Sommersemester 1931 wird der Status idealen Seins nicht nur erkenntnistheoretisch, sondern auch ontologisch thematisiert. Die Diskussionen zum *Sein der Werte* (Wintersemester 1931/1932 und Sommersemester 1932) thematisieren eine Unterklasse „ideal" seiender Entitäten.

Selbstverständlich lassen sich in diesem Marburger Dialog Bezüge zum Werk von Hartmann finden. Es gibt Bezüge zur späteren Geschichtsphilosophie (Einleitung *Probleme des geistigen Seins*) (V), zur „Ästhetik" (ästhetischer Gegenstand, die Beziehung von realem Vordergrund und idealem Hintergrund, VI, VII). Das Ansichsein der Werte, ihre Nähe oder Ferne zum Idealen und Realen – und damit Topoi der zeitgleich oder zeitnah entstehenden „Ethik" (1926) werden in XIII ausführlich diskutiert. Besondere Aufmerksamkeit verdienen überhaupt die werttheoretischen Diskussionen, die in der Zeit der Entstehungszeit der *Ethik* stehen. Sie liefern prägnante, teils brillante Schlüssel zum Verständnis der objektivistischen Wertphilosophie Hartmanns, dem Status der Werte als idealem Ansichsein (und überhaupt jeder apriorischen Wertetheorie) und könnten als Ergänzung zu entsprechenden Kapiteln in der *Ethik* herangezogen werden (insbesondere in XII, wo Hartmann klar einige Fragen und Problemfelder zu Art und Status der Werte, zur Beziehung von Wert und Realisierung, Wert und Geschichte, Wert und Sollen, Seinsollen und Freiheit eröffnet, die in späteren Äußerungen nicht immer derart transparent, und untereinander klar separiert erscheinen). Auch Überlegungen zum Einheitscharakter des Wertreichs, zur Beziehung der Strukturen der Wesensgesetze zu den einzelnen Werten sind erhellend (XII), wie auch die Vergleiche mit mathematischen Gegenständen (XIII), die Eigenarten des synthetischen Wertverständnisses Hartmanns verdeutlichen.

Es sei zuletzt exemplarisch auf thematische Anschlüsse dieses Dialogs aus den 20er Jahren zu neueren Diskursen der Philosophie verwiesen: Die Diskussionen zeigen eine Nähe zu neumetaphysischen Diskursen mit Neuauflagen alter Positionen wie dem Universalienrealismus (David Armstrong), dem Nominalismus (David Lewis) sowie neuer Positionen wie einem modalen Realismus (Dawid Lewis, Timothy Williamson). Die Frage, wie Sätze über fiktive Figuren wahr sein können (bei Hartmann: Wesen des Siegfried (III), findet ihre Neubehandlung bei David Lewis (*Truth in Fiction*, 1978, mit Sherlock Holmes als Beispiel). Die Analysen zum Akt des Versprechens (IX) finden Anschlüsse in der Sprechakttheorie (Austin, Searle). Die Diskussion über Urrecht auf Grund von fundamentalen Willenszwecken, aus denen Rechte aufgrund notwendiger Realisierungsbedingungen abgeleitet werden können (X), findet in der Rechtsphilosophie von Alan Gewirth eine neuere Ausarbeitung.

Manuskript, Wesen des idealen Seins. I. Sitzung, Gadamer, Hartmann, Karsch, Krüger, 1923-11-09, Marburg

Protokoll vom 9. Nov[ember] 1923.[a]

Zur Untersuchung steht für das Semester: das Wesen des Wesens (das Wesen des idealen Seins).–

Referat[b]: Prof. Hartmann.
Vorsitz[c]: Krüger[d]

Prof. HARTMANN: Die reine Herausarbeitung des idealen Seins, ohne logische oder erkenntnistheoretische Motive einzumischen, ist bisher kaum gelungen. So mischen sich bei Plato logische Motive ein. Natürlich steht der Begriff der platonischen Idee nahe, scheidet man aber nicht, so mischt sich auch sofort das erkenntnistheoretische Motiv mit ein. Logisch-begriffliches Sein und ideales Sein ist also zu scheiden. Läßt sich nicht der Begriff des idealen Seins bilden?! Sieht man geschichtlich an den Lösungsversuchen des Erkenntnisproblems entlang, besonders an den aufgestellten Identitätsthesen (Gesetze des Denkens – Gesetze des realen Seins), so sieht man, wie sich die Struktur der realen Welt mit der des idealen Seins vermischt. Hier liegt ein erstes Problem für uns: denn hier handelt es sich um Sein gegen Sein.

Gibt es denn eine ideale und eine reale Seinssphäre? Die Einklammerung, die Husserl etwa vornimmt, zeigt, daß eine Scheidung möglich ist. Es zeigt sich dabei, daß die ideale Sphäre selbst den Gegensatz: Prinzip – Konkretum in sich trägt. Es zeigen sich echte beschreibbare Wesenheiten im idealen Sein, die aber keine Prinzipien sind. Es gibt Real- und Idealprinzipien darin. Die ideale Sphäre hat selbst eigne Prinzipien. Die von der klassischen Philosophie so oft behauptete These, daß die Kategorien des realen Seins nichts anderes sind als der Bestand der idealen Sphäre[,] würde sich damit als falsch erweisen. Kehren denn alle idealen Gebilde im Sein wieder? Und sind denn alle realen Formbestimmtheiten so, daß sie im idealen Sein vorgebildet sind? Man denke

---

a Protokoll vom 9. Nov[ember] 1923.] *mittig und teilweise unterstrichen; davor.* I.; *danach mit Bs:* bei Karsch; *auf dem rechten Rand:* Dr. Fritz Karsch.; *dem Protokoll voran geht ein ca. 12 x 9 cm großes Deckblatt, darauf mit Bs:* Protocolle, *doppelt unterstrichen,* W. S. 22/24 Philos. Cirkel, *darunter hs:* Wesen des idealen Seins

b Referat] *unterstrichen*

c Vorsitz] *unterstrichen*

d Vorsitz: Krüger] *in der darüberliegenden Zeile gegenüber:* Hartmann; *in der darunterliegenden Zeile auf dem rechten Rand:* A. Referat, *letztes Wort unterstrichen*

an das Raumproblem! Zeigen sich denn nicht unendlich viele mathematisch-ideale Räume[,] aber nur ein realer^a? Und umgekehrt: wie viel mag es etwa in der realen Person an Strukturen geben, die nicht in der Idee dieser Person aufgehen. So könnte es etwa auch im realen Sein den realen Widerspruch geben, d. h. der Widerspruch, der durch den Satz des Widerspruchs im idealen Sein aufgehoben ist, wäre gerade eingesetzt.

Es scheint also nötig zuerst einmal das Problem des idealen Wesens vom Kategorienproblem abzulösen, mag auch ein vielleicht doch tieferer Zusammenhang zwischen idealem und kategorialem Sein bestehen. Es besteht also für uns die Aufgabe auszugehen von wirklich zur Gegebenheit zu bringenden idealen Gebilden, ohne auf Resultate im voraus hinzuschielen. Um nun das Gemeinsame zu finden, müssen die Gebilde möglichst verschiedenartige^b sein. Vielleicht gibt es garnicht *die* einheitliche ideale Sphäre.

Gebilde, wo wir das ideale Sein zu greifen glauben, sind etwa:^c
1. *Mathematik* (am leichtesten?);
2. *Logik* (Gefahr es nach Seiten des Begrifflichen, Funktionalistischen zu verfälschen);
3. *Gebiete, in denen das Mathematische sich mit mechanischen oder zeitl[ich] kinematischen Charakteren verbindet.* Hier wäre das rein Ideale herauszuschälen.
4. *Das Lebende* (Starke Undurchdringlichkeit hinsichtlich der fraglichen Scheidung. Beschreibe ich z. B ein Lebewesen *rein* phänomenologisch, descriptiv, so erhalte ich zwar ideale Wesensbestimmtheiten (Aristoteles), die sich jedoch weit vom betreff[enden] kategorialen Gehalt entfernen können.
5. *Das Reich der Werte, die sittl[ichen] Werte, überhaupt der eth[ischen]^d Phänomene.* Weitere schwierigere Gebiete sind etwa
6. *Das ästh[etische] Gebilde.* Man denke an den zweischichtigen ästh[etischen] Gegenstand (siehe bes[agte] Unters[uchung])^e,^1[.] Zeigten sich nicht zwei Schichten idealen Seins, wenn außer dem realen Sein „hinter ihm" der eigentlich ästh[etische] Gegenstand als ein ideales Gebilde,

---

1 Sitzung vom 31. 7. 1922.

---

a realer] Realer
b verschiedenartige] Verschiedenartige
c etwa:] *danach kein Zeilenumbruch, Listung nicht im Listenformat, Nummerierung vereinheitlicht*
d eth[ischen]] *nach Streichung über der Zeile eingefügt*
e Unters[uchung])] *danach Anmerkungszeichen, dazugehöriger Text auf dem linken Rand*

selbst Träger des idealen ästh[etischen] Wertes ist? Sind nun beide idealen Schichten homogen?
7. *Das religiöse Gebiet:* Vielleicht ist der echte[a] Glaube, wie es schien (siehe bes[agte] Unters[uchung])[b,1] eine nur ideale Möglichkeit der Einstellung der Person, die als Reale nicht vorkommt? Schließlich etwa
8. *Die Geschichte.* Erschaut nicht der geniale Historiker rein apriori Unzähliges in seiner Idealität (Zeitgeist, Zeitstimmung).

Ist denn bei all diesen Idealitäten, die die Untersuchungsrichtungen aufdecken, immer deshalb idealer Seinscharakter garantiert? Zu bemerken ist noch, daß der Gesichtspunkt der Untersuchung nach anhangender und freier Idealität ein rein gnoseologischer[c] sein könnte, der der Sache selbst nicht wesentlich zu sein brauchte. –

Die Diskussion[d] greift den Punkt der Vermengung idealen und realen Seins am Beispiel des Naturgesetzes auf. Wieweit fällt hier das Nichtmathematische am Naturgesetz noch ins Wesen des Gesetzes? Woher kommt die Unverbrüchlichkeit des Naturgesetzes? Dann ist am Naturgegenstand doch nicht alles vom Gesetz betroffen, bleibt nicht ein Rest, den etwa die phänomenologische Wesensbetrachtung zu erfassen trachtet? In Bezug auf den Gegenstand gibt es doch eine rein phänomenologisch-deskriptive Methode neben der Konstruktion unter apriorischen Voraussetzungen stehenden Hypothesenbildung. (KRÜGER).

Es sind 2 Fragen zu scheiden (KARSCH). Die erste Frage betrifft das Naturgesetz: Wieviel konstitutive Momente des Naturgesetzes sind vielleicht ideal, wieviele real? Die 2. Frage betrifft den Gegenstand: Geht der Gegenstand restlos in die Komplexion seiner Gesetze auf, oder bleibt ein Rest, den etwa phänomenologische deskriptive Methode zu fassen trachtet, wenn sie etwa die Konstitution der sinnlichen Erscheinung des Gegenstandes beschreibt?

Tritt hierbei nicht doch die neue Frage auf (KARSCH), in wieweit scheinbar rein ideale Wesensmomente reale Macht haben? Man denke an das Problem der Gattung. Inwieweit ist etwa die Gattung: Pferd rein[e] ideales Wesen, inwieweit zugleich reale Kategorie?

---

1 Sitzung vom 1. 12. 1922

---

a echte] *über der Zeile eingefügt*
b Unters[uchung])] *danach Anmerkungszeichen, dazugehöriger Text auf dem linken Rand*
c gnoseologischer] Gnoseologischer
d Die Diskussion] *unterstrichen; davor auf dem linken Rand:* B. Diskussion, *unterstrichen*
e rein] *danach gestrichen:* logisch

Zuerst einmal ist zu bemerken, daß nicht alle Kategorien z. B. Substratkategorien Gesetze sind. Dann bleibt ferner fraglich, ob das, was vielleicht durch Kategorien unbestimmt gelassen werden könnte, „Wesen" ist. (Prof. HARTMANN)

Ja, aber die Frage bleibt: Suchen wir den Gegenstand nicht von *einer* Seite zu fassen, wenn wir ihn phänomenologisch beschreiben, von der ihn Gesetzesforschung nie anfassen kann? (KRÜGER) Und geht die Gesetzesforschung nicht auf eine *bestimmte* Seite der Gegenstandsfülle? (GADAMER). Die deskriptive Methode hat von vornherein die größere Basis, sie berücksichtigt *alle* phänomenalen Seiten am Gegenstand. Was soll etwa die Naturwissenschaft damit anfangen, daß der Gegenstand eine ästh[etische] Seite hat, er für uns Gebrauchsgegenstand sein kann? Dagegen ist der Ausgang, den Naturwissenschaft nimmt, von vornherein unter Auswahlgesichtspunkte gestellt, so daß sich diese Forschung beschränkt auf einen bestimmten Kreis ontologischer Fundamentalbestimmungen (GADAMER, KRÜGER).

Es ist aber von vornherein zu betonen, daß der Gegenstand *Einer* ist, daß seine ontologische Wesensstruktur *Eine* ist. Naturwissenschaft, wie deskriptive Wesensforschung fassen denselben Gegenstand und dringen nur gleichsam von entgegengesetzter Seite in die vielleicht irrationale Tiefe des Objekts. Die Phänomenologie hat selbst einen beschränkten Blick. Sie bleibt nur bei der Oberfläche, beim^a Phänomen^b stehen. Naturforschung treibt dagegen Tiefenforschung am Gegenstand. Die herausgestellten Naturgesetze klären die Gründe des Gegenstandes auf. Man kann das Sein nicht erforschen mit Umgehung der Naturwissenschaft. Hier liegt ein Grundirrtum der Phänomenologie. Dabei hebt die Naturforschung die Phänomene nicht auf, ersetzt sie nicht! Die Phänomenologie bezahlt die Breite ihres Gegenstandes mit einer Verkürzung der Tiefe nach. (Prof. HARTMANN)

Hier verschärft KRÜGER die Frage: Ist denn also beispielsweise am Gegenstand selbst die Schwingung, die die Naturforschung meint, *und zugleich* die Farbe Rot,^c die ich etwa sehe? Ist es ein und derselbe ansichseiende Gegenstand, der Träger beider Bestimmungen ist? Das ist doch vorerst einmal fraglich!

Prof. HARTMANN *und später* GADAMER *sind geneigt mit: Ja, zu antworten.* KRÜGER, KARSCH *bleibt das vorerst fraglich.*

Nach GADAMER wäre die Sachlage etwa so: Denselben Gegenstand der Naturwissenschaft erfaßt auch die Phänomenologie und sie [erfasst]ihn in seiner

---

a beim] *auf dem rechten Rand geschrieben, davor gestrichen:* des
b Phänomen] *berichtigt:* Phänomens
c Rot] rot

ganzen Breite[,] aber der Oberfläche nach. Auf ihr bleibt sie auch stehen. Damit verbürgt sie zugleich den Zusammenhang aller Wissenschaften in Bezug auf den Gegenstand. Dagegen dringt die Naturwissenschaft in die Tiefe des Gegenstands, aber einseitig innerhalb eines bestimmten phänomenalen Ausschnittes und sucht Gesetze, andre Wissenschaften suchen die Prinzipien, die sie angehen, innerhalb andrer phänomenaler Ausschnitte ebenfalls. Dabei mag die Naturwissenschaft das ontologische Zentrum des Gegenstands in Auge haben. – Aber immerhin bleibt es fraglich, ob die Naturwissenschaft dabei nicht einen Hiatus zwischen Gegenstand und Gesetz aufreißt, den die Phänomenologie nicht kennt.

KRÜGER betont, daß das eigentlich metaphysische Problem unberührt dasselbe sei: Geht die reale Gediegenheit des Gegenstandes allein aus den naturgeschichtlichen Determinationen hervor, oder fehlt da noch etwas? Nimmt also die Naturwissenschaft durch ihre Gesetze die phänomenalen Gegebenheiten wirklich am Ende adäquat auf oder nicht? (GADAMER)[a]

Manuskript, Wesen des idealen Seins. II. Sitzung, Eilhauer, Gadamer, Hartmann, Karsch, Krüger, Wagner, 1923-11-16, Marburg

Sitzung vom 16. November 1923.[b]
Vorsitz: Wagner.
Protokoll: Krüger[c]

WAGNER wirft im Anschluß an die vorige Sitzung die Frage auf, ob es überhaupt eine besondere Sphäre idealer Gegenstände gäbe, oder ob nicht Idealität u. Realität an ein u. demselben Gegenstand vorkämen. Er sucht das am Wesen des Tisches zu zeigen. Wenn Idealität stets Allgemeinheit sei, wie stehe es um die Idee eines Individuellen? Vielleicht, – wenn es doch Wesen sowohl von idealen als auch realen Gegenständen geben sollte, müsse man von Idealität in zweierlei Hinsicht sprechen, nämlich 1.) von Idealität als einer besonderen eigenständigen Sphäre, sozusagen substanziell, und 2) von Id[ealität] in funktional-korrelativem Sinn. Wesen sei dann bezogen auf Reales u. dieses Verhältnis komme dem von Prinzip u. Konkretum doch zumindestens nahe. Ursprünglich, wenigstens im Zugang vom Erkenntnisproblem her, gelte doch die[d] Identität beider Verhältnisse. WAGNER sagt weiter: das Wesen sei ein abstraktiver Ausschnitt aus dem Gegenstande, inso-

---

a horizontaler Abschlussstrich mittig unterhalb der Zeile
b Sitzung vom 16. November 1923.] *unterstrichen; darüber:* II.; *danach mit Bs:* bei Hartmann
c Protokoll: Krüger] *in der darüberliegenden Zeile gegenüber:* Wagner.
d die] *berichtigt:* diese

fern Gegensatz zum Individuellen; aber wie müsste man dann das Wesen Cäsars beurteilen?

Prof. HARTMANN widerspricht diesen Aufstellungen: Es gebe 1) rein ideale Gegenstände, z. B. die der Mathematik, besonders deutlich sichtbar in ihrer Unabhängigkeit[,] solche, wie der elliptische Raum. Es sei 2) verfehlt[,] Arten der Idealität zu unterscheiden; seine eigne Unterscheidung zwischen freier und anhangender Idealität sei nur gnoseologisch von Belang. Das ideale Ansichsein als solches sei überall das gleiche. Es bestehe 3) *kein* Gegensatz des Wesenscharakters[a] zwischen Allgemeinheit und Individualität. Die Idee Cäsars nehme Leibniz mit Recht als allgemein: die Idee des Individuellen sei nicht selbst individuell; dabei sehe Leibniz mit Recht vom Gesichtspunkt der Erkennbarkeit ab. 4) Hätten Idealität u. Realität mit dem Gegensatz von Prinzip u. Konkretum gar nicht zu tun; es gebe doch die konkreten phänomenologischen Wesenheiten. Abstraktheit ginge die ontologische Beschaffenheit des Wesens gar nichts an; die Methode der Wesensschau sei hier beiseitezulassen (dies auch gegen Karsch, der Wagners Zweifel in diesem Punkt unterstützt).

EILHAUER schlägt eine andre Unterscheidung innerhalb des Idealen vor: objektive und subjektive Idealität. Die erstere sei das Aufgehobene Hegels, die letztere so etwas wie der mundus fabulosus. KRÜGER identifiziert diese Unterscheidung mit der von Idealität u. Irrealität, die Prof. Hartmann seinerseits gemacht hatte (Theorie der apriorischen Erkenntnis). Damit unterliege der Unterschied ebenfalls dem gnoseologisch-subjektiven Gesichtspunkt.

Hat der irreale Gegenstand denn noch ein *Sein*? fragt EILHAUER. Ja, antwortet Prof. HARTMANN, und bringt als Beispiel das Sein eines Märchenprinzen. Dann ist aber das Ansichsein zweideutig, hier ist es ja nur vermeintlich, erwidert EILHAUER[.] Nein, sagt Prof. HARTMANN, ideales Ansichsein ist vielmehr Bedingung jedes möglichen Vermeintwerdens. Mit[b] dem[c] ideale Sein müsse von vornherein gerechnet werden, so ginge es selbst Gott (bei Leibniz). Meinong habe mit Recht das Problem von „unmöglichen Gegenständen" gestellt, die es auch *idealiter* nicht gibt; Idealität bedeute nicht subjektive Willkür, auch bei Gegenständen der Phantasie. Daß jedes Ansichsein auch sein für anderes ist, diese Dialektik bestehe zwar, berühre aber nicht die Homogenität des Ansichseins.

GADAMER macht darauf aufmerksam, daß der, wenn auch ideale, Märchenprinz doch als real gemeint werde. Wenn man dann auch wisse, daß im ästhetischen Gegenstand 2 Schichten, eine ideale u. eine reale vorkommen, so wisse man doch gar nichts über die Art dieses Verhältnisses. Wagners Rede vom funktionalen

---

a des Wesenscharakters] *über der Zeile eingefügt*
b Mit] *über der Zeile eingefügt für gestrichen:* Das
c dem] *auf dem linken Rand geschrieben*

Sinn des Wesens sei hier ganz am Platze, dürfe nur nicht einer Entscheidung über die etwaigen Arten der Idealität u. über das Wesen der Idealität präjudizieren.

KARSCH wirft hier die Frage nach dem Wesen des idealen Märchenprinzen ein: dasselbe[a] Problem kehrt dabei wieder. –

KRÜGER versucht nun, die These von Arten des Ansichseins und das Problem der Willkür in der Phantasie in Verbindung zu bringen. Es gebe doch, ohne das die Reihe vollständig zu sein brauchte, folgende Arten:[b]

1. erstes Ansichsein (Mathematik), ohne Beziehung auf Reales.
2. erstes Ansichsein mit wesentlicher Beziehung auf Reales (Wesen des Tisches). Beide Arten werden auch als ansichseiend gemeint.
3. Im ästhetischen Wesen ist gar nicht dieses, S[eien]de das ihm (in der Art v[on] 2)[c] wesentlich zugehörige Reale gemeint. Dieses ist aber nicht an sich so, und sein Wesen ist, so sehr die *Elemente* eines Phantasiebildes Ansichsein haben müssen,[d] in seiner fertigen Gestalt ein Gebilde des Subjekts. Dieses schaltet gleichsam mit ansichseienden Mosaiksteinen, die zur Determination eines eindeutigen Gesamtgebildes aus sich heraus nicht fähig sind. Zu allen genannten Arten gibt es noch
4. das „Wesen von". Auch dieses unterliegt subjektiver Mitbestimmung. Die sich nur hier, sozusagen freiwillig, um der Erkenntnistendenz willen, zur Anpassung an das vollbestimmte[e] Ansichsein bequemt. Es ist die Sphäre des Gedankens u. der Vorstellung von den Dingen.

GADAMER lenkt zur Individualität zurück: wenn die ideale Sphäre ohne Individualitäten ist, ist dann vielleicht die reale ohne Allgemeinheiten? Die Klarheit darüber würde das Problem fördern. GADAMER bezweifelt die Existenz realer Allgemeinheiten. Daß alle Menschen Wesen haben, ist das auch eine Realität über den Menschen, an denen das vorkommt? Ist die *Gattung Pferd* real?

WAGNER, der die Rose als das Allgemeine ihrer Eigenschaften,[f] den Staat als das Allgemeine seiner Bürger, also in beiden Fällen Reales als allgemein bezeichnet, wird von EILHAUER und Prof. HARTMANN eine Verwechslung von Allgemeinheit mit Allheit vorgeworfen. EILHAUER führt dagegen als Dialektik des Individuellen an: es handle sich stets um denselben Gegenstand, der als individueller real, als

---

a dasselbe] *berichtigt:* das
b Arten:] *danach kein Zeilenumbruch, Listung nicht im Listenformat*
c (in der Art v[on] 2)] *über der Zeile eingefügt*
d müssen,] *danach gestrichen:* ein Geb
e vollbestimmte] *über der Zeile eingefügt für gestrichen:* echte
f Eigenschaften] *nach Streichung über der Zeile eingefügt*

Komplex seiner[a] allgemeinen[b] Eigenschaften aber ideal sei. Der Unterschied sei kein Unterschied zweier Sphären. GADAMER entgegnet, daß sich vom Individuellen her zwar das Allgemeine, aber nie umgekehrt von diesem aus das Indivi[duelle] ergebe.

Prof. HARTMANN setzt daran die Einseitigkeit eines Standpunktes aus. In Wirklichkeit läge beides ineinander. Er gibt als Beispiele für reale Allgemeinheit die Keplerschen Gesetze und die Notwendigkeit des Stoffwechsels bei Organismen.

Es sei nur Allgemeinheit *des* Realen, sagt GADAMER, nicht selbst Realität. Das Individuum allein habe Realität im Vollsinne. Prof. HARTMANN fürchtet bei einer Abstufung innerhalb der Realität das Eindringen von Teleologie; er formuliert: die Idee des Individuellen ist nicht darum eine *individuelle* Idee.

EILHAUER wirft hier, zur Ausführung seiner früheren Thesen, den radikalen Zweifel an einem rein idealen Sein ein: der elliptische Raum sei zwar als ansichseiend gemeint im Entwurf des Mathematikers; wäre er[c] es aber wirklich, so müßte er zugleich auch real sein. Überhaupt könne in der *einen* Welt nur *ein* Raum der wahre sein; die Vielheit der höheren Räume schließe allein schon ihr Ansichsein aus. – Aber wenn schon vom Märchenprinzen Ansichsein gilt, wie viel mehr von mathematischen Gebilden, wendet Prof. HARTMANN ein.

GADAMER: Für die Realität des Seienden ist Individualität konstitutiv, Allgemeinheit nicht[.] Es ist möglich, von einem absolut isolierten Einzelwesen zu sprechen. Wenn EILHAUER entgegnet, das sei nur eine subjektive Abstraktion, über deren Wert man von Hegel zu lernen habe, so formuliert GADAMER genauer: die Isolierbarkeit liege zwar nicht im Begriff des Einzelnen, wohl aber in der Realität des real Einzelnen. Die Korrelativität von Individualität und Allgemeinheit bestehe zwar; aber das Allg[emeine] sei relativ in seinen Stufen, das Ind[ividuelle] dagegen absolut; es sei so an das Reale gebunden, daß[d] man sagen müßte: das Seiende schlägt erst mit der Individualität auf zum Realen.

Prof. HARTMANN hält dem entgegen, auch das Allgemeine sei absolut: Stufen gäbe es nur im Sinne des logischen Umfangs, nicht im Allgemeinheitscharakter als solchen; überdies habe diese Sphäre einen Abschluss nach oben im absolut Allgemeinen, das allerdings vielleicht irrational sei. Der Vorrang des Individuellen bestehe nur πρὸς ἡμᾶς.[1] Gadamers Aufstellungen unterliegen sowohl der subjek-

---

1 πρὸς ἡμᾶς] *für uns*

---

a seiner] *über der Zeile eingefügt für gestrichen:* von
b allgemeinen] *berichtigt:* Allgemeinheiten
c wäre er] *berichtigt:* wären sie
d daß] daß das

tivistischen als der teleologischen Gefahr. Die erstere Gefahr sei ebenso in den früheren Ausführungen von Krüger vorhanden. GADAMER u. KRÜGER betonen aber, es sei mit dem „Mosaik" nur eine gewisse lockere Struktur gemeint.

Manuskript, Wesen des idealen Seins. III. Sitzung, Eilhauer, Gadamer, Hartmann, Karsch, Krüger, Wagner, 1923-11-24, Marburg

Sitzung vom 24. November 1923.[a]
Vorsitz: Eilhauer.
Protokoll: Wagner.[b,c]

Nach Verlesung d[es] Protokolls knüpft Prof. HARTMANN an eine Diskussion mit Gadamer an: ob diesem nicht ein Äquivokation unterlaufe zwischen Realität u. „Existenz", zu denen als drittes noch „Wirklichkeit" käme. Alle drei gehören ganz verschiedenen Problemschichten an. Dies sei sichtbar an ihren Gegensätzen. Idealität bezeichnet ein Reich von Inhalten, Wirklichkeit dagegen ist eine Modalität: wie *weit* sich Wirklichkeit u. Unwirkliches decken – wäre eine unsinnige Frage. Existenz endlich ist omnimoda determinatio. Existenz ist somit immer nur ein Individuelles. So bekäme allerdings das Allgemeine Spielraum innerhalb des Realen. Aber *nicht* gibt es *Existenz* des Allgemeinen (wie d[ie] Begriffsrealisten meinten). Von omnimoda determinatio ist also beim Allgemeinen nicht d[ie] Rede. KARSCH fragt hierzu: ob man wirklich nur Wirklichkeit (u. somit auch Möglichkeit u. Notwendigkeit), u. nicht auch Idealität u. Realität Modalitäten nennen dürfte. Und wie verhalten sich diese Scheidungen zu einander?

Es wird nun dieser Fragekomplex in der Folge auf die von GADAMER wieder eingeführte Spezialfrage zurückgeführt: *wenn* Idealität u. Realität gegenstandskonstituierende[d] Kategorien sind – worin liegt dann der Anspruch begründet, das *Wesen* eines realen[e] Gegenstandes, das doch gleiche Struktur (Inhaltlichkeit) mit ihm als realem[f] hat, *als solches – ideal* zu nennen?

KARSCH fragt ergänzend, ob die *Überzeitlichkeit* solcher Strukturen dazu schon hinreiche. WAGNER fragt abkürzend: Weswegen ist jedesmal ein Wesen *als solches*

---

a Sitzung vom 24. November 1923.] *mittig und mit Wellenlinie unterstrichen; darüber:* III.; *danach mit Bs:* bei Gadamer
b Protokoll: Wagner.] *in der darüberliegenden Zeile gegenüber:* Eilhauer.
c *horizontaler Trennstrich mittig unterhalb der Zeile*
d gegenstandskonstituierende] Gegenstandskonstituierende
e realen] *gestrichen und gestrichelt unterstrichen, möglicherweise nach Streichung stehen geblieben*
f als realem] *unter der Zeile eingefügt*

schon ideal zu nennen[a]? Diese Frage durchzieht von nun ab als Hauptthema die Diskussion d[es] ganzen Abends, alles andre rankt sich mehr herum, oder ist Abwandlung davon. So besonders die Frage, inwiefern man von Wesen eines Individuellen sprechen kann.

KRÜGER weist auf Husserls Unterscheidung von Wesen u. – Tatsache hin, u. fragt, ob[b] diese denn noch zu Recht bestehe, wenn man vom Wesen eines Individuellen spreche, (als welches doch auch die Tatsache sei).[c]

WAGNER fragt: Was[d] ist denn z. B. das Wesen *dieser* Tasse?[e]
KARSCH: Z. B.[f] daß man draus trinken kann?
WAGNER:[g] Nein, das ist das Wesen einer T[asse] überh[aupt.]
EILHAUER: Nur das Individuelle selbst ist Wesen dieser Tasse.
Prof. HARTMANN: Nein! Aber das sie z. B. am 12./X. 22 einen Sprung bekommen hat! Und wenn man bedenkt, daß dies ein wahrer Satz ist, u. jeder Satz an sich (u. nun gar Wahrheit!) – nach Bolzano ein ideales Gebilde ist, u. als solches zu *jeder* Zeit gilt, auch *bevor* das Ereignis eintrat – so könnte man[h] das wohl als einen Hinweis auf die *Idealität*[i] d[es] *Wesens* einer Sache nehmen. Denn was von Sachverhalten gilt, gilt selbstverständlich auch von Sachen. (z. B.[j] vom [xxx] Grunde[k]).

WAGNER erklärt, nicht zu verstehen, inwiefern ein über einen Sachverhalt gefälltes Urteil (wahres), das als Sinngebilde freilich ideal sein muß, nun schon die Idealität von Momenten an diesem Sachverhalt, oder gar an[l] Sachen, die an ihm beteiligt sind, nämlich die Idealität eines sog[enannten] „Wesens" begründen soll.

EILHAUER lenkt nun die Frage speziell auf den *Unterschied* des Wesens eines Individuellen vom Wesen eines Allgemeinen. Beide werden genau umgekehrt genommen, und wenn auch, wie GADAMER entgegenhält, in gewisser Hinsicht auf *gleiche* Weise, so doch mit entgegengesetztem Resultate: beim Indiv[iduellen]

---

a nennen] *unter der Zeile eingefügt*
b ob] *über der Zeile eingefügt*
c KRÜGER weist [...] Tatsache sei).] *dahinter auf dem rechten Rand mit Bs:* Grenze der Wesensallgemeinheit
d Was] was
e Tasse?] *unter der Zeile eingefügt*
f Z. B.] z. B.
g WAGNER:] *davor gestrichen:* Prof. Hartmann, *unterstrichen*
h man] *unter der Zeile eingefügt*
i Idealität] *teilweise unterstrichen*
j z. B.] zb.
k Grunde] *Lesung unsicher*
l an] *über der Zeile eingefügt*

wurde die Naturbeschaffenheit, beim Allg[emeinen] die ideale Beschaffenheit *herausgehoben*: Also *Naturwesen* u. *ideales* Wesen zu unterscheiden.

Diese Scheidung wird jedoch in d[er] Diskussion als fragwürdig hingestellt, u. zurückgelenkt zu der Frage (GADAMER:): ob die Idealität d[er] Sätze an sich wirklich die Idealität d[es] Wesens beweise.

Prof. HARTMANN: „beweise" ist zu viel gesagt, aber sichtbar macht und nahelegt. Denn sonst wäre nicht zu verstehen, wie dem betr[effenden] Wesen so Etwas *zukommen* könne!

KARSCH: ist *dies* aber nicht *nur* ein gnoseologischer Gesichtspunkt?

GADAMER verneint dies. D[ie] *Sätze* über d[as] Wesen d[er] Tasse überhaupt u. d[as] Wesen dieser Tasse haben wohl gleiche Idealität, ob aber auch die Wesen selbst? Jedenfalls setze doch das Wesen *dieser* Tasse ihre Realsetzung voraus!

KARSCH: U.[a] warum nun nennen wir[b] das überhaupt Idealitäten? Etwa wegen d[er] Überzeitlichkeit? Würde ein Zeitbezug im Wesen die Unabhängigkeit in seinem idealen Ansichsein stören?

KRÜGER: Dem Wesen als solchem kommt natürlich Überzeitlichkeit zu, u. zwar im Sinne von aeternitas, nicht von tempiternitas (dies auch in Bezug auf früher Berührtes). Der[c] Inhalt des Wesens kann natürl[ich] Teilbestimmungen enthalten. Die Form d[es] Wesens ist *üb[er]*zeitlich. Aber haben Inhalt und Form keinen Bezug aufeinander? Bleibt das Wesen in dem*selben* Sinn überzeitlich, wenn es Zeitbestimmungen in sich aufnimmt? u. überhaupt *hyletische* Momente in das Eidos hineinkommen? Ist doch z. B. für Individuellstes ein Fingerzeig nötig. Es ist nicht lernbar, u. durch einen idealen Satz auch nur „bedeutbar" (andeutbar) – es muß Sukkurs durch d[ie] Anschauung dazu kommen, damit es selbst gegeben werde. KARSCH bezweifelt, ob hyletische, weniger aber, daß Zeitmomente ins *Wesen* hineingehören. – KRÜGER spricht weiter, von Schelers Unterscheidung in Wesensgrenzen u. faktische Grenzen. Der scheinbare Widerspruch, daß d[ie] Wesensgrenze[d] *nicht* zugleich d[ie] faktischen[e] Grenzen konstituiert[,] zeigt sich an Schelers Beispiel der Ehe als auflösbar. –

Wie weit darf nun das Hineinnehmen des Hyletischen ins Eidos vor sich gehen? Aristoteles lässt (sagt Prof. HARTMANN) nur Fleisch u. Knochen üb[er]haupt in

---

a U.] u.
b wir] *danach gestrichen:* auch
c Der] *davor gestrichen:* aber
d Wesensgrenze] Wesensgrenzen
e faktischen] faktisch, *berichtigt:* faktischen, *Korrektur nicht übernommen*

die Idee des Sokrates angelegt sein, nicht *dieses* Fleisch u. diese Kn[ochen.] Plotin dagegen warf Letzteres wenigstens als Problem auf.

EILHAUER greift den ersten Teil d[er] Frage auf u. sagt: Fleisch u. Knochen gehören nur zum *Naturwesen*[a] d[es]Menschen. Was dagegen den Menschen zum Menschen mache, sei seine differentia specifica gegen alles bloß Tierische. Diese bezeichne sein *eigentliches*[b] Wesen. Es müsse also eine Abhebung nach oben (dem *indiv[iduellen]* Menschen) u. nach unten (das Tier) stattfinden. Die[c] Tierheit gehört nicht zum Wesen d[es] Menschen.

Prof. HARTMANN sieht hierin eine Vermengung von Wesen u. *Wert*gehalt des Menschen.

WAGNER meint dagegen, es sei von Eilhauer lediglich das gemeint, was zum Unwesentlichen im Gegensatz stehe. Stehe d[em] Wesen nichts Unwesentliches gegenüber, so sei es auch nicht Wesen. Was also wäre d[as] Unwesentliche in *diesem* Falle?

Prof. HARTMANN: Ihre[d] Existenz! Dergl[eichen] leicht beim Wesen Siegfrieds zu sehen.

WAGNER: Dies ist dann aber eine *andere* Unterscheidung von Wesentl[ichem] u. Unwes[entlichem], als bei allgemeinen Gegenständen, wo es etwa für eine Tasse *überhaupt* unwesentlich ist, ob sie blau oder grau ist.

Prof. HARTMANN: Ebenso aber auch für blaue Gegenstände überhaupt, ob sie Tassen sind? Also sind Wesentliches u. Unwesentliches nicht gegenstandskonstituierende Kategorien! (Dies wird auch, als unbezweifelt, zugestanden). „Wesen" aber war im Sinne von Gegenstandkonstitutives gemeint!

WAGNER, KRÜGER u. a.: Dann gibt es also zweierlei Rede von Wesen, 1) im regionalen 2) im relativen Sinne. – Und nur vom Wesen im ersteren Sinne sollte hier gesprochen werden. –

Zum Schluß bringt GADAMER ein Beispiel für zwei fundamentale Arten d[er] Wesen: der Märchenprinz u. der Kreis überhaupt. Zum Wesen d[es] Letzteren gehört offenbar *gleicher*,[e] aber nicht *bestimmter*[f] Abstand seiner Peripheriepunkte vom Mittelpunkt. WAGNER unterscheidet d[as] Wesen eines Kreises überhaupt vom Wesen eines „bestimmten Kreises überhaupt" (Hegel!). – Zu ersterem gehöre auch

---

a *Naturwesen*] *teilweise unterstrichen*
b *eigentliches*] *teilweise unterstrichen*
c Die] *davor gestrichen:* Das
d Ihre] ihre
e *gleicher*] *teilweise unterstrichen*
f *bestimmter*] *teilweise unterstrichen*

nicht mal d[ie] e[ine] bestimmte Lokalisation im Raum. Prof. HARTMANN: Aber gehört es nicht zum Wesen eines Kreises überhaupt, *bestimmter* Kreis überhaupt zu sein? – WAGNER: nur so, wie es zum Wesen *jedes* Gegenstandes üb[er]h[aupt] gehört, *best[immter]* Geg[enstand] üb[er]h[aupt] zu sein.

Manuskript, Wesen des idealen Seins. IV. Sitzung, Eilhauer, Gadamer, Hartmann, Karsch, Krüger, 1923-12-01, Marburg

1. Dez[ember] 1923[a]
Vorsitz: Hartmann,
Protokollant: Hartmann[b]

Referent: Gadamer[c] – über das τί ἦν εἶναι[1] des Aristoteles.[d] Im Anschluss an Buch 2 der Metaphysik.[e]

KRÜGER: Wie ist es mit dem „Unwesentlichen" bei Aristoteles? Soll es das εἶδος[2] eines solchen nur κατὰ πράγματα[3] geben? Aber gibt es dann ein εἶδος, das nicht εἶδος eines γένος[4] wäre? Gibt es Grenzen der Wesenhaftigkeit in Richtung auf das δύνατον[5]? Wenn ja, – darf man dann sagen, daß Wesen hier noch dasselbe ist wie bei Leibniz, wo es diese Grenze nicht giebt (Idee Cäsars)?
Das Mißliche für Aristoteles aber wäre die Diskrepanz gegen seine metaphysischen Thesen. Dann erhält man jetzt die Verbindung des συμβηβηκὸς[6] mit dem Wesen aufrecht, so giebt man die Teleologie der Prozesse preis.
EILHAUER: Wieso??
KRÜGER: Läßt man ein συμβηβηκὸς am δύνατον neben dem aus den Eidos Notwendigen gelten, so sind die übrigen Züge des δύνατον nicht constitutiv. Sie sind

---

1 τί ἦν εἶναι] *was also Sein*
2 εἶδος] *Gestalt, Form, Aussehen, Abbild*
3 κατὰ πράγματα] *durch die Sachen, Handlungen, Lage der Dinge*
4 γένος] *Art, Gattung*
5 δύνατον] *Mögliches, Machbares, Fähiges*
6 συμβηβηκὸς] *Akzidens, unwesentliches Merkmal*

---

a 1. Dez[ember] 1923] *auf der rechten Seite; davor mittig: VI.*
b Hartmann] *durch Wiederholungszeichen angegeben*
c Gadamer] *doppelt unterstrichen*
d über das τί ἦν εἶναι des Aristoteles] *unterstrichen*
e Metaphysik.] Metaphysik

eben unwesentlich, zufällig. Und dann bildet die ὕλη[1] ein „Sprungbrett" (der Concretion, Individuation etc... kurz der Vollendung).

EILHAUER: Liegt denn im Aristotelischen Herausschneiden des Wesens aus dem Zufälligen die Notwendigkeit eines Werdenmüssens der Sache zu ihrem Wesen?

KARSCH: So ist die Frage eben bei ihm nicht gestellt. Er interessierte sich garnicht für das Wesen um des Wesens willen, sondern für das ὂν ᾗ ὄν.[2] Und das ist das Reale. Er steht ganz dem Dasein gegenüber. Das Problem eines idealen Seins (als solchem) giebt es noch nicht. Darum ist und bleibt der Prozeß zeitlich, ein real ablaufender, zugleich ein finaler auf das εἶδος zu.

KRÜGER: Die Sache liegt doch complexer. Der Nervus probandi ist das εἴη γαρ ἂν ἄπειρον[3] d. h. man stieße in definiendo nirgends auf ein letztes Resistentes, ein τό δε τι.[4] Nimmt man alles in die Flucht der Bestimmungsstrecke hinein, so entflieht auch die Bestimmtheit selbst, der ὁρισμός.[5,6]

GADAMER: Nein! Es ist für Ar[istoteles] nicht die Weise des Ansehens[a] (als wesentlich oder als unwesentlich), sondern die Weise des Daseins, sofern es gewußt wird. Z. B. daß der Fiebernde durch einen bestimmen Trank „bei Neumond" geheilt wird, gehört ins Dasein. Nur *ist* der Trank wesentlich, der Neumond unwesentlich für die Heilung. Hebt man das auf, so hat man in diesem als gewußten keine Sicherheit mehr.

Dazu kommt (gegen Eilhauer):[b] er sagt garnicht von einem „Dieses da", daß es „so und so" werden müsse. Das „Dieses da" hat den Prozeß schon hinter sich. Die Naturteleologie dagegen hat ein ganz anderes Motiv, eine andere Problemzusammenspannung. Hier liegt der auf das Eidos gerichtete Prozeß im Dasein selbst (im Organischen z. B.), also auch im Dasein als gewußtem.

HARTMANN: Er steht eben geschichtlich ganz im ὂν ᾗ ὄν, d. h. im Realen, wie Karsch sagt. Aber darin geht Karsch zu weit: das Problem des Idealen als Solchen giebt es schon – bei Platon. Aristoteles nur lehnt es ab; daher seine Polemik gegen Platon. Und genau um des concreten Realen willen. Denn Platon steht dem modernen Herausheben des Idealen als Sphäre viel näher. Daher nennt

---

1 ὕλη] *Stoff, Materie*
2 ὂν ᾗ ὄν] *Sein wodurch es Sein ist, Sein als Sein*
3 εἴη γαρ ἂν ἄπειρον] *Sein nämlich oder Unbegrenztes*
4 τό δε τι] *das (nämlich) was*
5 ὁρισμός] *Definition*
6 ὁρισμός] *wörtl. Begrenzung*

---

a Ansehens] Ansehens.
b Eilhauer):] Eilhauer:)

Ar[istoteles] Platons Verfahren einen (χωρισμός).[1] Nach Ar[istoteles] sind die (εἴδη[2] ἀχώριστα[3]).

GADAMER: Beweisend dafür ist Nic[omachische] Eth[ik] I. 4, die Polemik gegen den abstrakten Sinn des Guten und die Entgegenstellung des mannigfaltig differenzierten (ἀνθρώπινον ἀγαθόν[4]). Dieses ist in jeder seiner faßbaren Erscheinungsweisen ein bis ins Einzelne bestimmtes. Vollends klar wird der Unterschied, wenn man bedenkt, daß Platon das Mathematische und Ethische als vorwiegende Beispiele der Idee gebraucht, Aristoteles aber Häuser, Sägen, ärztliche Therapie, Pflanzen[,] Tiere etc.

KRÜGER: Bei Ar[istoteles] sind die εἴδη nur Prinzipien der Dinge, an denen Processe spielen[,][a] nicht der Processe[,] die sich an Dingen vollziehen.[b] In der heutigen Wissenschaft ist es umgekehrt; z. B. im Verhältnis von Statik und Dynamik steht die erstere als Spezialfall der letzteren da. Darum steht für Ar[istoteles] im Vordergrund die Einzel*gestalt*, die (οὐσία),[5] die Definition. Niemals das Pathos der Sache. Ordnet man den Process über, so rangiert das Pathos mit ins Wesentliche.

GADAMER: Freilich, das Seiende als (ἀφωρισμένον[6]) hat das ganze Interesse des Ar[istoteles], aber das ist kein Widerspruch gegen das Sein der Processe; wie die Lehre der „Physik" von der κίνησις[7] zeigt.

KRÜGER: Aber die Processe sind doch sekundär. Sie werden von den Dingen her gesehen, nicht umgekehrt. Die Teleologie hängt also an den Dingen. Daher giebt es wesentliche Processe und unwesentliche. Platon läßt das Wesen zunächst als ideales gelten, ohne Rücksicht auf den Proceß, daher sträubt sich die Platonische Idee gegen das Minderwertige (Haar, Schmutz, etc.). Ar[istoteles] aber geht gerade von dem aus, was dort perhorresziert ist.

GADAMER: Nein! Nicht die Wahl der Gegenstände macht den Unterschied aus, sondern die Art des Sehens. Die Operationsbasis ist eine andere.

---

1 (χωρισμός)] *Trennung*
2 εἴδη] *Gestalten, Formen, Aussehen (bei Ar. Akzidenzien, unwesentliche Merkmale)*
3 ἀχώριστα] *ungetrennt*
4 ἀνθρώπινον ἀγαθόν] *menschliches Gut*
5 (οὐσία)] *Seiendheit, Wesen*
6 ἀφωρισμένον] *Abgegrenztes, Definiertes*
7 κίνησις] *Bewegung*

---

a an denen Processe spielen[,]] *mit Bs über der Zeile eingefügt*
b die sich an Dingen vollziehen] *mit Bs über der Zeile eingefügt*

HARTMANN: Es ist dem Ar[istoteles] garnicht um „Wesen", sondern um Prinzipien zu thun (für etwas, das von ihnen verschieden ist). Man sieht es am deutlichsten an der Einführung der vierfachen (αἰτία καὶ ἀρχή).[1]

EILHAUER: Nein! es ist doch richtig als „Wesen" bezeichnet, was er will (freilich nicht „Wesenheit"); z. B. an einem Hunde (diesem da): in der Realität spielt aber das Wesen die Rolle einer Schranke. Der Hund kann ja wirklich nur hündisch handeln. Andererseits ist auch die Individualität[a] Schranke gegen das Wesenhafte. Er kann nicht ein anderer Hund werden. Wesen und Individualität schränken sich gegenseitig ein.

KRÜGER: Darf man das (τί ἦν εἶναι „ἑκάστῳ"[2]) auf das Individuelle beziehen? Nämlich auf das *reale* Individuelle?! Es giebt doch auch anderes (ἕκαστον).[3] Es giebt auch bei Ar[istoteles] das Platonische Problem.

GADAMER: Das ist, weil die συμβηβηκότα[4] kein εἶδος haben. Bei Platon ist garnicht differenziert[.] Sein (Idealität[b]) eines Dinges und Sein eines (mathem[atischen]) Satzes, oder gar der Tugend. Nach Ar[istoteles] ist eben hier nicht der Hauptunterschied zu machen.

HARTMANN: Die Immanenzthese des Ar[istoteles] ist fundamental. Es giebt nicht nur die (γένη)[5] nicht ohne εἴδη, sondern auch die εἴδη nicht ohne ὕλη.[6] D. h. es giebt sie nur im δύνατον. (Wenn man so will: Gott *in* der Materie; absolute gegenseitige Immanenz).

KARSCH: Inwieweit aber decken sich ein Prinzip und Wesen (ideales) – Aristotelisches und Platonisches εἶδος?

GADAMER: Das ist genau dieselbe Frage wie vor einer Woche die systematische Frage: Wesen des Individuellen und Wesen des Allgemeinen.

HARTMANN: Und was sagen wir? Das Prinzip ist nicht erst bei uns in der nichteuklidischen Geometrie abgelöst vom Dasein. Es ist es seit Platon schon in der Ethik: „Tugend" ist immer nur Ideal (wenigstens in ihrer Reinheit verstanden). Das ist auch des Ar[istoteles] Meinung[,] Nico[machische] Eth[ik] I.: Die ganze Polemik geht auch hier einzig gegen sie Abstraktion des allg[emeinen] „Guten". Das ist nicht zu erschauen – es sei denn in einem leeren Schema. Auch hier bedarf es des Eidos – aber nicht als eines realen.

---

1 (αἰτία καὶ ἀρχή)] *Ursache und Ursprung*
2 τί ἦν εἶναι „ἑκάστῳ"] *was also das Sein "für jedes (Einzelne)", einzelnes Wesen*
3 (ἕκαστον)] *jedes Einzelne*
4 συμβηβηκότα] *Akzidentien, unwesentliche Merkmale*
5 (γένη)] *Pl. von genos: Gattung, Art*
6 ὕλη] *Stoff, Materie*

---

a die Individualität] *unter der Zeile eingefügt für gestrichen:* das Wesen
b Idealität] *mit Bs über der Zeile eingefügt*

GADAMER: Aber doch nur im Hinblick auf Realität. Es bleibt also auch hier bei der Immanenz des Eidos.[a]

Manuskript, Wesen des idealen Seins. V. Sitzung, Eilhauer, Gadamer, Hartmann, Karsch, Krüger, Neunhoeffer, 1923-12-08, Marburg

Sitzung vom 8. 12. 1923.[b]
Vorsitz: Gadamer.
Protokoll: Eilhauer.

Zu Beginn des Abends schlägt KRÜGER als Methode der künft[igen] Untersuchung vor, das Ideale in allen Gebieten aufzusuchen, in denen es vorkommt. Er will mit dem Problem vom Idealen in der Geschichte beginnen und stellt dazu die Frage: Wie ist histor[ische]-Erkenntnis ohne Allgemeinheit, ohne Begriff möglich? All' unser Wissen von histor[ischer] Realität hat 2 Quellen: 1.) das archäol[ogische] Restmaterial und 2.) die Literatur. Diese liefert kein unmittelbares Wissen, sondern zunächst nur ein durch das Wissen des Berichtenden vermitteltes Wissen. Dieser kann „sich" täuschen; er kann „mich" täuschen; Teile seines Werkes, ja, dieses selbst können Fälschung sein. Die allgemeine Skepsis über den letzten Punkt wird freilich dadurch ad absurdum geführt, daß sie im Fälschenden eine übermenschliche Dichterkraft voraussetzt.

Aber abgesehen hiervon haben die literar[ischen] Quellen der Geschichte als ein notwendig zusammenfassendes Berichten den Grundzug der Vereinfachung und damit der Verallgemeinerung des Geschehens. Es wird darin von Stämmen, Völkern und deren Tendenzen, von der Liebe und dem Haß, von Gruppen, von Strömungen etc. geredet. Liegt hierin nicht vielleicht eine willkürl[iche] Erhebung ins Ideale, Wesenhafte, gegen die die überall individuelle geschichtl[iche] Realität sich sperrt? Man denke daran, wie die Archäologie den Schleier der Tradition gebrochen hat, oder wie die Untersuchung der Sprachgrenzen die naive Analogie der modernen Verhältnisse mit den alten zerstört hat. Hier stellt Prof. HARTMANN die Frage, ob nicht die Weiterverfolgung dieses Gedankens zu der Konsequenz führe, daß die Geschichtsforschung die Instanz des Idealen nur als Fälschung habe, deren Korrektur aus dem Individuell-Realen, soweit es durchblickt, Aufgabe der Forschung sei.

KRÜGER: Nur, soweit die Historie auf die Erforschung des Individuell-Realen als solchen gerichtet ist. Dies ist jedoch nicht ihre alleinige Aufgabe. Vielmehr

---
a *horizontaler Abschlussstrich mittig unterhalb der Zeile*
b Sitzung vom 8. 12. 1923.] *mittig; darüber:* V.; *danach auf der rechten Seite mit Bs:* bei Karsch

gehört auch die Heraushebung des Typischen und Wesenhaften zu ihren Zielen. Immerhin gibt das Wissen um die indiv[iduellen] Eingriffe die Grundlage dafür her, sodaß doch letzten Endes alles Wissen um das Typische und Allgemeine vom Wissen des Individuellen abhängt.

Prof. HARTMANN: So prinzipiell? Liegt nicht vielmehr gerade auf Seiten der Idealisierungen reales geschichtliches Gut? Die Tendenz eines Geschichtsschreibers ist ein geschichtliches Realzeugnis.

KRÜGER: Ja, für die Typik des Stammes, dem er angehört, für sein allgemeines Wesen; nicht aber für die histor[ischen] Momente. Diese werden gewonnen durch Quellenvergleiche, so z. B. der reale Kern des Nibelungenlieds. S[iehe] auch Ranke's Florentinische Geschichte durch Konfrontation zweier Berichterstatter. Aus der Deckung wird auf die Realität geschlossen.

KARSCH: Vor aller Diskussion über die Bedeutung histor[ischer] Ereignisse muß man sich über den Begriff des histor[isch]-Faktischen klar sein. Dies besteht zunächst blos in den nackten Tatsachen. Man denke an die Wirksamkeit der idealen Mächte in der Geschichte.

GADAMER: Krüger hat mit Absicht aus dem histor[isch] Faktischen einen Ausschnitt, das Indiv[iduell]-Reale, herausgehoben, um dieses als Baustein histor[ischen] Wissens zu betrachten. Das individuelle histor[ische] Geschehen hat die Eigenschaft des „verständnislosen Zeugen", der beste zu sein; während es die Frage ist, wieweit die Wirksamkeit der ideellen Kräfte von der Historie verfehlt und entstellt wird, sodaß sie zum schlechten Zeugen derselben wird. Das Ideelle, Geistige i[n] d[er] Geschichte liegt in gleicher Schicht mit dem Indiv[iduell]-Realen; nur seine Erforschung ist erschwert. Das Beispiel des Michael Kohlhaas lehrt, wie die Idee der Gerechtigkeit zur Gestaltung des Geschehens wirksam geworden ist.

KARSCH: So gäbe es also 2 Fragerichtungen für die Geschichte. Die eine auf das reale Geschehen; die andere auf den ideellen Hintergrund desselben. Die letztere kommt vielleicht nicht über bloße Hypothese oder idealisierende Dichtung hinaus.

GADAMER: Inwieweit ist eigentlich das prinzipielle Mißtrauen gegen idealisierende Historie berechtigt? „Menschen" machen doch Geschichte. Hiervon ist die Historie der Spiegel.

KRÜGER: Wie gestaltet sich eigentlich das Verhältnis des Individuellen i[n] d[er] Geschichte zu dem Allgemeinen i[n] ihr?

GADAMER: Das Individuelle ist Ausdruck des Allgemeinen; es bedeutet das Allgemeine.

KRÜGER: Welches ist aber das Kriterium dafür, daß ein Einzelnes histor[ischer] Ausdruck eines Allgemeinen ist? Woran z. B. sieht man, daß eine Terracotta unecht ist?

GADAMER: U. a. daran, daß sie zu echt ist.

KRÜGER: Ja. Es muß also zur Feststellung ihrer Echtheit geprüft werden, ob sie mit den echten andren ihrer Art[a] gleichen Ausdruck hat; sie muß etwa im Museum verglichen werden. Man kann also ein Kriterium dafür, daß eine vorliegende Einzelheit ein histor[isch]-Allgemeines bedeutet, nur i[n] einer Fülle analoger Tatsachen finden, die das gleiche Allgemeine beglaubigen. Die Gewißheit, daß ein histor[isches] Zeugnis echt ist, wird aus dem Rekurs auf die Realität gezogen.

KARSCH: Aber auch hier gibt es höchstens große Wahrscheinlichkeit. – Was übrigens wird aus diesen histor[isch] krit[ischen] Erörterungen für das Problem des Idealen i[n] d[er] Geschichte gewonnen?

GADAMER: Der Hiatus, den Krüger gezeigt hat, schließt sich zusammen i[n] dem Phänomen, daß eine Idee einem archäol[ogischen] Material „einverleibt" ist. Wir stehen dann vor einer verkörperten Idee, einem idealen Gegenständlichen.

KRÜGER: Der Schnitt besteht dennoch. Das Allgemeine, Ideelle kann sich dem Einzelnen nicht einverleiben. Es bleibt jenseits seiner und ist ansich in der Geschichte ἑκάστῳ.[1]

Prof. HARTMANN: Es sind 2 Problemschichten zu unterscheiden: 1.) die der Geschichtsforschung, 2.) die des Gegenstandes derselben, der Geschichte selbst. In der Geschichte selbst sind die Ideen Reale, das τί ἦν εἶναι[2] der Sache. Sie haben in ihr ein reales Drinsein vor aller Forschung. Hegel betrachtete die Geschichte als eine Art des Fürsichseins des absol[uten] Geistes. Richtig ist daran, daß alles histor[ische] Geschehen eben menschliches Geschehen ist. „In" diesem sind die Ideen unter denen die Menschen handeln. Der Forscher kann mithin solches Geschehen nie aus der „nackten" Realität erfassen. Er muß es im Lichte der Idealität sehen, von der es getragen wird. Er muß das Ideale walten lassen, soweit es im Geschehen drinnen ist.

KRÜGER: Ich erinnere an die Verquickung von Idealität und Verdächtigkeit. Das wahre Ideal in der Geschichte wird nicht gewonnen aus dem „Inhalt" der histor[ischen] Berichte, sondern aus der Persönlichkeit des Berichterstatters oder auch aus dem Pergament, auf dem er schrieb. Nur solche Individualitäten sind Zeugen „echter" Idealität.

GADAMER: Die 2 Instanzen Krügers, also das Individuelle einerseits und die histor[ischen] Berichte andererseits sind zwar als Mittel der Forschung unterschieden. Allein als histor[ische] Fakta selbst, d. h. sofern sie nur an sich Zeugnisse

---

1 ἑκάστῳ] *Dativ: jedem Einzelnen, für jedes Einzelne*
2 τί ἦν εἶναι] *was es also ist*

---

a Art] Art,

sind, sind sie gleichen Wesens und Wertes. Krüger hat also nur einen method[ischen] Spezialfall im Auge, für den die Verknüpfung von Idealität und Verdächtigkeit wirklich besteht.

Prof. HARTMANN: Konsequenzen: Es gibt i[n] der Geschichte das Ideale zweimal: 1.) Als wahre Macht im Geschehen selbst. 2.) Als Gedanke in der Geschichtsforschung, d. h. dem Bestreben das Geschehen sinnvoll zu verstehen. Diese beiden Formen der Idealität sind mindesten doppelt übereinandergeschichtet: 1.) Im Bewußtsein des Epigonen. 2.) Im Bewußtsein des Geschichtlich-Handelnden. Der Epigone verhält sich blos rückschauend; der Geschichtlich-Handelnde vorwiegend prospektiv.

GADAMER: Der erstere Fall der Schichtung ist im Geschichtlich-Handelnden. Beispiel: Die Idee Friedrichs II. von einem Polizeistaat. Sie mußte Gedanke bleiben; die Zeit war nicht reif für sie. Typisch für den Geschichtlich-Handelnden ist das „Hinaus" im Gedanken. Aber die Verhältnisse, aus denen „heraus" die Idee entworfen wird, bestimmen die Grenzen ihres Mächtigwerdens. Das Ideal als Gedanke und das Ideal als Macht sind keine 2 Arten von Idealität. Diese ist vielmehr immer prospektiv.

NEUNHOEFFER: Der wahre Unterschied besteht zwischen der Idee, die der Handelnde vor Augen hat und der wahrhaft mächtigen histor[ischen] Idee. Nur die erste ist gesetzter Zweck. Es ist „List der Vernunft" (Hegel), die Menschen ihre Ideen scheinbar frei verfolgen zu lassen und sie darin doch nur als unfreie Mittel histor[ischer] Notwendigkeit zu haben.

KARSCH: Bezüglich dieser unabhängig von dem Menschenwillen waltenden histor[ischen] Ideen ist Skepsis am Platze. Am Ende gibt es nichts Sicheres als die Idee der Menschen.

KRÜGER: Beziehung auf's Ausgangsproblem. Ist das Wesen von histor[ischen] Fallbeständen ideal, oder inwiefern ist es ideal? Der Geist einer Zeit z. B. enthält einmal ihr Wesen, andererseits aber enthält er Wertelemente, freischwebend –, herrschende Ideen. Nur bei den letzteren ist Idealität unbestritten.

Prof. HARTMANN: Hegel's Volksgeist ist ein Inhaltskomplex sui generis. Er ist nicht einfach „Wert", sondern in jedem Volksgenossen lebendige, immanente Qualität. Das „Wahre" im Leben eines Volkes tritt aber nicht immer und überall in Erscheinung; nur in wenigen realen Trägern wird der Volksgeist zur Macht. Er enthält Wesen und Werte in Einheit.

KRÜGER: Die Gesetzlichkeit in der Geschichte scheitert nicht nur an ihrer Unerkennbarkeit, sondern am Nichtvorhandensein. Nicht auf Gesetzlichkeit, sondern auf Wesen muß die Historie gerichtet sein. Ihre Methode ist Wesensschau. Das Wesen i[n] d[er] Geschichte ist ein „Ineinander" von Wertgehalt und Wesensstruktur. Dies ist für die Geschichte konstitutiv.

Prof. HARTMANN wendet sich zum Schluß gegen die zu prinzipielle Aufstellung Krügers, die Gesetzesforschung i[n] d[er] Historie scheitere am Nichtvorhandensein von Gesetzen. Dies trifft nur auf einen gesetzfreien Restbestand zu, der auch in jeder anderen Realwissenschaft auftritt. In der Geschichte überschneidet sich Prinzipielles verschiedener Art. Es sind Komplexe höherer und solche niederer Bedingungen zu unterscheiden. Die ersteren sind mindestens teleologisch, die letzteren nicht. Die Undurchschaubarkeit der Geschichte liegt an der undurchschaubaren Verflechtung der Prinzipien. Auf die Frage Krügers, wie es mit der Idealität des Wesens i[n] d[er] Geschichte bestellt sei, ist abschließend zu sagen: die Geschichte ist reales Geschehen; ihre Wissenschaft Realwissenschaft. Das in beiden spielende Ideale ist also nicht freischwebend, sondern gebunden, immanent. Aber wie die Idee einer Person hinausragen kann über den in ihr realisierten Gehalt, so kann auch das Wesen i[n] d[er] Geschichte mehr enthalten, als die Realität. Hierin liegt ein Platonisches Element.

Manuskript, Wesen des idealen Seins. VI. Sitzung, Eilhauer, Gadamer, Hartmann, Karsch, Krüger, Neunhoeffer, 1923-12-15, Marburg

[Sitzung vom 15. 12. 1923[a]]
Vorsitz: Karsch[b]
Protokoll: Gadamer

Prof. HARTMANN zur Diskussion der letzten Sitzung: die[c] Parallelisierung des Gegensatzes von Idealem und Realem mit Allgemeinem und Individuellem ist sehr fragwürdig, man denke z. B. an die reale Allgemeinheit der Gleichartigkeit historischer Verläufe. –
KARSCH referiert über die Idealität im aesthetischen Gegenstande.[d]
Die seinerzeit herausgearbeitete doppelte Zweischichtigkeit des aesthetischen Gegenstandes in ein Vordergrundsgebilde (materiell: realer Natur) und ein (ideales) Hintergrundgebilde, das seinerseits Träger des aesthetisch Werthaften ist, dieses sehr komplexe relationale Gebilde gibt die Frage[e] auf,[f]
1.) ob auch hier, wie in der Geschichte, trotz der Schichtung zweier Idealitäten der Seinscharakter der Idealität ein einheitlicher ist oder nicht. Unter-

---

a Sitzung vom 15. 12. 1923] *mögliches, rekonstruiertes Datum*
b Vorsitz: Karsch] *in der darüberliegenden Zeile:* VI.; *danach mit Bs:* bei Gadamer
c die] *danach in runde Klammern gefasst:* untergelaufene
d die Idealität im aesthetischen Gegenstande] *unterstrichen*
e Frage] *unterstrichen*
f auf,] *danach kein Zeilenumbruch*

schied dieser Idealität von mathematischer und ethischer Wert-Idealität: ohne phänomenalen Vordergrund gibt es hier kein ideales Hintergrundsgebilde. Hat also die Idealität des Hintergrundes eine solche Bezogenheit auf das Reale des Vordergrundes an sich und ist dann überhaupt Idealität? Andererseits gibt es einen relativen Spielraum: mit der Zerstörung gewisser Züge des Vordergrundes braucht nicht das Hintergrundsgebilde selbst mitzerstört zu werden.

2.) Gibt es eine solche Realitätsbeziehung der Idealität des Hintergrundes, wie steht es dann mit der Idealität des von ihm getragenen aesthetischen Wertes? Trifft dann die „Freiheit von allen Wirklichkeitsgebilden" auf den Wert zu? Oder ist es nicht nur relativ, sondern völlig unabhängig von der Unversehrtheit des Vordergrundes, d. h. aber, ist es unabhängig in seiner Idealität von dem ihn tragenden Hintergrundsgebilde?

3.) Wie steht es angesichts solcher Bezogenheit des Hintergrundes auf den Vordergrund mit seiner Modalität, mit der „freischwebenden Möglichkeit"?

Das Charakteristische des Hintergrundsgebildes ist das Fehlen des Anspruchs auf Realität. Rembrandts Blendung Simsons oder die Bühnenwirkung eines Dramas erstreben nicht die Vortäuschung der Realität des Dargestellten und doch vollkommene Realitäts*nähe*, das reale spezifische Geschehen ist ein Anderes als die dargestellte Realität. (HARTMANN). –

Wie kann es überhaupt durch Zerstörung des (realen) Vordergrundes einen Eingriff in die ideale Seinssubstanz des Hintergrundes, seine Auflösung geben? Ist das vielleicht nur Störung u. Aufhebung der Sichtbarkeit derselben? (KARSCH)[a]

KRÜGER: Im Gegenteil, ganz enge Verquickung beider Gebilde liegt vor.

HARTMANN: Auch hier ist ein sehr eigenartiges in-Eins-Sein von realem und idealem Sein. Die Seinsweise der Objektivität des aesthet[ischen] Gegenstandes in ihrer eigentümlichen Gegebenheitsweise, die eine anschauliche ist und so immer Bindung an eine Materie hat, ist das Problem. Noch im Vorerschauen des zu Schaffenden nimmt der Künstler die Materie mit vorweg und dennoch ist das Dasein des Gebildes seinem Seinscharakter nach ein ganz anderes als das der Materie, eben ein Ineinssein.

Diese[b] Bezogenheit des Idealen auf das Reale schließt natürlich ein selbständiges Sein der realen Materie *als solcher* nicht aus. (KARSCH) Wie vollzieht sich eigentlich

---

a (KARSCH)] *am Ende der darunterliegenden Zeile*
b Diese] *danach gestrichen:* Realität

die Abhebung gegen die Idealität des mathematischen Seins? Was meinen wir überhaupt mit Idealität? Wo hört Realität auf, wo setzt Idealität an (im aesthet[ischen] Gebilde)? Läßt sich mehr davon sagen als Nicht-Realität?[a] (Karsch)

Hier liegt eine Nahstellung zur ethischen Idee, zu dem als Zweck gesetzten ethischen Wert (abhebend gegen mathematische Idealität) (Neunhoeffer)[.]

Doch: welche Art von Idealität soll dann das Naturschöne haben?

Es ist zu erinnern an die seinerzeit herausgearbeitete Überschneidung von realem Vordergrund und idealem Hintergrund einerseits und Individualität und Allgemeinheit andererseits. Weder gibt das Individuelle des Vordergrundes das Individuelle des Hintergrundes unmittelbar, noch das Allgemeine des Vordergrundes das Allgemeine des Hintergrundes. Die Stoffelemente des Hintergrundes sind dem Realen entnommen und inhaltlich vom Realen nicht unterscheidbar. *Über* ihnen erhebt sich erst etwas, was aus der Realität zu spezifischer Bedeutsamkeit heraushebt. Diese Momente trennt aber nur die Abstraktion. Auch die aesthet[ische] Formung wieder ist individuell und allgemein. Hinter dem aesthetisch Individuellen steht das aesthetisch Allgemeine, das Ideenhafte, überindividuell Bedeutsame, das mit gleicher Unmittelbarkeit spricht wie das Individuelle selbst, doch nicht ohne dieses. Daher die Schwierigkeit der Interpretation als Umsetzung einer solchen idealer Allgemeinheit in andere Form als die sie im aethet[ischen] Gebilde tragende aesthet[ische] Individualität. (Hartmann).

Neunhoeffer: Am wenigsten zweifelhaft wird die Idealität beim Allgemeinen des Hintergrundes; eher beim Individuellen.

Ja, dort stößt, im aesthet[isch] Individuellen, der (ideale) Hintergrund mit der Realität des Vordergrundes zusammen. (Gadamer)

Wie weit reicht aber noch im Hintergrund die Allgemeinheit der Idealität? (Karsch)

Jedenfalls wird eher die Idealität fraglich, als die Individualität. (Neunhoeffer)[b]

Eine ganz andersartige, das Ganze des Gebildes betreffende Frage ist die des Interpreten nach dem *Wesen* eines Kunstwerkes. Farbwerte, stoffliche Gegebenheiten, aesthetische Werte, Ideenhaft-Allgemeines: alles gehört dazu. (Gadamer)

Hartmann: Die Frage, ob hier im Aesthetischen Individualität außerhalb des Idealen auftritt, ist prinzipiell auf verschiedene Weise lösbar.
1. Ist vielleicht nicht das aesthet[isch] *Individuelle*, sondern erst das Allgemeine ideal?

---

a Nicht-Realität?] Nicht-Realität.
b (Neunhoeffer)] *am Ende der darunterliegenden Zeile*

2. Oder: ist es zwar ein Individuelles, aber aus der Idee eines Individuellen, nicht als individuelles ideales Sein, vertrüge also eine idealiter unbeschränkte Vermehrfachung?
3. Oder[a] liegt vielleicht im aesthet[ischen] Gegenstand eine *andere Art Idealität* vor? Was auf theoretisch-ontologischem Boden nicht statthaben kann, könnte hier doch statthaben. Vielleicht gibt es in der gleichen Ebene der Idealität ein Gebiet, wo die Idealität mit der Individualität vereinbar wäre.

EILHAUER: Für die 3. Möglichkeit. Sind Dinge schön ohne Bewußtsein?[b] Empfangen sie nicht erst durch das Bewußtsein Schönheit? Weil die Vorstellung das[c] Individuell-Reale ergreift und es ins Geistige heraufhebt, deshalb kann hier das Individuelle (und in diesem Sinne) *ideal* sein.

Die Meinung könnte die sein: es ist an die Individualität des real seienden Vordergrundes gebunden, *als* Individuelles ist es im Aesthetisch-Idealen gar nicht ursprünglich zu hause. (GADAMER)

Ist es also *Wesen* des realen Vordergrundes? (KRÜGER)

EILHAUER: O nein. Wenn ich sage: Die Blume ist schön, so empfängt die Blume, dadurch, daß ich sie als schön ansehe, eine spezif[ische] Modalität.

Ist das nun eine Modalität des Gegenstandes oder des Bewußtseins? (GADAMER)

EILHAUER: Des Gegenstandes, aber weil Bewußtsein selbst eine Modalität des Seins ist.

GADAMER: Wenn es kein Bewußtsein gäbe, die Blume aber bliebe, was sie ist, wäre sie dann nicht auch schön?

EILHAUER: *Nein.* Die Modalität ist zwar am Gegenstande, aber nur, sofern er in die geistige Sphäre tritt. Hierhinter steht eine Metaphysik des Bewußtseins: daß *das Bewußtsein* einen Gegenstand hat, und, daß *der Gegenstand* die Modalität „bewußt" hat, sind identisch.[d]

Wenn Kepler die Sonnensysteme das Schönste in der Welt nennt, so liegt darin ein Teilgewinnen des Kosmos selbst am Geiste. (Prof. HARTMANN) Also nicht, als ob der Geist noch irgendwie gegenüber dasein müßte. Aber dann meinen wir das Geistige als etwas Unsubjektives, und das ist die Idealität, von der wir sprachen. Der Ein-

---

a Oder] *vor der Nummerierung*
b ?] *unter der Zeile eingefügt*
c das] *danach gestrichen:* Geistige
d identisch.] *danach kein Zeilenumbruch*

schlag des aesthetisch auffassenden Bewußtseins dem Gegenstande gegenüber ist so zu verstehen, daß der Gegenstand so ist, daß er nur diesem Bewußtsein das sein kann, was aesthetisch schön oder häßlich ist. Kategorial explizit: das Schönsein ist freilich eine Qualität des Gegenstandes selbst, aber nicht als solchem, in seinem ontolog[ischen] Ansichsein, sondern Qualität desselben Gegenstandes als eines nur für ein spezifisch auffassendes Bewußtsein bestehenden Gegenstandes. Schön u. häßlich sind zwar eben so *objektive* Gegenstandsqualitäten wie die ontischrealen, aber sie haben noch eine Bedingung außer sich. Stimmt dies, so teilen sie diese Struktur mit den äußeren Güterwerten und den Genußwerten. Eine Speise ist schmackhaft nur, sofern sie Speise ist, d. h. gegessen werden kann. In den höheren Wertgebieten hört diese Struktur auf. Einer ist *an sich* lieblos, auch wenn der andere unter seinem lieblosen Verhalten nicht leidet (es nicht „genießt"). Das Dasein des Bewußtseins ist notwendige Gegeninstanz für das Dasein aesthetischer Werte und Gegenstände. Schwierig bleibt, daß das Aesthetisch-sein noch andere Momente hat als das Wertsein.

In dieser Hinsicht würde das bedeuten, daß das Wertsein doch für den aesthet[ischen] Gegenstand seinsmäßig konstitutiv ist (GADAMER)[.]

NEUNHOEFFER: Für 1: die Unmöglichkeit, individuell zu sein, ist so sehr charakteristisch für die idealen Gebilde, daß mit ihrem Fehlen, mit dem Eintreten strenger Individualität, eine radikale Trennung von allen idealen Seinsgebilden vorliegt. Die aesthet[ische] Individualität ist weder ideal noch real, sondern der Berührungspunkt, die Schneidung beider. Daher das Schwebende der aesthetisch-individuellen Idealität, ihre unbedingte Realitätsbezogenheit.

Vielleicht ist diese Individualität des Aesthetischen doch nicht die des Hintergrundsgebildes. (KARSCH)

Aber eine dramatische Figur wie Hamlet ist doch, ohne die Individualität des historischen Hamlet darzustellen, individuell, ist doch alles Andere als ein Komplex von Typischem. (HARTMANN)

GADAMER: Für 2. Die aesthetische Individualität ist *als Individualität* nichts Ideales. Die aesthet[ische] Individualität des Hintergrundes[a] *lebt* von der des Vordergrundes. Wenn beim Anblick bestimmter Grün-Töne gesagt wird: So hat nur Trübner gemalt, so macht die Individualität dieser *realen* Farben die aesthet[ische] Individualität dieses Bildes aus. Ebenso ist Hamlet individuell, weil er in die individuelle Realität des szenischen Geschehens, das selbst als Darstellung von real gemeinten Lebensvorgängen fungiert, eingestellt ist.

---

a Hintergrundes] *berichtigt:* Vordergrundes

Aber[a] der Schein der Realität hört nicht auf, sich an das Bewußtsein des Scheines selbst zu wenden, also doch gerade *kein* Realitätsanspruch. (HARTMANN)

Gewiß, aber das macht vollends deutlich, daß die Individualität, die auf solchem Schein der Realität gründet, gar nicht im selben Sinne Individualität ist, als im Ontologischen. Individualität im ontologischen Sinne hat alles, was existiert; aesthetische Individualität nimmt diesen Voll-Sinn von Individualität gar nicht ohne Abzüge auf: sie ist eine Komplexion von spezifischen Bedeutsamkeiten. Z. B. müßte eine Photographie viel besser die Individualität einer Persönlichkeit wiedergeben, als ein Gemälde. Es ist aber umgekehrt: daraus folgt, daß Individualität im ontologischen Sinne gar nicht beansprucht wird, sondern nur die Idee einer Individualität.

KRÜGER: Dieser Beweis ist nicht zwingend. Denn die Individualität einer Persönlichkeit liegt eben nicht am Tage. Deshalb kann eine Photographie sie nicht zu fassen bekommen.

GADAMER: Ganz recht: das bestätigt aber nur: was wir mit der Individualität einer Persönlichkeit meinen, ist eben selbst schon die Idee dieser individuellen Persönlichkeit.

HARTMANN: Die Individualität einer Persönlichkeit unterscheidet sich qua Individualität in nichts von der Individualität dieses Bleistiftes.

Aber wenn wir von der Individualität einer Persönlichkeit sprechen, meinen wir doch gar nicht ihr hic et nunc, sondern das Identische, das sie in allen ihren Schicksalen und Situationen zeigt. (GADAMER)

Die Individualität ist eben selbst *Wesen*, und nicht ontologisches Ansichsein. (EILHAUER)

Nein, sofern sie sich nicht erschöpft in ihrem hic et nunc, ist die eben Idee einer Individualität (GADAMER)

Aber nehmen wir lieber die Individualität einer Situation, z. B. die Erstechung des Polonius einschließlich all dessen, was sich Hamlet dabei denkt. Ist sie nicht aesthetisch-individuell? (HARTMANN)

GADAMER: Nein, an der ontischen Individualität gemessen ist sie ebenso sehr Erhebung zu höherer Allgemeinheit wie Verdichtung zu höherer Individualität. Die Erstechung des Polonius als reales historisches Geschehen (die im strengen Sinne des Ontologischen individuell wäre), kann weder diese Dichtigkeit noch diese Bedeutsamkeit besitzen, die ihr im Drama zukommt.

---

a Aber] *danach gestrichen:* das

Im Aesthetischen will die Individualität transparent sein, sowohl im Kunst- wie im Naturschönen. (EILHAUER)[a]

Aber gibt es nicht auch ein Drama im Leben? ‚Ein Geschehen sei der reine Roman.' (KRÜGER)

Gewiß, aber gerade nicht kraft seiner ontologischen Individualität. Deshalb bedarf es bei der Durchleuchtung realer Vorgänge mit Bedeutsamkeit immer eines Absehens von nicht dazu stimmenden realen Zügen, d. h. ein ausdrückliches minus an Individualität, um das spezifische plus an aesthetischer Individualität zu ermöglichen. An sich, ontologisch, ist aber das Leben kein Roman. (GADAMER)

Zum mindesten muß man sagen, daß das aesthetische Gebilde den realen Vordergrund so sehr in sich aufgehoben enthält, daß man immer geneigt ist, das Individuelle des Aesthetischen darum mit dem des Realen zu verquicken. Die spezifische Geformtheit des Aesthetischen hat die reale Materie so sich assimiliert, daß sie nicht nur leer sein würde, sondern überhaupt nicht sein würde ohne diese bestimmte[b] Materie und ihre[c] Individualität. Realität und aesthetisches Sein läßt sich schon deshalb nicht so unterscheiden, weil kein Material frei ist von aesthetischen Charakteren. (KRÜGER)

Manuskript, Wesen des idealen Seins. VII. Sitzung, Eilhauer, Gadamer, Hartmann, Karsch, Krüger, Neunhoeffer, 1923-12-20, Marburg

Sitzung vom 20. - XII. - 1923[d]
(Fr[itz] Neunhoeffer zum letzten Male anwesend).[e]
Vorsitz: Krüger.[f]
Protokoll: Karsch[g]

Prof. HARTMANN schlägt vor, die 3 Fragen der letzten Sitzung in Bezug auf das Wesen der Individualität aufzunehmen und zu versuchen alle drei Thesen zu verteidigen.

---

a (EILHAUER)] *mit Bs eingefügt*
b diese bestimmte] *mit Bs über der Zeile eingefügt*
c ihre] *unter der Zeile eingefügt*
d Sitzung vom 20. - XII. - 1923] *mittig; darüber:* VII.; *danach mit Bs:* bei Karsch
e (Fr[itz] Neunhoeffer zum letzten Male anwesend).] *mittig*
f Vorsitz: Krüger] *unterstrichen*
g Protokoll: Karsch] *in der darüberliegenden Zeile gegenüber:* Krüger. *und unterstrichen*

HARTMANN: Das Individuelle des Hintergrundes[a] ist etwas anderes als das Individuelle des Vordergrundes[b] [()gegen Gadamer, der das Individuelle dem Ganzen zuspricht()]. Beispiel: Poloniusszene. Ist nicht das Individuelle des V[order]g[run]d[e]s unabhängig zum H[inter]g[run]d, wenn auch auf ihn bezogen? Die Situation, wie sie gemeint ist, ist einzig, identisch, ganz gleich, ob sie im Individuellen zur Darstellung kommt oder nicht. Bedenkt man ferner, daß auch die Allgemeinheiten, die über dem indiv[iduellen] Gehalt des H[inter]g[run]d[e]s sich erheben, im Individuellen des V[order]g[run]d[e]s mitgegeben werden, so sieht man, daß das Indiv[iduelle] des H[inter]g[run]d[e]s ein anderes ist, als das des V[order]g[run]d[e]s! Denn hebt man sie gerade ab, gibt sie z. B. im Roman nicht durch das Individuelle der Einzelzüge der Situation, der Gestalten und ihrem Mienenspiel, sondern eben als Sentenzen[c] moralisierend, so erscheint diese Darstellungsart unkünstlerisch.

GADAMER: Inwiefern folgt daraus die Unabhängigkeit des Indiv[iduellen] des V[order]g[run]d[e]s von dem des H[inter]g[run]d[e]s?

KARSCH: Handelt es sich denn nicht um eine Individualität in einem umfassenden Sinn, gegeben durch die Einheit des gesamten ästh[etischen] Gegenstands, der hier nur in der Theorie in V[order]g[run]d und H[inter]g[run]d gespalten wird? Hält man schon[d] an der Scheidung fest, so zeigt sich doch, daß aus dem ontisch-Realen des V[order]g[run]d[e]s nur das Bedeutsame ins Indiv[iduelle] des H[inter]g[run]d[e]s aufgenommen wird.

HARTMANN: Es bleibt aber die These bestehen, daß das Ind[ividuelle] des H[inter]g[run]d[e]s ein echt Ind[ividuelles] ist!

GADAMER: Man kann nicht zweifeln, daß, spricht man schon von einem Individuellen des H[inter]g[run]d[e]s, es ein anderes ist, als das des V[order]g[run]d[e]s. Was aber macht das Ind[ividuelle] des H[inter]g[run]d[e]s aus? *Erst dadurch wird etwas zum ästh[etisch] Ind[ividuellen], daß es mit dem V[order]g[run]d da ist. Es gibt im H[inter]g[run]d kein streng Individuelles!*

KRÜGER: Wie kann man das ästh[etisch] Indiv[iduelle] dem H[inter]g[run]d allein zusprechen! Vielleicht abgesehen von der Musik, handelt es sich im Ästhetischen immer um Darstellung. Sie ist das ästh[etisch] Individuelle, das sich, wie Karsch will, in V[order]g[run]d und H[inter]g[run]d spalten läßt.

NEUNHOEFFER: Es ist umgekehrt! Das Ind[ividuelle] des H[inter]g[run]d[e]s konstituiert das ästh[etisch] Individuelle! Das ontische V[order]g[run]ds-Individuelle

---

a Hintergrundes] *über der Zeile eingefügt und mit einem Pfeil auf* Hintergrundes *verweisend:* (Hgd)

b Vordergrundes] *auf dem linken Rand geschrieben und mit einem Pfeil auf* Vordergrund *verweisend:* (Vgd)

c Sentenzen] *danach gestrichen:* als

d schon] *über der Zeile eingefügt*

vermag den ästh[etisch] ind[ividuellen] Gegenstand nicht zu konstituieren. Der V[order]g[run]d wird sogar zugunsten der H[inter]g[run]ds-Individualität umgeformt.

GADAMER: Nein! Gerade auch *allgemeine* Bedeutsamkeiten ermöglichen es, zu einem spezifisch-ästh[etisch] Individuellen zu kommen. Darüber hinaus zeigt sich eine eigenartige dialektische Korrelation: die Erhebung ins ästh[etisch] Individuelle ist zugleich eine solche ins ästh[etisch] Allgemeine. Wie man im Kunstwerk ein Ind[ividuelles] des V[order]g[run]d[e]s von einem solchen des H[inter]g[run]d[e]s scheiden kann, ist immer weniger zu sehen!

NEUNHOEFFER: Es wird doch nur eine Auslese aus dem ontisch-realen Sein Stoff des V[order]g[run]d[e]s! Die Individualität der ontisch-realen Totalität geht durch diese Auslese verloren. Was durch sie V[order]g[run]d wird, sind ontisch-real gesehen, nur Fetzen eines Individuellen. Vom ästh[etischen] Hintergrund aus, läßt sich doch gerade hier sehen, wie ein Individuelles in der Form eines Ideenhaften bestimmend wird für den ästh[etischen] Gegenstand.

GADAMER: Bedenklich! Es sieht dann so aus, als ob es ein ästh[etisch] Ind[ividuelles] Gebilde geben könnte, dem die Ausprägung im Ontisch-Realen auch fehlen kann.

KARSCH: Und weiter: kennen wir wirklich ein ideenhaftes Individuelles?

NEUNHOEFFER: Die Formulierungen waren ungeschickt, daher die Einwände! Die Individualität ist nur Eine, nur die des ästh[etischen] Gegenstandes, nicht die des V[order]g[run]d[e]s oder H[inter]g[run]d[e]s. Man kann so scheiden. Bestimmt man dann das Individuelle, so darf man nicht von dem V[order]g[run]d ausgehen, sondern vom H[inter]g[run]d. Vom Ideenhaften her bestimmt sich die Individualität.

GADAMER: Das Sein des V[order]g[run]d[e]s aber ist selbst so, daß es nicht ein ontisch-reales Ansichsein hat, sondern einbezogen ist ins ästh[etische] Gesamtgebilde.

HARTMANN: Man kann also nicht im strengen Sinn von einem echt Individuellen des H[inter]g[run]d[e]s reden. Das H[inter]g[run]ds-Gebilde, sofern wir in ihm von Individuellem[a] sprechen, muß konkret, nicht streng individuell sein. Allein die Illusion, als handle es sich um ein strenges hic et nunc, muß gewahrt sein.

GADAMER: Dann sitzt also doch das Individuelle im V[order]g[run]d!

KARSCH: Nur ist es nicht das Individuelle des V[order]g[run]d[e]s, sondern das ästh[etisch] Indiv[iduelle] als solches. –

---

[a] Individuellem] Individuellen

KRÜGER: Das Beispiel war die Poloniusszene. Aber darf sie isoliert dazu dienen? Ist ihr isoliert noch Individualität eigen und[a] nicht vielmehr nur dem ganzen Stück: Hamlet?

KARSCH: Diese Komplizierung braucht aber am Resultat nichts zu ändern.

KRÜGER: Ist ferner nicht in jedem Falle, also *immer* Individualität ein ästh[etischer] Charakter und kein ontischer[b]? Ist also das Reale als Individuelles nicht immer schon ästhetisch? Das Naturschöne wird verwechselt mit dem Kunstschönen. Jenes wird nachträglich zu diesem.

GADAMER: Diese Frage ist hier gleichgültig. Wir analysieren das daseiende Schöne als solches. Für unsere Frage bleibt aber zu beachten, daß es vielleicht ästh[etisch] *individuelle* Werte gibt! Das bleibt zu untersuchen.

EILHAUER: Zu bemerken ist, daß das Individuelle des V[order]g[run]d[e]s von dem ästh[etisch] Ind[ividuellen] qualitativ verschieden ist. Die Vordergrundsindividualität ist die eines Seienden als solchen[.] Die ästh[etische] Individualität ist eine solche von Inhalten. Es besteht eine Analogie zwischen der ästh[etischen] Individualität und der der Vorstellung. Gegenüber der ontisch-realen Individualität ist sie ärmer, von bestimmten Zügen entkleidet.

HARTMANN: Krüger geht zu weit. Im Ontischen ist nicht alle Individualität ästhetisch. Das ontisch-Individuelle kann aber doch dabei seine ästh[etische] Kehrseite haben. Diese Fragen führen uns hier ab. Unsere Frage ist: Handelt es sich im H[inter]g[run]d um ein echt Individuelles oder um ein nur Hochkonkretes? Die Leibnizsche Idee ist z. B. hochkonkret, doch nur Idee von Individuellem, nicht selbst individuelle Idee. Schließen wir uns dem an, dann länge für unser Problem eine Lösung vor. Ist aber damit dem Problem vom ästh[etischen] Gegenstande wirklich Genüge geleistet? Das wäre noch von den 2 anderen Möglichkeiten her zu überprüfen.

GADAMER: Es scheint, als ob die Konkretheit oft verdichteter als die ontologische Konkretion auftritt. –[c]

Außer der 2. Möglichkeit war noch als 1. aufgestellt, daß es sich im H[inter]g[run]d wohl um Individualität doch ohne Idealität handeln könne und als 3. Möglichkeit, daß es sich sowohl um Individualität als auch um Idealität handle. Die 3. Möglichkeit soll noch besprochen werden. Neunhoeffer soll diese These verteidigen, doch gelingt ihm das nicht recht, sodaß Prof. Hartmann diese These zu halten versucht.

---

a eigen und] *unter der Zeile eingefügt für gestrichen:* eigen, ihr als
b ontischer] Ontischer
c *horizontaler Trennstrich mittig unterhalb der Zeile*

In diesem 3. Falle also hätten wir eine Art echte Idealität, die strenges, echtes Individuelles in sich enthalten würde. Also in einer Ebene des Realen stände jenseits des Theoretischen jedenfalls das ästh[etisch] ideale Individuelle.[a]

NEUNHOEFFER: Es kann sich, sofern der H[inter]g[run]d aus dem ästh[etischen] Gegenstand garnicht ablösbar ist, überhaupt nicht um ein echtes Ideal handeln. Das ästh[etisch] Indiv[iduelle] ist anschaulich. Die anschauliche Individualität des ästh[etischen] Gegenstandes ist schlechthin unvereinbar mit Idealität, die doch nie individuell sein kann.

HARTMANN: Also die Anschaulichkeit soll der Idealität widersprechen? Aber gerade ideale Gebilde sind doch anschaulich erfaßbar. Auf diese Weise läßt sich die Individualität *nicht* fassen. Dagegen haben wir Menschen doch z. B. voneinander nicht nur Vorstellungen, sondern Ideen. Wir schauen das Wesen, den Wert selbst fremder Personen. Das hat doch wohl nur Sinn, wenn es eine Ontologie individueller Wesenheiten gibt, die anschaulich gegeben sind? So läßt sich am Beispiel der Murilloschen Madonnen zeigen, wie ein Ideenhaftes von der realen Person ablösbar ist. In der Anschauung eines wirklichen Mädchens gewinnt Murillo seine Idee. Er malt *verschiedene* Madonnen, doch so, daß *derselbe* personale Typus wiederkehrt.

NEUNHOEFFER: Was Murillo darstellt, ist doch nicht seine Idee der Madonna, ist überhaupt nicht Idee. Diese ist nicht das Individuelle am ästh[etischen] Gegenstand. Sein Einheitscharakter geht völlig verloren, spricht man von einer Idealität des Individuellen.

GADAMER: Mit Recht leugnet Neunhoeffer die Idealität des ästh[etisch] Indiv[iduellen] mit dem sogenannten Individuellen des H[inter]g[run]d[e]s. Das ästh[etisch] Indiv[iduelle] des Mädchens stellt *zugleich* die Idee der Madonna dar.

KRÜGER: Überzeugt denn nicht die Vielheit der Madonnen vom Ideencharakter des Individuellen?

NEUNHOEFFER: Dabei wäre doch nur auf ein allgemein Ideenhaftes abgezielt, nicht auf das spezifisch-Ästhetische dabei.

HARTMANN: Aber man darf nicht vergessen, daß es dieselbe Madonna ist!

GADAMER: Jeder ästh[etische] Gegenstand ist streng individuell. Und doch ist auch an dem Ideencharakter nicht zu zweifeln bei den verschiedenen Madonnen. Aber sofern das Kunstwerk individuell ist, muß es das sein, vermöge seines Hic-et-nunc-Charakters.

---

a *horizontaler Trennstrich mittig unterhalb der Zeile*

NEUNHOEFFER: Die Schwierigkeit liegt darin, daß man nach der Seinsweise des Individuellen fragt und dabei schon in realen Vordergrund und[a] idealen Hintergrund geschieden hat.

KARSCH: Also hat man vom ästh[etisch] Individvduellen als solchem[b] zu sprechen und nicht von einem idealen Individuellen des H[inter]g[run]d[e]s: Es betrifft den ästh[etischen] Gegenstand überhaupt. Nichtsdestoweniger kann man daneben noch eine ontisch-reale Individualität des Vordergrundes als solchem abheben. Etwa die[c] des rein ontisch-realen Materials.

HARTMANN: Der These nach sollte das Individuelle des H[inter]g[run]d[e]s ein ästh[etisch] Indiv[iduelles] sein. Hat es nun kein ideales Ansichsein, so bleiben 3[d] Möglichkeiten: entweder, es hat ontisch reales Ansichsein oder überhaupt kein Ansichsein, oder[e] es ist ein irreales Imaginatives.

NEUNHOEFFER: Muß die Irrealität denn imaginativ sein? Könnte nicht ein ästh[etisches] Sein, als ein Sein getragen vom Realen, übrigbleiben?

GADAMER: Das Individuelle, das hier in Frage steht, wird doch immer wieder abgeschoben aufs reale Vordergrundsgebilde. Neunhoeffers Position deckt sich schließlich mit unserem 2. Fall. Er kann nicht bestimmen, was der H[inter]g[run]d für ein Sein hat, blickt er nur aufs Individuelle.[f]

Manuskript, Wesen des idealen Seins. VIII. Sitzung, Eilhauer, Gadamer, Hartmann, Karsch, Krüger, 1924-01-12, Marburg

Sitzung vom 12. Januar 1924.[g]
Vorsitz: Eilhauer.
Protokoll: Krüger.[h]

Man fährt fort in der Erörterung der drei Fälle von möglichen Lösungen,[i] die[j] für das Wesensproblem am ästhetischen Gegenstand in Betracht kommen.

---

a und] *danach gestrichen:* realen
b solchem] solchen
c die] *über der Zeile eingefügt*
d 3] 2
e oder] *berichtigt:* sondern
f *horizontaler Abschlussstrich mittig unterhalb der Zeile*
g Sitzung vom 12. Januar 1924.] *unterstrichen; davor:* VIII.; *danach mit Bs:* bei Hartmann
h Protokoll: Krüger.] *in der darüberliegenden Zeile hinter:* Eilhauer.
i möglichen Lösungen] *Satzstellung durch Umstellungszeichen geändert:* Lösungen möglichen
j die] die die

Prof. HARTMANN resümiert aus der vergangenen Sitzung. Im ästhetischen Gegenstand scheint sich kein streng Individuelles, sondern nur die Idee eines Individuellen zu finden. Diese hat allerding einen Höchstgrad von Konkretheit. Der ästh[etische] Gegenst[an]d ist individuell erst[a] durch die Synthese des Hintergrundes mit d[em] ontisch-realen u. individ[uellen] Vordergrund (sog[enannter] 2. Fall).

GADAMER: Zur Individualität des Hintergrundes fehlt nur die Realität. In gewissem Sinne ist der H[inter]g[run]d konkreter als das Reale; dazu besteht sogar der Anspruch der Realität, nur in einem eigentümlichen Aufgehobensein, das allerdings für den Gegenstand als ästhetischen fundierend ist. Der ästh[etische] Gegenst[an]d ist individuell in einer gewissen Daseinsheteronomie.

Die Frage, ob die ästh[etische] Idee[b] des Alkibiades individuell sei (Prof. HARTMANN), führt auf das prinzipielle Problem: was hier eigentlich unter dem „Individ[uellen]" zu verstehen sei. Ist das hic et nunc konstitutiv (KARSCH)? Der Ideencharakter scheint das auszuschließen, wenn es ein ästh[etisch] Indiv[iduelles] geben soll, aber der Inhalt der Idee drängt darauf (EILHAUER). Individualität ist nicht gleich hic et nunc, entscheidend ist, ob sich in der Konkretion ein absolutes „Ende" findet, das sozusagen vom Strom des Daseins selbst bespült wird (GADAMER). KRÜGER glaubt eine prinzipielle methodische Schwierigkeit darin, daß der Begriff des Individuellen einerseits rein vom Phänomen abgelesen werden soll, andererseits ein ontologisch schon[c] begründeter Individualitätsbegriff mitgebracht wird.–[d]

GADAMER: Die Orientierung ist an der kategorialen Konkretion zu nehmen, das hic et nunc findet sich nur in der Realität regelmäßig vor.[e]

Prof. HARTMANN: Ja, hic et nunc sind nur indicia, nicht principia individuationis. Im Ästhetischen *könnte* das anders sein. Individualität ist zuerst einmal Einzigkeit, Sichnichtwiederholen, u. vielleicht auch Nichtwiederholen*können*. –[f]

EILHAUERS Vorschlag, die Unterscheidung von Dasein u. Sosein einzuführen, hält Prof. HARTMANN entgegen, man greife damit doch nur den Unterschied Substanz

---

a erst] *über der Zeile eingefügt*
b ästh[etische] Idee] *Satzstellung durch Umstellungszeichen geändert*: Idee ästh.
c schon] *über der Zeile eingefügt*
d wird.–] *danach kein Zeilenumbruch*
e vor.] *danach kein Zeilenumbruch*
f Nichtwiederholenkönnen. –] *danach kein Zeilenumbruch*

– Akzidenz auf, der ja relativ u. also für die hier nötige Charakteristik unbrauchbar sei.

Prof. HARTMANN: Was liegt in den Konsequenzen von Fall 3 (Idealität u. Indiv[idualität] des H[inter]g[run]des)?

GADAMER betont die ganz enge Verknüpfung des Hintergrundes mit dem Vordergrund. Gesetzt es gäbe eine Seinsautonomie des Ästhetischen, derart daß die Individualität echt, d. h. nicht gegen irgend etw[as] andres allgemein wäre, so würde dieses Individuelle doch gegen seinen realen Träger allgemein sein u. d[es]s[e]n Individualität paradox machen. Gälte sie ästhetisch noch so sehr, so würde doch in der Einheit der *Welt* ihr Begriff desavouiert.

Prof. HARTMANN behauptet, die Individualität der ästhetischen Idee des Alkibiades, *als* ästhetischer, sei evident. Sonst könnte es Doppelgänger geben u. damit würde doch für den Liebenden die Person entwertet, ins Typische nivelliert.[a]

GADAMER: Das sei der aktmäßige Ausdruck für die von ihm aufgestellte „Daseinsheteronomie".

Die *Einwände* dagegen: Mangel an Evidenz der These (EILHAUER, KARSCH), Möglichkeit der Wiederholung eines Theaterstückes (GADAMER) sind entweder nicht schwerwiegend genug oder bestätigen nur die Behauptung.

EILHAUER versucht, den Begriff des individuellen Gesetzes anzuwenden; dagegen zeigt Prof. HARTMANN, daß dieser Begriff zu allgemein u. überhaupt irreführend sei.

GADAMER betont[b] wieder den starken Daseinsbezug in der ästhetischen Idee, der es eben nahelegt, hier andre Begriffe einzuführen, als auf ontologischem Gebiet zulässig.[c]

Prof. HARTMANN: Die gewohnte[d] Rede vom Individuellen findet hier eine Grenze: die Idee des Indiv[iduellen] bleibt, im Hinblick auf eine 2. Weltperiode generell ontologisch; ästhetisch stimmt das aber nicht mehr.[e]

---

a nivelliert.] *danach kein Zeilenumbruch*
b betont] *über der Zeile eingefügt*
c zulässig.] *danach kein Zeilenumbruch*
d gewohnte] *über der Zeile eingefügt*
e mehr.] *danach kein Zeilenumbruch*

GADAMER: Man[a] muß einen spezif[isch] ästhetischen Sinn des Indiv[iduellen] behaupten.[b]

KRÜGER: Wodurch rechtfertigt sich noch der gemeinsame Name?[c]

Prof. HARTMANN: Nur durch das Phänomen, besonders das der Persönlichkeit; die von Gadamer bloßgestellte Paradoxie (ästhet[ische] Individualität bei realer Allgemeinheit) muß in Kauf genommen werden.

GADAMER: Das Mißliche der Sache hat darin seinen Grund, daß die Individualität eigentlich vom *ganzen* Gegenstand gilt, der die Realität einschließt. Prof. Hartmanns Argument aus dem Wert der Persönlichkeit appelliert an Außerästhetisches, nämlich den Wert der Seltenheit. Dieses Argument geht auch[d] gerade auf das *reale* Vorkommen. Dennoch schwankt es, ob der 2. Fall entschieden zu behaupten sei.

Prof. HARTMANN resümiert: Der 2. u. 3. Fall rücken einander näher. Ontologisch herrscht strenge Allgemeinheit, aber ästhetisch handelt es sich nicht nur um hohe Konkretheit; es ist ein Ind[ividuelles] da, das doch dem Allgemeinen gegenüber bleibt – ein[e] Gebilde eigener Art, vor dem unsere Kategorien versagen.

Manuskript, Wesen des idealen Seins. IX. Sitzung, Eilhauer, Gadamer, Hartmann, Karsch, Krüger, 1924-01-19, Marburg

Sitzung vom 19. 1. 24.[f]
Vorsitz: Karsch
Protokoll: Gadamer.

Referat: Eilhauer über das Ideale im Recht: „welches sind die idealen Grundlagen des Rechts überhaupt?"

Idealität liegt vor:[g]
1. im Zwecksein an sich, dem ein Wollen entspricht, das nicht in Vorstellungen wurzelt; das ist die Tätigkeit an sich seiender Zwecke. Sie sind wirkend im

---

a Man] man
b behaupten.] *danach kein Zeilenumbruch*
c Name?] *danach kein Zeilenumbruch*
d auch] *über der Zeile eingefügt*
e ein] einer
f Sitzung vom 19. 1. 24.] *in der darüberliegenden Zeile mittig:* IX.; *danach mit Bs:* bei Eilhauer
g vor:] *kein Zeilenumbruch zu Beginn der nachfolgenden Listung*

Willen, aber diese Wirksamkeit ist noch die eines abstrakten Fürsichseins. Sie ist nur ein „Geben der wollbaren Gegenstände".
2. Daß mein Recht die entgegenstehende Macht (das Böse) geistig bindet, z. B. ich erfasse, daß andere mir verpflichtet sind. Idealiter hat also das Recht stets über die Macht gesiegt. Über dem realen Sein des ursprünglichen Willens erhebt sich unmittelbar eine ideale Bindung.
3. Die Rechtsgemeinschaft ist ideal an sich, sie ist nicht *gestiftet*. Sie konstituiert sich ursprünglich durch das Band der Pflicht, das die Totalität der Rechts-Subjekte zu ihrem Rechte wechselseitig aneinander bindet.

Prof. HARTMANN: Gibt es z. B. ein Recht auf lautes Sprechen oder Pfeifen? Müßte nicht eigentlich der Andere, der dadurch gestört wird, ein Recht auf Ruhe dagegen geltend machen können? Freilich ist es kein Zufall, daß in solchem Falle das öffentliche[a] Recht versagt: eine solche polizeiliche Reglung des Lebens streift ans Unerträgliche.

GADAMER: Geltung des Rechts ist doch in jeder Weise unabhängig von Rechtseinsicht. Auch wer seine Regeln nicht kennt, *hat* sie idealiter doch, genau wie der Pflichtvergessene doch seine Pflicht hat. Trotzdem ist die Einsichtigkeit der rechtlichen Binding prinzipiell postuliert. Deshalb kann man auf sein Recht *pochen*, jemand an seine Pflicht *mahnen*. Wie soll aber das Recht fundiert sein in einem notwendigen (kategorischen) Wollen: Erweist sich nicht solches Wollen erst als notwendig, wenn es *im Recht* ist? Es gibt doch auch ein vermeintliches Recht.

EILHAUER: Gewiß. Die Charakterisierung von der Aktseite geschah aus methodischen Erwägungen, ohne ontologischen Anspruch: das Phänomen des Rechts ist nur faßbar durch Besinnung auf das Pathos des Rechtes.

HARTMANN: Der Sinn der Stiftung bei Fichte ist nicht so weit von Ihrer Ansicht entfernt.

EILHAUER: Aber nach F[ichte] ist die Rechtsgemeinschaft doch ein Kontraktverhältnis – und das ist ganz falsch. Nur als heuristisches Prinzip hätte das einen gewissen Sinn.

HARTMANN: Nein: das charakterisiert die innere Form der Bindung selbst und ist gemeint nur gegen den Naturwillen und die Naturbindung.

EILHAUER: In Wahrheit ist aber der Kontrakt bereits fundiert durch die ideale Bindung der Rechtsgemeinschaft.

HARTMANN: Ist der Glücksbegriff den E[ilhauer] aufstellte, für die Rechtsphilosophie nicht ganz entbehrlich? Und stimmt dieser Begriff überhaupt? Der Willen löst sich ja gar nicht in Erfüllungslust auf, sondern in der Erfüllung selbst –

---

a öffentliche] *mit Bs über der Zeile eingefügt für gestrichen:* objektive die Lust ist nur Annex[.] In Wahrheit gibt es doch überhaupt keinen Willen, der auf Glück geht.

Gewiß, das liegt im Fort von sich selbst des Willens. Ein unmittelbares Wollen des Glücks *kann* es nie erreichen. Aber um des Begriffs des *Friedens*, des idealen *Rechtszustandes* willen, ist dieser Glücksbegriff notwendig. Vgl. Schopenhauer. (EILHAUER)

HARTMANN: Aber auch im Frieden ist das Glück doch nur Annex.
KARSCH: Überhaupt sind Willenswerte und objektive Werte nicht so zu trennen. Objektiv sind beide.
EILHAUER: Aber der Unterschied bleibt bestehen.
GADAMER: Liegt das Fort von sich selbst wirklich im Wesen des Wollens? Man bedenke, daß das Ethos des Menschen gerade in seiner Willensbeständigkeit, in dem ewigen Wollend u. Handelnd sein des Menschen über alle Erreichung von Zwecken hinaus besteht. So ist z. B. der antike Glücksbegriff ἐνέργεια!
EILHAUER: Diesen leugne ich nicht. Aber es gibt auch das Glück als *Stille*.
GADAMER: Jedenfalls ist aber die ideale Rechtsbindung von der Fassung des Glücksbegriffes nicht abhängig.
Wenn Recht stets gegen Macht steht, ist dann nicht das Recht neben seinen idealen Grundlagen auch bedingt durch die Realität der feindlichen Macht (das Böse)?
EILHAUER: Gewiß, daher rührt die Tendenz des idealen Rechts auf Machtwerdung: das Begründet die Wendung zum öffentlichen[a] Recht.
GADAMER: Immerhin liegt hier ein Problem. Das wirklich Macht gewordene Recht, dem keine feindliche Macht mehr entgegenstünde, hörte doch wohl nicht auf, *Recht* zu sein. Also wäre dem idealen Wesen des Rechts wohl wesentlich, Macht zu sein, aber nicht, sich ständig erst im Kampf mit einer *Gegenmacht* zu konstituieren. Oder liegt auch dieses im Wesen des Rechtes, so gut wie die Konstitution des kategorischen Wollens?
HARTMANN: Das Willensproblem kann offenkundig doch außerhalb bleiben. Beim Versprechen z. B.: Ist der Anspruch unabhängig davon, ob der Versprechende das Versprochene im Ernst tun will?
EILHAUER: Natürlich. Die spezifische Pflicht zum Frieden aktualisiert[b] sich in diesem Versprechen. Im B. G. B. heißt es, ein Versprechen begründet nur dann einen Anspruch *nicht*, wenn der Mangel der Ernsthaftigkeit nicht verkannt werden kann. Aber das Versprechen wird dort eine Willenshandlung genannt.

---

a öffentlichen] *mit Bs über der Zeile eingefügt für gestrichen:* objektiven
b aktualisiert] *berichtigt:* objektiviert

Mit Recht. Denn ohne im Willen vorgebildet zu sein, ist dergleichen nicht möglich.
HARTMANN: Gewiß, aber irrelevant für das Versprechen als Rechtsverhältnis.
EILHAUER: Versprechen heißt: Willenserklärung gegen jemanden sein. Das Versprechen ist die *Erklärung* des Willens, auch wenn im Subjekt kein ernster Wille zu Grunde liegt.
GADAMER: Nicht jede Willenserklärung begründet einen Anspruch, ist ein Versprechen. *Qua Willenserklärung* begründet kein Versprechen einen Anspruch, sondern qua Versprechen.
HARTMANN: Ich erkläre im Versprechen gar nicht, daß ich etwas tun will, sondern, daß ich es tun *werde: das* schafft den Anspruch.
KRÜGER: Daß[a] der Wille dahinter steht, ist richtig. Aber ist es nötig, das auszuwickeln, um das Wesen des Versprechens einzusehen?
EILHAUER: Ja,[b]
1. empirisch: alle Rechtsphilosophie hat das getan.
2. es ist auch notwendig. Wenn man nicht wie Reinach bei einer bloßen Oberflächenbetrachtung, einer Phänomenologie der Rechtserscheinungen stehen bleiben will, sondern auf ihren Grund zurückgeht, in die kategorialen Strukturen des Rechts eindringen will, ist man genötigt, in den kategorischen Willen zurückzugehen. Nur für die *spezifischen* (nicht die Allgemeinen) Rechtserscheinungen ist das vielleicht überflüssig, doch ist mir das selbst beim Versprechen fraglich, im Gegensatz zu Reinach. Ich erinnere an den Mißbegriff des *bedingten Rechtes*. Das Recht selbst kann nie bedingt sein. Habe ich ein Recht, so ist es kategorisch. Das gründet im Sollen des Willensgegenstandes, mithin im kategorischen Wollen.[c]

---

a Daß] *danach gestrichen:* freilich
b Ja,] *kein Zeilenumbruch zu Beginn der nachfolgenden Listung*
c *horizontaler Abschlussstrich mittig unterhalb der Zeile*

Manuskript, Wesen des idealen Seins. X. Sitzung, Eilhauer, Gadamer, Hartmann, Karsch, Krüger, 1924-01-26, Marburg

Sitzung vom 26. 1. 24.[a]
Vorsitz[b]: Prof. Hartmann
Protokoll[c]: Karsch[d]

Referat Eilhauer[e] (Forts[etzung])
1. Zur Möglichkeit des Schuldrechts, das durch den Vertrag entspringt[f]: Es genügt nicht aus dem abgegebenen Versprechen als solchen schon ein Recht abzuleiten. Bestände nicht ein ewiges Rechtsverhältnis, das im Willen der Person wurzelt, zwischen Person und Person, dessen Formung, besser: Individualisierung nur im Falle des Versprechens stattfindet unter der Voraussetzung, daß das Versprechen überhaupt dieses ewige Rechtsverhältnis berührt, so wäre die Ableitung eines Rechtsanspruchs unmöglich. Wenn[g] dieses Verhältnis z. B. im Versprechen einer Einladung, nicht berührt wird, sei es, daß der Inhalt ein nichtiger[h] oder ein apriori unverfügbarer[i] ist,[j,k] so kann bei dessen Nichteinhaltung kein Recht, höchstens aber eine moralische Verbindlichkeit abgeleitet werden.
2. Zum Recht, das aus unerlaubter Handlung entspringt[l] (B. G. B. § 823) Beispiel: Diebstahl als Unrecht. Auch hier entspringt Recht wie Unrecht aus dem Urrechtsverhältnis, das im Wesen der Person gründet, näher in den 5 kategorischen Willenszwecken – (siehe vorh[erige] Sitzung, Referat). Denn damit gibt es apriori geforderte Unterlassungspflichten, die verletzt werden können.
3. Zum Sachenrecht.[m] Wie ist der Anspruch auf Eigentum in ewigen Rechten gegründet? Die menschl[iche] Befriedigung aus Sachen ist nur reale

---

a Sitzung vom 26. 1. 24.] *mittig; darüber:* X.; *dahinter mit Bs:* bei Gadamer
b Vorsitz] *unterstrichen*
c Protokoll] *unterstrichen*
d Protokoll: Karsch] *in der darüberliegenden Zeile gegenüber:* Prof. Hartmann
e Referat Eilhauer] *unterstrichen*
f Zur Möglichkeit des Schuldrechts, das durch den Vertrag entspringt] *unterstrichen*
g Wenn] *über der Zeile eingefügt für gestrichen:* Da
h nichtiger] Nichtiger
i unverfügbarer] Unverfügbarer
j ist,] ist.
k sei es, daß der Inhalt ein nichtiger oder ein apriori unverfügbarer ist,] *auf dem linken Rand und mit Einfügungszeichen dieser Stelle zugeordnet*
l Zum Recht, das aus unerlaubter Handlung entspringt] *unterstrichen*
m Zum Sachenrecht] *unterstrichen*

Grundlage. Der ideale Anspruch aber liegt darin, daß der kategorische Willenszweck der Selbsterhaltung durch den Besitz von Sachen gebunden ist. Dieses hier entspringende ewige Recht auf Sachen ist apriori zugleich geteiltes Recht. Der Kreis der Sachen bleibt idealiter unbestimmt. Dieses geteilte Recht bestimmt sich aprioi näher im Sinne der extensiven Teilung (Privateigentum) und im Sinne der intensiven Teilung (Allgemeineigentum). Damit ist aprioi ein Privatrecht, wie ein Allgemeinrecht vorgezeichnet. Apriori einsichtig ist hier z. B. wie beim Zustand des Privateigentums bei denen, die nichts besitzen, die Tendenz auf Gemeinrecht, Gemeineigentum auftreten muß. (Sozialismus, Kommunismus).

4. Zum Eherecht, und dessen apriorischer Gestaltung.[a] Hier kommt von den Urrechten das Recht auf Erhaltung der Gattung in Frage. Dieses Recht ist ein Recht am anderen Geschlecht gegen das Eigene, d. h. in der Konkurrenz gegen das eigene Geschlecht. Hier besteht eine Analogie zum Sachrecht. Denn hier besteht wiederum ein geteiltes Recht am anderen Geschlecht für beide Geschlechter. Ableitbar sind daraus rein apriori die 3 Möglichkeiten: der Polygamie, Monogamie und Polyandrie. Auch hier besteht apriori die Möglichkeit der intensiven und der extensiven Teilung.

Näher bestimmt: Im Falle der Polyandrie ist für das weibl[iche] Geschlecht das Recht extensiv, für das Männliche intensiv, im Falle der Polygamie ist es umgekehrt. Die Monogamie ist Recht bei annäherndem Gleichgewicht im Sinne extensiven Teilens. Das Zahlenverhältnis der Geschlechter bestimmt im realen Fall, welches der 3 abstrakten Möglichkeiten das Recht konstituiert. Auch hier individualisiert die Eheschließung nur ein ansich bestehendes Rechtsverhältnis. Dieses Recht ist jetzt zugleich Recht *gegen* das andere Geschlecht, d. h. für das andere Geschlecht erwächst daraus eine Pflicht.[b]

Prof. HARTMANN: In diesen hier rein idealen Seinsverhältnissen haben wir es der Struktur nach mit wesentlich allgemeinem idealen Sein zu tun, das dem theoretisch-idealen[c] Sein nahesteht. Eine Frage nach idealer Individualität gibt es hier nicht. Von hier kann man verstehen, warum Cohen die Ethik am Recht, wo es allgemein Verbindliches analog dem Theoretischen gibt, orientierte. Hinter den individuellen realen Bindungen, die durch personale Akte geschaffen werden, stehen wirklich allgemeine, noch leer abstrakte, ideale

---

a Zum Eherecht, und dessen apriorischer Gestaltung] *unterstrichen*
b Dieses Recht ist jetzt zugleich Recht *gegen* das andere Geschlecht, d. h. für das andere Geschlecht erwächst daraus eine Pflicht] *auf dem linken Rand und mit Einfügungszeichen dieser Stelle zugeordnet*
c idealen] idealem

Bindungen. Eilhauer spricht von der realen Gestaltung und Individualisierung eines idealseienden Rechts. Fraglich bleibt allerdings, worin die Urrechte wurzeln. Genügt es, das Glück, den kategorischen Willen, die fünf Willenszwecke hierfür aufzustellen?

KARSCH: Sind denn mit der Gegenüberstellung von privatrechtlichen und allgemeinrechtlichen Ansprüchen nicht auch rein apriori bestimmte Konfliktsmöglichkeiten gegeben?

EILHAUER: Ja, doch in der Sphäre des abstrakten Urrechts[a] wird die Frage noch nicht berührt.

Prof. HARTMANN: Gibt es im Privatrecht nicht doch Grundlagen, die individuelle Rechte sind?

EILHAUER: Das Recht als solches bleibt allgemein. Der Gegenstand im einzelnen Fall kann individuell sein und so das Recht gestaltet werden.

Prof. HARTMANN: Gibt es auch hier die Fälle, die sich rechtlich nicht paragraphieren lassen und die auch nicht unter allg[emeines] Recht[b] untergeordnet werden können?

EILHAUER: Auch hier lassen sich die allgemeinen Gesichtspunkte finden. Der Rechtsgegenstand kann individuell sein. Doch das Recht wird nie individuell!

GADAMER: Genügt das Vorgetragene, um in jedem Fall ein Recht oder eine Verpflichtung zu begründen? Wie ist es: Schenkt mir jemand z. B. etwas, so bin ich doch nicht verpflichtet es anzunehmen?

EILHAUER: Allerdings gehört hier die Willensentschließung der Person dazu. Das Recht an der Sache ist seinem Wesen nach urspr[ünglich] geteilt. Im Wesen der Person liegt es nun noch, daß es ursprünglich individualisiert werde.

KRÜGER: In dem Vorgetragenen zeigt sich sofort die Gegenüberstellung von Realem und Idealem. Hier liegt die Bedeutung für[c] unser[d] Problem. Eilhauer versucht eine Materialisierung des Rechts, um eine Anwendung urspr[ünglichen] Rechts auf den Fall des empirisch-konkreten Lebens, das als solches individuell ist[,] zu begründen.[e] Die Idealität des Rechts hat in ihrer Verbindlichkeit und Gültigkeit punktuellen Charakter, d. h. alle Konkretheit in der idealen Sphäre ist sekundär. Die Materialität entspringt erst aus der Gegenüberstellung zum Realen. Eilhauer setzt ganz richtig das ideale, punktuelle Wesen des Urrechts zur Tatsächlichkeit in Beziehung, damit bekommt er Inhalt und Fülle. Die Anwendung bleibt aufs Allgemeinmenschliche beschränkt, dabei erwachsen

---

a Urrechts] Urrechts,
b unter allg[emeines] Recht] *mit Bs über der Zeile eingefügt*
c für] *berichtigt:* von
d unser] unserem
e zu begründen] *über der Zeile eingefügt*

die 5 ursp[rünglichen] Willenszwecke. Die dadurch bedingte Konkretion ist aber dem unwandelbaren Naturwesen: Mensch[,] nicht dem idealen Recht als solchem[a] zu verdanken.

Hier tritt ein 1. Problem[b] auf. Wie ist die weitere Konkretion zu verstehen? Gestaltung als Individualisierung hier einzuführen, bedeutet noch nicht die Lösung des Problems! Geht man von den konkreten Rechten phänomenologisch vor am Leitfaden des positiven Rechts, so zeigen sich die Schwierigkeiten an den Grenzen von Recht und Sitte, von Recht und Moral. Hier ist es schwer zu zeigen, was ist Recht, was Sitte. Man denke auch an das Problem der Ehre. Ein nach Eilhauer „nichtiges" Versprechen bindet nach ihm nur moralisch, nicht rechtlich. Also: das Recht kann nicht auf den individuellen Fall zugeschnitten sein und doch muß es darauf angewandt werden. Jede positive Gesetzgebung muß versagen vor den letzten Individualisierungen. Man denke an die freie Rechtsfindung. Gerade hier gilt nur zu oft: summum ius, summa iniuria! Das geschriebene Recht hat durch seine Tendenz auf Kontinuität die Tendenz grausam zu werden. Es gibt real unhaltbare Rechtsordnungen. Gerade hier zeigt sich ein dahinterstehender idealer Rechtscharakter.

EILHAUER: Ja, es gibt einen gerechtigkeitsleeren Raum, wo das Recht nichts positiv vorschreibt. Aber gerade hier ist durch die Gerechtigkeit eine Regelung nach Billigkeitsgründen apriori gefordert.

KRÜGER: Ein zweites Problem[c] taucht mit der Frage auf: inwieweit die konkreten Gesetze dieselbe ewige Gestaltung beanspruchen dürfen, wie die Gerechtigkeit selbst? Hier taucht das alte Problem des Naturrechts auf, das ideales Gesetzesrecht sein soll. Man sucht hier ein absolutes und doch konkretes Recht aufzufinden. Man führt das Naturecht auf einen idealen Vertrag zurück. Wie ist aber eine Rechtsordnung zu denken, die nicht Stiftung ist?

Eine dritte Frage[d] könnte man noch an das Wesen der Konkretisierung selbst richten. Der Boden des Rechts ist ein andrer als sein punktueller Ursprung[,] die Gerechtigkeit, nämlich das unendliche Feld individualisierten Lebens. Das Recht hat wesentlich zum Korrelat den Menschen als Person. An dem tiefsten Punkte der Konkretion bedeutet gerade der Gesichtspunkt der Billigkeit eine Erweichung des Rechts durch die[e] Gesichtspunkte des Mitleids, der Humanität. Im Wertreich stehen die humanen, moralischen Bindungen aber gerade höher, als die Rechtlichen, dafür sind sie aber hinfälliger. Sprechen für diese

---

a solchem] solchen
b 1. Problem] *unterstrichen*
c Ein zweites Problem] *unterstrichen*
d Eine dritte Frage] *unterstrichen*
e die] *nach Streichung über der Zeile eingefügt*

Hinfälligkeit gegenüber der Unzerstörbarkeit der Rechte ebenfalls nur ideale Gesichtspunkte?

KARSCH: Gerade das Problem der Konkretion zeigt doch, daß die Möglichkeit einer individuellen Idealität doch noch besteht,[a] die vielleicht selbst schärfer zu bestimmen ist, sodaß wir, ähnlich wie beim ästh[etischen] Gegenstand, nicht von *echten* Individualitäten sprechen dürfen. Läßt das Problem nicht eine Interpretation in diese[b] Richtung offen? Gerade der Anspruch, die Tendenz des Rechts, jeden Fall unter sich zu begreifen, läßt die Gedanken einer *idealen* konkretisierten, vielleicht individualisierten Sphäre auftauchen, die trotzdem an dem idealen Punkt: Gerechtigkeit gleichsam hängen könnte. In ihr sind alle real möglichen Fälle apriori bestimmt.

GADAMER: Fingiert man, daß das Recht schon Macht geworden ist, wie ist es dann mit der Individualisierung? Gerade in einem solchen Falle wird das Recht sich nicht in einer Sphäre vieler Allgemeinheiten beugen.[c] Ist die *Tatsache* der Schwierigkeit der Konkretisierung im Wesen des Idealen oder in der Natur des Menschen begründet? Vielleicht liegt es im Wesen des Idealen des Rechts selbst[,] schon eine Konkretisierung zu fordern.

EILHAUER: Durch die 5 Willenszwecke ist apriori ein Bannkreis des Willens vorgezeichnet und damit die möglichen individuellen Rechte. Das ist die Freiheit des Willens im obj[ektiv] gegenständlichen Sinne. Gestaltung besagt nur: Auflösung des kategorischen Urgegenstandes des Willens zum Mittel der Realisierung und in der Erfüllung umgekehrt Auflösung und Rückkehr des vereinzelten Rechts ins ewige Urrecht. Die objektive Rechtsordnung ist nur die Heraushebung der Allgemeinheiten der primär individuellen Rechtsurteile. Diese Ordnung ist nicht die Vermittlung des idealen Rechts zum realen Fall. Natürlich haben diese Allgemeinheiten ihr Wesen.

KRÜGER: Und doch bleibt das Problem bestehen, mag auch erst der Zusammenprall der obj[ektiv]-idealen Gerechtigkeit mit der Tatsächlichkeit das obj[ektive] Recht schaffen, daß nämlich die Heteronomie der Rechtsmaterien,[d] die Abhängigkeit vom Tatsächlichen nicht bedeutet, daß das tatsächliche Recht nur vom Menschen gestaltet wurde. Diese Abhängigkeit ist historisch nicht greifbar, an ihr zeigen sich ideale, ewige Züge. Die Stiftung ist hierfür nur ein Mythos.

Prof. HARTMANN: Auf einen zeitlichen Ursprung braucht man nicht zurückzugehen. Der Gegensatz ist: Vernunftrecht – unvernünftig entstandenes Recht. Zwischen dem Geschichtlichen Werdegang und der Idee des Rechts besteht die

---

a doch noch besteht] *über der Zeile eingefügt*
b diese] dieser
c beugen] *Lesung unsicher*
d der Rechtsmaterien] *über der Zeile eingefügt*

Diskrepanz. Geschichtlich findet die Konkretisierung vom individuellen Fall her statt, so entwickelt sich das positive geltende Recht. Doch *nur* geschichtlich! Ein historischer Relativismus bedeutet noch nicht die Lösung! Denn alle Rechtsüberzeugungen wurzeln in der Idee eines idealen Rechts und seiner Ordnung, die die Richtung gibt. Von diesem idealen, komplexen Grundverhältnis wird geschichtlich nur mehr und mehr erschaut. Der Fortschritt der positiven Rechtsaufstellung bedeutet nur eine fortschreitende Annäherung aufs ideale Recht. Der individuelle Fall ist nur die Anregung zum Auffinden des idealen Rechts, das irgendwie in der Überzeugung lebt. Dort liegt das eigentlich Bewegende. Die positive Rechtspflege auf Grund mächtigen, positiven Rechts ist intim verflochten mit dem idealen Recht, das dieselbe Macht fordert.[a]

Manuskript, Wesen des idealen Seins. XI. Sitzung, Gadamer, Hartmann, Karsch, Krüger, 1924-02-02, Marburg

Sitzung vom 2. 2. 24.[b]
Vorsitz: Krüger
Protokoll: Gadamer.
Thema: Das Ideale auf ethischem Gebiet

GADAMER: Gegenstand der Ethik ist reale, konkrete Leben in Hinsicht auf seine Werthaltigkeit. Die Frage nach dem Idealen im[c] Ethischen ist also von vornherein nicht die nach der Seinsweise der Werte in Hinblick auf den Wertcharakter an sich, sondern nach dem idealen Einschlag im Gebiet des realen, praktischen Lebens.

HARTMANN: Also stehen Sie doch im Wertproblem, nicht ohne Grund, denn die idealen Strukturen von Akten wie Liebe, Freundschaft usw. dürften analog sein den[d] idealen Werten theoretischer Gegenstände.

GADAMER: Ja. Nur, daß von vornherein der reale Träger ethischer Werte mit in Frage steht. Idealität im ethischen Gegenstande gibt die Frage auf, *wie* das ideale Wertgebilde im reale Leben enthalten ist, d. h., wie sich das reale Leben seinsmäßig modifiziert durch sein Werthaltigsein. Wie unterscheidet sich ein seinsmäßig völlig wertindifferenter Gegenstand, wenn es einen solchen gäbe, von einem werthaltigen? Und wie etwa ein aesthetisch-werthafter Gegenstand, z. B. eine Teetasse, von einem ethisch-werthaften?

---

a *horizontaler Abschlussstrich mittig unterhalb der Zeile*
b Sitzung vom 2. 2. 24.] *in der darüberliegenden Zeile mittig:* XI.; *danach mit Bs:* bei Karsch
c im] *danach gestrichen:* Recht
d den] dem

HARTMANN: Daß jeder Wert seinen Träger hat, ist zunächst doch auch ein rein apriorisch-ideales Verhältnis.

KRÜGER: Aber wir meinen nicht dieses ideale Trägerverhältnis, sondern die reale Struktur des Trägers und des Getragenseins.

HARTMANN: Durch Aufdeckung der realen Bedingungen des Wertseins ist das Wertsein selbst doch nicht betroffen. Die Frage, ob gewisse Inhalte überhaupt als wertvoll empfunden werden können unter gegebenen Umständen, ist doch eine ganz andere als die nach dem Bedingtsein, der Realität der Werte.

GADAMER: Immerhin hat die Rede von Werten an sich ihre Bedenken. Das Erlebnis des Wertfühlens gibt es doch immer nur an realen Lebensverhältnissen. Wenn wir seltsame chinesische Sitten beobachten, werden wir auf gewisse Werte schließen, die für die Chinesen dabei bestimmend sind. Aber *welches* diese Werte sind, ist nur dem zugänglich, der ein durch die geschichtliche und ökonomische Realität des chinesischen Lebens bestimmtes Wertbewußtsein besitzt.

HARTMANN: Gewiß. Aber als Wert *ist* er über die tatsächliche Realisierung hinaus. Wird in der Realisierung ein Wert wiedererkannt, so ist das doch abhängig vom Wertgefühl, das man selbst hat. Was leitet mich z. B. im moralischen Vorbilde? Daß dort ein Wert realisiert ist, kann ich nicht wissen ohne Wertgefühl. Ja, die historische Realität ist hier sogar unwesentlich,[a] z. B. die Jesus-Erscheinung.

KRÜGER: Es ist hier vielleicht wie auf dem Gebiete des Rechtes, wo die Idee des Rechtes an sich ist, alle materiale Erfüllung aber durch die Tatsächlichkeit bedingt erscheint. Wert als Werthaftigkeit schlechthin ist an sich, aber ein konkreter Wert wie z. B. die Pietät bei den Chinesen? Alle konkreten Wertmaterien erscheinen doch in einer überraschenden Zuordnung zu historischen Realitäten: Mit der Veränderung der Lebensverhältnisse treten andere Wertschätzungen auf. Andererseits könnte der Wertcharakter als solcher an sich sein – weshalb dann die jeweiligen Werte immer für absolute *gehalten* werde müssen.[b] Deshalb stehen Mitleid als *Wert* und als *Unwert* zeitlich dicht beieinander.

HARTMANN: Vielleicht sind beide Ansichten berechtigt. Das Phänomen ist hier vielleicht anitnomisch. Ferner ist es sicher nicht so, daß der materiale Wertgehalt auf Grund seines Realseins zum Wert erhoben würde. Zu den moralisch führenden Werten werden immer solche proklamiert, die gerade noch unrealisiert sind.

KRÜGER: Es gibt wohl beides. Spiegelung der tatsächlichen Verhältnisse und Antithetik.

---

a unwesentlich] *über der Zeile eingefügt für gestrichen:* nur bildlich
b müssen] *über der Zeile eingefügt*

GADAMER: Realität soll ja nur von dem materialen Boden ausgesagt werden, aus dem die moralischen Begriffe geschöpft sind. Sie selbst sind immer über die Realität hinausgehend.

HARTMANN: Der reale Boden bedingt nur ein *Sichtbar*werden der Wertqualitäten als *Wert*qualitäten.

KRÜGER: Also so, daß dem für absolut halten auch ein Absolut*sein* auch der materialen[a] Wertqualitäten entspräche. Aber es gibt noch eine andere Interpretation dieser Phänomene. Gerade um des *Wertseins* willen kann es keine[b] Konkurrenz von *echten* Werten in der Antithese Schopenhauer – Nietzsche geben. Die historische Analyse der Bedingungen jeweiliger Wertschau belehrt vielleicht besser als eigene Wertschau.

HARTMANN: Aber die ethische Reflexion würde gerade zurückgreifen auf das naive Wertfühlen.

GADAMER: Es handelt sich gar nicht allein um den Gegensatz: Reflexion des Ethikers, der in der Lage des Logikers wäre, der klüger ist als alle Denkenden (Krüger), und unmittelbare Wertschau. Sondern allem unmittelbaren Wertfühlen steht *traditionelles* Wertbewußtsein entgegen und wirkt in ihm fort.

HARTMANN: Gesetzt, eine Moral erkennt den Wert der Treue nicht an. Gibt es ihn dann also nicht?

KARSCH: Man müßte fragen, was positiv in einer Moral steht, die Mitleid nicht kennt.

HARTMANN: Überall, wo Zuverlässigkeit im Verkehr der Menschen verlangt wird, wird *Treue* als moralischer Wert gefühlt. Der Absolutheitsanspruch ist überall identisch.

KRÜGER: Geschichtliche Reflexion führt aber zur Erschütterung des naiven Wertfühlens. Kein einfacher Absolutheitsanspruch mehr!

KARSCH: Entscheidend ist das Wertbewußtsein des Ethikers. Ein solches müßte dann nicht nötig sein.

HARTMANN: Für den Skeptiker wäre das eine unbillige Forder[un]g. Der Skeptiker würde auch die Relativität der Werte nicht behaupten dürfen.

KRÜGER: Jedenfalls ist diese Skepsis besser motiviert, als die von der Realität der Außenwelt.

KARSCH: Aber praktisch auch undurchführbar.

GADAMER: Wieso?

HARTMANN: Nun, wenn er totgeschlagen werden soll

GADAMER: – wird er sich wehren, aber nicht sich sittlich entrüsten.

---

[a] materialen] *über der Zeile eingefügt*
[b] keine] *danach gestrichen:* echte

HARTMANN: Vor allem hat der Skeptiker hier eine positive Rolle: daß er absolute Wertansprüche immer wieder erschüttert.

KRÜGER: Vielleicht wird er doch an den sittl[ichen] Wert der Skepsis glauben: vgl. αὐτάρκεια, ἐγκράτεια.[1]

HARTMANN: Die ethische Skepsis gewinnt Sinn in religiöser[a] Rückfundierung. – Aber selbst die Paulinische Ethik kennt den Wertgesichtspunkt: im δικαίωμα ἐκ πίστεως.[2]

KRÜGER: Aber nur *vor Gott* und für Gott.

HARTMANN: Und Sündenbewußtsein? Ist das nicht Unwertbewußtsein?

GADAMER: Sünde ist immer Schwachheit im Glauben. Konkrete *Wertmaterie* gibt es hier also nicht.

HARTMANN: Aber Religion ist immer das Abhängige, setzt Ethik u. Werte voraus, ist nur Überbau.

KRÜGER: Aber sie macht alle ethische Haltung nichtig.[b]

Manuskript, Wesen des idealen Seins. XII. Sitzung, Eilhauer, Gadamer, Hartmann, Karsch, Krüger, 1924-02-09, Marburg

9. 2. 24.[c]
Vorsitz: Eilhauer
Protokoll: Hartmann.[d]

HARTMANN: Auf dem Gebiet der Ethik liegen die idealen Strukturen nicht in den Werten allein, ganz ebenso wie im Recht. Wie es dort Wesensgesetze giebt, die alles beherrschen, in deren Maschennetz die Werte erst ihre Materie hineintragen, so auch hier: z. B. das Wesen des Wertseins überhaupt, sein Bezogensein auf Wertträger bestimmter Art – der Güterwerte auf Dinge und Sachverhalte, der sittlichen Werte auf Personen und Situationen, bei den ersteren auch die Bezogenheit auf die Subjekte, „für" die allein Güter Wert haben können. Desgleichen das Verhältnis von Wert und Sollen, und die eigenartige Beziehung beider zum Wirklichen. Ein solches Wesensverhältnis spricht auch Kants „Deduktion der Freiheit" aus: daß Gebote (und mit ihnen ein Seinsollen über-

---

1 αὐτάρκεια, ἐγκράτεια] *Selbstgenügsamkeit, Selbstbeherrschung*
2 δικαίωμα ἐκ πίστεως] *gerechte Tat aus dem Glauben*

a religiöser] *unter der Zeile eingefügt für gestrichen:* ethischer
b *horizontaler Abschlussstrich mittig unterhalb der Zeile*
c 9. 2. 24.] *auf der rechten Seite; in der darüberliegenden Zeile mittig:* XII.
d Protokoll: Hartmann.] *mit Bs gegenüber auf der rechten Seite:* bei Hartmann

haupt) nur sinnvoll sind[a] für ein Wesen, das ihnen Folge leisten oder versagen kann. Erst recht sind von dieser Art die bislang fast unerforschten Gesetze der Werttafel, die offenkundig selbst keine Wertstruktur haben; am sichtbarsten vielleicht an der Frage nach dem obersten Einheitspunkt des Wertereichs: hier scheint ein Princip zu stehen (wenn überhaupt es ein solches giebt)[,] in dem der Wertcharakter im status evanescens ist – vielleicht das kategoriale Übergangsglied zwischen Werten und Seinsprincipien. – Erst neben diese Grundfrage sollte als zweite die nach dem Wesen der Werte selbst treten: ob sie material, d. h. mit ihrem concretem Inhalt, echte ideale Wesenheiten mit dem Charakter des idealen Ansichseins sind, oder einer Variabilität, Evolution, Geschichtlichkeit, d. h. einer realitätsgebundenen Bedingtheit unterliegen. Zu dieser zweiten Frage ist das Problem von der zweiten Seite der Alternative aus zu behandeln: Gesetzt die Werte sind geschichtlich variabel, zeigen einen Einschlag von Relativität, haben sie dann überhaupt noch Idealität; und wenn ja, was heißt dann hier ihr ideales Sein? Die Diskussion über diesen Punkt muß von den Vertretern der Relativität in die Wege geleitet werden. Wir haben das von Gadamer und Krüger zu erwarten.

KRÜGER lenkt infolge dieser Ermahnung die Diskussion an beiden aufgestellten Fragepunkten vorbei auf einen dritten[b]: Es scheint eine dialektische Flüssigkeit im Wesen des idealen Sein zu geben[,] die zwischen Wertsein und kategorialem Wesen den Übergang gestattet. Dennoch kann es sich nicht um eine „Verdünnung" des Wertcharakters nach rückwärts zu handeln. Es muß ein Schritt sein, der der Heterogenität Rechnung trägt – ähnlich wie beim ἄτομον εἶδος[1] des Aristoteles. Der Charakter des Sollens setzt als Novum ein. Die Sphäre des Sollens darf freilich nicht in sich ruhen, das Sollen tendiert aus sich heraus – aber nicht ins ideale Sein[,] sondern ins reale.

HARTMANN: Meines Wissens kennen wir den Übergangspunkt nicht und können ihn auf keine Weise rekonstruieren. Die erschaubaren Werte brechen weit diesseits ab, die aufweisbaren Seinskategorien weit jenseits. Hier ist ein breiter Hiatus irrationalis. Die Diskussion der Übergangsfrage ist aus diesem Grunde müssig.

KARSCH: Nein! Wenigstens innerhalb der Wertsphäre könnte es Übergänge geben – etwa eine durchgehende Wertdialektik. Es brauchten ja nicht notwendig

---

1 ἄτομον εἶδος] *unteilbares Wesen*

---

a sind] ist
b an beiden aufgestellten Fragepunkten vorbei auf einen dritten] *über der Zeile eingefügt für gestrichen:* auf den ersten Punkt

einzelne Materien mit Fürsichseinscharakter zu sein. Das ließe dann prinzipiell auch den weiteren Übergang zu.

GADAMER: Die ganze Unterscheidung „Ansichsein – Materie" (der Werte) ist roh. Die Frage ist: was heißt hier „Idealität"? Hält man sich an die kategoriale[a] Gesetzesstruktur der Werttafel, des Wertwesens, des Sollens etc., so liegt der Gedanke sehr nahe, daß wir mit ihnen mitten im Übergang stehen. Sie sind nicht Werte, aber haften an Werten und Wertbezogenem, dürften also einen den ontischen Wesenheiten weit näherstehenden Idealitätscharakter haben.

HARTMANN: Wir müssen notgedrungen von isoliert ethischen Phänomenen ausgehen. Wir haben nur sie als solche, nicht die Einsicht in ihre Wesenszusammenhänge mit anderen.

GADAMER: Schon, aber man muß den Idealitätscharakter der Werte zunächst unterscheiden, ebenso den der nicht axiologischen Kategorien im ethischen Gebiet. Beides ist nur in der Zusammenschau der Phänomene möglich.

KRÜGER: Der Übergang ist überhaupt da, gegeben! Er liegt vor in dem, was konkret vor Augen steht als behaftet mit Wertcharakteren. Dazu freilich ist zu unterscheiden zwischen Wertsein und Seinsollen. Wertsein hat Erfüllungscharakter, Sollen Fragecharakter. Wertsetzung aber ist Wertschöpfung – und zwar unter der Gesetzlichkeit des Sollens als die bestimmende Stellungnahme des Menschen.

HARTMANN: Ist denn das Sollen, unter dessen Gesetzlichkeit diese Stellungnahme stattfinden sollte nicht schon ein Seinsollen eines an sich Wertvollen?

KARSCH: Und was heißt Erfüllung?

KRÜGER: Die Gegenfragen treffen die Sache nicht. Ich denke an das Phänomen vom Wandel der Moralen. Werte werden zu Unwerten. Das Mittelalter lehrte Gehorsam gegen Autorität, die Renaissance stempelt eben diesen Gehorsam zum Minderwertigen. Warum wird der Wert, so frage ich, nicht mehr als Wert empfunden? Ich antworte: weil man sieht, daß Persönlichkeit auch ein Wert ist. Der Grund des Wandels liegt im Sehen, also in realer Veränderung. Den Beleg giebt Max Webers Wirtschaftsgeschichte in der niederen Wertsphäre, Nietzsches Theorie vom Verbrechertum des Wertentdeckers in der höheren. – Wodurch wird die Entdeckung veranlaßt? Durch den Destruktionsproceß, durch die eintretende Unfähigkeit zu aktueller Entscheidung. Destruktion der Werte aber ist unhaltbar, man kann mit ihr nicht leben. Der Mensch muß Gesetzlichkeit haben. Im Wandel der Gesetze ist dieses Gesetz absolut.

GADAMER: Hier ist aber schon vorausgesetzt die Adresse der Bewegung, und zwar als konkrete – das „Wohin" des Processes. Im chaotischen Drang nach Orientierung liegt schon als Negation des Alten die Ankündigung des Neuen.

---

[a] kategoriale] kategorialen

Die Orientierung selbst ist noch Abstraktion – und bliebe für sich genommen abstrakt.

EILHAUER: Nein, es herrscht dann[a] vollständige Willkür, nämlich materialiter; es ist so: ein Wert überhaupt muß erhoben werden, also wird einer erhoben.

KRÜGER: Ich sehe es so: die Wertschätzung resultiert aus einer Vermählung zwischen dem in der Forderung ausgesprochenen Wertcharakter als solchem und dem jeweiligen menschlichen Empfinden. Es ist ein Ausprobieren...

EILHAUER: Das kann nicht stimmen! Ist es denn wahr, daß Wertcharakter und Wertforderung als solche überhaupt *vor* speziellen Werten auftauchen,[b] erschaut werden[c]?? Das ist die vollständige Verkehrung des natürlichen Verhältnisses. Eine Subsumption jeweiligen Empfindens unter ein abstraktes Absolutheitsbewußtsein[d] ist eine reine Construktion. Es gibt kein abstraktes Wertbewußtsein. Also auch kein allgemeines.

KRÜGER: Die allgemeine Forderung ist doch im Grunde nur ein Gefühl des Nichthabens, der Nichtgegebenheit. In diesen Sinne giebt es abstraktes Wertbewußtsein. Die Wertrevolution hat die Form der ἐποχή.[1]

HARTMANN: Meines Wissens ist der Proceß eher der umgekehrte. Es giebt wohl zu Zeiten die ethische Skepsis im sittlichen Leben – wie in der Spätantike; aber gemeinhin handelt es sich garnicht um dieses krampfhafte Suchen nach Werten aus dem Leeren heraus; sondern immer giebt es ein konkretes Verlagertsein von positiven Anforderungen. Die Wertrevolution ist wie die Revolution des positiven Rechts eine stetige; sie ist immerzu am Werk, und der Einzelne arbeitet an seinem Teil mit, immer prospektiv gerichtet. Damit compliziert sich der Prozeß; selbstverständlich steht er unter Realgesetzen geschichtlichen Werdens – nämlich einer Entwicklung der Wertschau unter dem Druck neuer und neuer Aktualitäten. Und ein Hauptfaktor darin ist die Tyrannis der jeweilig erschauten Werte.

GADAMER: In alledem ist garkeine Beziehung auf die kategorialen Gesetze, die doch den Prozeß bestimmen müßten. Die Schwere der Aporie bleibt bestehen: Kategorien sind nur im Absehen von Werten zu gewinnen; aber sind andererseits nur da in konkreten Werten, d. h. in eben dem, wovon zu ihrer Aufzeichung abstrahiert werden müßte (Wohlverstanden, nicht im Wertbewußtsein, sondern in den Werten selbst).

---

1 ἐποχή] *Enthaltung, Zurückhaltung des Urteils*

a dann] *nach Streichung über der Zeile eingefügt*
b auftauchen] auftraucht
c werden] *wird*
d Absolutheitsbewußtsein] Absolutheitsbewußtseins

KRÜGER: Das Verhältnis eines allgemeinen Gesetzes zu besonderen Werten ist das, welches die Kantische Ethik zugrunde legt. Die Maxime ist beweglich unter dem Imperativ. Dieser ist nur die Kritik der Maxime. Der konkrete Wert aber liegt in der Maxime allein. – Man sollte also schließen: Werte existieren nicht als ansichseiende Idealgebilde, aber auch nicht als bloße Bewußtseinsgebilde, sondern irgendwo ἐν μέσῳ[1] beider – vielleicht wie Gedanken, die auch vom Denken getragen, und doch von ihm ablösbar (objektiv) sind. – Ferner: wie kommen denn Werte vor? Nicht in der Reflexion, sondern ganz in der positiven Moral. Hier aber herrscht überall der Wertmonismus (Tyrannei der Werte!). In der Philosophie ist das anders: hier werden Werte coexistent gesetzt, hier ist der Despotismus einzelner Werte aufgehoben (vielleicht schon der der Phänomene. Die Philosophie also hebt ein Phänomen der Moral auf…

HARTMANN: Nicht so ganz! Auch die lebendige Moral kennt Wertpluralität, wenn auch nicht eingestandenermaßen. Im Christentum coexistieren Reinheit und Nächstenliebe, die grundverschieden sind und in ihren extremen Ausläufern antinomisch erscheinen: Reinheit führt zum Anachoretismus, Nächstenliebe zur Idee des „thätigen Lebens". In der Geschichte der christlichen Moral pendelt die Grundtendenz ständig zwischen diesen Extremen.

GADAMER: Es ist wahr, auch hier ist keine „Spitze" im System, auch hier ist Vielspältigkeit.

KARSCH: Im Wertbewußtsein der positiven Moral ist viel mehr als die einzelnen Werte.

KRÜGER: Sind es denn in den positiven Moralen selbst schon Wertconflikte, oder verdeckt sie ein unklares Continuum? Im Bewußtsein des in der Situation Drinstehenden ist immer der Glaube an die Einheitlichkeit der moralischen Forderung: „wir" nur können die Momente der Einheit nicht zusammenbringen. Aber an sich müßten die Beantwortungsmöglichkeiten eindeutig sein. Darum wirkt der Ethiker, der hier hineinleuchtet auch moralbildend und keineswegs nur destruktiv. (cf. Platons vier Werte, Fichte etc…).

KARSCH: Der Conflikt muß aber doch in der pos[itiven] Moral enthalten sein; die „himmlischen Mächte" sind es, die „den Armen schuldig werden lassen", um ihn dann „der Pein zu überlassen". Ähnlich der „Fluch des Gesetzes" bei Paulus.

KRÜGER: Die Problematik besteht fort: ich muß so und auch wieder so empfinden. Das ist Phänomen. Aber wie, wenn die moralische Parteinahme den Ethiker

---

[1] ἐν μέσῳ] *in der Mitte*

selbst schon bestimmt?ª Schon die Tendenz, sich vor solchen Einheitlichkeiten zu hüten, ist schließlich eine Parteinahme.

GADAMER: Es ist immer beides im Ethiker: die Wertbeleuchtung in der Forschung *und* das Bewußtsein unter bestimmten Werten zu stehen. Sabotieren läßt sich das freilich stets von beiden Seiten. Aber ein Gleichgewicht ist möglich. –

HARTMANN: ... In alldem ist die Hauptfrage nach dem Idealitätscharakter der Werte noch nicht berührt, sofern sie vom geschichtlichen Relativismus aus gesehen werden sollte: welchen Seinscharakter haben die Werte, sofern sie wandelbar sein sollten? Die Diskussion ist daran vorübergegangen.

KRÜGER: Ich muß mich wundern. Ich habe die ganze Zeit über von nichts anderem gesprochen. Der Herr Professor muß geschlafen haben.

Manuskript, Wesen des idealen Seins. XIII. Sitzung, Eilhauer, Gadamer, Hartmann, Karsch, Klein, Krüger, 1924-02-16, Marburg

Protokoll vom 16. Februar 1924 [b]
Vorsitz [c]: Karsch. [d]
Protokoll [e]: Eilhauer.

Herr Klein ist wieder da. Er wird von Gadamer über den Stand der Diskussion aufgeklärt.

GADAMER weist auf die Unmöglichkeit hin, aus der geschichtlichen Wirklichkeit die Relativität der Werte zu erweisen. „Wie aber sollte sie anders erwiesen werden als eben aus ihr?"

Prof. HARTMANN: Darum handelt es sich nicht. Die Aufgabe ist, unter Voraussetzung der Bezogenheit der Werte auf *reale*, unter Realkategorien stehende Prozesse[,] ihre spezifische Seinsweise zu beschreiben. Um jener Bezogenheit willen brauchen sie nicht blos *subjektive* Gebilde zu sein. Auf jeden Fall sind sie wirksame Mächte. Ob reale oder ideale, ist noch nicht ausgemacht. Sind sie ideal, so bleibt die Frage, ob sie konstantes Sein idealer Art sind, oder ob es unkonstantes ideales Sein gibt, welches dann das der Werte wäre.

KLEIN: Zwischen der so verstandenen Relativität und der Idealität der Werte besteht jedenfalls kein Wiederspruch. Weil sie untergehen, müssen sie entstanden

---

a bestimmt?] bestimmt.
b Protokoll vom 16. Februar 1924] *mittig*
c Vorsitz] *unterstrichen*
d Karsch.] *mit Bs gegenüber auf der rechten Seite:* bei Eilhauer
e Protokoll] *unterstrichen*

sein. Sind sie entstanden, so als ideale Gebilde. Das bloße *Stehen* unter Werten *zwingt* zur Anerkennung ihrer Idealität.

GADAMER: Zuerst ist zu fragen, was *zwingt* uns eigentlich zur Ansetzung ihrer *Relativität*. Sodann sind die methodischen Konsequenzen daraus zu ziehen. Das Zwingende liegt in der Unmöglichkeit, das Wertsein ohne die Bezogenheit auf die Realität zu verstehen. Auch das *Leben* unter Werten ist unmöglich, wenn die Realitäten nicht wirklich *sind*, um deren Werte es sich handelt.

KARSCH: Bedarf es zum Sein der Werte der *Wirklichkeit* der realen Strukturen, an denen sie haften? Oder genügt ihre *Möglichkeit*? Gibt es z. B. deshalb den *Wert* der Gerechtigkeit nicht, weil die[a] Realstruktur des Gerechtigkeitsverhältnisses nicht hergestellt ist?

GADAMER: Es sollte blos die *Gegebenheitsweise* der Werte gezeichnet werden.

Prof. HARTMANN: Gerade das haben Sie nicht geleistet; vielmehr nur die Gegebenheitsweise des *Wertbewußtseins* dargetan. – Die Frage ist, wie *unterscheidet* sich die Idealität der Werte von anderen nicht ebenso relativer Idealität. Wie sieht ihr Idealitätscharakter *spezifisch* aus?

KRÜGER: Ein Hauptmerkmal der Unterscheidung ist die *Antinomik* der Werte. Die Despotie, das eminente Fürsichsein der Moralen macht den Gedanken einer homogenen Wertsphäre problematisch. Das gegenseitige Sträuben ist ein Spezifikum des idealen Seins der Werte.

GADAMER: Die Stellung zu den Werten ist also anders als die zu Gedanken. Diese werden betrachtet; jene wollen *gelebt* werden. Eben hierdurch[b] ist der antinomische Systemcharakter der Moralen[c] gekennzeichnet.

KRÜGER: Für den Gedanken ist der Wert *Sache*. Die spezifische Einstellung zu dem Wert ist aber eine *praktische*. Es besteht die Gefahr, daß Wert*begriffe* die Struktur der Sache verdunkeln.

KLEIN: Ich werde Ihnen das Gegenteil beweisen. Wenn die Werte garnicht auf das theoretische Bewußtsein bezogen wären, wie könnten Sie den Gedanken einer Wertphilosophie fassen? Die Leugnung der Wertphilosophie impliziert die Anerkennung ihrer Möglichkeit.

KRÜGER: Sie haben zu viel gehört. Ich habe nur auf die Schwierigkeit hinweisen wollen, unter der gerade gegenüber dem Wertgebiet die theoretische Einstellung leidet. Hier muß man sich eng an das Leben halten, damit der spezifische Idealitätscharakter der Werte nicht entschwinde.

Prof. HARTMANN: „Gelebt" wird auch der Satz, daß $2 \cdot 2 = 4$ ist. Auch das „eminente Fürsichsein" der Moralen ist garkein Spezifikum der Wertidealität. Die Pytha-

---

a die] *über der Zeile eingefügt*
b hierdurch] *nach Streichung über der Zeile eingefügt*
c Moralen] *danach gestrichen:* begründet

goräer sahen die mathematischen Gebilde genau so antinomisch wie wir noch heute die Werte, aber weil die Wertforschung in den ersten Anfängen steht.

KRÜGER: Aber es bleibt der Unterschied, daß der spezifische Seinscharakter der Werte verloren geht, abstrahiert man von ihrer Antinomik.

Prof. HARTMANN: Es muß zurückgegangen werden auf die Frage, wie Wert und Wertbewußtsein zusammenhängen.[a] Handelt es sich hier um strenges ideales Ansichsein oder nicht?

KRÜGER: Die Werte haben eine engere Zuordnung zur Realität, größere Realitätsnähe. Sie enthalten eine *Hinweisung* auf die Realität.

Prof. HARTMANN: Eher das Gegenteil. Sie stehen der Realität *ferner*. Oder wenn man dies nicht will, so ist ihr Realitätsverhältnis jedenfalls ein *anderes*. Dieses muß beschrieben werden.

KRÜGER: Dadurch, daß die Werte sich der Realität *zuwenden*, entsteht ihre idealistische Zerklüftung.

Prof. HARTMANN: Denken Sie aber an die Unendlichkeitsantinomie!

KRÜGER: Diese ist *Erkennens*frage; die Antinomik der Werte aber Sache ihres *Seins*.

Prof. HARTMANN: Auch bei der Unendlichkeitsantinomie muß es ontologisch offen bleiben, ob es sich nicht um eine Sache des *Seins* handelt.

GADAMER: Die *praktische* Stellung zum Wertreich ist ausgezeichnet durch die Unmöglichkeit, sich unter die absolute Totalstruktur desselben zu stellen. Die Werte selbst sind also gar nicht relativ, wohl aber die ontologischen Grundlagen des Wertbewußtseins, d. h. das im Wertbewußtsein Gegebene, sofern es gegeben wird. Hier wird frei aus der Struktur der Sphäre heraus repräsentiert.

KLEIN: Dies ist der gleiche Gedanke, den Schelling mit dem Begriff der *derivierten Absolutheit* meint. Zwar bleibt das Wertreich absolut. Aus ihr heraus wird ein Ausschnitt, der den Charakter derivierter Absolutheit hat, im praktischen Wertbewußtsein gegeben.[b]

Prof. HARTMANN: An einem konkreten Beispiel: Gesetzt, die Welt wäre so, daß es keine Treue in ihr geben könnte, behält der Satz, daß Treue wertvoll ist,[c] seinen Sinn? Oder gesetzt, es gäbe keine sittliche Größe, ist deshalb die sittliche Größe nicht mehr wertvoll? In dem Sinne, den Bolzano mit der ewigen Wahrheit des „Satzes" verband, ist die Treue oder die sittliche Größe wertvoll, unabhängig davon, ob es eine Welt gibt, in der sie verwirklicht werden können.

---

a zusammenhängen] zusammenhängt
b gegeben.] *danach Freilassung von sechs Zeilen*
c ist] *über der Zeile eingefügt für gestrichen:* sei

KLEIN: Das heißt aber nicht, daß sie als Werte ideales *Sein* haben, bevor sie in der Welt auftreten. Daß die Treue wertvoll ist, bedeutet nicht, daß ihr Wert[a] Sein hat, bevor es ihn[b] in der Welt gibt.

Prof. HARTMANN: Doch! Denken Sie, Sie hätten sämtliche Kurven eines Systems entworfen bis auf eine. Gibt es diese deshalb nicht?

KLEIN und KRÜGER: Allerdings! Die *Kurve* hat ihr ideales Sein, nicht aber der Wert ohne die Wirklichkeit des realen Verhältnisses, an dem er auftritt.

KRÜGER: Es ist so, daß der[c] Seinscharakter[d] der Werte mit *konstituiert* wird durch das Verhältnis, in dem sie zur Realität stehen.

GADAMER: Wenn Treue auch[e] in der Welt unmöglich ist, so gehört doch dies zu ihrer *Wert*materie, daß ihre Möglichkeit besteht. Die Struktur der *Wert*materie ist selbst so, daß sie der Aktualität entgegenkommt.

Prof. HARTMANN: Das Problem steht auf einer allgemeinen Basis. Es geht durch das ganze Kategorienreich hindurch. Stellt man sich eine Weltentwickelung vor, in welcher die höheren Prinzipien sukzessive wirksam werden, so erhebt sich die Frage, ob nicht unabhängig von ihrer Realisation doch ihre *Gesetzlichkeiten* ideal an sich bestehen.

KLEIN: Ich würde das bejahen, nicht aber so bei den *Werten*. Die Konsequenz einer solchen Ansicht würde sein, daß das Wertreich naturalisiert[f] würde, so daß das gesamt ontologische Material in ihr wiederkehrt.

Prof. HARTMANN: Doch nicht das *gesamte*! Es ist wertvoll, daß auf der Erde Höhen existieren, wo besonders gute Luft weht. Nicht so auf dem Sirius.

GADAMER: Das Wertsein ist so *schwach* in seinem kategorialen Charakter, daß es, um bestimmendes Prinzip zu werden, *angewiesen* ist auf eine ontische Realität, die die Bestimmung der Welt nach Werten übernimmt. Hier kehrt sich das Verhältnis der Determination um: Nicht die Welt wird mehr von den Prinzipien bestimmt, sondern der Mensch bestimmt die Prinzipien der ferneren Gestaltung. Die Welt ist *fertig*, darum kann es nur *Geschichte* und muß es ewige *Unfertigkeit* geben. Bei dem blos Lebendigen ist noch ein Abbrechen der Entwicklung denkbar, aber nicht mehr bei dem wertbewußten Wesen. Hier, an der höchsten Oberfläche des Seins herrscht ewige Flüssigkeit; die Transzendenz der Entscheidung duldet keine Ruhe. Es ist denkbar, daß die Welt mit dem Ameisenstaat abbricht; aber mit dem preußischen Staat kann sie nicht abbrechen.

---

a ihr Wert] *über der Zeile eingefügt für gestrichen:* sie
b ihn] *über der Zeile eingefügt für gestrichen:* sie
c der] *über der Zeile eingefügt für gestrichen:* die
d Seinscharakter] *berichtigt:* Seinsweise
e auch] *über der Zeile eingefügt*
f naturalisiert] *über der Zeile eingefügt für gestrichen:* materialisiert

Prof. HARTMANN: Ja, aber es muß z. B. nicht aus der ethischen Sphäre in die ästhetische fortgegangen werden. Nur *innerhalb* der ethischen Sphäre herrscht der Zwang des Fortschreitens. Alles Erreichte ist *Hinderung*. Diese Bestimmung ist dem Erreichten als solchen wesentlich.

Manuskript, Wesen des idealen Seins. XIV. Sitzung, Eilhauer, Gadamer, Hartmann, Karsch, Klein, Krüger, 1924-02-23, Marburg

Protokoll vom 23. 2. 24.[a]
Vorsitz: Krüger.[b]
Prot[okoll]: Klein.[c]

Es steht zur Diskussion: „die Idealität in der religiösen Sphäre".

Thesen HARTMANNS: Die centrale Stelle in dieser Sphäre nimmt die Realitätsfrage ein. Der Gesichtspunkt des Wertes ist möglich, ergibt aber keine genügende Charakteristik. Es muss auch in diesem Falle zumindestens der Charakter höchster Macht hinzutreten, damit aber wiederum ein realer Faktor. – Somit hat die Idealität keinen rechten Ort in der rel[igiösen] Sphäre, in dem Sinne, dass sie kein besonderes Spezifikum ist. Es gibt freilich auch hier ideale Verhältnisse z. B. das Verhältnis von Gebet und personaler Gottheit. Auch kann man von den idealen Wesenheiten, die der[d] realen Gegenständlichkeit im Humeschen Sinne entsprechen, reden. Aber diese Idealität ist eben in dieser Sphäre durch nichts ausgezeichnet.

KRÜGER[e] betont ebenfalls das Reale in der relig[iösen] Sphäre. Bezweifelt dagegen, ob man von idealen Wesenheiten überhaupt reden könnte. Beispiel: Sünde bei Paulus. Im Wesentlichen zwei verschiedene Charakterisierungen:[f]
1) Sünde als *Übertretung* (des Gesetzes) im Sinne des A[lten] T[estaments]. Das Sein der Sünde ist „Schuld". Korrelativ dazu „das Gebot" Gottes.
2) die Sünde als *Verhängnis*; vom Evangelium her gesehen. Sünde = Erbsünde, gleichsam ein Infectionsstoff.[g]

---

a Protokoll vom 23. 2. 24.] *mittig und unterstrichen*
b Vorsitz: Krüger.] *unterstrichen*
c Prot[okoll]: Klein.] *unterstrichen, in der darüberliegenden Zeile hinter:* Krüger.; *danach mit Bs:* bei Gadamer., *letztes Wort unterstrichen*
d der] den
e KRÜGER] KRÜGER:
f Charakterisierungen:] *kein Zeilenumbruch zu Beginn der nachfolgenden Listung*
g Infectionsstoff.] *kein Zeilenumbruch am Ende der Listung*

Das Gesetz mehr „naturhaft", als Ordnung der Dinge, deren Ursprung nicht eindeutig ist. – Dieser Doppelcharakter ist aber nicht Ausdruck eines dialektischen Wesens der Sünde, wie z. B. bei Hegel, wo der dialektische Widerspruch sich doch durch Vermittlung auflöst, wo die Einheit in der Spannung selbst besteht. Bei Paulus gar keine Spannung, völliges Auseinanderfallen, strenge Antithetik. – Es muss hierbei die Situation berücksichtigt werden, aus der heraus Paulus seine Briefe schreibt. Er spricht in jedem einzelnen Fall zu einer *bestimmten* Gemeinde. Um ihn in jedem einzelnen Fall zu verstehen, muss man gewissermassen die Haltung der jeweiligen Adressaten haben. Seine Aussagen sind eben keine „Wahrheiten an sich" im theoretischen Sinne.

KARSCH: Wenn man von der Realität in der relig[iösen] Sphäre spricht, so meint man eine andere Realität, als etwa die des Naturseins. Die Macht Gottes z. B. ist irgendwie mehr als die Realität der Welt. Die Realität ist also nicht in den Kategorien der Natur fassbar. Auch die negative Theologie reicht darum nicht aus, da sie ja im Grunde genommen doch die gewöhnlichen Kategorien – wenn auch in der Negation – anwendet.

EILHAUER: bestreitet das völlige Auseinanderfallen des Paulinischen Sündenbegriffs. Die Sünde als Verhängnis ist die Synthesis, welche die Sünde als Übertretung zu ihrem Momente hat. Wenn diese Interpretation nicht der Meinung des Paulus entspricht, wie Krüger behauptet, so ist dies für das Wesen der Sünde gleichgültig.

KRÜGER: Nein, das ist nicht geleichgültig, denn es handelt sich ja eben um das Verständnis der relig[iösen] Haltung des Paulus. In der Paulinischen Fassung ist aber die Sünde völlig eindeutig antithetisch.

HARTMANN: Die Synthese könnte doch auch irrational sein, was auch in anderen Sphären vorkommen kann. Überhaupt könnte die Sünde[a] ein irrationales Wesen haben, jenseits der Frage der Dialektik und Antithetik.

Was aus den Ausführungen Krügers allgemein hervorgeht, ist dies, dass es in der relig[iösen] Sphäre keine Idealität gibt. Was heisst aber dies, dass es ein Reales gibt, dem kein Ideales entspricht? Ein Analogon dafür wäre: die Aufhebung des im Idealen geltenden Satzes vom Widerspruch in der realen Sphäre.

GADAMER greift zurück auf die Ausführungen von Karsch. Die Spannung zwischen Idealem und Realem verläuft sich in der relig[iösen] Sphäre zu einer Spannung zwischen Realem und Realem. Denn für den Glaubenden gibt es neben dem Gött-

---

a Sünde] *danach gestrichen:* die

lich-Realen keine andere Realität, die gleichwertig wäre. Selbst die Idee eines Ordnungsverhältnisses dieser Realitäten wird an ihm abgelehnt.

EILHAUER: Aber aus alledem kann man immer noch nicht schliessen, dass es kein Wesen z. B. der Sünde gibt. Wenn die Synthese nicht anerkannt wird, so ist eben *entweder* die eine Fassung *oder* die andere wahr.

KRÜGER: Dies ist es ja eben, dass man dies nicht sagen kann. Es besteht ein letzter Zwiespalt, der nicht aufzuheben ist.

KLEIN: Dass eine solche Zwiespältigkeit besteht, ist aber noch kein Kennzeichen eines Sachverhaltes, als religiösem.[a] Der Sachverhalt ist dann eben nicht fassbar, weil irrational. Es könnte in der relig[iösen] Sphäre Sachverhalte geben, die durchaus eindeutig und rational sind und doch ihren Charakter als religiöse darum nicht verlieren. Dieser Charakter ist jenseits des Gegensatzes von Rational und Irrational.

KARSCH weist hier noch auf das Phänomen des „Nicht-Beteiligt-Seins" bei der theoretischen Diskussion über relig[iöse] Dinge hin. Zum Verhältnis der Realitäten in der relig[iösen] Sphäre muss[b] die Theorie der Durchdringung, der Immanenz herangezogen werden. –[c]

An die Frage der Idealität in der relig[iösen] Sphäre versucht nun KRÜGER von anderer Seite hinzuführen.

Das Theoretisch-ideale eines Satzes[d] ist durch folgende Bestimmungen gekennzeichnet: Aeternität, Allgemeingültigkeit, Notwendigkeit, Evidenz, prinzipielle Zugänglichkeit, ὁμοιότης.[1] – Ein Dogma hat dagegen folgende Seins-weisen.[e]

1) Keine Aeternität, sondern zeitliche Ewigkeit (vgl. Begriff des Äon. „Von Ewigkeit zu Ewigkeit."[)]
2) Keine Allgemeingültigkeit. Die Wahrheit des Dogmas ist nicht immer wahr, sondern immer wieder wahr.
3) Keine Wesensnotwendigkeit.
4) Keine Evidenz, äusserste Fernstellung (Offenbarung).[f]
5) Nicht prinzipielle Zugänglichkeit, sondern prinzipielle Verborgenheit.

---

1 ὁμοιότης] *Ähnlichkeit, Gleichheit*

a religiösem] religiösen
b Zum Verhältnis der Realitäten in der relig[iösen] Sphäre muss] *mit Bs über der Zeile eingefügt für gestrichen:* auch
c herangezogen werden. –] *mit Bs unter der Zeile eingefügt für gestrichen:* genügt nicht
d eines Satzes] *mit Bs über der Zeile eingefügt*
e Ein Dogma hat dagegen folgende Seins-weisen.] *mit Bs unter der Zeile eingefügt für gestrichen:* Diese Bestimmungen erleiden am Idealen eines Dogmas z. B. folgende Modifikationen.
f (Offenbarung).] *mit Bs eingefügt*

6) statt ὁμοιότης, ein Appell an die Sache selbst in der Person[a][.]

HARTMANN: Dies Verfahren leuchtet ein, wird aber doch wohl gerade dem eigentlichen an der Idealität der relig[iösen] Sphäre nicht gerecht. Es ist auch dies eine Art negativer Theologie.

KRÜGER: Das Verfahren ergab sich nur aus der frenetischen Fragestellung. Es ist dies in der Tat nicht der richtige Zugang. Seine Gültigkeit erstreckt sich nur auf die geistige Situation des Augenblicks.

Die weitere Diskussion ergibt folgendes:
Eine wahre Religion wäre eine ideale, die von Gott nicht spräche (GADAMER)[.]
Entsprechend: man kann nur Evangelien schreiben (HARTMANN)[.]
Eine natürliche Religion ist nicht möglich (KRÜGER)[.][b]

Manuskript, Wesen des idealen Seins. XV. Sitzung, Gadamer, Hartmann, Karsch, Klein, Krüger, 1924-02-27, Marburg

Protokoll v[om] 27. 2. 24.[c]
Vors[itz]: Klein.
Prot[okoll]: Krüger.[d]

GADAMER faßt referierend die Hauptpunkte der Semesterarbeit zusammen. Es erscheint ihm fraglich, ob man abgesehen von der Mathematik, eine „Sphäre" des Wesens fürsichseiend ansetzen dürfe; man müsse von „anhangender Idealität" auch im ontologischen Sinne sprechen. Da es von allem Seienden, vielleicht mit Ausnahme des religiösen, „Wesen" gibt, scheint dieses souverän u. allumfassend zu sein. Ob aber Wesen u. Idealität im Sinne einer Sphäre[e] zusammenfallen, ist durchaus die Frage. Ebenso ist es nicht ausgemacht, wie sich ideales u. kategoriales Sein zueinander verhalten. Insbesondere bleibt in allen Fällen die Statuierung von getrennten Sphären problematisch. Kategorien z. B. sind stets nur zu suchen in Funktionen für bestimmte Sachen.

KLEIN knüpft an das problematische Verhältnis von Wesen bzw. idealem Sein u. kategorialem Sein an.

---

a statt ὁμοιότης, ein Appell an die Sache selbst in der Person] *mit Bs eingefügt*
b *horizontaler Abschlussstrich mittig unterhalb der Zeile*
c Protokoll v[om] 27. 2. 24.] *mittig und unterstrichen*
d Prot[okoll]: Krüger.] *in der darüberliegenden Zeile hinter:* Klein.; *danach auf der rechten Seite:* bei Karsch.
e im Sinne einer Sphäre] *über der Zeile eingefügt*

Prof. HARTMANN: Das bisherige stigmatische Vorgehen zeigte nur Materie für das Problem auf. Es gibt einen Grund für die Identifizierung von Wesen u. Kategorie in der Tatsache der apriorischen Erkenntnis; auch die Realkategorien müssen Affinität zum Idealen haben, wenn es Erkenntnis apriori vom Realen geben soll. Daß aber doch nicht Wesen und Kategorie zusammenfallen, ergibt sich daraus, daß die komplex-idealen Gebilde selbst Kategorien haben. Nur die Prinzipien sind, für das erkennbare Gebiet, identisch; selbst dann bleiben sie vielleicht noch, der Idealität unbeschadet, verschieden.

KLEIN fragt, ob unter diesen Umständen die Eigengesetzlichkeit der Sphären in ihrer Modalität bestehe, und ob etwa die Prinzipien des Wesens als solche[a] Modalkategorien seien. Das Sphärenverhältnis ist ihm unklar. Er bezweifelt, daß die nichtidentischen Prinzipien noch im selben Sinne Prinzipien heißen können.

Dagegen erläutert GADAMER: Das Verhältnis von Prinzip und Prinzipiat ist hier immer gleichartig verstanden. Wegen der Symploke aller Kategorien leidet die Einheit des Kategorienreiches keine Gefahr.

Auf KLEINS Frage, wie bei den auftretenden spekulativen Schwierigkeiten partiale Identität möglich sei, erwidert Prof. HARTMANN: er konstatiere nur, daß es so etwas geben müsse; wie es möglich sei, könne man vielleicht gar nicht einsehen. Zur Frage des Verhältnisses von Prinzip u. Prinzip erklärt er: das „Kategorienreich" sei eine Abstraktion; Kategorien existieren nur in der Welt. Die Auseinanderreißung fällt dem Schema zur Last. Dennoch ist kategoriales Sein etwas Besonderes.[b] Der Phänomenologe kennt kein Kategorienreich, sondern nur eine Verdoppelung der realen Sphäre. Das ist der platonische Fehler. – Die Eigengesetzlichkeit des Idealen ist sichtbar an den höheren Geometrien. (GADAMER).

GADAMER: Die ἀφαίρεσις,[1] die ein „Wesen des Realen" ergibt, läßt dieses ohne Abstrich; Einordnung dieser Wesenheiten in eine eigengesetzliche Sphäre ist unmöglich. KLEIN tritt dem bei u. behauptet[:] Eigengesetzlichkeit der Sphären und Deckung schlössen einander aus.

HARTMANN: Trotz theoretischen Schwierigkeiten müssen solche Verhältnisse angesetzt werden. Diskutierbar ist das Problem nur in Einzelkategorien.[c]

GADAMER: Das Wesen eines Realen ist nie kategorial „aufzubauen". Es handelt sich immer nur um die Abhebung gewisser Strukturen vom Realen;[d] die ver-

---

1 ἀφαίρεσις] *Wegnehmen, Abtrennung, Abstraktion*

---

a solche] solchen
b Dennoch ist kategoriales Sein etwas Besonderes.] *über der Zeile eingefügt*
c Einzelkategorien] *berichtigt:* Einzelfällen
d Realen;] *danach gestrichen:* und

schiedenen Explikationsrichtungen dürfen nicht zu Sphären verselbständigt werden. Außer in der Mathematik gibt es das Fürsichsein einer Sphäre höchstens im Recht; und dort fragt es sich wieder, ob die Rechtsgebilde nicht an das Bewußtsein gebunden sind.

Als Beispiel für die Eigengesetzlichkeit der Sphäre weist Prof. HARTMANN auf die Gesetzlichkeiten hin, die, abgesehen von allen realen (Material etc.) Verhältnissen, den Künstler bestimmen. GADAMER sieht dagegen hier ganz besonders deutlich die Bindung der Prinzipien an ihre Realisation. Kein Künstler sieht Ideen, ohne sie gleich auch verleiblicht zu sehen.

2 *Vom Wesen des Wesens* (Wintersemester 1925/1926)

Der Dialog zu Kernfragen bezüglich des Wesens und des idealen Seins ist kurz und besteht aus nur fünf – allerdings ungewöhnlich ausführlichen – Sitzungen. Zugleich ist er inhaltlich sehr komplex und dicht und enthält dabei einen der wohl markantesten Dissense der Protokollsammlung, der sich zwischen Hartmann und Plessner zum Unterschied von idealem und realem Sein entfaltet. Thematisch kreist der „Disputierzirkel" um die Begriffe des Wesens, des Prinzips und des Idealen Seins. Ausgegangen wird nach einer reichhaltigen Vorgabe von Plessner von der klassischen Ambiguität im Wesensbegriff, der einerseits das konkrete Individuum, andererseits dessen Zugehörigkeit zu Klassen bedeutet (I). Eine Vertiefung der Thematik wird mit der Unterscheidung von Wesen und Prinzip andererseits versucht (II). Desweiteren wird die These diskutiert, wonach der Grund für die Allgemeinheit allen Wesens – selbst des Wesens eines Individuellen – im Sphärenunterschied des idealen und realen Seins liegen würde und Wesen als solches immer ideales Sein wäre: Hier wird die Unterscheidung von apriori und aposteriori mit in die Überlegung einbezogen (III). Eine Zusammenfassung von relevanten Perspektiven und Argumenten steht zu Beginn der vierten Sitzung. Diskutiert werden mit Blick auf reales und ideales Sein die Merkmalskanditen der Klarheit und Getrübtheit, der Nahstellung oder Fernstellung für das Bewusstsein, der Setzbarkeit und Nicht-Setzbarkeit und des Vorliegens oder Fehlens einer „Kern-Mantel-Struktur" (IV). In der letzten Sitzung wird vermehrt das Merkmal der „Intangibilität" des Idealen Seins diskutiert (V), eine umfassende Gegenüberstellung von Begriffen realen und idealen Seins u. a. im Verhältnis zu Prinzipien vorgenommen, sowie am Ende der Bogen zum Begriff des Wesens geschlossen, indem die phänomenologische Wesensschau thematisiert wird. Die Sprache der Protokolle ist vorwiegend differenziert und gut, die Protokollstruktur auch überwiegend gut sortiert. Allerdings sind die Handschriften oft schwer leserlich und daher unsichere Stellen im Text.

Als philosophische Hintergründe und Referenzen werden in historischer Hinsicht Begriffe der Substanz und der Essenz aus der aristotelischen Tradition aufgerufen. Auch Unterscheidungen aus der Scholastik werden diskutiert, der Begriff des Prinzips bei Platon (V). Mehrfach wird auf die Philosophie des Idealismus Bezug genommen, insbesondere Hegel (Widersprüche im Realen) und Schelling. An zeitgenössischen Bezügen spielen vielfach Husserls Wesensphänomenologie und Phänomenologie idealer Gegenstände eine Rolle, V,) Schelers Phänomenologie, und außerdem Driesch und dessen Phänomenologiekritik (I). In die Diskussionen spielen auch Debatten der Philosophie der Biologie hinein (V).

Es entwickeln sich im Gespräch folgende Positionierungen: Nicolai Hartmann in II: „Singulär ist noch nicht individuell; individuell ist aber immer auch singulär. Individuation kann nicht übertroffen werden, sofern sie schon mehr ist als Singularität." Plessner führt für den Unterschied von idealer und realer Sphäre an, dass man in der idealen Sphäre immer weiter nach elementareren Größen (Atomen u. a.) suchen kann, was bei Ideen nicht der Fall wäre" (IV). Nach Hartmann gibt es Prinzipien der idealen Sphäre (bspw. Gesetze der Wertsphäre) und Prinzipien der Realsphäre (Kausalnexus u. a.). Die beiden Sphären bestehen selbständig voneinander: „Ist die These der Aufhebung des Satzes vom Widerspruch richtig, so folgt aus ihr als negatives, daß das Reale sich dem idealen Gesetz nicht fügt. Als positiver Ursprung ergibt sich, daß im Realen vielleicht ein positives Prinzip des Widerstreites waltet." (V)

In III/IV entfaltet sich ein konsequenter und vielteiliger Dissens bezüglich des An-sich-Seins oder Für-Jemanden-Seins von Sinn zwischen Plessner und Hartmann:

Plessner behauptet: „[...] das Formale im Wesen ist genau so vom realen (dem Fall) ablösbar, wie von seinem idealen Stoff (dem Sinn). Denn ist zum Wesen des Realen Zerstörbarkeit gehörig, so zum Wesen des Idealen – einschließlich seines Stoffes – die Unzerstörbarkeit."[....] Weiter Plessner: „Mir schwebt es so vor, wie wir es am Logischen kennen. Dieses ist zum Mindesten immer im selben Maße *setzbar*, als es ,*ist*'. Und so erhält sich in allem Sinnhaften eine Struktur der Rückbezogenheit – Scheler würde sagen: ,im Mitvollziehen'". [...] Darauf Hartmann: „Dann geht aber der Seinscharakter des Sinnes verloren, und mit ihm der des Wesens überhaupt. Es besteht nur noch ,für jemand'." Plessner widerspricht: „Keineswegs! Es besteht wesentlich „für" jemand[,] aber deswegen nicht *nur* für jemand. Ansichsein widerspricht nicht dem Fürjemandsein. Hier ist eben ein Drittes, eine Synthese: es ist *ein Ansichsein des Für-Einen-Seins*, resp. ein Ansichsein, das eines Für-Einen-Seins zu seinem Ansichsein bedarf." (III)

Plessner tendiert zu einer stärker aposteriorisch, anthropologisch bezogenen Deutung, während Hartmann zu einer mehr apriorischen tendiert: Nach Hartmann ist u. a. der Wert eines Liebesdienstes ebenso unabhängig von seinem Erkanntsein durch den Adressaten des Dienstes, wie 2 x 2 = 4 in seiner Geltung vom konkreten subjektiven Zugang unabhängig ist. Plessner gesteht Gegenargumente zu, will jedoch gar nicht das Für-Jemanden-sein von Sinn (u. damit der idealen Sphäre) an einen konkreten Zugang knüpfen. Das ideale Sein ist nach Plessner von sich aus wesentlich setzbar, das reale Sein hingegen nicht. Das ideale Sein hat nach Plessner auch keine „Kern-Mantel-Struktur", wie sie seiner Ansicht nach das reale Sein hat. Nach Hartmann hingegen ist die Kern-Mantel-Unterscheidung mit Blick auf das Reale keine ontologische, sondern nur eine gnoseologische (IV). Auch sieht er am idealen Sein eine Kern-Mantelstruktur (mit Blick auf die irrationalen

Zahlen, deren Entdeckung nach Hartmann erst den idealen Charakter der Zahlen erhellte), die hier ebenfalls eine gnoseologische ist. Nach Plessner ist eine letzte Verborgenheit des Kerns des Realen bei diesem „an sich" da, wohin es nach Hartmann nur Verborgenheit für jemanden gibt (IV). Plessner betont dagegen, dass das Reale prinzipiell beeinflussbar, bzw. von sich aus erzeugbar sei, hingegen das Ideale nicht, welches nur „setzbar" sei, aber bspw. nicht in ein „Trümmerstadium" gebracht werden könne (V). Damit einhergehe, dass im Idealen Form und Stoff nicht in der Weise voneinander getrennt werden können, wie beim Realen (V). Nach Hartmann könnte es sein, dass alle Prinzipien ideales Sein haben, doch betont er die Frage, ob alles ideale Sein Prinzipiencharakter, d. h. Gesetzescharakter hat.

In manchen Dissensen zwischen Plessner und Hartmann kann der Eindruck entstehen, dass Plessner (für Hartmann nicht ganz verständlich) das Ideale Sein in einer Weise deutet, die den Ansatz Hartmanns besser plausibilisieren könnte, als Hartmanns eigene Argumentation es vermag.

Wie alle Dialoge lebt auch dieser von bestimmten Exempeln und einem geteilten Anschauungshintergrund. In Sitzung I. wird der Unterschied zwischen wesentlich und wesenhaft anhand von Beispielen illustriert: Hartmann führt an: „Drieschs Art, zu formulieren, seine bekannte Handbewegung mit dem Kneifer nach unten, sind unwesentlich, aber wesenhaft." Dr. Jacob bringt ein Beispiel aus der Pflanzenwelt: „Daß die Blüten gewisser Blumenarten noch oben gerichtet sind, ist den betr[effenden] Blumen wesenhaft." (I) Für den Unterschied von Wesen und Prinzip führt Hartmann den Vergleich mit der Mathematik an, deren Prinzipien auch über dem Feld des Gegenstandsbereichs liegen (II). Plessner nennt das Beispiel einer Landkarte, bei der zufällig ein Quadrat der Rasterung eine Lavafläche am Vesuv entspricht (II). Als Beispiel für ein Reales mit geistigen Inhalten wird der Prioritätenstreit zitiert, als Beispiele für rein ideales Sein der Lehrsatz des Pythagoras, oder das Infinitesimalkalkül, aber auch der „Sinn", der eine Tonfolge zu einer Melodie macht (III). Die Grenze zwischen ideal und real wird teils kontrovers am Beispiel des Nachbildes nach dem Blicken in die Sonne diskutiert (III). Als Beispiel für das Ansichseins von mathematischen Zusammenhängen nennt Plessner eine komplizierte mathematische Formel, die von vielen Menschen nicht eingesehen wird, und dennoch ist (IV). Zuletzt wird am Bauplan („Radialität und Bilateralität") von Lebewesen der Unterschied von Idee und Prinzip diskutiert (V).

Abschließend sei noch auf das Verhältnis der Diskussionen zu früheren oder späteren Disputiercirkeln und zu Hartmanns Werk aufmerksam gemacht: Thematische Nähe und Überschneidungen, insbesondere zur Thematik des Ansichseins von Individualität und Allgemeinheit, gibt es zu den Disputiercirkeln: *Wesen idealen Seins* (1923/1924), *Logische Sphären* (1933/1934), *Problem der Individualität* (1934), *Individuelles und Allgemeines* (1947/1948). Bezogen auf das Werk Hartmanns gehört die Thematik zum systematischen Kernbereich von Hartmanns Ontologie; die engsten Beziehungen bestehen zur *Grundzüge einer Metaphysik der Erkenntnis* (1921) und zur Ethik (1925), insbes. im Kapitel über Wesenheiten).

Es gibt sicher viele thematische Anschlüsse an neuere Diskurse und Debatten der Philosophie. Hier sei nur erwähnt: In der neueren Erkenntnistheorie hat insbesondere Timothy Williamson (*The Philosophy of Philosophy* (2007), *Modal Logics as Metaphysics* (2013) die Frage nach der Erkenntnis und dem Sein idealer Entitäten (hier vor allem logischer und mathematischer Zusammenhänge) prominent behandelt und auch eine Anschaulichkeit solcher behauptet. Gegenüber dessen rigoros „realistischer" Position bieten die hier von Hartmann und Plessner vertretenen Positionen moderatere Alternativen. Erwägungen, wie sie Hartmann bezüglich Widersprüchen in der Realität vertritt, finden in der heutigen Philosophie bei Graham Priest einen einflussreichen Vertreter.

Manuskript, Vom Wesen des Wesens. I. Sitzung, Bruch, Bruchhagen, Hartmann, Jacob, Plessner, 1926-01-29, Köln

Vom Wesen des Wesens[a]
Erste Diskussion.

Vorsitz: Prof. Hartmann
Protokoll: Bruchhagen
Köln, 29. I. 1926.[b]

Dr. PLESSNER[c] führt eingangs aus:[d]
Bei der ersten Annäherung an das Wesen stößt man auf einige Aequivokationen, die es von dem Ausdruck „Wesen" gibt.
Man spricht (erstens) von einem Seienden, Existierenden als einem Wesen (zweitens) von dem Wesen einer Sache u. macht damit auf den Unterschied des Wesentlichen vom Zufälligen aufmerksam. Oder man will mit der Rede vom Wesen (drittens) vom Zufälligen zu dem Kern einer Gegebenheit führen. Zwei Schichten oder Komponenten werden dabei aufgedeckt: das[,] was das Gegebene zum Dinge macht, u. das, welches demgegenüber irrelevant bleibt. Das zuerst Genannte bezeichnet man wohl auch als das Wichtige.

---

a Vom Wesen des Wesens] *danach auf der rechten Seite mit Bs und unterstrichen*: 3 Bogen; *davor Deckblatt, darauf*: Diskussionsprotokolle W. S. 1925/26 Vom Wesen des Wesens
b Vorsitz: Prof. Hartmann Protokoll: Bruchhagen Köln, 29. I. 1926.] *mittig*
c Plessner] Plessner:
d führt eingangs aus:] *hier und in der Folge Einzug bis zur Mitte der Zeile*

Man nennt – ein Neues! – einen bestimmten Zug an einer Sache „wesentlich" für dieselbe, macht „wesens", „aufhebens" daran. In diesem Zusammenhang kann der Terminus, „Wichtigkeit" eine Überbetonung erfahren, die dem Ausdruck eine geringschätzige Note gibt, die „Wichtigkeit" läßt zudem das Wertmoment anklingen: das Wichtige als das Wertvollere hat den Rang vor dem Unwesentlichen.

Dem Wesentlichen steht das Wesenhafte gegenüber. Das Wesenhafte gehört nicht selbst zum Wesen.

Das Wesen ist nicht gleich dem Was. Das Verhältnis von Wesen, Was u. Washeit zueinander ist uns Problem. Es leuchtet ohne weiteres ein, daß die Explikation des Wesens einer Sache nicht die Antwort für die Frage nach dem Was derselben sein würde.

In einem neuen Aspekt bietet sich das Wesen als „singuläres Vorkommen" dar, welchem eine singuläre Struktur eignet.

Mit dem Wesen einer Sache bezeichnet man wohl auch ihren Grund. Das Wesen ist ihr Fundament. Vielleicht ist das Wesen immer fundierend?!

Das Wesen umfaßt andererseits das gattungsmäßig Allgemeine u. zielt auf die Idee ab, die nicht etwa nur Vorstellung zu sein braucht. Am Wesen gibt es nichts Subjektives. – Hier ist mit „Idee" die „reine" Gestalt, das Urbild gemeint, dem ein Abbild, ein Abglanz entspricht.

Sucht man das Wesen einer Gegebenheit in den Blick zu bekommen, so geht es dabei um die Kernigkeit, die in der Vereinzelung hic et nunc eingebettet liegt, aber aus ihr heraus führt, über sie hinausweißt. In diesem Betracht strebt man nach der Erfassung des „Was" u. der „Washeit". Es ist von vornherein fraglich, ob eine Washeit individuell sein kann.

Das Wesen als fundamentum lenkt den Blick auf eine neue Bedeutung des Wesens: als Prinzip. Das Prinzip ist ein rein in der Sache selbst Steckendes, zur Sache in der Tragefunktion Stehendes, das daran eine „Angriffs"möglichkeit bietet als eine daran ansetzend erzeugende Funktion. Macht auf der einen Seite das Wesen mehr den Grund u. die Einheit aus, so steht es auf der anderen Seite da als ein Verfahren, wonach man vorgeht bzw. vorgehen kann. In letzterem Sinne bedeutet „Wesen" etwa „Gesetz" oder „Regel". Das Wesen in „Tragefunktion" ist „Substanz". –

Soviel zunächst! Die angeführten Bedeutungen (seiendes Gebilde, Kern, Was, Grund, Prinzip, Wie) sollen eine Gliederung der folgenden Erörterungen abgeben, ohne daß damit gesagt wäre, ihre Zahl erschöpfe am Wesen alle Bedeutungsmöglichkeiten.

Prof. HARTMANN: Ich schlage vor, die Erörterung mit der Feststellung des Unterschiedes von „wesenhaft" u. „wesentlich" zu beginnen.

Dr. PLESSNER: Es sei daran erinnert, daß Hans Driesch, wohl in der „Wirklichkeitslehre" zuerst, eine Scheidung von „wesentlich" u. „wesenhaft" versucht hat, ohne daß dadurch hinreichende Klarheit geschafft worden wäre. Driesch hat die Tendenz, der Phänomenologie zu bestreiten, daß die Bedeutungsanalyse schon ein Prinzip der Unterscheidung des Wesentlichen vom Unwesentlichen liefere. Die Phänomenologie mache aus der „Flächigkeit" der Bedeutungen kein „Relief", in dem das Wesentliche zur Geltung käme. Es gehe doch um die „wesenhaften Züge". –

Aber dies nur nebenbei! Zu dem Unterscheide zwischen „wesenhaft" u. „wesentlich" würde ich sagen: Das Wesenhafte ist das zu einem Was Gehörige. „Wesentlich" ist etwas für etwas.

Prof. HARTMANN: Ich sehe noch keine deutliche Grenzscheide zwischen den beiden Bedeutungen. Nehmen wir doch einmal einen konkreten Fall zum Beispiel: Was ist an Hans Driesch wesenhaft u. was wesentlich?

BRUCH: Das Wesenhafte ist die conditio sine qua non der Existenz von Hans Driesch.

Prof. HARTMANN: Sind Liebenswürdigkeiten wesenhaft oder wesentlich? Wohl wesenhaft! Den Menschen Driesch vom Philosophen Driesch zu trennen, hieße das Wesen von Hans Driesch zerstören. Diese menschliche Artung u. diese spezifische philosophische Haltung zusammengenommen machen Hans Driesch aus, sind es wesenhaft. Aus dieser Perspektive heraus scheint mir, daß das Wesentliche mehr den Charakter des Individuellen habe.

Dr. PLESSNER: Dafür liefert der Sprachgebrauch augenscheinlich den Beweis: Etwas ist wesentlich *für* etwas. Das Wesenhafte ist nicht wesenhaft *für*, sondern *an* etwas.

Dr. JACOB: Das Wesenhafte ist wohl kategoriell, das Wesentliche praedikativ zu nennen. Beides kann in Einem zusammentreffen. – Wesentlich ist das Urteil, wesenhaft das Beurteilte. Das Wesentliche ist akzidentell, im Vergleich zum τί ἦν εἶναι,[1] u. ist ein συμβηβηκός.[2]

Prof. HARTMANN: Es ist schon möglich, daß der Unterschied an einem Einzigen erscheint. – Logisch charakterisiert: Das Praedikat kann wesentlich u. wesenhaft sein. Und ein besonderes Beispiel für „Wesentlich": Der Stoffwechsel ist wesentlich für Lebewesen.

Dr. JACOB: „Wesenhaft" u. „wesentlich" überlagern einander.

Dr. PLESSNER: Überschneidungen sind nicht unmöglich: Das Wesenhafte kann unwesentlich, das Wesentliche unwesenhaft sein u. umgekehrt.

---

[1] τί ἦν εἶναι] *was es war zu sein, Wesen*
[2] συμβηβηκός] *Akzidens, unwesentliches Merkmal*

Prof. HARTMANN: Drieschs Art, zu formulieren, seine bekannte Handbewegung mit dem Kneifer nach unten, sind unwesentlich, aber wesenhaft.

Dr. JACOB: Daß die Blüten gewisser Blumenarten nach oben gerichtet sind, ist den betr[effenden] Blumen wesenhaft.

Prof. HARTMANN: „Wesenhaft" bedeutet sprachlich: „Wesen habend"; „wesentlich": „zum Wesen gehörig". – Eine gute Illustration zu diesem Sachverhalt vergleichsweise dürfte ein Bedeutungsunterschied sein wie der etwa zwischen „wesenhaft" u. „wesentlich". Sinnvoll ist nur die Rede von einem Menschen als einem ernst*haften*, dessen Bemühungen um irgendetwas ihrerseits nur ernst*liche* genannt werden können.

Dr. JACOB: Wesenhaft sein ist etwas anderes als eines Wesens habhaft sein.

Prof. HARTMANN: Hans Driesch hat ein Wesen; er ist wesenhaft.

Dr. JACOB: Zu sagen: Driesch ist wesenhaft..., geht doch nicht.

Prof. HARTMANN: Wir behaupten nur: Driesch ist wesenhaft. Die Bewegung mit dem Kneifer ist wesenhaft.

BRUCHHAGEN: Man versuche sich einmal den Unterschied von „wesenhaft" u. „wesentlich" an Hans Driesch klar zu machen: Ist Driesch wesenhaft oder wesentlich?

Dr. JACOB: Noch etwas Anderes bedeutet es, wenn man sagt: Driesch *hat* Ernst!

Prof. HARTMANN: Mir scheint, daß hier die Wortbedeutungen irreführend wirken u. neue Sachverhalte vortäuschen, die es in Wirklichkeit nicht gibt. – Um zu unserem Problem zurückzuführen: Uns liegt daran, „wesentlich" u. „wesenhaft" gegeneinander abzugrenzen. Das Wesenhafte hat ein Wesen, ist aber nicht selbst ein Wesen. Wir kommen aus den Aequivokationen letztlich nur mit Hilfe von Definitionen heraus. „Wesenhaft" besagt von etwas, daß es ein Wesen habe. „Wesenhaft" ist nicht dasselbe wie „wesentlich für" oder „Wesen von" etwas.

Dr. JACOB: Das Wesenhafte ist nicht ein Teil eines Wesens, sondern tritt an einem solchen auf.

Prof. HARTMANN: Das dürfte nicht zutreffen. Das Wesenhafte ist real, das Wesentliche *nicht*.

Dr. PLESSNER: Dr. Jacobs Äußerungen bringen uns auf folgenden Gedanken: Wesenhaft ist das, was ein Wesen hat, von einem Wesen gehabt wird, eines Wesens habhaft ist. Das Wesentliche wird nicht von einem Wesen gehabt. Ob dasjenige, was von einem Wesen gehabt wird, für sich seinerseits ein Wesen hat, bleibt hier irrelevant. Jedenfalls hat das Wesentliche kein Wesen. Es gehört stets zu etwas u. kann keine Selbständigkeit haben. Die Struktur der Zugehörigkeit interessiert auch jetzt nicht. – Offenbar gehen das Wesentliche u. das Wesen auseinander. Das Wesentliche ist mit dem Wesenhaften verhaftet; es steht in Beziehung zu einem Wesen u. nur in Beziehung dazu.

Prof. HARTMANN: Wesentlich ist das, was das Wesen eines Wesenhaften mit ausmacht. So stellen sich zwei Sphären dar: Etwas, das ein Wesen hat (A), u. die Momente, welche das Wesen (von A mit-) konstituieren (α, β, γ, δ κτλ.). Wesentlich für (das Wesen von) A sind α, β, γ, δ κτλ.; A aber ist wesenhaft.[a]

Ich schlage als neues Diskussionsproblem vor: Das Verhältnis von „Was" u. „Washeit" zueinander!

Mir scheint, die Washeit steht mit Gesetzlichkeit in einem Zusammenhang, ohne notwendig von Gesetzlichkeiten beherrscht zu sein. Jedenfalls hat sie Bestimmtheiten.

Dr. PLESSNER: „Was" u. „Washeit" stehen wohl zueinander wie der Einzelfall zum Gesetz. Die quiditates sind discreta. Man merke einmal auf den Unterschied des Was des Realen (rotes Was) gegenüber der Washeit der roten Farbe. Im Sonnenspektrum z. B. gehen die einzelnen Was der Farbenwasheiten kontinuierlich ineinander über.

Prof. HARTMANN: Das einzelne Was braucht nicht von der Washeit gerechtfertigt zu werden. Dann bestünde nur ein relativer Unterschied. Ich erinnere hier an den von Duns Scotus geprägten Unterschied von „quiditas" u. „necessitas", an τὰ ἕκαστα εἴδη[1] bei Plotin, die Ideen des einzelnen, hic et nunc seienden Dinges sind.

Dr. PLESSNER: Die Washeit schließt nicht aus, daß das „Was" auch noch etwas Anderes sein kann.

Prof. HARTMANN: Darf man so sagen?

Dr. PLESSNER: Doch! Das Was hat etwas, welches von der Washeit nicht ausgeschöpft wird. Das Was ist ja nicht nur Vereinzelung, sondern hat auch eine ihm eigene „Fülle". Das Was ist „dichter", „konkreter" als die ganz u. gar, „luzide" Washeit.

Dr. JACOB: Was ist das ὑποκείμενον[2] des Was?

Dr. PLESSNER: Die Frage: Was ist das? kann im methodischen Fortgehen so beantwortet werden, daß die Gegebenheit so aus allen „Zutaten" herausgeschält wird, bis daß man den ihr spezifisch eigenen Kern vor sich hat, der irreduzibel ist. Die Washeit legt das Was fest, weißt ihm seinen Platz zu, „registriert" es.

Prof. HARTMANN: Ich höre ein „komparatives" Verhältnis heraus: Die Washeit ist allgemein, das Was individuell.

---

[1] τὰ ἕκαστα εἴδη] die einzelnen (jeweiligen) Gestalten, Formen
[2] ὑποκείμενον] Zugrundeliegende

[a] horizontaler Trennstrich mittig unterhalb der Zeile

Dr. PLESSNER: Ich gebe zu bedenken, daß es in der Mathematik „Was", aber kein Individuelles gibt. – „Was" ist ὕλη,[1] „Washeit" μορφή.[2] Es gibt reale u. ideale ὕλη, das Was als „letzte" ὕλη ist irreduzibel.

Prof. HARTMANN: Es ist aber doch so, daß Raum u. Zeit individuieren. – Es gibt, übrigens, nur Tatsächlich-Individuelles.

Dr. PLESSNER: Vielleicht bahnt die Bestimmung von Letztheiten eine Klärung an?! – Was ist das Lichthafte am Licht? Das Fließende an der Zeit? In dem, was nicht „umgesetzt", „getroffen" werden kann, als dem Unerreichbaren, darin steckt das Was. Das Was hat teil an der Washeit. Dimensionalität ist eine Washeit, Dimension ein Was. Das spezifische Wasmoment u. die Washeit sind „widerständig"; die „Widerständigkeit" der Washeit liegt in einer anderen Sphäre.

Prof. HARTMANN: Ich möchte aus dem Gebiete der Ontologie Beispiele anführen. Es gibt vieles Seiende, aber nur *ein* Sein; vieles Wirkliche, aber nur *eine* Wirklichkeit; viele Ideale, aber nur *eine* Idealität. Ich behaupte: es gibt nur *eine* quiditas, *eine* Washeit, aber viele quid, viele Was. Die Washeit hat ein Sosein, jedes Was ein „Bestehen". *Einer* Washeit stehen alle Was entgegen. Die Washeit macht den Wascharakter eines jeden Was aus; dem τοιόν δε τί[3] der Washeit entspricht das τό δε τί[4] des Was.

Dr. PLESSNER: Die Idee von einem Was ist das Was[;] das Was im Unterschied vom Was selbst. Karminrot ist nur ein Was; die Idee dieser Farbe, des Was seines Was ist die Röte. Das Irreduzible im Was ist die Wasidee. Ich glaube doch, daß es quiditates gibt. Indes folgen in der Zeit ist doch für sich eine quiditas. – Eine Washeit kann sich auf eine andere bauen. Insofern hat die Relativierung im Aufbau einer Washeit auf die andere, nach „oben" hin, keine Grenze. Der Fortschritt vom Was zur Washeit dagegen ist nur ein einziger: es ist getan, wenn das Was des Was gefunden ist.

Prof. HARTMANN: Mich interessiert gerade der Absolutheitscharakter. – Das quid ist ein Substrat der quiditas. Das quid ist nicht eine quiditas, wohl aber jede bezw. die quiditas ein quid. Eine Washeit der Washeit ist unmöglich. Nach „unten" würde also ein möglicher Stufenbau der quiditates durch das quid begrenzt sein. –

---

1 ὕλη] *Stoff, Materie*
2 μορφή] *Gestalt, Form*
3 τοιόν δε τί] *so, dergestalt allerdings was*
4 τό δε τί] *das allerdings was*

Manuskript, Vom Wesen des Wesens. II. Sitzung, Bruchhagen, Hartmann, Jacob, Plessner, Schulze, 1926-02-04, Köln

Protokoll
zum Diskussionsabend vom 4. II. 26.
[Vorsitz: Bruchhagen[a]
Protokoll: Jacob[b]]

Herr Prof. HARTMANN hob zunächst für die künftige Diskussion nach verschiedenen Seiten hin mehrere Problempunkte hervor, und zwar in Absicht einer gewissen stoffordnungsmäßigen Berücksichtigung der am vergangenen Abend am Wesen hervorgehoben und mit den Ausdrücken: Wert, Allgemeinheit, Grund, Kern, Prinzip benannten Momente.

Das Wertmoment ist wegen seiner Vieldeutigkeit zunächst zurückzustellen in der Besprechung.

Dagegen können wir wohl den Satz: „Im Wesen des Wesens liegt es, ein Allgemeines zu sein", als These allgemein annehmen.

Hier ist noch hinzunehmen: Wie es die Idee des Individuellen gibt, und diese Idee damit aber[c] nicht eine individuelle Idee ist, so gibt es das Wesen des Individuellen. Es liegt im W[esen] des W[esens], daß ich in einem zweiten Weltprozeß wieder unter dieselbe Idee fallen würde. Der ontologische Hintergrund der hier bestehenden Gesetzlichkeiten liegt im Unterschied zweier Seinssphären:
1) des Seins der Wesenheiten, einer idealen Sphäre idealen Ansichseins, die unabhängig vom Erkennbarsein besteht (Welt der Idee) und
2) des realen Ansichseins, das es im Raum zeitlich und individuell gibt, und wo überhaupt ein reales Individuell-sein möglich ist.

Das Hauptproblem liegt in der Frage nach dem Verhältnis von Wesen und Prinzip, wobei mit Prinzip eine gewisse Zusammenfassung der 3 Momente Prinzip, Kern, Grund gemeint ist. Worin besteht die Beziehung zwischen Wesen und: Grund von; kernhaft in; Prinzip von?

Plato scheint nicht recht gehabt zu haben, wenn er die beiden Problemsphären: Wesen und Prinzip in einen einzigen metaphysischen Grundgedanken hineingearbeitet hat. Wesen als Prinzip scheint etwas anderes zu sein.

Schwere,[d] Ausdehnung, die zum Wesen des Dinges gehören, sind doch nicht Prinzip desselben. Daß das Ding liegt, ist prinzipiell in ihm; es muß liegen. Also:

---

a Bruchhagen] *möglicher Vorsitzender, rekonstruiert aus Vorgängerprotokoll*
b Jacob] *möglicher Protokollant, rekonstuiert aus der Unterschrift*
c aber] *danach gestrichen: keine*
d Schwere,] *Abschnitt eingerückt*

nicht alles, was zum W[esen] der Sache gehört, ist sein Prinzip. Die Idee des Tisches ist nicht in demselben Sinn auch Prinzip desselben, wie die Idee des ἕν¹ Prinzip aller Dinge ist. Würde der eine Sinn vom W[esen] in den anderen übergehen, so würde damit sich nur eine Verdoppelung der Welt ergeben.

Mithin: Die Wesenssphäre hat ihre eigenen Prinzipien; die Prinzipiensphäre ist nicht die Wesenssphäre. Wie die mathematischen Sätze Prinzipien über sich haben, die ihrer mathematischen Sphäre angehören, ebenso scheint es in der Wesenssphäre zu sein.

Innerhalb der Wesenssphäre scheint es auch einen Unterschied von Wesentlich und Konkret (im Sinne von Komplex) zu geben.

Als 1. These wurde besprochen: Das Wesen ist immer allgemein, auch wo es das Wesen eines Individuellen ist.

BRUCHHAGEN[a]: Was heißt hier Allgemeinheit?

Dr. PLESSNER: Es *gibt* zunächst zweifellos W[esen] von Individuellem, trotzdem das W[esen] als W[esen] allgemein ist. Wenn ich nie, nach der Allgemeinheit fragend, diese als Geltungsbereich für mehr als ein Individuum nehme, dann entsteht eine Schwierigkeit: Das Wesen hat Allgemeinheit, d. h. es gilt (hat Geltungsbereich) für mehr als ein Individuelles, und dem gegenüber ist es trotzdem möglich, daß es in seiner Gattung auf *ein* Individuelles beschränkt bleibt.

Prof. HARTMANN: Dann müßte es sich um das W[esen] dieses Individuums als Individuum handeln; handelt es sich aber nicht vielmehr um das W[esen] des individuellen Etwas? Individualität ist überhaupt nur Sache des Realen. Daß es nur eine Sache gibt[,] kann nicht im W[esen] des W[esens] liegen. Es gibt nur eine Individualität des Falles. Dem W[esen] ist das äußerlich, nicht dem Fall. Deshalb ist der Widerspruch nur scheinbar. Wenn es nur Wesen gäbe, wäre dem nicht so.

Dr. PLESSNER: Wie ist dann aber der Zusammenhang zu denken, zwischen der Welt des Allgemeinen und der Welt der einzelnen Fälle? Was heißt Allgemeinheit bei der Zuordnung der beiden Schichten?

Greifen wir zu dem Bilde einer Landkarte mit kleinsten Quadraten, davon eines ein Stückchen Vesuvlava genau überspannt. Daß Letzteres gerade hier liegt, ist aus dem Satz nicht einzusehen, es könnte auch etwas Anderes hier, wie auch dieses wo anders liegen. Hier wäre nun Allgemeinheit die Vertretbarkeit jener Stelle auf der Karte hinsichtlich ihrer Erfüllung.

---

1 ἕν] *Eines*

---

[a] BRUCHHAGEN] Br.

Jedoch müßte in diesem Bilde die Einschaltung der Fixation eines Singulären aufgegeben, und der Übergang zu einem Individuellen vollzogen werden, d. h. unser Quadratennetz müßte eine Art qualitatives sein, in dem ein Quadrat Lavaquadrat wäre, welches es nicht mehr wäre, so man Lava ersetzte.

Prof. HARTMANN:[a] Was ist der Unterschied von Singulär und Individuell? Singulär ist noch nicht individuell; individuell ist aber immer auch singulär. Individuation kann nicht übertroffen werden, sofern sie schon mehr ist als Singularität. Das Individuelle ist immer[b] verwechselt mit dem Ich, dem Ichhaften und dann mit dem Persönlichen zusammengetan.

Dr. PLESSNER: Dieser Fehler muß einen sachlichen Grund haben.

Prof. HARTMANN: Ich glaube, er ist historisch.

Dr. PLESSNER: Aber *warum* kommt man beim Individuum immer in die Nähe der Personalität? Individuum heißt „unteilbar", äußerlich, ἄτομον,[1] wo die Teilung nicht weiter geht. Person ist „von innen her" aus sich heraus unteilbar. Achtet man hier auf das Sein selbst, so kann man auf jene Unteilbarkeit von innen stoßen.

Stur nimmt man dies letztere[c] im Unterschied zur Singularität, wo man mit eigentlichem Sein auch nichts zu tun hat. Und hier liegt dann die Verführung zum Sprung, zu sagen: alles, was individuell ist, muß[d] Widerstand gegen Aufteilung in sich leisten; und das stimmt mit der Struktur dessen überein, was wir am Ich, der Person kennen. Daher der falsche Schluß dann: Alles Individuelle muß subjekthaft, personell sein.

Prof. HARTMANN: Hier liegt ein eingeschmuggelter Wertgesichtspunkt zu Grunde.

Dr. PLESSNER: Wie wir bei Rickert z. B. eine zum Prinzip gemachte Werteinschmugglung finden.

Dr. PLESSNER:[e] Doch lassen wir zunächst die Schwierigkeit, die darin besteht, daß das Quadrat: „Lavaquadrat" sein soll[,] beiseite.

Frl. SCHULZE: Sodaß es also noch nicht darauf ankäme, ob es Wasser oder Lava überspannte?

Dr. PLESSNER: Ja. Allgemeinheit könnte hier den Sinn von Daruntertretbarkeit haben, d. h. unter jedes Quadrat könnte etwas Anderes daruntertreten. Das Quadrat wäre in diesem Sinne allgemein.

Prof. HARTMANN: Wie weit geht diese Vertretbarkeit? Was ist vertretbar?

---

1 ἄτομον] *unteilbar*

a Prof. HARTMANN:] *folgende Abschnitte eingerückt*
b immer] *über der Zeile eingefügt*
c letztere] *über der Zeile eingefügt*
d muß] *danach gestrichen:* den
e Dr. PLESSNER:] *folgende Abschnitte vorgerückt*

Dr. PLESSNER: Die Stelle[.]

Prof. HARTMANN: Also das im Quadratsein ist vertretbar. Und dabei liegt die nackte Singularität auf Seiten des Quadrats und verträgt sich durchaus mit der Allgemeinheit desselben. Sonst gäbe es ja auch keine Eindeutigkeit. Eine eindeutige Bestimmung eines Singulären Punktes[a] (x_1; $x_2\,x_3$) z. B. verhält sich übrigens ganz gleichgültig gegen das Reale.

Frl. SCHULZE: Und was ist hierbei genauer Singularität?

Prof. HARTMANN: Erweitern wie diese Frage gleich: Wie steht Singularität zur Individualität, die mehr als Singularität ist. In unserem Bilde: Wo heute Lava ist, war in der Tertiärzeit etwa Sand.

Dr. PLESSNER: Hier wird unsere obige Schwierigkeit aktual. Denn einerseits besteht die Quadratstelle gleichgültig gegen das, was da steht. Andererseits soll aber eine Zuordnung bestehen zwischen dem, was darunter tritt, und dem, worunter es tritt. (individueller Fall – W[esen])

Frl. SCHULZE: Es muß also, wie gesagt, eine feste qualitative Zuordnung bestehen.

Dr. PLESSNER: Und damit kommen wir in Konflikt mit der Allgemeinheit als bloßer Daruntertretbarkeit. Es ist uns aufgegeben zu sehen, daß die Allgemeinheit des Quadrates als Stelle enge Grenzen hat. An der Wesensstelle muß ja etwas stehen, was ihr zuboren ist und restlos entspricht. Sonst würde es sich nicht um das Wesen eines Individuellen – hier Vesuv, Sahara[b] handeln. Es ist also anzunehmen, daß, wo heute das Lavastückchen und mit ihm das Lavastückchenquadrat, liegt, zu seiner Zeit eine Sandmenge und ein ihr[c] zugehörendes Sandmengenquadrat[d] gewesen wäre, das von[e] dem heutigen verschieden sei, wenn auch die Stelle gewahrt ist.

Das uns das Wesen erläuternde Moment unseres Bildes muß ja mehr sein als Stellenfixation und Fundortbestimmung; es muß Individualzüge in sich aufnehmen, ohne individuell zu sein. Damit ist aber Allgemeinheit im Sinne von Daruntertretbarkeit nicht mehr haltbar. Es muß etwas hinzugenommen werden, das gerade *diesen* Fall mit befaßt; untersuchen wir doch eben das Problem des Wesens *eines* Individ[uellen].

Es wurde ein neues Bild eingeführt: Die „Entsprechungsbeziehung" zwischen einem Kubus und einem mathematisch-stereometrischen „Kreidebild".

---

a Punktes] *danach gestrichen:* z. B.
b Vesuv, Sahara] *unter der Zeile eingefügt für gestrichen:* Lava, Sand
c ihr] ihm
d Sandmengenquadrat] *darüber:* (Saurierleiche)
e von] *über der Zeile eingefügt*

Frl. SCHULZE[a]: Hier besteht eine feste Zuordnung. Die[b] Beziehungen im mathem[atischen] Gebilde sind zugleich die Beziehungen des individuellen Falles. Der Kubus als Körper ist der individuelle Fall.

Prof. HARTMANN: Und die Individualität liegt im Kubus als aus[c] Pappe, Lava.

Dr. PLESSNER: Es handelt sich also um etwas wie Realisation. Die figürliche Synthese ist identisch im mathematischen Gebilde. Der Würfel und der Lavablock sind figural übereinstimmend bis ins Einzelne. Es besteht zwischen beiden eine Irrealsphäre[d] der reinen Beziehung, wo auf Seiten des Lavakubus lediglich das Plus der Lava besteht, also daß er *ist*, der Charakter des Vorhandenen.

Prof. HARTMANN: Nun ist der Raumwürfel ja auch vorhanden. Aber „Realisation" ist nicht überhaupt schlecht zu umschreiben, zu reduzieren; vielleicht könnte man „wirklich" sagen.

Dr. PLESSNER: Es ist etwas, das eigentlich nicht nötig ist, etwa wie eine uneinsichtige Schwere. Wir hätten hier ein singuläres Wesen mit allen Zügen des individuellen Falles, nur daß es „gefallen" ist. Das ist die qualitative Zündung einer singulären Stelle im sonst irrealen Logos. Dem entspricht dann nur ein bestimmter Fall, der qua Fall ein Bedingtheitsmoment enthält. Dieses Bedingtheitsmoment würde die Allgemeinheit des Wesens eines Individuellen sein.

Letzteres[e] wurde noch einmal als Satz fixiert: Die Allgemeinheit[f][,] das Wesen an einem Individuellen ist das Bedingtheitsmoment vom individuellen Fall.

Prof. HARTMANN:[g] Das Wesen ist also indifferent gegen das Vorkommen des realen Falles, resp. der realen Fälle. Es ist sogar gleichgültig, ob überhaupt ein realer Fall vorkommt. Es genügt, wenn nur das Wesen vorkommt. Und daß es das Wesen eines Indiv[iduellen] ist, liegt nicht im Wesen.

Es[h] wurde nunmehr die Frage aufgeworfen, ob an dem Wesen temporale Momente auftreten oder ob es der Zeit gegenüber immun sei.

---

a Frl. SCHULZE] *folgende Abschnitte eingerückt*
b Die] *danach gestrichen:* mathem.
c aus] *über der Zeile eingefügt für gestrichen:* als
d Irrealsphäre] *Lesung unsicher*
e Letzteres] *Abschnitt vorgerückt*
f Die Allgemeinheit] *mit Bs über der Zeile eingefügt*
g Prof. HARTMANN:] *Abschnitt eingerückt*
h Es] *Abschnitt vorgerückt*

Dr. PLESSNER:[a] Das W[esen] ist offen gegenüber einer anderen Zeit. Wenn es z. B. einen 2. Sokrates gäbe, ist auf Grund der verschiedenen Zeitlichkeit noch nicht zu sagen, in Bezug auf jeden von beiden handele es sich *nicht* um dasselbe W[esen]. Gehört es nicht vielleicht zum W[esen] des W[esens], auch zeitperspektivisch zu sein? An Wiederholbarkeit des W[esens] zu denken, geht doch nicht.

Prof. HARTMANN: Das ist aber auch kein Wesensgesetz, sondern ein Realitätsgesetz. Dasselbe W[esen] wird zum zweiten Mal real. Eine zweite Weltperiode[b] wäre da immer nur eine *zweite*. In Bezug auf die nackte Zeit könnte die Existenz Sokrates' auch wo anders stehen.[c]

Manuskript, Vom Wesen des Wesens. III. Sitzung, Bruchhagen, Hartmann, Jacob, Plessner, Schilling, Schulze, 1926-02-11, Köln

11.[d] Febr[ruar] 1926.[e]
Vorsitz: Dr. Jacob
Protokoll: Hartmann

Die Diskussion wendet sich zur These III. (Der Grund für die Allgemeinheit alles Wesens – selbst des Wesens eines Individuellen – liegt im Sphärenunterschied des idealen und realen Seins; Wesen ist als solches immer ideales Sein).[f]

Dr. JACOB: Der Unterschied von idealem und realem Sein ist ein verschwimmender. Man kann ebensogut auch viel mehr Sphären unterscheiden.

BRUCHHAGEN: So sieht es vor der Hand aus. Es käme nun darauf an[,] schärfer zu formulieren, um die Seinsweisen abzuheben. Man kann aber das Ideale als Fürsichsein, das Reale als Ansichsein verstehen. Denn reales Sein kann nicht für sich, ohne ideales Sein, bestehen. Hier scheint eine einseitige Abhängigkeit zu walten.

PLESSNER: Das trifft nicht genau zu. Kann reales Sein nicht von sich aus „für sich" sein, so heißt das noch keineswegs, daß es nur für ein ideales Sein bestünde. Bedingtheit ist nur Bestehen „durch" etwas, nicht Bestehen „für" etwas.

---

a Dr. PLESSNER:] *folgende Abschnitte eingerückt*
b Weltperiode] Weltperiode,
c *mittig unterzeichnet:* Hans Jacob.
d 11.] ii, *davor gestrichen:* i7
e 11. Febr[ruar] 1926.] *auf der rechten Seite; davor mittig:* III.
f Die Diskussion [...] ideales Sein).] *eingerückt, davor vertikaler Strich*

Man muß es am Beispiel sehen lernen. Die Zahl ist als solche nur ideal; der Prioritätsstreit (Leibniz – Newton) ist real – in diesem Falle geschichtlich real. Er „war" einmal; auch das Gewesensein hebt seine Realität nicht auf – am Realitätswert sind die Zeitstellen ohnehin gleich. Was nun ist der Unterschied? Etwa so: hier Einmaligkeit, Zufälligkeit – dort Notwendigkeit, überzeitliches Bestehen und Fortbestehen. Ferner: hier Undurchdringlichkeit, Unreinheit, Getrübtsein, Gemischtsein – dort Reinheit, Krystallklarheit, Durchsichtigkeit. Das ideale Sein ist wohl auch mannigfaltig, dem Blick unerschöpfbar, es giebt an ihm den unendlichen Erkenntnisprogreß. Aber der Progreß findet keinen Widerstand. Der Widerstand eben ist Sache der Trübung, daher die große Schwierigkeit, ein Ideales als Seiendes zu verstehen.

Dr. Jacob: Das ist unklar. Es müßte erst unterschieden werden zwischen Idealem und Idealität, Realem und Realität.

Plessner: Das ist eine cura posterior. Erst das Reale, dann die Realität. Sie ist ohnehin an nichts anderem als dem Realen faßbar. Man muß naiv vorgehen, so weit, bis man sich des Vorliegenden versichert hat.

Hartmann: Der Unterschied ist leichter vom Erkenntnisproblem aus zu sehen. Fragt man: „wie ist Reales gegeben?", so drängt es sich von selbst auf: „immer am Einzelfall", „immer mit empirischem Einschlag", „immer unter Beteiligung der Sinne". Sinne sind ausschließlich Realitätszeugen. Ideales Sein ist ausschließlich apriori gegeben – selbst dann, wenn es vom realen Einzelfall aus gesehen ist. Von „2 · 2 = 4" muß sich jeder selbst schauend überzeugen; die Thatsache des Prioritätsstreites aber muß er hinnehmen – auch hier nicht ohne Vermittelung des Sinneszeugnisses.

Plessner: Ich glaube, das sagt am besten der Begriff „Erfahrung" – und zwar in seiner ganzen Breite, auch als innere Erfahrung (vgl. Kants „innerer Sinn), also auch wenn das Erfahrene nicht durch Vermittelung eines der „5 Sinne" erfahren wird. Ich sage: das Reale „passiert" dem Sinn. Gerade das ist am psychisch Realen zu sehen: trotzdem Auge und Ohr es nicht geben, nehmen wir es doch für ein Reales. Es „widerfährt" uns, genau so wie Ereignisse, Dinge und Dingverhältnisse uns widerfahren; aber in einem ganz anderen Sinne als etwa 2 · 2 = 4 uns widerfährt. Letzteres ist kein eigentliches Widerfahren. Ein gewisses Stutzen[a] ist bei jeder Art Gegebenheit. Aber ein „Widerfahren" ist nur dem Realen eigen – ein darauf Stoßen und Widerstand finden. Das „Erfahren" im engeren Sinne besteht eben in einem „sich-Widerfahren-Lassen". Es ist immer[b] ein dynamisches, ein Erfahren der Eigenstärke eines Etwas gleichsam

---

[a] Stutzen] *Lesung unsicher:* Stützen
[b] immer] ihmnur

„am eigenen Leibe". Diese Eigenstärke sui generis zeigt sich eben am Stoß des Widerfahrens, im „Wider den Magen fahren".

Ein bloßes Auftreffen des Blickes ist in *aller*[a] Gegebenheit – auch in den apriorischen des idealen Seins. Aber nicht ein Widerfahren.

Dr. JACOB: Danach kann ich nicht unterscheiden, wohin der Regenbogen gehört. Da er mir widerfährt müßte er real sein.; da er nur relativ auf das Sehen besteht, kann er nicht real sein.

HARTMANN: Es muß doch etwas Reales an ihm sein: das Licht, die specifische Brechung, die durch den Raum gezogene Linie (Kreisabschnitt), in welcher die Brechung angeordnet ist; nur deshalb sieht man ihn doch als Bogen.

Dr. JACOB: Ich frage aber: ist der Regenbogen real? Und antworte: nein, er ist nur Erscheinung. Real giebt es ihn nicht. Regentropfen sind real, aber die sind nicht der Regenbogen.

HARTMANN: Danach ging unsere Frage nicht. Das Problem der „Täuschungen" und „Erscheinungen" ist ein anderes. Sie stehen beim Gegensatz: „Sein – Erscheinung"; wir aber stehen beim Gegensatz: „Sein – Sein" (nämlich: Realsein und Idealsein). Den Schein nämlich gibt es auch im Gegensatz zum idealen Sein.

PLESSNER: Würden Sie denn auch sagen, der Schein der Lampe (Lichtkreis) sei nicht real? Oder dieses Rot am Tischtuch?

Dr. JACOB: Freilich! beides giebt es real nicht.

PLESSNER: Und wenn ich den Regenbogen vor dem Birnbaum durchgehen sehe, sehe ich ihn damit nicht räumlich localisiert im Realen?

Dr. JACOB: Er kann doch garnicht real vor oder hinter etwas durchgehen, weil er real garnicht ist, weder dort noch sonstwo.

HARTMANN: Und wie ist es mit dem Nachbild der Sonne? „daß" ich es hier und jetzt auf der Wand sehe, „daß" es meinem Blick folgt, „daß" ich es nicht wegschaffen kann, – ist das nicht etwas, was mir real, einmalig als Ereignis „widerfährt", also selbst ein Reales?

Dr. JACOB: Nein! Das würde ich bloß wirklich nennen, nicht real.

PLESSNER: Wirklichkeit muß aus dem Spiel bleiben; das ist ein Seinsmodus, der bei allen Seinssphären wiederkehrt. Aber ist jenes „daß" des Nachbildes nicht Realität, so zersplittern sich die Sphären in eine Menge von Seinsweisen, die absolut garnichts zur Sache thun. Es bleibt doch bestehen: Das Nachbild ist a posteriori gegeben; es „widerfährt" einem – genau so wie der Prioritätsstreit, der Aschenbecher und der Regenbogen.

Dr. JACOB: Aber wie unterscheidet sich dann der Gegebenheit nach der Prioritätsstreit und der Pythagoreische Lehrsatz? Von beiden lese ich und nehme Gelesenes hin.

---

a *aller*] *teilweise unterstrichen*

PLESSNER: Eben nicht!! Beim Pyth[agoreischen] Lehrsatz müssen Sie außer dem Lesen auch noch einsehen (sich überzeugen), daß es so ist. Beim Prioritätenstreit aber bleibt Ihnen nichts zu thun als „zur Kenntnis zu nehmen".[a]

HARTMANN: Mir scheint, wir müssen zu Plessners Aufstellungen zurück (Undurchdringlichkeit, Trübung, Krystallklarheit etc[.]). Diese Bestimmungen sind vielleicht noch zu sehr πρὸσ ἡμᾶς[1] gesehen, vom Erkenntnisproblemen aus.
Ich möchte als eine weitere These vorschlagen: Alles Reale ist *zeitlich* – alles Ideale *zeitlos*. Gerade die Zeit ist unterscheidend, der Raum nicht. Geistig-Reales (wie der Prioritätsstreit) ist kein räumliches Gebilde. γένεσις[2] und φθορά[3] waren die Merkmale der παρ' ἡμῖν[4] Monaden bei den Alten. Thatsächlich dürften sie das ganze Reich des Realen beherrschen, vom Nachbilde und Regenbogen über Dinge und Geschehnisse bis auf die großen, langsam Kommenden und Schwindenden geschichtlich-geistigen Mächte hin (nicht natürlich deren ideale Inhalte). Ideales dagegen ist ἀεί ὄν[5] – von der Zahl und dem Dreieck bis zu Ideen und Werten. Daher empfanden es die Alten als εἰλικρινές ὄν[6] – d. h. nicht mit μὴ ὄν[7] gemischt, wie das γιγνόμενον.[8]

PLESSNER: Man muß das vor allem für das Seelisch-Reale gelten lassen. Auch im Seelischen geht die durée durch, auch hier überall giebt es das Widerfahren und Erfahren – ein inneres –, weil das seelische[b] Sein auch sein Bestehen in der Zeit hat. Die Gedankeninhalte aber sind ein ganz anderes.

BRUCHHAGEN: Das zeigt am besten das Beispiel des Prioritätsstreites. Dieser selbst ist real; der Infinitesimalcalkül aber ist nicht real. Deswegen ist er auch nicht in der Zeit.

PLESSNER: Ich vermisse darin aber noch die Hauptsache. Wie hängt die Endlichkeit mit der Trübung zusammen? Letztere ist immerhin relativ. Man muß doch zugeben: es könnte Wesen geben, welche das Reale ohne Trübung haben, das Ideale aber verdichteter, klotziger empfinden dürften. Insofern stehen wir bei lediglich anthropologischen Bestimmungen. Und ebenso giebt es auch für uns das Nicht-mehr Durchsichtige an den idealen Gebilden.

---

1 πρὸσ ἡμᾶς] *zu uns hin*
2 γένεσις] *Entstehung*
3 φθορά] *Vergehen*
4 παρ' ἡμῖν] *bei uns*
5 ἀεί ὄν] *immer Sein*
6 εἰλικρινές ὄν] *(am Sonnenlicht betrachtetes, genau geprüftes und echt befundenes) reines, tadelloses Sein*
7 μὴ ὄν] *Nichtsein*
8 γιγνόμενον] *Werdende*

a nehmen".] *danach mittig unterhalb der Zeile:* – Pause –
b seelische] Seelische

HARTMANN: Da scheinen mir schon zwei Gesichtspunkte durcheinander zu gehen: eigentliche Idealität und Rationalität. Ideales Sein ist nicht notwendig rational (transzendente Zahl).

PLESSNER: Wie steht es dann mit den künstlerischen Gebilden? Es könnte doch dunkle Stellen im idealen Sein geben. Aber die haben nicht den Charakter des „Sinnhaften". Hier drängt sich m. E. etwas neues auf, das die eigentliche Grundbestimmung des Idealen sein dürfte – noch über die Zeitlosigkeit hinaus: das *Sinnhafte als solches* gehört zum idealen Sein. Es ist sein Wesenszug im Gegensatz zum Realen, das in seiner Zufälligkeit immer sinnlos und sinnfremd bleibt, und nur vom Idealen, das in ihm ist, seinen Bruchteil Sinn her hat. Als Beispiel: die Melodie – sie findet Realisierung in einer realen Tonfolge, aber auch im Realen noch wird etwas verstanden als dessen Sinn, was nicht „gehört" oder gesehen wird, sondern „vernommen". Es wird auch nicht verstanden, aber wohl erfaßt.

HARTMANN: Ich verstehe nicht ganz. Soll das heißen: das Ideale *hat* Sinn, oder das Ideale *ist* der Sinn, den etwas hat? Im ersteren Falle müßte dann ein anderes in ihm erscheinen. Im letzteren aber müßte es selbst an einem anderen erscheinen. Denn Sinn besteht nur *an* etwas und *für* jemand.

PLESSNER: Das kann ich nicht einfach beantworten. Mir scheint, es nähert sich dem Ersteren. Es handelt sich im Sinn um einen Zusammenhang, der nicht „blind gegeben" ist, sondern irgendwie gehen wir von selbst mit ihm, wir vollziehen ihn mit, stellen ihn mit her. Und nur in diesem Mitherstellen ist er gegeben. So dem Hörenden die Melodie, sofern er als der Vernehmende sie mit herstellt. Hier gerade wird das Verhältnis sichtbar[,] nämlich am Gegenbeispiel des Unmusikalischen, der nur blind darauf hört, ohne zu vernehmen. Er vollzieht nicht mit. Es handelt sich um ein Mitgehen in der specifischen Seinsrichtung. Und nun differenziert sich das mannigfaltig nach der Höhenlage des idealen Seins: im Mathematischen ist es ein vollgültiges Erzeugen der Größen. Anders bei Wesenheiten fremder Akte, wieder anders bei Werten, die den Wertsichtenden erfassen und mit empor reißen...

HARTMANN: Soll das heißen, daß der „Sinn" selbst auch ideales Sein ist – also ein Sein im Sein; oder ist er etwas hinter ihm?

PLESSNER: Ich würde so sagen: der Sinn ist am idealen Sein das Analogon zum Stoff des Realen.

HARTMANN: Eine sonderbare Analogie! Er erhebt sich über dem Idealen... so ist es doch gemeint? Stoff aber[a] erhebt sich nie über dem Geformten. Auch im Realen nicht.

---

a aber] *danach gestrichen:* überhe

PLESSNER: So ist es auch nicht! Sinn aufweisen ist schwer. Dennoch: ideale Gebilde sind sinnhaft; Reales ist an sich sinnfrei (letzteres natürlich cum grano salis).

HARTMANN: Das wäre zu verstehen, wenn es sich im Sinn um Werthaftes handelte, denn Realität als solche läßt sich als Wertindifferenz verstehen. Aber das meinen Sie offenbar nicht.

PLESSNER: Freilich nicht. Ich meine – bildhaft – es giebt ein „Gefallensein" des Idealen in die Realität. Das ist der „Fall", und darum ist der „Fall" immer realer Fall. Aber der Fall als solcher eben ist das Sinnfreie.[a]

HARTMANN: Aber wenn der Sinn etwas vom Idelaen, und das Ideale nochmals etwas am realen Fall ist, so weiß ich aus diesem complexen Verhältnis immer noch nicht, was der Sinn ist. Auch die Frage nach „Haben" oder „Sein" ist damit nicht entschieden.

PLESSNER: Ich meine so: der Sinn ist nicht etwas, was das ideale Sein „hat", sondern etwas, *was es „ist"*. Und zwar „ist" in sehr bestimmter Weise, und das wollte ich mit der Analogie zum Stoff sagen: die ideale Seinssphäre *besteht* aus Sinn, Sein[b] ist gleichsam *„aus Sinn gemacht"*.

Frl. SCHULZE: Was heißt es aber dann, daß das Reale ablösbar ist – so wie es in der Einklammerung geschieht. Wovon wird es abgelöst? Etwa vom Stoff des Idealen, also vom Sinn? Oder auch von seiner Form, d. h. von dem, was in ihm wohl sinnvoll ist, aber nicht der Sinn ist?

PLESSNER: Vom Stoff natürlich.

SCHILLING: Abgelöst wird aber gerade das Wesen, und was übrig bleibt ist Stoff. Sonach könnte der Stoff nicht zum Wesen gehören.

PLESSNER: Umgekehrt, das Formale im Wesen ist genau so vom realen (dem Fall) ablösbar, wie von seinem idealen Stoff (dem Sinn). Denn ist zum Wesen des Realen Zerstörbarkeit gehörig, so zum Wesen des Idealen – einschließlich seines Stoffes – die Unzerstörbarkeit.

HARTMANN: Also wieder Rekurs auf das Zeitmoment: γένεσις[1] und φθορά.[2]

PLESSNER: Freilich, Zerstörbarkeit ist Zeitlichkeit, aber nicht bloße Zeitlichkeit.

HARTMANN: Nun möchte ich aber wissen: was liegt eigentlich noch im „Sinn" außer der Unzerstörbarkeit und dem ἀεί ὄν? Diese beiden allein berechtigen doch garnicht zur Rede vom „Sinn".

PLESSNER: Ja, das wäre die Hauptfrage. Er giebt da einen positiven Charakter. Mir schwebt es so vor, wie wir es am Logischen kennen. Dieses ist zum Mindesten immer im selben Maße *setzbar*, als es „ist". Und so erhält sich in allem

---

1 γένεσις] *Entstehung*
2 φθορά] *Vergehen*

---

a Sinnfreie] sinnfreie
b Sein] sein

Sinnhaften eine Struktur der Rückbezogenheit – Scheler würde sagen: „im Mitvollziehen". Dem Realen nur – das auch mitvollziehbar ist (seelische Akte) [–] bleibt das Mitvollzogenwerden äußerlich. Am idealen Sein aber ist die Mitvollziehbarkeit in der Seinsweise des Sinnhaften mit beschlossen. Das ist wichtig, weil wir bei allen idealen Gebieten die Offenbarung im Erzeugen haben.

HARTMANN: Dann geht aber der Seinscharakter des Sinnes verloren, und mit ihm der des Wesens überhaupt. Es besteht nur noch „für jemand".

PLESSNER: Keineswegs! Es besteht wesentlich „für" jemand[,] aber deswegen nicht *nur* für jemand. Ansichsein widerspricht nicht dem Fürjemandsein. Hier ist eben ein Drittes, eine Synthese: es ist *ein Ansichsein des Für-Einen-Seins*, resp. ein Ansichsein, das eines Für-Einen-Seins zu seinem Ansichsein bedarf.

HARTMANN: Also Hegel hätte Recht: alles Ansichsein hat seine Wahrheit im Fürsichsein?

PLESSNER: Hegel behält Recht: darin nämlich, daß überhaupt das Wesen zum Begriff drängt, resp. das Sein im Sein-Für-Einen sich erfüllt. Nur daß er dasjenige, für welches das Ansichseiende sein muß, um sich zu erfüllen, im Subjekt sah, darin hatte er Unrecht.[a]

Manuskript, Vom Wesen des Wesens. IV. Sitzung, Bruch, Bruchhagen, Hartmann, Plessner, Schulze, 1926-02-18, Köln

Protokoll zum
18. II. 1926.[b]
Vorsitzender: Prof. Hartmann.
Protokoll: B. Bruch.

Die Diskussion geht in Fortsetzung des voran Gegangenen um die Frage des „An sich Seins" im Unterschiede des idealen und realen Seins. –

Prof. HARTMANN [(]beginnt die Diskussion mit einer Aufstellung von Gegenargumenten gegen die beim letzten Mal von Dr. Plessner vertretenen Thesen[c][):]
Es gilt, eine nähere[d] *positive*[e] Bestimmung des „Sinnhaften" zu erreichen,

---

a *horizontaler Abschlussstrich mittig unterhalb der Zeile*
b Protokoll zum 18. II. 1926.] *mittig und unterstrichen*
c Thesen] Thesen.
d nähere] *danach gestrichen:* Bestim
e positive] *hier und in der Folge alle nicht gesondert gekennzeichneten Hervorhebungen teilweise unterstrichen*

das dem idealen Sein,[a] wie Dr. Plessner erklärt hat, zuzusprechen sei. Bisher hatte sich als Unterschied des Realen, gegenüber dem Idealen, herausgestellt seine *Trübheit*, und das *Aposteriorische* seines Erkanntwerdens im Gegensatz zur Klarheit und Apriorität der[b] Erkennbarkeit des Idealen. Aber dieser Unterschied betraf nur die *Gegenbenheitsweise*; er betraf das *Erkenntnisproblem* beim Untersch[eiden] des Idealen u. Realen nicht den Untersch[ied] ihrer Seinsweise selbst. Näher an diese Bestimmung der Seinsart kamen wir mit der[c] Zeitbestimmtheit des Realen, im Gegensatz zum Idealen, heran. Das Reale ist dem Entstehen u. Vergehen unterworfen.[d] Aber auch diese Bestimmung betrifft noch z. T. das Erkenntnisproblem. Eine ganz *positive* Bezeichnung der Seinsart des Idealen ergab sich erst mit der Bestimmung des *Sinnhaften*, das ihm[e] wesenhaft[f] sei. Um die genauere Klärung dieses Begriffs des Sinnhaften aber geht jetzt Alles Weitere. Nämlich auch im Begriff des Sinnhaften wiederum handelt es sich doch um ein *Bezogensein*, um die Frage, für *wen* „Sinnhaft" es ist?

Hier kann es nur zweierlei geben – das Sinnhafte Ideale ist *entweder* ein *Sein für Jemand* – oder ein *Ansich sein*. Die von Dr. Plessner vertretene Synthese dürfte nicht möglich sein. Schon im *Realen* gibt es ja zugleich[g] ein Ansichsein und ein „Für-uns-sein". Es braucht nur Jemand den zureichenden Sinn dafür zu haben, so würde er, läßt sich sagen, auch das Ansichsein im Realen wahrzunehmen imstande sein. *Wenn es somit zum Wesen*[h] *des Idealen gehörte, zugleich ein Ansichsein und „Für Jemand Sein" darstellen zu müssen – so stünde es ja gerade darin dem Realen wieder gleich* und würde der Unterschied beider wieder verwischt sein. – *Oder aber*[i] *– Für Jemand sein* ist für *ideales wie reales* Sein *gleich nebensächlich*, trägt nichts zur Bestimmung beider bei. Der Begriff des Für jemand Seins ist noch ein Rest aus der Philos[ophie] des transzendentalen Idealismus, für den eben Alles immer nur ein „Sein für Jemanden" sein mußte. Etwas von diesem Rest transzendentaler Philosophie steckt auch noch in Plessners These, zum Idealen gehöre es, Sinn zu haben, zu diesem aber auch[j] Sinn für Jemand zu sein. Wie sehr das Ansichsein unabhängig ist vom Für

---

a Sein,] *danach gestrichen:* was
b der] *danach gestrichen:* Erkenn Idealen
c der] *eingefügt*
d unterworfen] *berichtigt:* untergeordnet
e ihm] *danach gestrichen:* wesentlich, *und darüber gestrichen:* haft
f wesenhaft] *auf dem linken Rand eingefügt*
g ja zugleich] *über der Zeile eingefügt für gestrichen:* übrigens
h Wesen] *fett unterstrichen*
i Oder aber] *fett unterstrichen*
j auch] *über der Zeile eingefügt*

Jemand sein, ersieht man auch aus einfachsten Beispielen – Ein erwiesener Liebesdienst bleibt wertvoll, auch wenn ihn niemand als solchen anerkennt u. Er so gleichsam keinen Abnehmer findet. Oder in noch niederer Sphäre – der Satz[,] daß 2 x 2 = 4 ist, hat nicht wesentlich das Sein für Jemanden an sich. Er bezeichnet etwas, das ist, an dem niemand etwas ändern kann,[a] und auch das *ist*, wenn niemand es bemerken[b] sollte (wie das beim[c] idealen Sein in der Mathematik bei schwierigeren Sätzen leicht der Fall sein kann).[d] Das ideale Sein ist in seinem Ansichsein unabhängig davon, ob es „einen Abnehmer" findet – Es *kann*[e] für Jemanden sein, aber das ist ihm nicht wesenhaft.

Dr. PLESSNER: Die genannten Argumente sind natürlich alle zu zugeben. Und ebenso natürlich lagen meine Formulierungen nicht in der Ebene dieser von Prof. Hartmann gemachten Einwände. Alle Reste idealistischer Denkweise, selbst in ihrer Form etwa bei Scheler, sind für unser Problem des idealen Ansichseins abzulehnen. Für Scheler[f] z. B. geht alles Ideale auf in einem Sein, das mitvollzogen werden muß; es geht bei ihm *nicht* auf im bloßen Wesensein. Damit verliert die ideale Sphäre ihr Eigensein. Scheler macht das id[eale] Sein zwar nicht zum bloßen Bewußt-Sein.[g] Aber das ideale Sein und das für ein Subjekt Sein hat bei Scheler gewissermaßen ein Gleichgewicht. Schon das aber hebt natürlich das reine Ansichsein auf; es ist abzulehnen.

Meine These des Für-Jemandenseins soll *nicht* gleich „erfaßbar" zu setzen sein. Denn im Erfaßbarsein würden wirkl[ich] Ideales u. Reales nur gleichstehen. Die ideale Sphäre ist sinnhaft; sie *hat* Sinn – aber sie besteht nicht aus Sinn. Das Sinnhafte bedarf eines Ausbaus, sei es in Hinsicht auf seine Realisierung, sei es in der auf seine Strukturen und Formen. Denn Sinn selbst und das Sinnhafte sind zu unterscheiden. Der Sinn ist immer schon ein Strukturhaftes, Geformtes. Was nun den Sinn selbst betrifft, so ist mit ihm gemeint – Er ist unterschieden vom Blindsein.

Prof. HARTMANN: Mir ist nicht deutlich, was mit „Blindsein"[h] gesagt werden soll.

Dr. PLESSNER: Es besagt, daß man im idealen Sein[i] zum Kern des Seins selbst vorstoßen kann. Es gibt beim id[ealen] Sein keine Mögl[ich]k[eit] mehr, einen

---

a kann,] *danach gestrichen:* soll
b bemerken] *über der Zeile eingefügt für gestrichen:* einsehen
c beim] *danach gestrichen:* mathemati
d kann).] kann.)
e kann] *doppelt unterstrichen*
f Scheler] *unterstrichen*
g Bewußt-Sein] *berichtigt:* Bewußtssein
h mit „Blindsein"] *über der Zeile eingefügt für gestrichen:* damit
i Sein] *danach gestrichen:* als

"Kern" und[a] einen "Mantel" zu unterscheiden. Das Reale aber hat immer eine "Kern-Mantel"-struktur, die man aber nun nicht gleich ins Gnoseologische wieder umbiegen[b] darf. Im Idealen gibt es keinen Kern mehr, der vom Mantelhaften zu unterscheiden wäre. In diesem Sinne hat man ein Recht von einer Trübung im Realen u. einer Ungetrübtheit im[c] Idealen zu reden, und zwar in einem *nicht* gnoseologischen Sinne. Es hat keinen Sinn mehr, an das Ideale mit der Qualität Kern-Mantel heranzugehen. Der Grund davon ist der, daß das *Ideale von sich aus setzbar ist*. Von sich aus setzbar heißt nicht für jemand sein, es bedeutet ein vollkommen Anderes. Die Frage ist nun – Setzbar von wem ist das Ideale? Subjekte können setzen; was setzbar ist, ist subjektiv. Dennoch ist es nicht so, daß das Setzbare im Idealen vom Subjekt anhängig ist, weder im Sinne des Idealismus noch im Sinne etwa Schelers. Das id[eale] Sein hat die Fähigk[eit], anklingen zu können an Subjekte (wie sein Sender an einen Empfänger anklingt). Das hebt das Eigensein des Idealen nicht auf. Beim ideal[en] Sein ist vielleicht weitgehend ein "für Jemandsein" – Beim *realen* Sein[d] hingegen ist *immer* notwendig die Kern-Mantelstruktur. Der Kern darin ist niemals ohne weiteres von sich aus setzbar. Das *Ideale* ist *gleichsam ein von sich aus Sehendes*, das[e] Reale muß gesehen werden, welche Formel freilich vielleicht schon etwas überspitzt ist.

Prof. HARTMANN: Ist nicht dieser ganze Dualismus Kern-Mantel im Realen schon viel zu sehr nur ein vom Menschen aus gesehener? Mantel wurde von Plessner das genannt, woran wir zunächst rankommen[f] können, Kern das, woran wir's nicht können. Das ist entweder gnoseologisch zu sehen, oder wir haben überhaupt kein Recht,[g] diesen Dualismus zu setzen. Was bleibt also, ungnoseologisch genommen, übrig an jenem Dualismus? Mag es selbst sein, daß das Ideale keine Erscheinungsformen hat – das beide dahingestellt –, so liegt es doch nicht daran, daß das id[eale] Sein ein von sich aus setzbares ist. Das Gegenstandsein und Setzbarsein ist nicht das Wesentliche an der Frage nach dem id[ealen] Sein. – Dagegen ist nicht zu widersprechen, daß es von *uns* aus jenem Gegensatz gibt. Es gibt eben eine Nah-Stellung des Bewußtseins zum id[ealen] Sein – eine Intuition, die aus nächster Nähe direkt auf das Ideale stößt. – *Darin* liegt dann eben, was Dr. Plessner das Klare u. Ungetrübte des

---

a und] *über der Zeile eingefügt für gestrichen:* von
b umbiegen] *danach gestrichen:* muß
c im] *danach gestrichen:* Reale
d Sein] *danach gestrichen:* ist
e das] *berichtigt:* daß
f zunächst rankommen] *Satzstellung durch Umstellungszeichen geändert:* herankommen zunächst
g Recht,] *danach gestrichen:* zu

Idealen nennt. Aber noch lange nicht heißt es, daß das Ideale ein von sich aus Setzbares ist.

Frl. SCHULZE: Wenn es zutrifft, daß das id[eale] Sein zum Bewußtsein eine Nahstellung hat, so muß das Bewußtsein zum id[ealen] Sein eine Verwandtschaft haben. Es müßte also dann eine nahe Bezogenheit des Bewußtseins zum id[ealen] Sein,[a] aber nicht zum realen Sein, bestehen.

Prof. HARTMANN: Natürlich. Aber das betrifft die metaphys[ische] Frage nach der Beziehung von Bewußtsein und idealem Sein. Dr. Plessner aber sagte, das Ideale sei von sich aus setzbar, und das ist etwas Anderes. Denn was Frl. Schulze sagt, bezieht sich nur auf das *Erkennen* des ideal[en] Seins, nicht auf seinen Charakter.

Dr. PLESSNER: Frl. Schulzes Ansicht ist sehr richtig. Man muß ja eben fragen, woher diese verschiedene Stellung des Bewußtseins zum Idealen u. Realen kommt. Sie muß doch ontische Gründe haben. Die Kern-Mantelstruktur soll doch gerade nicht zusammenfallen mit dem nur gnoseolog[ischen] Erkenntnisproblem. Es gilt also zu erklären, warum es nicht auch eine solche Nahstellung u. Intuition[b] des Bewußtseins z. B. dem Realen gegenüber gibt. Woher kommt es, daß das reale Sein immer in spezifisch anderer Weise des Erfassens bedarf als das ideale?

Prof. HARTMANN: Ist denn das überhaupt richtig?

Dr. PLESSNER: Das ist die Gefahr der Phänomenologie, die uns quasi andre Augen zu geben vorgibt, ideale Wesenssphäre zu erfassen wie Reales.

Prof. HARTMANN: Aber die Phänomenologen kennen ja gerade[c] gar kein Erfassen u.[d] Erkennen; sie kümmern sich nicht darum. Scheler z. B. kennt es heute nicht eigentlich. Ich habe es als erster wieder eingeführt.

Dr. PLESSNER: Jedenfalls muß man die Gegebenheit beider Sphären unterscheiden. Man sucht im Realen immerfort nach den letzten Bausteinen seiner Phänomene (etwa Atomen, Elektronen u. s. w.),[e] und doch zergehen[f] diese „letzten" Bausteine einem[g] immer wieder zwischen den Händen. Mit[h] derartigen Elementen ist ja das letzte dennoch uns nie gegeben. Ein[i] peinlicher Rest bleibt immer zu tragen. Dagegen beim Idealen gibt es ein solches Suchen nach den

---

a Sein] *danach gestrichen:* geben
b Intuition] *danach gestrichen:* des Realen
c gerade] *über der Zeile eingefügt*
d u.] *über der Zeile eingefügt*
e (etwa Atomen, Elektronen u. s. w.)] *in spitze Klammern gefasst*
f zergehen] *berichtigt:* gehen
g einem] *danach gestrichen:* wieder
h Mit] *davor gestrichen:* Ist
i Ein] *davor gestrichen:* Ein Rest zu tragen bleibt

letzten Bausteinen nicht. Es sind keine Restphänomene da. Wir kennen zwar nicht die Struktur der ganzen id[ealen] Sphäre als solcher, aber das einzelne Ideale hat jene Restphänomene nicht. Und diese verschiedenen Gegebenheitsweisen von Id[ealem] u. Real[em] müssen[a] einen ontolog[ischen] Grund haben.

Prof. HARTMANN: Sie sind aber nur teilweise verschieden.

Dr. PLESSNER: Auch diese teilweise Verschiedenh[eit] der Gegebenheitsweise muß einen ontolog[ischen] Grund haben.

Prof. HARTMANN: Ganz gewiß, aber das sind die schwierigsten u. letzten Probleme der Frage, die vorerst kaum mit Erfolg zu analysieren wären. Die Gegebenheitsweisen kann man erst analysieren, wenn man das Gegebene einigermaßen kennt.

BRUCH: Was heißt nun aber genauer „von sich aus setzbar[b]"?

Dr. PLESSNER: Das ist gar nicht genau zu sagen, wenigstens vorläufig nicht. Es muß aber etwas derart geben. Es hat immer einen viel sublimeren Zweifel gegeben an der Unabhängigkeit des idealen Seins vom Geiste, als des realen Seins vom erkennenden Geiste. Der[c] letztere Zweifel[d] wurde viele leichter als Marotte empfunden und (etwa als Solipsismus) abgewehrt, als etwa der Zweifel an der Unabhängigkeit der id[ealen] Sphäre vom Geiste. Nah- und Fern-Stellung sind unangemessene Ausdrücke für das Verhältnis des Bewußtseins zu den beiden Sphären. Auch zum Realen kann man nah u. fern stehen. Ich stehe zum Idealen überhaupt qualitativ anders als zum Realen.

Prof. HARTMANN: Mögen die Ausdrücke immerhin zweideutig sein – das mit ihnen Gemeinte wird ja damit nicht bestritten.

Dr. PLESSNER: Jedenfalls muß es eine Quelle haben, daß man zum Id[ealen] anders steht als zum Realen.

Prof. HARTMANN: Es ist aber nicht richtig, aus der Gegebenheitsweise auf das Gegebene selbst zu schließen oder es daraus zu analysieren. Erst analysiere man das[,] was uns gegeben ist, das Ideale selber, und danach erst erörtere man[e] ontologisch seine Gegebenheitsweise. Daß es eine viel sublimere Skepsis am Ansichsein des Id[ealen] als des Realen gegeben hat, ist richtig. Aber es hat auch eine viel sublimere These des Ansichseins des Id[ealen] gegeben. Der Platonismus etwa ist nicht das Erdenksel eines Einzelnen. Dem Zweifel, das ideale Sein sei nur „in Mente",[f] steht der ebenso heftige Zweifel des phi-

---

a müssen] *berichtigt:* muß
b setzbar] Setzbar
c Der] *über der Zeile eingefügt*
d Zweifel] *über der Zeile eingefügt*
e man] *danach gestrichen:* sein
f Mente",] Mente,"

los[ophischen] Menschen gegenüber, das Reale[a] sei nur Erscheinung u. das Ideale das „wahre" Sein.

Gewiß ist nun die Unabhängigk[eit] noch nicht ein Ansichsein. Man kann natürl[ich] an allem zweifeln. Es *könnte* z. B. „deus malignus" mich dazu verdammt haben, 2 x 2 = 4 zu erachten, während es eigentlich etwa = 5 wäre. Das alles[b] kann man sagen. Aber so weit muß man schon greifen, um an dem Unabhängigsein von uns zu zweifeln – diese Unabhängigkeit ist aber schließlich doch das einzige, was wir als Probe für das Ansichsein allenfalls aufstellen könnten.

Dr. PLESSNER: Das ist richtig.[c] Eine komplizierte mathemat[ische] Formel z. B.[d] werden viele Menschen nicht zu erfassen imstande sein. Nichtsdestoweniger *kann* sie eingesehen werden, und dann ist ein Zweifel an dem An sich Sein dieses mathem[atisch] Idealen[e] nicht mehr möglich. Denn er ist streng geschieden von dem Eingesehenwerden. Dies letztere zeigt gerade das erstere, das ideale Ansichsein.

Prof. HARTMANN: Das ist beim Realen genau so.

Dr. PLESSNER: Nein, beim Realen ist immer noch Zweifel am Ansichsein möglich.

Prof. HARTMANN: Das bedeutet ja eine Umkehr Ihrer vorigen These, der sublimere Zweifel bestehe gegen das *ideale* Sein!

Dr. PLESSNER: Das war dort nur vom naiven Bewußts[ein] aus gesagt. Jetzt greife ich gerade Ihren Einwand auf. Beim ideal[en] Sein hat man, wenn man es erst wirklich einsieht, nichts mehr, was noch daran verborgen, abgekehrt bleibt. Dadurch kommen wir zu einer genaueren Definition des von sich aus Setzbaren im Idealen. Das *reale* Sein ist gewissermaßen ein *Außersichsein*. Alles Reale, qua reale, ist nicht mehr seinen Schwerpunkt im *eigenen* Sein habend. Dagegen das ideale Sein wäre, zu bezeichnen mit der griech[ischen] Formel des ὄντως ὄν,[1] das ist dasjenige, das seine Seinsweise in seinem eigenen Sein hat.

Prof. HARTMANN: Anstatt[f] „Außersichsein" sollte man lieber von einem „Außer einem Andern" reden. Übrigens läßt sich das Alles viel konkreter sagen. Z. B. im Bereich der Zahlenwelt ist die Entdeckung der irrationalen Zahlen, des Kontinuums der Zahlenreihe, in dem jeder Teilpunkt noch ein Existierendes ist, – diese Entdeckung erst ist es gewesen, die die Idealität des Zahlenreiches ganz

---

1 ὄντως ὄν] *seienderweise Seiendes*

---

a Reale] *auf dem linken Rand eingefügt für gestrichen:* Ideale
b alles] Alles
c Das ist richtig.] *über der Zeile eingefügt*
d z. B.] *über der Zeile eingefügt*
e Idealen] *danach gestrichen:* Sachverhaltes
f Anstatt] *davor gestrichen:* Das

erhellt hat, während die ganzen Zahlen nur einzelne Realitäten waren. Damit wird deutlich, daß das Kern-Mantelsystem nur πρὸς ἡμᾶς[1] ist. Ein höherer Geist würde vielleicht gleich bei den irrationalen[a] Zahlen beginnen. Sieht man da noch einen qualitat[iven] Untersch[ied] von dem Kern-Mantelsystem im Id[ealen] von dem im Realen?

Dr. PLESSNER: Ja. Das Kern-Mantelsystem im Realen ist es, was in ihm das Durchstoßen zum Kern unmöglich macht, ihn[b] verbirgt.

Prof. HARTMANN: Aber *wem* ist der Kern verborgen? An sich oder für uns?

Dr. PLESSNER: An sich!

Prof. HARTMANN: Aber es gibt nur ein Verborgensein für Jemand.

Dr. PLESSNER: Nein. Es fehlt nur an zureichenden Ausdrücken. Man darf nicht immer an das *Subjekt* denken[,] das nicht hindurch kann, sondern auch auf ein Anderes sehen. Mein Realismus ist noch größer als der Ihre. Eben der Vorwurf, nur gnoseologische Unterschiede aufgezeigt zu haben, ist eine Verstärkung meiner These[:] – Der gnoseol[ogische] Untersch[ied] muß einen ontol[ogischen] Grund haben. Man muß ausgehen von der Formel des ὄντως ὄν – *Außer*sichsein u. *In*sichsein sind die Unterschiede von real[em] u. ideal[em] Sein. Damit kommt man wieder auf den alten Gedanken der *größeren Perfektibilität* des idealen Seins gegenüber dem realen. Es ist vollkommen eben qua „sein".

Prof. HARTMANN: Aber ist denn das überhaupt wahr? Perfektibilität ist schon Wert*bezogen*heit. Ist schon nicht mehr axiologisch u. ontologisch. Wir stellen vielleicht bloß das Reale unter einen Wertmaßstab, der ihm möglicherweise nicht angemessen ist. Und auch was die *Zufälligkeit* angeht, daß das Reale zufällig sei gegenüber dem[c] Idealen, besagt doch nur, daß *wir* eben nicht dadurch schauen, während das Id[eale] in ihm immer wieder nach seinen Gesetzen wiederkehrt. Darum erscheint uns das Reale als das an sich Trübe.

Dr. PLESSNER: Das ist richtig. Man muß jeden miteindringenden *Wertmaßstab* des id[ealen] u. real[en] Seins ausschalten. Aber auch in dem scholastischen Gedanken steckt doch noch ein rein ontolog[ischer] Gesichtspunkt eines Wertens der Seinsstruktur nur an ihr selbst, am Sein selber. Von aller relig[iösen], moral[ischen] u. s. w. Wertung absehend muß man fragen, ob es beim Verhältnis der id[ealen] u. real[en] Sphäre an sich betrachtet nicht eine *Skala der Seinsweisen* gibt, – ganz ohne das Reale unterzubewerten, weil es etwa nur eine unvollkommene Verwirklichung des idealen Seins sei.

---

1 πρὸς ἡμᾶς] *für uns*

a irrationalen] *über der Zeile eingefügt für gestrichen:* ganzen
b ihn] *danach gestrichen:* uns
c dem] *danach gestrichen:* Realen

Prof. HARTMANN: Aber das ist schon im Ursprung des Gedankens des Id[ealen], bei Plato etwa, so gewesen[.] – Das Reale wurde am Idealen gemessen. Das Reale hat die Tendenz das Id[eale] in der Vollkommenh[eit] zu erreichen, aber bringt es nicht dahin.

Dr. PLESSNER: Das eben müßte man hinausbringen. Das ὄντως ὄν ist darum bedeutsam als Ausdruck für ein „Seienderweise Sein".

Prof. HARTMANN: Aber darin steckt dann lediglich noch der alte Untersch[ied] von Entstandenem und nicht Entstandenem

Dr. PLESSNER: Nein.

Prof. HARTMANN: Dann könnte man ja auch die Wertung umdrehen u. erklären, gerade das Reale sei das Vollkommenere – es ist doch viel voller u. dichter, hat viel mehr Substrate. Im idealen Sein leben keine Menschen. So wollen sich auch alle „Sollens"werte, alle ethischen Werte realisieren, um „dichter", um „vollkommener" zu werden.

Dr. PLESSNER: Das ist richtig. Nur kann man nicht sagen, das Reale sei vollkommener. Das wäre auch nur gnoseologisch – es wäre das Klotzigere und auf die Weise „greifbarere". Mag dem aber sein wie es will – interessant bleibt die Formel „seienderweise Sein". Zum bloßen Werden und Entstehen wäre das entsprechende Pendent nur die Formel des ἀεί ὄν¹ haben. Aber zum ὄντως ὄν haben wir kein solches Pendent. Auf seiende Weise Sein – das würde aequivalent sein mit dem von sich aus setzbar^a sein. Das müßte man festhalten. Es ist das Sein, das gerade in seinem Seinspunkte seinen Kern u. [sein] Wesen hätte. Das wäre sein Konstruktionsgeheimnis.

Prof. HARTMANN: Trotzdem bleibt mir das Von sich aus Setzbare noch^b unverständlich.

BRUCHHAGEN: Überhaupt ist die Identität des „von sich aus Setzbaren" mit dem „Seienderweise Sein" zu bezweifeln.

Dr. PLESSNER: Die *Weise* des Seins ist dem realen Sein (nicht dem einzelnen realen Gebilde) selbst äußerlich. Dagegen beim id[ealen] Sein gehört die Weise seines Seins selbst zu ihm.

Prof. HARTMANN: Zur Setzbarkeit gehört ein Setzendes, sonst ist es sinnlos.

Dr. PLESSNER: Vermutl[ich] reicht für diese Dinge die Sprache nicht zu. Es handelt sich um ein Ansichsein, das zu seinem Eigensein die Setzbarkeit hat.

Prof. HARTMANN: Aber würde es nicht genügen, anders herum, wie schon Frl. Schulze sagte, zu erklären, daß es sich wirklich nur handle um eine Über-

---

1 ἀεί ὄν] *immer Seiendes*

---

a setzbar] *über der Zeile eingefügt*
b noch] *danach gestrichen:* nicht

einstimmung zwischen der Gedankensphäre u. der idealen Sphäre, um ein Getragensein der ersteren von letzterer?[a]

Es gehört nicht zur id[ealen] Sphäre selbst und ist ihr äußerlich, daß die Gedankensphäre der id[ealen] Sphäre untersteht. Aber der Gedankensphäre ihrerseits ist es ungeheuer wesentlich, daß sie der id[ealen] Sphäre untersteht. Damit aber ist die id[eale] Sphäre selbst noch lange nicht charakterisiert.

Dr. PLESSNER: Nein, das gerade war *nicht* gemeint. Es gehört gewiß zum Wesen des Logischen, gedacht werden zu können von sich aus. Aber es gehört *nicht* zu ihm, gedacht werden zu *müssen*. D. h. es ist für es nicht wesentlich, gedacht zu werden, und es besteht in ihm kein Gleichgewicht von Noesis u. Noeta.

Prof. HARTMANN: Aber dieser Gegensatz liegt auch im Realen. Es liegt z. B. nicht im Wesen der 2 ersten Glieder des Schlusses, das[b] Gesetz des Schlusses darzustellen.[c] Es liegt nur in ihrem Wesen, Verhältnis des Allgemeinen zum Besonderen zu sein. Wohl aber liegt es im Wesen beider, unter dem Gesetz des Schließens zu stehen. Es ist nur eine besondere Gunst, sozusagen, daß die Gesetzlichkeit unserer Gedanken derjenigen des Idealen untersteht. Jedenfalls ist es unbestreitbar, *daß* unsere Gedanken ihr unterstehen.

Dr. PLESSNER: Das ist ein Dialektikstreit.

Prof. HARTMANN: Nein. Die Dialektik kommt erst hinein, wenn man die Setzbarkeit auf das id[eale] Sein bezieht. Das Erstaunliche eben ist, *daß* etwa der Jupiter nach denselben Gesetzen läuft, nach denen wir denken. – Wir können nicht angeben, was id[eales] Sein ist, so wenig was reales ist.

BRUCH: Ist es übrigens nicht dem realen Sein ebenso wesentlich, real zu sein, wie dem idealen Sein, ideal zu sein, also daß man auch vom realen Sein behaupten könnte, es sei in seiner eigenen Seinsweise?

Dr. PLESSNER: Natürlich, nur ist ein Sophismus dabei. Es ist das ein ähnlicher Unterschied, wie der zwischen der gelben Farbe, die nicht eine gelbe Vorstellung ist. Man muß unterscheiden zwischen dem einzelnen realen Gegenstand und der Sphäre des realen Seins selbst. Der reale Gegenst[and] ist real, das reale Sein selbst ist nicht selber real. Das ideale Sein dagegen ist auf seine eigene Weise.

Prof. HARTMANN: Dann wäre also das reale Sein nicht auf seine eigene, sondern auf eine andere Weise?

Dr. PLESSNER: Ja.

Prof. HARTMANN: Nämlich, es ist auf eine ideale Weise. Das Reale ist abhängig vom Idealen.

---

a letzterer?] letzterer.
b das] *berichtigt:* dem
c darzustellen] *über der Zeile eingefügt für gestrichen:* gemäß zu sein

Dr. PLESSNER: Ja, das Individuelle ist ein reales Sein. Aber das Reale ist auf eine ideale Weise.

Prof. HARTMANN: Natürlich hat es keinen Sinn, zu reden, das Reale sei real.

Dr. PLESSNER: Aber eben das ist ja das Wichtige[.] – Vom idealen aber hat es Sinn, zu sagen[,] daß es auf ideale Weise sei.

Prof. HARTMANN: Gewiß, aber das sagt uns doch nichts Weiterführendes.

Dr. PLESSNER: Doch, eine Implikation des Idealen im Realen, dagegen ein von sich selbst Getragensein des Idealen.

Prof. HARTMANN: Das hat nichts als den alten Sinn, daß das Ideale nur im Realen jeweils erscheinen kann. Es bedeutet noch nicht, daß das Reale auf ideale Weise sei. Wir können es nur schlecht anders charakterisieren.[a]

Da die Debatte auf diese Weise kaum weiterzuführen[b] verspricht, wird beschlossen, von dem Thema in der nächsten Sitzung abzugehen und nur ein Minimum an gemeinsam vertretbaren Thesen vielleicht zu formulieren. Prof. Hartmann schlägt vor, die Formulierung vielleicht so zu wählen, daß die *ideale* Sphäre es an sich hat, in ihrem Ansichsein *auch*[c] setzbar zu sein (*nicht von sich aus*). Das würde die Frage des Setzens durch wen? dann offen lassen.

Frl. SCHULZ: Das würde aber dann keinen Unterscheid mehr für uns erbringen zwischen Id[ealem] und Re[alem] Sein.

Prof. HARTMANN: Das wäre auch nicht unbedingt notwendig. Wertvoll könnte eine solche Formulierung des gemeinsam Vertretbaren doch sein. –

Manuskript, Vom Wesen des Wesens. V. Sitzung, Bruch, Hartmann, Plessner, Schulze, 1926-02-26, Köln

V. Abend.[d]
Vorsitz[e]: Herr Dr. Bruch.
Schriftführer[f]: Fräulein Schulze

Die Diskussion des 4. Abends führte zu schroffen Gegensätzen der Auffassung. Es wurde deshalb beschlossen, am Anfang des 5. Abends, das Minimum der gemein-

---

a *durch einen Punkt geteilter horizontaler Trennstrich unterhalb der Zeile*
b weiterzuführen] *berichtigt:* weiterführen
c auch] *doppelt untersrichen*
d V. Abend.] *mittig und doppelt unterstrichen*
e Vorsitz] *unterstrichen*
f Schriftführer] *unterstrichen*

sam haltbaren Thesen noch einmal zu formulieren. Diese Aufg[abe] übernahm Herr Dr. Plessner.

Dr. PLESSNER: Ich will meine Aufgabe damit beginnen, zum Thema des vorigen Abends noch einen Gedanken hinzuzufügen. Ich denke, daß die etwas dunklen Punkte meiner Thesen von da aus Licht erhalten werden, sodaß das Gebiet des Gemeinsam Haltbaren sich erweitert.

Das Reale[a] ist dadurch zu charakterisieren, daß man sagt, es ist ein Sein, das aus den Angeln gehoben werden kann. D. h[.]: *Seine Struktur ist irgendwie auf unser Handeln bezogen*. Das hängt damit zusammen, daß *das Reale dem Entstehen und Vergehen unterworfen* ist, es ist[b] zerstörbar und deshalb aufbaubar. Es hat Sinn zu sagen: *das Reale ist ein von sich aus Erzeugbares*; Reales kann man machen, herstellen. *Das zu sagen[,] hat vom Idealen keinen Sinn*. Durch diesen Unterschied wird die *Kern-Mantelstruktur* deutlicher, durch die sich das Reale vom Idealen abhebt. Wenn *das Reale* durch aus-den-Angeln[c]-Hebbarkeit charakterisiert werden kann, so muß *zu seiner Struktur die Eingriffsmöglichkeit* hinzugehören. Es hat einen *Eingriffspunkt*, und dieser archimedische Punkt *ist gnoseologisch der Kern, zu dem wir nicht hinkommen*. Dieser archimedische Punkt, *dieser Kern fehlt dem Idealen, daher seine Intangibilität*.

Von hier aus fällt Licht auf die Bestimmung des Idealen als von sich aus Setzbarem. Wir bezeichneten *das Ideale als das von sich aus Setzbare, Sinnhafte und den Sinn als den Stoff der idealen Sphäre*. Aber dieser Bestimmung blieb eine eigenartige Dunkelheit anhaften. Das ist kein Zufall, sondern gründet darin, daß der Gegensatz von Stoff und Form im Idealen nicht derselbe ist wie im Realen. *Der Sinn ist kein echter Stoff*. Im Idealen ist der Unterschied von Stoff und Form schwer zu fassen. Wohl weist *auch das Ideale Formen* auf, Strukturen, Gesetzeszusammenhänge. *Aber sie sind nicht in der Art abhebbar wie im Realen*. Dieser Widerstand des Idealen hat seinen *Grund* in seiner *Unzerstörbarkeit. Das experimentum crucis, um Stoff und Form zu sondern, ist die Zerstörung. Das, was in ihr übrig bleibt, die Trümmer, das immer Bleibende, das ist der Stoff. Im Idealen können wir diese Trennung nicht vornehmen*. Das verhindert seine Intangibilität. *Doch ist eine andere Gliederung des Idealen, der logischen Welt, z. B. denkbar; aber dieses Durchgangsstadium* von einer so strukturierten zu einer ganz anders strukturierten Welt, *wie es in der Zerstörung des Realen vorliegt, kennt das Ideale nicht*. Kurz: wir können *kein Trümmerstadium vom Idealen* herstellen. *Sonst könnten wir das reine Substrat der Idealität von seiner*

---

a *Das Reale*] hier und in der Folge alle nicht gesondert gekennzeichneten Hervorhebungen mit Bs
b ist] *danach gestrichen:* zerstost
c Angeln] angeln

Geformtheit isolieren. — Das war gemeint mit „von-sich-aus-Setzbarkeit", der Sinnhaftigkeit des Idealen.

Dr. BRUCH: Hiermit hängt ein Problem zusammen, dessen Verfolgung die Bestimmung „von sich aus setzbar" vielleicht noch deutlicher macht. Kulturelle geistige Formen entstehen neu und gehören dann der idealen Sphäre an. Ideen aber entstehen und vergehen nicht. Also können die Ideen nicht bloße Abstraktionen aus dem Idealen (=geistigen?) sein. Andererseits scheint doch keine andere Möglichkeit offen zu sein, denn wenn die Ideen dem Entstehen und Vergehen entzogen sind, so sind sie das eben dank ihrer Abstraktheit. Dennoch ist es evident, daß die Idee mehr ist als Abstraktion. Das leuchtet von selbst ein, wie dieses, worin dieses Mehr besteht.

Prof. HARTMANN: Meinen Sie wirklich, daß wenn der Mathematiker hinter die[a] Sphäre der komplexen Zahlen kommt, diese dann erst entsteht?

Dr. BRUCH: Nein.

Prof. HARTMANN: Sie war also unabhängig von der Entdeckung?

Dr. BRUCH: Beim Mathematischen glaube ich das. Aber bei den Kulturformen scheint es doch anders zu sein.

Prof. HARTMANN: Die Kulturformen sind auch kein rein ideales Sein. Sie sind komplexere Gebilde und haben neben der idealen auch noch Realstruktur. Sie werden überhaupt erst im Realen sichtbar. So z[.] B[.] die Kunstformen: Auch der schöpferisch Schauende schaut schon voraus in seiner Materie, der Komponist im Hinblick auf die Tonmaterie, der Bildhauer auf den Stein usw. Es gibt viel ideales Sein, das wir überhaupt nur Realem anhangend kennen. Das Ideal eines Individuums z. B. ist auch nicht spintisierend zu erdenken, sondern nur durch das reale Individuum gleichsam transparent erschaubar.

Dr. BRUCH: Man muß also verschiedene Grade der Idealität unterscheiden?

Prof. HARTMANN: Nicht Grade der Idealität, sondern der annähernden Realisiertheit, durch die und der gemäß uns das anfangende Ideale sichtbar wird, während das beim Mathematischen z[.] B[.] auch ohne sie geht. Aber dieser Unterschied geht das Idealsein als solches nichts an. Gebietsabteilungen gibt es im Idealen genau so wie im Realen; aber das nackte Idealsein geht durch.

Dr. BRUCH: Das ist richtig. Mein Einwand sollte auch nur dazu dienen, die Intangibilität und damit die Eigenart des idealen[b] Seins ergänzend zu betrachten. Wir wollten nun zu dem noch ausstehenden Punkt übergehen: dem Verhältnis von Idealem und Prinzip. Herr Prof. Hartmann wollte die Problemaufrollung geben.

---

a die] *danach gestrichen:* Gesetze
b idealen] Idealen

Prof. HARTMANN: Ich will geschichtlich beginnen. *Merkwürdigerweise fällt die Entdeckung der idealen Sphäre zusammen mit der Entdeckung des Prinzipbegriffs.* Dieser ist schon früh, von Anaximander gefunden worden. *Platon war der erste, der ihm eine exakte Formulierung gegeben hat: das Prinzip ist das, wodurch alle Dinge so sind, wie sie sind. In 2 weiteren Formulierungen gibt er das Prinzip der Prinzipe, identifiziert aber zugleich in ihnen das Prinzip mit der Idee.* Im *Phädon spricht er von der* κοινωνία[1]*, der Teilhabe der Dinge an den Ideen*, und *der* Παρουσία[2]*, dem Gegenwärtigsein der Ideen in den Dingen. Ob jenes, das Transszendenzverhältnis, das Richtige ist, oder dieses, das Immanenzverhältnis, entscheidet er nicht. Das Problem der Transszendenz oder Immanenz haftet sowohl am Verhältnis von Idealem und Realem als auch an dem von Prinzip und Konkretum. Es ist aber die Frage, ob diese Gemeinsamkeit auf der Identität von Idee und Prinzip beruht.* Weder im Universalienstreit, noch bei Descartes und Leibniz, noch auch bei Hegel (Gleichsetzung v[on] Wesen und Grund)[a] sind die beiden Verhältnisse auseinandergefallen. Dagegen[b] *stelle ich zur Diskussion die*

I. These[c]: *Das reale Sein und das ideale Sein stehen gleichwertig nebeneinander und jedes hat seine Prinzipien.*[d]

a)[e] *Ideale Gegenstände sind z[.] B[.] die Gebilde der formalen Logik und der Mathematik.* Sie haben *Ansichsein wie das reale Sein, daß 2 x 2 = 4 ist, besteht unabhängig davon, ob ein Mensch es einsieht, oder nicht. Der Sinn dieses Urteils, die Subjekt-Prädikatseinheit, ist ein idealer Seinszusammenhang,* nicht ein bloßes Denkgesetz, denn es heißt ja 2 x 2 *ist*[f] 4, nicht: wird gedacht oder beurteilt als 4. *Ebenso wie die Subjekt-Prädikatseinheit, so sind auch die Zahlen selbst,* nicht nur ihr[g] Seinszusammenhang *ideales Sein, jeder Punkt der Zahlenreihe, so auch das Dreieck, der Kreis usw. Auch ein Kreis von 5 cm Durchmesser z[.] B[.] ist nicht real, sondern ideal; usw.* Es fragt sich nun: *sind das alles Prinzipien, ein so beschaffenes Dreieck, ein so großer Kreis? Das zu behaupten[,] hat offenbar keinen Sinn. Vielmehr ist ohne weiteres einleuchtend, daß diese idealen Gebilde ihrerseits ihre*

---

1 κοινωνία] *Gemeinschaft*
2 Παρουσία] *Anwesenheit, Ankunft*

---

a (Gleichsetzung v[on] Wesen und Grund)] *in eckige Klammern gefasst*
b Dagegen] *davor:* I.
c These] *unterstrichen*
d Prinzipien.] *kein Zeilenumbruch zu Beginn der nachfolgenden Listung*
e *auf dem linken Rand wiederholt:* a)
f ist] *fett unterstrichen*
g ihr] *danach gestrichen:* idealer

Prinzipien haben. Das Prinzip eines so großen Kreises und jedes beliebigen Kreises ist das Verhältnis seines Durchmessers zu seinem Umfang. Die Grenze zwischen Prinzip und Konkretum ist hier im Idealen zwar jeweils[a] schwer anzugeben. Z[.] B[.] ist schwer zu sagen, ob sie zwischen den Axiomen und den Theoremen durchgeht. Aber es ist doch *nicht zu bezweifeln, daß eine solche Grenze bestehen kann.* Kann sie das aber, *dann ist der Unterschied von Prinzip und Prinzipal*[b] *ein anderer als der von Idealem u. Realem.* Das schließt nicht aus, daß dieselben Prinzipien zugleich die des Realen und des Idealen sein können. Aber darum handelt es sich hier nicht, sondern darauf kommt es an, daß *Prinzipsein etwas anderes ist als Ideesein.*

b)[c] *Wie eben an der mathematischen Sphäre, so läßt sich das auch an der ethischen zeigen. Die einzelnen sittlichen Werte sind inhaltliche Gebilde, jedes hat sein spezifisches Wertquale,* das wir schlicht erschauen und rein deskriptiv kennzeichnen können. *Sie machen ein Gebiet des Konkreten aus. Das Wertreich ist primär keine Prinzipiensphäre, sondern es hat seine eigenen Prinzipien. Es ist durchherrscht von einer Menge Gesetzlichkeiten,* Z[.] B. gibt es Werte, die sich radikal ausschließen, und andere, die trotz ihrer gegensätzlichen Struktur zur Synthese drängen (wie Demut u. Stolz)[d]; dann wieder solche, die komplementär getrennt stehen, die sich gegenseitige Sinnerfüllung sind (wie Vertrauen und Zuverlässigkeit).[e] *Ferner gibt es Gesetzlichkeiten der Werthöhe und der Wertstärke, die sich sowohl auf die einzelnen Werte, ihre Wert-Unwertdimension beziehen*[f]*, als auch auf das Verhältnis der verschiedenen Werte untereinander. Das sind Prinzipien des Wertreiches.*

II.[g] Der Behauptung, daß Idee und Prinzip zu unterscheiden sind, möchte ich als 2. *die These*[h] zur Seite stellen, *daß es spezifische Realprinzipien gibt.* Es scheint mir falsch zu sein, daß das Reale lediglich unter Wesensgesetzen im Husserlschen Sinne steht. *Die reale Sphäre hat außerdem ihre eigenen Prinzipien. Der Unterschied von Idealprinzip und Realprinzip ist nicht auf den Unterschied von Form und Materie einzuengen! Dieser Unterschied ist gerade im Realen relativ.* Z[.] B[.] sind die Ziegel relativ auf das Haus Materie, relativ auf die Atome Geformtes. Jedes Atom aber ist, in sich betrachtet,

---

a *jeweils*] *über der Zeile eingefügt*
b *Prinzipal*] *Lesung unsicher: Prinzipiat*
c *auf dem linken Rand wiederholt:* b)
d (wie Demut u. Stolz)] *in eckige Klammern gefasst*
e (wie Vertrauen und Zuverlässigkeit)] *in eckige Klammern gefasst*
f *beziehen*] *beziehen, unterstrichen*
g *mit Bs auf dem rechten Rand wiederholt:* II.
h *These*] *doppelt unterstrichen*

schon wieder ein reich differenziertes System, also Geformtes, oder wie man auch sagen kann: Form: denn die *Form ist nicht etwas einer indifferenten Materie äußerlich aufgezwungenes,*[a] *sondern die Durch*[b]*strukturiertheit der Materie selbst.*

a)[c] *Realprinzipien, die nicht Idealprinzipien sind, sind gekennzeichnet durch gewisse Substratcharaktere, die ihnen anhaften;* am verdichtetsten ist dieser Substratcharakter in der *Substanzkategorie.* Ebenso ist die *Dreidimensionalität des Raumes ein Realprinzip.* Der mathematisch-ideale Raum weiß nichts von dieser 3-Zahl. Vom Idealen aus gesehen ist diese Dreizahl grundlos. *Es ist kein idealer Grund (Prinzip) für sie da.* Keine Idealstruktur zeigen ferner: die Einzigkeit des Weltraumes, ebenso *der Fluß des Kausalnexus. Die Kausalität geht nicht auf in Gesetzlichkeit.* Der Nexus zeigt Prinzipstruktur,[d] die als inhaltliche von Punkt zu Punkt Einheitsstruktur ist. Abhebbar ist daraus nur die Gesetzlichkeit, die Strukturiertheit. In ihr aber ist der Nexus selbst nicht enthalten. Er ist das Sich-entlangwälzen der Kausalglieder in der Zeit, [er] hat Substratcharakter.

b)[e] *Auf ein spezifisches Realprinzip deutet auch das Antinomienproblem,* das in der Geschichte der Philosophie immer wieder auftaucht. (Zeno, Kant, Hegel usw.)[f] Zuweilen ist die *Aufhebung des Satzes des Widerspruchs* behauptet worden. (Heraklit, Hegel)[g] *Ist sie zurecht behauptet worden, so herrscht im Sein der Widerstreit. Sie hat nur das vom Idealen behauptet, daß es den Widerstreit in sich trüge.* Das Antinomienproblem vom Realen aber[h] taucht schon früh auf und läßt sich durch die ganze Geschichte der Philosophie verfolgen. *Ist die These der Aufhebung des Satzes vom Widerspruch richtig, so folgt aus ihr als negatives, daß das Reale sich dem idealen Gesetz nicht fügt. Als positive Konsequenz ergibt sich, daß im Realen vielleicht ein positives Prinzip des Widerstreites waltet. Daß der Gedanke es nicht positiv erfassen kann, ist unbedeutend. Das wäre dann ein spezifisches Realprinzip.* Es wäre ein *Beleg dafür, daß Idealsein nicht Prinzipsein ist, noch auch Prinzipsein Idealsein.*

Wir wollen nun zur Diskussion meiner 1. These übergehen.

---

a *äußerlich aufgezwungenes*] *über der Zeile eingefügt*
b *Durch*] *fett unterstrichen*
c *auf dem rechten Rand wiederholt:* a)
d Prinzipstruktur] *berichtigt:* Prinzipienstruktur
e *auf dem rechten Rand wiederholt:* b)
f (Zeno, Kant, Hegel usw.)] *in eckige Klammern gefasst*
g (Heraklit, Hegel)] *in eckige Klammern gefasst*
h aber] *danach gestrichen:* läßt sich

Dr. BRUCH: Innerhalb des mathematischen Seins liegt es nah, zu sagen: das Prinzip ist die Idee einer Idee. Z[.] B[.] ist ein Kreis von 5 cm Durchmesser eine Idee, sein Prinzip ist dann die Idee einer Idee. Hierin zeigt sich eine gewisse Affinität von Idee und Prinzip. Jede Idee kann Idee einer anderen sein. Die Ideen lassen sich wechselseitig untereinander subsumieren, sind einander wechselseitig Einteilungsprinzip. Das Ideale stellt also eine Sphäre von Gesetzlichkeiten vor, und unter diese Gesetzlichkeiten können jene fallen und umgekehrt.

Prof. HARTMANN: Das stimmt nicht, der ideale Sinn geht nicht in Gesetzlichkeiten auf. Das Dreieck ist keine Gesetzlichkeit. Zum Wesen des Wesens gehört es nicht, Gesetzlichkeit zu sein. Das ist ein rationalistisches Vorurteil der Neukantianer, alles Ideale in Form, Gesetz, Relation, Funktion aufzulösen. Im Dreieck z[.] B[.] ist etwas, das in all dem nicht aufgeht, das ist die Räumlichkeit selbst, und zwar die ideale Räumlichkeit.

Dr. BRUCH: Dann liegt also partieller Zusammenhalt[a] von Prinzip und Idee vor? Das, was angibt, wie ein Dreieck beschaffen sein muß, ist sein Prinzip, zugleich aber auch[b] die Idee des Dreiecks.

Prof. HARTMANN: Nein, damit haben Sie das Dreieck in Relationen aufgelöst. Dann könnte es nicht Größe und Fläche haben, ja selbst in Relationen könnte es nicht eingehen; denn alle Relationen sind notwendig auf ein Relatum angewiesen, und das ist in unserem Fall das jeweilige Dreieck mit dem jeweiligen Flächeninhalt. – In dem Platonischen Ausdruck Idee der Idee steckt im Begriff der Idee schon das Prinzipsein drin. Aber das dürfen wir nicht voraussetzen; gerade das steht zur Untersuchung.

Übrigens wollen wir nicht Idee sagen, sondern Ideales. Idee hat gnoseologischen Klang und heißt eigentlich das Geschaute.

Dr. BRUCH: Ideales und Prinzip fallen also auseinander. Das Ideale ist eine bestimmte Seinsart, nicht Gesetzlichkeit, das Prinzip dagegen Gesetzlichkeit. Gesetzlichkeit ist aber doch wohl zugleich Ideales?

Prof. HARTMANN: Das könnte sein, daß alle Gesetzlichkeit zugleich Ideal wäre. Daß es eine Durchdringung des Realen mit idealen Gesetzlichkeiten gibt, wissen wir. Aber nicht das steht in Frage, sondern das Umgekehrte[c]: geht alles Ideale in Gesetzlichkeit auf?[d] Daß das nicht der Fall ist, zeigt eine Reflexion auf das Wesen der Bewegung, speziell des Anfangs der Bewegung. Dieser ist ein Zeitstadium, in dem das Träge *weder* bewegt ist, *noch* ruhend, oder *sowohl*

---

a Zusammenhalt] zusammenhalt
b auch] *danach gestrichen:* seine
c Umgekehrte] umgekehrte
d auf?] auf.

bewegt als *auch* nicht bewegt. Ἄτοπος φύσις[1] nannten es die Alten. Tatsächlich liegt ein kontinuierlicher Übergang zwischen Ruhe und Bewegung vor, der in keiner Gesetzlichkeit aufgeht, und zwar liegt die Antinomie schon im idealen Wesen der Bewegung.

Dr. PLESSNER: Zur Unterstützung der Diskussion wäre es jetzt vielleicht gut, den Begriff des Prinzipcharakters einer vorläufigen Klärung zu unterziehen. Wir wollen die historische Orientierung, die Herr Prof. Hartmann uns über den Begriff des Prinzips gegeben hat, ergänzen, indem wir uns ganz primitiv fragen, was unter dem Wort Prinzip alles verstanden werden kann. Da sind besonders 2 Bedeutungen wichtig: 1.) die der ἀρχή,[2] 2.) die der Maxime. Man denke an die Redensart: „sich etwas zum Prinzip machen[")]. Die Bindung, die man da vornimmt, ist selbst noch nicht Prinzip, aber in dem Maße sie Bedingungscharakter erhält, wird sie zum Prinzip.

Dr. BRUCH: Das ist die übertragene Bedeutung des Wortes Prinzip.

Dr. PLESSNER: Das wollen wir erst sehen. Zunächst müssen wir einen naiven unsystematischen Überblick geben. Von dieser Übersicht aus wird dann erst das Verhältnis von Idealem und Prinzip eindeutig bestimmbar, auch in wie weit das Ideale Prinz[ipien]charakter annehmen kann, ohne sein Idealsein einzubüßen.

Prof. HARTMANN: *Das* ist die Frage, *auf* die es ankommt.

Dr. PLESSNER: Vielleicht ist Prinzip und Prinzipsein zweierlei. Das Prinzip ist die Seinsweise des Prinzips. Nimmt man sie als Einteilungsprinzip, so lassen sich folgende 2 Gruppen unterscheiden:[a] 1.) Prinzip als Wesen, Grund, Fundament von etwas[,] 2.) Prinzip als Element, Strukturbildendes, Im Begriff des Prinzips sind beide enthalten. Wenn man z[.] B[.] nach den Prinzipien der Farbe, des Flüssigen usw. fragt, so ist damit noch nicht entschieden, ob man nach Gesetzen[b] als qualitates occultae oder strukturgebenden Elementen sucht. Auf das Prinzipsein richtet sich z[.] B[.] die Frage, ob das Prinzip des Flüssigen flüssig ist oder nicht.

Dr. BRUCH: Das ist es nicht. Deshalb muß das Prinzip ideal sein.

Dr. PLESSNER: Das ist noch nicht entschieden, ob der letzte Grund ideal oder real ist. Zunächst sind die weiteren Bedeutungen ganz naiv herauszustellen. Von dem bisher genannten: dem Prinzip, *wovon* etwas *abhängig* ist (Ursache,

---

1 Ἄτοπος φύσις] *unverortete Natur*
2 ἀρχή] *Anfang, Urgrund, Prinzip*

a sich folgende 2 Gruppen unterscheiden:] *Satzstellung durch Umstellungszeichen geändert*: sich 2 Gruppen unterscheiden folgende:
b Gesetzen] Gesetzen,

Grund, Fundament)ᵃ und dem, *woraus* etwas ist (Element)ᵇ[,] ist zu scheiden die Bedeutung, wo Prinzip der Maxime angenähert ist: Das Prinzip, *wonach* etwas ist, und zwar nicht nur wonach etwas gemacht ist – das wäre Maxime im wörtlichen Sinne –[,] sondern auch das, wonach etwas ontologisch ist. Die beiden Bedeutungen gehen im Gesetzesbegriff durcheinander. Das Prinzip im letzteren Sinne hat ein Eigensein gegenüber dem Prinzipiat, das Prinzip im ersten Sinne braucht es nicht zu haben. In dieser Verschiedenheit gipfelt der Unterschied der Prinzipien der exakten Naturwissenschaft von den Naturprinzipien, die dieᶜ alte Naturwissenschaft aufstellte. Jene sind Gesetze, die als Formalelemente die Natur konstituieren und haben kein Eigensein gegenüber den Naturprozessen[,] z[.] B[.] stellt das Gesetz der Schwerkraft kein eigenes Prinzipsein dar gegenüber den Vorgängen, die es beherrscht.

Dr. BRUCH: Zweierlei muß hier ausgeschaltet werden: *zunächst* die Maxime, das[,] wonach etwas ontologisch ist.

Prof. HARTMANN: Das geht nicht, auch darin steckt das „Wodurch", die für das Prinzip charakteristische Funktion.

Dr. BRUCH: Ich wollte damit nur den Finalnexus ausschalten.

Prof. HARTMANN: Die Maxime kennen wir ursprünglich vom Wesen her. Trotzdem liegt noch mehrᵈ in dem Prinzip wonach. So ist es durchaus nicht gesagt, daß die Stadien der Abwicklung mit so besonderer Struktur, wie sie die organischen Prozesse z[.] B[.] aufweisen, etwa der Regenerationsprozeß, einen Finalnexus ausmachen. Es istᵉ aber auch die Frage, ob dahinter nicht noch mehr als bloße Gesetzlichkeit steckt.

Dr. BRUCH: *Dann* ist die Frage nach dem Prinzip*sein* als unwesentlich beiseite zu lassen: das ist immer schon ein gleichsam materialisiertes Sein. Als solches ist das Prinzip immer scheinbar ein Ideelles. Aber durch diese Bestimmung ist es in seiner Eigenart als *Prinzip*ᶠ nicht charakterisiert.

?:ᵍ Wir müssen also nicht fragen, welches Sein hat das Prinzip, sondern, was hat das Prinzip vor dem anhangenden Idealen voraus? Gemeinsam hat es mit ihm das Dasein für ein Reales.

Dr. PLESSNER: Die Frage ist zu sehr in Abbreviatur gestellt.

Prof. HARTMANN: Ich will es konkreter machen. Das anhangende Ideale ist es, wonach Husserl sucht, nicht das Prinzip, sondern das Wesen. Er gewinnt

---

a (Ursache, Grund, Fundament)] *in eckige Klammern gefasst*
b (Element)] *in eckige Klammern gefasst*
c die] *danach gestrichen:* exakten
d mehr] *danach gestrichen:* darin
e ist] *danach gestrichen:* ist
f *Prinzip*] *teilweise unterstrichen*
g ?:] *fett unterstrichen*

es durch Einklammerung dessen, was zum empirischen Fall gehört. Er hebt vor die Klammer, was im Realen enthalten ist; was wunder,[a] daß das vor die Klammer Gehobene[b] dem Realen ähnlich sieht. Hält man das so gewonnene für das Prinzip – was Husserl nicht tut, wie es aber der Sinn von Platons Ideenlehre ist –[,] so kommt man zu einer bloßen Verdoppelung der Welt: hier eine Welt von Ideen oder Wesen, dort die reale Welt. Ein Unterschied zwischen ihnen ist qualitativ nicht angebbar. Nur in der Vollkommenheit und in der Seinsweise unterscheiden sie sich und darin, daß es z[.] B[.] nur *einen* idealen Menschen gibt, aber viele Menschen. Dadurch ist nichts erklärt. Es ist ein in sich tautologischer Gedanke. Das ist die Schwäche des Platonismus, auch die der mittelalterlichen Theorien von den qualitates occultae. Erst die galileische Physik findet endlich Prinzipien, die dem Konkretum nicht ähnlich sind. Das Prinzip des freien Falles z[.] B[.] ist dem freien Fall nicht ähnlich. Die Alten haben sich nur[c] an der Dialektik des ταὐτόν und ἕτερον über die Theorie der Weltverdoppelung erhoben. Erst in den μέγιστα γένη[1] sind sie auf echte Prinzipien gestoßen. Ob diese Prinzipien real sind, oder ideal, oder keines von beiden[,] ist für die Eigenart als Prinzip nicht wesentlich. Insofern ist die Frage nach dem Sein des Prinzips also relativ nebensächlich. Ich glaube, daß es aufgeht im Sein für das Konkretum. Es ist kein χωριστόν,[2] ansichsein, ihm gegenüber. Das Prinzip ist also keine dem Konkretum homonyme, ansich bestehende Idee. Die Homonymie ist charakteristisch für das, was Husserl macht. Weil das Ideale in weitem Wesen realisiert ist, läßt es sich herausheben aus dem Realen. Diese Heraushebbarkeit ist charakteristisch für das Ideale, aber nicht für das Prinzipsein.

Dr. BRUCH: Es besteht tatsächlich ein Unterschied. Mir scheint aber, daß man dann 2 Gruppen des Idealen annehmen muß. 1.) Das sich verwirklichende Ideale. 2.) Das Prinzip, das sich nicht realisieren kann, von dem es Unsinn wäre, das zu behaupten. Es ist vielmehr das, was im Realen nicht zum 2. Mal auftreten kann und dennoch das[d] Reale bestimmt.

Prof. HARTMANN: Das ist mißverständlich; denn damit ist noch nicht gesagt, daß es ideal sein muß.

Dr. BRUCH: Was soll es dann sonst sein?

---

1 μέγιστα γένη] *größte Arten, Gattungen*
2 χωριστόν] *Getrenntes, Selbstständiges*

a wunder] *Lesung unsicher*
b Gehobene] gehobene
c nur] *danach gestrichen:* sporadisch
d das] *danach gestrichen:* Konkretum bestimmt

Prof. HARTMANN: Z[.] B[.] das Prinzip des freien Falles, daß der Fallraum im Quadrate der Sekunden zunimmt, ist das ideales Sein?

Dr. BRUCH: Nein.

Prof. HARTMANN: Das ist doch ideal gar nicht einzusehen; ideal könnte der Fallraum auch ebensogut der Sekundenzahl direkt proportional sein.

Dr. BRUCH: Mir schwebt etwas anderes vor. Z[.] B[.] die Struktur eines Festen, etwa des Bauplans, das Ideal eines Hauses kann man Prinzip nennen, das ist aber rein ideales Sein.

Prof. HARTMANN: Hier liegt eine Äquivokation im Begriff des Prinzips vor.

Dr. BRUCH: Eben die wollte ich aufdecken.

Prof. HARTMANN: Das Ideal eines Hauses, das εἶδος ἐν ψυχῇ,[1] der Zweck, ist immer Prinzip im Sinne von Maxime. Es ist kein Zufall, dass Aristoteles dieses Beispiel wählt für das Prinzip. Hier haben wir die für die alten Theorien charakteristische Ähnlichkeit.

Dr. BRUCH: Bei organischen Wesen würde man ebenso nur von Idee, nicht von Prinzip im reinen Sinne reden.

Prof. HARTMANN: Das ist nicht unbedingt zu bejahen. Es ist möglich, daß auch da das Prinzipsein von der Idee zu unterscheiden wäre.

Dr. BRUCH: Dann wäre ja Prinzip das, was wiederkehrt.

Prof. HARTMANN: Ein Beispiel: Bilateralität, Radialität von bestimmten Organismen, sind das Prinzipien?

Dr. BRUCH: Ja.

Dr. PLESSNER: Von dem Beispiel aus läßt sich weiterkommen. Man muß unterscheiden:[a] ‚nach dem Prinzip der Radialität gebaut' und ‚nach der Idee der Radialität gebaut'. In der 2. Wendung ist die Radialität verselbstständigt zu prototypischem Sein, hat Eigensein und ist aus dem realen Fall nach dem Prinzip der Homonymität heraushebbar. Sagt man, nach dem Prinzip der[b] Radialität ‚gebaut', so fällt das weg. Hier haben wir einfach eine inbegriffliche Zusammenfassung von einer Fülle von Gesetzlichkeiten. Hiermit ist 2erlei erreicht: 1.) Es ist konstatiert, daß im Bau des Organismus eine bestimmte Gesetzlichkeit herrscht, weiter nichts. Dagegen ist 2.) die Entscheidung über die Seinsweise, ob es sich um ideales Sein handelt, vermieden. Über das Prinzip ist nichts gesagt, als daß es sich in Gesetzlichkeit erschöpft. Würden wir das Ideale als Gesetzlichkeit auffassen, dann hätten wir es in Prinzipsein aufgelöst.

---

1 εἶδος ἐν ψυχῇ] *Gestalt, Form in der Seele*

---

a unterscheiden:] unterscheiden:,
b der] *über der Zeile eingefügt*

Dr. BRUCH: Wenn das Ideale das ist, was doppelt dasein kann, und das Prinzip das, was nicht doppelt dasein kann, dann ist die Idee eines Hauses als Prinzip betrachtet bloße Abstraktion.

Dr. PLESSNER: Nein, im Gegenteil, ein Konkreszierendes[a] ist das Prinzip, und die Idee ist funktionalisiert.

Dr. BRUCH: Es ist die Frage, ob Funktion nicht auch wieder etwas Ideales ist.

Prof. HARTMANN: Nein. Z[.] B[.] sind nicht alle bilateral gebauten Wesen rein bilateral durchgegliedert. So ist die Bilateralität beim Menschen in der äußeren Gestalt rein durchgeführt, in der Lagerung seiner inneren Organe jedoch nicht. Das auf Gesetzlichkeiten zurückgeführt würde heißen, daß da Gesetzlichkeiten von nicht idealem Charakter mit hineinspielen. Aber ich habe doch etwas gegen Herrn Dr[.] Plessners Argumentation einzuwenden, nicht gegen ihren Kern, aber gegen die These, daß das Prinzip sich in Gesetzlichkeit erschöpfe. Alle Prinzipien, die Dimensionscharakter tragen, Raum, Zeit, Kausalität usw., gehen nicht in Gesetzlichkeit auf; denn die Dimension, die sie als ihr Element enthalten, ist ja nicht die Ausmessung, sondern das Ausmeßbare, „Quantisierbare[b]" (Hegel).[c]

Dr. PLESSNER: Richtig; Prinzipien haben ja auch Wesen.

Prof. HARTMANN: Was heißt hier Wesen?

Dr. PLESSNER: Z[.] B[.]: was ist das Wesen des Prinzips der Bilateralität?

Prof. HARTMANN: Das klingt uns pleonastisch gesprochen, denn meist haben die Prinzipien idealen Seinscharakter. Deshalb neigen wir dazu, sie verallgemeinernd als stets ideal anzusetzen. Das ist falsch. Die Welt, die wir kennen, ist nur ein minimaler Ausschnitt. Nur an den Grenzphänomenen wird der Unterschied von Wesen und Prinzip sichtbar.

Dr. PLESSNER: Der Unterschied von Prinzip und Idee wird noch deutlicher durch den ἀρχή[-]charakter des Prinzips. Prinzip ist Erstes, Anfang – Hegel spricht einmal von der „Türklinke" –[,] es ist gleichsam der Griff, mit dem man Hand anlegen könnte an das Konkretum.

Prof. HARTMANN: *Könnte*, wenn man es *hätte*. Schelling tut, als hätte er es und könnte damit die Welt erschaffen.

Dr. PLESSNER:[d] Wir haben es nicht; das ist für das Prinzip charakteristisch. Im Gegensatz dazu ist uns die Idee Gegenstand.

Prof. HARTMANN: Die Idee fügt sich leicht der Gegenstandstellung, das Prinzip nicht so leicht.

---

a Konkreszierendes] *Lesung unsicher*
b Quantisierbare] *Lesung unsicher*
c (Hegel)] *in eckige Klammern gefasst*
d Dr. PLESSNER:] *hier und in der Folge kein Zeilenumbruch nach den Sprachbeiträgen*

Dr. PLESSNER: Die Ideen müssen aus der Gegenstandstellung eine Drehung machen, dann werden Ideen Prinzipien.

Prof. HARTMANN: Wir wollen einen Terminus einführen: Polarisation des Idealen. In der Polarität liegt die 2seitigkeit; darin kommt das Verhältnis von Prinzip und Konkretum zum Ausdruck. So etwas gibt es beim Idealen nicht, solche notwendige Polarität. Daß das Ideale oft in Prinzipstell[un]g steht, ist für das Ideale als solches äußerlich.

Dr. PLESSNER: In den Prinzipien, die uns den Gegenstand vermitteln („Griff")[a] haben wir ontische und mathematische Prinzipien *zugleich*. Diese merkwürdige Identität und die „Drehung" sind das Charakteristikum für Galileis Prinzipien. Es hat gar keinen Sinn zu sagen, existiert das Fallgesetz oder nicht?

---

a („Griff")] *in eckige Klammern gefasst*

3 *Anschauung und Begriff* (Sommersemester 1931)

Es handelt sich um eine interessante und dichte Dialogreihe, die sich immer wieder in hartnäckigen, teils brillanten Dissensen zuspitzt (insbesondere zwischen Jacob Klein und Hartmann), die angesichts einer punktuellen Unaufgelöstheit und Rätselhaftigkeit von Aspekten mancher Positionierungen, bei formal relativ geschlossener Gestalt (sprachliche Prägnanz, dramatische Bögen) einen eigentümlichen Reiz gewinnen. Thematisch geht es in der sehr kurzen Gesprächsreihe mit 7 Sitzungen um die Frage des Verhältnisses von Anschauung und Begriff sowie deren Rolle im Erkennen und in Wissenschaft. Dabei wird in den späteren Sitzungen Begriffen, Gegenständen und Gesetzen in Physik und Mathematik besondere Aufmerksamkeit gewidmet.

Ausgegangen wird von Kants Gegenüberstellung von Begriff und Anschauung, sowie von Differenzen bezüglich der Domänen der Naturwissenschaften und der Geisteswissenschaften (I). Bezüglich „höherer Begriffe", d. h. höherer Abstraktionen in den Wissenschaften, wird die Frage nach entsprechenden Anschauungen gestellt und kontrovers diskutiert (II). In einer Sitzung stellt Hartmann seine These, der Begriff sei „Vehikel der Anschauung", grundlegend zur Diskussion (III), die dann u. a. das Verhältnis von Ganzem und Teil und die Frage der Priorität umkreist. Die Diskussion wird anhand von Begriffen der Physik fortgesetzt, wobei der Status der „Erklärung" mitbehandelt wird (III), und ab Sitzung IV die Frage der Anschaulichkeit oder Unanschaulichkeit von Kausalität ins Zentrum rückt. In Sitzung V wird die Mathematik in der Physik thematisiert. Die abschließende Sitzung VII leitet ein Referat zur Rolle der Begriffe im System der Wissenschaften mit Blick auf Anschaulichkeit oder Unanschaulichkeit ein.

Als philosophische Hintergründe und Referenzen ist in jedem Fall Kants Entgegensetzung von Anschauung und Begriff präsent, sie bildet Ausgangspunkt und übergreifende Grundlage der Diskussionen. Weiter werden Hume und der Skeptizismus mit Blick auf Kausalität in der Diskussion des Kausalitätsbegriffs sowie der Kausalanschauung relevant (II, IV, Hume, Demokrit, Aristoteles, Kant u. a.), außerdem Raum und Zeit bei Kant, der unbewegte Beweger bei Aristoteles, das Gravitationsgesetz bei Newton (IV). Hinsichtlich der zeitgenössischen Bezüge ist der Rekurs auf die moderne Physik (Einstein, Planck) reich; hinsichtlich der zeitgenössischen Philosophie scheint ein mehr impliziter Bezug zur Phänomenologie nach Husserl und ihrem Anschauungsbegriff durch.

Hinsichtlich der vertretenen Positionen und Perspektiven sollte man mit Hartmann beginnen: Er vertritt die Idee einer engen, unauflösbaren Interdependenz von Begriffen und Anschauungen, die auch für komplexe, hochentwickelte Begriffe der Wissenschaften gilt: „Im Allgemeinen bildet sich mit der Höherbildung der Begriffe auch eine höhere Anschauung heraus. [...] Gibt es überhaupt die reine ‚naive Anschauung'? So etwas ist immer nur rekonstruiert, nicht als Erfahrungsbasis aufweisbar. Die Erfahrungsbasis ist ein immer schon von höherer Anschauung durchsetztes Feld." Und an späterer Stelle: „Begriffe scheinen mir in aller Erkenntnis eine doppelte Funktion zu haben. Einerseits sind sie die *festhaltenden* Vehikel. Zum andern: sie machen Unanschauliches anschaulich, sind selbst Vehikel der Anschauung. Dabei wird *das* mittelbar anschaulich, was auf der Ausgangsbasis nicht anschaulich werden konnte." (II)

Alle Begriffe haben nach Hartmann anschaulichen Inhalt, auch physikalische und mathematische Gesetze. Diese Position wird kontrovers diskutiert. Hartmann bezieht in Sitzung IV die Position, dass Naturgesetze in sich keine mathematische Form haben: „Naturgesetze sind keine mathematischen Gesetze, nur die praedikativen Verhältnisse derselben sind mathematisch formulierbar." Demnach erhellt sich auch seine Vorstellung der Anschaulichkeit von Naturgesetzen. In seiner Einlassung in Sitzung V. stellt Hartmann die kühne These auf, dass die mathematischen Verhältnisse in der Schichtenontologie nicht über, sondern unter der Schicht der physikalischen Welt stehen: „Es läßt sich zeigen, daß die Zahl mit ihrer Gesetzlichkeit unterhalb des Materiellen anzusetzen ist, nicht oberhalb. Man verwechselt den Gegebenheitsmodus mit dem Seinsmodus: Ersterer ist vollkommen bei der Zahl, geht in Exaktheit und Beweisbarkeit über, aber das sagt nichts über den Platz des Gegenstandes selber in der Ordnung der Welt. [D]die Tendenz der mathematischen Naturwissenschaft, die alles auf die Zahl und ihre Gesetzlichkeit zurückführen will [...] ist das strenge Analogon zu dem, was die mechanistischen Theorien mit dem Organismus machen, der Versuch eines Erfassens von der niederen Schicht her, wobei immer etwas an der höheren Schicht gut gefaßt wird, nicht aber das Ganze. Der Mathematismus, der die Welt der Körper, Strahlungsvorgänge u. dgl. von unten her erklärt, hat leichtes Spiel, er gewinnt eine gewiße Exaktheit, aber um den Preis der Selbständigkeit des Naturseins." Hartmann baut anschließend eine ausführliche Argumentation mit Blick auf die Widerständigkeit von physikalischen Subtraten, mathematisch reduziert zu werden auf, um diese These zu stützen.

Insbesondere zwischen Hartmann und Klein entfaltet sich ein spannender Dissens, der sich durch das ganze Semester zieht und anhand verschiedenster Beispiele in immer wieder neuen Positionsgegensätzen aktualisiert wird. Hartmann geht von einer grundsätzlichen Anschaulichkeit aller begrifflichen Gehalte aus, was Klein bestreitet: In Sitzung II behauptet Hartmann die Anschaulichkeit der Vierdimensionalität: Hartmann: „Die Elemente sind alle anschaulich; es macht keine Schwierigkeit, sich eine vierte Dimension senkrecht auf die drei Dimensionen des euklidischen Raumes vorzustellen. Klein: „Man kann aber die Mannigfaltigkeit vier aufeinander senkrechter Dimensionen nicht zusammenschauen." Hartmann: „Die ganze Mannigfaltigkeit, mit der man es zu tun hat, läßt sich noch einmal in anderer Richtung teilen und bestimmen. Nichts anderes bedeutet die vierte Dimension. So beurteilen wir z. B. einen Menschen nach hundert Gesichtspunkten, Dimensionen, die alle senkrecht aufeinander stehen."

Nach Hartmann sind Naturgesetze anschaulich, nach Klein sind sie es nicht. Zugleich sind nach Klein Naturgesetze mathematische Gesetze, nach Hartmann hingegen eher holistische Beziehungen, die sich nur aspektiv mathematisieren lassen: Hartmann: „Naturgesetze sind keine mathematischen Gesetze, nur die praedikativen Verhältnisse derselben sind mathematisch formulierbar." Klein: „Nein, die Naturgesetze sind wesentlich mathematisch formulierbar." (IV).

Ein weiterer Dissens besteht zwischen Hartmann und Klein bezüglich der Anschaulichkeit von Funktionen. Klein nimmt die Unanschaulichkeit von Begriffen wie „Feld", „Qualität" (I), sowie von Funktionen (VII) an. Gegenüber den Einwänden von Klein verteidigt Hartmann einen Standpunkt, wonach auch Funktionen anschaulich seien, wenn auch nicht immer im Sinne der räumlichen Anschaulichkeit (VII). Mit Springmeyer entwickelt sich ein entsprechender Dissens anhand des Beispiels des Begriffs des gekrümmten Raums (II), der sich nach Springmeyer nur über die Analogie des zweidimensionalen, über die Kugel gelegten Raums nachträglich „veranschaulichen" lässt, ohne jedoch selbst anschaulich zu sein: „Die neue Theorie bleibt, sofern sie jene Begriffe enthält, über sie bezogen auf ursprüngliche Anschauung. Aber sofern sie mit jenen Begriffen gewisse Handgriffe vornimmt, in der Einordung in ihr neuartiges System, ist sie als Ganzes nicht mehr erfüllbar in der ursprünglichen Anschauung. Das ist der Unterschied. Das bedeutet faktisch, daß sie überhaupt ohne die eigentliche erfüllende Anschauung bleibt." Hartmann dagegen: „Nur unter dieser Voraussetzung: wenn in eine Erkenntnis Anschauung niederer Art hineinspielt, dann hat das höhere Gebilde keine eigene Anschaulichkeit. Die Voraussetzung ist zu bestreiten. Es gibt eine fundierte Anschaulichkeit, und diese spielt in den fraglichen Theorien schon bei den ersten Schritten mit." (II). Hartmann erläutert das an der Anschaulichkeit des astronomischen Begriffs des „Strahlendruckes": „Unter Zugrundelegung der zwei bekannten Kräfte: der Massen-Anziehungskraft und des Gasdrucks, ergibt sich nicht das Bild der stabilen Kugel, weil die eine Kraft die andere bei weitem überwiegt. Führt man nun den Begriff des Strahlungsdruckes ein, der eine dieses Übergewicht kompensierenden Kraft darstellt, so gewinnen wir ein richtiges Bild des Sterns. Hier haben wir also durch einen Begriff etwas anschaulich gemacht." Nach Klein ist bspw. die Entdeckung des Neptuns anschaulich, hingegen die Idee eines „Strahlendrucks", der Sterne zusammenhält, nicht (III).

Bezüglich des Begriffs von Kausalität von Hume setzt sich der Dissens zwischen Hartmann und Klein fort: Klein nimmt an: „Aber wenn Hume die obj[ektive]

Gültigkeit nicht beweisen kann, so beruht dies eben auf der vorgängigen Isolierung der beiden Dinge Ursache u[nd] Wirkung." Hartmann fragt dagegen: „Warum denn begriffliche Isolierung? Das verstehe ich nicht" Klein entgegnet: „Und ich nicht, wie man sagen kann, daß die Hume'sche Causalität anschaulich ist." Darauf Hartmann: „Sie ist dann eine idea." Klein: „Aber wie kommt Hume dann dazu – ich frage wieder –, daß hier etwas nicht in Ordnung ist?" Hartmann: „Weil er nicht den Gegensatz von Begriff und Anschauung hat." Klein: „Aber gerade daran liegt es ja, daß die Causalassociation neue Erkenntnisse vermittelt. Wenn sie Anschauung wäre, würde sie Gegebenheit sein." Hartmann: „Durchaus nicht, – es gibt ja auch Phantasievorstellungen."

In VI spitzt sich der Dissens noch einmal zu: Hartmann: „Nehmen Sie das Doppler-Gesetz. Das Gesetz spricht aus, was die anschaulichen Experimente lehren." Klein: „Es fügt aber dieser Anschaulichkeit der einzelnen Experimente nichts hinzu." Hartmann: „Doch: die Geltung über den einzelnen Fall hinaus." Klein: „Diese Universalität ist gerade nicht anschaulich." [...] Klein: „Herr Prof. Hartmann hat in erster Linie im Auge die in einem Gesetz zusammenfaßbare Menge einzelner anschaulicher Verhältnisse, eine Zusammenfassung, die auf induktivem Wege gewonnen wird. Er bezieht sich auf die aus der Induktion gewonnene Formulierung eines physikalischen Gesetzes, das auf eine ganze Reihe anschaulicher Verhältnisse paßt. Diese Seite aber ist die am wenigsten charakteristische einer physikalischen Theorie. Sie will vielmehr aus allgemeinen Gesetzen die besonderen verstehen." Hartmann: „Das heißt: sie will Ueberschau." Klein: „Das ist nur metaphorisch [...]" Hartmann: „Nein, das ist das Eigentliche."

Hartmann verdächtigt Klein im Folgenden eines „insgeheimen" Idealismus, den Klein selbst abweist (VI). Am Ende des Disputiercirkels (Ende VII) scheint Hartmanns Vermutung nicht ganz falsch: „Ich glaube, Herr Professor, dass dies Ihrerseits ein Machtwort ist. – Wäre die Mathematik in Ihrem Sinne immer anschaulich, so könnte es gar nicht zu den modernen axiomatischen Theorien der Mathematik kommen. Diese Theorien behaupten ja gerade, dass Mathematik es im Grunde mit Erkenntnis gar nicht zu tun hat. Sie ist jeweils eine Kombination auf Grund bestimmter Spielregeln." Hartmann entgegnet: „Aber deswegen braucht sie doch nicht unanschaulich zu werden. Sind die Verhältnisse beim Schachspiel etwa nicht anschaulich?" Klein antwortet: „Sofern etwas erkannt wird, wird es immer angeschaut. Aber die moderne Mathematik und – was wichtiger ist – die theoretische Physik stellt nicht auf allen ihren Stufen Erkenntnis dar." Hartmann fragt weiter: „Was würden Sie dazu sagen, wenn ich Ihren Satz, umkehren würde: die theoretische Physik bleibt bei alldem, was Sie beschreiben, in der Immanenz?" Darauf Klein: „Ich glaube, dass dies die notwendige Kehrseite des anderen Sachverhalts ist." Es gibt bis zum Ende unaufgelöste Dissense zur Anschaulichkeit oder Unanschaulichkeit physikalischer und mathematischer, die im Verlauf der Diskussion immer mehr an Präzision und Prägnanz gewinnen.

Bei der Thematik *Anschauung und Begriff* ist es selbstverständlich, dass Exempel und geteilte Anschauungshintergründe eine bedeutende Rolle spielen: Begriffe wie „Baum" werden Begriffen wie „Potenzial", „Feld" gegenübergestellt und ihr Verhältnis zu Anschauung befragt (I). Bezüglich geschichtlicher Veränderung werden Begriffe wie „Zahl" und der Sokratische Begriff der „Gerechtigkeit" auf ihre anschaulichen Zugänglichkeitsbedingungen hin thematisiert, sowie Veränderungen von Begriffsbedeutungen zu Beginn der Renaissance (I). Der gekrümmte Raum der Relativitätstheorie wird bezüglich seiner Anschaulichkeit oder Unanschaulichkeit diskutiert (II). Der Begriff der „Masse" bei Newton, (II) und der astronomische Begriff des „Strahlungsdrucks" von Sternen (III) werden auf Anschaulichkeit hin diskutiert. Als Beispiel für „Kausalität" in der Anschauung führt Hartmann das Beispiel eines Steinwurfs gegen eine Wand an, wo nur der gehörte Schlag das Bild des Wurfs evoziert, und zwar noch vor jeder Schlussfolgerung (IV), weiter werden u. a. „Raum und Zeit" bei Kant, „Gravitation" bei Newton (im Gegensatz zur Idee der Planetenseelen) mit Blick auf Anschaulichkeit diskutiert, mit Blick auf die Beziehung von Mathematik auf Physik die Kepplerschen Gesetze und das Newtonsche Gesetz (VI). Es wird ausgiebig über die „Fallgesetze" diskutiert. Hartmann bringt anhand einer Zeichnung das mathematische Gesetz, wonach die Winkelsumme eines Dreiecks gleich zweiter rechter Winkel sei als Beispiel für die Anschaulichkeit geometrischer Gesetze (VII).

Sichtet man das Verhältnis dieses Dialogs zu früheren oder späteren „Disputierzirkeln", lässt sich feststellen: Unter der Entgegensetzung von Bild und Begriff wird bereits im Diskussionskreis über *Erkenntnistheorie* (1926/1927) unter anderer Begrifflichkeit eine eng verwandte Thematik diskutiert. Fortgesetzt wird die Diskussion um *Anschauung und Begriff* dann 1932/1933 in *Urteil und Erkenntnis*. Die Fragen bezüglich der Anschaulichkeit von Allgemeinem und von mathematischen Gesetzen bieten Anschlüsse zu den Diskussionen zum *Problem der Individualität* (1934), *Individualität und Allgemeinheit* (1947/1948), sowie zum früheren über *Ideales Sein* (1923/1924).

Man kann auch in diesem Dialog Bezüge zum Werk von Hartmann erkennen. Von besonderer Tragweite im Hartmannschen Werk ist die ontologische Annahme, die mathematischen Gegenstände und Beziehungen stünden in einer Schicht unterhalb der Schicht des Physikalischen. Verwandte, jedoch weniger pointierte Überlegungen zum Enthaltensein des mathematisch Gesetzhaften sowie Idealen Seins im Realen, das Durchdrungensein des letzteren vom ersteren sind in *Zur Grundlegung der Ontologie* (1935) zu finden. (Möglicherweise war die These Hartmann dann doch zu couragiert, um in die einschlägige Gestalt seiner „Schichtenontologie" integriert zu werden). Erwähnt sei auch, dass die Diskussionen um den Kausalbegriff und Bewusstsein von Kausalität eine Entsprechung finden in der *Philosophie der Natur. Abriss der speziellen Kategorienlehre* (1950, 32.–38. Kap.).

Überlegt man thematische Anschlüsse an neuere Diskurse, so scheinen interessant und mit gewissem Potenzial für heutige Philosophie die Überlegungen zur Kausalitätstheorie zu sein – und die Position Hartmanns, wonach Kausalität anschaulich ist und Humes Skepsis aus einem Mangel bezüglich der Einsicht in die Differenz von Anschauung und Begriff erwächst. Eine deutliche Beziehung besteht zu Ansätzen, die dem anschaulichen Beispiel (Exempel) auch in der Wissenschaft eine vorgeordnete Rolle zusprechen (Nelson Godman, Catherine Z. Elgin), sowie zu Debatten um Begriff und unbegriffliche Erkenntnis (Hubert Dreyfuß und John McDowell; Blumenberg).

Manuskript, Anschauung und Begriff. I. Sitzung, Hartmann, Jacob Klein, Kudszus, Springmeyer, 1931-06-05, Berlin

5. Juni 1931.[a]

Anschauung und Begriff.[b,c]

Vorsitz[d]: Hartmann
Protokoll[e]: Hartmann[f]

SPRINGMEYER: Man kann von Kants Unterscheidung ausgehen. Anschauung und Begriff sind zwei verschiedene Einheitsprinzipien. Aber wie ist die Einheit beider beschaffen?[g] Kant mußte danach besonders fragen, als nach einer nachträglichen Verbindung. Die Lösung sollte das „Schauen" sein. Dagegen, im Ernst behandeln läßt sich die Frage wohl nur in der Differenzierung der Gebiete: Naturwissenschaft – Geisteswissenschaft. Dort die Anschauung auf Grund des Begriffes, hier ursprüngliche Anschauung. Dazwischen ist ein breiter Spielraum. Wie ist er auszufüllen?

---

[a] 5. Juni 1931.] *auf der rechten Seite; davor mit rotem Bs mittig:* I.
[b] Anschauung und Begriff.] *mittig*
[c] *horizontaler Trennstrich mittig unterhalb der Zeile*
[d] Vorsitz] *unterstrichen*
[e] Protokoll] *unterstrichen*
[f] Hartmann] *durch Wiederholungszeichen angegeben*
[g] beschaffen?] beschaffen.

HARTMANN: Vielleicht sind aber Begriffe garnicht Erkenntnis, vielleicht ist Erkenntnis immer Anschauung? Und zwar bis in die „Theorien" (Theorie = Schau; Erfassen = Erschauen)?

KUDSZUS: Eigentlich verschwindet der Unterschied schon bei Kant. Als was fungiert der Begriff der Erkenntnis, wenn diese mit ihm arbeitet? Seine Bedeutung fixiert sich erst, wenn er sich mit Anschauung erfüllt.

HARTMANN: Was ist Bedeutung „neben" dem Begriff? Oder Begriff ohne Bedeutung?

SPRINGMEYER: Immer ist schon anschaulich ein Ganzes da; und in dem Ganzen differenziert [sich] durch den Begriff etwas heraus. Vom Neukantianismus her ist man gewohnt, den Begriff als aufbauendes Moment anzusehen – viel zu sehr. Aber deswegen ist der Begriff doch innerhalb der Anschauung aufbauend, nämlich wo die Erk[enntnis] sich weit von der Gegebenheit entfernt. So ist es in den Naturwissenschaften.

HARTMANN: Ist es dort wirklich so? Ist gerade hier der Begriff nicht bloß das Vehikel der erweiterten Anschauung? („Theorie").

SPRINGMEYER: Nein! Der Begriff geht hier voran.

KLEIN: Es giebt zwei Arten von Begriffen; „Baum" und „Potenzial" (oder „Feld"). Die Begrifflichkeit selbst ist hier grundverschieden...: im Falle „Baum" erfüllt sich die intendierte Anschauung unmittelbar. Anders im Falle „Feld". Das ist wie mit der prima und secuna intentio. Jene richtet sich unmittelbar auf das, was ich sehe; die secuna richtet sich auf den Begriff selbst. Die heutige Naturwissenschaft bewegt sich wesentlich in der secuna intentio, in Begriffen höherer Ordnung.

SPRINGMEYER: In der Geschichtswissenschaft ist es im Grunde ähnlich. Auch hier Begriffe höherer Ordnung. Was spielen sie hier für eine Rolle? Sie deuten hin auf etwas, in dem man stehen muß.

KUDSZUS: Gehört es denn zum Begriff, daß ich in die Einstellung trete? Dann ist es nur ein Rezept, was ich mit dem Begriff machen soll. Der Ganzheitsbezug ist vielmehr nichts anderes, als was in der Naturwissenschaft immer vorliegt: Beziehung auf ein System...

SPRINGMEYER: Es ist hier doch anderes: der Sokratische Begriff der „Gerechtigkeit" ist bezogen auf das, was man schon hat, auf einen Staat, eine Gesellschaft, ein allseitiges Verhältnis. So ist es in den Naturwissenschaften nicht.

KUDSZUS: Ist das nicht nur Verschiebung der ontischen Dimension?

SPRINGMEYER: So kann man aber garnicht unterscheiden zwischen Anschauung und Begriff.

HARTMANN: Ob ein Unterschied besteht, das ist aber gerade die Frage.

KLEIN: Es sind also drei Gesichtspunkte – resp. Fragen –, die sich überschneiden:

1. In der materialen Geschichtsphilosophie: die Situation, aus der eine Philosophie erwächst (resp. eine Begriffsbildung).
2. Wie kann man dann eine Aussage von jeweiliger Begrifflichkeit machen?
3. Wie verhält sich dazu die Begrifflichkeit des Begriffs als solchem?[a]

Auf letzteres ließe sich antworten: in aller hist[orischen] Mannigfaltigkeit ist ein einmaliger Schritt von 14. zum 15. Jahrhundert. Die Verschiebung der Begriffe seitdem ist nicht groß.

SPRINGMEYER: Das stimmt doch nicht. Nehmen wir den Begriff „Liberalität". Er ändert sich seit seinem Aufkommen nicht, bis in unsere Tage; und doch – heute ist „Liberalität" eine fragwürdige Sache geworden. Was hat sich geändert?

KLEIN: Es ist dennoch dieselbe Art Begriff.[b]

KUDSZUS: Aber genau so ist es mit dem Zahlbegriff – von Aristoteles bis Gauß.

KLEIN: Wenn man es nur auf die hist[orische] Situation bezieht, so kann man den Unterschied nicht sehen.

SPRINGMEYER: Es giebt nur einen Liberalitätsbegriff, aber viele Zahlbegriffe.

KUDSZUS: Ontologisch gesehen: der Sachverhalt ist von anderer Art. Im einen Fall – er bleibt bestehen; im anderen – er wandelt sich. Der Liberalismus kommt und geht geschichtlich. Die Zahl nicht.

KLEIN: Aber auch bei Geschichtsbegriffen ist geschichtliche Wandlung. Z. B. der Begriff des „Gau" – ins Positive gewandelt. Das betrifft aber nicht den Begriffscharakter selbst.

SPRINGMEYER: Ebenso der Begriff „Proletarier". Aber das betrifft nicht den Begriffscharakter. Er bleibt derselbe, und wird doch ein anderer.

KUDSZUS: Wie läßt sich dann die Identität des Begr[iffs] festhalten?

SPRINGMEYER: In den Merkmalen. Es sind bestimmt Merkmale, die durchgehen.

HARTMANN: Warum aber schließen Sie die anderen Merkmale aus?

SPRINGMEYER: Weil sie latent bleiben.

HARTMANN: Bleiben sie denn in Rußland am „Proletarier" latent? Sie sind doch gerade aufs Tapet gehoben.

SPRINGMEYER: Zu unterscheiden bleiben aber die definierten und die nicht mitdefinierten Merkmale. Diese gehören der Anschauung an.

KUDSZUS: Darum vielmehr kann man einen Begriff von verschiedener Abstraktionsstufe aus definieren.

HARTMANN: Das Wesen der Sache scheint mir doch anderswo zu liegen. Klein sprach von Begriffen zweiter Ordnung – sie seien auf Begriffe selbst gerichtet. Ich glaube daran nicht recht. Auch die Naturwissenschaft kennt das nicht.

---

[a] solchem?] solchem.
[b] Begriff] *über der Zeile eingefügt für gestrichen:* Einstellung, wie zu Anfang

Wohl entfernt sie sich von der Anschauung, aber nur von der naiven. Den höheren Begriffen entspricht höhere Anschauung (θεωρία¹). In der Wissenschaft geht die Anschauung immer weiter, potenziert sich selbst mit den Begriffen. Es giebt in der Wiss[enschaft] keine abgelösten Begriffe. Die reine Begriffsspekulation ist immer unwissenschaftlich. Zwischen Baum und Potential ist kein Wesensunterschied am Begriff, nur ein Höhenunterschied der Anschauung.

KLEIN: Nein! Potential ist „Darstellung der Kraft noch den Ortskoordinaten". Das ist eine andere Art von Begriffsfassung selbst. Hier ist die Rücksicht auf anderes die Hauptsache. Beim Baum giebt es diese Rücksicht nicht.

KUDSZUS: Aber es giebt auch den „Baum" des Botanikers.

HARTMANN: Mir scheint, sogar im kindlichen Begriff „Baum" ist es schon ebenso mit dem Bezug auf anderes. „Etwas zum Klettern" – oder „woran man sich stoßen kann"... Mir scheint den ganzen Unterschied: „Bezug – Bezugsfreiheit": giebt es garnicht.

KLEIN: Und wie ist es mit den Abstraktionsgraden „Rot" und „Qualität"?

HARTMANN: Auch das ist nur Abstufung. Qualität (das Anhaften an) ist auch ein anschauliches Verhältnis.

SPRINGMEYER: Sehr fragwürdig ist mir jedenfalls, daß der Begriff „Qualität" auf einen anderen „Begriff" gerichtet sein soll. Vielmehr ich meine, es fällt in einen höheren Anschauungszusammenhang. Das ist es, was auch von „Potenzial" und „Feld" gilt.

KLEIN: Nein! Es ist etwas principiell Anderes!

Manuskript, Anschauung und Begriff. II. Sitzung, Hartmann, Klein, Kudzsus, Springmeyer, 1931-06-12, Berlin

12. Juni 1931[a]
II. Sitzung
Vorsitz: Hartmann
Prot[okoll]: Springmeyer[b]

HARTMANN: Es gilt für die Naturwissenschaft wie für alle anderen Gebiete, daß die Begriffe nicht auf einmal selbstläufig werden und die Anschauung hinter sich lassen. So etwas gibt es nur vorübergehend an einzelnen Punkten der Wissenschaften. Im allgemeinen bildet sich mit der Höherbildung der Begriffe

---

1 θεωρία] *Anschauung, Betrachtung*

---

a 12. Juni 1931] *auf der rechten Seite; davor mit rotem Bs mittig:* II.
b II. Sitzung Vorsitz: Hartmann Prot[okoll]: Springmeyer] *mittig*

auch eine höhere Anschauung heraus. Dabei gibt es Hilfswege der Anschauung, auf denen auch vieles angeblich Unvorstellbare noch vorgestellt werden kann, z. B. lassen sich astronomische Entfernungen noch anschaulich machen durch das Hilfsmittel des verjüngten Maßstabes.

KLEIN: Ich sehe hier eine doppelte Problematik. Wir gehen immer aus von einer ursprünglichen Schicht der „naiven Anschauung", die niemals ganz verlassen wird. Wie geht sie ein in die „Höhere Anschauung"?

Außerdem gibt es auf jeder Höhe wissenschaftlicher Theorie eine *eigene* Art Anschauung, ganz anders als die naive. Von diesen Arten war wohl eben die Rede.

Für unser Thema ergeben sich zwei Fragen: Wie verhält sich der Begriff zur ursprünglichen Anschauung?[a] Und welche Anschauung eigener Art entspricht dem höheren Begriff?

KUDSZUS: Man muß an der ersten Problematik auch die Komplementärfrage stellen: was ist von der höheren Anschauung schon im Werke in der naiven Anschauung? Anschauung von Mengen, Vielheiten als solchen z. B. In der niederen Anschauung ist etwas von dem drin, was später autonom die höhere Anschauung ausmacht. So bei aller sogenannten kategorialen Anschauung.

HARTMANN: Gibt es überhaupt die reine „naive Anschauung"? So etwas ist immer nur rekonstruiert, nicht als Erfahrungsbasis aufweisbar. Die Erfahrungsbasis ist ein immer schon von höherer Anschauung durchsetztes Feld.

KLEIN: Mit „naiver Erfahrung" war nur die schlichte durchschnittliche Lebenserfahrung gemeint. Natürlich hat sie keine festen Grenzen; man braucht nur daran zu denken, wie unsere gemeine Anschauung des Himmels beeinflußt ist von astronomischem Wissen.

HARTMANN: So spielen hochentwickelte Kausalvorstellungen hinein, schon mit der Sprache übernommen, wenn wir die Hume-schen Billardkugeln abprallen sehen.

Wie ist es aber mit unserer Frage? Machen Sie das Mitgehen der Anschauung mit dem Begriff mit, oder nehmen Sie selbstläufige Begriffe an?

KLEIN: Ich gebe zu: es gibt keine Erkenntnis ohne Beziehung auf Anschauung, aber

1.) arbeitet die Naturwissenschaft mit Begriffen, deren Begriffscharakter ein eigener ist.

2.) gibt es eine Überspannung dieses Begriffscharakters, so daß eine zeitlang die Anschauung verschwindet und man es mit einem System gespenstischer Formen zu tun hat, deren Sinn nicht mehr anschaulich faßbar ist.

---

[a] Anschauung?] Anschauung.

– Auf diese Ueberspannung kommt es aber nicht an, sondern auf den eigenen Begriffscharakter der *legitimen* Begriffe.

KUDSZUS: Und zwar darauf, wie ihr Bezug zur ursprünglichen Anschauung ist und ob es eine eigene, zu ihnen gehörige Anschauung gibt.

HARTMANN: Sie meinen Herr Klein, es ändert sich der Bezug zur Anschauung bei diesen Begriffen. Zu welcher aber? – *Nur zu der*, die die Ausgangsbasis gemacht hat, nicht zu der, die sich ergibt!

Dann aber: Begriffe scheinen mir in aller Erkenntnis eine doppelte Funktion zu haben. Einerseits sind sie die *festhaltenden* Vehikel. Zum andern: sie machen Unanschauliches anschaulich, sind selbst Vehikel der Anschauung. Dabei wird *das* mittelbar anschaulich, was auf der Ausgangsbasis nicht anschaulich werden konnte. Das Geheimnis liegt darin, wie die Begriffe die neue Anschauung mit der ursprünglichen verbinden.

KLEIN: Inwiefern kann man eine Anschauung des mathematischen vierdimensionalen Raumes haben?

HARTMANN: Die Elemente sind alle anschaulich; es macht keine Schwierigkeit, sich eine vierte Dimension senkrecht auf die drei Dimensionen des euklidischen Raumes vorzustellen.

KLEIN: Man kann aber die Mannigfaltigkeit vier aufeinander senkrechter Dimensionen nicht *zusammenschauen.*

HARTMANN: Die ganze Mannigfaltigkeit, mit der man es zu tun hat, läßt sich noch einmal in anderer Richtung teilen und bestimmen. Nichts anderes bedeutet die vierte Dimension. So beurteilen wir z. B. einen Menschen nach hundert Gesichtspunkten, Dimensionen, die alle senkrecht aufeinander stehen.

KLEIN: Wir sind am absolut entscheidenden Punkt. Ich glaube, es liegt eine Aequivokation von „Anschauung" vor.

KUDSZUS: Fordern Sie nicht von der eigentlichen Anschauung, daß sie räumlich sein soll, während der Hartmannsche Anschauungsbegriff weiter ist?

HARTMANN: Der euklidische Raum ist ein Spezialfall des n-dimensionalen Raumes; das ist für mich ein anschauliches Verhältnis, für das ich von allen Begriffen absehen kann.

KLEIN: Aus der gewöhnlichen Anschauung gewinnen wir durch Abstraktion „Räumlichkeit". Die in der sogenannten „höheren Anschauung" gegebene n-dimensionale Räumlichkeit baut sich dann aus den Elementen der gewöhnlichen Anschauung auf.

HARTMANN: Man kann den Weg der Anschauung vom 11. Euklidischen Axiom aus verfolgen. Leuchtet es etwa am Gebilde selbst ein, daß es nicht anders sein kann als dies Axiom angibt?

KLEIN: An sich leuchtet es ein, aber der Beweis war nicht verständlich.

HARTMANN: Man kam vielmehr dahinter, daß die *Anschauung* sich nicht überzeugen kann. Man kam dahinter daß die Sache an sich sich auch anders vorstellen läßt, daß man den *Raum selbst* anders fassen kann. Man kann sich dann ein Dreieck vorstellen mit zwei Rechten und noch einen dritten Winkel, alles anschaulich.

KLEIN: Das ist Anschauung in anderem Sinne.

HARTMANN: Höhere Anschauung.

Gesetzt ferner, wir leben in einem elliptischen Raum. Wenn wir dann in eine Richtung immer weiter gehen, kommen wir aus der entgegengesetzten wieder an den Ausgangspunkt zurück. Das ist nicht unvorstellbar.

KLEIN: In gewissem Sinne ist es unvorstellbar.

KUDSZUS: Es ist ein Unterschied[,] ob die Anschauung das[,] was man meint[,] als dieses gibt, oder in nur analoger Form.

HARTMANN: Wir haben hier einfach ein Fundierungsverhältnis der Anschauung wie der Begriffe. Und die Anschaulichkeit ändert sich bei den höheren Verhältnissen wie auch die Begrifflichkeit.

KUDSZUS: Für diese Fundierung der Anschauung frage ich mich nur: wenn uns auf dem üblichen Wege ein vierdimensionales Kontinuum anschaulich wird, fundiert auf einer Anschauung des Dreidimensionalen,[a] – ist dieser Fundierungszusammenhang ein notwendiger? Oder entspricht er nur einem zufälligen Ausgehen von bestimmter Anschauung? Läßt sich die Fiktion des umgekehrten Weges durchführen?

KLEIN: Ich würde sagen: nein.

HARTMANN: Wollen Sie das ontisch oder auch anthropologisch behaupten?

KLEIN: Mit der Voraussetzung: wir sind wie wir sind.

HARTMANN: Hat das Konsequenzen dafür, wieviel auf den höheren Stufen noch Anschauung im eigentlichen Sinne ist?

SPRINGMEYER: Es läßt sich noch von anderswoher vertreten, daß in unseren Beispielen die sogenannte „höhere Anschauung" überhaupt keine Anschauung im eigentlichen Sinne mehr ist. – Um sich den gekrümmten Raum *im Ganzen* anschaulich zu machen, gebräuchte man einen charakteristischen Kunstgriff. Man stellt sich sphärisch-zweidimensionale Wesen auf einer Kugeloberfläche vor, die dem höheren mathematischen Gebilde, der Kugeloberfläche als solcher gegenüber in einer ähnlichen Lage sind wie wir möglicherweise einem gekrümmten Raum gegenüber. Die Anschauung jener für uns überschaubaren Verhältnisse dient uns als Ersatz für die *fehlende* Anschauung des höheren Verhältnisses. Damit sind wir beim Problem des Schemas.

---

a Dreidimensionalen] dreidimensionalen

Man kann auch sagen, das höhere Verhältnis ist in dem niederen „veranschaulicht". In diesem Begriff des Veranschaulichens ist zweierlei gewahrt. Erstens daß das höhere Verhältnis nicht für sich selbst anschaulich ist. Zweitens daß es durch das niedere Verhältnis hindurch eine Art geborgter Anschaulichkeit gewinnt. Dabei ist dann immer noch festzuhalten, daß diese „Veranschaulichung" ein Ersatz für die fehlende, eigentliche Anschauung ist.

HARTMANN: Veranschaulichung ist nur etwas Sekundäres; im eigentlichen Gang der Wissenschaft geht Anschauung *voran.*

SPRINGMEYER: Veranschaulichung im vorausgesetzten Sinne ist allerdings sekundär. Das Ganze einer wissenschaftlichen Theorie wird zunächst getragen von vielerlei Anschauung, die den einzelnen Forschungswegen entspricht. Dabei handelt es sich in unseren Fällen um eigentliche Anschauung. Aber wenn man auch sagen kann, daß die Theorie von einer Gesamtheit und einem Komplex solch eigentlicher Anschauung getragen wird, so gibt es doch nicht die höhere Anschauung, die der Theorie im Ganzen als eine Einheit entspricht.

Versucht man trotzdem, der Theorie[,] abgesehen von der vielerlei hineinführenden Anschauung[,] noch die eigene, im Ganzen wahrhaft entsprechende Anschauung zu geben, so kommt man nur zu der *Veranschaulichung* im Schema. Hier wird[a] in gewissem Sinne zwar das Ganze gerade, in seiner spezifischen Zweiheit, veranschaulicht, aber wie gesagt nur in einer Ersatzanschauung anstelle der fehlenden eigentlichen.

KUDSZUS: Beim Schema handelt es sich einzig darum, wie in der Theorie neu gewonnene Gebilde anschaulich darstellbar werden mit den Mitteln, die die *Ausgangsanschauung* zur Verfügung gestellt hat. Aber wenn ich ganz absehe von *dieser* Art Veranschaulichung, dann kann ich immer noch sagen, das neu Gewonnene sei für sich selbst anschaulich. Ich *habe* eine Anschauung, nur wie sie zu charakterisieren ist, bleibt dahingestellt.

SPRINGMEYER: Wo ist diese eigene Anschauung noch außerhalb der tragenden niederen, die in die Theorie hineingeführt hat?

KUDSZUS: Wenn ich einen Menschen nach n Dimensionen betrachtet habe, und es wird mir gesagt, es gäbe noch eine n + 1te Dimension, die mir an sich verschlossen bleibt, so kann sie mir trotzdem noch anschaulich werden als diese Dimension, einfach im Fortgehen von – zu.

SPRINGMEYER: Die Beispiele sind nicht gleichwertig. Die n Dimensionen möglicher Bestimmtheit beim Menschen bilden kein anschaulich *geschlossenes* Dimensionssystem, wie beim dreidimensionalen Raum; der von sich aus die n + 1te Dimension ausschließt. Darum kann man hier in einer Art Anschauung zu dem komplexeren Gebilde fortgehen. Für die Raumanschauung ist man aber eben

---

a wird] *danach gestrichen:* zwar

in *der Anschauung* in dem *geschlossenen* dreidimensionalen System gefangen. Geht man dennoch auf irgend eine Weise zu einem höheren Gebilde fort, so muß die Anschauung im eigentlichen Sinne versagen.

KLEIN: Müssen wir nicht wieder auf den verschiedenen Begriffscharakter zurück? In einem Falle gibt es die Möglichkeit einer zugehörigen unmittelbaren, unproblematischen Anschauung. Im anderen Falle sind die Begriffe bezogen auf ein System, getragen von Knotenpunkten gewissermaßen, den Begriffen.

HARTMANN: Handelt es sich in folgendem Beispiel um unmittelbare Anschauung[a] (selbständig von Begriffen)? Für die sogenannten spektroskopischen Doppelsysteme gelang es in einer Art „Astronomie des Unsichtbaren" schließlich[,] sogar Bahnelemente anzugeben. Die einzige Anschauungsbasis war die wiederholte Spektralanalyse der optisch nicht zerlegbaren Objekte.

KLEIN: Von diesen Doppelsystemen gewinnen wir in der Tat trotz der Schwierigkeit des Weges dazu unmittelbare Anschauung. In meinem zweiten Falle gibt es eine Schwierigkeit andrer *Art*, die sich schon zeigen läßt bei Begriffen wie dem Newtonschen der *Masse*.

HARTMANN: Wir haben hier einen Wandel der Anschauung, dem der Begriff nur nachkommt.

KLEIN: Es handelt sich um verschiedene *Anschaulichkeit*.

HARTMANN: Vielmehr um verschiedene *Anschauung*.

KUDSZUS: Herr Prof. Hartmann betont: es handelt sich immer nur um verschiedene Modi der *Anschauung*, Herr Dr. Klein: es handelt um verschiedene *Modi* der Anschauung.

KLEIN: Im Zusammenhang eines Systems anschauungserfüllter Begriffe können Fragen auftauchen, die mich zwingen[,] den Blick zu richten auf die begriffliche Intention selbst. Nicht mehr auf das anschaulich Gegebene, sondern auf das Verhältnis dazu. Die anschauliche Basis tritt in den Hintergrund. Ich komme zu Begriffen wie Raum, Räumlichkeit, Parallelenaxiom usw., zu einer neuen Art von Begriffen, die selbst ein System bilden können in einer neuen Theorie. Sie sind zwar noch bezogen auf die ursprüngliche Anschauung, aber nicht unmittelbar.

SPRINGMEYER: Die Begriffe, die Sie angeben, sind nicht nur *bezogen* auf die ursprüngliche Anschauung, sondern in ihr auf ihre Weise auch noch *erfüllbar*. Die neue Theorie bleibt, sofern sie jene Begriffe enthält, über sie bezogen auf ursprüngliche Anschauung. Aber sofern sie mit jenen Begriffen gewisse Handgriffe vornimmt, in der Einordnung in ihr neuartiges System, ist sie als Ganzes nicht mehr *erfüllbar* in der ursprünglichen Anschauung. Das ist der

---

a Anschauung] *letzte Silbe am Ende der darunterliegenden Zeile*

Unterschied. Das bedeutet faktisch, daß sie überhaupt ohne die eigentliche erfüllende Anschauung bleibt.

KUDSZUS: Diese These ist für unsere Beispiele nur dann erhärtet, wenn als Anschauung überhaupt nur die euklidische Anschauung gelten kann. Bis jetzt ist doch nur herausgekommen, daß das Begriffssystem der nichteuklidischen Geometrie keine entsprechende Anschauung im anschaulichen Bereich der euklidischen Geometrie findet.

SPRINGMEYER: Das ist nur die eine Seite dessen, was herausgekommen ist. Außerdem müssen wir sagen, daß die nichteuklidische Geometrie alles wovon[a] sie an Anschauung überhaupt getragen wird, faktisch aus dem Gebiet der euklidischen Geometrie hernimmt. In diesen beiden Momenten zusammengenommen ist erst der Hinweis darauf gegeben, daß es für die nichteuklidische Geometrie die entsprechende Anschauung im eigentlichen Sinne nicht gibt.

HARTMANN: Nur unter *dieser* Voraussetzung: wenn in eine Erkenntnis Anschauung niederer Art hineinspielt, dann hat das höhere Gebilde, keine eigene Anschaulichkeit. Die Voraussetzung ist zu bestreiten. Es gibt eine fundierte Anschaulichkeit, und diese spielt in den fraglichen Theorien schon bei den ersten Schritten mit.

Manuskript, Anschauung und Begriff. III. Sitzung, Hartmann, Klein, Kudszus, Springmeyer, 1931-06-19, Berlin

19. 6. 31.[b]
Vorsitz: Springmeyer
Protokoll: Klein

HARTMANN: Ich fasse die Ergebnisse der bisherigen Diskussion zusammen: Es besteht kein Streit darüber, dass im Zusammenhang der Erkenntnis die Anschauung von anderer Anschauung überhöht wird. Die Begrifflichkeit bleibt immer zwischen Anschauung und Anschauung eingeschaltet, zumindesten der Intention nach. Bei dem gegenwärtigen Stand der Physik lässt sich vielleicht von einer gleichsam herrenlosen, selbstläufigen Begrifflichkeit sprechen. Dieser extreme Fall mag offengelassen werden. – Damit tritt nun aber[c] die Kehrseite des Problems in den Vordergrund: was für eine Rolle spielt hierbei der *Begriff*? Es gibt viele Hinsichten, in denen diese Frage gestellt werden kann. Ich frage vorläufig nur nach jenem Eingeschaltetsein des Begriffs zwischen

---
a wovon] *über der Zeile eingefügt für gestrichen:* was
b 19. 6. 31.] *auf der rechten Seite; davor mit rotem Bs mittig:* III.
c aber] *über der Zeile eingefügt*

Anschauung und Anschauung. Ich hatte bereits früher die These aufgestellt, der Begriff sei das *Vehikel der Anschauung*, und zwar gleichsam vorgreifender Art. Ist es so? Ist der Begriff nichts anderes als dies? Lässt sich das vielleicht an seiner inneren Struktur, an der Art des systematischen Zusammenhanges seiner Merkmale zeigen?

SPRINGMEYER: Ich möchte in derselben Richtung fragen. Dabei möchte ich auch an eine in der vorigen Diskussion gefallene Bemerkung anknüpfen, wonach man von Begriffen als eigenständigen Gebilden eigentlich überhaupt nicht sprechen kann. – Ich will noch einmal zurückfragen: was ist Anschauung? und mich dabei an der Kantischen Bestimmung orientieren, wonach in der Anschauung das *Ganze* eher als die Teile da ist, oder besser: mit einem Male das Ineinander von Ganzem und Teilen. (Auch Kant hat übrigens bei dieser Bestimmung vor allem die Geometrie vor Augen.) Und nun stelle ich die[a] Gegenthese zu meiner früheren Behauptung auf: auch in den extremen Fällen *gibt* es eine *eigene* Anschauung, eben die Anschauung des *Ganzen*, die früher da ist als die Teile, als die Elemente, aus denen sich das Ganze aufbaut. Alles Einzelne in diesem Ganzen ist mitbestimmt von allem anderen. Es ist immer *mehr* gegenwärtig als die einzelne Anschauung enthält. Zuweilen ist es so, dass das Ganze ein höheres Drittes gegenüber den sich widersprechenden Elementen darstellt – was auch für das nicht-euklidische Dreieck der Fall zu sein scheint. Immer ist jedenfalls so „*in*" jedem Einzelnen bereits das *Ganze*. Und ist dieses Verhältnis nun nicht gerade[b] charakteristisch für den *Begriff*? Wenn wir mit Kant[c] das „Ganze" der Anschauung zuweisen – verlieren wir da nicht den Begriff völlig, konfundieren wir damit nicht den Begriff mit dem Inbegriff der anschaulichen Merkmale?

HARTMANN: Die Priorität des Ganzen findet sich nicht *nur* in der Anschauung. Man denke nur an das organische und an das geschichtliche Leben. – Es muss betont werden: das Anschauen kann nicht vom Erfassen getrennt werden.

KUDSZUS: Auch in der Sphäre des Begriffs als solchem[d] gibt es das Verhältnis von „Ganzes und Teil". Freilich ist es hier ein[e] anderes. Im Begriff selbst ist immer eine Ganzheit gegeben, die eben nur sehr schwer zu finden ist. – Was die Vehikel-Natur des Begriffs betrifft; so scheinen mir hier Schwierigkeiten ontologischer Art zu bestehen, und zwar schon beim gewöhnlichen Begriff als einen Inbegriff von Merkmalen mit systematischer Struktur. Wie ist hier

---

a die] *nach Streichung über der Zeile eingefügt*
b gerade] *über der Zeile eingefügt*
c mit Kant] *über der Zeile eingefügt*
d solchem] solchen
e ein] *über der Zeile eingefügt*

die Vehikel-Natur zu verstehen? Das „*Mehr* als in die Anschauung" kommt ja durch das Abheben von Merkmalen und ihre Zusammenfassung, kommt durch die „Synthese" zustande. Wir haben es dann mit einer *neuen* Dimension des Bedeutens, des Sinnes, oder wie immer man es nennen mag, zu tun. Was ist in der Synthesis passiert? Die Dimension des Vehikels und die, *wofür* es Vehikel ist, sind doch verschieden. Was heißt überhaupt „Vehikel"?

SPRINGMEYER: Kann man nicht zunächst fragen, ob nicht der Begriff gleichsam neue Anschauung „produziert"?

HARTMANN: Die Frage von Kudszus nach der Dimension setzt voraus, dass die begriffliche Dimension eine ontologische ist. Die Ablösung von Merkmalen setzt aber[a] keine neue ontologische Dimension – das ist gerade die Gefahr der Logistik. – Es scheint, als ob wir überhaupt zu sehr an fertige, allseitig bestimmte, sozusagen ideale Begriffe denken. Begriffe sind doch in Wirklichkeit – genau wie die Anschauung – wandelbar, beweglich. Wir haben es immer zu tun mit einem Inbegriff historisch wandelbarer Merkmale. Und zwar geht der Gehalt der Merkmale immer auf Anschauliches, während der Begriff immer die *Zusammenarbeit* der anschaulich nicht zusammengebrachten Einzelheiten darstellt. So ist der heutige „Begriff" der Sonne das Bild der Sonne, wie wir es aus der Lektüre eines astronomischen Lehrbuchs über diesen Gegenstand gewinnen. Wie ist nun das Verhältnis solcher Begriffe 1) zum Anschauungs*material* und 2) zur *Gesamt*anschauung die wir intendieren und die eine Anschauung höchster Stufe darstellt?

KUDSZUS: Aber die Schwierigkeit, von der ich vorhin sprach, besteht gerade darin, dass man die *Bildung*, das Werden der Begriffe in die Betrachtung einbeziehen muss. Wie *vollzieht* sich und was *bedeutet* der Prozess der Abhebung und der vereinheitlichenden Synthesis?

HARTMANN: Gibt es überhaupt ein solches Abheben?

SPRINGMEYER: Ich glaube, dass die Frage von Kudszus eine Theorie der festen Begriffe voraussetzt.

HARTMANN: Ich will ja gerade den Vollzug der Begriffsbildung mit diesem Ausdruck „Vehikel" fassbar machen. Er soll nur andeuten, dass die Anschauung auf bestimmten Stufen gleichsam eines Fahrzeugs bedarf.

KLEIN: Muss man aber nicht vor allem folgende Seite des Problems im Auge behalten: wenn wir etwas *unmittelbar* anschauen, verhalten wir uns doch *anders*, als wenn wir das Angeschaute *begreifen*, begrifflich erfassen. Setzt nicht dieses begriffliche Erfassen eine gewisse ausdrückliche[b] Abgrenzung, Isolierung des Angeschauten voraus, die sich unmittelbar im *Wort* niederschlägt? Kann man

---

a aber] *nach Streichung über der Zeile eingefügt*
b ausdrückliche] *über der Zeile eingefügt*

von der Gebundenheit der Begriffe an Worten absehen? Und findet sich nicht gerade *hier* jenes „*Mehr* als die Anschauung"?

HARTMANN: Liegt denn hier wirklich eine Isolierung vor?

KLEIN: „Isolierung" mag ein schlechter Ausdruck dafür sein. Ich leugne nicht etwa, dass *immer* ein mehr oder weniger weiter anschaulicher Zusammenhang da ist, aber dieser Zusammenhang ist eben in bestimmter Weise *artikuliert*, was sich unmittelbar in der Festlegung durch das *Wort* ausdrückt.

HARTMANN: Die Einwände, die Kudszus und Klein vorbringen, implizieren Fragen höherer Komplexion, die der augenblicklichen Problemlage nicht ganz angemessen sind.

SPRINGMEYER: Ich möchte die Diskussion wieder zum Ausgangspunkt zurücklenken. Kantisch gesprochen haben wir keine „intellektuelle Anschauung" vom Organischen, weil wir eben[a] nicht unmittelbar das *Ganze* des Organischen anschauen können. Wie aber steht es mit unserer faktischen Erkenntnis des Organismus? Aus der Einsicht in viele Einzelheiten, die auch sonst vorkommen, *setzt* sich die diskursive, die *begriffliche* Erkenntnis des Organismus *zusammen*. Dennoch handelt es sich *nicht* um eine *Summe* disparater einzelner Erkenntnisse. Im Vollzug der biologischen Forschung steht jeder Begriff von vornherein im Zusammenhang aller anderen begrifflichen Feststellungen, und zwar nicht nur im Hinblick auf die morphologischen und funktionellen Zusammenhänge, sondern im Hinblick auf alle hier[b] möglichen Feststellungen überhaupt. Man hat es eigentlich niemals mit den Einzelheiten als solchen zu tun. Das bedeutet aber: in der[c] begrifflichen Erkenntnis ist gerade *das* vorhanden, was die intellektuelle Anschauung charakterisiert – das Ganze ist immer irgendwie gegenwärtig. In dieser Hinsicht besteht kein Unterschied zwischen der begrifflichen Erkenntnis und der intellektuellen Anschauung. Das Begriffliche erscheint so tatsächlich nur als Vehikel der Anschauung, wobei freilich die Anschauung des Ganzen unterschieden werden muss von der Anschauung der Elemente.

KLEIN: Meinen Sie, dass das Ganze auch in diesem Falle präsent ist in der Weise des „empirisch Gegebenen"?

HARTMANN: Die Anschauung geht hier nicht auf das „empirisch Gegebene", sondern auf Etwas niemals vollständig Gegebenes. Es ist immer *mehr* da, als was wir wissen, – eben das, was wir noch nicht wissen. Wir kennen die Einheit nicht, wir nehmen sie vorweg. Wenn wir z. B. Histologie treiben, ist der ein-

---

a eben] *über der Zeile eingefügt*
b hier] *über der Zeile eingefügt*
c der] *danach gestrichen:* intellektuellen

heitliche^a Organismus, mit dem wir es zu tun haben, nicht dasjenige, was wir der Empirie unmittelbar entnehmen.

KUDSZUS: So ist es auch in der Physik. – Man darf aber doch nicht den Unterschied verkennen, der zwischen dem, was Kant „intellektuelle Anschauung" nennt, und der diskursiven Erkenntnis besteht.

SPRINGMEYER: Ich will es vorsichtiger formulieren: es besteht *keine völlige* Deckung zwischen dem Einheitstypus der intellektuellen Anschauung und dem der diskursiven Erkenntnis. Im lebendigen Betrieb dieser Erkenntnis ist aber^b gerade das bestimmend, was für^c die intellektuelle Anschauung charakteristisch ist.

HARTMANN: Bei Kant steht in der „intellektuellen Anschauung" das *Gegebenheits*moment im Vordergrunde. *Wir* aber meinen mit diesem Ausdruck eine „Anschauung *höherer Ordnung*". Wir sehen dabei – wie dies auch Husserl tut – vom Sinnlichen ganz ab.

KLEIN: Könnte man aber Springmeyer gegenüber^d nicht einwenden, dass jene irgendwie präsente Ganzheit nur eine *postulierte* Einheit ist, die für die Forschung nur^e als regulatives Prinzip wirksam ist?

SPRINGMEYER: Es sieht aber gerade so aus, als hätte man tatsächlich *das Ganze an sich* gegenwärtig. So stellt sich eben das Problem dar.

KLEIN: Jedenfalls aber ist doch die Einheit unmittelbar anschaulichen, ursprünglichen^f Gegebenheit – etwa des Menschen oder der Pflanze – eine andere als die im Begriff „Organismus" vermeinte. Freilich ist die letzte in der ersten fundiert.

SPRINGMEYER: Inwiefern ist das Angeschaute das eine Mal ursprünglicher als das andere Mal? Auch in der Anschauung dessen, was Sie „ursprüngliche Gegebenheit" nennen, steckt schon „intellektuelle Anschauung", in dem Sinne, wie wir hier diesen Ausdruck gebrauchen!

KLEIN: Gewiss! Das ist gerade die Rolle der Artikulation, der Festlegung durch Begriffe. In aller artikulierten Anschauung ist *mehr* als „Anschauung".

HARTMANN: Ganz richtig! nämlich *höhere* Anschauung!

KLEIN: Das scheint mir eine petitio principii zu sein. Um eine Antwort auf die Frage: was ist überhaupt Begrifflichkeit? zu erhalten, muss man fragen: wie ist es *möglich*, dass in einer Anschauung *mehr* als diese^g Anschauung enthalten ist.

HARTMANN: Wenn wir für die „intellektuelle Anschauung" das Gegebenheitsmoment fallen lassen und nur daran denken, dass damit ein *„durch* Begriffe

---

a einheitliche] *über der Zeile eingefügt*
b aber] *über der Zeile eingefügt*
c für] *über der Zeile eingefügt*
d gegenüber] *über der Zeile eingefügt*
e nur] *über der Zeile eingefügt*
f ursprünglichen] *über der Zeile eingefügt*
g diese] *über der Zeile eingefügt*

Anschauen" verstanden wird, so müssen wir – gegen Kant – sagen: *das gerade können* wir! Wir können *mit* Begriffen *mehr* anschauen als *ohne* Begriffe. Das lässt sich sehr gut zeigen, z. B. am Problem der Stabilität glühender Gaskugeln, wie sie die Sterne darstellen. Unter Zugrundelegung der zwei bekannten Kräfte: der Massen-[a]Anziehungskraft und des Gasdrucks, ergibt sich *nicht* das Bild der stabilen Kugel, weil die eine Kraft die andere bei weitem überwiegt. Führt man nun den Begriff des *Strahlungsdruckes* ein, der eine dieses Übergewicht kompensierenden Kraft darstellt, so gewinnen wir ein richtiges Bild des Sterns. Hier haben wir also *durch* einen Begriff etwas *anschaulich* gemacht.

KLEIN: Das, was Sie beschreiben, heisst doch blos,[b] dass wir nur[c] mit Hilfe des *Begriffs* „Strahlendruck" die Stabilität des Sterns „*verstehen*" lernen, „*erklären*" können. Die im Verständnis entstandene Lücke wird gleichsam durch diesen Begriff geschlossen. Und zwar ist dieser Begriff so beschaffen, dass er das System der übrigen Begriffe, die wir zum Verständnis des Phänomens brauchen, nicht nur nicht stört, sondern geradezu in seiner Gesamtheit[d] voraussetzt. Aber wir gewinnen damit doch keine *neue* Anschauung, wie dies z. B. der Fall war bei der Auffindung des Planeten Neptun.

HARTMANN: Jetzt gebrauchen Sie allzu verschwommene Begriffe, wie „verstehen" und „erklären".

SPRINGMEYER: In einem Fall handelt es sich um die Anschauung eines Gestirns, nämlich des Neptuns, – im anderen um die Anschauung der *Stabilität* eines Gestirns.

KLEIN: Ich kann eben nicht sehen, dass im letzten Fall eine Anschauung vorliegt. Die Rolle des anschauungslosen Begriffselements[e] in der mathematischen Physik stellt gerade die[f] eigentliche Problematik dieser Physik dar.

SPRINGMEYER: Ich glaube, dass wir in der Diskussion wieder zu einem früheren Punkt zurückkehren müssen.

---

a Massen-] *über der Zeile eingefügt*
b blos] *über der Zeile eingefügt für gestrichen:* nur
c nur] *über der Zeile eingefügt*
d in seiner Gesamtheit] *über der Zeile eingefügt*
e Begriffselements] *berichtigt:* Begriffs
f gerade die] *nach Streichung über der Zeile eingefüt*

Manuskript, Anschauung und Begriff. IV. Sitzung, Hartmann, Klein, Kudszus, Rathschlag, Springmeyer, 1931-06-26, Berlin

Sitzung vom 26. 06. 1931.[a]
Vorsitz: Klein
Protokoll: Kudszus.[b]

HARTMANN: Im Anschluß an die letzten Erörterungen der vorigen Sitzung halte ich es für zweckmäßig, daß wir zunächst zu klären versuchen, was es mit dem Begreiflichmachen, dem „Erklären" auf sich hat. Das Verstehen, Herr Klein, wollen wir dabei zunächst außeracht lassen. Was aber ist erklären? Was heißt eigentlich auf Begriffe bringen?

KLEIN: Die zwischen uns beiden bestehende Differenz ist begründet in einer unterschiedlichen Auffassung der Rolle der mathematischen Physik. Daß wir uns vorwiegend an ihr in unseren Erörterungen orientieren, ist gerechtfertigt durch den Vorbild-charakter, den die mathematische Physik jedenfalls die moderne Wissenschaft besitzt. Wenn wir jetzt zu klären versuchen wollen, was eigentlich „Erklären" ist, so ist zu beachten, daß bereits das vulgäre Erklären stets orientiert an und bedingt durch den Sinn des Erklärens ist,[c] wie er in der Physik lebendig ist. Die Frage nach dem Wesen des Erklärens ist im Grunde die Frage nach dem Aufbau der Physik.

HARTMANN: Zweitens besitzt die Physik heute so etwas wie eine Monopolstellung in Sachen des Erklärens. Schon die klass[ische] Physik besaß sie. Von da aus erklären sich ja auch die vielen methodischen Nachahmungen, die sie in den anderen Wissenschaften fand, etwa in der Psychologie. Daß das zu erheblichen Katastrophen vielfach führte, ist bekannt. Wenn auch dem so ist: im täglichen Leben bin ich doch vielfach auf ein Erklären angewiesen, das sich m. E. doch nicht deckt mit dem Erklären im wissenschaftlichen Sinne des Wortes. Ich habe irgendetwas verpasst, – nun soll ich es „erklären".

KLEIN: Das gebe ich zu. Aber unsere Controverse betrifft direkt nur die Physik, – welche Funktionen innerhalb *ihrer Gebiete* Begriff u. Anschauung spielen in der Ermöglichung u. Durchführung des Erklärens. Im vulgären Sinne des Wortes bedeutet erklären tatsächlich nur „anschaulich aufweisen". Aber hier fungieren die Begriffe auch nicht als selbstständige Dinge; hier sind sie wirklich nur „Vehikel", erschöpft sich ihre Aufgabe und Leistung darin, Begriffe von Anschauung zu geben.

---

a Sitzung vom 26. 06. 1931.] *darüber mit rotem Bs und auf der vorhergehenden Seite oben mittig wiederholt:* IV.
b Sitzung vom 26. 06. 1931. Vorsitz: Klein Protokoll: Kudszus.] *mittig*
c ist] *über der Zeile eingefügt*

HARTMANN: Das scheint mir nicht so zu sein; auch im vulgären Erklären etwa arbeitet der Begriff, – gibt er nicht nur Anschauung. – Vielleicht kommen wir der Sache näher, wenn wir das wiss[enschaftliche] Erklären daraufhin betrachten, daß es sich bei ihm doch offenbar um ein kausales Erklären handelt. Wir haben dann zu fragen: was ist das Causalerklären, in besonderer Pointierung seiner Bezüge auf Begriff u. Anschauung.

Von der Hume-Kantischen Problembehandlung her wären wir gewohnt die Wahrnehmungen der Geschehnisse selbst als anschaulich zu charakterisieren, die zwischen ihnen bestehende Causalität aber nicht. Bei Kant ist es doch so: daß Ursache-Wirkungsverhältnis selbst ist nicht gegeben, deshalb auch nicht anschaulich; gegeben ist nur das Nacheinander der Wahrnehmungen. Beim U[rsache]-W[irkungs]-Verhältnis selber setzt nach Kant etwas anderes ein, eben der Begriff in Gestalt der Kategorien. Von daher pflegen wir das Causalerklären als Sache der Begrifflichkeit anzusehen.

Mir scheint aber, daß Causalität unter Einbeschluß ihrer Apriorität zunächst etwas Unbegriffliches ist. Nehmen wir ein Beispiel: Ich sitze an einem Fenster im I. Stock, höre plötzlich, wie ein Stein gegen die gegenüberliegende Wand anschlägt. Was habe ich dann? – nur die Wahrnehmung eines Geräusches? Auf keinen Fall, – *vor* dem Einsetzen jedweder Überzeugung habe ich unbedingt mehr; zum mindesten, daß jemand den Stein gegen die Wand geworfen hat, von der er abprallt. Die Wahrnehmung tritt hier bereits innerhalb eines komplexen Zusammenhanges auf, der nicht erst zustande kommt durch Schließen, was gar nicht mal stattfindet, wenngleich es nachträglich einsetzen kann. Diese Dinge beweisen doch, daß wir ursprünglich nicht schließend oder urteilend ansetzen. Es handelt sich hier vielmehr um eine Anschauungskategorie – „Kategorie" – natürlich in gänzlich unkantischem Sinn gemeint –, die alles Dargebotene in sich aufnimmt. Die begriffliche Fassung, vor allem die quantitative, ist nur aposteriori.

KLEIN: Von einem bestimmten Punkt Ihrer Darlegungen kam ich nicht mehr mit, – dort, wo Sie auf den Causalbegriff – der Wahrnehmung schließen.

HARTMANN: Ich schließe ja gar nichts, – gerade das Gegenteil habe ich gesagt. Ich setze außerdem in meinem Beispiel auch noch gar keinen bestimmten Causalbegriff voraus, dessen es natürlich eine ganze Reihe höchst verschiedener gegeben hat, schon in dem Intervall von Demokrit bis Newton.

KLEIN: Ich bestreite keinesfalls die Richtigkeit Ihrer Analyse; aber es scheint mir nicht zufällig zu[a] sein, daß Hume's Causalitätskritik ausgeht von der Voraussetzung der Unanschaulichkeit der Causalität. Hume setzt den unanschaulichen Causalbegriff Newton's voraus. Es wird bei ihm *nicht* gesehen auf das Cau-

---

a zu] *über der Zeile eingefügt*

salverhältnis als *Verhältnis*,[a] das er gar nicht im Auge hat, sondern auf die Ursache, das Ding Ursache, den causans. In seinem Blickpunkt steht das Ding als causa efficiens, während früher das Causalverhältnis ein vierfach komplexes Gebilde war, und man unterschied doch in ihm die causa formalis, materialis, finalis u. efficiens.

HARTMANN: Das ist doch etwas ganz anderes u. hat mit unserer Sache nichts zu tun –

KLEIN: Das hat es doch, – bei Hume beginnt die causa efficiens eine grundlegende Rolle zu spielen, in der Tradition war sie aber anderswo principiell gleichgeordnet. Und für den modernen Causalbegriff ist es charakteristisch, daß er *nicht* die causa meint, sondern das Causieren,[b] das abstracte Moment an der causa. Diese ist natürlich anschaulich gegeben, aber wie steht es mit der Causalität selbst?

HARTMANN: Hiervon allein sprach ich.

KLEIN: Und ist die anschaulich?

HARTMANN: Ja, sie ist anschaulich u. zu verschiedenen Zeiten hat man davon verschiedene Anschauungen davon gehabt. Denken Sie nur an des Aristoteles[']
ὅθεν ἀρχὴ κινήσεως.[1]

KLEIN: Es handelt sich nicht um Verschiedenheiten der Darstellung, sondern um Verschiedenheiten der jeweilig erreichten Begriffsstufen. In der Aristotel[ischen] ἀρχὴ κινήσεως[2] ist nur das ὅθεν[3] anschaulich.

HARTMANN: Nein. Bei Aristoteles liegt vielmehr eine Anschaulichkeit des Gesamtverhältnisses vor. Die ἀρχὴ κινήσεως ist geradezu definiert durch das Verhältnis zur laufenden Bewegung.

KLEIN: Es handelt sich aber trotzdem nicht um eine Analyse der *causalitas* –

HARTMANN: Aber doch, – das anschaulich gefasste Verhältnis ist aber die causalitas u. nichts anderes.

KLEIN: Aber bei Hume wird gerade dieses[c] Verhältnis gesehen allein von der Ursache her; er isoliert U[rsache] u. Wirkung u. fragt dann nach der causalitas der causa.

HARTMANN: Nein, er hat das Verhältnis von Anfang an im Auge, er hat eine andere Anschauung davon: das Verhältnis wird nicht wahrgenommen, ist nicht

---

1 ὅθεν ἀρχὴ κινήσεως] *woher der Beginn der Bewegung*
2 ἀρχὴ κινήσεως] *Beginn der Bewegung*
3 ὅθεν] *woher*

---

a *Verhältnis*] *teilweise unterstrichen*
b Causieren] causieren
c gerade dieses] *Satzstellung durch Umstellungszeichen geändert:* dieses gerade

gegeben, es wird hineingeschaut auf Grund des bekannten Assoziationsmechanismus'.

KLEIN: Dann verstehe ich nicht, wie er seine Kritik üben konnte. Wie war dann diese Kritik möglich?

HARTMANN: Die Hume'sche Kritik kannte noch nicht die Kantische Unterscheidung von Begriff u. Anschauung; ausdrücklich ist für Hume zwar das mit der Causalität gemeinte Verhältnis, aber trotz dieser ihrer Anschaulichkeit spricht er ihr die *obj*[ektive] Gültigkeit ab. Und dann wird es ihm zum Problem, woraufhin wir dann von dem Vorliegen von Causalverhältnissen sprechen können.

KLEIN: Aber wenn Hume die obj[ektive] Gültigkeit nicht beweisen kann, so beruht dies eben auf der vorgängigen Isolierung der beiden Dinge Ursache u. Wirkung.

HARTMANN: Warum denn begriffliche Isolierung? Das verstehe ich nicht –

KLEIN: Und ich nicht, wie man sagen kann, daß die Hume'sche Causalität anschaulich ist.

HARTMANN: Sie ist eben eine idea –

KLEIN: Idea schon, – aber das besagt nichts, –

HARTMANN: Doch.[a] Idea besagt „Bild".

KLEIN: Aber wie kommt Hume dann dazu – ich frage wieder –, daß hier etwas nicht in Ordnung ist?

HARTMANN: Weil er nicht den Gegensatz von Begriff und Anschauung hat.

KLEIN: Aber gerade daran liegt es ja, daß die Causalassociation neue Erkenntnisse vermittelt. Wenn sie Anschauung wäre, würde sie Gegebenheit sein.

HARTMANN: Durchaus nicht, – es gibt ja auch Phantasievorstellungen.

KLEIN: Es liegt hier m. E. noch ein Gegensatz vor, den ich noch nicht durchschaue. Ich glaube aber, die Diskussion muß anders verlaufen. So kommen wir nicht weiter, sondern von der Sache ab.

HARTMANN: Diesen Pessimismus haben Sie schon zweimal früher geäußert, ich teile ihn durchaus nicht. Diese Dinge sind zu[b] wesentlich, sie müssen mal zum Austrag kommen.

KUDSZUS: Es wurde bereits hervorgehoben, daß Hume den Kantischen Unterschied von Begriff und Anschauung nicht kannte und die Verschiedenheiten in der Lage des Causalproblems bei beiden[c] z. T. hierdurch bedingt sind. Eine weitere Complication scheint mir dadurch zu erstehen, daß bei Kant die Kategorien primär bezogen sind auf einen bestimmten Anschauungstypus, eben die reine Anschauung der Zeit, als[d] deren Ordnungs- und Gliederungsprinzipien und

---

a Doch.] *vor der Zeile eingefügt*
b zu] *danach in runde Klammern gefasst:* verantwortlich
c bei beiden] *über der Zeile eingefügt*
d als] *über der Zeile eingefügt*

weil sie sich primär im Medium der Zeit entfalten, der Zeitanschauung, die allen konkreten Veränderungen zugrundeliegt als deren Möglichkeitsbedingung, haben die Kategorien[a] auch Bezug, also einen vermittelten Bezug, auf das Wahrgenommene. Wir haben hier bei Kant eine *Drei*stimmung von Wahrnehmung, Anschauung u. Begriff, die zu beachten ist bei der Betrachtung seiner Causalanalysen.

SPRINGMEYER: Ich möchte zunächst an dem anknüpfen, was Herr Kudszus soeben explizierte. Sie sagten, daß die Kategorien sich primär im Medium der Zeit entfalten, – was heißt Medium?

KUDSZUS: Ich wollte damit nur sagen, daß einerseits die Zeit bestimmte Strukturen und eine die[b] Ordnung des in der Zeit Befindlichen allererst ermöglichende eigene Gliederung erfährt nur durch die Kategorien, diese Kategorien andererseits nichts an Bedeutung mehr besitzen, wenn man von ihrem funktionellen Hinbezug auf die Zeit absieht.

SPRINGMEYER: Es scheint mir aber doch bei Kant so zu sein, – ich halte das für eine unbewiesene Voraussetzung über das Wesen der Wahrnehmung –, daß die bloße Zeit gerade dasjenige ist, was die Dinge trennt, sie auseinanderreißt in ihrem Nacheinander, daß sie mitbedingt, daß die Dinge separat angeschaut werden und allererst das *Denken* Veränderungen zwischen ihnen schafft.

KUDSZUS: Sie dürfen aber die Zeit resp. Zeitanschauung nicht so von den Kategorien trennen, als gäbe es sozusagen erstmal für sich eine noch nicht gegliederte Zeit und dann die Kategorien, die ebenfalls eine von ihrem Zeitbezug loslösbare Bedeutung hätten. Man kann die beiden wohl gegeneinander abheben, aber nicht voneinander trennen –

SPRINGMEYER: Ist dann die Kausalität bei Kant nach Ihrer Meinung auch anschaulich?

KUDSZUS: Im gewissen Sinne ja –

SPRINGMEYER: Es scheinen mir die Dinge[c] doch anders zu liegen – der *Raum*[d] ist zwar bei Kant eine Einheitsform mit ursprünglicher Gliederung, bei der Zeit dagegen kommt die Einheit von woandersher – eben aus dem Denken der Kategorien. Kein Gegensatz von Denken und Anschauung bleibt bestehen.

HARTMANN: Ist diese ganze Zeitdiscussion überhaupt notwendig? Es ist eine Sache für sich, den Kantischen Zeitbegriff als solchen und in seinem Verhältnis zum

---

a Kategorien] Kategorien,
b die] *über der Zeile eingefügt*
c die Dinge] *über der Zeile eingefügt*
d Raum] *teilweise unterstrichen*

Causalitätsbegriff zu untersuchen, und etwas anderes ist es, zu untersuchen, ob das, was er Causalität nennt, anschaulich bestimmt ist[a] oder nicht.

SPRINGMEYER: Ich bin auch nur mit schlechtem Gewissen auf das von Herrn Kudszus Gesagte eingegangen. Was Ihre letzte Frage betrifft, Herr Rathschlag, so muß man m. E. die Anschaulichkeit der Causalität behaupten.

KLEIN: Ich gebe die Anschaulichkeit der Causalität zu, aber ich glaube nur, daß Hume derlei[b] Causalität[c] nicht im Auge hatte, sondern nur die Ursache als Ursache.

SPRINGMEYER: Ursache als Ursache sagen Sie immer, – was heißt denn das?

HARTMANN: Man hat das nie so getrennt, bei diesem Problem ebensowenig, wie etwa beim Erkenntnisproblem. Niemals ist man vom Subj[ekt] oder vom Obj[ekt] ausgegangen, alle Erkenntnistheoretiker gehen von der Erkenntnis selbst aus, von der Verknüpftheit, der Relation. Dann kann man fragen, wie bei der offensichtlichen Heterogenität der Glieder die Einheit denn zustande kommt. Auch beim Causalproblem ist man stets von der Verbundenheit ausgegangen und hat gefragt, wie sie möglich ist, wie das Hervorgehen selbst möglich ist, wovon wir nach Kant nicht den mindesten Begriff haben.

SPRINGMEYER: Wenn man davon[d] absieht, ob man die Weise des Hervorgehens oder Hervorbringens erkennt oder nicht, – würden Sie, Herr Klein, dann zugeben, daß die Causalität anschaulich ist?

KLEIN: Nein, das kann ich nicht. Wie Herr Prof. Hartmann eben sagte, ist bei Kant zweifellos eine Irrationalität des Hervorgehens bei einem Causalvorgang vorhanden. Eben diese Irrationalität scheint mir ein Indiz dafür zu sein, daß er es mit einer anderen Causalitätsidee als der vor ihm in der Tradition umgehenden zu tun hat.[e] Kant ist am Hervorgehen von Bewegung als Prototyp orientiert, vor ihm ist man am *Ding* orientiert gewesen.

HARTMANN: Nein, das ist schon bei Aristoteles nicht der Fall gewesen.

KLEIN: Doch, – ich erinnere an das ἄνθρωπος ἄνθρωπον γεννᾷ.[1]

HARTMANN: Das ist aber doch etwas anderes –

KLEIN: Und der Bewegte muß *kein* Bewegter sein das ist zentral.[f]

---

1 ἄνθρωπος ἄνθρωπον γεννᾷ] *der Mensch schuf den Menschen*

---

a ist] *über der Zeile eingefügt, davor:* x
b derlei] *berichtigt:* die
c Causalität] *über der Zeile eingefügt*
d davon] *berichtigt:* von
e hat] *über der Zeile eingefügt*
f zentral.] *am Ende der darunterliegenden Zeile*

HARTMANN: Aber eben der reine Beweger ist nichts als ἐνέργεια.¹ Die Aristotelische Causalanalyse ist eine breite Behandlung des *Energieproblems*ᵃ!

KLEIN: Aber die aristotel[ische] αἰτία² ist *etwas*,ᵇ ist eine res.

HARTMANN: Aber nur unter dem Gesichtspunkt der ἐνέργεια, die der Zeit nach immer früher als die δύναμις³ ist. Und zwischen ἐνέργεια und ἐνέργεια ist das Causalverhältnis eingeschaltet. Im ganzen Altertum ist man nie vom *Ding* ausgegangen, sondern von *Constellationen*ᶜ und energetischen *Verhältnissen*.ᵈ

KLEIN: Tritt dann bei Aristoteles nach Ihrer Meinung eine Perspektive der Irrationalität auf?

HARTMANN: Nein.

KLEIN: Nun, diese Irrationalität folgertᵉ eben aus der anderen Causalitätsauffassung bei Hume u. bei Kant.

HARTMANN: Bei Kant liegt es so: das Causalgesetz als Gesetz, der Causalimus ist rational, die Causalität im jeweiligen Einzelfall nicht.

KLEIN: Das ist aber auch nur bei Kant so und ist im Positivismus wieder verloren gegangen. Und wenn Kant die von Hume hervorgehobene Trennung macht, zwischen der Gesetzlichkeit des Causalverhältnisses und dem irrationalen einzelnen Causalverhältnis, so trennte er damit, was bei Newton noch confundiert war.

Ich betone abermals, daß unser ganzer Streit sich nur um die Interpretation bestimmter historischer Tatsachen dreht.

SPRINGMEYER: Ich möchte auf das vorhin von mir Gesagte erst einmal zurückkommen, u. michᶠ zunächst an zwei Beispielen erläutern. Täglich, wenn ich zu einer bestimmten Stunde an eine Kreuzung komme, kreuzen sich dort zwei Trambahnen. Anderer Fall: ich drücke auf einen Knopf u. eine Klingel fängt an zu läuten. Besteht nach Ihrer Meinung, Herr Klein, in der Anschauung ein Unterschied zwischen diesen beiden Sachverhalten oder nicht?ᵍ

KLEIN: In der Anschauung nicht.

---

1 ἐνέργεια] *Tätigkeit, Wirklichkeit, Potenz*
2 αἰτία] *Ursache, Grund, Erklärung*
3 δύναμις] *Kraft, Macht, Fähigkeit, Möglichkeit, Vermögen, Potentialität*

---

a *Energieproblems*] *teilweise unterstrichen*
b *etwas*] *teilweise unterstrichen*
c *Constellationen*] *teilweise unterstrichen*
d *Verhältnissen*] *teilweise unterstrichen*
e folgert] *Lesung unsicher*
f mich] *Lesung unsicher*
g nicht?] nicht.

SPRINGMEYER: In dem Klingelfall liegt eine anschauliche Verknüpfung vor und die Anschaulichkeit der Verknüpfung wird nicht durch die Unbestimmtheit des Wie der Verknüpfung inhibiert.

Ich lasse nun einen Australneger die entsprechende Erfahrung machen –, ist für ihn das Verhältnis auch anschaulich?

KLEIN: Wenn er begreift, wie das kommt, was er da erlebt, hat er auch eine Anschauung des Verhältnisses[.]

SPRINGMEYER: Wenn er das begriffen hat, hat er eine höhere Anschauung.

KLEIN: Nein, höhere nicht[.]

HARTMANN: Gegenüber der Wahrnehmung doch; die mystischen Zeiten, die Ereignisse anders verbanden, durch Mächte, die etwas mit uns vorhaben.

KLEIN: Auch in einer animistischen Auffassungsweise ist eine Verbundenheit anschaulich gegeben[.]

HARTMANN: Aber nicht als eine kausale[.]

KLEIN: Doch. Nur sieht man dort^a die Verbundenheit, den Nexus anders, welch'^b letzterer anschaulich ist.

HARTMANN: Das ist aber wichtig: wenn Sie zugeben, daß die Causal-Vorstellung anschaulich ist, steht die Sache so, wie ich es anfangs auseinandergesetzt habe. Es handelt sich beim Erklären um ein Erklären vermittelst einer Anschauungsweise und das Mittel kann nur zum Begriff erhoben werden, der dann der abgekürzte eingefahrene Weg ist, von dem ich früher sprach.

Durch die Gravitationsvorstellung sind planetarischen Ellipsen^c erklärt – ist sie jetzt anschaulich oder nicht?

KLEIN: Nein, sonst wäre der Streit, der darum entbrannte, nicht möglich gewesen.

SPRINGMEYER: Gerade umgekehrt, – nur deshalb ist er möglich gewesen –.

KLEIN: Nein, weil man mit derselben Formel verschiedene Anschauungen verknüpfte.

HARTMANN: Auf jeden Fall handelt es sich^d um einen in ein kurzes Anschauungsschema eingegangenen Inbegriff von Anschauungen, woraus als Einheit man die Planetenbahnen ableitet.

SPRINGMEYER: Wenn die Formeln der Planetenbahnen angegeben sind, so kann ich diese Planetenbahnen doch wohl mit den verschiedensten Dingen in Zusammenhang bringen, z. B. mit Planetenseelen. Das Eigentümliche des Gravitationsgesetzes ist nun gerade, daß es die Planeten mit uns bekannten Erscheinun-

---

a man dort] *über der Zeile eingefügt für gestrichen:* er
b welch'] *Lesung unsicher*
c Ellipsen] *Lesung unsicher:* Eklipsen
d sich] *danach in runde Klammern gefasst:* in diesem T, *danach gestrichen:* ja

gen (z. B. Erdschwere) in Zusammenhang bringt. Dadurch gewinnt das[a] Gesetz anschaulichen Charakter, der sich von hier aus auf die Gravitationstheorie überträgt.

KLEIN: Ich würde das von Ihnen Beschriebene etwas anders beschreiben. Wenn man eines Tages auf die Planetengeister verzichtete, so tat man das gerade mit Rücksicht auf die Universalität der gefundenen Gesetze. An sich ist mit dem Gravitationsgesetz sehr wohl vereinbar eine Vorstellung von den Planetenseelen.

SPRINGMEYER: Dieses Gravitationsgesetz ist aber mitgebildet durch die Anschauung des fallenden Mondes[.]

KLEIN: Zweifellos, – ich leugne auch nicht die Anschaulichkeit des Monds als fallenden Körpers, sondern daß das Gesetz[b] als funktionaler Zusammenhang sich *erschöpft* in der Anschauung des Mondes als fallenden Körper.

HARTMANN: Als eines repraesentativen Falles wohl[!]

KLEIN: Ich möchte hier auf eine historische Sachlage hinweisen: Bald nach der Entdeckung der Galilei-Gesetze dachte man das Geschehen sich auf diese Weise mechanistisch determiniert. Es ist da interessant zu sehen, daß [xxx][c] in einer Schrift sich dahin ausdrückt, daß das Verhältnis der Fallhöhen zu den Fallzeiten beim fallenden Körper zwar anschaulich gegeben sei, wenn auch das Verhältnis von ihm unexakt beschrieben wird. Aber es wird gleichzeitig gesagt, daß das Fallen[d] sich nur so ungefähr nach dem Gesetz vollziehe, das genau anzugeben vielleicht sogar unmöglich wäre.

HARTMANN: Ein so einfaches Gesetz wie das Gravitationsgesetz ist ganz besonders anschaulich:[e] die Summe der Massen, das Quadrat der Entfernung sind alles anschauliche Momente. Die Sache selbst ist anschaulich gesehen als ein in concreto wiederkehrendes[f] Verhältnis.

SPRINGMEYER: Wenn auch bei einem solchen Gesetze nicht Anschaulichkeit des Ver[ältnisses][g] bis ins Einzelne vorliegt, so ist doch dadurch in eine Richtung verwiesen, woher evtl. Aufklärungen kommen könnten.

KLEIN: Die Hinweise auf Bezirk möglicher Anschauung gebe ich zu. Ebenso die Fundiertheit des Gesetzes in[h] (fundamentierenden) Anschauungen niederer

---

a das] es das
b Gesetz] *danach gestrichen:* sich
c [xxx]] *unleserlich*
d Fallen] *hinter der Zeile eingefügt, danach in runde Klammern gefasst:* Gesetz nur, *letztes Wort über der Zeile eingefügt,* so ungefähr d
e anschaulich:] *danach Zeilenumbruch*
f wiederkehrendes] *Lesung unsicher*
g des Ver[ältnisses]] *über der Zeile eingefügt*
h in] *danach gestrichen:* aus

Stufe. Aber ist die darin fundierte höhere Anschauung in sich selbst etwas? Das vermeine ich.

Das Gesetz $\frac{m_1 m_2}{r^2}$ als solches ist nicht anschaulich.

Dabei gebe ich zu, daß von Galilei bis Einstein u. seiner Vorstellung der Einfachheit leitend gewesen ist die Scientia Rei, der intuitus purus als Ideal der Erkenntnis. Diese alte Idee einer anschaulichen Wissenschaft besteht bis heute als Tendenz, ist aber sehr wohl mit einem anschauungslosen Weg in der Konstituierung der Wiss[enschaft] verträglich.

Ich frage nur immer wieder, was heißt es, daß ein Gesetz wie $\frac{m_1 m_2}{r^2}$ anschaulich ist?

HARTMANN: Daß es für *jeden*[a] Planeten zutrifft, daß die Sonne wie der Jupiter sich umeinander bewegen, jene in kleinen, dieser in großen Ellipsen u. so alle andern auch.

KLEIN: Ich leugne nicht die Anschaulichkeit der Ellipsen, der Massen, sondern nur[,] daß das Gesetz als Weise der Verknüpfung von Anschauungen selbst anschaulich ist.

HARTMANN: Das Einbiegen eines Planeten, daß die Sonne ihn fest bei sich hält, – das ist[b] die Anschauung.

SPRINGMEYER: Und diese Sachverhalte fühlt man ja geradezu fast leibhaft mit. *Durch* die Vermittlung des Gesetzes!

KLEIN: Was alles anthropomorphe Deutung von Formeln u. Gesetzen[c] ist.

KUDSZUS: Ich glaube, daß in dieser Stelle hineinspielt in die Discussion, wenn auch unangesagt, die Unterscheidung von Gesetz u. und Gesetzesformel.

KLEIN: Wobei die Formulierung eines Gesetzes so wenig ein bloßes Accidens ist, daß es nicht formulierbare Gesetze überhaupt nicht gibt.

HARTMANN: Naturgesetze sind keine mathematischen Gesetze, nur die quantitativen Verhältnisse derselben sind mathematisch formulierbar.

KLEIN: Nein, die Naturgesetze sind wesentlich mathematisch formulierbar.

HARTMANN: Zur Widerlegung dieser Ihrer positivistischen Gesetzesauffassung, Herr Klein, werde ich in der nächsten Sitzung ein Referat über das Gesetz u. Gesetzesformel halten.

---

a *jeden*] *teilweise unterstrichen*
b ist] *danach gestrichen:* doch
c Gesetzen] *über der Zeile eingefügt*

Manuskript, Anschauung und Begriff. V. Sitzung, Hartmann, Klein, Kudszus, Springmeyer, 1931-07-02, Berlin

Sitzung vom 02. Juli 31.[a]
Vorsitz: Kudzsus
Protokoll: Hartmann.[b,c]

HARTMANN: Unser Streit konzentriert sich deshalb um das Gebiet der mathematischen Physik, weil eine gewisse Verwandtschaft besteht zwischen der Begrifflichkeit mit der wir es zu tun haben und der mathematischen Formel. Auch Herr Klein orientierte sich daran.

Ich bleibe bei diesem ganzen begrenzten Gebiet; ich muß vom Erkenntnistheoretischen zum Ontologischen übergegen und da wird die Begrenzung der Gebiete zur Hauptsache.

Wir haben uns in der Seinsschicht des unorganischen Naturseins gehalten. In den höheren Seinsgebieten ist alles offenbar gänzlich anders. Wie aber ist es abwärts? Ich setze voraus, daß es abwärts noch Schichten gibt, wenn auch nicht von Realem. Die nächstliegende Schicht scheint mir die rein quantitative zu sein. Darunter eine solche allgemeiner Gegensatzkategorien. Darunter wieder eine Lage Modalkategorien. Das wäre noch nicht das Letzte. Die kategorialen Gesetze z. B., die ich herauszuheben versucht habe, scheinen mir noch allgemeiner zu sein. Ich habe versucht[,] zu zeigen, daß die höheren Schichten auf den niederen aufruhen, sie überformend (wie die Schicht des Organischen die des Anorganischen) oder überbauend (wie die des Seelischen die des Organischen). Alle vereinfachende metaphysische Systembildung hat die Tendenz, alles auf die Gesetzlichkeit *einer* Schicht zurückzuführen. Der Vitalismus z. B. versucht, das Organische aus dem Seelischen zu erklären, der Mechanismus erklärt dasselbe von unten her. Auf diesem Gebiet ist die Tendenz, von unten oder von oben zu erklären, eine *natürliche*. Der Organismus ist uns nicht unmittelbar in seiner Schicht gegeben. Wir haben Sinnesorgane für materielles Sein und ein inneres Organ für seelisches Sein. Beide sind auf den Organismus auch gerichtet, aber *beide* verfehlen ihn in seinem Eigentlichen. Ganz anders im Feld des Anorganischen, des physischen Seins. Hier ist Gegebenheit dem Gebiete angepaßt, sowohl die Gegebenheit der Wahrnehmung (wenn auch nur in winzigen Ausschnitten) als auch das apriorische Erkennen. Bei letzterem aber spielt die mathematische Erkenntnis eine Hauptrolle.

---

a Sitzung vom 02. Juli 31.] *darüber mit rotem Bs:* V.
b Hartmann] *der erste Teil von fremder Hand*
c Sitzung vom 02. Juli 31. Vorsitz: Kudzsus Protokoll: Hartmann.] *mittig*

Für die Probleme, die sich hier ergeben, ist auch ein geschichtlicher Rückblick förderlich. Im Pathos des Pythagoräertums liegt eine verehrende Stellung der Zahl gegenüber als der Reinheit dessen, was wir in den *Dingen* in einer gewissen Verschwommenheit, Minderwertigkeit sehen. Dieser Aspekt ist eine Quelle des Irrtums gewesen. Meiner Ansicht nach liegt die Sache hier gerade umgekehrt. Es läßt sich zeigen, daß die Zahl mit ihrer Gesetzlichkeit *unterhalb* des Materiellen anzusetzen ist, nicht oberhalb. Man verwechselt den Gegebenheitsmodus mit dem Seinsmodus: Ersterer ist vollkommen bei der Zahl, geht in Exaktheit und Beweisbarkeit über, aber das sagt nichts über den Platz des Gegenstandes selber in der Ordnung der Welt.

Was bedeutet aber nun die Tendenz der mathematischen Naturwissenschaft, die alles auf die Zahl und ihre Gesetzlichkeit zurückführen will? Sie ist das strenge Analogon zu dem, was die mechanistischen Theorien mit dem Organismus machen, der Versuch eines Erfassens von der niederen Schicht her, wobei immer *etwas* an der höheren Schicht gut gefaßt wird, nicht aber das Ganze. Der Mathematismus, der die Welt der Körper, der Strahlungsvorgänge u. dgl. von unten her erklärt, hat leichtes Spiel, er gewinnt eine große Exaktheit, aber um den Preis der Selbständigkeit des Naturseins. Ich sehe diese Dinge nur aus einer Gesamtperspektive, aber von hier aus scheint mir so etwas notwendig zu sein wie eine kopernikanische Wendung.

Man kann das Gemeinte auch an einzelnen Stellen der Arbeit der Physik aufzeigen. In den Formeln der math[ematischen] Ph[ysik] gibt es bestimmte Konstanten, Solarkonstante, Gravitationskonstante u. dgl., die in gewissem Sinne die Verzweiflung der Physik sind. Man muß sich sehr darum mühen, sie in der Bedeutung genau zu fassen, warum sie aber so und nicht anders schließlich ausfallen, das läßt sich mathematisch nicht mehr fassen.

Ferner: was hat es mit den Buchstabenzeichen in den physikalischen Formeln auf sich? „s" und „t" bei Galilei, $\Lambda - \beta$ in den Gesetzen des Strahlungsdruckes u. dgl.? Die Formel ist ein *mathematisch* behandelbarer Ausdruck[,] ganz gleichgültig was die Zeichen bedeuten. Dem forschenden Physiker aber muß die Bedeutung der Zeichen praesent und darin das Ganze anschaulich sein, sonst geht ihm die eigentliche Beziehung zum Gegenstande seiner Forschung verloren.

Ferner: in der Physik gibt es immer außer dem rein Quantitativen verschiedene Substrate möglicher Qualität, wie „Masse", „Energie" und dgl., bei denen man nicht ohne weiteres ein Quantum des einen in ein solches des anderen überführen kann. Tut man es in bestimmten Fällen doch, so ist damit schon ein besonderes physikalisches Gesetz ausgesprochen.

Ferner: auch Geschehen und Bewegung geht nicht in Quantität auf, ist nur selber quantifizierbar.

Endlich: alle besonderen Gesetzlichkeiten gehen offensichtlich nicht auf im Charakter der mathematischen Gesetzlichkeit, wenn sie auch *darin faßlich werden*. Nehmen wir z. B. die neue[a] Bestreitung des Kausalgesetzes. Eine Mechanik des mittleren Falles soll das Kausalgesetz auflösen. Aber es ist gar nicht tangiert. Es ist nur dies tangiert, ob[b] das Verhältnis von Ursache und Wirkung ein solches ist, das in der Form allgemeingültiger, quantitativ gefaßter Naturgesetze sich ausformt. Der mathematisch quantitative Allgemeinheitstypus des kausalen Hervorgehens ist bestritten, nicht das kausale Hervorgehen überhaupt. Es kann auch eine ganz individuelle Kausalität geben.

Ich will noch hinzufügen, wie sich mir von meinem Gesamtaspekt aus die Relativitätstheorie darstellt. Sie ist der Versuch, vom Quantitativen aus in das Unquantitative, die Substrate vorzustoßen, sie relativierend, worin immer die Tendenz zum Auflösen liegt.[c]

KLEIN: Ich bin sehr glücklich. So dürfte es in der That sein: die mathematischen Formeln sagen nicht das Ganze, vielleicht nicht einmal die Hauptsache. Es ist nur die Frage, wie weit die Wissenschaft darum „weiß".

1. Es leuchtet mir durchaus ein, daß die Tendenz der mathematischen Physik darauf hinausläuft einen Gegebenheitsmodus mit einem Seinsmodus zu verwechseln. Aber dieser Umstand ist nie so begriffen worden. Er konnte sich halten, weil er latent blieb.
2. In der Theoretischen Physik selbst ist die Grenze der mathematischen Fassung greifbar: in der Thatsache nämlich, daß die Berechnung um so unexakter wird, je exakter die Theorie wird. Man glaubt immer das Gegenteil: die Formalexaktheit entspreche stets Zahlenexaktheit. Das hat sich als Irrtum erwiesen. Vereinzelt ist das auch eingesehen worden: So von Voltaire in seinem „Micromégas", von Comte in seiner Warnung vor dem Mikroskop. Comte kehrt schon das Dogma um.
3. Zur Frage des Constanten: Man sucht sie immerhin auseinander abzuleiten. Damit scheinen sie ihre Zufälligkeit zu verlieren.
4. Die „Substrate" dagegen setzte man den empirischen Gegebenheiten gleich. So die Masse dem als Masse Meßbaren. Die Gleichsetzung schwerer und träger Masse beweißt das aufs deutlichste. Man hielt sich da nicht mit Unrecht an die Experimente.
5. Der Causalnexus ist in der That etwas ganz anderes als bloße Gesetzlichkeit. Aber sein Begriff hat sich nach und nach in einen Gesetzesbegriff verschoben.

---

a neue] neuen
b ob] *über der Zeile eingefügt für gestrichen:* daß
c Sitzung vom 02. Juli 31. [...] Auflösen liegt.] *von fremder Hand*

6. Die „Bedeutung der Buchstaben" – wohl ist sie verräterisch[a] für das Zugrundeliegen von „Dimensionen" möglicher Quantität. Aber auch das ist verschlungen worden vom Mathematismus der Zeit. Das ist eine große Linie seit dem 17. Jahrhundert. Und gerade Kant ist hier Kronzeuge.
7. In der Fassung der „statistischen Gesetze" haben Sie Unrecht. Die Physiker fassen sie gerade als in der Natur selbst liegende. „Die Natur selbst treibt Statistik".
8. Zur Relativitätstheorie: es wird in einer Seinsschicht herausgesucht, und von ihr aus wird die ganze Welt der Natur construiert. Es ist nur die radikalste Ausgestaltung eben dessen, was schon in der Newtonschen Physik lag. R[elativitäts-] Th[eorie] ist nicht eben in einem anderen Sinne Theorie. Die Consequenz der Sache ist vielmehr schon bei Newton angelegt.

HARTMANN: Und das Äquivalenzprinzip?

KLEIN: Das wird kritisch erst in der Quantentheorie, nicht in der Rel[ativitäts-] Th[eorie].

KUDSZUS: Was folgt nun aber für Begriff und Anschauung? Man muß auf den ontologischen Aspekt zurückgreifen. Was besagt es, daß die mathematische Region eine „niedere" ist. Es ist eine Schwierigkeit, die Mathematischen Verhältnisse als Seiendes aufzufaßen. Die Schichten unterhalb der Materie sind ja nicht real. Was heißt das: Seiendes, aber nicht real Seiendes? Der Idealist würde sagen, es handelt sich garnicht um seiende Gegenstände, die noch neben den Symbolen bestünden.

HARTMANN: Dagegen giebt es sehr alte Auffassungen anderer Art. So die Pythagoreische (Zahl = τὰ ὄντα[1]); Platon: Geometrie als Wissenschaft vom ἀεὶ ὄν.[2] Auch ist es sachlich unmöglich die mathem[atischen] Gegenstände ins Reich des Gedankens zu verweisen, weil – u. a. die Planeten nach Zahlenverhältnissen umlaufen. Altes Argument.

KLEIN: Hartmanns Voraussetzung war das Bestehen einer ontischen Schicht des Quantitativen. Damit ist aber vorentschieden über ihre Anschaulichkeit.

HARTMANN: Daß Sie aber auch alles merken!

KLEIN: Zu fragen ist vielmehr nach der Seinsweise des mathem[atischen] Gegenstandes. Die Scholastiker sagten: qualitas fundatur super quantitatum. Die Schwierigkeit ist, daß Quantitäten existierend sind an den Körpern.

---

1 τὰ ὄντα] *die seienden, Dinge*
2 ἀεὶ ὄν] *immer Seienden, Ewigen*

a verräterisch] *Lesung unsicher*

HARTMANN: Ist das eine Schwierigkeit? Gerade dieses Verhältnis ist schlechterdings beweisend für das Sein der mathematischen Verhältnisse. Galilei, Kepler, Newton haben darin nicht weniger Platonisch gedacht als Platon.

KLEIN: Nein, Newton nicht...

SPRINGMEYER: Mir scheint, man kann das Sein des Quantitativen als ein Sein eigener Art sehr wohl „sehen". Nämlich wenn [man] die Quantität unter die niederen Schichten einordnet. Aber die Frage ist dann eine andere: besteht hier dann noch ein analoges Verhältnis der Schichten wie zwischen Materiellem und Organischem? Weder Überformung noch Überbauung kommt hier in Frage. Vielleicht giebt es noch ein drittes Überlagerungsverhältnis? Das ist schwer zu fassen. Vielleicht aber geht es so: es ist offenbar nicht so, daß sich mathem[atische] Gesetzlichkeit im Materiellen „erhielte"; sondern es giebt Materielles, das durch mathem[atische] Gesetzlichkeit determiniert ist. Das ist etwas anderes. Man kann hier jedenfalls nicht sagen, daß zum Mathematischen höhere Formung hinzuträte. Sondern es tritt eine neue Seinsschicht auf, in der die mathem[atische] Gesetzlichkeit „gilt".

HARTMANN: Die Calamität ist hier noch die, daß mathematische Gesetze nicht als „Elemente" oder „Bausteinen" auffaßbar sind, die in „höherer Form" eingehen. Sie geben viel eher den Bauplan her; und der realisiert sich nun in eigenartigen Substraten. – Auch das freilich stimmt nicht genau. Gesetze sind auch Elemente, wenn schon in anderer Hinsicht; und das Novum höherer Kategorien kann sehr wohl „auch" in Substraten liegen. Die Hauptsache aber ist: die Naturgesetze selbst – rein als Gesetzestypus verstanden – sind weit entfernt in mathematischer Gesetzlichkeit aufzugehen.

KUDSZUS: Mir fehlt bei alledem die Berücksichtigung des Subjektivitätsbezuges in der mathematischen Gesetzlichkeit. Der Plan der Natur ist in ihr vorgezeichnet, aber das Denken ist nicht unbeteiligt an ihm.

SPRINGMEYER: Das ist noch eine andere Frage: Aber auch ohne sie: man muß offenbar noch ein drittes Schichtungsverhältnis annehmen. Die kategorialen Gesetze leuchten ein für die 4 Schichten des Realen. Nicht darüber hinaus in der Verlängerung nach unten zu. Was z. B. heißt es da noch, daß die niederen Kategorien „Stärker" sind? Das besagt hier garnichts. Es kommt hier nicht mehr auf Kraftproben zwischen den Schichten an. Abwärts sind es nur noch Kategorien als Kategorien – rein in ihren Complexionsverhältnissen.

HARTMANN: In diesen giebt es aber dasselbe „Stärker"- und „Höhersein". Auch läßt sich die Fortsetzung der Gesetzesverhältnisse nach unten ja leicht aufzeigen.

KUDSZUS: Die mathematischen Gesetze lassen sich als Besonderung der logischen fassen. Genau in demselben Sinne giebt es noch aufwärts die stufenweise zunehmende Besonderung. Insofern also brauchte kein Bruch zu bestehen.

HARTMANN: Mir scheint, die Schichtungsontologie ist hier nicht das Ausschlaggebende. Es genügt doch, daß überhaupt mathematische Gesetzlichkeit die niedere ist. Und das war der Gedanke der großen Entdecker, daß überhaupt es in der Undurchsichtigkeit des Naturrealen die wunderbar rationalen Fäden des Mathematischen giebt. Damit haben sie Recht behalten. Das Weitere aber war ein Werturteil.

SPRINGMEYER: Von diesem Punkte aus glaube ich nun wieder zurückleuchten zu können auf das Verhältnis von Anschauung und Begriff. Ich vergleiche noch einmal die beiden Schichtenverhältnisse: Quantität – Materie und Materie – Organismus. Es hat wohl Sinn die Lebensverhältnisse mit chemikalischen Mitteln erschöpfen zu wollen; es mag falsch sein, aber es hat doch Sinn. Aber es hat keinen Sinn, sich vorzumachen, man könnte die physikalischen Verhältnisse in Zahlenverhältnissen „erschöpfen". Das giebt es hier garnicht, kann es nicht geben. Es giebt[a] kein Kapitel der Physik, das man rein in mathematischen Formeln treiben könnte.

HARTMANN: Das ist aber lange Zeit die Meinung gewesen.

KLEIN: Zu bedenken ist doch auch, daß es Abstraktionstheorien der Mathematik giebt. Sie sind zwar falsch. Aber man „*kann*" doch glauben, daß die reinen mathem[atischen] Sätze als Wesenheiten von den Dingverhältnissen abgezogen sind. Dagegen kann man sich nicht einbilden, daß Naturrealität und Körperhaftigkeit vom Organismus abstrahiert sind. Die kategoriale Betrachtung Hartmanns ignoriert das. Es ist aber gerade der alte Streit der mathematischen Theorien: wie ist das „An-den-Dingen-Sein" der mathematischen Gesetze zu verstehen.

SPRINGMEYER: Der Unterschied der beiden Schichtungsverhältnisse dürfte daran zwingend einleuchtend sein. Wie kann eine Region wie die mathematische, rein aus sich heraus Natur constituieren? Sie kann es garnicht. Ich behaupte als *These*: Hier kann niemals Gesetzlichkeit einer höheren Schicht in Gesetzlichkeit einer niederen aufgelöst werden. Die Phänomenbereiche lassen es nicht zu.

HARTMANN: Sie sagen: „man kann nicht". Aber was thut die Physik?

SPRINGMEYER[b]: Man kann es deswegen, weil man nicht sagen kann; es gebe die Körperwelt nicht. Man kann aber wohl sagen – und glauben – es gebe den Organismus nicht.

KUDSZUS: Man kann vielleicht wohl. Es ist nur viel schwieriger.

SPRINGMEYER: Wenn es sich um bloße Mathematisierung der Welt handelte, so ginge es in der That zur Not. Das wäre nur Ausdehnung anderer Gesetze auf

---

a giebt] *danach gestrichen:* vielmehr nur
b SPRINGMEYER] *über der Zeile eingefügt für gestrichen:* Hartmann

höheres Sein. Aber es geht jetzt um anderes: um Wesensverschiedenheit des Vorgehens. Die mechanistische Theorie verkennt nicht, daß es ein Lebensproblem giebt; die mathematische aber verkennt, daß es ein Körperproblem giebt. Die Consequenz ist: es giebt wohl eine mathematische Physik, aber keine, die sich auf formale beschränkte. Und darum giebt es keine, die ohne Anschauungsfundament bestünde.

Manuskript, Anschauung und Begriff. VI. Sitzung, Hartmann, Klein, Kudszus, Springmeyer, 1931-07-09, Berlin

Sitzung vom 9. Juli 31[a]
Vorsitz: Hartmann
Prot[okoll]: Springmeyer.[b]

HARTMANN: Wie steht die Sache nach den letzten Erörterungen? Es ist folgender Unterschied behauptet worden: vom Mechanismus ausgehend könne man prinzipiell den Organismus als einen sehr komplexen Mechanismus vorstellen. Dagegen könne man sich nicht die mathematische Gesetzlichkeit *so* weiter kompliziert vorstellen, daß Materie herauskommt. Was ist damit gesagt für die Frage der Anschaulichkeit? Die Gegebenheit des körperhaften Seins kann man sich niemals so vorstellen wie die Gegebenheit der mathematischen Verhältnisse. Alle physikalische Theorie bezieht sich auf eine Gegebenheit ganz anderer Art und hat damit eine ganz andere Anschaulichkeit.

KUDSZUS: Daß der Mathematismus sinnlos ist, soll hier aus einer Gegebenheitsdifferenz folgen. Aber das hieße zunächst aus einer Gegebenheitsdifferenz auf eine Seinsdifferenz schließen. Aber die Gegebenheitsdifferenz kann bestehen und dabei trotzdem die Tendenz des Mathematismus auf mathematische Auflösung des physischen Seins sinnvoll sein.

HARTMANN: Es wird nicht von der Gegebenheit aus geschlossen. Es handelt sich gar nicht darum, ob wir eine besondere Gegebenheit der Körperwelt haben oder nicht. Vielmehr liegt die Sache philosophisch so: wenn es körperhaftes Sein gibt, so ist es nicht aus einer Komplexion des Mathematischen herzuleiten. Daraus folgt dann für unser Problem, daß für die Erkenntnis des Physischen nicht alles herkommen kann aus der Sphäre der mathematischen Begriffe, es muß dieser Erkenntnis vielmehr eine andere Anschauung zugrundeliegen.

---

a Sitzung vom 9. Juli 31] *unterstrichen, danach mit rotem Bs:* VI.
b Sitzung vom 9. Juli 31 Vorsitz: Hartmann Prot[okoll]: Springmeyer.] *mittig*

KUDSZUS: Aber in Springmeyers Argumentation ist doch einfach vorentschieden, daß die Welt des Physikalischen sich nicht aufbauen läßt aus dem Mathematischen. *Woher hat man denn diese Überzeugung?*
SPRINGMEYER: Ihre Bedenken könnte ich ganz verstehen bei der Frage der Auflösung des Organischen in physikalisch-chemische Gesetze. Bei unserer Frage aber ist es im Wesen des Mathematischen selbst sichtbar, daß es nicht das Physikalische in sich auflösen kann.
KLEIN: Man kann aber sagen: was Sie für grundsätzlich unmöglich halten, liegt bei Descartes vor, in der Konzeption des Körperlichen als Ausdehnung. Die Durchsichtigkeit der mathematischen Verhältnisse läßt ihn diese als das eigentlich Seiende annehmen. Der Körper wird dabei etwas rein Mathematisches. Man muß dort erst noch aufweisen, was dagegenspricht, daß man so verfahren kann[,] wie Descartes verfuhr.
SPRINGMEYER: Ich bestreite überhaupt, daß selbst Descartes in seiner Theorie das Physikalische in Mathematisches völlig auflöste. Auch bei ihm ist die Welt realer, sich auf bestimmte Weise bewegender Körper etwas Transmathematisches, wenn auch Körperlichkeit als Ausdehnung bestimmt ist und wenn auch die gesetzlichen Bewegungen des Transmathematischen mit Hilfe mathematischer Formeln gefaßt werden.
KLEIN: Bewegung an sich genommen ist allerdings mathematiktranszendent.
KUDSZUS: Aber warum?
KLEIN: Das ist eine Weseneinsicht.
KUDSZUS: Die nicht ohne Bezugnahme auf Phänomene möglich ist. Dabei ist es also wieder der Gegebenheitsmodus, der über das Sein entscheiden soll. – Man muß dagegen immer festhalten: solche vorgebliche Weseneinsicht widersteht einer höchst bedeutsamen Tendenz der Naturwissenschaft und wird damit fragwürdig.
SPRINGMEYER: Es *gibt* recht besehen nicht die Tendenz[,] von der Sie sprechen; darauf kommt es an. Es gibt eine mathematisierende Physik, die weithin das Mathematische zur physikalischen Erkenntnis benutzt. Das heißt aber nicht eine Physik, die mit ihren Gesetzen in der Sphäre des Mathematische bleibt. Jeder Forscher, der wirklich physikalische Arbeit tut, transzendiert das Mathematische, gleichgültig dagegen, ob er das etwa im theoretischen Bewußtsein seines Vorgehens leugnet.
HARTMANN: Hypothetisch geben Sie zu, Herr Kudszus, daß es so sein könnte, wie Springmeyer sagt. Aber Sie meinen, es beruht dann nur auf der Gegebenheit der Phänomene und bleibt damit fragwürdig. Aber man kann statt dessen aus der Eigenart des Mathematischen selber schließen. Ich meine so: wenn es etwas gibt, das hinausgeht über die quantitativen Verhältnisse, *an* dem es aber die quantitativen Verhältnisse gibt, dann liegt es im Wesen der Sache, daß es

nicht in Quantität aufgelöst werden kann, vielmehr selber ein unquantitatives Etwas ist. So ist es überall, wo das Mathematische auf eine andere Sphäre bezogen ist, auch beim Bezogensein auf Immaterielles wie Geldeswert (Geltungsquantum)[.] Bei dieser Überlegung sind nicht bestimmte Phänomene des Nichtmathematischen vorausgesetzt. Es ist ja nur gesagt: wenn es überhaupt nicht nur Quantität und quantitative Verhältnisse gibt, sondern ein bestimmtes Quantum *von* etwas, so ist dies Etwas notwendig ein Unquantitatives. Alles folgt allein aus dem Grenzverhältnis reiner und angewandter Mathematik, aus dem Gedanken möglicher Anwendung der Mathematik. Und die Möglichkeit dieser Anwendung wieder liegt schon im Wesen der reinen Mathematik.

KUDSZUS: Damit gebe ich mich zufrieden für meine Frage, von wo sich die Ueberzeugung der Unauflösbarkeit herleitet.

KLEIN: Ganz kann *ich* mich noch nicht zufrieden geben. Ich halte es für wahrscheinlich, daß es das behauptete Wesensgesetz gibt, glaube aber nicht, daß es so einfach evident ist, wie behauptet wird. Es ist unter anderem zu bedenken: Plato hat geometrische Gebilde *an sich* genommen. Dann würde das Substrat der quantitativen Bestimmungen selbst noch den Charakter des Mathematischen tragen, also ein quantitatives Substrat sein.

HARTMANN: Ich würde sagen: es ist evident, daß es auch hier unquantitativ sein muß.

KLEIN: Dieser Zusammenhang kann nicht so ganz evident sein, weil wir doch die Versuche radikaler Zurückführung auf nur Quantitatives haben.

HARTMANN: Gewiß, davon ging der Streit aus. Man disputiert scheinbar die Körperwelt weg. Die Bedeutung des Mathematischen wurde vom Enthusiasmus gewisser Theorien übertrieben. Damit ist aber noch nicht gesagt, daß wir nun daraus lernen müßten, wie wir die Sache aufzufassen haben.

SPRINGMEYER: Wir müssen vielmehr fragen: was tun gewisse physikalische Theorien in Wirklichkeit, nicht aber: was glauben sie zu tun.

HARTMANN: Wollen wir nicht gleich etwas weiter fragen? Wichtig ist nicht, was gewisse extreme Theorien, sondern was eine nüchterne und kritische mathematische Physik in Wirklichkeit tut.

SPRINGMEYER: In jeder physikalischen Formel finden sich die nichtmathematischen Momente; aus ihnen baut sich die eigentlich physikalische Anschauung auf. Und zwar so, daß die mathematischen Verhältnisse in ihrem Zusammengespanntsein mit diesen transmathematischen Momenten mit zum Aufbau dieser eigentlich physikalischen Anschauung dienen, wobei jedoch diese resultierende Anschauung gänzlich anderer Art ist als die Anschaulichkeit der rein mathematischen Verhältnisse für sich genommen. Die Anschaulichkeit des Fallgesetzes, das das physikalische Moment der fallenden Masse enthält, ist eine ganz andere als die Anschaulichkeit der mathematischen Funktion für sich genommen, mit deren Hilfe es gefaßt ist.

KUDSZUS: Wenn ich von der Anschaulichkeit der einzelnen Fälle, aus der sich das physikalische Gesetz erst herleitet, absehe, so könnte eine spezifisch physikalische Anschauung in zweifacher Weise verstanden werden. Entweder ist das physikalische Gesetz selber anschaulich, oder die Anschaulichkeit des Falles wird eine andere durch das Gesetz. Beides kann ich nicht einsehen. Durch das Gesetz kann ich eine bessere Beschreibung des Falles, von dem ich ausging geben; aber ich sehe nicht, daß sich eine neue Anschaulichkeit konstituiert.

KLEIN: Ich glaube[,] daß das, was Springmeyer unter physikalischer Anschauung versteht, eine pure Konstruktion ist. Das Einzige[,] was man sagen kann[,] ist: die Anschauung des fallenden Körpers wird eine besser gegliederte durch die Hilfe des Fallgesetzes. – Die Konstruktion liegt im Bereich unserer Fragstellung nahe. Mit der Heranbringung der mathematischen Verhältnisse an die Erscheinung des fallenden Körpers tun wir etwas in einer neuen Dimension. Dies neue Tun verleitet dazu, eine neue Anschauung anzusetzen. Aber in dieser neuen Dimension sind wir gar nicht auf Anschauung aus, sondern auf die Herstellung eines begrifflichen Zusammenhangs. Und in der Formulierung des Fallgesetzes geht gar nicht der fallende Körper ein, sondern nur Masse, Raumstrecke, Zeit. Das sind Begriffe so genannter „höherer Abstraktion", jedenfalls Begriffe ganz andrer Art als die, die wir verwenden, um den fallenden Körper zu kennzeichnen. Wenn es wirklich so etwas wie eine neue Anschauung hier gibt, dann hat sie kaum noch etwas mit der ursprünglichen zu tun.

HARTMANN: Darf man das so übersetzen: Raum, Zeit und Masse sind unanschaulich und die Beziehungen zwischen ihnen sind vollends unanschaulich?

KLEIN: Sie sind nur auf Anschauung fundiert. Die ursprüngliche Anschauung bricht sich in dem neuen Medium; die Brechung der ursprünglichen Anschauung ergibt dann das, was wir als Anschaulichkeit des Fallgesetzes interpretieren.

HARTMANN: Nehmen Sie die Konsequenzen aus dem 1. Keplerschen Gesetz für das Zweikörperproblem, dies nämlich, daß die Bahnen zweier umeinander kreisender Körper ähnlich sind.

KLEIN: Dies Beispiel ist darum so gut...

HARTMANN: „weil es kein Beispiel eines mathematischen Gesetzes ist"[.] Darin irren Sie sich.

KLEIN: Die Keplerschen Gesetze sind in einem *anderen Sinne* Gesetze der mathematischen Physik als deren eigentliche Gesetze es sind. Der eigentliche Typus, ist erst erreichbar im Newtonschen Gesetz. Daran ändert auch nichts, daß man beide auseinander ableiten kann. Die unmittelbare Bezogenheit auf die Phänomene macht die Keplerschen Gesetze so anschaulich. Aber das ist eben kein charakteristischer Fall.

HARTMANN: Nehmen Sie das Doppler-Gesetz. Das Gesetz spricht aus, was die anschaulichen Experimente lehren.
KLEIN: Es fügt aber dieser Anschaulichkeit der einzelnen Experimente nichts hinzu.
HARTMANN: Doch: die Geltung über den einzelnen Fall hinaus.
KLEIN: Diese Universalität ist gerade nicht anschaulich.
HARTMANN: Wir können doch mit Hilfe des Gesetzes anschaulich nachweisen, wie z. B. die Verhältnisse im Sonneninneren sind.
KLEIN: Das verstehe ich so, daß das Gesetz uns immer neue Anschauung vermittelt, von der gleichen Art wie jede gewöhnliche Anschauung. Die Möglichkeit zur Universalisierung ist nicht selber etwas Anschauliches.
HARTMANN: Wäre die Universalisierung nur ein Faktum des Begriffs, so müßte man sie im höchsten Grade bezweifeln.
KUDSZUS: Sie ist ja auch immer hypothetisch.
HARTMANN: Dies ändert nichts an der Anschaulichkeit. Das z. B.[,] was wir heute vom Dreikörperproblem wissen[,] ist auch schon anschaulich.
KLEIN: Ich fange an zu fassen, wo eigentlich die Kluft ist. Das[,] was Sie meinen[,] gebe ich zu. Selbstverständlich vermittelt mir das Gesetz Anschauungen. Darauf legen Sie entscheidend Gewicht. Aber mir scheint das nicht wesentlich zu tun zu haben mit der Rolle und dem Wesen des mathematisch-physikalischen Gesetzes als solchem.
KUDSZUS: Ich glaube nicht, daß damit schon die Sache getroffen ist. Ihre Hinweise beschränken sich auf die Verifikationen des Gesetzes an einem anschaulichen Einzelfall. Die Anschaulichkeit der physikalischen Gesetze ist aber in der fraglichen These noch diesseits aller Verifikationen gemeint. Hier möchte ich nun einen ketzerischen Gedanken äußern. Ich habe den Verdacht, daß Sie, Herr Professor, von der Anschaulichkeit des Gesetzes sprechen außer auf Verifizierung hin noch in Hinsicht auf die graphische Darstellungsmöglichkeit, die modell-schematische Darstellbarkeit dessen[,] was mit dem Gesetz gemeint ist.
HARTMANN: Aber graphische Darstellung spielt ja gerade in unserem letzten Beispiel der Dopplergesetze gar keine Rolle. Und was das Sichbeziehen auf bestimmte Verifikationen angeht, so kann man gar nicht anders vorgehen, wenn man exemplifizieren will.
KLEIN: Ich denke so: „Doppler-Effekt", Keplersche Gesetze" – was bedeuten diese Beispiele? – und komme zu folgendem Gedanken: Herr Prof. Hartmann hat in erster Linie im Auge die in einem Gesetz zusammenfaßbare Menge einzelner anschaulicher Verhältnisse, eine Zusammenfassung, die auf induktivem Wege gewonnen wird. Er bezieht sich auf die aus der Induktion gewonnene Formulierung eines physikalischen Gesetzes, das auf eine ganze Reihe anschaulicher Verhältnisse paßt. Diese Seite aber ist die am wenigsten charakteristische ei-

ner physikalischen Theorie. Sie will vielmehr aus allgemeinen Gesetzen die besonderen verstehen.

HARTMANN: Das heißt: sie will Ueberschau.

KLEIN: Das ist nur metaphorisch[.]

HARTMANN: Nein, das ist das Eigentliche. – Uebrigens rede ich auch nicht von einer Zusammenfassung einer Reihe von Fällen in einem Gesetz, sondern von Grundverhältnissen, auf denen die einzelnen Fälle stehen. Die Grundverhältnisse sind durchaus selber anschaulich. In ihnen habe ich die Gesetze anschaulich, so wie sie in der Natur walten, in ihr bestehen.

KLEIN: Die in der theoretischen Physik aufgebaute Welt beruht auf verschiedenen Ausleseprinzipien; diese erlauben aber nur einen künstlichen Aufbau, so daß man nicht sagen darf, es handele sich dabei um die in der Natur bestehenden Gesetze. Schon die Konzeption der Naturgesetze ist gegenüber der sich uns zeigenden Welt eine künstliche Umformung der Welt. Ich meine damit etwas[,] was auch hinter der Kantischen Position steckt.

KUDSZUS: Warum sprechen Sie nicht noch neukantischer?

KLEIN: Ich nehme nicht diese Position ein, aber es steckt etwas hinter ihr, was ich auch meine: *Sie* setzen eine bestehende Gesetzlichkeit voraus. Damit hängt die Frage der Anschauung wesentlich zusammen. Wir müssen fragen: was bedeuten Gesetze im Zusammenhang der Welt?

KUDSZUS: Sie müssen doch auch sagen: Gesetze bestehen; nur sind sie dann fundiert in Erkenntnis.

HARTMANN: Würden Sie, Herr Klein, die alte Position mitmachen, nach der das Gesetz etwas Gesetztes ist?

KLEIN: Das ist eine Formulierung, die mir unsympathisch ist.

HARTMANN: Aber den Sinn wollen Sie beibehalten?

KLEIN: Nicht, sofern er einen Idealismus einschließt.

HARTMANN: Nicht im Geheimen doch? Noch einmal zur Sache selbst: ich glaube, wir kennen wenig Naturgesetze. Aber soweit wir sie wirklich verstehen, bringen wir sie uns selbst zur Anschauung, wenn auch mit den kompliziertesten Mitteln. Zu diesen Mitteln gehört der komplizierte Apparat der Begrifflichkeit. Begriffe sind dabei Vehikel echter höherer Anschauung. Nur die Kriterien dafür[,] ob das Resultat wirklich echte Anschauung oder Konstruktion ist, werden immer luftiger. Der Unterschied von Idealismus und Realismus ist für die ganze Frage gleichgültig. Es handelt sich nur darum, ob die Gesetze anschaulich sind oder nicht. Dazu ist noch zu bemerken, daß die gefundenen Gesetze auch Fälle mit betreffen können, die wir nicht mehr überschauen. Dadurch kommt ein Moment der Unanschaulichkeit hinein. Aber das ist nur ein Grenzverhältnis des Ueberschaubaren.

SPRINGMEYER: Ich greife noch einmal zurück. Herr Klein sagt selber, daß in die physikalischen Gesetze Faktoren eingehen, die sich auf ursprüngliche Anschauung beziehen. Wie Masse, Raumstrecke, Zeitverhältnisse und dgl. Sie sind selber noch anschauliche Momente. Aber nicht dies allein: sie gehen auch im physikalischen Gesetz eine Komplexion ein, die selber anschauliche Komplexion ist. Wenn Sie das noch zugeben, dann sehe ich nicht ein, wie Sie noch die besondere Anschaulichkeit des physikalischen Gesetzes leugnen können. Denn die besondere Komplexion dieser Momente macht eben das physikalische Gesetz aus.

KLEIN: Das Anschaulichwerden der Verhältnisse jener anschaulichen Momente zueinander ist bedingt durch die Rolle, die das Gesetz im Zusammenhang der ganzen physikalischen Theorie spielt.

SPRINGMEYER: Inwiefern hat denn diese Rolle eine Bedeutung für die Frage der Anschaulichkeit des physikalischen Gesetzes?

Manuskript, Anschauung und Begriff. VII. Sitzung, Hartmann, Klein, Kudszus, Springmeyer, 1931-07-17, Berlin

17. Juli 1931.[a]
Vorsitz: Springmeyer
Protokoll: Klein

KLEIN: Ich habe über die Frage zu referieren, inwiefern die Rolle der Begriffe im System der theoretischen Physik mit ihrer Anschaulichkeit bzw. Nicht-Anschaulichkeit zusammenhängt. Ich will aber nicht unmittelbar dieses Thema anschneiden, sondern wähle einen Umweg, der über den Ausgangspunkt unserer ganzen Diskussion führt.

1. Unbestrittene Grundlage unserer Diskussion ist der Satz: Erkenntnis ist immer ein Sehen, ein Einsicht-Haben, ein Anschauen. Wie kommt es dann nun, dass wir überhaupt im Felde der Erkenntnis der Anschauung den anschauungslosen Begriff entgegensetzen? – „Begriff" ist die wörtliche Übersetzung von „conceptus". „Conceptus" bedeutet bis ins 16. Jahrh. hinein ein *Bild in* der Seele, das Abbild ist von Etwas *ausserhalb*[b] der Seele. Dabei ist das, was draussen ist, ein *Vieles*, das von dem *reinen* Bild in der Seele abgebildet wird. Der Conceptus ist also *als Bild*[c] immer noch

---

[a] 17. Juli 1931.] *auf der rechten Seite; auf der vorhergehenden Seite oben mittig mit rotem Bs:* VII.
[b] *ausserhalb*] *teilweise unterstrichen*
[c] *als Bild*] *teilweise unterstrichen*

ein Anschauliches, aber es ist *nicht nur*[a] ein in der Seele Ange*schautes*,[b] sondern auch die An*schauung*[c] der Seele selbst, das Gerichtetsein der Seele auf das Bild. – Andererseits hängt der conceptus zusammen mit dem *diskursiven* Erkennen im Gegensatz zum intuitiven. Während das letzte *alle* Einzelheiten seines Gegenstandes *zugleich* überschaut, muss das erste eine Kette von Schlüssen durchlaufen, um zu einem vorher nicht einsichtigen Ergebnis zu gelangen. Und gerade der *Zusammenhang* dieser Kette, das Vermitteltsein der Einsicht wird dem *begrifflichen* Element der Erkenntnis im Gegensatz zum unmittelbaren, anschaulichen – zugeschrieben. Dieser Umstand gibt einen Fingerzeig zur Beantwortung der gestellten Frage: wie es denn überhaupt möglich sei, von einem anschauungslosen Begriff zu sprechen. Möglich wird dieser offenbar gerade durch die besondere Rücksicht auf jenen Zusammenhang als solchen. Es ist also die Rücksicht auf die besondere Weite, in der die Einsicht zustandekommt, und dies bedeutet zugleich, dass man in der Reflexion auf den conceptus nicht sowohl über das in der Seele angeschaute Bild als über das Ausgerichtetsein auf dieses Bild, das Intendieren dieses Bildes reflektiert. Dieses „Intendieren" ist – wie die darüber angestellte Reflexion – selbst eine Tätigkeit der Seele. Es liegt ja im Wesen der Reflexion, Selbst-Reflexion zu sein und eben darum auf immer höheren Stufen ins Unendliche wiederholbar zu sein. Sofern also aus dem[d] Gesamtphänomen des conceptus das auf das Bilde gerichtete und in sich selbst bildlose Intendieren das Bildes herausgelöst und in diesem Intendieren des Bildes das Begrifflichsein des Begriffs, das Wesen der Begriffs gesehen wird, – handelt es sich bei der Rede vom „anschauungslosen Begriff" um ein spezifisches Phänomen der Reflexion. – Die Möglichkeit des Abschliessens der reflexiven Tätigkeit der Seele ist nun nicht in der Reflexion selbst zu finden. Nur wenn sie in sich selbst zurückzulaufen *gezwungen* wird, kann sie zur Ruhe kommen. Diesem Zurücklaufen der Reflexion in sich selbst entspricht der systematische Zusammenhang, in den der einzelne als anschauungslos verstandene Begriff hineingestellt ist und durch den nunmehr[e] allein sein Bestand gesichert werden kann.

---

a *nicht nur*] *teilweise unterstrichen*
b *schautes*] *teilweise unterstrichen*
c *schauung*] *teilweise unterstrichen*
d dem] *über der Zeile eingefügt*
e nunmehr] *über der Zeile eingefügt*

2. Eben diese Struktur des anschauungslosen Begriffs bzw. Begriffszusammenhanges findet sich vorbildlich im System der theoretischen Physik realisiert. Ich will dies an einem einfachen Beispiel zu zeigen versuchen: Das Fallgesetz besagt in seiner ursprünglichen Form: das Verhältnis einer von einem schweren Körper durchlaufenen Strecke s_1 zu einer anderen Strecke s_2 ist gleich dem Verhältnis der Quadrate der Zeiten, in denen diese Strecken durchlaufen werden, also:
$s_1 : s_2 = t_1^2 : t_2^2$.
Diese Gleichung stellt also ein Verhältnis (nämlich die Gleichheit) von Verhältnissen dar, eine Proportion. – Es lässt sich nun diese Gleichung mit Hilfe des Begriffs der *Schwerebeschleunigung* in die Gleichung umformen:
$s = \frac{1}{2} g t^2$.
In dieser Gleichung handelt es sich nur[a] scheinbar um ein einfaches Verhältnis der Strecke zum Quadrat der Zeit. In Wirklichkeit ersetzt aber gerade g – als Proportionalitätsfaktor – das die Proportion, d. h. die erste Gleichung fundierende Verhältnis. In g ist also nicht nur ein empirisches, anschauliches Datum dargestellt, sondern auch und vor allem der systematische Zusammenhang der Proportionsglieder beschlossen. Dabei ist dieser Zusammenhang gerade an die mathematische Formulierbarkeit gebunden. – Bei der weiteren Ausgestaltung der Theorie bleibt dann g immer auf das ganze Gleichungssystem bezogen und erhält seine eigentliche – eben nicht anschauliche – Bedeutung nur durch dieses Zugehörigsein zu einem geschlossenen mathematischen Zusammenhang.

3. Man kann nun die Struktur der Fallgleichung zu dem vorher über die Reflexion Gesagten in Parallele setzen. In der Reflexion wird am conceptus das Intentionsmoment des Begriffs erfasst und gerade dieses Moment als anschauungsloser Begriff verstanden. So wird die Struktur des anschauungslosen Begriffs durch das Begreifen des Begreifens bestimmt. Und ebenso ist im Gleichungssystem g durch das Verhältnis von Verhältnissen bestimmt. Im philosophischen Terminus des Begriffs wird jetzt nur noch gleichsam die subjektive Seite des conceptus gekennzeichnet. Dem entspricht die eigentümliche Anschauungslosigkeit von g innerhalb des mathematischen Zusammenhangs. Und so wie die Reflexion nicht in sich selbst zur Ruhe, zum Abschluss gelangt, so ist die systematische Geschlossenheit der theoretisch-physikalischen Erkenntnis *nicht* in ihrer reinen Erkenntnisabsicht als solchen gegründet.[b]

---

[a] nur] *über der Zeile eingefügt*
[b] *horizontaler Trennstrich mittig unterhalb der Zeile*

HARTMANN: In Ihren Ausführungen, gegen die ich im allgemeinen nichts einzuwenden habe, scheint mir an dem Übergang von Punkt 2 zu Punkt 3 ein Bruch vorzuliegen. Es ist doch so, dass g jedenfalls anschaulich ist. Und wenn Sie[a] von der Nicht-Anschaulichkeit sprechen, so scheint[b] mir dies Ihrerseits einfach ein Machtwort zu sein.

KLEIN: Ich bestreite ja[c] nicht die Anschaulichkeit von g. Nur ist diese Anschaulichkeit im Zusammenhang der physikalischen Theorie das Geringste. Das Wesentliche dieser Theorie scheint mir etwa darin zu liegen, dass sie in ihrer systematischen Struktur ihre Erkenntnisfunktion transzendiert.

KUDSZUS: Sie haben es, Herr Klein, in Ihrem Referat vermieden, auf eine bestimmte Dimension in der physikalischen Theorie einzugehen, die Sie doch wohl dauernd mit vor Augen gehabt haben, nämlich die Dimension des *Symbols*. Mit dieser Dimension aber entsteht im Hinblick auf unsere Problemlage eine Schwierigkeit. Man muss doch wohl unterscheiden zwischen dem Verhältnis des Symbols zur Anschauung und seinem Verhältnis zum Begriff.

KLEIN: Ganz gewiss kommt es in der mathematischen Physik entscheidend auf das Symbolische an, wobei mir freilich der Begriff die Repräsentation angemessen erscheint (man denke an Leibniz!)[.] Die wesentliche Funktion der theoretisch-physikalischen Begriffe besteht gerade darin, dass sie nicht etwas direkt bezeichnen, sondern etwas *vertreten*, und in diesem ihrem Charakter liegt auch ihre Unanschaulichkeit. Ich sehe aber nicht, dass die Dimension des Symbols hier eine wesentlich andere wäre als die des Begriffs.

KUDSZUS: Man muss aber doch unterscheiden zwischen sozusagen ersten Repräsentationen im Begriff und der zweiten im Symbol.

KLEIN: Wenn Sie[d] damit die „äussere" Symbolik mit Hilfe von Buchstaben u. s. w. meinen, so scheint mir dies nicht so wesentlich. Diese äussere Symbolik ist nur möglich auf Grund der „inneren" symbolischen Struktur der theoretisch-physikalischen Begriffe. Nicht auf die so und so bestimmte Formulierung eines Gesetzes kommt es an, sondern auf eine grundsätzliche mathematische Formulierbarkeit, nicht auf einen bestimmten Kalkül, sondern auf die Verwendbarkeit des Kalküls überhaupt.

HARTMANN: Aber gerade der einzelne bestimmte Kalkül kann doch etwas sehr Anschauliches sein. Ich denke etwa an die Betrachtungen auf Grund des Cavalieri-Prinzips oder an das Drei-Körper-Problem.

---

a Sie] sie
b scheint] *über der Zeile eingefügt*
c ja] *über der Zeile eingefügt*
d Sie] *über der Zeile eingefügt*

KLEIN: Ich glaube, dass man sehr unterscheiden muss zwischen der alten Mathematik und der Mathematik, die der theoretischen Physik zugrunde liegt. Darin besteht ja die grosse Leistung Descartes', dass er die Linien, mit denen er operiert, nicht mehr als an sich bestehende geometrische Gebilde auffasst, sondern als Repräsentanten allgemeiner mathematischer Sachverhalte, wie sie ihm in der allgemeinen Proportionen-Lehre vorlagen. Diese Linien können daher *ohne weiteres* durch Buchstaben-Symbole ersetzt werden, mit denen dann *gerechnet* werden kann, ohne jedes Zurückgreifen auf die *Veranschaulichung* durch Linienzüge.

HARTMANN: Wollen wir doch das Drei-Körper-Problem betrachten, das bisher rechnerisch noch keine Lösung erfahren hat. Mit jedem Schritt der Strömungsrechnung *übersehen* wir aber jedenfalls – beachten Sie dieses Wort! – die gegenseitige Lage der Körper. Immer bleibt die Anschauung mit der Rechnung verkoppelt. Die mit Erfolg durchgeführte Rechnung würde uns unmittelbar das Bild der hier waltenden Gesetzlichkeit darbieten.

KUDSZUS: Aber es handelt sich doch dabei immer nur um ein durch ein bestimmtes *Beispiel* dargebotenes Bild: es sind gerade *diese* drei Körper, die sich gerade in *dieser* Lage befinden. Der Kalkül dagegen umfasst die ganze Variabilität der Fälle, umfasst – wie wir sagen – alle möglichen Fälle, von denen wir eben immer nur je einen einzelnen anschaulich vor Augen haben können. Anschaulich ist immer das Exemplar, die ständige Möglichkeit der Exemplifizierung im Kalkül und durch den Kalkül ist aber gerade *nicht* anschaulich.

HARTMANN: Doch, gerade dies ist anschaulich. Beim Zwei-Körper-Problem ist es so, dass die beiden Körper zwei ähnliche Ellipsen beschreiben, welche Symmetrie im Kalkül unmittelbar anschaulich ist. Kommt nun[a] ein dritter Körper hinzu, so steht jeder einzelne Körper in jedem Augenblick unter dem Einfluss der beiden anderen, d. h. in jedem Augenblick beschreiben die drei Körper *andere* Ellipsen. Die Änderung lässt sich wiederum[b] anschaulich im Strömungskalkül verfolgen. Es ist zuzugeben, dass bei der grösseren Komplizierung die Rechnung unübersichtlich wird. Aber dann kann man doch immer[c] nachträglich die Anschaulichkeit aufzeigen.

KUDSZUS: Nein, auf die kontinuierliche Variationsmöglichkeit kann man nur rein begrifflich hinweisen.

SPRINGMEYER: Die Anschaulichkeit der *allgemeinen*[d] Gesetze fällt wieder zusammen mit der Anschaulichkeit der einzelnen Fälle. Weil für das Drei-Körper-

---

a nun] *über der Zeile eingefügt*
b wiederum] *nach Streichung über der Zeile eingefügt*
c immer] *über der Zeile eingefügt*
d allgemeinen] *über der Zeile eingefügt*

Problem das Gesetz noch nicht da ist, sieht es so aus, als ob nur der einzelne Fall anschaulich wäre. Aber wenn man die Lösung im Kalkül vorwegnehmen könnte, so hätte man eben damit das *Bild* der allgemeinen Gesetzlichkeit. Nicht nur der einzelne Fall wäre dann anschaulich, sondern auch das Hindurch*gleiten* durch alle möglichen Fälle hindurch.

HARTMANN: Ganz recht! Eben in der Anschauung aller möglichen Fälle, d. h. im *anschaulichen* Hindurch*gleiten* besteht die sogenannte diskursive Erkenntnis. So durchläuft man auch im Kalkül die verschiedenen Fälle der verschiedenen gegenwärtigen Lagen der drei Körper.

SPRINGMEYER: Hier ist gerade die Stelle getroffen, wo die Anschauung des einzelnen Falles übergeht in die Anschauung des Gesetzes.

KLEIN: Wie steht es aber mit den beiden Darstellungsweisen der Funktionentheorie? Die eine stützt sich ständig auf die geometrische Anschauung, die andere will Theorie – wie sie sagt – rein analytisch, d. h. eben ohne auf die Anschauung zurückzugreifen, aufbauen. Kann man in diesem zweiten Fall sagen, die Formel der Funktionentheorie wäre anschaulich?

HARTMANN: Die Funktionentheorie ist ein sehr gutes Beispiel. Es ist hier durchaus so, dass in den Formeln die ganze Variationsmöglichkeit und -gesetzlichkeit anschaulich ist. Aber wir brauchen hier gar nicht allein an mathematische Verhältnisse zu denken.[a,1] In jeder konkreten Situation des praktischen Lebens sind nur die menschlichen Verhältnisse *anschaulich* gegeben. Nur so können wir eben diese Situation überschauen, d. h. die möglichen Fälle gleichsam durchrechnen. Gerade das Gleiten durch die möglichen Fälle –[b] das, was die Neukantianer mit dem[c] Funktionsbegriff meinen – *ist* immer[d] anschaulich. Man kann das sehr[e] schön an dem Satz sehen, wonach die Summe der Dreieckswinkel zwei Rechte beträgt:

---

[1] Nachtrag zu S. 8 (Hartmann) [*unterstrichen*] …Ich habe überhaupt den Eindruck, dass sie unter Anschauung nur räumliche [*letztes Wort unterstrichen*] Anschauung verstehen.
Klein: Ja.
Hartmann: Aber räumliche Anschauung ist nur ein [*letztes Wort unterstrichen*] Fall unter vielen anderen…

---

a denken.] *danach Anmerkungszeichen, zugehöriger Text am Ende der nachfolgenden Seite*
b –] *nach Zeilenumbruch wiederholt*
c mit dem] *nach Streichung über der Zeile eingefügt*
d immer] *über der Zeile eingefügt*
e sehr] *über der Zeile eingefügt*

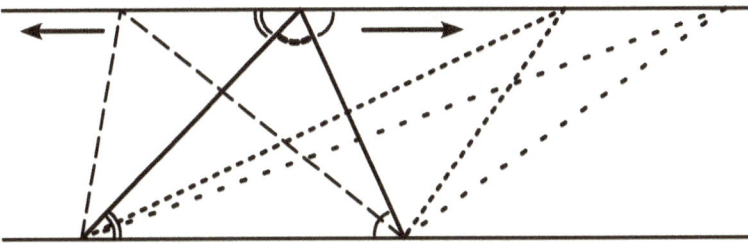

KLEIN: Aber man kann[a] diesen Satz doch auch an *einem einzigen* Fall allgemeingültig demonstrieren. Dann *vertritt* eben[b] das gezeichnete Dreieck das Dreieck überhaupt, das „allgemeine Dreieck". Dieses kann ich sehr wohl anschauen, habe also auch eine Anschauung von der Winkelsumme in seiner ganzen Allgemeinheit und brauche mich nicht an das fraglos anschauliche Hindurchgleiten durch alle möglichen Fälle, d. h. im Grunde an die Anschaulichkeit des Kontinuums[c] zu halten. Aber die Anschaulichkeit der elementaren Geometrie kann man nicht auf die höhere Analysis ohne weiteres übertragen.

SPRINGMEYER: Wir müssen unterscheiden zwischen der Anschaulichkeit des Schemas und der Anschaulichkeit des allgemeinen Gesetzes. Wir haben es jetzt nur mit der letzteren zu tun.

HARTMANN: Wenn wir etwa die Funktion $y = \frac{1}{x^2}$ betrachten, so ist uns doch ihre Unstetigkeit an der Stelle $x = 0$ anschaulich.

KLEIN: Doch nur, wenn wir die Funktion graphisch darstellen.

HARTMANN: Nein, in der Gleichung selbst.

KLEIN: Das verstehe ich nicht! Ich glaube, Herr Professor, dass dies Ihrerseits ein Machtwort ist. – Wäre die Mathematik in Ihrem Sinne immer anschaulich, so könnte es gar nicht zu den modernen axiomatischen Theorien der Mathematik kommen. Diese Theorien behaupten ja gerade, dass Mathematik es im Grunde mit Erkenntnis gar nicht zu tun hat. Sie ist jeweils eine Kombination auf Grund bestimmter Spielregeln.

HARTMANN: Aber deswegen braucht sie doch nicht unanschaulich zu werden. Sind die Verhältnisse beim Schachspiel etwa nicht anschaulich?

KLEIN: Sofern etwas erkannt wird, wird es immer angeschaut. Aber die moderne Mathematik und – was wichtiger ist – die theoretische Physik stellt nicht auf allen ihren Stufen Erkenntnis dar.

---

a kann] *über der Zeile eingefügt*
b eben] *über der Zeile eingefügt*
c im Grunde an die Anschaulichkeit des Kontinuums] *über der Zeile eingefügt*

HARTMANN: Was würden Sie dazu sagen, wenn ich Ihren Satz umkehren würde: die theoretische Physik bleibt bei alldem, was Sie beschreiben,[a] in der Immanenz?
KLEIN: Ich glaube, dass dies die notwendige Kehrseite des anderen Sachverhalts ist.[b]

---

[a] bei alldem, was Sie beschreiben,] *unter der Zeile eingefügt*
[b] ist.] *horizontaler Abschlussstrich mittig unterhalb der Zeile*

4 Was sind ästhetische Werte? (Wintersemester 1939/1940)

Thematisch steht im Zentrum des gesamten „Disputierzirkels" die Frage nach den verschiedenen ästhetischen Werten in verschiedenen Künsten sowie dem Wesen des Schönen als dem allgemeinstem ästhetischen Wert. Eine Klärung zur Frage nach den ästhetischen Werten wird anhand folgender Aspekte gesucht: Polarität von Gegenstand und Aktbezug, das Erscheinungsverhältnis (Schichten des ästhetischen Gegenstandes), Fundierung sowie Form und Inhalt. Verschiedene Thesen bewähren sich an Beispielen bestimmter Kunstformen, an anderen nicht.

Die Dialogreihe überzeugt mit geschlossen thematischen Bögen und einigen klaren Untersuchungsergebnissen. Eine für die Zeit ungewöhnliche Konstellation ergibt sich mit einem Geschlechtergleichgewicht, das ein besonderes Anregungspotenzial angesichts der Spannung zwischen einer eher „männlichen" Sicht (Hartmann) und eher „weiblichen" Perspektiven. Das ermöglicht eine Breite der Themen (Mode, Kleidung, Interieurs, Landschaft, Garten etc.) und eventuell eine besondere Streuung der Positionierungen, die diese Diskussionsrunde auszeichnet.

Begonnen wird mit der Klärung der Frage, wie in der Naturbetrachtung sich ein ästhetischer Gegenstand von einem Erkenntnisgegenstand unterscheidet (I.). Der ästhetische Gegenstand wird als Korrelat eines entsprechenden Aktes aufgefasst, der sich hinsichtlich der mit ihm einhergehenden Stimmung vom Akt der Erkenntnis elementar unterscheidet. Aus den Fragen nach dem Charakter von Gegenstand, Akt und Stimmung, ergeben sich drei Optionen, die in der folgenden Diskussion verhandelt werden:
a. Das Ästhetische ist eine Seite des Seienden
b. Das Ästhetische liegt im Akt
c. Das Ästhetische liegt in seiner Erscheinungsweise

Bei der ästhetischen Schau der Natur scheint aus dem Realen etwas herausgelöst, was für sich den ästhetischen Gegenstand auszumachen scheint, wie das Schwebende im Flug der Möve (II.). Es besteht ein Konsens dahingehend, dass das Realitätsbewusstsein im ästhetischen Genuss zurücktritt, doch besteht die offene Frage nach der Funktion des Gegenstandes. Der Betrachter verändert zwar in dem durch den ästhetischen Akt vollzogenen Herauslösen den Gegenstand. Doch dies Verändern ist nicht grenzenlos, sondern gleichsam durch den Gegenstand in bestimmter Weise vorgezeichnet (III.). Die Diskussion verlagert sich von der Analyse der Naturbetrachtung auf das Kunsterleben und untersucht den ästhetischen Gegenstand als Korrelat einer Haltung (III.), was in der Folge mit neuen Analysen präzisiert wird (IV.). Dabei wird der ästhetische Akt nun nicht mehr als „Herauslösen", sondern vielmehr als ein „Hineintragen" charakterisiert, durch welches eine Einheit geschaffen wird zwischen einem durchaus realen Gegenstand und einem nicht realen, dem ästhetischen Prädikat, welches an jenem erscheint, ohne durch ihn gegeben zu sein. So verlegt sich die Diskussion auf die Unterscheidung von Idealem und Irrealem und auf die Bestimmung des Irrealen überhaupt, die ihrerseits sowohl zu der Frage nach der rechten Verbindung zwischen Gegenstand und ästhetischem Prädikat, als auch zu der Frage nach dem eigentümlich ästhetischen Charakter solcher Verbindungen (in Urteilen) führt.

Die weitere Diskussion beschäftigt zunächst die Frage nach der Bedeutung von Form und Inhalt und deren Verhältnis in Bezug auf deren konstitutive Leistung im Aufbau des ästhetischen Gegenstandes (V.), was anhand einer Vielheit an ästhetischen Prädikaten und Beispielen aus Naturerleben und Dichtung präzisiert wird. Die Überlegungen führen zur Hierarchiefrage, in welcher das Fundierungsverhältnis von Vital-, Sach-, ethischen und ästhetischen Werten verhandelt wird. In Verbindung mit weiteren Unterthemen wird die Frage nach dem Verhältnis von Allgemeinheit und Individualität, die gleichsam die Diskussionen um die Möglichkeit des Fälschens (VI.) und die Anzahl möglicher ästhetischer Werte hervortreibt, unter den Teilnehmern kontrovers diskutiert (VII.).

Damit im Zusammenhang wird der Begriff des Schönen als eines ästhetischen Wertes schärfer abgegrenzt, nämlich dessen allgemeinen Aspekt der Transparenz gegen den des bloßen Genusses, was die Diskussion erneut auf die Frage nach den Fundierungsverhältnissen lenkt (VIII.). Dabei zeigen die phänomenologisch nutzbar gemachten Beispiele vielmals aporetische Züge (IX.). Um der genaueren Beantwortung der Fragen, worauf ästhetischer Wert beruht und was eigentlich das Schöne sei, eine Richtung zu geben, wird das Schöne erster Ordnung (Erscheinungswert, wo Inhaltliches zur Darstellung gelangt) und zweiter Ordnung (Formwert, als Gelungenheit eines Gebildes selbst) unterschieden, welche aber in der Kunst auf mannigfaltige Weise stets ineinandergreifen (X.). In diesem Zusammenhang wird eine detaillierte Liste mit 13 „Momenten" entwickelt, an denen das Maß des Schönen im Hinblick auf ein Kunstwerk „hängt". Die beiden konstitutiven Formen des Schönen werden in der Folge ergänzt durch das Moment der Tiefe des Erfasstseins, durch den Wahrheitsanspruch der Kunst und das Erfassen der tieferen Schichten vom Vordergrund ausgehend und dessen Bestimmung vom Hintergründigen her. So wird zusammenfassend, wenn auch nicht unkommentiert, resümiert, dass der ästhetische Wert neben anderen an der Anzahl der Schichten, der Konkretheit des Transparenten, des Reichtums des Vordergrundes als auch seiner Organisation hängt, d. h. an Inhalt, Form und Wirkung. Die letzten beiden Sitzungen widmen sich vordergründig erneut der Frage nach den Fundierungsverhältnissen, welche jedoch unweigerlich neue Fragen, wie beispielsweise nach der Bildungsfunktion ästhetischer Werte, nach sich zieht (XI.). Die These, dass die beiden Modi (1. u. 2. Ordnung) des Schönen, Form und Inhalt, eins seien, wird zurückgezogen, was eine weitere Frage ermöglicht, ob nämlich Form und Inhalt auch getrennt voneinander auftreten können, welches zur Betrachtung von Architektur und avantgardistischer Kunst führt, welche ihrerseits wieder kontrovers verhandelt werden.

Mit Blick auf philosophiehistorische Hintergründe wird mehrfach auf Kant reflektiert. Darunter der Begriff der Zweckmäßigkeit (II. KU, zweiter Teil), der Begriff des Wohlgefallens (III.), das ästhetische Urteil (V.), die Unterscheidung von gut und schön in der Auseinandersetzung mit den Vorgängern (VIII.), die Neigung (Interesse) als Hindernis unabhängiger ästhetischer Schau. Desweiteren gibt es eine Mimesis- Diskussion im Ausgang von Platon (III.), eine Aufnahme des Wolkenmotivs (als Thema von Literatur und Ästhetik z. B. bei Goethe und Schiller). Eine Tradition von Platon bis Leibniz wird zitiert, wonach der Maßstab des Schönen aus dem Guten entspringt, sowie der Begriff des „Kalon" bei Aristoteles diskutiert (VIII.).

Unter die zeitgenössischen Referenzen zählt der Rückgriff auf Rickerts Begriff des theoretischen Wertes. Implizite Bezüge bestehen zur Tradition Lotzes als Begründer der Werttheorie, aber auch Brentanos und Windelbands psychologischer Behandlung der Werte überhaupt wie auch zu William Stern und Shalom Schwarz und zu Max Scheler im Besonderen, der ästhetische Werte in seiner Wertphänomenologie grundlegend berücksichtigt.

Die im Dialog bezogenen Positionen und entwickelten Thesen enthalten sowohl Positionen zu einschlägigen Streitfragen bezüglich der Eigenart und der Träger ästhetischer Prädikate oder dem ästhetischen Wert des Tragischen in der Kunst, als auch originelle Erwägungen in der Spur von Hartmanns Erscheinungsästhetik. Mit Blick auf die Frage der Abhängigkeit oder Unabhängigkeit eines konkreten ästhetischen Wertes vom Erleben des Trägers nimmt Frl. Homann an, dass die Werte auch der nicht gehörten Symphonie zukommen. (I.) Mit Blick auf eine Landschaft konstatiert sie hingegen: „Wenn Sie die Landschaft ohne den Menschen nehmen, hat sie keine ästh[etischen] Werte. Erst da, wo dieses Spiel in der Natur etwas erweckt, tritt der ästh[etische] Gegenstand auf."

Ballauff benennt mit Blick auf die Landschaft Variationen des Gegenstandes in Abhängigkeit von der jeweiligen Einstellung: „Der Feldherr sieht Entwicklungsmöglichkeit für Truppen. Der Botaniker sieht Pflanzenassoziation. Der Maler dagegen sieht Stimmung, Farben des Gegenstandes, der nur eine andere Seite zeigt" (I.).

Wein positioniert den ästhetischen Gegenstand in Gegenüberstellung zum Erkenntnisgegenstand: „Gegenstand ist nur zu definieren als Korrelat zu einem Bewusstseinsakt. Auch Wollen, Phantasieren haben ihre Gegenstände. Gegenstand schlechthin ist etwas im Bewusstsein Befindliches. Der aesth[etischen] Gegensta[nd] ist demnach das Korrelat der aesth[etischen] Haltung. Dadurch unterscheidet er sich wesentlich vom Erkenntnisgegst[an]d, der über das Bewusstsein von ihm hinaus noch seine Uebergegenständlichkeit hat." (III)

Fritzen sieht die gelungene Metapher als direkten Ausdruck treffenden ästhetischen Urteils mit Blick auf die Fundierung eines Erscheinungserlebens. Hinsichtlich der Frage nach der angemessenen Verknüpfung von Gegenstand und ästhetischem Prädikat formuliert er: „Das aufgewühlte Meer wird ‚wütend' gefunden. ‚Niedlichkeit' wäre ein falsches ästhetisches Urteilen. ‚Wut' aber meint hier nicht Eigenschaft der Sache [,] sondern nur Richtigkeit in Bezug auf die Fundierung." (IV.)

Hartmann betont das Gewicht des Individuellen bei ästhetischen Werten (im Gegensatz zu ethischen): „In der Ethik liegt der Nachdruck auf den allgemeinen Werten, in der Kunst auf hochindividualisierten Einzelwerten." Und an späterer Stelle: „Was wir im Leben ethische Werte nennen, sind gemeinsame Wertzüge, die am menschlichen Handeln auftreten oder ausbleiben können.[...] Bei den ästhetischen Werten kommt es nicht essentiell auf sie an, es bleibt immer ein Herantasten von außen, selbst wo es sich um Stilarten handelt. [...] Der spezifische Wertcharakter ist individuell." (VI) „Die Lieblichkeit von einer hessischen Landschaft, einem Buchenwald oder einem märkischen See kann jedesmal eine sehr spezifische sein, die ich nicht mehr in Worten ausdrücken kann." (VII)

Zum Tragischen im Verhältnis zum Ästhetischen bemerkt Hartmann: „Man kann die These so aussprechen: die fundierenden ethischen Werte kehren nicht wieder in den ästhetischen Werten.[...] Ästhetischer Wert ist im Gefühl, dem Herzen zugewandt. Mit ihm steht und fällt unsere Lust. Am Tragischen haben wir keine Lust. Die ästhetische Lust ist nicht eine Lust am Triumphieren des Bösewichtes. Das ästhetische Moment ist das Dramatische. Es ist ein Erscheinungsverhältnis." (VIII.)

Hinsichtlich der Funktionen der Erscheinung und der Form für den ästhetischen Wert konstatiert Hartmann: „Erscheinungswert und Formwert greifen in den Künsten mannigfach ineinander. In jedem Kunstwerk größeren Stils sind beide vertreten [...]. Das Fundierungsverhältnis des ästhetischen Wertes auf andere Werte [...] kommt nur am Erscheinungswert vor [...]. Dagegen die Schichtung im Kunstwerk (an der die Wertfundierung hängt), erstreckt sich nicht auf den Erscheinungswert allein. Es gibt das Hintergrundsphänomen auch in solchen Künsten, bei denen der Formwert vorwiegt." „Den Schichten des ästh[ischen] Gegenstandes entsprechen Schichten des Erfassens und des Erfasstseins im Ich (verschiedene Tiefe des Bewusstseins). Und mit der Tiefe des Erfasstseins (resp.die Befriedigung) steigt der ästhet[ische] Wert." Hartmanns nennt drei Ordnungen des Schönen: (1) Erscheinungswert bzw. Transparenzwert, d. h. Wert des Durchscheinens, (2) die formale (bzw. materiale) Einheit („[...] Formwert, Ganzheit und Geschlossenheit, der Einheit [...] der ‚Bändigung' von Mannigfaltigkeit [...]", und (3) positiver Effekt (X).

Als die drei Ordnungen auf Abhängigkeitsverhältnisse diskutiert werden, stimmt Hartmann am Ende der Auffassung zu, dass zwar Erscheinungswert von Formwerten abhängt, nicht jedoch im selben Maße der Formwert vom Erscheinungswert (XI).

Dissense entstehen u. a. hinsichtlich der Eigenart des ästhetischen Gegenstandes im Verhältnis zu Gegenständen anderer nichtästhetischer Einstellungen: Während Ballauff den Grad der Abhängigkeit des Erkenntnisaktes und des ästhetischen Aktes vom Gegenstand analog versteht, sieht Hartmann eine grundsätzliche Verschiedenheit: Nach Hartmann ist „der ästh[etische] Gegenstand zum Unterschied vom theoretischen ein solcher [...], der nur für den ästh[etisch] auffassenden Akt besteht." Auch das Kunstwerk als solches ist mit Hartmann an eine entsprechende Auffassung gebunden. Nach Frl. Bosse hingegen ist ein Kunstwerk auch ein Kunstwerk, wenn es nicht vom ästhetischen Akt erfasst würde, während nach Ballauff die Aktgebundenheit des Gegenstandes nicht nur für ästhetische Gegenstände gilt und sich das Seiende hinsichtlich dessen, was es an sich ist, überhaupt nur in bestimmten Akten zeigt. Frau Homann stellt zum Ende der ersten Sitzung das Spannungsfeld folgendermaßen dar: Die einen behaupten, der ästhetische Gegenstand liege im Seienden, der andere sieht ihn im Akt. Sie selbst sehe ihn in der Erscheinungsweise. (I.)

Weitere Spannungen betreffen Bedingungen des ästhetischen Gegenstandes: Nach Ballauff kann kein ästhetischer Gegenstand entstehen, wenn nicht schon eine angemessene Bezogenheit des ästhetischen Prädikats auf den Gegenstand vorliegt. Bosse hingegen wendet ein, dass der ästhetische Gegenstand vor der Angemessenheit aufgebaut worden sein muss, um überhaupt einen Spielraum für ein entsprechendes Geschmacksurteil ausbilden zu können (VI.). Zwischen Frau Homann und Frl. Bosse besteht Uneinigkeit darüber, ob das Tragische spezifisch ästhetisch sei oder nicht: Homann sieht die Fähigkeit des Künstlers in seiner das Leben darstellenden Arbeit, welche das Tragische herauszuheben in der Lage ist. Bosse hingegen sieht hier kein Alleinstellungsmerkmal von künstlerischer Fähigkeit und entgegnet, dass man dieser Tragik auch schon in der Zeitung habhaft werden könne. Entsprechend verortet Hartmann nicht das Tragische im Ästhetischen, sondern das Dramatische (VIII.).

Zur Frage, ob in Kunstwerken sowohl Formwerte als auch Transparenzwerte bzw. Erscheinungswerte notwendig seien, oder bereits Formwerte genügten, gibt es eine weitere Uneinigkeit: Nach Stache sind die Randzeichnungen Dürers in Maximilians Gebetbuch nur von Formwerten und dem Spielerischen ausgezeichnet und ohne Transparenzwert, während Homann gerade in dem Spielerischen ein sich Darstellen des Spiels sieht, und damit einen Transparenzwert, ohne welchen hier kein ästhetisches Geniessen möglich wäre (XI).

Die Protokolle sind reich an Anschauungsbeispielen mit Blick auf das Naturschöne und aus der Welt der Kunst, oft dicht nebeneinander. So wird in der Frage nach der Eigenart ästhetischen Erlebens und ihres Gegenstandes in der ersten Sitzung Michelangelos Moses angeführt, sowie Wald und Landschaft im Auge des Försters, des Feldherrn und des Malers (I.), desweiteren die Leidenschaft auf der Bühne, der Flug der Möwe und der Kranich des Ibykus (II.) Es wird auf die Stile des Expressionismus und Kubismus Bezug genommen, sowie auf die Photographie (III.) Der Anblick des Meeres mit dem Eindruck des Unendlichen wird als Beispiel für Transparenz am Naturschönen diskutiert (IV) sowie der Eindruck eines „glückhaften Schwebens" beim Anblick des Flugs der Möve, die nur auf Futtersuche ist, als Beispiel für ein Hineinschauen von Hintergrund in den Vordergrund. Die Assoziationen, die von Wolkenformen hervorgerufen werden (liegende Gestalt, Schneeberge) und der Eindruck von einem „traurigen Meer" werden auf implizite ästhetische Urteile befragt. Als poetische Beispiele mit Blick auf Schönheit und Schlichtheit werden Goethes „Der König von Thule" und „Über den Gipfeln" aufgerufen, sowie Droste Hülshoffs „Knabe im Moor". Rembrandts Altersportrait exemplifiziert den das Urteil des „Malerischen". Anhand des Beispiels einer Fälschung eines Hamsunromans wird die Bedeutung von Individualität für den ästhetischen Wert erörtert (VI.). Goyas „Königin in vollem Ornat (VII.), Goethes „Faust" als auch Shakespeares „Othello" werden als Beispiele des Tragischen aufgerufen (VIII.). Rembrandts Simon (dessen gefesselter und gepeinigter Körper) wird als Beispiel einer Körperlichkeit, die nicht die Fundierung durch Vitalwerte tangiert, aufgerufen, Bachs Fugen in ihrer Vielschichtigkeit diskutiert, desweiteren die Operette als „oberflächliche" Kunst. Schillers „Don Charlos" und Kleists „Prinz Friedrich von Homburg" werden als Exempel für die Beteiligung der Qualität von Gedanken für den ästhetischen Genuss aufgerufen, (IX.) Eine Gebirgslandschaft und ein Industriegelände (wo Einheit allenfalls durch „lagernden Dunst" entstünde) werden als Beispiele für Regellosigkeit und Mannigfaltigkeit aufgerufen, die dennoch schön sein kann, Regers hässliches Gesicht, das „sich im Spiel am Klavier verschönt" als Beispiele für ein Zusammenwirken von „Schichten", die „Zickzacklinie" als Beispiel für Mannigfaltigkeit und Einheit. Dürers Randzeichnungen in Maximilians Gebetbuch fungieren als Beispiel für das Spielerische. Thomas Manns Figur des Hans Castorp wird als Beispiel eines großen Aufwandes bei geringem Ertrag Hamsuns großen Ertrag bei spärlichen Mitteln entgegenstellt. (XI.)

Die Thematik *Ästhetische Werte* betrifft ein immer wiederkehrendes Reflexionsinteresse Hartmanns. Insofern bestehen Bezüge zu den Ästhetik-„Disputierzirkeln" *Ästhetischer Gegenstand* Sommersemester 1922 und 1926 und *Wahrheitsanspruch in der Dichtung* Wintersemester 1936/1937, zu werttheoretischen Diskussionsrunden in *Vom Sein der Werte* (Wintersemester 1931/1932 und Sommersemester 1932), *Wertbewusstsein* (Sommersemester 1939) sowie zu erkenntnistheoretischen und ontologischen Überlegungen in *Wesen der Erkenntnis* (Sommersemester 1927), *Problem der Individualität* (Sommersemester 1934), *Individuelles und Allgemeines* (Wintersemester 1947/1948).

Es überrascht nicht, die Thematik und Argumentation des Dialoges in Hartmanns Werk wiederzufinden. Der Zeitpunkt der Veranstaltung lässt auf einen direkten Bezug zu Hartmanns Arbeit an der Ästhetik-Schrift schließen, oder gar auf eine die Werkgenese begleitende Veranstaltung (wenn auch die *Ästhetik* erst kurz vor seinem Tod fertig wurde). Genauere Bezüge zu diesem Buch finden sich in folgenden Kapiteln: „Der lebendige Mensch als ästhetischer Gegenstand", (Kap. 8) – „Die Schichtenfolge in den Künsten", (Kap. 11 ff.), „Erscheinung und Form", Kap. 18 – „Nachahmung und Schöpfertum", (Kap. 20 a) – „Der Wahrheitsanspruch in der Dichtkunst", (Kap. 22) – „Eigenart und Vielheit ästhetischer Werte und die Stellung des Schönen", (Kap. 26) sowie zu ästhetischen und nichtästhetischen Werten die Folgekapitel. Desweiteren gibt es mit Blick auf die Trägerschaft des personalen Geistes, Themen, die in *Das Problem des geistigen Seins* (1933) behandelt werden. Die Frage nach dem Irrealen im Erkennen ein Thema, welches bereits in *Grundzüge einer Metaphysik der Erkenntnis* thematisiert wird und wo sich erkenntnistheoretische und ästhetische Gesichtspunkte kreuzen.

Mit Blick auf neuere Diskurse lassen sich die verhandelten Positionen und Perspektiven oft besser im Kontrast, als mit Blick auf Parallelen in weiteren Kontexten platzieren. So liefert die Ästhetik des Erscheinens und der Darstellung, die von Hartmann und seinen Dialogpartnern durchdacht und getestet wird, mit der Vordergrund-Hintergrund-Analyse eine Alternative zu der heute einflussreichen Ästhetik der Exemplifizierung, wie sie bei Nelson Goodman oder Catherine Z. Elgin vertreten ist. Näher steht die Diskussion möglicherweise der Auffassung von Kendall Walton, der (in *Mimesis as make-belief*, 1990) mit „props" und „prompters" als realen Bezugsobjekten für fiktive Welten ebenfalls vielfältige Analysen von Real-Irreal-Beziehung sowie Beziehungen zwischen Objekten und Einstellungen seiner Ästhetik zugrundlegt, und in späteren Aufsätzen auch ästhetische Werte in ihrer Beziehung zu nichtästhetischen Werten thematisiert (*Value and the arts*, 2007). Die differenzierten Überlegungen zu Merkmalen, die den ästhetischen Wert steigern, stehen möglicherweise singulär im Diskursraum und könnten dazu beitragen, eine neue Debatte zu ästhetischen Urteilen anzuregen und zu strukturieren.

Typoskript, Was sind ästhetische Werte? I. Sitzung, Ballauff, Bosse, Göhre, Hartmann, Homann, Kogon, Pape, Thiel, Wein, Yü, 1940-01-12, Berlin

Sitzung[a] vom 12. 1. 1940.[b]
Vorsitz: Dr. Wein.
Protokoll: Pape.

Frau HOMANN:[c] „Ästhetische Werte[“] sind solcher Art, dass sie sich nicht definieren lassen. Dennoch lässt sich Allgemeines von ihnen aussagen, was im Unterschied zu andern Werten sichtbar wird. Ästhetische Werte tauchen in einer Zwischensphäre auf im Realen, aber dem Realen enthoben. Der ästhetische Wert haftet nicht an der Sache, unabhängig vom Subjekt. Frage: Wie ist der Träger der ästhetischen Werte beschaffen?

Nach Klärung dessen, was wir als ästhetischen Gegenstand anzusehen haben, ergeben sich für das Problem des ästhetischen Wertes folgende Fragen:
1.) Wie heben sich vom ästh[etischen] Gegenstand die ästh[etischen] Werte ab?
2.) Werden die ästh[etischen] Werte selbst Gegenstand?
3.) Geht die Tendenz unseres ästh[etischen] Schauens auf den ästh[etischen] Wert oder auf den ästh[etischen] Gegenstand?
4.) Ist die Schönheit ein Wert oder nur ein Wertcharakter des ästh[etischen] Gegenstandes?
5.) Worin besteht der ästh[etische] Wert?
6.) Gibt es nur einen ästh[etischen] Wert oder viele ästh[etische] Werte?

Frau HOMANN beginnt die Diskussion mit der Frage: „Was würden Sie als den Gegenstand der ästh[etischen] Schau ansprechen?"
WEIN: Die Frage nach dem Wert und dem Gegenstand ist eine charakteristisch verschiedene. Wie ist das Verhältnis beider?
Fr. HOMANN: Man kann an das Problem nicht heran, ohne den ästh[etischen] Gegenstand zu fassen.

THIEL: bittet um ein Beispiel.

---
a Sitzung] *gesperrt*
b Sitzung vom 12. 1. 1940.] *mittig, unterstrichen; danach mit rotem Bs auf dem oberen Rand rechts:* I.; *davor Briefumschlag, darauf mit blauem Bs:* Discussionprotokolle W. S. (II.) 1940 (Jan – März) "Was sind ästhetische Werte"?, *letzteres mit rotem Bs unterstrichen; unten auf der rechten Seite Stempel des Philosophischen Seminars der Universität Berlin*
c HOMANN:] *danach mit Bs gestrichen:* leitet mit einem Exposé in den Gegenstand der Untersuchung ein:

Fr. HOMANN: Der Moses des Michelangelo ist Kunstwerk. Aber man kann unterscheiden zwischen dem Kunstwerk und dem ästh[etischen] Gegenstand. Letzterer ist das, was ich an diesem Kunstwerk schön finde.

THIEL: Dann wäre, was ich schön finde, ein Moment am Kunstwerk?

Fr. HOMANN: Ja. Es ist das entscheidende Moment. Es drückt sich in einem Verhältnis aus. Was für ein Verhältnis dies ist, das grade ist fraglich.

Frl. BOSSE: Zwischen wem spielt dieses Verhältnis?

Fr. HOMANN: Es ist das Verhältnis zwischen dem, was das Kunstwerk darstellt, und dem, wovon es Ausdruck ist.

Frl. BOSSE: Dann würden die ästh[etischen] Werte am Kunstwerk haften.

HARTMANN: Man kann dies nicht gleich klären. Richtig ist dieses, dass das Moment des ästh[etischen] Wertes etwas *am* Gegenstand ist und an ihm *als* einem ästhetischen. Der ästh[etische] Gegenstand ist nicht identisch mit dem Gegenstand, der sich erkennen lässt. Ich schlage vor als Definition für den ästh[etischen] Gegenstand, einschliesslich der Kunst: der ästh[etische] Gegenstand ist zum Unterschied vom theoretischen ein solcher, der nur für den ästh[etisch] auffassenden Akt besteht. – Es könnte so sein, dass *derselbe* Gegenstand *auch* ein solcher theoretischen Erfassens ist. Eine Landschaft kann man auch geographisch erfassen. Es könnte der ästh[etische] Wert an diesem Gegenstand als einem ästh[etischen] haften. Zurückweisen müßte man eine solche Annahme über den ästh[etischen] Wert, als hätte er ein Ansichsein.

Frl. BOSSE: Ich meine die These von Herrn Professor noch nicht annehmen zu können. An einer schönen Landschaft, von einem General betrachtet, bestehen dennoch die ästh[etischen] Werte; nur dass sie nicht empfunden werden. Einer, der sich bei der Symphonie langweilt, hebt ihren ästh[etischen] Wert nicht auf.

HARTMANN: Würden Sie sagen, die Symphonie ist für den Unmusikalischen auch Symphonie?

Frl. BOSSE: Die Landschaft ist auch für den General und den Forstmann je eine andere.

HARTMANN: Für den Forstmann und den Strategen ist sie dieselbe. Für den ästh[etisch] Schauenden ist sie eine andere. Dieses, was man darstellen und fotografieren kann, ist nicht der ästh[etische] Gegenstand. Er erscheint nur bei diesem bestimmten Licht, von diesem bestimmten Standpunkt aus. Die Symphonie ist nicht in den Lauten und Tönen, sondern erst in deren Auffassung.

Fr.[a] HOMANN: Die Werte kommen auch der nicht gehörten Symphonie zu. Aber der Träger dieser Werte ist gebunden an den Akt, der aufbaut. Auf diesem, was da aufgebaut wird, liegt der Wert.

---

a Fr.] hs eingefügt

Fr.[a] KOGON: Mir scheint, dass man nicht trennen kann ästh[etisches] Verhältnis und erkennendes Verhältnis. Die Sache als solche, die für den Erkennenden Erkenntnisgegenstand werden kann, wird in dem ästh[etischen] Verhältnis ästh[etischer] Gegenstand. In beiden Fällen liegt eine Relation zugrunde. Erkenntnisgegenstand wird die Sache auch erst im Moment des Erkennens. Der Unterschied muß in der Relation liegen.

BALLAUFF: Für den Feldherrn und Botaniker und Maler ist Landschaft je etwas Verschiedenes. Der Feldherr sieht Entwicklungsmöglichkeit für Truppen. Der Botaniker sieht Pflanzenassoziation. Der Maler dagegen sieht Stimmung, Farben des Gegenstandes, der nur eine andere Seite zeigt. Ist die Sache nicht so, dass der Maler nur etwas zeigt, was wir vorher nicht sahen? Ebenso[b] wie der Botaniker etwas zeigt, was ich nicht sah? Sodass das Verhältnis das gleiche ist, nur verschiedene Seiten des Gegenstandes anvisiert werden.

WEIN: Wir nähern uns der Frage, was Gegenstandsein überhaupt heisst. Abhängigkeit vom Akt besteht auch für den Botaniker.

YÜ: Der theoretische Gegenstand nur für denjenigen, der das Erkenntnisniveau aufbringen kann. Ein Kind kann nicht strategische Karten lesen.

WEIN: Es ist zu unterscheiden zwischen dem „Dass[c]" und dem „Was[d]". „Dass" etwas Erkenntnisgegenstand wird, hängt vom Erkennenden ab. Aber das „Was" des Erkenntnisgegenstandes liegt in der Sache.

HOMANN: Die Landschaft als solche hat keine Stimmung – sie hat nur *Anlässe* zu Stimmung.

BALLAUFF: Ich möchte die Gegenthese zur Definition von Herrn Professor so formulieren: Das Seiende zeigt nur für bestimmte Akte, was an ihm selbst ist. Bestimmte Seiten des Seienden werden nur für spezifische Akte gegenständlich. Gegen Frau Homanns[e] Einwand: die ganz bestimmten Verhältnisse von Luft, Licht und Farben machen den ästh[etischen] Gegenstand aus. Stimmung ist nicht nur für den Gestimmten, sondern liegt in der Kombinatorik und hängt nur davon ab, dass ich mich einstelle. Wenn ich als Jäger in den Wald gehe, kann ich mich *plötzlich* eingestellt finden auf die Farb- und Lichtverhältnisse.

WEIN: Es handelt sich darum, ob *allein* vom Akt abhängiger Gegenstand auf der einen Seite und zweitens ob Akt dasselbe beim theoretischen wie beim ästh[etischen] Erfassen [ist].

---

a Fr.] *hs eingefügt*
b Ebenso] ebenso
c Dass] dass
d Was] was
e Homanns] Homann's

Frl. BOSSE: Der Erkenntnisgegenstand bleibt derselbe, ob ich erkenne oder nicht, hat Herr Professor gesagt. Ich möchte behaupten, die Symphonie bleibt auch dieselbe, ob ästh[etisch] empfunden oder nicht. Ebenso wie der Andromedanebel derselbe bleibt, der noch für das Kind nur ein blasses Fleckchen am Himmel ist. Ästh[etischer] Gegenstand ist das, was ästh[etischen] Wert hat. Aktgebunden ist er nur insofern, um Werte lebendig zu machen. Die Stimmung liegt freilich nicht in der Landschaft – aber die Werte, die in uns eine Stimmung erwecken, liegen in der Landschaft.

Fr.[a] HOMANN: Die ästh[etischen] Werte sind nicht das, was in der Landschaft unsere Stimmung auslöst, sondern kommen erst dem Zustand zu, der erweckt wird. Wenn Sie die Landschaft ohne den Menschen nehmen, hat sie keine ästh[etischen] Werte. Erst da, wo dieses Spiel in der Natur etwas erweckt, tritt der ästh[etische] Gegenstand auf. Der ästh[etische] Gegenstand ist nicht *nur* aktgebunden; aber er hängt zusammen mit dem Akt.

THIEL: Herr Ballauff sprach von Kombination der Teile als objektiver Grundlage der Schönheit. Aber die Einheit gehört nicht dem Objekt an, sondern ist abhängig von der einigenden Schau, wird von ihr erst geschaffen.

HARTMANN: Einheitgebend ist beispielsweise der Rahmen, den man der Landschaft gibt.

Fr. KOGON: Wenn der Jäger von der Stimmung der Landschaft überfallen wird, so muß doch etwas am Gegenstand sein, was Macht hat und nicht ein Hineingesehenes ist.

WEIN: Die zentrale Frage ist, ob das Verhältnis der Abhängigkeit des Gegenstandes dasselbe ist, wie beim theoretischen Verhalten. Herr Professor sagt[,] es ist verschieden; Herr Ballauff sagt, es ist analog. Wenn wir gegenüberhalten: Landschaft hat keine Stimmung; dass[b] sie einmal den Charakter des Tristen, ein andermal den des Jubelnden haben kann, ist ein zentraler Stützpunkt für die Behauptung, der ästh[etische] Gegenstand ist „von Gnaden" des Schauenden. Es ist klar, dass Landschaft als solche nicht heiter und traurig ist. Andererseits gehören diese Prädikate zum ästh[etischen] Schauen. Wie sieht es nun beim praktischen Erkennen aus: Wenn ich als Forstmann zu der Vorstellung komme, dieses Waldstück sind 1000 cbm gutes Fichtenholz – Als Jäger zu der Vorstellung, dass es ein guter Unterstand für Rehwild ist, so sind das deutlich verschiedene Sichtweisen. Wenn mir, drittens, der Wald in der Dämmerung geisterhaft und gespenstisch erscheint, so ist das ästh[etisches] Verhalten. Der Unterschied wird klar, wenn man vom Seienden ausgeht: Der Wald, wie er wirklich sein mag, auf den trifft es zu, dass er 1000 cbm ist und dass er Unter-

---
a Fr.] *über der Zeile*
b dass] Dass

stand für Rehwild ist. Aber er ist nicht in dem Sinne der triste, der dämmrige, der gespensterhafte. Wohl Anlässe bestehen dazu. Die andern Merkmale aber kommen ihm in anderer Weise zu als die ästhetischen.

Frl. Bosse: Der ästh[etisch] Betrachtende empfindet nur, dass der Wald so geschaffen ist, dass er traurig macht, – nicht dass er traurig *ist*.

Wein: Es kommt nicht darauf an, „dass" ein Gegenstand wird; sondern dass die Traurigkeit ästh[etischer] Gegenstand ist, aber dem Wald nicht zukommt.

Fr. Homann: Dass das Ästh[etische] nicht dem Naturgegenstand als solchem zukommen kann, ergibt sich daraus, dass der Standort eine Rolle spielt. Wo soll da das Sein des Ästh[etischen] sein, wenn es von meiner Stellung abhängig ist?[a]

Ballauff: Das Ästh[etische] liegt auf Seiten des Seienden und nicht auf Seiten des Aktes. Der Wald ist in einer solchen Verfassung, dass er mich stimmt: Stimmung ist Zugangsakt zu dem Wald hinsichtlich seines möglichen ästh[etischen] Charakters. Gegen [das] Standort-Argument von Frau Homann: Den Andromedanebel sehe ich auch nur durch ein Fernrohr, auch hier spielt Standort eine Rolle.

Fr. Homann: Der Andromedanebel bleibt, was er ist. Ich arbeite mich an ein Seiendes heran. Im Ästh[etischen] ist das Seiende erst ein Ästh[etisches] auf Grund meiner Stellung. Landschaft im Ganzen kann keinen Bildcharakter haben, weil zum Bildcharakter der Ausschnitt gehört, den die Natur von sich aus nicht hat.

Fr. Kogon: Mir scheint, dass für das Naturschöne geltend gemacht werden muß: es steht auch eine reale Sache dahinter.

Hartmann: Es war aber gefragt, nicht ob der reale Gegenstand dahintersteht, sondern ob der reale Gegenstand der ästh[etische] *ist*.

Kogon: Ja. Der ästh[etische] Gegenstand ist genau so ein Gegenstand, der Ursache wird zu einem Erlebnis. Ebenso, wie der Wald dem ökonomischen Menschen Ursache zum Holzsammeln wird.

Hartmann: Es scheint mir, dass zwei Dinge verwechselt werden. Zum Gegenstand werden erst die Dinge durch das Erkennen. Analog der Wald zum ästh[etischen] Gegenstand erst durch ästh[etische] Einstellung. Verwirrend ist die Zweideutigkeit dessen, was wir Gegenstand nennen. Erkenntnisgegenstände als solche sind übergegenständlich – werden zu dem, was sie „an sich" sind, nicht durch das Erkanntwerden. Während im ästh[etischen] Aufnehmen, im Geöffnetsein für Ästh[etisches] es insofern ganz anders ist. Das geisterhaft, gespensterhaft Anmutende kommt nur im Anmuten heraus, ist nicht ohne mein Zutun da. Dagegen kann die strategische Schwierigkeit eines Geländes auch unerkannt

---

[a] ist?] ist.

sein; das Gelände *hat* sie unabhängig davon für den Anmarsch von Truppen[.] Wenn Herr Ballauff sagt: verschiedene Seiten werden nur für verschiedene Akte, so ist zu erwidern: es handelt sich aber um den Unterschied, dass einmal etwas zum Gegenstand wird, was schon da ist. Das andere Mal etwas aufgebaut wird, was noch nicht da ist.

BALLAUFF: Bei dem plötzlichen Überwältigtwerden von der Schönheit einer Landschaft, da ist doch ein Hineingezwungensein in den ästh[etischen] Charakter der Landschaft. Landschaft ist so gestaltet, dass sie mich zwingt[,] sie zu sehen. Von der Sache her werde ich gezwungen, das an ihr zu sehen, was an ihr selbst ist.

THIEL: Ich halte es für vorteilhaft[,] auf den Akt Rücksicht zu nehmen. Ist im ästh[etischen] Akt der Gegenstand wirklich noch derselbe, oder ist nicht von ihm ganz Bestimmtes fortgelassen, in einer Weise, dass wenn ich ihn vervollständigen würde nach dem Erkenntnisgegenstande hin, der ästh[etische] Gegenstand aufgehoben wäre?[a] Im ästh[etischen] Akt habe ich den Gegenstand in einer ganz bestimmten Hinsicht, bestimmte Momente an ihm. Wenn ich den Gegenstand in seiner Realität nähme, würde ich den ästh[etischen] Gegenstand zerstören.

Fr. KOGON: Nur der Erkenntnisgegenstand ist aufgehoben, nicht der Gegenstand als solcher. Die Unterschiede liegen eben darin, dass ich verschiedene Seiten am Gegenstand aufdecke.

THIEL: Wenn es nur verschiedene Seiten wären, würde die eine nicht durch Aufdeckung der andern aufgehoben. Äth[etische] Schau lässt am Gegenstand etwas fortfallen.

Fr. KOGON: Nichts am Gegenstand, sondern nur im Verhältnis zum Gegenstand fällt etwas fort.

WEIN: Meinen Sie so etwas, wie das[s] es sich nicht verträgt mit dem ästh[etischen] Gegenstand, wenn ich das Meer in Neapel als Reflex von Lichtstrahlen betrachte?

THIEL: Es ist so etwas wie das Bewusstsein der objektiven Realität, welches stört.

Fr. KOGON: Das Ästh[etische] bleibt am Gegenstand haften.

HARTMANN: An *welchem* Gegenstand bleibt das Ästh[etische] haften? darauf kommt es an.

THIEL: Im ästh[etischen] Erlebnis wird von der Realität abgesehen. Wenn Frau Kogon behauptet, das Ästh[etische] bleibt am Gegenstand haften, dann müßte das Seiende für sich auch eine ästh[etische] Existenz haben.

---

a wäre?] wäre.

Fr. Homann[a] fasst zusammen: Die eine Partei behauptet, der ästh[etische] Gegenstand liegt im Seienden. Die andere Partei behauptet[,] er liegt im Akt. Ich möchte behaupten, er liegt in der Erscheinungsweise.

Hartmann: Niemand hat behauptet, er liege im Akt!

Göhre: Herr Professor hat nur das Subjekt als aufbauend geschildert – er hat aber nicht bestritten, dass der Gegenstand auch eine Rolle spielt.

Fr. Homann: Aber der Schein, dass es sich allein um den Akt handelt, hat die Opposition der anderen Seite heraufbeschworen.

Hartmann: Zusammenfassung: Problem sollte sein der ästh[etische] Wert. Diskutiert worden ist der ästh[etische] Gegenstand. Das ist keine Entgleisung, sondern Klärung einer notwendigen Vorfrage.

Wenn Herr Wein und ich Recht haben, dann sind ästh[etische] Werte solche Werte, die keinem an-sich-seienden Gegenstand anhaften. Selbstverständlich spielt auch der Gegenstand eine Rolle, aber eine irgendwie vom Gegengliede des Gegenstandes, dem Akt, mitbedingte.

Hat die Gegenpartei Recht, so handelt es sich in den ästh[etischen] Werten um Werte an-sich-seiender Gebilde, unabhängig vom erfassenden Akt.

Das sind zugespitzte Gegensätze, eine richtig aufgerollte Diskussionssituation.

Typoskript, Was sind ästhetische Werte? II. Sitzung, Adam, Ballauff, Bosse, Fritzen, Göhre, F. Hartmann, Hartmann, Homann, Kogon, Pape, Thiel, Wein, 1940-01-19, Berlin

19. I. 1940[b]
Vorsitz: Frl. Pape[c]
Protokoll: Bosse[d]

Thiel: Als was wird der ästhetische Gegenstand genommen? Als Erscheinung. Im Gegensatz zum theoretischen Gegenstand, der unabhängig vom Subjekt ist, erscheint er nur einem Subjekt. Am ästhetischen Gegenstand muß der Wert erscheinen. Das ist nur möglich, wenn ein Subjekt zum Seienden Stellung nimmt. Hier liegt das Problem der Kantischen Zweckmäßigkeit, der Formschönheit, die von der *allgemeinen* Beschaffenheit des Subjekts ausgeht, sein

---

a Fr. Homann] Fr. Homann:
b 19. I. 1940] 12. I. 40, *mittig, doppelt gestrichelt unterstrichen, mögliches, rekonstruiertes Datum; danach mit rotem Bs auf dem oberen Rand rechts:* II.
c Vorsitz: Frl. Pape] *unterstrichen*
d Protokoll: Bosse] *hinter:* Pape

ästhetisches Vermögen erklärt. Ästhetischer Wert dagegen heißt das, was mir als *Individuum* den Gegenstand schön erscheinen läßt.

HARTMANN: Man kann den ästhetischen Gegenstand nicht vom Akt her charakterisieren, aber auch nicht, wie Ballauff, nur vom Gegenstand her. Ballauff spricht nur aus, daß der ästh[etische] Wert am Gegenstand erscheint: das ist klar, er ist ein Wert des Gegenstandes. Aber die Gegenständlichkeit besteht nur in einer bestimmten Einstellung des betrachtenden Subjekts. Die Frage ist nun: Ist der ästh[etische] Gegenstand etwas für mich, oder auch für sich? – Gegenstand als Erscheinung sagt zu wenig; Gegenstände als Erscheinung sind z. B. auch die intentionalen, es gibt sie auch im Erkennen, in den Täuschungsphänomenen.

THIEL: Bei der Täuschung habe ich die Erscheinung als Sache genommen. Ästhetisches Erleben liegt vor, sowie ich die Sache als Erscheinung nehme.

WEIN: Auch das ist noch zu weit. Es gibt eine Art Neutralisierung, wo ich etwas als Erscheinung nehme, ohne daß ein ästhetisches Verhältnis entsteht.

HARTMANN: Wenn mir z. B. unter bestimmten Umständen etwas Rotes als grün erscheint, dann nehme ich hier ganz bewußt Erscheinung als Erscheinung, und damit auch die Sache (rot) als Erscheinung (grün). Ästhetisches Verhalten liegt aber nicht vor. Also hat Thiel falsch argumentiert. Umgekehrt wird im ästh[etischen] Auffassen auch nicht Erscheinung für Sache genommen (gemeinte Leidenschaft auf der Bühne nehmen wir nicht für reale); und es gibt außerdem auch noch den Fall, wo die Unterscheidung vollkommen belanglos ist, beim hingegebenen Betrachten einer Landschaft etwa. Für einen solche Betrachter *ist* die Landschaft so. Er fragt gar nicht, ob sie auch ohne ihn so wäre. Zum mindesten weiß er gar nicht, daß er sie durch seine Einstellung so macht.

GÖHRE: Erscheinung besagt zu wenig. Bis jetzt klang es immer so, als ob der Betrachter sich passiv verhielte; in Wirklichkeit aber muß er aktiv sein, eine bestimmte Einstellung mitbringen.

ADAM: Was ist das für eine Aktivität, eine Einstellung? Welche Rolle spielt dabei der Verstand? Doch augenscheinlich nicht die gleiche, entscheidende, wie beim Erkennen, aber welche?

THIEL: Der Verstand ist weitgehend ausgeschaltet, bleibt aber doch irgendwie beteiligt.

Frl. PAPE: Wichtig ist jetzt die Frage: Als was bleibt die Sache auch im ästhetischen Schauen bestehen?

WEIN: Jawohl. Genauer: Wieviel von der Sache bleibt beim ästh[etischen] Sicherscheinen-lassen bestehen? Wieso ist es dann in anderem Sinn Erscheinung als das grün Erscheinen von rot? Ferner: Was ist in diesem ästh[etischen] Sicherscheinen-lassen vom Wissen um das An-sich-sein der Sache enthalten?

Frl. PAPE: Es ist nicht aufgehoben, aber eingeschränkt. Beim Flug der Möve z. B. fällt mir die Eleganz, das Schwebende als etwas Ästhetisches auf. Ist die Möve jetzt als Erkenntnisgegenstand etwas anderes geworden?

Frau HOMANN: Im ästh[etischen] Genuß tritt das Realitätsbewußtsein zurück. Wir wissen, daß die Fata morgana kein realer Gegenstand ist: trotzdem ist sie ästhetisch eindrucksvoll. Dasselbe ist beim Spiel des Lichtes, bei Brechungen usw. Es stört unser ästh[etisches] Urteil nicht, daß wir wissen, nichts Reales stehe dahinter.

Frau KOGON: Aber auch im ästh[etischen] Erleben wird einem bewußt, daß das eine realer ist als das andere. Betrachten wir ein Waldbild mit Kobolden z. B., so machen wir sehr wohl einen Unterschied zwischen dem, was real sein kann, und dem, was reine Phantasie ist.

THIEL: Für das rein ästh[etische] Erleben ist das ganz gleichgültig.

GÖHRE: Jedenfalls ist man beim ästh[etische] Erleben einem Realen zugewandt, ob man sich nun dessen bewußt ist oder nicht.

ADAM: Nein: dagegen gerade ist das ästh[etische] Erleben indifferent, auch intentionalen Gegenständen, auch Halluzinationen gegenüber kann ich mich ästhetisch verhalten.

FRITZEN: Realität ist für ästh[etisches] Erfassen überhaupt nicht notwendig. Ein mathematischer Beweis kann elegant sein, also ein ästhetisches Moment haben, und ist doch nicht real.

Frau HOMANN: Welche Rolle spielt also nun das Reale im ästh[etische] Erleben? Ist es seine Begründung? Das Realitätsbewußtsein doch jedenfalls nicht.

FRITZEN: Es spielt nur insofern eine Rolle, als etwas Reales existiert. Das Verhältnis vom ästh[etischen] Gegenstand zum Subjekt ist das einzig Reale daran.

HARTMANN: Das ist unrichtig; ästh[etische] Werte ranken sich auch an Idealgegenständen an. – Zu Fr. Homann: Das Realitätsbewußtsein spielt freilich keine Rolle, aber das Reale? Es ist doch so:

1) Das ästh[etische] Schauen hebt etwas Bestimmtes an der Sache heraus (schon hier ist ein bedingendes Verhältnis eingeschlossen).
2) Es spannt es in ein besonderes Verhältnis, sagen wir zum eigenen Fühlen, ein. Dieses Herausgehobene besteht an sich, aber nicht als Herausgehobenes. Das Herausgehobensein besteht nur für mich.
3) Um das Herausgehobensein brauche ich im ästh[etischen] Schauen nicht zu wissen, dennoch ist es wesentlich.
4) Das Ganze, was mir dann vorschwebt, die Möve, die Landschaft, besteht wiederum nur für meine Schau, und zwar als Objektives, als Gegenstand,
5) aber nicht als realer Gegenstand.

6) Trotzdem weiß ich *nicht* explizit darum, daß dieses Ganze nicht real ist; oder zum mindesten besteht das Verhältnis unabhängig davon, ob ich es weiß.

BALLAUFF: Zu Punkt 1: Jawohl. Zu 2: Jawohl, aber das Herausheben ist kein Specificum des ästh[etischen] Schauens, sondern ein Vorgang, den auch die Erkenntnis vollzieht, in welchem sie die Einzelzüge fixiert. Auch sie gibt nicht das Ganze. Zu 3: Ja, aber auch in der Erkenntnis weiß ich nicht um das Herausgehobensein. Zu 4: Das Ganze besteht für meine Schau, aber nicht nur für meine Schau. Das Herausgehobene ist ja etwas *vom* Seienden.

HARTMANN: Die Erkenntnis weiß *doch*[a] um das Herausgehobensein, oder sollte doch darum wissen. Die ästh[etische] Schau baut es anderweitig ein, die Erkenntnis nicht.

WEIN: Herausgehoben wird es von einer Instanz im Subjekt. Diese Instanz ist aber eine andere als beim Erkennen, und darum ist das ganze Herausgehobensein ein anderes. Das Heraushebende ist nicht das Erkennen, sondern ein anderes Verhältnis, ein Wohlgefallen. Der Erkennende nimmt die Sache als eine seiende,[b] er sieht einen Ausschnitt an der Sache, während dem ästh[etischen] Betrachter das Realsein nicht mitgegeben ist.

BOSSE: Deswegen *ist* es doch noch ein Ausschnitt am Seienden!

GÖHRE: Mit dem Herausheben ist es ja noch nicht zu Ende: Der Betrachter *macht* ja etwas damit, es wird zu etwas anderem als es vorher war.

HARTMANN: Bei Punkt 2 hätte ich statt Fühlen besser Wohlgefallen gesagt. Aber das ist ja nicht das einzige, worin es gespannt wird, sondern gleichzeitig in ein ebenso objektives Inhaltsverhältnis zu anderem Inhaltlichen. Beim Beispiel der Möve wird das Schwebende eingespannt in so etwas wie ein glückseliges Über-der[-]Erdschwere-schweben. Das ist wesentlich. Es ist nicht das Verhältnis zu mir, sondern zu anderen Momenten des Ganzen, das in meiner Vorstellung zustandekommt, das sich an den Vogel anrankt und das nun dieses Wertgewicht des Wohlgefallens hat.

Ebenso ist es mit der Landschaft: Die Ganzheit, Einheit, kann überhaupt nur für den Betrachter auf diesem einen Punkte bestehen, und ist bis ins Detail inhaltlich bestimmt. Wenn in den „Kranichen des Ibykus" an die Kraniche als Zeugen des Mordes appelliert wird, so weiß der Mörder wohl, daß sie nicht darum wissen. Aber in seiner assoziativen Gesamtvorstellung sind sie fest mit der Ermordung verbunden. Das ist keine ästhetische Verbindung rein in der

---

a *doch*] hs unterstrichen
b seiende] Seiende

Vorstellung. – Die „Aktivität" ist nicht auf mich gerichtet[,] sondern auf den Aufbau des ästhetischen Gegenstandes.

ADAM: Hier nun muß doch der Verstand in Tätigkeit sein. Zur Herstellung der Einheit von Realem und Irrealem im ästh[etischen] Erleben ist nicht nur das Verhältnis zum Fühlen maßgebend, sondern auch das zum Verstand.

HARTMANN: Das Verhältnis des Hineinbauens in die Ganzheit und des Hineinbaues in das Verhältnis zum eigenen Ich ist ein ganz enges Hand-in-Hand-gehen. Das wäre noch zu diskutieren.

Typoskript, Was sind ästhetische Werte? III. Sitzung, Adam, Ballauff, Bosse, Fritzen, Göhre, Hartmann, Homann, Pape, Thiel, Wein, Yü, 1940-01-26, Berlin

Sitzung vom 26. I. 1940.[a]
Vorsitz[b]: Bosse.
Protokoll[c]: Adam.[d]

BOSSE[e]: Der aesth[etische] Geg[en]st[an]d ist genau so übergegenständlich wie der theoretische. Der abendliche Wald z. B. als theor[etischer] Geg[en]st[an]d ist die Sache oder das Seiende. Aber auch als aesth[etischer] Geg[en]st[an]d ist er immer noch real, seiend. Die aesth[etische] Betrachtung hebt nur das Abendliche, Dunkle, aus diesem Realen heraus und spannt es ein in das Verhältnis des Unheimlichen. Aber auch dann noch ist der Wald unheimlich als seiender, allerdings nur für jemanden, was aber nicht bedeutet, dass der Wald den aesth[etischen] Wert der Unheimlichkeit nicht auch an sich besäße. Es liegt eben im Wesen eines Wertes, nur Wert für jemanden sein zu können. Die Werte selber aber haften an der Sache. Der Unterschied liegt nur in der Art der inneren Objektivationen. Damit meine ich dasjenige beim aesth[etischen] Schauen, was dem Erkenntnisbild beim Erkennen entspricht. Den aesth[etischen] Geg[en]st[an]d verstehe ich demnach als die transparente Sache, wobei das Durchscheinende etwas ist, was der Sache angehört.

---

a Sitzung vom 26. I. 1940.] *mittig und unterstrichen*
b Vorsitz] *unterstrichen*
c Protokoll] *unterstrichen*
d Sitzung vom 26. I. 1940. Vorsitz: Bosse. Protokoll: Adam.] *inklusive Unterstreichungen und Positionierung hs auf der vorhergehenden Seite wiederholt; dort mit rotem Bs auf dem oberen Rand rechts:* III.
e BOSSE] *Sprecher hier und in der Folge eine Zeile über dem Sprachbeitrag*

HOMANN: Nach meiner Ansicht entsteht das Aesthetische eigentlich erst in diesem Fürsein. So liegt das Gleitende zwar im Flug der Möwe an sich. Aber erst in dem Augenblick des Für-uns wird es aesthetisch.

BALLAUFF: Prof. Hartmann sagte in der letzten Sitzung, nur von[a] einem bestimmten Blickpunkt des aesth[etischen] Betrachters aus[b] würde die Einheit oder der Zusammenhang an der Sache hergestellt. Dazu sage ich: wenn am Naturschönen selbst keine Einheit vorhanden ist, kann sie auch nicht hineingeschaut werden. Sie besteht nämlich in einem ganz bestimmten Zusammenhang an[c] der Sache. An dem Rembrandt-schen „Mann mit dem Goldhelm" z. B. ist es doch einleuchtend, dass ich hier das Ganze nicht einbauen darf in Zusammenhänge, die nicht an der Sache selbst sichtbar werden. Ich darf nichts hinzutun, sondern nur heraussehen, was in, durch und an der Sache ist. Ebenso ist es in der Musik. Wenn ich sie richtig verstehen will, muss ich die Zusammenhänge aus der Sache selbst herausholen, nicht sie in der eigenen Welt erst schaffen. Daraus folgt: der aesth[etische] Wert kann nicht in einem bestimmten Verhältnis des Betrachters zur Sache, sondern nur in Verhältnissen der Sache selbst bestehen.

GÖHRE: Und doch baut der aesth[etisch] Schauende[d] etwas auf und tut etwas zur Sache hinzu. Ich sehe z. B. beim wiederholten Betrachten von Kunstwerken mehr als beim ersten Mal.

HARTMANN: Jawohl, aber wesentlich ist dabei das Herausheben und zwar dieses nach seiner Tendenz oder Intention. Das ist zwar nur vom Akt aus gesehen. Aber auf den Anspruch des Bewusstseins kommt es doch schliesslich an. So ist im Beispiel des Waldes das Realverhältnis ein soundso Sein für bestimmt geartete Wesen. Davon verschieden aber ist doch sein soundso Empfundensein. Die Beispiele von Herrn Ballauff sind meiner Ansicht nach ganz abwegig. Wir haben doch bisher nur vom Naturschönen gesprochen. Das Kunstschöne ist ein ganz anderes Gebiet. Selbstverständlich darf ich nicht vergewaltigen, was der Künstler wollte.

THIEL: Meiner Auffassung nach besteht kein wesentlicher Unterschied zwischen Naturschönem und Kunstschönem. Herr Ballauff hätte aber das Moment des Isolierens im Akt des Heraushebens stärker betonen sollen.

FRITZEN: Das Zumgegenstandwerden im aesth[etischen] u. theor[etischen] Akt geschieht unter verschiedenen Gesichtspunkten. (Der Forstmann oder Stratege z. B. sehen den Wald unter Zweckmässigkeitsrücksichten.) Im aesth[etisch

---

a von] *hs über der Zeile eingefügt*
b aus] *hs über der Zeile eingefügt*
c an] *nach Seitenumbruch wiederholt; davor:* Ballauff.
d Schauende] *hs über der Zeile eingefügt*

Schauen[a] gilt nur die Beziehung[b] des Gegenstandes auf mein Wohlgefallen, und nicht die Beziehung des Gegenstandes auf andere Gegenstände.[c]

Yü: Die Verhältnisse beim Herausheben in der theor[etischen] und aesth[etischen] Schau sind anders. Durch aest[hetische] Schau wird man innerlich bewegt, durch Erkenntnis höchstens abgeklärt. Frl. Bosse hätte diesen Unterschied mehr herausheben müssen.

Wein: Das Beispiel des Rembrandtbildes war irreführend durch die Aequivokation des Wortes „Sache". In der Natur ist Sache der ontische Geg[en]st[an]d, in der Kunst etwas anderes. Sodann halte ich es für notwendig, den Begriff des Gegenstandes deutlicher zu fassen. Gegenstand ist nur zu definieren als Korrelat zu einem Bewusstseinsakt. Auch Wollen, Phantasieren haben ihre Gegenstände. Gegenstand schlechthin ist etwas im Bewusstsein Befindliches. Der aesth[etischen] Gegensta[nd] ist demnach das Korrelat der aesth[etischen] Haltung. Dadurch unterscheidet er sich wesentlich vom Erkenntnisgeg[en]st[an]d, der über das Bewusstsein von ihm hinaus noch seine Uebergegenständlichkeit hat. Zu dem Beispiel „unheimlicher Wald" ist zu sagen, dass die ansich seiende Sache Wald sowohl theor[etischer] als aesth[etischer] Geg[en]st[an]d werden kann. Es ist aber das Moment der Unheimlichkeit darin als Moment des theor[etischen] Geg[en]st[an]des etwas ganz anderes als als aesth[etisches] Moment.

Pape: Es braucht keine ansich seiende Sache hinter dem[d] Ergriffensein zu stehen. Ich kann ja auch von der Idee eines allgemeinen Völkerfriedens[e] ergriffen werden, wovon doch jedermann weiss, dass er nicht existiert.

Homann: Zu den Ausführungen von Dr. Wein möchte ich fragen: können wir nicht für Gegenstand „Herausgehobenes" sagen und dann die beiden Herausgehobenen unterscheiden auf Grund von wirklicher Phänomenbeschreibung? – Wir könnten z. B. bei der fliegenden Möwe das Gleitende, bei der Musik die Intervalle und ihre Verbindungen herausheben und dann das aesth[etisch] Herausgehobene vom intentional Herausgehobenen unterscheiden. Das letztere gibt es ja auch in der Erkenntnis.

Pape: Sehr schön. Man soll nur dieses, nämlich das verschiedene Intentionale, betrachten.

Thiel: Die Sache als Erk[enntnis-]Geg[en]st[an]d bedingt eine andere Haltung als die Sache als aesth[etischer] Geg[en]st[an]d. Beim aesth[etischen] Schauen

---

a Schauen] *danach hs gestrichen:* aber
b Beziehung] *nach Seitenumbruch wiederholt*
c , und nicht die Beziehung des Gegenstandes auf andere Gegenstände.] *hs eingefügt*
d dem] *danach hs gestrichen:* aesth.
e Völkerfriedens] *danach hs gestrichen:* aesth.

isoliere ich durch Setzung. Dabei entscheidet in gewisser Weise aber doch der Aufbau des Gegenstandes selbst über mein Schönfinden.

WEIN: Der Ausdruck „Herausheben" bei Frau Hohmann hat einen Doppelsinn. Ich kann etwas herausheben an der Sache und im Bewusstsein. Bleiben wir doch dabei, dass der aesth[etische] Geg[en]st[an]d im Bewusstsein zustandekommt, wenn freilich auch auf Grund von Wahrnehmung.

BALLAUFF: Prof. Hartmann hält mein Beispiel mit dem Rembrandtkopf für verfehlt. Aber:[a] ich sehe in diesem Kopf doch etwas durchscheinen, was wirklich in ihm ist. Das künstler[ische] Produkt ist doch nur die Fixierung eines Naturschönen in einem bestimmten Augenblick und unter bestimmten Umständen. Die Beziehung zum Wohlgefallen ist hier unwesentlich[.]

ADAM: Es gibt aber doch auch Kunstprodukte, die nicht ein Naturschönes festhalten. Aus der bildenden Kunst z. B. brauchte man dafür nur die Richtungen des Kubismus und Expressionismus anführen. Ganz abgesehen davon, dass Kunst, um Kunst zu sein, doch wohl kein blosses Abbild der Natur sein darf. Dann wäre die Photographie ja auch ein Kunstwerk. Ferner, wenn die Beziehung zum Wohlgefallen unwesentlich ist, warum üben denn dann Kunstwerke eine so gewaltige Anziehungskraft auf die Menschen aus? –

GÖHRE: Am Kunstwerk ist etwas, was da dem Betrachter aufdämmert. Das aber hat doch der Künstler hineingelegt. Der Betrachter muss es deuten. Beim Naturschönen dagegen muss man etwas herausheben, was da an der Sache ist.

HARTMANN: Ich bedauere sehr, dass das Problem des Kunstwerkes noch einmal in die Diskussion gebracht worden ist, das führt gänzlich ab vom Wege. Erst vom Naturschönen her können wir den Unterschied zum Kunstwerk herausarbeiten. Beim Naturschönen ist nichts vorgezeichnet, sondern das Hineinbauen ist in einem Augenblick, gleichsam von selbst, da. Heraussehen, was ein anderer hineingelegt hat, gehört in die Analyse des Kunstwerkes.

FRITZEN: Die Erörterung des Kunstwerkes war gewiss zu früh. Aber sollte sie nicht schon jetzt gezeigt haben, dass der aesth[etische] Geg[en]st[an]d vom Hineinbauen des Subjekts wesentlich abhängt? – Wie könnte man denn sonst die Tatsache erklären, dass zwei Künstler, die denselben Ausschnitt der Natur in demselben Augenblick malen wollen, dennoch zwei verschiedene Bilder schaffen? –

BOSSE: Obschon Dr. Wein eine schärfere Formulierung des aesth[etischen] Geg[en]st[an]d[e]s gebracht hatte, haben wir uns meiner Ansicht nach nicht recht an unser eigentliches Thema gehalten. Die beiden Thesen stehen sich nach wie vor gegenüber.

---

[a] Aber:] aber

Manuskript, Was sind ästhetische Werte? IV. Sitzung, Adam, Ballauff, Bosse, Chen, Fritzen, Göhre, Hartmann, Homann, Pape, Thiel, Wein, 1940-02-02, Berlin

d. 2. 2. 40.[a]
Vorsitz: Adam
Protokoll: Thiel

ADAM: Der ästhetische Gegenstand ist bisher nur in negativer Beziehung zum theoretischen Gegenstand behandelt worden. Es besteht jetzt die Aufgabe einer positiven Definition des ästhetischen Gegenstandes.

CHEN: Es ist zu fragen, ob der ästhetische Gegenstand übergegenständlich ist. Das theoretische Erfassen involviert eine Unterscheidung nach wahr und unwahr. Die Verschiedenheit des Geschmacks lässt jedoch keine Unterscheidung nach wahr und unwahr zu. Bei der ästhetischen Schau ist kein Irrtum möglich. Deshalb ist das An-sich-sein des ästhetischen Gegenstandes nicht aufzeigbar wie beim theoretischen Gegenstand.

BALLAUFF: Als Resultat der Sondersitzung und als Ergebnis der Einigung der bisher widerstreitenden Parteien, von denen die eine mehr die sachliche Bedingtheit des ästhetischen Gegenstandes, die andere mehr die subjektive Leistung in der ästhetischen Schau betonte, ist mitzuteilen – und zugleich wird um Berücksichtigung der hier festgelegten Terminologie gebeten –: Es sind drei Gebiete zu unterscheiden, charakterisiert durch 3 Begriffe, mit denen es unsere Diskussion vorzüglich zu tun hat.

1. Der Gegenstandsbegriff. Er hat vierfache Bedeutung.

a) Gegenstand als Gegenstand überhaupt. Es können hierunter wirkliche Dinge (Sachen) oder auch beliebig Halluziniertes fallen. Gegenstand in diesem Sinn ist farblos und noch nichts besagend.

b) Gegenstand als Erkenntnisgegenstand. Unter ihm wird das Seiende selbst als Erkanntes oder doch in der Aufforderung dazu begriffen.

c) Gegenstand als bloss für mich seiender Gegenstand, nicht mehr an sich seiend.

d) Gegenstand als das Übergegenständliche, An-sich-seiende schlechthin, unabhängig vom Gegenstandsein für jemand.

2. Der Beispielsbereich. Wir haben es da mit 3 Arten von Beispielen zu tun:

a) mit den Beispielen des Naturschönen

b) mit denen des Kunstschönen[b]

c) mit denen von halluzinierter Schönheit.

---

a d. 2. 2. 40.] *auf der rechten Seite; darüber mit rotem Bs auf dem oberen Rand rechts:* IV.
b Kunstschönen] *danach kein Zeilenumbruch*

Ich mache den Vorschlag, die Beispiele lediglich aus dem Naturschönen zu wählen.

3. Der ästhetische Gegenstand. Er zählt zu der Gruppe 1c, den bloss für mich seienden Gegenständen. Es wird im folgenden eine Charakteristik des ästhetischen Gegenstandes gegeben. Sein Gegenstandsein besteht im Erscheinungsein. Für den Aufbau des ästhetischen Gegenstandes ist zu bemerken: a) das Herausheben als Isolation, b) der Einbau in neue Zusammenhänge. Der Aufbau vollzieht sich also auf Grund eines Einbaus. Es findet kein Heraus- sondern ein Hineinsehen statt. Eine besondere, den ästhetischen Gegenstand charakterisierende Art des Einbaus ist die zum Gefühl in der Bezugnahme auf mich selbst hinsichtlich Wohlgefallen oder Unlust, ein Einbau, der nicht identisch ist mit dem vorher erwähnten Einbau der Einzelmomente in ein Ganzes. In Gegensatz zu diesem Einbau zum Gefühl wird in der Erkenntnis nur Seiendes mit anderen Seienden in Beziehung gesetzt. Beim ästhetischen Gegenstand steht etwas Reales in Verbindung mit etwas, das durchaus anders als real ist. Es wird eine Einheit und Ganzheit geschaffen, die nicht jene der Sache selbst ist. Der ästhetische Gegenstand ist aber sachlich fundiert. Er wird herausgehoben. Im Betroffensein des Menschen von ihm im Erlebnis zeigt sich so etwas wie ein Sich-aufdrängen der Sache selbst. Dies ist also eine Rechtfertigung meiner Partei: die Abhängigkeit vom Seienden lässt keine Beliebigkeit im Aufbau des ästhetischen Gegenstandes zu. Und hiermit zu Herrn Chen: Es gibt zwar keinen Irrtum, aber doch ein Nichttreffen des ästhetischen Gegenstandes. Es gibt einen richtigen und einen nicht-richtigen Aufbau des Gegenstandes. Ich bin im Aufbau geleitet durch die Sache. Der Aufbau ist innere Objektivation des auf Grund der Sache Gewordenen. Die Übersubjektivität des ästhetischen Gegenstandes besteht in der Intersubjektivität.

HOMANN: Halten wir uns an das Naturschöne! Handelt es sich da nun nicht auch um eine Transparenz von Realem für ein Irreales oder um ein Durchscheinen eines Irrealen durch ein Reales (wie beim Kunstschönen, wo nach Professor Hartmann ein Unsichtbares im Sichtbaren erscheint)? Dann aber: Von welcher Art ist das Irreale im Naturschönen? Und: Wird das Irreale heraus- hinein- oder hindurchgesehen? Ich möchte die Ansicht aussprechen, dass es sich auch beim Naturschönen um eine Transparenz handelt. Das Irreale ist Ausdruckseinheit der Sache selbst, ihr Ausdruckswesen, irreal nur deshalb, weil die Einheit der Momente nur durch ideierendes Herausheben zu ermitteln ist.

BOSSE: Nicht auf Realität oder Irrealität des Transparierenden kommt es an, sondern darauf, dass etwas an der Sache zusätzlich erscheint, was nicht an ihr ist. Z. B. beim Anblick des Meeres die Unendlichkeit. Es handelt sich also nicht darum, ob das Meer als reales unendlich ist. Dieses Zusätzliche, das Durchscheinende, kann sowohl real wie irreal sein – das ist hier irrelevant.

THIEL: Frau Homann meint die Ausdruckseinheit der Sache, Fräulein Bosse zusätzlich angeregte Begleitvorstellungen.

HOMANN: Die Ausdruckseinheit ist gerade in den Begleitvorstellungen, z. B. die Unendlichkeit beim Meer. Sie meint nicht die reale Unendlichkeit. Ob es sie eigentlich gibt oder nicht, ist noch eine ganz andere – metaphysische – Frage.

BOSSE: Die Unendlichkeit kommt wohl nicht dem Meer zu, doch diese Begleitvorstellung braucht inhaltlich nichts Irreales zu sein. Doch ob sie eigentlich inhaltlich Reales oder Irreales meint, ist ja hier ganz unwichtig.

HARTMANN: Es besteht keine grundsätzliche Differenz der beiden Anschauungen. Doch der Ausdruck „irreal" ist für das Erscheinen am Realen sehr charakteristisch und darum festzuhalten. Die Realität des inhaltlich Erscheinenden ist völlig gleichgültig. Mit der Transparenz beim Naturschönen verhält es sich nun so, dass das Irreale hineingesehen wird, weil, am Beispiel gesehen, das wirklich geschaute Meer kein unendliches ist. Die Transparenz ist jedoch in gewisser Weise abhängig von der Fundierung. Das Transparierende, das Irreale, braucht nicht schon unbedingt ein ideales Sein zu haben. Es könnte ja z. B. auch ein Wunschtraum sein.

PAPE: Es scheint mir gewagt, im Ästhetischen von richtig – unrichtig zu reden. Es wäre jetzt Aufgabe, zu bestimmen inwiefern es solche Richtigkeit gibt oder nicht.

HOMANN: Die einzelnen Bestimmungen des Irrealen, z. B. „Unendlichkeit", „Weite" beruhen auf Hilfsstellung des Verstandes, die er dem Gefühl gibt. Denn das Gefühl, in Bezug auf das eingespannt wird, erfasst hier eigentlich. Doch für sich selbst ist es ausdrucksunvermögend. Die Hilfsvorstellungen des Verstandes aber sind bei jedem verschieden.

BOSSE: „Hübsch", „nett" als Bezeichnungen für das weit sich ausdehnende Meer sind unrichtig.

HOMANN: Man sollte erst „ideal" und „irreal" unterscheiden. Das Irreale ist nicht gegeben, das Ideale gehört einer Seinssphäre an.

HARTMANN: Es gibt viele Arten von Irrealem. Auch Irreales kann Richtigkeit im ästhetischen Sinne bei sich führen. Hier liegt übrigens ein guter Ansatzpunkt für die Diskussion.

BOSSE: Meiner Ansicht nach trifft von den von Frau Homann in Vorschlag gebrachten Termini gerade der des Hindurchsehens das Verhältnis der Transparenz.

HARTMANN: Hindurchsehen ist es in jedem Fall, gleich ob hinein- oder herausgesehen wird. Mir aber scheint das Hineinsehen doch zutreffender. Z. B. ist doch die Uferlosigkeit des Meeres kaum positiv zu nehmen (Horizontbegrenzung).

BOSSE: Wenn wirklich ein Hineinsehen vorliegt, dann gibt es keine Richtigkeit. Es ist dann Beliebiges möglich hineinzusehen.
HARTMANN: Das Fehlen des Ufers ist doch in gewisser Weise gegeben. Insofern ist das Hineinsehen nicht beliebig.
WEIN: „Der ästhetische Gegenstand ist nicht in der Sache, er steht hinter der Sache." Was ist er dann aber, wenn er doch irgendwie der Sache zugehört?
PAPE: Es steht kein ideales Sein dahinter. Die Sache ist blosser Anlass. Das war bereits zugegeben.
BOSSE: Es ist nur zugegeben, dass der ästhetische Gegenstand nicht zur Sache gehörig ist, dagegen nichts über die Art seines Seins oder Nichtseins.
WEIN: Die Sache ist irgendwie leitend für den Aufbau: Was heisst dann hinter der Sache?
HARTMANN: Im Horizontphänomen (beim Meer) liegt doch das Ins-Unendliche-weitergehen: das kommt zur Sache hinzu. Oder am Beispiel der Möwe: was bei der Möwe selbst Ausschauen nach Futter ist, erscheint mir als glückhaftes schweben. Also kommt etwas hinzu.
GÖHRE: In der Sache liegt ein Hinweisen. Wir müssen mitgehen, dem Hinweis folgen, dann kommt der ästhetische Gegenstand zustande.
WEIN: Die Vorbestimmtheit der Richtung hat aber Grenzen. Es ist verschiedene Beurteilung möglich trotz gewisser Einmütigkeit im Schönfinden.
BALLAUFF: Nach Herr Chen gibt es doch überhaupt keine Richtigkeit im ästhetischen Urteil.
CHEN: Unrichtiger Einbau und Irrtum sind grundsätzlich verschieden. Die Unmöglichkeit des Irrtums involviert noch nicht die des ästhetisch unrichtigen Aufbaus.
BALLAUFF: Was ist dann aber ästhetische Richtigkeit? Es kann sich hier noch nicht um die Adäquatheit einer Wertantwort handeln, da wir es noch gar nicht mit Wert zu tun haben. Aber es gibt doch eine Angemessenheit der Schau für das Gegebene.
HARTMANN: Angemessen wem?
BALLAUFF: Dem Fundament für den Aufbau des ästhetischen Gegenstandes, der Sache selbst.
HARTMANN: Unrichtig wird aufgebaut, wenn beim Meer (mit Horizontphänomen) ein glückhaftes Schweben und bei der Möwe eine Unendlichkeit ergänzt wird.
FRITZEN: Ein anderes Beispiel: das aufgewühlte Meer wird „wütend" gefunden. „Niedlichkeit" wäre ein falsches ästhetisches Urteilen. „Wut" aber meint hier nicht Eigenschaft der Sache[,] sondern nur Richtigkeit in *Bezug auf* die Fundierung.
PAPE: Ich möchte fragen, wie weit die Anlässe in der Sache zwingend sind für den Aufbau des ästhetischen Gegenstandes.

WEIN: Die Leitung durch die Sache im Aufbau des ästhetischen Gegenstandes lässt verschiedene Geschmacksrichtungen zu. Jetzt sind wir aber schon so weit, nach den Werten zu fragen. Was hat es mit dem Schönen auf sich? Hängt es am Hinzugefügten? Oder an der Kongruenz im Hinzufügen? Oder noch an Drittem?

HARTMANN: Von Angemessenheit zu reden[,] ist gefährlich. Denn immer findet ein Hinausgehen in ein anderes Bild statt, ins Anthropomorphe. Dieses andere Bild kann sich reibungslos anfügen oder auch nicht: nur im ersten Falle kann man von ästhetischer Richtigkeit sprechen. Doch gibt es mehrere Möglichkeiten solcher reibungslosen Anfügung; man kann in mehrere Bilder hinausgehen, von denen jedes den Anspruch auf ästhetische Richtigkeit machen kann. So z. B. sprechen die Finnen bei sich von den toten Seen. Mir selbst erschienen sie viel eher heiter. Ästhetische Richtigkeit hängt nur daran, ob man, vom Wahrnehmungsbild ausgehend, konsequent ergänzt. In diesem Fall sind also beide Urteile ästhetisch gleich richtig.

Manuskript, Was sind ästhetische Werte? V. Sitzung, Adam, Ballauff, Bosse, Fritzen, Göhre, Hartmann, Homann, Kogon, Pape, Thiel, Yü, 1940-02-09, Berlin

Sitzung vom 9. 2. 1940[a]
Vorsitz: Thiel
Protokoll: Frau Homann

THIEL: An der bisherigen Diskussion ist die Methode der Beispielbeibringung zu kritisieren. Man verwandte die Beispiele, ohne vorher geklärt zu haben, ob es sich in ihnen um ästhetische Urteile oder Urteile ganz anderer Art handelt. Das spezielle Wesen des Ästhetischen ist an diesen Beispielen garnicht erörtert worden.

BALLAUFF: Die Frage nach dem eigentlich ästhetisch Relevanten in den Beispielen führt uns auch in Richtung auf den ästhetischen Wert, der unser Thema ist. Was sind das für Werte, die in der ästhetischen Beurteilung hervorgehoben werden?

FRITZEN: Was soll ästhetisches Beurteilen heißen? Handelt es sich hier wirklich um den Vollzug eines Urteils oder nur um eine sprachliche Verlautbarung eines Eindrucks?

ADAM: Thiels Angriffe gegen die Diskussionsart, treffen nicht die Beispiele, die wir diskutiert haben. Unsere Beispiele waren die Unendlichkeit des Meeres u. das

---

[a] Sitzung vom 9. 2. 1940] *mittig; danach mit rotem Bs auf dem oberen Rand rechts:* V.

Schwingende des Möwenfluges; beides waren Beispiele für ausgesprochen ästhetische Phänomene u. wurden auch als solche erörtert.

BALLAUFF: Wichtig ist die Frage: Was ist das eigentlich Ästhetische in solchen Urteilen?ᵃ Wenn sich z. B. am Horizont die Wolken türmen zu eigentümlichen Gebilden, die man bald als „Schneeberge", bald als „liegende Gestalt", bald als „Landschaft" auffassen kann, was ist daran noch *ästhetisches* Urteil, was ist hier das eigentlich ästhetische Phänomen? Ferner: Was wird als ästhetisch wertvoll empfunden? Ist das Prädikat des Totseins der finnischen Seen nicht doch gerade ästhetisch relevant?

PAPE: Es gibt Urteile, die so in dem subjektiven Gefühl verwurzelt sind, daß sie nicht mehr als ästhetische zu werten sind. Wenn z. B. das Meer den Eindruck der Traurigkeit macht, weil der Mensch, der es so empfindet zur Schwermut neigt, so liegt hier kein ästhetisches, sondern ein bloß subjektiv bedingtes Urteil vor.

ADAM: Das Gewicht liegt bei dem Problem der Angemessenheit oder Unangemessenheit im ästhetischen Schauen. Ist in Ballauffs Beispiel von den getürmten Wolken das Heraussehen einer „liegenden Gestalt" im ästhetischen Sinne angemessen oder nicht angemessen?

THIEL: Ist Richtigkeit, beziehungsweise Angemessenheit schon gleich Schönheit? Liegt also in der *konsequenten Ergänzung* der ästhetische Wert oder liegt er im Hinzugefügten, dem, was auf Grund des Wahrnehmungsbildes ergänzt wird?

HARTMANN: Der ästhetische Wert hängt weder am Wahrgenommenen noch am Herausgesehenen, sondern an *beiden*. Er hängt an dem Erscheinungsverhältnis des Herausgesehenen in einem Wahrgenommen. Dasselbe Verhältnis ist im künstlerischen Gegenstand leichter zu fassen, als beim Naturgegenstand, da bei jenen der heraussehbare Gehalt schon *objektiviert* ist in einem Äußeren, im Marmor, Farbe, Wort u. Ton. Das macht das Verhältnis greifbarer.

Wir wollen jedoch nicht auf das Kunstschöne eingehen, da sich dasselbe Verhältnis auch beim Naturschönen findet. Das, was man „Formwerte" genannt hat, sind vorwiegend Erscheinungswerte, also ästhetische Werte. Sie hängen beim Naturschönen mehr an einem *zufälligen* Verhältnis, während sie beim Kunstschönen an einem *fixierten* Verhältnis hängen.

Wir wollen uns an die *Wortbezeichnungen* halten. Dazu müssen wir solche Ausdrücke heranziehen, aus denen man heraushören kann, welche spezifisch ästhetischen Werte trotz mannigfacher anderer Momente in dem Prädikat enthalten ist. Ich nenne das „Reizende", „Liebliche", „Anmutige", „Niedliche", Faszinierende, Erschütternde, Komische, Witzige, Lächerliche, Amüsante, Tragische, (welches keine absolut ästhetische Bedeutung hat). Reine ästhetische

---

ᵃ Urteilen?] Urteilen.

Bezeichnungen sind diejenigen, die an das Künstlerische anknüpfen: das Dramatische, Malerische, Plastische. Ferner sind zu nennen das Lebensvolle, Eintönige, Bunte. Wie ist es mit dem Spannenden, z. B. dem Aufbau eines Konfliktes? Und wie steht es mit dem Lösungswort oder dessen Fehlen, wo man ihn erwartet? Ferner nenne ich die Werte des Harmonischen, des Aufbaues.

BALLAUFF: Zum Harmonischen kann man ergänzen das Symmetrische. Wo beginnt das Symmetrische nicht mehr ästhetisch, sondern gerade das ästhetische Verhältnis zerstörend zu wirken? Es gibt das Umschlagen des Ästhetischen in sein Gegenteil.

Die Ausdrücke „bizarr" u. „grotesk" kommen zweifellos aus der ästhetischen Sphäre her. Das Öde u. das Grausige aber sind zwei Charakteristika, die nicht unbedingt ästhetisch zu sein brauchen. Als was man sie bezeichnen soll, ist eine Frage. Dann nenne ich das Erhebende im Unterschied zum Erhabenen.

PAPE: Das Graziöse u. Elegante, z. B. im Möwenflug. Das Spielerische kann die Bezeichnung für ein ästhetisches Phänomen im positiven Sinne sein; es kann aber auch ästhetisch abwertend, also negativ gebraucht werden.

THIEL: Das Idyllische, Heroische, Prächtige, Melancholische.

GÖHRE: Alles, was mit Gestalt, Form, Ordnung zusammenhängt[,] hat ästhetische Prädikate in sich.

Frl. BOSSE: Die Beispiele ergeben, daß alle Prädikate ästhetische wertvoll u. ästhetisch wertwidrig sein können. Das gilt vor allem für die Extreme.

Was das Ästhetische als solches ist, das auszudrücken fehlt uns die Sprache; darum sind alle ästhetischen Prädikate Übertragungen aus anderen Sphären.

Frau KOGON: Tragisch und niedlich kann man nicht auf jede Sache anwenden. Das Prädikat ist abhängig von der Sache.

ADAM: Wann ist eine Bezeichnung, die einmal ästhetischen sein kann u. ein andermal nicht ästhetisch, ja ästhetisch wertwidrig, wann ist sie das eine oder andere? Wo liegt der *Maßstab* für die jeweilige Anwendung der Bezeichnung? Um ihn zu finden, müssen wir zurückgehen auf das Woher solcher Ausdrücke. Erst von der ursprünglichen Sphäre ihrer Hergenommenheit aus läßt sich sehen, ob sie zu Recht bestehen oder nicht, ob es sich um ästhetische oder nichtästhetische Ausdrücke handelt.

PAPE: Gegen Frau Kogon: Das Prädikat ist nicht abhängig vom Gegenstande, sondern *mit* dem ästhetischen Gegenstande baut sich das ästhetische Urteil auf.

Frl. KOGON: Man wird eine watschelnde Ente nicht elegant u. eine Möwe nicht watschelnd nennen können. Darin zeigt sich die Abhängigkeit des Prädikates vom Gegenstand.

PAPE: Ja; aber für den Vollzug eines ästhetischen Urteils ist nicht nur der Gegenstand, sondern noch eine subjektive Instanz wichtig, die den Gegenstand mit aufbaut.

Yü: Was macht das Wesen des ästhetischen Wertes aus? Wir haben dafür zwei Ansatzpunkte: *Erstens* die Wirkung auf unser Gefühl. *Zweitens*: Etwas Bestimmtes auf der Gegenstandseite, z. B. die Form; etwas, was sich vom Gegenstand her zeigt u. als ästhetisch wertvoll heraushebt.

Hartmann: Das ist eine genau gestellte Frage. Als 3. Punkt hebe ich außerdem noch hervor, daß das in uns ausgelöste Gefühl *bezogen* ist auf das am Gegenstande, was als ästhetisch wertvoll herausgehoben wird. Dieses am Gegenstande muss *dasselbe* sein, was durch das ästhetische Prädikat herausgehoben wird.

Frl. Bosse: Der letzte Punkt betrifft die Frage, ob es ein angemessenes Urteil ist oder nicht. Dagegen gibt es noch das Problem, das *verschiedene* Urteile über *dieselbe* Sache ästhetisch relevant sein können. So kann das Symmetrische „langweilig" und auch „schön" genannt werden.
Wir müssen die zwei Fragen voneinander trennen:
1. Wann handelt es sich um *ästhetische* Prädikate?
2. Wann sind sie angemessen?

Adam: Die Prädikate werden herausgefordert durch die Gegenstände.

Frl. Bosse: Wann ist ein Prädikat ästhetisch? Wenn es von einem schauenden Subjekt *eingebaut* wird in einen Gegenstand?[a]

Fr. Kogon: Die Empfänglichkeit für spezifische ästhetische Werte spielt eine Rolle. Die Landschaft wird zum ästhetischen Erleben nur für Menschen, die empfänglich für sie sind, die ein Empfinden haben für diesen spezifischen ästhetischen Wert dieser Landschaft.

Hartmann: Ich komme auf die Bezogenheit, als den Punkt 3, den ich an Herrn Yü's beide Ansatzpunkte anfügte, zurück. Ist die *Bezogenheit* der genannten zwei Punkte die *Voraussetzung* dafür, daß es sich hier um einen ästhetischen Wert handelt? Da haben wir erstens das Gefühl „lieblich", das etwa durch das Lächeln auf einem freundlichen Gesicht ausgelöst wird und zweitens die Bezogenheit dieses Gefühls auf etwas Bestimmtes, was am *Gegenstand* herausgehoben wird. Auf dieses Bestimmte allein u. nicht auf *beliebiges* anderes ist das Gefüge bezogen. An dieser Bedingung, die auf der Gegenstandsseite liegt, ist etwas Wesentliches.

Pape: Wenn die Bezogenheit eine so feste und bestimmte ist, kann man dann überhaupt noch *falsch* beziehen? Ist nicht durch den Aufbau des ästhetischen Gegenstandes in dieser Bezogenheit jede Möglichkeit des Falschbeziehens schon ausgeschlossen?

---

a Gegenstand?] Gegenstand.

HARTMANN: Wichtig ist hier, unter welcher *Bedingung* ein Wertprädikat stimmt. Die Bedingung liegt in der Bezogenheit des Gefühls auf etwas am Gegenstande, was nicht ein beliebiges ist.

PAPE: Dann wäre also die Bezogenheit ein *Kriterium* der *Richtigkeit* des Prädikates.

GÖHRE: Es handelt sich um die Bezogenheit des Gefühls zu einem in einem bestehenden Zusammenhang schon Herausgehobenen.

BALLAUFF: Es entsteht überhaupt kein ästhetischer Gegenstand, wenn es nicht schon *richtige* Bezogenheit ist.

BOSSE: Der ästhetische Gegenstand muss doch entstanden sein *vor* der Angemessenheit u. unabhängig von ihr. Sonst könnte es ja garkeinen Spielraum für die Geschmacksrichtungen geben. Erst innerhalb dieses Spielraumes, den der ästhetische Gegenstand zuläßt, spielt die *Angemessenheit*, die *Richtigkeit* der Prädikate eine Rolle, nicht aber beim Aufbau des ästhetischen Gegenstandes.

PAPE: Liegt das Kriterium der Richtigkeit im Nachvollziehenkönnen oder liegt es im Gegenstande?

HARTMANN: Die Gültigkeit für jedermann ist auch ein Kriterium.

BALLAUFF: Herr Adam hatte richtig bemerkt: Die Prädikate werden von der Sache gefordert. Jede Sache läßt nur einen kleinen Spielraum für die Anwendung der Prädikate. Es gibt immer nur wenige Prädikate, die einer Sache zukommen können.

Der Aufbau des ästhetischen Gegenstandes vollzieht sich nur, wenn die Angemessenheit schon erfüllt ist. Der ästhetische Gegenstand ist das Resultat eines Ineinanderspiels der beiden Beziehungsglieder.

Der ästhetische Wert ist etwas, das *in* und *hinter* dem so aufgebauten ästhetischen Gegenstand *erscheint*. Grazie gibt es nicht in und an der Sache, sie wird nur durch die Sache *sichtbar* als *Wert*. Lieblichkeit ist etwas, was hinzutritt zu der Sache. Ein ganzes Wertreich taucht so *hinter* den Gegenständen auf.

ADAM: Jetzt sieht es so aus, als würde das Prädikat von *mir* aus an die Sache *herangetragen*. Aber *warum* finde ich gerade den Ausdruck „Lieblichkeit" für die Sache? Das Liebliche liegt in der Sache, z. B. in der Landschaft. Die Struktur der Landschaft *bringt* mich auf den Ausdruck „lieblich" als ästhetischen Wert. Der ästhetische Wert besteht in der Beziehung zwischen Ausdruck u. Gegenstand.

PAPE: Wert ist etwas, was dem fertig aufgebauten Gegenstande *als solchem* nicht zukommt.

Frl. BOSSE: Was ist ein ästhetisches Urteil? Wir haben folgende Urteile:
1. Das Meer ist groß: kein ästhetisches, sondern ein Erkenntnisurteil
2. Das Meer ist[a] beschwingend: kein ästhetisches Urteil
3. Das Meer ist niedlich: ein ästhetisches Urteil, aber unrichtig eingebaut.

---

a Das Meer ist] *durch 2–4 Wiederholungszeichen angegeben*

4. Das Meer ist unendlich: hier sind alle Bedingungen für ein ästhetisches Urteil erfüllt, auch die Angemessenheit.

Die Frage: Kann man Punkt 3 noch ein ästhetisches Urteil nennen?
HARTMANN: Es tritt auf mit dem Anspruch, ein ästhetisches Urteil zu sein, ist aber ein Fehlgehen.
BALLAUFF: Der Spielraum für die Anwendung ästhetischer Prädikate ist eben von der Sache her begrenzt.
GÖHRE: Herr Ballauff sagte, der ästhetische Wert ist etwas *neben* dem ästhetischen Gegenstande. Das ist unrichtig. Der ästhetische Wert ist etwas der Sache Anhängendes.
BALLAUFF: Ob der Wert ein von der Sache *unabhängiges* Bestehen hat, davon war nicht die Rede.
HARTMANN: Ästhetische Werte haben ein Bestehen, das nicht an den Einzelfall gebunden ist; sie sind allgemein, wie alle Werte. Doch diese Frage ist noch zurückzustellen. So wie Ballauff das Verhältnis von Wert und Wertträger charakterisierte, ist es wohl anzuerkennen für Güterwerte, sittliche Werte u. s. w., aber nicht für ästhetische Werte. Ästhetische Werte sind etwas Spezielleres. Sie kommen nur *einem* Gegenstande zu. Ästhetische Werte sind in diesem Sinne individualisiert.
Ein Beispiel: Das Gedicht „Der König von Thule". Was steht hinter dem geschilderten Vorgang? Eine ganze Jugendliebesgeschichte steht unausgesprochen dahinter. Und was dem Gedicht seinen Wert gibt, ist eben dieses Transparenzverhältnis, daß das Nichtausgesprochene durch das Ausgesprochene klar hindurchleuchtet. So, *wie* das hier geschieht, ist es ein zweites mal nicht zu erreichen. Der ästhetische Wert ist der Wert dieses einen ästhetischen Gegenstandes. Der spezifische ästhetische Wert ist nicht noch einmal *neben* der Sache da. Er ist nur *mit* ihr und ohne das Gedicht wäre dieser ästhetische Wert garnicht zu fassen. Individualität ist das Spezifische der ästhetischen Werte. Stilwerte sind nicht die vollen ästhetischen Werte.
THIEL: Abschließend wäre jetzt also für die weitere Diskussion die Frage zu stellen: Wie stehen diese Werte zu den Stilwerten? Und welche Rolle spielt das „Schöne" als[a] der „allgemeinste" ästhetische Wert?
HARTMANN: Die Frage nach den Stilwerten wäre noch zurückzustellen.

---

a als] als als

Typoskript, Was sind ästhetische Werte? VI. Sitzung, Adam, Ballauff, Bosse, Göhre, Hartmann, Homann, Kogon, Pape, Yü, 1940-02-16, Berlin

16. Februar 1940[a]
Vorsitz: Fr. Homann
Protokoll: Fr. Kogon

Fr. HOMANN: Ich möchte auf die letzte These Herrn Professor Hartmanns zurückkommen, daß der ästh[etische] Wert einem besonderen Gegenstand zukomme, einem individualisierten. Wenn auch das Prädikat lieblich auf viele Gegenstände zutreffen kann, so unterscheidet sich doch die Lieblichkeit der einen Landschaft von der einer anderen oder von der eines Gesichtes. Ebenso in der Kunst. Schönheit und Schlichtheit liegen sowohl im König v[on] Thule wie in „Ueber allen Gipfeln", zeichnen auch den Knaben im Moor der Droste aus. Inwieweit kommt ein allgemeines Prädikat schön allen schönen Gegenständen als ein gemeinsames zu, und inwieweit ist Schönheit ein spezifisches Wertprädikat eines einmaligen Gegenstandes.

ADAM: Sind Lieblichkeit und Schönheit gleichbedeutend mit Werten?

Fr. HOMANN: Sie sind Wertbezeichnungen. Man muß unterscheiden zwischen Wertbezeichnungen und den eigentlichen Werten.

BALLAUFF: Warum soll ein Unterschied bestehen zwischen dem Wert der Schlichtheit, Anmut und Lieblichkeit und dem der Güte, Stärke, Unschuld, also rein sittlichen Werten oder Güterwerten, die neben den Gegenständen, an denen sie erscheinen, bestehen, während die ersteren nicht unabhängig vom Gegenstand existieren? Auch die ethischen Werte werden jedesmal anders verwirklicht.

HARTMANN: Wenn ich von einer Handlung sage, daß sie heroisch, mutig oder rücksichtsvoll ist, treffe ich damit etwas Wesentliches an der Handlungsweise, worüber hinaus ich nicht zielen will. Aber wenn ich von einem Rembrandt'schen Portrait sage, es ist malerisch[,] treffe ich viel Komplizierteres und kann es auf keine Weise aussprechen. Hinweis auf das Dunkel, das Fehlen genauer Konturen, die verschwimmenden Formen und dadurch menschliche Eigenart durchblicken zu lassen, bilden noch keine Wertprädikate, deuten nur Inhaltliches an, woran sie haften sollen. In der Ethik liegt der Nachdruck auf den allgemeinen Werten, in der Kunst auf hochindividualisierten Einzelwerten.

Frl. BOSSE: Gerechtigkeit in einem Verhalten ist etwas, worüber man nicht streiten kann. Streiten ließe sich nur über ihre Ranghöhe im Verhältnis zu anderen Werten. Es besteht ein Unterschied im Verhältnis der Gerechtigkeit in verschie-

---

[a] 16. Februar 1940] *auf der rechten Seite; danach mit rotem Bs auf dem oberen Rand rechts:* VI.

denen Situationen gegenüber der Schönheit, dem Malerischen und Lieblichen an verschiedenen Gegenständen.

ADAM: Könnte Herr Ballauff nicht seinen Einwand am Naturschönen klar machen?

Frl. PAPE: Das Liebliche eines Gesichtes ist schwer vergleichbar dem Lieblichen einer Landschaft. Das Prädikat lieblich als Hilfsmittel der Verständigung will gerade das Individuelle charakterisieren.

YÜ: Liegt es im Wesen des ästh[etischen] Wertes, daß er nur einmal auftreten kann, oder kann ein anderer Künstler in anderem Material denselben Gegenstand mit gleicher ästhetischer Wirkung darstellen?

BALLAUFF: Zugegeben in der Ethik liegt der Nachdruck auf dem Allgemeinen, in dem Aesthetischen auf dem Individuellen, kann es nicht trotzdem auch im Aesthetischen den Allgemeinwert der Schlichtheit usw. geben? Vielleicht gewinnt die Schlichtheit für uns die Bedeutung eines ästhetischen Wertes, weil noch ein Allgemeinwert der Schlichtheit dahinter steht. Die Individualität braucht dem ästhetischen Allgemeinwert nicht auszuschließen.

Frl. BOSSE: Dagegen spricht, daß allgemeine Werte wie Schlichtheit an einem andern Werk nicht ästhetisch wertvoll zu sein brauchen. Sie werden erst ästhetisch bedeutungsvoll in einer individuellen Entsprechung.

BALLAUFF: Was für Wertklassen sind Schlichtheit, Lieblichkeit usw.? Sind es nur Abstraktionen, die wir aus dem individuellen Wert herausziehen? Wir sprechen doch (davon) genau so von ihnen[a] wie von Güte etc.

HARTMANN: Herr Ballauff meint, Werte müßten noch irgendwo neben werttragenden Gegenständen sein. Das ist auch bei anderen Werten nicht der Fall. Auch sittliche können nur an menschlichem Verhalten vorkommen. Wie sich das mit dem Ansichsein der Werte verträgt? Es hat nichts mit idealem Sein zu tun, heißt nur, daß es unabhängig vom menschlichen Dafürhalten besteht. Ebenso wie beim Erkenntnisgegenstand Ansichsein nur bedeutet, unabhängig vom menschlichen Erkennen. Will man behaupten, daß Werte und Unwerte noch wo anders vorkommen als an werttragenden Gegenständen, als Wertwesenheiten, so muß man eine Seinsstufe für sie schaffen und nachweisen. Es gibt allgemeine Wertcharaktere, Wertmomente, sie treten aber isoliert niemals auf. Alles kommt an auf den Zusammenhang, in dem sie auftreten. Auch Kitsch kann lieblich (süß) sein. Das Liebliche wirkt in ihm aber nicht als ästhetischer Wert.

GÖHRE: In einem Gegenstand können verschiedene Wertprädikate auftreten. Es wäre zu untersuchen, ob sie sich zu einem Gesamtwert zusammenfügen, ein allgemeines Wertprädikat ergeben können, das auch anderen Gegenständen zukommt aber in anderer individueller Nuancierung.

---

a von ihnen] *hs über der Zeile eingefügt*

ADAM: Wenn ethische Werte auch nicht losgelöst von konkreten Fällen existieren, wie ist dann das Phänomen zu erklären, daß ich fühle, etwas tun zu müssen? Wenn sowohl ethische wie ästhetische Werte nur in besonderen Fällen gegeben sein können, so[a] würden sie sich also in ihrer Seinsweise nicht voneinander unterscheiden?

Frl. PAPE: Hinsichtlich der Wertklassen wollte ich Herrn Ballauff fragen: Einen Unfall auf der Straße können wir erschütternd nennen. Eine gleiche Nuance in meinem Eindruck erschütternd muß auch bei einem ästhetischen Erlebnis mitschwingen.

BALLAUFF: Es wäre möglich, daß eine spezifische Zusammensetzung allgemeiner Bestimmungen das Individuelle ausmacht. Dieses würde einen bestimmten ästhetischen Wert noch einmal repräsentieren. Allgemeine Bestimmtheiten könnten also vorhanden sein und daneben der ästhetische Wert im Einzelnen[b] auf Grund der spezifischen Konstellation des Allgemeinen.

Frl. PAPE: Das Individuelle liegt in der hochgradigen Komplexheit, nicht in der Konkretisierung allgemeiner Bestimmungen. Vorherrschende Nuancen werden herausgehoben, die in ihrer Isolierung keinen ästhetischen Wert darzustellen brauchen, der ergibt sich erst aus der komplexen Wirkung.

HARTMANN: Das Erschütternde und der ästhetische Wert des Erschütternden ist nicht identisch. Es gibt auch Tragisches im Menschenleben, welches das Leben unleidlich machen kann. Es widerspricht unserem sittlichen[c] Empfinden. Der dramatische oder musikalische Wert des Tragischen ist[d] etwas anderes. Schwierigkeit bei allen Wertbezeichnungen, daß sie ursprünglich Realverhältnissen zugeordnet waren. Daher ist die große Zahl der ästhetischen Wertbezeichnungen falsch bis auf das Malerische und Dramatische, die schon Kunstverhältnissen entnommen sind.

Zur Klarstellung der Seinsweise des Allgemeinen. Es überdeckt sich auf allen Gebieten, auch im Ontischen, in der Realsphäre, mit dem Individuellen. Auch die Naturgesetze existieren nicht noch einmal neben den Raumverhältnissen. Eine andere Allgemeinheit gibt es im Ontischen nicht, dies ist auch gültig für die Werte. Was wir im Leben ethische Werte nennen, sind gemeinsame Wertzüge, die am menschlichen Handeln auftreten oder ausbleiben können. Wir abstrahieren sie aus den Handlungen, isoliert treten sie niemals auf. Bei den ästhetischen Werten kommt es nicht essentiell auf sie an, es bleibt immer ein Herantasten von außen, selbst wo es sich um Stilarten handelt. Von hier

---

a so] *hs eingefügt*
b Einzelnen] einzelnen
c sittlichen] sittlichem
d ist] *hs über der Zeile eingefügt*

aus wäre das Verhältnis von allgemein und individuell zu interpretieren. Der spezifische Wertcharakter ist individuell, was nicht hindert, daß allgemeine Wertmomente in dem erwähnten Sinne sichtbar werden, die verschiedenen Gegenständen anhaften können, wie Naturgesetze auch nicht isoliert vorkommen. Auch in der Ethik nicht so zu deuten, daß es Vorbestehen der Wertnuancen gibt. Die Kombination nicht eine solche ewiger Wertgehalte, aus denen sich spezielle zusammensetzen. Trotzdem wahr, daß sie immer wieder aus ihnen heraus- zu analysieren sind. Die wirklichen ästhetischen Werte sind es nicht, die wir mit allgemeinen Wertmomenten bezeichnen, immer schon komplexe. Die allgemeinen wirken für sich noch nicht als ästhetische Werte, vielleicht sind sie es auch gar nicht als solche.

BALLAUFF: Realiter[a] bestehen sie nicht daneben aber idealiter. Realiter sind sie an den Dingen oder künstlerischen Gegenständen. Ließe sich für die Seinsweise des Allgemeinen im Unterschied zum realen Sein der Terminus ideales Sein einführen?

Frl. BOSSE: Allgemeine Momente wirken noch nicht ästhetisch und sind es auch nicht. Ohne Individuation bleiben die ästhetischen Werte unerfüllt. Wenn jemand jedoch recht handelt oder recht empfindet, erfüllt er damit auch schon den Wert der Gerechtigkeit. Ein Gesicht kann aber alle Vorbedingungen haben, um schön zu sein: regelmäßige Züge, reine Haut, schöne Augen, es kann rassisch sein, trotzdem kann es ihm an Reiz fehlen, ohne ein negatives Prädikat zu verdienen. Einer Summe einzelner Werte kann noch das individuelle ästhetische Moment fehlen.

Frl. PAPE: Ich wollte gerade das Erschütternde vom Wert des Erschütternden unterscheiden. Es muß erst ästhetisch empfunden werden. Das Spezifische liegt in der Komposition, nicht in der Summe.

Fr. HOMANN: Man muß unterscheiden zwischen Prädikaten, die nicht absolut ästhetisch sind und solchen, die noch der ästhetischen Sphäre angehören.

Frl. BOSSE: Der ästh[etische] Wert baut sich aus seiner Anzahl von Bestimmungen auf, die nicht aus dem ästhetischen Bereich zu stammen brauchen.

GÖHRE: Ideales Sein der Werte nur bedingt gültig. Auch von ästhetischen Werten ein Allgemeines ablösbar wie bei ethischen, im Hintergrund aber die ästhetische Haltung, welche[b] die Konkretisierung herbeiführt.

HARTMANN: Wenn man Werten ein ideales Sein zuschreibt, kommt alles darauf an, was man darunter versteht. Es ist kein Sein ohne Bezüge zu bestimmten Objekten, zu spezifisch ästhetischen Haltungen. Ideales Sein läßt sich nur

---

a Realiter] realiter
b welche] *hs über der Zeile eingefügt*

behaupten, indem man diese Bezüge mit einbegreift. *So*[a] ist er ein sehr unschuldiger Ausdruck, der nichts Neues hineinträgt. Er bedeutet nur: Unabhängigkeit davon, ob ich oder ein anderer imstande ist, für ein bestimmtes Kunstwerk die entsprechende ästhetische Haltung aufzubringen. Aber der Kunstverständige sieht noch etwas anderes, und die Sache hat – als voller ästhetischer Gegenstand verstanden, – doch seinen spezifischen ästhetischen Wert. Ideales Sein bedeutet also heraushebbare Allgemeinheit, nicht Isoliertsein von Einzelerscheinungen. Wir müssen nur wissen, daß wir eine Abstraktion vollziehen, aber den Wert als spezifischen meinen, der ohne Abstraktion besteht.

Frl. PAPE: Daß das Erschütternde erst zum Erschütternden wird im ästhetischen Gegenstand, macht die Abhängigkeit vom Gegenstande deutlich.

HARTMANN: Im Aesthetischen ist das Verhältnis zum Allgemeinen viel schwerer zu fassen als in anderen Verhältnissen, weil der Bezug zu einer bestimmten menschlichen Einstellung unablöslich damit verbunden ist. Dies gilt wieder allgemein, gleichgültig gegen Zeit und Umstände. Die spezifische Momente auffassende Haltung muß da sein. Der Genuß der Schönheit eines Gedichtes hängt an der inneren Vergegenwärtigung dessen, was durch das in den Worten Ausgesprochene hindurchleuchtet. Dies ist nicht der ästhetische Wert, aber von ihm ist er abhängig. Die auffassende Einstellung Notwendigkeit für jeden, für den dieser Gegenstand in seiner Ganzheit (Vielschichtigkeit) da ist.

Fr. HOMANN: Es bestehen noch immer zwei Meinungen nebeneinander: Die Konstellation des Allgemeinen im Individuellen macht das Aesthetische aus, und dagegen: der Tatbestand und dessen Spezialisierung macht den ästh[etischen] Wert aus. Aus dem Tatbestand löst sich das Allgemeine erst langsam ab.

Frl. BOSSE: Die Konstellation des Individuellen[b] kann nicht in Summierung von Allgemeinem bestehen, sonst wäre es leicht, einen Künstler zu kopieren und damit einen vollen ästh[etischen] Wert zu realisieren. Eine Nachahmung Hamsuns in sprachlichen Momenten und im Aufbau erreicht trotzdem nicht seinen individuellen Wert. Nur in der höchsten Individualität des Gegenstandes wird der spezifische Wert realisiert.

HARTMANN: Meinen Sie Zusammensetzung eines Gesamtwertes aus Einzelwerten, die an kopierten Einzelwerten hängen?

Frl. BOSSE: Grade nicht. Der künstlerische Wert eines Hamsunschen Romans besteht nicht in der Häufung von einzelnen Momenten.

HARTMANN: Wenn man kopieren könnte, müßte es demnach darauf beruhen, daß sich ein Gesamtwert aus einzelnen Wendungen und Schilderungsweisen zusammensetzt. Sind nun die nicht kopierbaren Einzelheiten die Werte?

---

a *So*] hs unterstrichen
b Individuellen] Individuellen,

Fr. HOMANN: Wie die ästhetischen Wertmomente kombiniert sind, ist unnachahmbar.

Frl. PAPE: Das Wie liegt in der Art der Zusammensetzung, nicht in dem Einzelnen, es ist das Individualisierende und damit das Eigentliche dieses ästhetischen Wertes.

HARTMANN: Also durch Zusammenfassung aus allgemeinen Werten kann man keinen spezifischen ästhetischen Wert kombinieren, ihn nicht synthetisch herstellen. Das Positive daran ist eine gewachsene Einheit, die sich nicht kombinatorisch fassen läßt. Eine Werteinheit in tiefer Abhängigkeit von der Einheit des Werkes selbst. Jedenfalls ist dies ein Moment des ästh[etischen] Wertes, das eine Synthese aus ideenhaft allgemeinen Wertmomenten nicht zuläßt. Unter diesen Wertmomenten sind solche, die selbst noch keine ästhetischen Wertmomente sind, sondern erst in ihrer Zusammengehörigkeit mit einem spezifisch ästhetischen Gegenstand Wertcharakter annehmen. (z. B. Liebliche am Kitsch). Es ist nicht nötig, die Kombinationsfrage so zuzuspitzen, sie braucht nicht so ungünstig gedeutet zu werden.

Fr. HOMANN: Der individuelle Wert wird nicht zusammengesetzt, aber die Kombination als solche kann einen individuellen Wert ausmachen. Die allgemeinen Wertmomente gehören aber wesentlich dazu.

BALLAUFF: Die Kombination von allgemeinen Werten besteht, aber vom Künstler selbst wird eine Einheit herangetragen, und im Wie seines Kombinierens liegt ein neu hinzukommendes[,] spezifisches ästhetisches Moment, was die ästhetische Relevanz bewirkt. Außerdem brauchen die allgemeinen Werte, die verbunden werden, keine spezifisch ästhetischen zu sein, sie werden zu solchen erst in der bestimmten Zuordnung, wodurch ihre Anwendbarkeit auf andere Gebiete verloren geht, und sie auf das künstlerische Gebiet begrenzt werden. Das Bizarre, Groteske, Malerische, Plastische kann man von Hause aus als spezifisch ästhetisch ansprechen.

ADAM: Wir betonen das Subjekt zu sehr, das die Maßstäbe anlegt. Das Subjekt urteilt über allgemein und einzeln nach seinen Abstraktionen auf Grund von Erfahrungen an Gegenständen. Wir müssen fragen, ob wir betroffen werden vom ästhetischen Wert, der in der Sache schon da ist, ohne daß wir ihn zuerst in uns kombinieren. Wir haben bei den heutigen Ueberlegungen das Naturschöne zu wenig berücksichtigt. Gibt es eine ästhetische Kombination in der Sache, die mich anspricht, daß ich einen Wert fühle, ohne ihn vorher zu kombinieren?

Frl. BOSSE: Im Naturschönen ist die Kombination vorhanden. Im Aufbau des ästhetischen Gegenstandes vollzieht sich die Funktion zwischen Subjekt und Objekt. Der eigentlich ästhetische Wert des Lieblichen dieser oder jener Landschaft entsteht erst durch die Kombination der einzelnen Landschaftszüge.

Frl. PAPE: Die Frage von Herrn Adam ging dahin, wer der Wertträger ist. Dies ist der ästhetische Gegenstand, der im Zusammenwirken von Sache und ästhetisch Schauenden aufgebaut wird. Der Wert ist nicht mehr an der Sache zu suchen.

Frl. BOSSE: Beim Naturschönen scheint in der Tat die Individuation nicht die gleiche Rolle wie im Kunstschönen zu spielen. Das Naturschöne nähert sich hier mehr den sittlichen Werten, es kommt nicht so auf diese Stellung der Bäume, diese bestimmte Schwellung des Hügels an, in der Landschaft ist der allgemeine Wert schon erfüllter als beim Kunstschönen. Die Kombination des Naturschönen kann sich auch wiederholen, sie ist gleichförmiger, weil das formende Subjekt fehlt.

HARTMANN: Eine heitere Landschaft und eine andere unterscheiden sich inhaltlich. Die Lieblichkeit von einer hessischen Landschaft, einem Buchenwald oder einem märkischen See kann jedesmal eine sehr spezifische sein, die ich nicht mehr in Worten ausdrücken kann.

Fr. HOMANN: Die allgemeinen Werte sind also nicht speziell ästhetische, sondern sie spezifizieren sich nur auf das Aesthetische hin. Wie ist es aber mit dem allgemeinen Wert der Schönheit, der ein ausschließlich ästhetischer ist? Wie steht es mit dem Spielraum des allgemeinen Wertes für die Spezifikation?

Typoskript, Was sind ästhetische Werte? VII. Sitzung, Adam, Bosse, Chen, Fritzen, Hartmann, Homann, Kogon, Pape, Thiel, Yü, 1940-02-26, Berlin

Sitzung vom 26. 2. 1940.
Vorsitz[:] Kogon,
Protokoll[:]^a Fritzen.^b

KOGON: Auf Grund der Ergebnisse der letzten Sitzung schlage ich folgende Fragen zur Diskussion vor:
1. Wie verhalten sich bei einer ästhetischen Formung eines ethischen Gegenstandes die ästhetischen Werte zu den ethischen? Wie weit haften die ästh[etischen] Werte am Stoff, wie weit an der Form?
2. Wie verhalten sich ästh[etische]Werte zu eth[etischen]Werten und Unwerten und umgekehrt ethische Werte zu ästh[etischen]Werten und Unwerten?

---

a Sitzung vom 26. 2. 1940. Vorsitz[:] Kogon, Protokoll[:]] *in einer Zeile; darüber mit rotem Bs auf dem oberen Rand rechts:* VII.
b Fritzen.] *am Ende der darunterliegenden Zeile*

3. Sind ästh[etische] und eth[etische] Werte in gleicher Weise an denselben[a] wertenden Akt gebunden und wie sind sie in jedem Falle miteinander verknüpft?

Wer hat andere Vorschläge zu machen?

HARTMANN: Man hätte auch noch einmal die Frage von Herrn Yü aufgreifen sollen: Kann ein anderer Künstler denselben oder einen andern Stoff so behandeln,[b] dass ein gleicher ästh[etischer] Wert entsteht? Oder: können gleiche Werte an verschiedenen Gegenständen gleich realisiert werden?

HOMANN: Gibt es überhaupt viele ästh[etische] Werte und nicht nur den einen spezifischen Wert „schön", der seinerseits die besonderen ästh[etischen] Wertprädikate erst in die ästh[etische] Sphäre hineinzieht?

BOSSE: Es gibt unendlich viele hochindividualisierte ästh[etische] Werte, und zwar soviele, wie es ästh[etische] Gegenstände gibt.

HOMANN: Wir erwarten aber etwas bestimmtes vom Gegenstand, wenn wir an ihn ästh[etisch] wertend herantreten: Schönheit ist der einzige ästh[etische] Wert, der sich an *allen*[c] ästh[etischen] Gegenständen wiederfindet.

BOSSE: Man muss zwei verschiedene Bedeutungen des Wortes „schön" unterscheiden. 1. „Schön" im Sinne von „klassisch-schön, wohlgefällig, reizvoll". In dieser Bedeutung ist Schönheit wieder ein bestimmter unter mehreren Werten. 2. „Schön" soviel wie „ästhetisch wertvoll". Dies ist die von Frau Hohmann gemeinte Bedeutung.

HARTMANN: Schön ist ein Rembrandtsches Altersportrait, schön ist eine Es-dur-Fuge aus dem wohltemperierten[d] Klavier von Bach. Diese Werke sind aber so verschieden voneinander, dass man das Schöne in ihnen als gleichartig nicht fassen kann. Bei dem Portrait steht hinter dem Kunstwerk noch ein Gegenstand, bei der Fuge nicht.

HOMANN: Schönheit ist die höchste Erfüllung der ästh[etischen] Forderung, also auch der allgemeinste ästh[etische] Wert.

HARTMANN: Schönheit ist zwar der allgemeinste ästh[etische] Wert, aber trotzdem nicht etwa aus den speziellen ästh[etischen] Werten durch Abstraktion gewonnen. Denn das Schöne ist ja auch nicht in allen Fällen ein Gleiches, sondern es stuft sich ab, es gibt Grade der Schönheit. Wir stossen im Problem des Schönen auf einen grossangelegten Apriorismus.

---

a denselben] *hs berichtigt:* den
b behandeln] *hs eingefügt für gestrichen:* Behandlen
c allen] *gesperrt*
d wohltemperierten] Wohltemperierten

CHEN: Schönheit ist nicht die höchste und letzte[,] sondern die erste und elementarste Erfüllung der ästh[etischen] Forderung, weil nämlich der differenzierte Wert eo ipso höher ist als der allgemeine,

HARTMANN: Die Bemerkung von Herrn Chen ist sehr geistreich. Aber es liegt hier eine ähnliche scheinbare Antinomie vor, wie wir sie auch ontologisch fassen können als die Antinomie der Individualität. Individualität ist dasjenige, das jeden einzelnen Menschen zum unverwechselbaren, eigenartigen Individuum macht, aber auch wiederum dasjenige, das allen Individuen gemeinsam ist. So ist auch Schönheit einerseits gerade das im einzelnen Fall Individualisierte, andererseits das Allgemeine *in*[a] allem Schönen.

BOSSE: Von einer Komödie können wir nur uneigentlich sagen, sie sei schön. *Wenn*[b] wir es sagen, so bedeutet das: die Komödie fällt in der Skala der ästh[etischen] Werte über den Nullpunkt. Höchste Erfüllung wäre bei der Komödie das Zusammentreffen aller spezifischen Werte, die einer Komödie zukommen können; also: Witz, Geist...etc.

THIEL: Es gibt bei dem Schönen selbst auch noch Unterschiede. Nehmen wir z. B. ein Regerlied und einen protestantischen Choral. Beide mögen vollkommen schön sein. Trotzdem kann ich das Regerlied ästh[etisch] vorziehen, etwa darum, weil ich die im Choral sich ausdrückende Religiosität nicht schätze.

YÜ: Furtwängler hat in einem Vortrag von einer Rundfrage berichtet, in der die bedeutendsten Musiksachverständigen nach dem besten musikalischen Werk gefragt wurden. Die meisten Stimmen bekamen nicht die Meistersinger oder[c] die 9. Symphonie, sondern Carmen. F[urtwängler] sagte dazu: wenn es auf Geformtheit und Eleganz ankommt, so verdient Carmen den Preis, nicht aber, wenn Kraft des Aussagens und Ausdrucks gefordert ist. – Man kann Kunstwerke mit ganz verschiedenen Maßstäben messen. Ein Werk kann also schön sein und braucht mir dennoch nicht zu gefallen.

BOSSE: Man kann nicht sagen: dies ist schön, aber es gefällt mir nicht. Es gibt eine Rangordnung der ästh[etischen] Werte. Wenn etwas vollkommen niedlich ist und anderes vollkommen grossartig, so zweifeln wir nicht, dass das Grossartige höher steht.

THIEL: Diese Rangordnung ist aber subjektiv. Dem einen steht das Liebliche, dem anderen das Grossartige höher.

HARTMANN: Es wird hier von Wohlgefallen in zweierlei Sinn gesprochen. 1. Ich halte dies und dies für schön, 2. Das Inhaltliche eines Bildes ist mir sympathisch, aber die Ausführung durch den Maler gefällt mir nicht. Oder: die Personen

---

a *in*] *gesperrt*
b *Wenn*] *gesperrt*
c oder] *hs über der Zeile eingefügt für gestrichen:* und

einer Komödie sind mir sympathisch, aber der Konflikt liegt mir nicht. Das Letztere ist aber überhaupt keine ästh[etische] Äusserung.

PAPE: Es gibt keine Stufenleiter im Objektiven der ästh[etischen] Werte. Man kann nicht sagen, das Erhabene stehe höher als das Groteske.

HOMANN: Frln. Bosse sagt, die die Komödie erfordere ganz andere Prädikate als „schön". Dazu frage ich: 1. Kommt der Komödie nicht doch das Prädikat „schön" zu? 2. Wenn ja, so verhält es sich doch so, dass wir mit den anderen ästh[etischen] Prädikaten mehr den Aufbau der Komödie, Witz, Spannung usw. meinen[,] während „schön" hier die Erfüllung aller dieser Momente bedeutet.

BOSSE: Die Komödie *kann*[a] allerdings schön genannt werden in Hinsicht auf die Zusammenfassung aller ästh[etischen] Wertmomente. Schönheit ist dann die conditio sine qua non der ästh[etischen]Wirkung.

KOGON: Die Schönheit liegt bei der formalen Vollkommenheit. Starker Ausdruck kann die schöne Form sprengen. Ein inhaltlich ärmeres Kunstwerk kann das schönere sein.

ADAM: Wohin gehört Schönheit? Zum Subjekt oder zum Gegenstand? Schönheit ist ein hochkomplexes Verhältnis, das sich sehr differenzieren kann. Es gibt Dimensionen des Schönen. Betrachten wir das Verhältnis zum Subjekt, so ist Schönsein = Wohlgefallen erwecken. Andererseits ist Schönheit im ästh[etischen] Gegenstande. So ist z. B. etwa die Idee schön, die der Künstler hat darstellen wollen. Bei den Naturalisten wiederum sind die dargestellten Gegenstände garnicht schön, das Kunstwerk selbst dagegen durchaus schön, insofern das Formale daran schön ist, oder insofern die Absicht des Künstlers im Kunstwerk zur Geltung kommt.

BOSSE: Schön ist nicht dasselbe wie formal-schön. Schönheit ist viel allgemeiner. Wenn eine Komödie inhaltlich schwach ist, so ist sie auf keinen Fall schön. Oder, wenn z. B. die Verprügelung einer Person in einer Komödie als ethisch minderwertig empfunden wird, so ist der ästh[etische] Wert nicht erfüllt. Entsprechend ist auch da kein ästh[etischer] Wert gegeben, wo, wie in manchen modernen Filmlustspielen, Nichtssagendes verherrlicht wird.

KOGON: Es gibt also keine leere Schönheit?

BOSSE: Beim leeren Schönen sind alle Vorbedingungen zur ästh[etischen] Erfüllung gegeben, die jedoch im Individuellen eben nicht gelungen ist.

PAPE: Dann wäre also Schönheit doch nicht conditio sine qua non, sondern ein Letztes.

BOSSE: Wenn die Komödie schön ist, so ist das die Bedingung dafür, dass die speziellen Werte erfüllt sind.

---

a *kann*] gesperrt

PAPE: Die einzelnen Züge einer Komödie können doch in ihrer Einzelheit schön sein. Trotzdem braucht die Komödie als Ganzes es nicht zu sein.

HARTMANN: Wir müssen Schönheit des Inhaltes von der Schönheit der Darstellung unterscheiden. In jedem dieser Fälle hat „schön" einen anderen Sinn. –Hier können wir die Diskussion der Frage 2 von Frau Kogon einsetzen lassen. Die Frage muss noch erweitert werden. Nicht nur das Verhältnis der ästh[etischen] Werte zu den ethischen, sondern auch das zu den vitalen und Nutz- Werten ist zu untersuchen. Z. B.: Kann man ein Niederländer-Stilleben ästhetisch würdigen, wenn man gar keine Einstellung zu kulinarischen Genüssen mitbringt? Kann, wer nie geliebt hat oder der Liebe unfähig ist, eine Liebestragödie ästh[etisch] geniessen?

HOMANN: Es handelt sich hier um ein allgemeines Verhältnis der Fundierung ästhetischer Werte auf andere Werte. Soll man nun annehmen, dass man, um ästhetisch empfinden zu können, ein vollentwickeltes Wertempfinden für sämtliche andern Werte mitbringen muss?

HARTMANN: Es genügt, dass man für diejenigen Werte ein Wertempfinden mitbringt, die inhaltlich in dem Kunstwerk tangiert sind.

BOSSE: Ein Bild von Goya in München zeigt eine Königin in vollem Ornat. Ihr Gesicht aber ist das einer gemeinen Dirne. Dieses wundervolle Bild wäre kein[a] Kunstwerk, wenn der Künstler den Beschauer hätte glauben machen wollen (etwa auf Grund des Ornates): das ist eine königliche Frau. – Das süße Puppengesichtchen, das vom Maler als Venus oder als Schutzengel ausgegeben wird, ist deswegen Kitsch, weil die hinter solchem Gesicht stehenden menschlichen Werte bezw. Unwerte verkannt sind.

PAPE: Da man ethisch Minderwertiges als ästhetisch wertvoll empfinden kann, steht also die ethische Rangordnung zu der ästhetischen in gar keiner Proportion.

HARTMANN: Wir haben weiterhin dies Fundierungsverhältnis zu diskutieren.[b]

---

a kein] keine
b *horizontaler Abschlussstrich mittig unterhalb der Zeile*

Typoskript, Was sind ästhetische Werte? VIII. Sitzung, Adam, Bosse, Göhre, Fritzen, Hartmann, Homann, Kogon, Pape, Thiel, Yü, 1940-03-01, Berlin

Sitzung vom 1. März 1940[a]
Vorsitzender: Fritzen
Protokoll: Yü[b]

Frl. PAPE[c]: Wie ist das Schöne als der Allgemeinste der ästhetischen Werte zu verstehen?

HARTMANN: Das Schöne im Sinne eines Allgemeinen ist bereits eine Deutung. Das Schöne ist zu verstehen weder im Sinne eines Abstrakt-allgemeinen noch im Sinne eines Zugrundeliegenden, zu dem die spezifischen ästhetischen Werte erst hinzutreten. Mit dem Problem des Schönen ist es ähnlich bestellt wie mit dem Problem des Guten. Das Schöne als solches ist inhaltlich nicht angebbar.

FRITZEN: Zur Diskussion des Fundierungsverhältnisses möchte ich zunächst eine Warnung aussprechen. Das Fundierungsverhältnis zwischen ästhetischem und ethischem Wert liegt nur bei bestimmten Kunstbereichen vor, nämlich bei Malerei, Plastik und Dramatik. Das Fundierungsverhältnis hat das Besondere an sich, daß die ethische Wertrangordnung keineswegs im Verhältnis zur ästhetischen Wertrangordnung steht. Ein minderwertiger Mensch kann sehr wohl in der Darstellung eines Kunstwerks ästhetisch schön erscheinen. Ähnlich ist es beim Genußwert. Man kann die These so aussprechen; Wertvorzeichen auf dem Gegenstand braucht nicht dem Wertvorzeichen auf dem ästhetischen Gegenstand zu entsprechen, sondern der höhere ästhetische Wert kann sich über den ethischen Unwert erheben.

HARTMANN: Wir müssen zunächst nach Wertprädikaten suchen, die bestimmten ethischen Verhältnissen zukommen. Die Frage, ob das Fundierungsverhältnis in allen Künsten vorwaltete, ist garnicht gestellt worden. Im Mittelpunkt der Diskussion steht nur das Verhältnis des ästhetischen Wertes zum ethischen Wert, bezw. zum Genußwert oder Vitalwert. Man kann die These nicht ohne weiteres verallgemeinern.

Frau HOMANN: Man kann fragen, welche ästhetischen Wertprädikate schliessen sich an ethische Wertverhältnisse an? Bezeichnend ist, dass bestimmte ästhetische[d] Wertprädikate sich auf ethischem[e] Wert aufbauen. So z. B. das Moment des Tragischen auf jenes ethische Verhältnis des mangelnden Gleichgewichtes

---

a Sitzung vom 1. März 1940] *mittig; danach mit rotem Bs auf dem oberen Rand rechts:* VIII.
b Protokoll: Yü] *hinter:* Fritzen
c Frl. PAPE] *Sprecher hier und in der Folge mittig oberhalb des Sprachbeitrages*
d ästhetische] ästhetischen
e ethischem] ethischen

zwischen Gutem und Bösem. Im Umschlag des Guten ins Böse kommt das Moment des Tragischen zum Vorschein. Man kann das Tragische nicht ästhetisch empfinden, ohne das zu Grunde liegende ethische Verhältnis mit zu erfassen.

HARTMANN: Wir müssen uns zunächst über die Problemfront klar sein. In Bezug auf das Verhältnis zwischen ästhetischem und ethischem Wert stehen sich in der Geschichte der philosophischen Ästhetik zwei grosse Thesen gegenüber. Die eine ist die platonische These, die bis auf die Zeit Leibniz vorgeherrscht hat. Diese These lehrt das Primat des Guten, aus dem der Maßstab für das Schöne entspringt. Sie mündet in eine Vermengung oder eine Gleichsetzung des ästhetischen Wertes mit dem ethischen Wert. Hier erfährt das Schöne eine ganz andere Deutung. Der ästhetische Wert wird auf die Ebene des Ethischen gestellt und diesem untergeordnet. Ein Überlagerungsverhältnis wird nicht gesehen.

Erst mit Kant beginnt die andere These aufzudämmern. Erst Kant macht die strenge Unterscheidung des Schönen vom Guten. Die ästhetische Schau ist kontemplativ, bloß Reflexion. Sie ist uninteressiert am Zweck, auch am höchsten Zweck. Erst auf Grund dieser Unterscheidung wird der Boden reif für das Aufkommen einer Einsicht, die das prinzipielle Verhältnis zwischen ästhetischem und ethischem Wert in ein neues Licht rückt.

Frau HOMANN: Wie steht es mit dem theoretischen Wert?

HARTMANN: Theoretischer Wert ist unklar. Er stammt von Rickert. Hinter dieser Auffassung steht die scholastische These: omne ens est bonum. Alles Sein hat einen Wert.

Frl. PAPE: Ich greife auf Frau Homanns Frage zurück. Was für ein Fundierungsverhältnis liegt beim Tragischen vor? Ist das Tragische ein konstituierendes Moment für das Ästhetische? Und anders beim Vitalwert?

HARTMANN: Frl. Pape meinte wohl, ob die fundierenden Werte in den ästhetischen Werten enthalten sind.

Frau HOMANN: Was ist das ästhetische Moment am Tragischen? Das Tragische ist dann ästhetisch, wenn das zugrundeliegende sittliche Verhältnis uns als Schicksal entgegentritt. Wenn z. B. das tragische Schicksal Fausts als etwas Unabwendbares im Zuge der Geschehnisse von uns empfunden wird.

HARTMANN: Meinen Sie das, was uns entgegentritt oder die Art, wie es uns entgegentritt?

Frau HOMANN: Beides. Inhaltlich in dem Sinne, dass das Schicksalhafte und das Wesen des Schicksals sich in einem realen Vorgang bekundet.

Frl. BOSSE: Das Wesen des Schicksals ist kein ästhetisches Moment. Man kann sehr wohl das Tragische ausserhalb der Kunst erleben. Das Ästhetische ist ganz anders. Man muss sich hier vor der Überschätzung des Inhalts hüten. Der Inhalt dient bloß als Grundlage und nicht mehr als das. Die Gefahr der

Überschätzung des Inhaltes ist besonders deutlich zu sehen bei Kindern und primitiven Menschen, die den Inhalt eines Dramas als wirkliche Geschehnisse ansehen.

Frau KOGON: Die Gefahr besteht. Trotzdem muss es betont werden, dass das Moment des Schicksals mit erfasst werden muss, um das Tragische ästhetisch zu empfinden.

Frl. PAPE: Wenn der ethische Wert im Fundierungsverhältnis keine konstituierende Rolle spielt, worin besteht dann der ästhetische Wert? Ist der ästhetische Wert bloss eine Sache der Form?

GÖHRE: Ich möchte das Fundierungsverhältnis zwischen ästhetischem[a] und ethischem Wert an einem Beispiel demonstrieren. Die Inhalte vieler Kunstwerke der holländischen Meister, wie z. B. einfaches Zimmer, sauberer Vorhang, schön gedeckter Tisch, alle diese Dinge haben Sachgehaltswerte an sich. Auf diese bauen sich die ästhetischen Werte auf, wie z. B. Harmonie, Kraft usw.

Frl. BOSSE: Ich möchte auf Frl. Pape antworten. Der ästhetische Wert besteht in der Darstellung. Dies besagt zunächst sehr wenig. Ich versuche nicht eine Definition zu geben, sondern bloß eine Abgrenzung.

Frl. PAPE: Ist die Isolierung nicht wesentlich?

Frl. BOSSE: Nein, Isolierung ist kein spezifisch ästhetisches Moment.

Frau HOMANN: Isolierung im künstlerischen Sinne ist keine beliebige Isolierung. Der Künstler sieht das Leben ästhetisch. Nur der Künstler kann das Wesensmoment des Lebens in einem realen Vorgang darstellen. Erst durch die Darstellung wird sich der Zuschauer der Wesenszüge des Lebens bewusst. Das Leben kontemplativ zu sehen, das kann nur der Künstler.

Frl. BOSSE: Das tragische Moment aus dem Leben herauszuheben, ist keineswegs das Vorrecht des Künstlers. Jeder Mensch kann das Tragische aus Zeitungsnotizen empfinden ohne zugleich „Künstler" zu sein. Ein Theologe wird mit religiösen Maßstäben[,] ein Moralphilosoph mit ethischen Maßstäben herantreten.

Frau HOMANN: Mit Zeitungsnotizen liegt noch kein ästhetisches Empfinden vor. Das Empfinden des Tragischen beim Künstler ist etwas ganz anderes. Der Philosoph geht auf das Allgemeine.[b] Er ist stets bemüht, dem Wesen des Lebens durch Begriff beizukommen. Aber dem Künstler allein steht die Möglichkeit zu, das Tragische in einer konkreten Situation darzustellen.

Frl. BOSSE: Das Ästhetische besteht in der Darstellung. Wir sind dann einig.

HARTMANN: Ich glaube, Frau Homann hat etwas mehr gesagt. Der Dichter vermag etwas mehr vom Tragischen zu erfassen. Das ist eine richtige Beobachtung.

---

a ästhetischem] ästhetischen
b Allgemeine] allgemeine

Über das ganze ethische Verhältnis[,] wie z. B. den Konflikt und die Unschuld, erhebt sich das Dramatische, d. i. der ästhetische Wert. Das Tragische ist inhaltlich genommen[a] bloß das Fundierende. Durch dieses hindurch erscheint nun eine zweite Transparenz. Das ist das Schicksalsmoment selber. Damit berühren wir einen anderen Problemkomplex, nämlich das Problem der Ideenträgerschaft des Künstlers, und der Verkündigung der Ideen, die nicht in der Macht der Philosophie und der Wissenschaft, sondern allein in der Macht der Kunst steht. Diese Funktion hat aber nicht[s] mit dem ästhetischen Wert zu tun.

Man kann die These so aussprechen: die fundierenden ethischen Werte kehren nicht wieder in den ästhetischen Werten. Das hat seinen guten Grund. Ästhetischer Wert ist im Gefühl, dem Herzen zugewandt. Mit ihm steht und fällt unsere Lust. Am Tragischen haben wir keine Lust. Die ästhetische Lust ist nicht eine Lust am Triumphieren des Bösewichtes. Das ästhetische Moment ist das Dramatische. Es ist ein Erscheinungsverhältnis.

Frau Kogon: Auch der Schmutz kann malerisch wirken und zwar durch die Darstellung.

Frl. Bosse: Nicht durch Darstellung wird der Schmutz wertvoll. Ästhetisch wertvoll kann nur der dargestellte Schmutz sein. Ästhetischer Wert und ethischer Unwert widersprechen sich nicht.

Frau Kogon: Der Schmutz wird in dem Sinne verwischt, als er in der gesamten Schau nicht mehr abstossend wirkt.

Frl. Bosse: Ich werde trotzdem nicht Verwischen nennen. Nur spielt der Schmutz im ästhetischen Gegenstand nicht mehr die Rolle, die ihm zukommt.

Thiel: Schmutz im Bild wird nur im Zusammenhang betrachtet. Daher fällt der Schmutz gar nicht auf. Es fragt sich nur, wieweit ein ästhetischer Unwert einen ästhetischen Wert fundieren kann. Was in der Natur hässlich ist, kann an der Leinewand sehr wohl schön erscheinen.

Hartmann: Das Beispiel von Kogon ist nicht glücklich. Es trifft nur zu, wenn man die fundierenden Werte unter den Sachverhaltsunwert subsumiert. Das Verhältnis verschiebt sich aber, wenn man den Schmutz als einen ästhetischen Unwert einbezieht. Dann entsteht die Frage, wie Herr Thiel richtig bemerkt, wie weit ein ästhetischer Wert einen ästhetischen Unwert fundieren kann. Eine abscheuliche Person kann sehr wohl schön dargestellt werden. Die Schwierigkeit besteht in dem Ineinandergreifen von Naturschönem und Kunstschönem. Es gibt schöne Objekte in der Natur, die in der Sphäre eines Kunstwerts nochmal ästhetisch dargestellt werden können. Von dieser Problematik wollen wir zunächst absehen.

---

a genommen] genommen,

Aus dem bisherigen Ergebnis der Diskussion kann man die Konsequenz ziehen, dass die fundierenden Werte nicht in den darüber sich erhebenden ästhetischen Werten widerkehren.

Frl. PAPE: Das Tragische am Drama Othello als solches macht noch nicht das Ästhetische aus. Das eigentlich Ästhetische liegt ausschliesslich in der ungeheuer dramatischen Geschehnisabfolge der Darstellung selber. Demnach ist das Tragische nicht ein ästhetisches[a] Wertprädikat. Das Tragische ist nur das Fundierende.

THIEL: Das Zerschellen des Schicksals, der Aspekt der sinnlosen Zerstörung können sehr wohl ästhetisch empfunden werden. Ein ethischer Wert wird ästhetisch, wenn der ethische Wert um seiner selbst willen bejaht wird und wenn zu ihm die Neigung hinzutritt. Aristoteles definiert die Tapferkeit gerade als das sittliche Schöne. Das ist die Bejahung des Durchhaltens um seiner selbst willen ohne Rücksicht auf die Folge. Schiller polemisiert gegen Kant, dass die Neigung in der kantischen Ästhetik zu Unrecht als einen Störungsfaktor der ästhetischen Schau angesehen wird. Demgegenüber vertritt Schiller die Ansicht, dass die ästhetische Schau auf Neigung gründet und durch sie der ethische Wert erst vermittelt wird.

HARTMANN: Es liegt bei Thiel eine Verschiebung des Problems vor. Auch in der Richtung vom Wesen des Tragischen hat Thiel nicht korrekt argumentiert. Das Ästhetische besteht nicht in der Bejahung eines ethischen Wertes um seiner selbst willen. „Kalon" bedeutet bei Aristoteles nicht das Schöne. „Kalon" ist ein ethischer Begriff. Thiel vertritt anscheinend jetzt eine Gegenthese, nämlich das Primat des ästhetischen Wertes. Frau Homann gab die richtige Antwort. Im Leben ist das Tragische furchtbar. Man kann nicht das Tragische lediglich um seiner selbst willen als ästhetisch empfinden. Tapferkeit als das sittliche Schöne ist bloß dem Wortlaut nach genommen. Bei Gerechtigkeit ist es schon anders. Sie ist ein ethischer Wert. Das Wertvollsein um seiner selbst willen ist keineswegs dem ästhetischen Wert eigen. Frl. Pape hat die Behauptung aufgegeben, dass die fundierenden Werte konstituierend in dem ästhetischen Wert wiederkehren[.] Nun können wir zu einem anderen Fundierungsverhältnis übergehen, nämlich das Fundierungsverhältnis zwischen ästhetischem Wert und Vitalwert im Bereich der Plastik z. B. die menschliche Gestalt oder Aktstudien. Liegt hier dasselbe Fundierungsverhältnis vor?

Frau HOMANN: Die Frage ist zu bejahen. Der Wert der gesunden Kraft eines Körpers ist die Vorbedingung für die Darstellung eines Ringkämpfers.

HARTMANN: Man kann das Fundierungsverhältnis auch an einem entgegengesetzten Beispiel zeigen, wie etwa die Statue eines Sklaven, dessen gesunde Kraft

---

a ästhetisches] ästhetischer

in der Darstellung gefesselt und gebannt erscheint. Man muss die Vitalqual mitempfunden haben, um die Statue als schön zu empfinden.

Frl. PAPE: Ich möchte Herrn Prof. Hartmann fragen, ob er dieselbe Konsequenz ziehen werde, dass[a] das Tragische als solches noch kein Ästhetisches an sich hat. Homann und Thiel sind anderer Ansicht.

HARTMANN: Auf das Beispiel der Statue angewandt, wird es dann soviel bedeuten, dass das Gefesseltsein der Kräfte schon das eigentlich Ästhetische ausmacht.

ADAM: Mir leuchtet es nicht ganz ein, dass die Plastik sich auf Vitalwert aufbauen muss. Es gibt in der Plastik gotische Figuren, deren Schönheit gerade im Absehen vom Vitalen besteht. Man unterdrückt den Körper, um dem Seelischen und dem Religiösen einen Platz einzuräumen. Hier wird der Vitalwert schlechthin negiert.

Frl. BOSSE: Adams Einwand ist nicht zutreffend. Den gotischen Figuren liegen eben keine Vitalwerte[,] sondern religiöse und ethische Werte zu Grunde.

HARTMANN: Hier ist die Frage, ob der verschwindende Vitalwert charakteristisch ist für[b] die ästhetische Anschauung oder ob der Vitalwert eine ähnliche Rolle spielt wie der ethische Wert. Eine gewisse Verschiebung des[c] Verhältnisses liegt wohl vor. Z. B. das Absehen vom Sexuellen ist die Vorbedingung für die ästhetische Anschauung.

Typoskript, Was sind ästhetische Werte? IX. Sitzung, Adam, Bosse, Göhre, Hartmann, Homann, Kogon, Pape, Thiel, Wein, Yü, 1940-03-11, Berlin

11. März 1940[d]
Diskussionszirkel: „Fragen zur Ästhetik".[e]
Vorsitz: Yü
Protokoll: Göhre

YÜ: Für die heutige Diskussion möchte ich vorschlagen, dass wir die Diskussion des Fundierungsverhältnisses fortsetzen. Ich möchte zunächst meine Vorschläge aussprechen.

  1). Das Fundierungsverhältnis zwischen den ästhetischen Werten und den Vitalwerten. Es ist unsere Aufgabe festzustellen, ob hier eine gewisse Abwandlung vorliegt. Wir haben festgestellt, dass ästhetische Werte und

---

a dass] *berichtigt:* was
b für] *hs über der Zeile eingefügt für gestrichen:* wie
c des] der
d 11. März 1940] *auf der rechten Seite; danach mit rotem Bs auf dem oberen Rand rechts:* IX.
e Diskussionszirkel: „Fragen zur Ästhetik".] *doppelt und gestrichelt unterstrichen*

ethische Werte sich nicht widersprechen. Es ist zu ermitteln, ob dieses auch für die ästhetischen Werte und für die Vitalwerte gilt.

2). Es ist zu fragen, ob sich dieses Fundierungsverhältnis auch auf die künstlerischen Werte erstreckt, auf die Musik und auf die Architektur.

3). Wir hätten uns zu fragen, ob sich das Fundierungsverhältnis auch auf das Naturschöne erstreckt.

4). Wie ist es bei dem Schönen im geistigen Leben?

5). Im Zusammenhang damit würde die wichtige Frage stehen, ob die Individualität des sehr komplexen ästhetischen Wertes bedingt ist durch das Fundierungsverhältnis.

HARTMANN: Wir müssen ein krasses Beispiel wählen, um das zu sehen. Wir sprachen in der vorigen Stunde von dem Verhältnis zum Sexualempfinden gegenüber dem dargestellten menschlichen Körper. Da haben wir dieses charakteristische Verschwinden des Sexualempfindens, obgleich es nicht so verschwindet, dass es überhaupt nicht mehr da ist. Dann verschwindet auch die Fühlung mit dem Körper. Ein Gegenbeispiel wäre das Bild von Rembrandt, das den gefesselten und gepeinigten Simon darstellt.

Für[a] mein Gefühl beschränken wir die Frage zu sehr auf die Vitalwerte.

YÜ: Wir hätten also zu fragen, wie ist es mit dem Fundierungsverhältnis zwischen den ästhetischen Werten und den anderen heterogenen Werten.

BOSSE: Es scheint mir, dass wir uns in dieser Frage schon ziemlich einig sind. Frau Homann möchte ich noch antworten: erst durch die Darstellung, durch den Einbau, kann auch ein vitaler Unwert wertvoll sein.

KOGON: Wie ist es mit dem Naturschönen?

HARTMANN: Ich würde doch vorschlagen, zu einer anderen Frage überzugehen. Wie ist es mit jenen Künsten, die kein Thema im Sinne haben. Ob da auch etwas von diesem Fundierungsverhältnis hineinspielt?

BOSSE: Bei dem Beispiel der Architektur scheint mir so etwas vorzuliegen. Man denke an die Bauten um die Jahrhundertwende.

HOMANN: Liegt nicht bei der Musik auch ein Fundierungsverhältnis vor? Der Mensch muss auch ein sinnliches Verhältnis für die Töne haben, um den ganzen Aufbau begreifen zu können.

KOGON: Bei der Malerei ist es das Farbempfinden.

HARTMANN: Ich glaube, dass wir fast die ganze Wertskala haben unter den Werten, die fundierend sind für die musikalischen Werte, mindestens die Vitalwerte. Ich denke da eben an den Wert der Leichtigkeit, des Schwebens, der urwüchsigen Kraft, des Ringens, der Spannung und der Lösung. Was die Sphäre des

---

a Für] *davor:* HARTMANN:

Gemütes des Menschen betrifft, so möchte ich glauben, dass wir bei der Musik annehmen dürfen, dass sie imstande ist, seelische Inhalte zum Ausdruck zu bringen. Das geht wohl in einer Zwischensphäre vor sich, die es uns ausserordentlich schwer macht, die Dinge zu sehen. Diese Zwischensphäre würde ich charakterisieren als die Musik selbst, sofern man sie nur musikalisch hören kann. Dazu würde z. B. das Hören der Einheit eines Satzes gehören. Diese Einheit wird gehört wie ein sich allmählich auftürmender Bau. Dieser Hintergrund selbst ist wieder transparent für etwas anderes. Dieses ist eben die unermessliche menschliche Innerlichkeit, deren Wertkomponenten und Unwertkomponenten mitscheinen, obgleich als solche nicht herausgehoben, nur in dieser Anschaulichkeit. Dort, so würde ich sagen, sind sie[a] aber eminent fundierend. Sie sind so fundierend, dass wir bei einer grossen Musik geradezu von ihnen[b] aus den Charakter der Musik ermessen. Sie sind fundierend für die Höhe des musikalischen Wertes. Das seelische Leben, das wir nicht kennen und meist nicht auszudrücken wissen, das gerade kommt hier zur Erscheinung, und zwar fundierend für die Höhe des musikalischen Wertes.

HOMANN: Ich möchte nur fragen, ob diese Fundierung durch seelische Werte nicht überhaupt in allen Künsten vorliegt?

HARTMANN: Ja, das meine ich. Wohin würden sie die ganze Wertklasse rechnen, die seelischen Reichtum ausmacht? Ist das nicht eine Parallele zum Vitalreich, ein Zwischengebiet?

BOSSE: Glauben Sie, Herr Professor, dass ein Mensch, der nicht fähig ist, tiefe Trauer und grosse Freude zu empfinden, ein ästhetisches Werk nicht[c] voll empfinden kann?

HARTMANN: Ich würde sagen, wenn man es mit der genügenden Vorsicht nimmt, dann trifft es zu. Ich glaube, dass es zu einem Verstehen der Musik von einer gewissen Tiefe auch einer gewissen Reife bedarf. Menschliche Reife verstanden als Mannigfaltigkeit im Umkreis des Erlebthabens und Erlebenkönnens.

BOSSE: Ich denke an eine Äusserung über eine Fuge von Bach: „Eine Fuge von Bach ist[d] nur mathematisch". Dass man Bach Unrecht tut, ohne diese fundierenden Werte. Ich glaube, dass man mit dieser Äusserung Bach doch nicht voll ästhetisch würdigt.

ADAM: Wie ist es mit dieser Zwischensphäre eigentlich beschaffen?

HARTMANN: Wir dürfen wohl voraussetzen, es gibt überall das Verhältnis von einem realen Vordergrund zu einem irrealen Hintergrund. In der Musik ist der

---

a sie] *hs über der Zeile eingefügt*
b ihnen] Ihnen
c nicht] *hs über der Zeile eingefügt*
d ist] sei

reale Vordergrund das unmittelbar Hörbare, dagegen der Aufbau einer Fuge ist nicht unmittelbar hörbar, da haben Sie ein musikalisch-konstruktives Gebilde. Das ist eine zweite Schicht. Das Transparenzphänomen ist besonders im Kunstschönen. Wenn Sie an einem Marmorgebilde die Lebendigkeit empfinden, das ist schon transparent hindurchempfunden. So ist es mit den Künsten. Dieser unmittelbare Hintergrund, der schon irreal ist, ist noch nicht das Letzte. In der Musik erscheint in der zunächst erscheinenden Schicht noch einmal eine andere. Und diese muss man unterscheiden vom konstruktiven Aufbau der Fuge.

GÖHRE: Zu Bach, es ist eben schon gesagt worden, wer[a] sagt, eine Fuge von Bach sei mathematische, dringt nur bis zum konstruktiven Aufbau vor. Wer sie ästhetisch würdigt, empfindet die tiefe Harmonie, die von ihr ausgeht.

PAPE: Wie stehen diese verschiedenen Schichten genauer zueinander?

HOMANN: Mir ist das auch noch ein Problem. Es ist wohl ein Aufbau, zu dem auch die Idee gehört.

HARTMANN: Gibt es ihrer Meinung nach nicht auch oberflächliche Kunst, doch auch mit echtem Kunstwert, die Operette?

HOMANN: Ja, doch auch hier erscheint, wie in einem grossen Kunstwerk, die Idee.

HARTMANN: Ich würde dazu neigen, bei den ganz grossen Kunstwerken eine Vielschichtigkeit anzunehmen. Das eigentlich Reale wäre die im Vordergrund stehende Schicht. Bei den Künsten, die eines reproduzierenden Künstlers bedürfen, wäre die zweite Schicht auch real. Sonst würde ich sagen, wir haben überall eine Mehrschichtigkeit. Nur die erste Schicht ist real.

WEIN: Frau Homann sagt, die Idee hat selbst einen Wert. Die schlichte Beobachtung des Genusses an dem Aufbau eines Theaterstückes, wo an einer ganz zentralen Stelle ich plötzlich intuitiv der symbolischen Bedeutung inne werde, die in der ganzen Handlung gelegen ist, lehrt: wenn dieses einsetzt, ist auch ein starkes Wohlgefallen da. Ist es eine Lust am Gegenstand? Ist es eine Lust an der Idee? (Prinz von Homburg, Don Carlos). Gibt es bei diesen Vorgängen nicht auch eine Freude an der Einsicht in die Idee?

PAPE: Gehört die Freude an der Einsicht[b] in einen dargestellten Gedanken wesentlich zum ästhetischen Genuss?

WEIN: Dieses in das ästhetische Wohlgefallen an einem Kunstwerk hineinspielende Moment des Wohlgefallens an der künstlerischen Leistung, das führt zum Thema der ästhetischen Bewertung von Leistungen. Man kann das doch nicht ablehnen. Wir finden ein gutes Schachspiel schön, einen guten Vortrag, eine denkerische Leistung.

---

a wer] Wer
b Einsicht] *hs berichtigt:* Einheit

ADAM: Freude an der Einsicht beim ästhetischen Erleben, das Erfassen beruht mehr auf Gefühlswerten, Erlebniswerten.

HARTMANN: Es handelt sich beim Erfassen eines Kunstwerkes um das Erfassen des Ideenhaften, des Moralischen, das er damit ausdrücken will. Und das ist gerade das Ideenhafte. Die grossen Kunstwerke haben nicht nur die Transparenz für die hinteren Schichten, sondern auch weit darüber hinaus für die Werte, für die Menschen. Es gibt so etwas wie eine moralische Erziehung durch die Kunst. (Schiller). Wir können uns den Gedanken von Herrn Wein schon aneignen. Nur handelt es sich nicht um ein Erkenntnisverhältnis, es handelt sich mehr um ein Erscheinungsverhältnis.

HARTMANN: Herr Wein erwähnte, dass es Ideendramen gibt, die uns nicht recht ansprechen. Das ist das typische Phänomen des Kunstwerkes, wo die Schichten nicht ihre Funktion erfüllen. Da sind die Gestalten nicht so konkret, dass sie im Allgemeinen erscheinen. Es fehlt die Tiefe und weil sie fehlt, so muss sie ihnen in den Mund gelegt werden, das ist gerade das Versagen des künstlerischen Trachtens.

WEIN: Ich möchte mich dem ganz anschliessen.

HOMANN: Ob zu den ästhetischen Phänomenen nicht unbedingt das Erscheinen der Idee gehört?

HARTMANN: Sie müssen mir zugeben, dass es auch Schichten gibt, in die nicht jede Kunst hineinragt. In der Musik gibt es nun wirklich die letzte Tiefe, die bis an die Lebensgrundlagen und die dort liegenden Werte und Unwerte greift. Bedenken Sie, dass es auch Musik gibt, die nicht so weit reicht.

HOMANN: Dann ist die Idee vordergründig.

HARTMANN: Was Sie Idee[a] nennen, ist wirklich reichlich vordergründig.

---

[a] Idee] *berichtigt:* Ideen

Manuskript, Was sind ästhetische Werte? X. Sitzung, Adam, Bosse, Fritzen, Göhre, Hartmann, Homann, Pape, Stache, Yü, 1940-03-18, Berlin

18.ª 3. 1940.ᵇ
Vorsitzᶜ: Göhre.
Protokollᵈ: Hartmann.

GÖHRE: In den verschiedenen Fassungen, die sich für den ästhetischen Wert ergaben, fehlt es an zwei Hauptbestimmungen: 1.) Worauf beruht eigentlich der ästhetische Wert? und 2.) Was ist Schönheit überhaupt? Beide Fragen hängen unlöslich zusammen. Auszugehen wäre hierbei nicht vom Allgemeinen, sondern von der Einzelbestimmung.

HARTMANN: Hierzu habe ich einen Vorschlag. Es ist m. E. zunächst zu unterscheiden zwischen zweierlei „Schönem", in erster Linie das künstlerisch Schöne:

1. Das „Schöne 1. Ordnung" ist der Erscheinungswert. Er haftet am Transparenzverhältnis der Schichten und kommt nur vor, wo Inhaltliches zur „Darstellung" gelangt, vor allem also in der Dichtung, Malerei und Plastik. Besondere Wertmomente dieser Ordnung sind die der Konkretheit und Anschaulichkeit im Erscheinen.

2. Als „Schönes 2. Ordnung" darf dem gegenüber gelten der Wert des Gebildes in sich selbst. Man kann ihn den „Formwert" nennen. So ist von Wert des Aufbaus (eines Gebildes) des Konstruktiven in ihm, der Ganzheit und Geschlossenheit, der Einheit in der Mannigfaltigkeit, – besser vielleicht der „Bändigung" von Mannigfaltigkeit (als einer unmittelbar spürbaren und anschaulichen), der Spannung und Lösung, des „Rhythmus" (im weiten Sinne); ein Wert der Gliederung und Ordnung, der sichtbar einleuchtenden – freilich nicht formulierbaren – Regel.

   a) Dieser Wert ist gleichgültig gegen die Schichtung. Er besteht aber im vielschichtigen Kunstwerk sowohl am Vordergrunde als auch von jeder der hintergründigen Schichten; nur freilich in jeder für sich, ohne überzugreifen. Er hat in jeder sein eigenes Spielfeld; er haftet vordergründig gerade am „Spiel", das dieses Feld füllt. Und er variiert unabhängig in jeder Schicht.

   b) In der Musik und Architektur bildet er den eigentlichen Grundwert, obgleich er hier keineswegs allein besteht. Vollkommen beherrschend ist er

---

ᵃ 18.] 08.; *mögliches, rekonstruiertes Datum*
ᵇ 18. 3. 1940.] *auf der rechten Seite; darüber mittig und mit rotem Bs auf dem oberen Rand rechts wiederholt:* X.
ᶜ Vorsitz] *unterstrichen*
ᵈ Protokoll] *unterstrichen*

in aller Ornamentik, in der Arabeske, im Teppichmuster, – d. h. überall da, wo keine Darstellung und kein Erscheinungsverhältnis waltet.

Zu dieser Unterscheidung ist folgendes zu beachten: 1.) Erscheinungswert und Formwert greifen in den Künsten mannigfach ineinander. In jedem Kunstwerk größeren Stils sind beide vertreten; es gibt da nur ein „Vorwiegen" des einen oder des anderen. – 2.) Das Fundierungsverhältnis des ästhetischen Wertes auf andere Werte (ethische, vitale, etc.) kommt nur am Erscheinungswert vor. – 3.) Dagegen die Schichtung im Kunstwerk (an der die Wertfundierung hängt), erstreckt sich nicht auf den Erscheinungswert allein. Es gibt das Hintergrundsphänomen auch in solchen Künsten, bei denen der Formwert vorwiegt (Musik u. Architektur: z. B. im Bau des musikal[ischen] „Satzes", in der „Größenwirkung" eines Bauwerks, das extensiv nicht „groß" ist). Auch hier haften an den hintergründigen Schichten selbstständige Formwerte von eigener Art.

Diese beiden Wertordnungen des Schönen sind nicht die einzigen. Es kommen noch folgende Momente hinzu:

a) Den Schichten des ästh[ischen] Gegenstandes entsprechen Schichten des Erfassens und des Erfaßtseins im Ich (verschiedene Tiefe des Bewußtseins). Und mit der Tiefe des Erfaßtseins (resp. der Befriedigung) steigt der ästhet[ische] Wert.

b) Es gibt einen Wahrheitsanspruch der Kunst (z. B. das Menschlich-Wahrsein der Darstellung). Die Erfüllung dieses Anspruches wird gleichfalls als künstlerischer Wert empfunden. Er geht aber weder im Formwert noch im Erscheinungswert auf.

c) Es gibt zweierlei Abhängigkeit in der Schichtung des Kunstwerkes: 1. die der ratio cogn[oscendi] in der Schau; das Erfassen der tieferen Schicht ist abhängig vom Erfassen der vordergründigeren. Hier hängt letztlich alles an der ersten Realschicht. Und 2. die Abhängigkeit der rat[io] essendi der Schichten selbst: Die oberflächlichere Schicht erhält hier umgekehrt ihre Bestimmung von der tieferen her. Nun wird aber die Schau gerade in dem Maße in die Tiefe geführt, als die Bestimmtheit der vordergründigeren Schicht durch die tiefere sich in ersterer auswirkt (innere „Notwendigkeit", warum Gestalten und Konflikte gerade so und nicht anders gezeichnet sind). Am Durchgreifen dieses Verhältnisses der Abhängigkeit hängt daher noch einmal ein nicht ästhetisches Wertmoment.

Im Übrigen lassen sich folgende Momente zusammenfassen. Der ästhet[ische] Wert (die Schönheit) des Werkes hängt:
1. An der Zahl der hintereinandergeschalteten Schichten;
2. An der Konkretheit ihres Hindurchscheinens;

3. Am Reichtum des Vordergrundes und seiner Formeinheit;
4. An seiner organischen (nicht zufälligen) Bestimmtheit durch hintergründigere Schichten;
5. An Gehalte und Tiefe dieser letzteren (zumal der letzten Schicht – in ihren Grundideen);
6. An der Sparsamkeit der Mittel (zumal im Vordergrunde);
7. An der durch die Schichten durchgreifenden Bestimmungseinheit;
8. Am Wahrheitsgehalt in den vordergründigen Schichten (in der Erscheinung);
9. Am Wahrheitsgehalt der hintergründigen Schichten (letzten Endes also des Allgemeinen);
10. In dem Maße, in dem das Ganze unser Leben angeht (dem „Gewichtigkeitswert" für uns);
11. An dem Maße, in dem es uns über unser Leben hinausführt (uns „entführt");
12. An dem Maße, in dem es uns wahre Einsicht vermittelt („Sehen lehrt", was wir sonst nicht sehen).

Hiervon bilden die Punkte 8–12 offenbar eine 3. Ordnung des Wertes, gleichsam den Wert der Wirkung. Aber er ist nicht irrelevant für den ästhetischen Gesamtwert.

GÖHRE: Ich bitte zunächst um Äußerungen zu den zwei Ordnungen des Schönen.
Frl. BOSSE: M. E. ist die zweite Art des Schönen keineswegs nur Einheit der Mannigfaltigkeit. Es gehört dazu als positives Moment auch die Mannigfaltigkeit selbst, nämlich der Reichtum des Mannigfaltigen. – Andererseits aber: ist nicht wirklich schon alle Einheit eines Mannigfaltigen als solche – auch im Leben – ästhetisch schön. Etwa jeder tierische Organismus? Das möchte ich bejahen. Man denke an Spiralnebelformen und Planetensysteme! Sie haben den Wert der Geschlossenheit. Und es gibt ein Hineinversetzen, das ihn anschaulich empfindet.
ADAM: Das möchte ich auch auf das Reich der Technik ausdehnen, auf jede konstruktive Einheit: in der arbeitenden Maschine, im Uhrwerk! Das berührt uns direkt ästhetisch...
HARTMANN: Zu fragen ist dann nur: ist denn alle Natur schön? Alle Naturprodukte sind doch ausgeglichene Resultate.
Frl. BOSSE: Nein, das nicht. Z. B. ein nordisches Gesicht mit ostischer Nase ist nicht schön. Überdies, Einzelheiten können stets häßlich sein. Geschlossenheit eines Ganzen ist deswegen doch immer schön.
Frl. PAPE: Das glaube ich nicht. Am Uhrwerk kann ich nichts Schönes finden. Die geschlossene Einheit ist da, aber sie ist abstrakt; ich kann sie nicht empfinden.

STACHE: Frl. Bosses Fassung ist einseitig: Mannigfaltigkeit kann auch für sich und als solche schön sein, z. B. eine Gebirgslandschaft in ihrer Regellosigkeit oder ein Industriegelände (die Einheit könnte da höchstens im lagernden Dunst liegen!). – Und andererseits, wo Einheit ist, braucht noch lange keine Schönheit zu sein (etwa in der Zickzacklinie); anders ist es bei einer Kurve, da fasse ich die Einheit. Ästhetisch wirkende Einheit ist immer eine Einheit von Schichten: Einheit, die nur in der Schau besteht.

Fr. HOMANN: Mir scheint wiederum, die zwei Ordnungen des Schönen kommen auf „eine" heraus. Beide sind nur Seiten eines Phänomens. Erst ihr Ineinandergreifen macht das Schöne aus. Und der besondere ästhetische Wert ist dann[a] die besondere Art des Ineinandergreifens. Beide also gehören unlöslich zusammen: so nämlich, daß nicht der eine Wert dem Gebilde, der andere der Erscheinung zukommt, sondern beide einem Identischen.

YÜ: Außerdem wirkt nie eine Schicht für sich. Wenn Regers häßliches Gesicht sich im Spiel am Klavier verschönt, so bleibt es häßlich.[b] So[c] wird das Häßliche durch sein Können ausgeglichen. Der Hintergrund gibt ihm Formwert. Und beide Wertarten erscheinen ineins.

Frl. BOSSE: zu Frl. Pape: ich meine nicht, daß beliebige Einheit schön ist; auf das „Wie" der Einheit kommt es an, auf das Gebändigtsein von Mannigfaltigkeit. Und sie muß anschaulich sein. – zu Stache: Das Mannigfaltigkeit ohne Einheit auch schön sein könnte, würde dem Schönsein der Einheit widersprechen. Aber es leuchtet mir nicht ein. Im Industriegelände und vollends im „Gebirge" ist deutlich schon Einheit (eben die des Geländes selbst). Viel auffallender freilich ist sie an Werken der Technik: etwa einer modernen Lokomotive. Hier ist sie „Ineinandergreifen" sichtbar. – Zu Fr. Homann: Allerdings sind im ästhetischen Gesamtwert beide Ordnungen des Schönen vereinigt. Und so war die Unterscheidung doch auch gemeint. Deswegen aber können doch beide sehr verschiedenen Momenten am ästhet[ischen] Gegenstande zukommen: die eine dem Erscheinungsverhältnis, die andere dem Gebilde in sich.

STACHE: Man muß die Beispiele genauer deuten. Ist der Nebeldunst im Industriegelände Einheit der Landschaft (eben im Blick auf Oberhausen). Da fehlt alles, was sonst Landschaft bindet (Wald, Wiese, See). Da ist nur abstrakte Einheit, hineingetragene. Und beim Gebirge: erst im Entlanggehen muß die Einheit hergestellt werden. Auch im Konstruktiven (etwa an einem Motor) ist Einheit nicht das Einzige... Und an der Zickzacklinie fehlt sie ganz. Es sei denn, daß schon der wiederkehrende Winkel von 90o als Einheit gelten sollte.

---

a dann] *danach gestrichen:* der
b so bleibt es häßlich.] *über der Zeile eingefügt*
c So] so

HARTMANN: Wenn Sie bedenken, daß es doch auf die Anschaulichkeit der Einheit ankommt, so stimmt es wieder. In den 3 Beispielen ist dann geschaute Einheit.
ADAM: Ich würde überhaupt den umgekehrten Schluß ziehen. Sogar in der Zickzacklinie ist schon geschaute Einheit (und zwar im wiederkehrenden Winkel): es ist eben nicht Regellosigkeit, auch objektiv nicht, sondern gerade gebändigte Mannigfaltigkeit. Dasselbe gilt erhöht vom Industriegelände. Schlote, Feuerschlünde, gerötete Atmosphäre bilden auch ohne Gedanken an Wald und See ein gebundenes Ganzes. Gewiß darf Mannigfaltigkeit nicht fehlen; aber einleuchtend ist mir, daß die Einheitsmomente ästhetisch weit wirksamer sind als die der regellosen Mannigfaltigkeit.
Frl. PAPE: Es ist wohl vielmehr so: eines bedingt das andere. Auf dem Reichtum der Mannigfaltigkeit liegt durchaus ein Nachdruck. Nur eben, daß es nicht für sich ästhetisch wirkt, sondern bloß in der Einheit. Die lebendige Spannung der Teile ist hier wesentlich. Und zwar, je größer die Spannung ist, um so höher ist die Einheit.
Fr. HOMANN: Es geht also jedenfalls um Zusammenhang von Einheit und Mannigfaltigkeit. An den Werken der Technik fehlt es gerade daran. Es muß immer Einheit von etwas sein, was ich mir denken kann; an der Maschine gehört Spezialkenntnis dazu. An der Landschaft ist sie unmittelbar gegenwärtig.
HARTMANN: Freilich kommt es auf das Gegenwärtigsein an. Das ist eben die Anschaulichkeit der Einheit. Aber man kann so gut die Maschine wie die Landschaft auch ohne die nötige Anschauungskraft ansehen. Man muß den Blick haben.
FRITZEN: Warum aber erscheint ein modernes Auto schön, eines von veraltetem Typ unschön? An der Einheit kann es nicht liegen. Denn es kann sehr wohl konstruktiv zusammengefaßt sein, was ästhetisch nicht zusammengefaßt ist.
Frl. BOSSE: Vielmehr, für den damaligen Menschen war auch der alte Autotyp schön. Das ist wie mit der Mode; ich finde auch zuerst jede neue Mode scheußlich, und hinterher kann ich vielmehr die alte „nicht mehr sehen". Auf das Vertrautsein mit der Sache kommt es an. Das ist Bedingung des Einheit-Sehens. – Die Zickzacklinie müssen wir aus dem Spiel lassen, das ist ein schlechtes Beispiel, nicht[a] weil die Einheit darin zu gering ist, sondern weil es an Mannigfaltigkeit fehlt. Der „Reichtum" gehört dazu. – Am „Gebirge" dagegen spricht schon das Wort die geschaute Einheit aus (warum sagen wir denn „Gebirge" und nicht „die Berge"?). Vollends am Industriegelände – gibt es die sichtbar gewordene Einheit der Arbeit, und zwar gerade in dem Reichtum ihrer Mannigfaltigkeit.
HARTMANN: Wenn Frl. Pape sagte, je größer die Spannung, um so höher die Einheit, so trifft das nicht tatsächlich zu. Wohl aber besteht es als ästhetische Forderung:

---

a nicht] *über der Zeile eingefügt*

je größer und in sich heterogener das Mannigfaltige ist, um so höherer und mächtigerer Einheit bedarf es, um sie zu bändigen. In einem Kunstwerk kann diese Forderung mehr oder weniger erfüllt sein. Und je nachdem wird sein künstlerischer Wert sein.

Yü: Das ist ein Maßstab der Einheit. Es gibt aber auch noch andere Maßstäbe der Einheit: die Bewertung ist eben verschieden je nachdem, wovon man ausgeht. So die Bewertung der Oper „Carmen" – nach der Einheit nur nach der „Kraft der Aussage".[a]

STACHE[b]: Ich möchte noch mit etwas ganz anderem kommen. Ich sehe nämlich noch weitere Arten des ästhetischen Wertes.

1. Eine Form von Schönheit zeigt sich z. B. im bloßen Beieinander von Farben. In diesem Sinne schön ist schon der Marmor, rein als Stoff; desgl. gewisse Klänge der Sprache (Wortklang). Es gibt da eine Sphäre, in die nichts hineingesehen wird. Da ist dann auch kein Fundierungsverhältnis (das überhaupt bei Hartmann überbetont ist); auch ist da etwas noch nicht Gestalt geworden. Es gibt eine Intention der Künste, diese Werte zu verfolgen. Auch sowas wie das schöne Briefpapier gehört hierher.

2. Es gibt auch die Schönheit im menschlichen Tun: die gelungene Bewegung, das sportliche Gelingen selbst. Hier gibt es nur eine Lösung in Richtung auf das Subjekt. Es wendet sich da etwas an unsere Vitalität. Und es setzt zum Verstehen ein inneres Mitvollziehen voraus. – In der Richtung dieser Phänomene liegt auch die „Kunst als etwas, was heiter macht". Hier ist unmittelbare Nähe zum außerästhetischen Wert. Aber es ist kein Fundierungsverhältnis.

ADAM: Ist für diese Art Schönheit nicht vollauf Spielraum in jener dritten Wertklasse Hartmanns: bei den „Werten der Wirkung"? das Sich-Wenden an die Vitalität und das Heitermachen geht offenbar auf Wirkung. Dann könnte man also die beiden Wertklassen von Stache[c] subsumieren.

---

a Yü: Das ist ein [...] „Kraft der Aussage".] *am Ende der folgenden Seite und mit Einfügungszeichen sowie der Anmerkung: zu Seite 7: dieser Stelle zugeordnet*
b STACHE] *mit Bs über der Zeile eingefügt für gestrichen:* Wein
c Stache] *mit Bs über der Zeile eingefügt für gestrichen:* Wein

Typoskript, Was sind ästhetische Werte? XI. Sitzung, Adam, Bosse, Göhre, Hartmann, Homann, Kogon, Pape, Thiel, Stache, Yü, 1940-03-21, Berlin

21. III [1940][a]
Vorsitz: Hartmann[b]
Prot[okoll:] Bosse[c]

HARTMANN: Wie weit kommen die beiden Ordnungen des Schönen eventuell auf ein und dasselbe heraus? Frau Homann meinte zuerst, sie seien überhaupt identisch, dann, die betreffenden Werte kämen ein und derselben Seite zu, und nicht etwa der eine der Erscheinung, der andere der Form.

HOMANN: Das muß ich nun zurückziehen. Aber eine andere Frage habe ich noch: sind die beiden Ordnungen voneinander abhängig, oder kommen sie auch getrennt voneinander vor? Gibt es einen Wert des Gebildes, des Konstruktiven, ohne daß gleichzeitig ein Erscheinungswert auftritt? Weins schöne Farben würden zu den Werten 2. Ordnung gehören; erscheint dabei nun wirklich nichts? Genügen bei einer gemalten Landschaft die Formverhältnisse, Spannung, Aufbau usw., oder beruht nicht vielmehr das eigentlich Ästhetische darauf, daß dieses Gebilde Ausdruck von etwas ist?

PAPE: Deutlicher ist es beim Naturschönen. Das Meer ist schön, auch wenn es mir nicht transparent für Unendlichkeit ist. Zum mindesten ist beim Naturschönen die Transparenz weniger wichtig.

STACHE: Es gibt sehr wohl die isolierten Formwerte. Ich denke an die berühmte Brücke von Nimes, bei der 3 Bogenreihen übereinander gesetzt sind, von denen die höhere immer die leichtere ist. Hier liegen die Formwerte im Verhältnis der einzelnen Bögen, in der Abstufung, und darin, daß die baulichen Proportionen nicht durch Pfeiler zerstört werden. Dagegen gibt es italienische Bauten des 16. Jhdts., deren Stufen gleich groß sind, bei denen auf den unteren Bögen immer ein Pfeiler gemauert ist, der den nächsten trägt. Das ist eine Verletzung von Formwerten. Bei der Brücke von Nimes wirkt es sinnvoll, daß etwas, was nicht tragen soll, auch nicht zu tragen braucht.

GÖHRE: Für beide Thesen lassen sich Beispiele anführen. Bei musikalischen Meisterwerken z. B. macht ohne Frage erst das Durchscheinen den letzten Wert aus. Dagegen gibt es in der Malerei Werke, bei denen ganz bewußt nur auf die Formwerte Gewicht gelegt ist; trotzdem schimmert doch auch hier noch Tieferliegendes durch. Überwiegend aber ist durchaus die Formseite.

---

a 21. III [1940]] *mittig, unterstrichen; danach mit rotem Bs auf dem oberen Rand rechts:* XI.
b Vorsitz: Hartmann] *unterstrichen*
c Prot[okoll:] Bosse] *in der darüberliegenden Zeile gegenüber:* Hartmann, *unterstrichen*

BOSSE: Von allen bisher gebrachten Beispielen für das Fehlen von Erscheinungswerten scheint mir nur Weins Farbenbeispiel beweisend; wenn ich einen ästhetischen Genuß an reiner Farbzusammenstellung oder auch einfach z. B. an einem intensiven Blau habe, so ist doch dies Blau wirklich für gar nichts transparent, und doch kann der ästhetische Genuß echt und voll sein.

YÜ: Es gibt zwar ein isoliertes Auftreten der beiden Wertordnungen, aber die höchste Forderung verlangt ihr Beisammensein. Fehlt einem Bilde – auch bei noch so ausgeprägten Formwerten – das, was Sehnsucht hervorruft, die Stimmung, so fehlt ihm der letzte ästhetische Wert.

HOMANN: Bei der Brücke handelt es sich nicht nur um Formwerte; man darf das Erscheinende doch nicht zu eng nehmen, als Gedanke, Idee etwa! Was hier erscheint[,] ist ein besonderes Schweben und dabei zugleich eine besondere Festigkeit, das Aufruhen des Leichteren auf dem Schwereren.

STACHE: Es erscheint allerdings etwas, was auch im allgemeinen Menschenleben Bedeutung hat, nämlich dieses, daß man nur auf ein tüchtiges Fundament etwas anderes setzen darf; aber so darf man hier nicht argumentieren. Ein anderes Beispiel: die Randzeichnungen Dürers zu Maximilians Gebetbuch sind eine reine Spielerei mit der Feder auf dem Papier; sie haben nur spielerische Werte und den Formwert der Harmonie.

HOMANN: Ist denn das Spielerische ein bloßer Formwert? Hier haben wir ja schon ein Transparenzverhältnis: das Spiel „stellt sich dar" in diesen einfachen Linien, und ohne dies können Sie an solchen Schnörkeln keinen ästh[etischen] Genuß haben. – Zur Brücke: Sie sprechen ja vom Wahrheitswert im Formwert! Daß das Leichte auf dem Schweren ruhen muß,[a] liegt daran, daß wir es als unwahr empfänden, wenn es umgekehrt wäre. Das hat mit unserem Problem nichts tun; aber wie ist es mit dem Schweben?

PAPE: Das Spielerische ist selbstverständlich ein Transparenzwert; es ist ja vom Spiel der Kinder oder Tiere hergenommen, das nichts mit Form zu tun hat, sondern als Befreitheit von Ernst u. Sorge erscheint.

ADAM: Jawohl. Bei der Brücke liegt schon in jedem einzelnen Bogen ein Transparenzverhältnis, und zwar ist das, was erscheint, das Durchbrechen des Trägheitsgesetzes, der Schwere, der Masse, zugunsten des Leichten und Schwebenden. Wird ein Pfeiler darübergesetzt, so erscheint kein Form-, sondern ein Transparenzunwert: das, was erreicht werden sollte, wird wieder zerstört. Auch bei den gotischen Strebepfeilern erscheint hinter dem reinen Formwert schlanken Hochstrebens ein religiöser Wert, das Sich- entfernen von der Erdhaftigkeit.

---

a muß,] muß.

Bosse: Ist nicht schon dieses Transparenz, daß keinem natürlichen Gesetz widersprochen wird, daß alles sinnvoll erscheint?

Kogon: Weitgehend isolierter Formwert findet sich in der niederländischen Malerei, wenn ein Kleid nur um seiner Form- und Farbschönheit willen, als Augenweide, gemalt ist. Man könnte nun freilich sagen, dahinter erscheine behäbiges Bürgertum,[a] aber das ist hier ganz unwichtig.

Hartmann: Jawohl. Rembrandts berühmte bunte Decke ist so herrlich gemalt, daß man alles andere darüber vergessen kann.

Stache: Etwas hineinlegen kann man freilich in alles. Aber ist denn der Bogen schön wegen der Überwindung der Schwere? Dann müßten wir den manierierten Bogen ja noch schöner finden.

Hartmann: Allerdings darf man niemals suchen, alle Formwerte in Erscheinungswerte aufzulösen. Aber beim Bogen ist doch die Überwindung der Schwere wirklich etwas unmittelbar Einleuchtendes.

Thiel: Die Form ist konstitutiv für die Erscheinung; ändere ich die Form, baue ich ein Haus in 2 Formen, so erscheint beidemal etwas anderes; also gibt es neben den Formwerten keine abgetrennten Erscheinungswerte: also ist Formwert identisch mit Erscheinungswert.

Hartmann: Falsch geschlossen. Zwar kann man wirklich nicht mit beliebigen Formmitteln Beliebiges erscheinen lassen, und insofern hängen die beiden Wertordnungen eng zusammen; identisch aber werden sie nicht. Im Roman erscheint Seelisches durch die Formprägung, durch die Kürzungen des Wortes. Ein Roman ist umso wertvoller, je mehr die menschliche Innerlichkeit durch all das Vordergründige plastisch wird. Eine starke Abhängigkeit besteht, aber keine Identität.

Thiel: Doch, denn das Erscheinende ist *vollständig* abhängig von der Form. Von einem unvollkommenen Erscheinen kann man gar nicht sprechen.

Hartmann: Wieso? Thomas Mann braucht gewaltige Mittel, um seinen Hans Castorp zu charakterisieren, und der Ertrag ist gering. Bei Hamsun ist es genau umgekehrt.

Stache: Es schein mir jetzt so: Formwerte treten da auf, wo etwas anderes erscheinen kann, und nur insofern sind sie Formwerte. Das Sprechen einer Romangestalt hat insofern Formwerte, als etwas von dem Wesen des Sprechenden darin erscheint.

Bosse: Und das Kleid auf dem niederländischen Gemälde? Und Weins Marmor mit der Zeichnung, und die Freude an reinen Farben? Noch immer ist hier kein Transparenzverhältnis aufgezeigt; hier scheinen wirklich Formwerte allein und unabhängig zu bestehen.

---

a Bürgertum,] Bürgertum.

HARTMANN: Zusammenfassung: Die beiden Wertklassen sind viel enger bezogen, als wir zuerst dachten, aber sie fallen nicht zusammen, auch nicht etwa deswegen, weil zum Erscheinungsverhältnis immer bestimmte Formwerte erforderlich sind. Der Transparenzwert kommt nicht unabhängig vom Formwert zustande, wohl aber kann das Umgekehrte der Fall sein. Der Transparenzwert ist eine kompliziertere und abhängige Klasse.

5 Über Geistiges und seelisches Sein (Sommersemester 1942)

In diesem „Disputierkreis" geht es um die Gewinnung eines Geist-Begriffes, von welchem aus das Seelische abgegrenzt werden soll. Die Diskussion der Grenze wird erkenntnistheoretisch, allgemein wertetheoretisch, anthropologisch (Grenze zwischen Mensch und Tier), und kunsttheoretisch (insbesondere mit Bezug auf Musik) durchgeführt.

Ein erster Ansatzpunkt für die Bestimmung der Differenz zwischen Seele und Geist wird in der Spontanität des Geistes, einer Aktivität desselben im Gegensatz zu einer Passivität des Seelischen versucht (I), was zu phänomengeschuldeten Aporien führt, insofern die geistige Aktivität an ein zugrundeliegendes Seelisches gebunden scheint (II). Zum Zweck einer Grenzziehung zwischen nur Seelischem und nur Geistigem wird die Untersuchung des erwachenden Bewusstseins aufgenommen, welches den Weg vom Aufmerksam-werden zum konkreten Fragen und dem expliziten Objektbezug des Bewusstseins zu durchlaufen scheint. Desweiteren werden das Erwachen des kindlichen Bewusstseins und Unterschiede von menschlichem und tierischem Weltbezug diskutiert, das Eintreten der Frage, das Fraglichwerden (gegenüber der bloßen Verblüffung des Tiers) als eine spezifisch geistige Form des Weltbezugs (III). In der Folge wird die Suche nach einer Grenze auf den Bereich der ästhetischen Erfahrung und des Zuschauererlebens bei Fußballspielen ausgeweitet, mit Unterscheidungen zwischen einem eher ungeistigen, suggestiven „Mitgerissensein", oder vitalen „Aufgestachelt"-sein zu einem Erfahren, das im Verstehen von „objektiven" Regeln gründet (IV). Mit Blick auf das ästhetische Erfahren wird die Wirkung auf das Lustempfinden selbst als geistlos, dasjenige aber, welches das Lustempfinden anregt, als geistig vorgestellt und die Analyse ähnlicher Verhältnisse anhand von Phänomenen des Angesprochen- bzw. Abgestoßen-werdens (V, VI) vertieft. Thematisiert werden ebenfalls das Phänomen der Selbsthemmung des Menschen (V), das Haben von Gründen (VI) sowie die Differenz zwischen bloßer, seelischer Wertbezogenheit (VI, VII) und der Objektivierung als einer Leistung des geistigen Bewusstseins inklusive des Bezuges zum Allgemeinen (VII). In einer Diskussion um die Phänomene des Mitteilens und der Mitteilbarkeit kreuzt sich die Grenzfrage bezüglich des Seelischen und des Geistigen mit derjenigen nach der Abgrenzung des personalen vom objektiven Geist. Die Auslotung dieses Feldes führt (VIII) zu der Frage nach der Qualität seelischer und geistiger Inhalte, sowie deren Verhältnis zu den ihnen zugehörigen Akten. Die Untersuchung führt zu der Hypothese (IX), dass es das Erkenntnismoment sei, welches Seelisches und Geistiges unterscheide. Doch zeigt sich gerade in der ästhetischen Erfahrung ein der Erkenntnis verwandtes Phänomen, welches als

Erfassen bzw. Verstehen diskutiert wird. Die nähere Bestimmung des Erkenntnismomentes im schaffenden Prozess führt schließlich unter Berücksichtigung von Zwecktätigkeit und Zwecksetzung (im Gegensatz zum bloßen Vollzug nach vorgegebenem Zweck) zu einer grundlegenden Abgrenzung des Geistigen vom Seelischen.

Philosophiehistorische Hintergründe bestimmen von Anfang an explizit die Diskussionen: Die Gesprächsreihe nimmt ihren Ausgang von Hegels unzureichender Bestimmung des Geistes als allein dem subjektiven Geist zugehöriger. Im Zuge der Behandlung des erwachenden Bewusstseins und dessen Erwartungshaltung bezieht sich Frl. Stock (II) auf Humes Assoziationstheorie, indem sie die Erwartungshaltung als eine durch Erfahrung erworbene als selbstverständlich annimmt. Zudem wird Kants transzendentale Deduktion (VII) zur Wiederlegung von Frl. v. Bredows Position und Kants heuristisches Prinzip („als ob") aus dem zweiten Teil Kritik der Urteilskraft (X) in die grundlegende Bestimmung der Begriffe Seele und Geist einbezogen.

Mit Blick auf zeitgenössische Referenzen weist der „Disputierzirkel" durchgehend einen klaren Bezug zu Plessners als auch Schelers Philosophischer Anthropologie auf, was besonders in den Begriffen Exzentrizität (III), Drang, Ausschnitt aus der Welt zum Ausdruck kommt. Zudem wird in der Gesprächsreihe zur Frage nach dem Emotionalen (Mutterliebe, z. B. I) Bezug auf Schelers (namentlich genannte) Abhandlung *Wesen und Formen der Sympathie* (1923) genommen. Weiterhin bildet die moderne Biologie einen großen Teil des Hintergrundes, wie der Umweltbegriff und das Zeckenbeispiel (Uexküll) zeigen. Auch verweist der Begriff des Verstehens auf einen Bezug zu Dilthey. Abschließend (X) wird zudem auf Heinrich Maiers Untersuchung zum emotionalen Bewusstsein Bezug genommen.

Die Gesprächsreihe besticht durch das klare Hervortreten der drei methodischen Schritte, die für Hartmanns Philosophieren charakteristisch sind (Phänomenologie, Aporetik, Theorie) in der enormen Breite seines philosophischen Arbeitens (Naturphilosophie, Ethik, Ästhetik, Erkenntnistheorie etc.). Entsprechend der weiten Präsenz der Aporetik und kontroversen Diskussionen werden im Folgenden Positionen und Dissense in einem gemeinsamen Abschnitt dargestellt.

Hartmann bestimmt Potenziale des Seelischen, des Geistigen und des Bewusstseins: demnach kann Seelisches bewusst oder unbewusst sein, Bewusstsein geistig oder geistlos und Geist individuell bewusstseinsgebunden (personaler Geist) oder überindividuell (objektiver Geist).

Frl. v. Bredow formuliert die Annahme, dass das Positive des Geistes seine Spontanität sei. Dem setzt Hartmann die Möglichkeit entgegen, dass es im Bereich des Geistes auch Passivität geben könne. Mit Frl. Pape (II) widerspricht Hartmann der Zuordnung von Aktivität zum Geistigen und von Passivität zum Seelischen und behauptet dagegen, dass es keine geistigen Akte gibt, die nicht auch seelische Akte sind.

Hartmann führt zusammenfassend zur Differenz zwischen geistigem und geistlosem Bewusstsein aus: „Das geistlose Bewußtsein erfaßt die Welt nur relativ auf seine Bedürfnisse, Triebe und Lebensinteressen. Daher spricht die Tierpsychologie vom Gefesseltsein an den Drang. Die Grenze zwischen geistlosem und geistigem Bewußtsein geht mitten durch das Menschenwesen hindurch. Das geistige Bewußtsein hat die Tendenz sich in Beziehung zur Welt zu setzen[.]" (III) Mit Blick auf die Entwicklung des Bewusstseins betont er, dass es hier keine scharfe Grenze zwischen dem nur seelischen und dem geistigen Bewusstsein bestehe: „Es ist ein langsamer Wandel hin zum geistigen Bewußtsein. Man darf nur für *unser* Problem nicht genetisch fragen, auf welcher Stufe der Menschwerdung das geistige Bewußtsein einsetze. Eine zeitliche Grenze läßt sich da auch nicht feststellen, es ist vielmehr ein langer Prozeß." (III)

In der Diskussion wird dann eine Grenze auch mit Blick auf Beispielphänomene gesucht. Nach Hartmann ist die komische Wirkung immer etwas Geistiges (IV). Später setzt Hartmann eine Grenze bei einer Selbsthemmung an: „Das Neue in der menschlichen Auffassung ist die Hemmung, die sich zwischen Eindruck und Reaktion auf diesen Eindruck einschiebt[.] Hiermit setzt das geistige Bewusstsein im Auffassungsakt ein." (V) Die Differenz zwischen geistigem und seelischem Angesprochen- bzw. Abgestoßen-werden sieht v. Bredow in einem Haben von Gründen beim bewussten (geistigen) Angesprochen-werden im Gegensatz zum Fehlen eines solchen im seelischen, d. h. unbewussten Angesprochen-werden. Dem gegenüber betont Hartmann (VI), dass die Gründe, sollten sie die Grenze markieren, nicht einfach Wertbewusstsein sein dürfen: „Alle Akte des Angetanseins und des Ablehnens, die primitiven und die hochgeistigen, sind auf Werte bezogen. Also ist darin keine Grenze zu suchen. Grenze zwischen dem Geistigen und dem Ungeistigen ist dort zu setzen, wo die Wertbezogenheit ins Bewußtsein fällt, wo es gegenständliches Wissen um die Werthaftigkeit als solche gibt. Es ist hier noch kein Wissen um die Werte selbst, sondern ein Wissen um ein Allgemeineres, um dessen willen ich gutheiße, schätze. Das scheint die Form des Grundes zu sein."

Auch mit Blick auf die Wertintentionalität von kleinen Kindern entsteht ein interessanter Dissens: Segatz behauptet: „Bei ungeistiger Sympathie scheint das Woher mehr im Vitalen zu liegen, bei geistiger anderswo, auf anderer Ebene." [...] Hartmann entgegnet: „Beim kindlichen Vertrauen braucht keine Beziehung auf Vitalwerte zu bestehen. Es können dabei moralische Werte in Frage kommen, trotzdem bleibt der Akt ein geistloser Akt." (VI)

Das Spezifisch Geistige wird von Hartmann in einer Reihe von Bestimmungen zusammenfassend charakterisiert als das Vermögen der Objektivierung (1), der Selbsthemmung und Ablösung vom tierischen Drang (2), als einsetzendes Wertbewusstseins (als Bewusstsein vom Wertvollsein der Sache, 3) und als Vermögen der Mitteilung, eines Ablösens des personalen Geistesinhalts, das dessen Eingehen in den objektiven Geist darstellt (4).

Einen Einwand gegen die Bedingung eines Übertritts in den objektiven Geist erhebt Pape, denn, wenn der Inhalt unartikulierbar sei, fiele auch der Übertritt in den objektiven Geist weg (VII). Hartmann präzisiert seine Position mit der Unterscheidung von faktischem Mitteilen und prinzipieller Mitteilbarkeit: „Meine Hypothese ist: mit ihrem Inhalt ragen alle Akte eines Subjekts, die Anspruch erheben, geistige Akte zu sein, in die Sphäre des objektiven Geistes. Hinaufragen aus Motorik, Drang und Unmitteilbarkeit der Reaktion ist Hineinragen dahin, wo Inhalte das Schwebende des objektiven Geists annehmen können. Ohne dass dieser etwa mit dem personalen zusammenfiele. Nur auf Seiten des letzteren gibt es Akte. Die Inhalte aber sind das Mitteilbare diesseits wirklicher Mitteilung und faktischer Möglichkeit zur Mitteilung." (VIII)

Im weiteren Verlauf der Auseinandersetzung stehen sich zwei Positionen hinsichtlich dessen, was beim Kunstwerk erfasst wird gegenüber: Segatz und andere nehmen ein wesentliches Erkenntnismoment im Auffassen eines Musikstückes an, wenn auch nicht die Erkenntnis eines objektiv Gegebenen, sondern des Seelenzustandes eines Anderen, welcher in der Komposition zum Ausdruck komme. Hartmann hingegen lehnt diese Position ab, da das einzige Erkenntnismoment ein nachträgliches Erfassen der Kompositionselemente betreffe. „Der seelische Zustand, der hier wirklich zugrunde liegt, wird weder „erfaßt" noch „verstanden", sondern unmittelbar als der eigene erlebt: man kommt selbst in die Stimmung. Das Wunder der Musik ist, daß sie den Seelenzustand einfach hervorruft – und zwar ohne ihn ‚darzustellen'"(IX). Dies führt stringent zu der Frage nach dem Verhältnis von Erkenntnis und Komponist, wobei sich die Positionen der Intuition und der erkenntnisabhängigen Kreation gegenüberstehen, welche Wein folgendermaßen zusammenbringt:

1.) Frl. Pape meint, dass es „nur ein Sich-Veränderndes im Schaffensprozess" ist.
2.) Hartmann und Segatz stehen dafür ein, dass es da etwas objektiv Geschautes" gibt.
3.) Frl. v. Bredow: „Es gibt da etwas Ansichseiendes im gleichen Sinne wie das Erkenntnisobjekt."

Hartmann beendet den „Disputierkreis" mit einer Interpretation des genannten Verhältnisses als eines Zwecksetzungsprozesses des praktischen und nicht des theoretischen Bewusstseins.

Die Protokollreihe dokumentiert eine phänomenale Reichhaltigkeit des Dialogs, mit Beispielen aus vielen Bereichen des Lebens und der Literatur, die oftmals dem Thesentest oder der Illustration dienen oder in den bereits etablierten Begriffszusammenhang eingeordnet werden. Bereits in der ersten Sitzung werden Gegenüberstellungen von als seelisch und als geistig aufgefassten Phänomenen aufgeführt, so verschiedene Formen der Liebe wie Mutterliebe und Nächstenliebe, die Differenzen zwischen dem „Sichzusammenrotten" einer affektbestimmten Masse und einer Konferenz, zwischen dem Genießen eines Glas Wassers und eines Kunstwerkes, oder zwischen „geistigem" Erfassen des Sachverhalts bei einer Enttäuschung und instinktivem Erfassen (wie bei der Enttäuschung des Hundes angesichts der Missgelauntheit des Herrn), und das Betroffensein angesichts einer Todesnachricht (I). Das spezifisch Geistige deutlicher zu fassen, werden Beispiele wie das Lösen einer mathematischen Aufgabe (von Hartmann zur Illustration der These, dass alle beteiligten geistigen Akte immer auch seelische Akte seien), das „Mit der Nase auf etwas gestoßen werden" und das „Von einem Problem verfolgt werden" und der Unterschied zwischen einem primitiven Begehren (Durst nach einem Glas Wasser) und dem Wollen. Hartmanns Erinnerung an sein kindliches Fragen fungiert als Beispiel für erwachenden Geist: Angesichts des Blicks auf das Meer und das Erscheinen der Masten ohne Rumpf in der Ferne überlegte er als Kind: „Wenn das Wasser sich da hinten nach unten neigt, dann müsste doch das ganze Meer abfliessen." (II) Segatz erzählt von einer Kindheitserinnerung an Religionsunterricht, wo ihn einst die Frage beschäftigte, was hinter dem Wort „Gott" steht. Mit Blick auf die anthropologische Differenz werden das Staunen des Ochsen vorm offenen Scheunentor zwischen bloßem Verblüfftsein und (geistigem) Fraglichwerden genannt, und die Banane für den Affen, der sie frisst, und die Banane für den Menschen als „Objekt"(III). Vertiefend diskutiert werden neben dem Durst nach Wasser die Lust, zu Pfeifen, die Lust am Hören einer Melodie (bspw. ein Aufgestacheltwerden der Vitalität) sowie als Beispiel für geistige Massenphänomene das die Massen entzündende „Führerwort", womit der Anschauungshintergrund einer faschistischen Epoche hervortritt. Ebenfalls angeführt wird die individuelle Sorge beim Brand im Theater als Seelisches, eine Schafherde, die in Unruhe gerät, das Mitgerissensein der Zuschauer bei einem Fussballspiel, das Lachen, die Komische Wirkung, Ulkstimmung und Witz als Geistiges (IV).

Das lustvolle Reagieren auf den Rhythmus bei Menschen und Tieren wird diskutiert anhand von Beispielen wie den Tänzen der Kinder auf Bali, Bewegungen der Klapperschlange, der Rhythmus Strauß'scher Walzer. Als Beispiel für ein geistiges Erleben wird das Auffassen eines Unfalls auf der Straße detailliert mit Blick auf Akte, die aufeinander folgen, analysiert (V). Mit dem Beispiel eines Kenners und eines Laien vor einem Auto werden Phänomene des Angezogensein in unmittelbarer und in verstehender Weise, das Geblendetsein, das verständige Schätzen diskutiert, entsprechend die „unerklärliche Liebe eines Kindes zu seinem Onkel" und die „Angst vor dem großen Hut einer Tante" als Beispiele für ungeistiges Angezogen- bzw. Abgestoßenwerden angeführt und das naive und gereifte Vertrauen in andere Personen behandelt (VI). Verschiedene Phänomene des Mitschreiens beim Fussballspiel und des Mitgerissenseins und „geistigen Mitlachens" werden mit Blick auf geistige Aspekte in den Blick genommen, sowie die Ergriffenheit bei einer Beethovensinfonie, aber auch die Unvermittelbarkeit im Streit in der Liebe (VII). Stimmungen und Erlebnisqualitäten werden diskutiert, so Annehmlichkeit des kühlen Windes, „geistige" Freude bei einem Lottogewinn und grundloses Vergnügtsein, oder panikartige Furcht (VIII), später dann die musikalische Komposition als Ausdrucksform im Gegensatz zum „blos emotionalen Heulen des Hundes" (X).

Angesichts der Breite der Themenhorizonte, innerhalb derer die Grenze des Geistes zum Seelischen gesucht wird, steht die Protokollreihe in reichen Beziehungen zu früheren oder späteren Diskussionsrunden. Dazu zählen *Ästhetischer Gegenstand* (Sommersemester 1926), *Werte* (Wintersemester 1931/1932, *Anthropologie* (Sommersemester 1936), *Der Wahrheitsanspruch der Dichtung* (Wintersemester 1936/1937), *Was sind ästhetische Werte*? (Wintersemester 1939/1940), *Über Aufmerksamkeit und Interesse* (Sommersemester 1947) und *Das Individuelle und das Allgemeine* (Wintersemester 1947/1948).

Entsprechend zahlreich sind die Bezüge zu Werken Hartmanns und reichen von *Philosophische Grundfragen der Biologie* (1912: Unterschiede von Mensch und Tier) über die *Ethik* (1925: Wertbewusstsein und Werte überhaupt), die *Philosophie der Natur* (1950: Unterschiede von Mensch und Tier); aber auch *Das Problem des geistigen Seins* (1933: personaler, objektiver und objektivierter Geist, Sprachen lernen, Führerthematik, vom organischen Leben übernommene Kollektivform als schichtenontologisch Basis der Gesellschaft) und schließlich zur *Ästhetik* (1953: epistemische Momente im ästhetischen Erfassen, erweiterte Diskussion der Mitteilbarkeit und der Frage nach dem Übergang vom personalen zum objektiven Geist).

Thematische Anschlüsse des Dialoges an neuere Debatten bestehen mit Blick auf die Fragen nach dem Wahrheitsbegriff der Kunst, sowie zu der gegenwärtigen Debatte im Bereich der Kognitionswissenschaften bezüglich der Potenziale und Grenzen bewussten und selbstkontrollierten Denkens. Desweiteren bestehen Anschlüsse zu Debatten nach der Form geistiger Inhalte, wie sie in der analytischen Philosophie des Geistes verhandelt werden (insbesondere der eigenartige Status von „propositionalen Gehalten" mentaler Einstellungen bei David Lewis oder Paul Churchland oder die Rekonstruktion geistiger Vollzüge bei modular mind-Theoretikern wie Jerry Fodor oder Peter Carruthers und ihren konnektionistischen Gegnern wie Churchland). Anschlüsse bestehen mit den Überlegungen zur Ablösung des Gedankens vom personalen Geist auch zur Sprechakttheorie und zur Theorie kollektiver Intentionalität (John Searle), sowie zu modernen philosophischen Anthropologie mit Arnold Gehlen und den Debatten zu Michael Tomasellos vergleichender Primatenforschung im Hinblick auf die Tier-/Mensch-

Differenz. Ohne Zweifel lassen sich in Bezug auf das Sich-zur-Welt-stellen auch Anknüpfungspunkte zu Theorien der „embodied cognition" (Merlau Ponty, Shaun Gallagher) und anderen verwandten Ansätzen herstellen.

Manuskript, Geistiges und Seelisches Sein, I. Sitzung, von Bredow, Göhre, Hartmann, Pape, Rudko, Wein, 1942-05-15, Berlin

Geistiges und Seelisches Sein.[a]

15. 05. 42.[b]
Vorsitz[c]: Wein
Protokoll[d]: Hartmann.

HARTMANN: Es gibt keinen festen Geistbegriff. Man muß ihn erst gewinnen. Man kann also sehr verschieden ihn gegen „Seele" abgrenzen. Hegel nahm Seele ganz in den Geist hinein: als „subjektiven Geist". Darin liegt die entscheidende Grenze zwischen diesem und dem objektiven Geist. Das läßt sich nicht halten, wenn man auch im Einzelbewußtsein eine Sphäre des Geistigen sieht – im Erkennen, im Lieben etc.
Nun sind offenbar die Grenzen der Seinsschichten überhaupt nichts weniger als fest. Zwischen Physischem und Organischem haben sich die „Viren" gezeigt, zwischen Organischem und Seelischem die Instinkte, die „Fertigkeiten" u. vieles mehr: es ist a priori nicht zu erwarten, daß es zwischen Seelischem und Geistigem anders sei. Wie also ist der Unterschied zu machen?
Ich schlage vor, von solchen Akten auszugehen, die offenkundig auch dem geistlosen Bewußtsein eigen sind, aber im geistigen gehoben wiederkehren. Ein Beispiel wäre die Mutterliebe. Sie ist den höheren Tieren genau so eigen wie dem Menschen, wo sie hohe geistige Formen annimmt. Wie unterscheidet sie sich hier und dort? Und wie ist im Hinblick auf sie der Geist nach unten zu abzugrenzen?

---

a Geistiges und Seelisches Sein.] *mittig mit rotem Bs und doppelt unterstrichen; darunter und mit rotem Bs auf dem oberen Rand rechts wiederholt:* I.; *davor Briefumschlag, darauf mit blauem Bs:* Philosophischer Zirkel 1942 S. S., *letzteres mit rotem Bs unterstrichen, darunter mit rotem Bs:* Über geistiges und seelisches Sein.; *unten links Stempel des Philosophischen Seminars der Universität Berlin*
b 15. 05. 42.] *auf der rechten Seite*
c Vorsitz] *unterstrichen*
d Protokoll] *unterstrichen*

WEIN: Wir werden natürlich nicht „Geist" auf das Tierische anwenden. Man kann ihn nicht beliebig nach unten verlängern. Ebenso wie man das Seelische nicht im organischen Funktionieren beginnen lassen kann.

Frl. PAPE: Wir müssen innerhalb des „subjektiven Geistes" die Unterscheidung machen. An der Mutterliebe geht das schlecht. Es ist der Unterschied wie[a] zwischen der Volksmenge, die sich zusammenrottet und von Affekten bestimmt ist, und einer geordneten Konferenz.

GÖHRE: Mir scheint aber, auch bei körperlichen Übungen ist schon Bewußtsein beteiligt. Das Seelische ist vertreten, und auch das Geistige ist dabei.

HARTMANN: Das hilft uns nicht. Seelisches gibt es auch als Unbewußtes, und Bewußtsein auch als geistloses. Man muß fragen: wo ist die Grenze innerhalb des Bewußtseins?

Frl. PAPE: Es muß also doch auch spezifisch geistige Akte geben. Aber Lieben z. B. ist kein geistiger Akt. Scheler, der das behauptet, hat unrecht.

Frl. VON BREDOW: Das Positive des Geistes dürfte sein, daß er Spontanität ist. Seine Akte sind aktive. So ist es mit dem Erkennen und dem Wollen. Gefühle dagegen sind passiv, sie „steigen in uns auf". Das Seelische besteht nicht in Aktionen. Aktivität ist etwas, was immer erst „eingesetzt" werden muß.

WEIN: Aber was fangen Sie dann mit dem ganzen Gebiete des objektiven Geistes an? Das ist eine reine Inhaltswelt.

Frl. VON BREDOW: Ich meine gerade, wenn Akte aktiv sind, so gehören sie schon dem objektiven Geiste an.

HARTMANN: Vielleicht aber gibt es im Bereich des Geistigen auch Passivität neben der Aktivität? Kennen wir geistig-passives Verhalten?

Frl. VON BREDOW: Ja, das wohl. Z. B. der Wahrheit, wenn man sie einsieht, „muß" man folgen.

GÖHRE: Man kann nicht „Geist-haben", wie man Gefühle hat und Seele hat. Vielleicht hängt das mit der Stellung des Bewußtseins zusammen. Kann es entweder seelisches oder geistiges Bew[ußtsein] sein?

HARTMANN: Besser, man definiert so: Bewußtsein ist immer Seelisches. Aber es kann geistloses oder geistiges sein. Zu beachten ist hier dreierlei Übergreifen der Sphären:

1. Seelisches kann[b] unbewußt oder bewußt sein;
2. Bewußtsein kann geistloses oder geistiges sein;
3. Geist kann bewußtseinsgebundener (personaler) oder überindividueller (objektiver) Geist sein.

---

a wie] *über der Zeile eingefügt*
b kann] *danach gestrichen:* be

Über Geistiges und seelisches Sein (Sommersemester 1942) — **263**

Frl. PAPE: Ich komme auf die Aktivität zurück. Etwas von Spontanität ist doch wirklich am Wesen des Geistes. Es gibt freilich auch ein geistiges Passivsein – aber auf andere Art wie das Aktivsein – Auf welche? Z. B. in der Liebe ist es nicht vorhanden.

GÖHRE: Es gibt doch auch sehr geistige Liebe. Z. B. Nächstenliebe. Und gewiß auch sehr aktive Liebe.

WEIN: Soll nun aber das Geistige mit Spontanität zusammenfallen?

Frl. VON BREDOW: Das geht auch nicht. Sprache ist etwas eminent Geistiges. Aber im Sprachenlernen ist man zunächst ganz passiv. Freilich über diese Passivität legt sich schon eine Aktivität.

WEIN: Das ist am Ende schon vom objektiven Geist her gesehen. Es gibt aber noch von anderer Seite her Passives im Geiste.

HARTMANN: Versuchen Sie es doch mit einem anderen Beispiel, etwa dem „Genießen". Man kann als Durstiger ein Glas Wasser genießen, und man kann ein Kunstwerk genießen. Hier ist der Gegensatz doch greifbar.

Frl. PAPE: Dann ist es klar, daß Aktivität nicht Merkmal des Geistes ist. Es gibt vielmehr viererlei Arten von Aktivität. Und eine bestimmte ist die geistige. Ebenso vielleicht mit der Passivität: man kann von einem Problem geradezu verfolgt sein.

HARTMANN: Und wie ist es beim Akt des Gehorchens?

Frl. PAPE: Da ist es auch Aktivität.

GÖHRE: Ja, es ist sogar spontane Entscheidung darin.

Frl. VON BREDOW: Gehorchen ist kein einmaliger Vollzug. Die Überwindung muß immer wieder aufgebracht werden.

HARTMANN: Und wie, wenn wir statt Gehorchen das „Nachgeben" nehmen?

Frl. PAPE: Auch da ist es dasselbe

WEIN: Suchen wir mal nach weiteren Momenten der Passivität!

Frl. VON BREDOW: Wenn ich von einem Problem „verfolgt werde", so ist das garkein geistiges Verhalten.

Frl. PAPE: In der Tat, es gibt doch ein Verfolgtwerden, das in mir weiter arbeitet, ohne daß ich es will.

HARTMANN: Aber dieses passive Bewußtsein ist doch deswegen kein geistloses! Und was sagen Sie zu dem Falle, wenn ich „mit der Nase auf etwas gestoßen" werde? Da ist ein Erfahrungmachen von rein passiver Art. Es kann z. B. die Enttäuschung an einem Menschen sein, dem ich vertraut habe.

Frl. VON BREDOW: Aber es setzt da doch eine Spontanität des Erfassens ein.

HARTMANN: Gibt es kein passives Gezwungensein zur Einsicht?

RUDKO: Da finde ich, das[s] etwas von meiner Welt, was mir sicher galt, abgebröckelt ist. Hier ist entschieden geistiges Leben: schon die Bezogenheit auf den Anderen ist geistig.

HARTMANN: Nicht nur die. Sondern auch die Art des Erfahrungmachens ist geistig. Aber – ein Erleiden, passiv...

RUDKO: Nein, ich bin da doch auch aktiv: ich muß sehen, mich wieder ins Gleichgewicht zu bringen. In meiner Antwort auf die Erfahrung liegt die Aktivität.

GÖHRE: Ja freilich, aber die Antwort ist schon ein zweiter Akt. Zuerst einmal gibt es das Erfahren selbst. Und das ist sehr wohl ein rein passives Moment.

Frl. PAPE: Hier ist offenbar zu scheiden zwischen dem, was mir angetan wird, und dem, womit ich reagiere. Die direkte Antwort braucht keine geistige zu sein (Schmerz, Tränen). Die geistige Reaktion kann dann folgen.

HARTMANN: Diesseits aller Antwort und Reaktion steht aber doch schon das Enttäuschtwerden selbst.

Frl. PAPE: Bloßes Enttäuschtsein ist nur seelischer Akt.

Frl. VON BREDOW: Aber es ist nicht nur das seelische Enttäuschtsein, sondern auch das Erfassen des Sachverhalts. Das ist eine geistige Angelegenheit.

GÖHRE: Es gibt aber auch instinktives Erfassen von Sachverhalten.

Frl. PAPE: Ja, beim Tier, wenn es enttäuscht wird (wie der Hund vom mißgelaunten Herrn), liegt dasselbe vor: ein Aufnehmen des Sachverhaltes. Außerdem ist hier wohl beides zu eng verschmolzen.

GÖHRE: Hier ist sehr wenig Geistiges enthalten: es kommt garnicht zu großen Auseinandersetzungen.

HARTMANN: Ist denn das nötig, um geistig betroffen zu sein?

Frl. PAPE: Wenn ich nach dem Tode eines Menschen „es noch nicht fassen kann" – da ist schon die innere Auseinandersetzung.

WEIN: Aber zunächst war es doch bloß ein Kenntnisnehmen – diesseits alles näheren Begreifens.

Frl. PAPE: Das ist richtig. Aber ist im bloßen Anhören einer Todesnachricht ein geistiges Vorhalten?

WEIN: Es ist schon das geistige Erleben.

GÖHRE: Es ist wahr: schon im ersten Betroffensein sind nuneinmal geistige Momente enthalten.

Typoskript, Geistiges und Seelisches Sein, II. Sitzung, von Bredow, Göhre, Hartmann, Pape, Rudko, Segatz, Stock, 1942-05-22, Berlin

Diskussionszirkel: Über die Grenzen von Seele und Geist[a]

2. Sitzung am 22. 05. 1942
Vorsitz: Prof. Hartmann
Protokoll: Göhre

Prof. HARTMANN: Wie steht es mit dem Moment der Spontanität als Charakter des geistigen Seins? Aus dem Protokoll ist zu ersehen, dass die eigentlichen Begründungen, mit denen es eingeführt wurde[,] sich nicht als stichhaltig erwiesen haben.

Frl. PAPE: Gibt es nicht auch eine bestimmte Aktivität des Seelischen, die zu unterscheiden wäre von der Aktivität des Geistigen. Man kann nicht schlechthin sagen, das Geistige ist[b] Spontanität und das Seelische ist Passivität.

Prof. HARTMANN: Die Frage ist sehr gut gestellt,[c] aber schief ausgedrückt. Man kann nicht so fragen: Gibt es auch seelische Aktivität? Wenn es geistige Aktivität gibt, dann muss es auch eo ipso seelische geben. Es gibt keine geistigen Akte, die nicht seelisch sind.

Frl. VON BREDOW: Ich habe eine mathematische Aufgabe zu lösen. Wo steckt bei dieser Bearbeitung das Seelische?

SEGATZ: Das Seelische ist hier die emotionale Beteiligung bei der Lösung der Aufgabe.

GÖHRE: Die Freude an der Arbeit, das Behagen, das man bei der Bearbeitung empfinden kann, ist etwas Seelisches.

Frl. VON BREDOW: Man kann aber eine Arbeit auch ganz stur verrichten.[d]

GÖHRE: Es[e] braucht natürlich nicht immer eine Arbeitsfreude dabei zu sein.[f]

Frl. VON BREDOW: Das wäre noch kein Beweis dafür, dass jeder geistige Akt eine seelische Basis hat, wenn mal etwas Seelisches dabei herausspringen kann. Diese Begleiterscheinungen können auch wegfallen.

SEGATZ: Dass ich die Aufgabe löse, das ist das Seelische dabei.

---

a Diskussionszirkel: Über die Grenzen von Seele und Geist] *danach mit rotem Bs auf dem oberen Rand rechts:* II.
b ist] *hs unter der Zeile eingefügt*
c gestellt] *hs über der Zeile eingefügt*
d Frl. VON BREDOW: Man kann aber eine Arbeit auch ganz stur verrichten.] *auf dem unteren Rand und mit Einfügungszeichen dieser Stelle zugeordnet*
e Es] es
f GÖHRE: Es braucht natürlich nicht immer eine Arbeitsfreude dabei zu sein.] *auf dem unteren Rand und hs mit Einfügungszeichen dieser Stelle zugeordnet*

Frl. PAPE: Es braucht nicht immer eine Freude zu sein oder ein Unbehagen, es kann auch eine gewisse Gleichgültigkeit sein, auch ein Zustand sein, der gar nicht in das Bewusstsein tritt. Dann ist das Seelische weitgehend ausgeschaltet.

Prof. HARTMANN: Sie neigen alle dazu, dass es sich darum handelt, dass gewisse seelische Momente sich um einen charakteristisch geistigen Akt gruppieren, aber auch wegfallen können.

Frl. STOCK: Begeisterung, Freude, ein Hintendieren auf die Sache, man kann auch einen Widerwillen haben, das sind Momente für das Seelische an diesem Beispiel.

RUDKO: Das Ausgerichtetsein auf die Sache selbst ist nicht das spezifisch Geistige, es ist schon im Seelischen zu finden.

HARTMANN: Ich möchte eine Gegenthese bringen, die das von Ihnen doch ziemlich einmütig gebrachte Verhältnis auf den Kopf zu stellen scheint. Man kann sie ausdrücken mit dem schlichten Satz: Alle geistigen Akte sind eo ipso seelische Akte. Wenn Sie jetzt sagen, das eigentlich Geistige in der Lösung einer mathematischen Aufgabe besteht in einem Vollzug des Denkens, des Fragens, des Findens des Ansatzes, des Schliessens, Rechnens, dann würde ich sagen, diese Akte sind genau so seelische Akte, wie die Freude oder der Widerwille, den man überwinden muss. Das Verhältnis könnte doch sein, dass wir überhaupt nicht zu suchen haben nach seelischen Momenten, die neben den geistigen zu stehen haben, sondern nach einer Basis des Seelischen, an welcher in einem Aktvollzug überhaupt das charakteristisch Geistige erst auftauchen kann. Das würden nicht nur solche Akte, wie Schliessen, Denken, Rechnen sein, sondern auch Wollen, sich Entschliessen. Das geistige-Erfahrung machen ist auch von dieser Art.

Es gibt natürlich auch ein sehr primitives Erleben,[a] von dem wir das nicht sagen können. Die Schwierigkeit ist dann, das Moment des Geistigen zu fassen, wo es auftaucht. Zwischen Wollen und Begehren, da geht auch so eine Grenze durch. Es gibt ein sehr primitives Begehren, das ohne Zweifel kein geistiges ist (man greift nach einem Glas Wasser bei starkem Durst und vergisst alles andere dabei). Die grosse Frage ist, wo die Grenze zu ziehen ist zwischen dem blossen Begehren und Wollen und wie sie zu ziehen ist.

Frl. PAPE: Dann müssten die geistigen Momente nach unten zu eine Fortsetzung haben, wo das Geistige verschwindet und das Seelische liegt.

HARTMANN: Wie stehen Sie zu der Hauptthese: Dass alle Akte seelische sind, einerlei, ob sie geistig sind oder geistlos. In der vorigen Sitzung hatte ich es schon ausgesprochen: Seelisches kann unbewusst und bewusst sein, das

---

[a] Erleben] *hs berichtigt:* Erfahren

Bewusstsein kann geistlos oder geistig sein, Geist kann bewusstseinsgebunden oder objektiver Geist sein.

GÖHRE: Mir scheint, es ist eine Synthese der beiden Auffassungen möglich. Man muss der von Prof. HARTMANN aufgestellten These zustimmen. Wir können nicht einzelne Momente, die im Phänomen zusammen auftreten, auseinanderreissen und für sich betrachten. Wir haben den Fehler gemacht, das Phänomen in Teile zu zerlegen, die eigentlich in einem Zusammenhang auftreten. Wenn man die von uns eingeführten Momente in dem Zusammenhang betrachtet, in dem sie im Phänomen auftreten, dann kann man wohl zu der von Prof. Hartmann aufgestellten These gelangen.

Frl. PAPE: Wandelt sich nun der seelische Akt und ist dann[a] nicht mehr seelischer Akt oder kommt etwas hinzu zu dem seelischen Akt, der sich also dann nicht wandelt.

HARTMANN: Haben Sie nicht schon im Stillen vorausgesetzt, dass alle Akte erst einmal seelische sind? Das Sich-einlassen auf eine mathematische Aufgabe, das von ihr Gefesseltsein, ist das nicht schon ein seelischer Zustand?

Frl. PAPE: Ja[!]

HARTMANN: Dann geben Sie mir recht, dass die seelischen Momente nicht hinzutretende Momente sind. Wie ist es beim richtigen bewussten Wollen, bei dem ein verfolgbarer Entschluss vorliegt?[b]

Frl. STOCK: Vor allem bewussten Wollen ist schon eine seelische Zustimmung zu dem Wollen irgendwie da.

HARTMANN: Wenn aber erst durch eine Überlegung, die ich in mir anstelle, ein Entschluss reift, können Sie es für diesen Fall auch ausführen.

SEGATZ: Das Bewusstwerden der Gründe und Gegengründe ist offenbar ein seelischer Akt.

HARTMANN: Mit der immer wiederkehrenden Fragestellung, ob der betr[effende] Akt ein seelischer oder ein geistiger Akt ist, haben Sie schon vorentschieden.

GÖHRE. Wir hatten schon in der ersten Sitzung die These zugrunde gelegt, dass es keine geistigen Akte gibt,[c] die nicht auch[d] seelische Akte sind.

Frl. VON BREDOW: Bei der Grenze vom Organischen zum Anorganischen können wir eine solche Verlängerung von der Frl. Pape sprach, wohl nicht feststellen.

HARTMANN: Das Problem ist nicht, wie sieht die Verlängerung nach unten aus. Wir haben zu fragen: sind die Akte, in denen die wissentliche und bewusste

---

[a] ist dann] *Satzstellung mit Bs durch Umstellungszeichen geändert:* dann ist; *danach gestrichen:* er

[b] vorliegt?] vorliegt.

[c] gibt] *hs über der Zeile eingefügt für gestrichen:* sind

[d] auch] *hs über der Zeile eingefügt*

Entscheidung gefällt wird, wo also Überlegung stattfindet, sind diese Akte noch seelischer Art oder sind sie gar keine seelischen Akte mehr? Das Kriterium scheint mir nicht darin zu bestehen, wie weit wir nach unten verlängern können. Für beide Akte gibt es so eine Fortsetzung. Das Charakteristische scheint mir in der Überlegung zu liegen: gibt es ein zweites Bewusstsein neben dem seelischen Bewusstsein? In beiden Fällen handelt es sich doch um einen Bewusstseinsakt.

Frl. PAPE: Es kann doch auch so sein, dass der seelische Akt in seiner Qualität verändert wird.

HARTMANN: Wir können jetzt Frl. von Bredow entgegenkommen. Etwas ist wirklich in dem geistigen Akt, was hinzukommt und was keineswegs enthalten ist in dem Akt einer blossen instinktiven, also geistlosen Entscheidung. Beim mathematischen Rechnen kommt die bewusste logische Überlegung hinzu, und diese logische Struktur ist etwas, was wir nicht nach unten verlängern können.

Frl. VON BREDOW: Mir lag daran, klarzustellen, ob jeder geistige Akt seine seelische Basis hat oder nicht. Wenn der geistige Akt vom Seelischen her eingeleitet ist, dann liegt darin seine seelische Basis.

Prof. HARTMANN: Wie würden Sie denn so einen Akt im erwachenden Bewusstsein beurteilen? Wir wuchsen an der Küste auf und wir wussten, dass die Meeresoberfläche nicht eben ist. Wenn die Schiffe weit draussen waren, sah man nur die Maste. Das Meer musste sich also schon irgendwie nach hinten zu neigen. Ich kombiniere und frage: wie ist das möglich? Wenn das Wasser sich da hinten nach unten neigt, dann müsste doch das ganze Meer abfliessen. Wohin würden Sie das rechnen?

Frl. PAPE: Dieser Akt ragt in das geistige Bewusstsein hinein.

HARTMANN: Mir hat das immer als ein Beispiel für das erwachende geistige Bewusstsein vorgeschwebt. Hier[a] ist das geahnte Naturgesetz, dass das Wasser nach unten fliesst, wenn es nicht irgendwo festgehalten wird.

Frl. VON BREDOW: Das vorgeistige Bewusstsein nimmt etwas hin, das erwachende fragt schon.

SEGATZ: Es ist das Erwarten eines bestimmten Sachverhaltes.

Frl. PAPE: Das könnte aber doch auch im rein tierischen Bewusstsein vor sich gehen. Die Frage des Warum wird das Tier nicht stellen.

Frl. STOCK: Dieses Vorauserwarten beruht doch auf Erfahrung.

HARTMANN: Ich glaube mit dem Punkt Erfahrung wischen Sie über den Unterschied hinweg. Das Erfahren macht das Tier auch, wenigsten in bestimmten Grenzen.

---

a Hier] *nach Streichung hs auf dem linken Rand*

Frl. VON BREDOW: Das Unterscheiden und Herausstellen der einzelnen Momente ist wesentlich.ª

SEGATZ: Ein Vorauserwarten ist dabei. Das Tier kann nur ganz ähnliche Situationen verknüpfen.

Frl. VON BREDOW: Das Geistige, was hier auftaucht, ist das Bedenken, in dem Sinne, sich Gedanken machen.

Prof. HARTMANN: Wir sind nun auf dem besten Weg, in ein 2. Stadium unserer Diskussion zu treten, in dem es sich um die Grenzziehung handelt. Wir müssen versuchen, den so verschwommenen Begriff Geist neu zu formen.ᵇ Wir werden mannigfaltige Beispiele dafür heranzuziehen haben. Dabei bleibt immer noch die Frage vollkommen offen, ob der auf diese Weise gebildete Geistbegriff auch genügt. Für Phänomene des objektiven Geistes kann er nicht genügen. Der besteht nicht in Akten, sondern in etwas Anderem.

Typoskript, Geistiges und Seelisches Sein, III. Sitzung, von Bredow, Göhre, Hartmann, Rudko, Segatz, Stock, 1942-05-29, Berlin

Sitzung vom 29. 05. 42.ᶜ
Vorsitz: Göhre.
Protokoll: von Bredow.ᵈ

GÖHRE: Ich schlage vor, das Erwachen des geistigen Bewußtseins an weiteren Beispielen durchzudisputieren.

HARTMANN: Bisher sind zwei Vorschläge gemacht worden, das Geistige gegen das Seelische abzuheben. Der erste – Aktivität des geistigen Aktes – ließ sich so nicht halten, der andre, daß das geistige Bewußtsein fragt und denkt, muß noch durchgesprochen werden. Hier können wir ansetzen.

SEGATZ: Ich nahm als Kind jahrelang am Religionsunterricht teil, ohne mir besondere Gedanken über Gott zu machen. Eines Tages wurde mir klar: Gott ist eine Kraft. In dem Fragen und Suchen, was hinter dem Wort „Gott" steckt, sehe ich das Geistige im Gegensatz zum Seelischen, das nur einfach hinnimmt.

RUDKO: Ich möchte an mein früheres Beispiel anknüpfen, wie ich zu beobachten versuchte, wie das ist, wenn man einschläft. Daß man das nicht merken

---

a wesentlich.] *danach gestrichen:* Ein Vorrauserwarten ist dabei. Das Tier kann nur ganz ähnliche Situationen verknüpfen.
b formen.] formen,
c Sitzung vom 29. 05. 42.] *mittig; danach mit rotem Bs auf dem oberen Rand rechts:* III.
d Protokoll: von Bredow.] *in der darüberliegenden Zeile gegenüber:* Göhre.

kann! Damit erwacht das geistige Bewußtsein, daß die Welt mir merkwürdiges aufzuweisen beginnt, in der Überraschung.

HARTMANN: Könnte man es nicht „fragen" nennen?

SEGATZ: Die Trennungslinie zwischen Seelischem und Geistigem liegt wohl auf der Mitte zwischen Aufmerksamwerden und Fragen. Auch das Kleinkind wird überrascht. Das Geistige liegt im Fragen nach den Gründen. Das Überraschtwerden ist wohl nur seelisch.

HARTMANN: Der Hund kann auch überrascht werden; darin liegt kein geistiges Bewußtsein. „Staunen" ist ebenso vieldeutig; auch der Ochse staunt vorm offenen Scheunentor, aber es wird ihm nichts fraglich.

SEGATZ: Unterhalb der Grenze liegt das Verblüfftsein u. dgl., oberhalb das Fraglichwerden. Da wird das Erlebnis in Beziehung gesetzt zum Welterlebnis.

GÖHRE: Man ist aber auch rein seelisch auf die Welt bezogen.

STOCK: Im Staunen ist jeder für sich; es ist ein individuelles seelisches Erlebnis. Das sich in Beziehung setzen zur Welt hat die Tendenz zum Überindividuellen, Objektiven hin.

HARTMANN: Ich schlage ein neues Beispiel vor. Ein Mensch wird vom Regen überrascht. Wo steckt hier das Geistige?

SEGATZ: Wenn ich mich einfach ärgere, so ist das nur seelisch. Wenn ich denke: Hättest du nur den Mantel mitgenommen! tritt schon Geistiges hinzu, ein in Beziehung setzen zur Witterungslage u. s. w.

RUDKO: Was ist denn diese Welt, zu der wir geistig in Beziehung treten? Es ist nicht die Welt der Dinge, des Regens, des Steines über den ich stolpere, sondern ein Weltbild, eine Konstruktion. Der Ansatz zum Umkonstruierten des Weltbildes ist der Ansatz des geistigen Lebens.

GÖHRE: Dann müssen Sie vorher schon ein Weltbild in sich tragen!

RUDKO: Die Welt, die ich habe, braucht nicht geistig zu sein. Tiere haben auch ihre Umwelt für sich.

STOCK: Das geistige Wesen wird der Welt als einer objektiven ansichtig.

VON BREDOW: Das Tier steht im Mittelpunkt seiner Umwelt, das geistige Wesen stellt seine Person nicht mehr ins Zentrum, sondern ordnet sie irgendwo ein.

SEGATZ: Für das Wesen, das sich nicht selbst in Beziehung zur Welt *setzt*, sind die Reize die einzigen Bausteine seiner Welt. Darum steht es im Mittelpunkt. Mit dem sich in Beziehung zur Welt setzen ist die Tendenz zur Objektivität gegeben.

HARTMANN: Auch das geistlose Bewußtsein hat eine Welt, auf die es sich bezieht. Die Zecke, die sich auf den Menschen stürzt, setzt sich auch in Beziehung zur Welt. Der Unterschied liegt im Objekt. Das geistige Bewußtsein sucht sich in die wirkliche Welt einzuordnen.

SEGATZ: Das geistlose Bewußtsein hat seine Welt zur Behauptung und Erhaltung seiner Existenz. Das geistige Bewußtsein hat die Tendenz auf ein objektives Weltbild.

RUDKO: Das geistige Bewußtsein überwindet die Umwelt, aber es zerstört sie nicht, sondern hebt sie nur gleichsam aus den Angeln.

GÖHRE: Im Gegensatz zum geistlosen Bewußtsein will das geistige die Welt erfassen, wie sie ist, und schöpferisch umgestalten.

SEGATZ: Dem geistlosen Bewußtsein ist die Welterfassung Mittel zum Zweck; das geistige liegt in der Konzeption einer Welt, die von der rein subjektiv orientierten unterschieden wird.

VON BREDOW: Dabei isoliert das geistige Bewußtsein einzelne Beziehungen aus dem ganzen seiner Umwelt und analysiert sie dann.

SEGATZ: Wenn Diskrepanzen zwischen Erwartetem und Eintretendem auffallen, dann beginnt die Analyse beim Fraglichwerden.

HARTMANN: Aus den bisher getroffenen Bestimmungen lassen sich schon einige wesentliche Momente ausgrenzen. Geistloses und geistiges Bewußtsein stehen in Beziehung zur Welt. Beide sind darin aktiv.

Das geistloses Bewußtsein erfaßt die Welt nur relativ auf seine Bedürfnisse, Triebe und Lebensinteressen. Daher spricht die Tierpsychologie vom Gefesseltsein an den Drang. Die Grenze zwischen geistlosem und geistigem Bewußtsein geht mitten durch das Menschenwesen hindurch. Das geistige Bewußtsein hat die Tendenz sich in Beziehung zur Welt zu setzen, wie sie ist. Daraus entspring das Verhältnis der Exzentrizität. Die tierische Umwelt ist nur ein enger Ausschnitt aus der Welt, durch den Drang diktiert. Das geistige Bewußtsein weist sich selbst seine Stellung in der Welt an und gelangt zur Objektivität. Da werden die Dinge erst zu Gegenständen, d. h. was sein So und So Sein unabhängig von meinem Bedürfnis hat. Hier beginnt erst das Merkwürdig- und Fraglichwerden, unabhängig vom Drange, das eigentliche Erkennen. Die Dinge sind in diesem Bewußtsein etwas *für sich*, sie sind ihm als „Ich" nicht nur ein „für mich". Das ist erst möglich durch die Ablösung aus dem Zwang der Triebe. – Das müßte sich nun an Beispielen erweisen.

GÖHRE: Wenn man den Durst stillen will und trinkt, dann spielt bei diesem Genuß der Drang die beherrschende Rolle. Das ist nur geistloses Bewußtsein und keine Ablösung vom Zwang der Triebe. Wenn man dagegen ein Kunstwerk genießt, spielt das Triebleben nur eine geringe Rolle. Man nimmt das Kunstwerk als etwas für sich und sucht es zu erfassen, ihm gerecht zu werden, als etwas, das für sich dasteht.

STOCK: Ein Affe sieht die Banane, packt zu und frißt sie. Der Mensch *kann* sie auch essen, aber sie ist ihm auch objektiver Gegenstand. Er fragt auch nach anderen Eigenschaften, nach ihrer Herkunft, wem sie gehört u. s. w.

SEGATZ: Gibt es erst im geistigen Bewußtsein ein Fragen? Ist nicht schon in der Verblüffung, beim Staunen u. s. w. eine Art Fragestellung gegeben? Vielleicht verdichtet sich das nur im geistigen Bewußtsein. Gibt es einen Übergang, oder eine scharfe Grenze bei der Ablösung aus dem Drang?

HARTMANN: Es ist ein langsamer Wandel hin zum geistigen Bewußtsein. Man darf nur für *unser*[a] Problem nicht genetisch fragen, auf welcher Stufe der Menschwerdung das geistige Bewußtsein einsetze. Eine zeitliche Grenze läßt sich da auch nicht feststellen, es ist vielmehr ein langer Prozeß.

Typoskript, Geistiges und Seelisches Sein, IV. Sitzung, von Bredow, Göhre, Hartmann, Rudko, Segatz, Stock, Wein, 1942-06-05, Berlin

5.[b] 6. 42.[c]
Vorsitz: Frl. von Bredow.
Protokoll: Stock[d]

Frl. VON BREDOW: Die seelischen Stufen als primitive Unterstufe im Aufbau des geistigen Bewusstseins sind durchaus nicht immer mit den tierischen Bewusstseinsstufen gleichzusetzen.

GÖHRE: Ich denke gerade an die verschiedenen Stufen des Geniessens. Es gibt durchaus verschiedene Stufen eines seelischen Geniessens (höhere Stufen eines Seelischen), die sich durchaus vom Geistigen unterscheiden. Dann ist das geistlose Bewusstsein weiter zu analysieren. Weitere Stufen sind herauszuarbeiten, die noch seelisch sind, aber mit der tierischen Bewusstseinsstufe nicht gleichzusetzen sind. Wenn ich z. B. bei grossem Durst ein Glas Wasser trinke, dann befriedige ich nur meinen Dursttrieb. Aber das geistlose Geniessen hat noch andere Stufen. Es wären die Lebensbedürfnisse zu durchdenken, die noch geistlose sind, aber sich doch schon über die tierische Stufe erheben!

SEGATZ: Ja, beim Durstigen, der nur seinen Durst befriedigt, ist es noch ein geistloses Bewusstsein. Wie ist es aber mit diesem Beispiel? Es geht einer im Wald spazieren und beginnt zu pfeifen. Ist in diesem Pfeifen schon Ablösung aus dem Drang,[e] etwas Geistiges enthalten?

---

a *unser*] *hs unterstrichen*
b 5] *hs über der Zeile eingefügt für gestrichen:* 13
c 5. 6. 42.] *auf der rechten Seite; danach mit rotem Bs auf dem oberen Rand rechts:* IV.
d Vorsitz: Frl. von Bredow.Protokoll: Stock] *Reihenfolge durch Umstellungszeichen geändert:* Protokoll: Stock Vorsitz: Frl. von Bredow.
e Drang,] *danach mit Bs gestrichen:* oder

GÖHRE: Wenn das Pfeifen aus einem Kraftüberschuss aus einem vitalen Lustgefühl entsteht, dann ist im Pfeifen Ausdruck eines geistlosen Bewusstseins. Wenn es aber aus dem Erlebnis des Waldes entsteht, dann ist das Pfeifen schon Ausdruck eines Geistigen.

HARTMANN: Es ist hier zu scheiden zwischen dem Lustempfinden als solchen und dem Ausdruck dieses Empfindens. Der Mensch kann einem Gefühl Ausdruck geben. Aber das, dem er Ausdruck gibt, könnte schon einem geistlosen Bewusstsein angehören. Er kann nur frische Lust empfinden, dann ist das Gefühl noch einem Vitalgefühl verwandt. Aber er kann ein seelisches Befreitsein empfinden, hier ist es anders. Nicht[a] am Ausdruck hängt es.

SEGATZ: Dann müsste man Motive für Lust und Ausdruck suchen. Motive für Lebenslust[,] Naturgefühl stehen einem geistlosen Bewusstsein noch nahe. Aber ich denke an ein anderes Beispiel. Einer hat eine Operette gehört. Er fühlt den Drang in sich, die Melodie nachzupfeifen. Wenn er einen Drang hat, hat ihm etwas gefallen. Greift hier doch schon ins geistige Bewusstsein hinüber.

Frl. VON BREDOW: Braucht nicht unbedingt zum geistigen Bewusstsein zu gehören. Es gibt auch höhere Stufen des Seelischen, die dem[b] Tier nicht mehr[c] eigen sind, die aber als Zwischenformen zum geistigen Bewusstsein existieren.

SEGATZ: Frage ist, ob das ästhetische Moment noch ins Geistlose hineinragt?

Frl. VON BREDOW: Der Drang ist gerade ein seelisches Moment[.] Er ist mehr Seelisches als geistige Form.

SEGATZ: Aber der Drang kann sich doch auf etwas Geistiges stützen. Beim geistigen Erlebnis kann dieses Dranggefühl da sein.

Frl. VON BREDOW: Aber Sie verwechseln Beweggrund, aus dem heraus gepfiffen wird und den Drang als solchen. Der Drang ist nicht Grundlage dafür, dass gepfiffen wird. (Der Drang tritt immer in Verbindung mit einem Seelischen auf).

RUDKO: Wenn ich eine Melodie höre, ist mein Genuss nicht unbedingt ein geistiger. Eine Melodie kann etwas bewirken. Meine Vitalität wird aufgestachel[t.] Das ist doch zweifellos ein geistloser Genuss. Ich denke an die Lieder in Galizien. Sind so konstruiert, dass sie den Primitivsten mitreissen[.] Hier ist am Genuss der Masse etwas Geistloses.

HARTMANN: Herr Rudko hat den Weg wieder verlassen und ist auf der Seite des Ausdrucks gelandet.

Frl. VON BREDOW: Aber der Genuss eines Kunstwerkes ist doch mit dem Ausdruck verwandt. Auch am Ausdruck hängt der Genuss. Aber dann wäre der Genuss

---

a Nicht] *davor nach Seitenumbruch:* Hartmann:
b dem] *danach gestrichen:* dem
c mehr] Mehr

gerade ein geistiger. – Herr Rudko zeigt, das Lied als geistige Ausdrucksform hängt nicht mit dem zusammen,[a] was das Lied auslöst. Als geformtes Kunstwerk hat es etwas Geistiges[b] an sich, gehört dem geistigen Bewusstsein an. Aber gerade das, was es auslöst, ist etwas Ungeistiges. Das elementare Gefühl wird angerührt.

SEGATZ: Ist der Taumel denn so ungeistig, der ausgelöst wird in einer Masse?[c] Schwingt im Genuss nicht immer schon ein geistiges Moment mit?

Frl. VON BREDOW: Was meinen Sie eigentlich mit Taumel in einer Masse? Inwiefern ist er ein geistiger?

SEGATZ: Ich denke an eine politische Bewegung. Ein Führerwort wirkt zündend. Die Masse wird eins. Und dieses Einswerden ist schon ein Geistiges. Im Einswerden liegt schon ein sich Einordnen in grössere Zusammenhänge vor, die allen gelten. Hier wird in der Masse das Geistige angerührt. Das, was die Masse zur Einheit zusammenfasst, ist etwas Geistiges.

GÖHRE: Ich würde auch sagen, wenn die Masse die entzündende Parole aufnimmt, ordnet sie sich in grössere, geistige Zusammenhänge ein. Diese Einordnung ist wirklich etwas Geistiges.

HARTMANN: Es liegt hier ein Gegensatz zwischen Rudko – Segatz vor. Es steht Behauptung gegen Behauptung. Jeder will zeigen, dass das eine geistig, das andere ungeistig ist.

SEGATZ: Ich möchte meine These so stützen. Ein anderes Beispiel. Das Theater brennt. Jeder versucht sich zu retten. Jeder bleibt der Einzelne. In der zündenden Parole verwandelt sich der Einzelne, ordnet sich in grosse[d] Zusammenhänge ein. Es geht um ein objektives Ziel. Diese Art der Parole ist etwas Geistiges.

RUDKO: Ich möchte lieber scheiden zwischen dem Einzelnen in der Masse und der Masse! Beides liegt nicht auf einer Ebene. Wenn es eine geistlose Massenwirkung gibt, dann wäre die zu diskutieren.

WEIN: Ich möchte an die Massenwirkung anknüpfen! Dass es eine geistlose Massenwirkung gibt, ist nicht schwer zu beweisen. Nach Phänomenen tierischen Gemeinschaftslebens können analog Phän[omene] menschlichen Gemeinschaftslebens[e] betrachtet werden. Z. B. ich denke an die Ansteckung durch Unruhe, hat Parallele im tierischen Leben. Eine geistlose Wirkung in der Masse gibt es durchaus.

---

a zusammen] zusam zusammen, *im Seitenumbruch*
b Geistiges] Geistiges.
c Masse?] Masse.
d grosse] grossen
e Gemeinschaftslebens] Gemeinschaftslebens.

Frl. VON BREDOW: Es ist gefährlich, wenn wir uns wieder der Massenwirkung zuwenden! Wir kommen damit wieder in die Sphäre des objektiven Geistes. Gerade der Einzelne sollte im Vordergrund stehen!

WEIN: Mir scheint, die Wirkung in der Masse ist nicht zu unterschätzen! An ihr gerade sind die stufenförmigen Abgrenzungen zwischen Geistigem und Ungeistigem[a] herauszuholen.

Frl. VON BREDOW: Wie würden Sie denn in der Massenwirkung das Geistige[b] charakterisieren?

WEIN: Ich habe mir gerade überlegt, was dem Massenwirkungsphänomen nahe liegt. Gehen wir von dem Beispiel eines geglückten Vortrags aus. Das Objektiv-Allgemeine verbindet die Masse mit dem Redenden. Der Kontakt ist ein geistiger.

Frl. VON BREDOW: Auch der Kontakt mit dem Redner scheint[c] nicht unbedingt ein geistiger zu sein. Ein Zusammengeballtsein gibt es auch schon in der Schafherde!

HARTMANN: Wenn man von einer Massenwirkung spricht, ist das Zusammengeballtsein schon immer das Objektiv-Gemeinsame – Geistige – das verbindet. Das, was im Einzelnen vorgeht, ist immer dieselbe Haltung[d] (Gefühlshingabe an etwas)[.] Es ist nach dem Unterschied der Wirkung auf den Einzelnen und[e] auf die Masse zu fragen! Gut war das Beispiel der Schafherde, die in Unruhe gerät. Dieses B[eispiel] konnte dann auf die Menschenmasse gut übertragen werden. Die Unruhe geht weiter durch die Massen. Greift noch ins geistlose Bewusstsein hinein.

Suchen wir nach weiteren Momenten der Objektivität. Das Beispiel des Vortrags ist zu hoch gegriffen. Wir müssen nach Zwischenphänomenen suchen! und nach der Objektivität als das gemeinsame Gefangensein!

SEGATZ: Dieses Zwischenphänomen wäre vielleicht hier zu sehen. Eine Vorstellung im Theater! Der erste Akt rollt ab. Ein Zwischenfall ereignet sich. Das Publikum lacht. Nun machen die Spieler Fehler. Die negative Kritik ist überwältigend! Sie pflanzt sich fort wie der Erfolg. Ergreift alle Zuschauer gemeinsam.

HARTMANN: Es wäre besser ein Beispiel zu finden, wo das Phänomen mehr an der Grenze zwischen geistigem und geistlosem[f] Bewusstsein liegt.

RUDKO: Ich denke an ein Fussballspiel! Einzelne vergessen sich ganz, werden mitgerissen. Andere lassen sich nicht mitreissen. Andere beobachten so mit

---

a zwischen Geistigem und Ungeistigem] zwischem geistigen und ungeistigem
b Geistige] *danach gestrichen:* herausholen
c scheint] *danach mit Bs gestrichen:* mit
d Haltung] Haltung.
e und] und und
f geistlosem] geistlosen

Geist, dass sie neben dem Spiel auch noch das Publikum beobachten, das sich mitreissen lässt.

Das Geistige liegt darin, dass der Zuschauer die Technik des Fussballspiels beobachtet. Das Geistlose ist das, dass er ganz mitgerissen wird, als ob er der Spieler selbst wäre.

HARTMANN: Wichtig ist hier nur, dass er das Spiel, d. h. die Spielregeln begreift. Im Hingerissensein liegt das Geistlose.

WEIN: Wie wäre es mit diesem Phänomen? Ein politischer Krawall! Eine Empörung entsteht in der Masse aus ethischen Gründen. Sie verbreitet sich schnell in der Masse. [Das] B[eispiel] hat Aehnlichkeit mit dem der Hammelherde. Aber das Hineinspielen eines objektiven Inhalts wiegt vor. Beim Vortragsbeispiel ist das Gefangengenommenwerden durch den Vortag ebenfalls ein geistiges Moment. Ebenso das Beispiel von Herrn Segatz! Auch die negative Kritik verbreitet sich schnell. Im Lachen tritt das Geistlose hervor.

HARTMANN: Das Lachen braucht durchaus nicht den gemeinsamen, geistigen Zusammenhang zu zerschneiden. Nach dem Lachen der Zuschauer kann die Vorstellung weiter gehen. Der geistige Zusammenhang ist dann wieder hergestellt. Es ist im Theaterbeispiel das plötzliche Herausgerissenwerden aus einer objektiven Gemeinsamkeit. Auch das Phänomen des Lacherfolgs ragt schon in die Sphäre des geistigen Bewusstseins hinein. Aber als Grenzscheide ist es nicht zu charakterisieren. Aber es ist wichtig für die Stufen, die es in der Massenwirkung gibt.

WEIN: Ich weiss nicht, ob hier gemeint ist, in der Heiterkeit stecke schon ein geistiges Verstehen überhaupt drin. Wichtig ist, was sich daraus entwickelt, nämlich die allgemeine Ulkstimmung! Sie als solche liegt interhalb der Grenze: im geistlosen Bewusstsein.

SEGATZ: Das verführt dazu, im Ausbruch der Heiterkeit etwas Geistiges zu sehen. Sie liegt doch schon unterhalb der Grenze. Ist das Zerstörtwerden einer geistigen Einheit nicht etwas Geistloses? Die Wirkung als solche ist doch geistlos?

Frl. VON BREDOW: Die Wirkung als solche ist geistlos. Aber das, wodurch sie ausgelöst wird, ist etwas Geistiges.

HARTMANN: Die komische Wirkung als solche ist gerade immer etwas Geistiges, sie gehört zum geistigen Bewusstsein. Sie hängt an der Ablösung aus dem Drang und an der Objektivität der Sache. Davon zu scheiden ist die Suggestivwirkung, die von der Heiterkeit ausgeht. Gerade darin liegt das ungeistige Moment in der Wirkung auf die Masse.

SEGATZ: Ist mit diesem Unterscheide die Linie zwischen Geistigem und Ungeistigem zu ziehen?

HARTMANN: Die Komik als solche ist das Geistige[,] d. h. das Stehen im geistigen Zusammenhang. Aber die Stimmung, die im Zuschauer ausgelöst wird, ist zum ungeistigen Bewusstsein zu rechnen. Die Stimmung wird nicht vom Geistigen her bestimmt. Dieser Unterschied ist zur Debatte zu stellen!

GÖHRE: Ich möchte so fragen: Was wird im Zuschauer unterbrochen, wenn sich die Stimmung auslöst und etwas Geistloses im Zuschauerraum verbreitet? Was wird im einzelnen Zuschauer angerührt? Was wird im Subjekt angerührt, ich möchte die Grenze im Subjekt bestimmen.

SEGATZ: Die komische Stimmung (geht also mit Eigengesetzlichkeit weiter. Sie) ist ungeistig. Das Subjekt kontrolliert seine subjektiven Regungen nicht, überlässt sich ihnen. Das geistige Bewusstsein ist die Uebereinstimmung mit einem Objekt. Es kann seine Regungen kontrollieren.

GÖHRE: Ich würde sagen, in der komischen Stimmung überlässt das Subjekt sich seinen Stimmungen, gibt sich ihnen ohne Selbstkontrolle hin. Tritt aber danach wieder in den geistigen Zusammenhang ein.

SEGATZ: Z. B. Ein Witz wird erzählt! Der eine erfasst den Witz, er steht durchaus in dem geistigen objektiven Zusammenhang.

HARTMANN: Ein Witz wird erzählt. Der eine will ihn nacherzählen, hat aber die Pointe nicht gehört. Aber der Witz besteht gerade in dem Erfassen der jeweiligen Situation. Er verfehlt ihn.

SEGATZ: Der Mann hat den Witz nicht verstanden. Dies gehört ins geistlose Bewusstsein. Geistige Fehlleistung ist vom Seelischen her bestimmt. Denn gerade im Erfassen des Sachverhaltes besteht das Geistige.

HARTMANN: Es kommt nur darauf an, in welcher Sphäre sich die Fehlleistung bewegt, auf die Entgleisung[a] des geistigen Bewusstseins kommt es nicht an.

GÖHRE: Ich würde sagen, er ist aus dem geistigen Verhältnis herausgefallen, das im Erfassen des Witzes liegt. Er ist in ein geistloses Bewusstsein gefallen. Im Nichterfassen der Situation steht er im geistlosen Bewusstsein drin. Es ist eine geistige Fehlleistung. Sie liegt hart an der Grenze des geistigen Bewusstseins. Hier liegt ein Grenzphänomen vor.

HARTMANN: Ich[b] habe aber meine Bedenken. Die Fehlleistung liegt gerade im geistigen Bewusstsein vor[c] – z. B. ein geistloses Wort – ein geistloser Schwätzer bewegen sich durchaus noch in der Sphäre des geistigen Bewusstseins. Er gleitet nur in einen anderen Duktus hinüber, in eine andere Sphäre, die ebenso geistig ist. Herr Dr. Göhre fragte, was wird im Subjekt angerührt, wie ist die Grenze im Subjekt zu ziehen? Knüpfen wir an das Beispiel des Fussballspiels an! Es ist im Mitgerissensein zu unterscheiden, ob der Einzelne nur mitmacht, oder ob er begreift, ob der die einzelnen Züge, die objektiven Regeln, begreift.

---

a Entgleisung] *danach gestrichen:* kommt
b Ich] *davor gestrichen:* Z. B. ein geistloses Wort
c vor] vor.

Die Grenze ist so zu ziehen: Liegt nur ein suggestives Mitgerissensein vor, oder hat er Anteil an dem, was vorgeht? Steht er im objektiven Zusammenhang, begreift er, weil er die objektiven Regeln kennt? Das wäre ein Moment, das in das geistige Bewusstsein hineinragen würde.

Typoskript, Geistiges und Seelisches Sein, V. Sitzung, von Bredow, Göhre, Hartmann, Rudko, Segatz, Stock, Wein, 1942-06-12, Berlin

Sitzung vom 12. 6. 1942.[a]
Vorsitz[b]: Frl. Stock,
Protokoll[c]: Segatz.[d]

Frl. STOCK: Wir wollen heute die Grenze zwischen geistigem und ungeistigem Bewusstsein beim ästhetischen Geniessen genauer ziehen. Als Beispiel diene der Genuss eines schlichten Liedes.

Frl. VON BREDOW: Auch schon ein relativ unmusikalischer Mensch kann hier in eine gewisse Stimmung geraten. Dieser Genuss ist noch nicht geistig. Erst der innere Nachvollzug des Kunstwerkes ist geistiger Genuss.

Frl. STOCK: Gibt es Zwischenformen des Geniessens zwischen den eben genannten Extremen?

RUDKO: Beim höheren Kunstgenuss ist geistiges und ästhetisches Geniessen nicht dasselbe. Man kann ein Kunstwerk aus Unvermögen nicht ästhetisch geniessen[e] und doch einen geistigen Genuss von ihm haben. Beispiel: Das Herausheben des Gedanklichen aus dem lyrischen Gedicht.

HARTMANN: Bei den höheren Formen des ästhetischen Genusses geht immer das geistige Erfassen als Verständnisfunktion voraus.

Frl. VON BREDOW: Eine Melodie aber kann, ohne das[s] die musikalische Form geistig aufgefasst wird, genossen werden.

HARTMANN: Ich schlage vor, zur weiteren Verdeutlichung das Beispiel abzuwandeln. Nehmen wir den Rhythmus eines Strauss'schen Walzers, der von Menschen, denen es beim Hören „in den Beine zuckt", nicht als Kunstwerk, sondern als blosser Tanzrhythmus genossen wird. Wo liegt hier das geistige Geniessen?

---

a Sitzung vom 12. 6. 1942.] *mittig und unterstrichen; danach mit rotem Bs auf dem oberen Rand rechts:* V.
b Vorsitz] *unterstrichen*
c Protokoll] *unterstrichen*
d Protokoll: Segatz.] *hinter:* Stock,
e geniessen] *danach mit blauem Bs gestrichen:* können

Frl. STOCK: Dieser Genuss liegt noch unterhalb der geistigen Grenze, da er vom Vitalgefühl getragen wird.

WEIN: Dieser Genuss ist ein unmittelbares, noch ungeistiges Angesprochenwerden vom Rhythmus. Das geistige Geniessen eines Kunstwerkes aber ist ein graduell steigerungsfähiges Durchdringen der verschiedenen Schichten des Kunstwerkes.

RUDKO: Im geistigen Verhältnis zum Kunstwerk gibt es zwei Dimensionen, die quer zueinander stehen: Das eigentliche ästhetische Geniessen und das nichtästhetische Auffassen. In einer Dichtung z. B. kann ich ausgezeichnet die Hintergrundsschicht der metaphysischen Bedeutungen erfassen und brauche doch nicht im ästhetischen Genuss zu stehen.

WEIN: Das geniessende Verhältnis zum Kunstwerk, soweit es geistig ist, ist sehr differenziert. Es lässt sich mindestens in folgende Stufen aufteilen: 1. Materiales Geniessen des Stofflichen, 2. Geniessen der formalen Elemente[,] 3. Nachempfindung der in dem Gedicht ausgesprochenen Gefühle, 4. Geniessen des Gedichts durch Entdeckung des symbolisch- gedanklichen Gehalts, 5. Intuitives oder schauendes Geniessen. Unterhalb dieser Skala liegt das Geniessen, soweit es unmittelbares Angesprochenwerden[a] durch den Rhythmus u. s. w. ist.

Zwischen beiden Arten muss die Zäsur zwischen geistigem und ungeistigem ästhetischen Genuss liegen.

HARTMANN: In unserem Tanzbeispiel also würde die Zäsur liegen zwischen dem Genuss des Strauss'schen Walzers als solchem und dem Genuss, sofern er sich blos in primitiver Tanzlust äussert.

Frl. VON BREDOW: Die Tanzlust enthält aber wohl auch etwas Geistiges. Jede Stimmung enthält ein geistiges Element, insofern eine Verstehensfunktion vorausgehen muss. Bei Tieren gibt es so etwas nicht.

HARTMANN: Beleg dagegen: Die rhythmischen Bewegungen der Brillenschlange und die damit verbundenen Erregungen beim Hören von Musik.

GÖHRE: Bei einfachen Menschen wird es ganz analog sein: Das Walzerrhythmus löst unmittelbar Erregung oder Stimmung aus und wird somit ungeistig genossen.

SEGATZ: Wenn also manche Tiere und Menschen von Rhythmen unmittelbar angesprochen werden, so müsste dicht oberhalb dieses Phänomens die gesuchte Grenze gezogen werden. Dann würden auch noch etwa die Negertänze zum ungeistigen Genuss zu rechnen sein.

WEIN: Ebenso die Trancetänze der Kinder auf Bali.

---

[a] Angesprochenwerden] *danach gestrichen:* ist

Frl. von Bredow: Ich möchte die Grenze so ziehen: Unterhalb der Grenze steht das Mitgerissensein von dem Eindruck des Kunstwerks, oberhalb der Genuss mit Einsatz, Spontanität, Aktivität. Dann ist man der Musik nicht mehr ausgeliefert, sondern stellt sie sich gegenständlich gegenüber.

Hartmann: Versuchen wir jetzt doch einmal, in anderen Stufenleitern analoge Grenzphänomene festzustellen. Wie besteht geistiges und ungeistiges Bewusstsein im Erleben, im Auffassen, in der Sympathie, im Entrücktsein zusammen? Alle diese Akte gehören in gewissen Grenzen auch dem geistlosen Bewusstsein noch an.

Beim Auffassen eines Vorfalles auf der Strasse etwa könnte man folgende Stufen unterscheiden:[a]
1. Wahrnehmung des Zwischenfalles rein als solchen,
2. Eindringen in den Sinn der Sache,
3. Seelisches Anteilnehmen,
4. Vordringen bis zur Rechtsfrage,
5. Verallgemeinerung und Beurteilung unter Wert- und anderen Gesichtspunkten.

Wie ist hier die Grenze zu ziehen?

Frl. von Bredow: Mir scheint schon in der Auffassung des Vorfalles als solchen das Geistiges vorhanden zu sein. Allerdings ist der blosse Eindruck „Hier ist mächtiger Krach" noch nichts Geistiges, denn das gibt es bei Tieren auch.

Wein: Zwischen Mensch und Tier besteht auch hier noch ein wesentlicher Unterschied: Schon in der allereinfachsten menschlichen Auffassung kommen kategoriale Funktionen zum Vorschein, die zum Geistigen zu rechnen sind, weil von hier die Erkenntnisfunktion ausgeht. Wenn auch das tierische Auffassen keine blosse automatische Reaktion ist, so enthält es doch prinzipiell gegenüber der menschlichen Auffassung eine Instanz weniger. Diese Instanz, eine gewisse Ueberlegung und Entscheidung, geht beim Menschen mit dem dranghaften Dabeiseinwollen zusammen und ist ein geistiger Akt; es enthält bereits etwas von einem unformulierten Urteil.

Hartmann: Das Neue in der menschlichen Auffassung ist die Hemmung, die sich zwischen Eindruck und Reaktion auf diesen Eindruck einschiebt[.] Hiermit setzt das geistige Bewusstsein im Auffassungsakt ein.

---

[a] unterscheiden:] *nachfolgende Listung nicht im Listenformat*

Manuskript, Geistiges und Seelisches Sein, VI. Sitzung, von Bredow, Göhre, Hartmann, Pape, Rudko, Segatz, Stock, Wein, 1942-06-19, Berlin

Sitzung vom 19. 06. 1942.[a]
Vorsitz: Segatz
Protokoll: Rudko

WEIN: Als Beispiel[b] für unsere Diskussion schlage ich das Phänomen des Angesprochen- und Abgestoßenwerdens vor.[c] Auf diesem Gebiet scheint ein Auseinanderfallen dieser Akte in zwei Grundformen vorzuliegen, und zwar:

I.[d] auf der positiven Seite haben wir zunächst:
a) das Geblendetwerden, bis zum Hingerissenwerden, was gegenüber jeglicher Art von Objekten bestehen kann. Es hängt typisch am Äußeren der Sache und ist gegenüber der wirklichen Beschaffenheit des Objektes im Wesentlichen blind. Es ist ein ungeistiges Phänomen.
b) das Schätzen, das eine Gruppe geistiger Akte umfaßt. Hier liegt ein Verstehen eines Objektes in seiner Funktion vor.
Beispiel für a) und b) ein Auto, wie es ein Laie und ein Kenner sehen.

II.[e] auf der negativen Seite
entspricht dem Geblendetwerden[f]
a) das[g] Abgestoßenwerden, unerklärliche Antipathie anderen Personen gegenüber. Das Phänomen kann die wirkliche Beschaffenheit eines Objektes treffen oder nur am Äußerem hängen.
b) dem Schätzen als geistigem Akte entspricht hier das Ablehnen, worin schon ein Verstehen vorausgesetzt ist.
Auf diese Seite gehören Phänomene, bei denen man z. B. in Bezug auf ein Objekt Aversion empfindet, und zwar vor dem, was in Wahrheit harmlos ist. Auf das wahrhaft Gefährliche an demselben Objekt reagiert man erst, nachdem man die wirkliche Beschaffenheit des Objekts kennengelernt hat. Beispiel: das Verhältnis des kindlichen Gemütes zum Gewitter.

SEGATZ: Wenn ich von einem Auto angesprochen werde, so liegt dem schon ein Wertgefühl zugrunde.

---

a Sitzung vom 19. 06. 1942.] *unterstrichen; danach mit rotem Bs auf dem oberen Rand rechts:* VI.
b Beispiel] *berichtigt:* Beispielgruppe
c vor] *über der Zeile eingefügt*
d I.] I
e II.] II
f Geblendetwerden] *danach kein Zeilenumbruch, Listung nicht im Listenformat*
g das] *danach gestrichen:* unerklärliche

GÖHRE: Beim bloßen Geblendetsein von einem Auto ist die Gefühlsseite betroffen. Das Geistige kommt erst hinzu, wenn man etwas vom Auto weiß und es beurteilt.

Frl. VON BREDOW: Wenn ein Auto gefällt, so ist schon ein Wertgefühl dabei. Es ist aber sehr fraglich, ob alles Wertbewußtsein geistig ist.

SEGATZ: Z. B. mir gefällt als Kind ein glänzendes Auto – nicht, weil ich das etwa zur Nahrung brauche. Das Gefallen ist etwas Objektives, es ist etwas Geistiges.

Frl. VON BREDOW: Ablösung vom Drang genügt noch nicht, das Geistige zu charakterisieren.

HARTMANN: Wertbewußtsein braucht nicht alles geistig zu sein. Sein Auftreten ist kein Kriterium für uns. Der Wert des Angenehmen spielt in allem Angetansein bzw. Abgestoßensein durch.

Frl. PAPE: Unerklärliche Liebe eines Kindes zu seinem Onkel, ferner die Angst vor dem großen Hut einer Tante können als Beispiele für ungeistiges Angezogen- bzw. Abgestoßenwerden dienen. Dieses geistige Verhalten braucht nicht Wertverkennung zu bedeuten. Richtiges Wertgefühl kann auch unbewußt sein.

HARTMANN: Auf Werte bezogen ist alles Ablehnen und Angetansein, aber es braucht kein Wertbewußtsein zu sein. Am kindlichen Zutrauen bzw. Mißtrauen wollen wir die Grenzziehung versuchen. Was führt von diesem Phänomen aus zum Vertrauen des ausgereiften Menschen?

GÖHRE: Beim kindlichen Vertrauen wird etwas angerührt, was tief im Unbewußten[a] im Bewußtsein gelagert ist. Der gereifte Mensch mißt, beurteilt denjenigen, dem er Vertrauen schenkt.

Frl. PAPE: Ist das Seelische dann Grundlage, kommt das Geistige als etwas Spezifisches hinzu, oder wandelt sich das Seelische und wird zum Geistigen?

HARTMANN: Den Unterschied zwischen seelischem und nichtseelischem Akte kann man nicht ziehen. Man kann sagen, daß im gewissen Sinne nach oben etwas hinzukommt, mindestens von Seite des Bewußtseins.

Frl. PAPE: Liegt dem geistigen Akte der Schätzung Seelisches zugrunde? Der geistige Akt kann seine instinktive Basis verloren haben.

HARTMANN: Es scheint sich um die Schichtung der Akte zu handeln. Über das Angetansein etwa kann sich ein Zweites legen. Die Akte müssen trotz alledem sauber voneinander unterschieden werden.

WEIN: Man kann zu einer Person ein ganz instinktives Vertrauen fassen, das sich auf dem primären Wert der Person richtet, z. B. im erotischen Verhältnis. Das gereifte Vertrauen setzt eine Erfahrung voraus und[b] beruht auf einer Prüfung,

---

a tief im Unbewußten] *mit Bs über der Zeile eingefügt*
b und] *danach gestrichen:* enthält

„Bestätigung" des naiven Vertrauens. Hierbei wäre Voraussetzung, daß das naive Vertrauen weiter besteht.

Frl. VON BREDOW: Es gibt wirklich das gereifte Vertrauen als „Bestätigung" des naiven. Es kann aber auch sein, daß der seel[ische] Akt vom geistigen her gewandelt wird. Verstandesmäßige Beurteilung einer Person kann der Grund des Vertrauens sein. Das Seelische bleibt trotzdem Grundlage.

Frl. PAPE: Vertrauen als geistiges Verhältnis besteht darin, daß ich andere Personen von den Gründen meines Verhaltens überzeugen kann.

Frl. STOCK: Was ist eigentlich mit der Verwandlung des Aktes gemeint? Als gereifter Mensch werde ich mir über die Gründe meines ursprünglichen naiven Vertrauens klar. Liegt hier ein eigentlicher Wandeln des Aktes vor?

WEIN: Es gibt beides: einerseits[a] das Unverändert-bleiben des primitiven, geistlosen Aktes, andrerseits das Verlorengehen des instinktiven Aktes durch geistige Einstellung. – Als Kriterium des ungeistigen Verhaltens schlage ich die Hemmungslosigkeit vor. Im Geistigen dagegen braucht die primitive Sympathie nicht aufgehoben zu werden, man muß sich der Möglichkeit der Täuschung bewußt sein. Das Rechnen mit dem Subjektiven und das Abziehenkönnen des Subjektiven – das ist die Hemmung, die im geistigen Akte vorliegt.

SEGATZ: Die Ausführungen sehen aus, als ob die Grenze zwischen Geistigem und Ungeistigem mit der Grenze zwischen dem Bewußten und d[em] Unbewußten zusammenfiele.

Frl. VON BREDOW: Geistiges ist, wo das Bewußtsein der Gründe vorliegt. Beim Ungeistigen liegt ein Nichtbewußtsein der Gründe vor.

HARTMANN: Welcher Art ist dieser Grund? Mein weiterer Vorschlag lautet: Alle Akte des Angetanseins und des Ablehnens, die primitiven und die hochgeistigen, sind auf Werte bezogen. Also ist darin keine Grenze zu suchen. Grenze zwischen dem Geistigen und dem Ungeistigen ist dort zu setzen, wo[b] die Wertbezogenheit ins Bewußtsein fällt, wo es gegenständliches Wissen um die Werthaftigkeit als solche gibt. Es ist hier noch kein Wissen um die Werte selbst,[c] sondern ein Wissen um ein Allgemeineres, um dessen willen ich gutheiße, schätze. Das scheint die Form des Grundes zu sein. Die nächste Frage: wie sehen die Akttypen aus, in denen das Wertbewußtsein auftaucht?

SEGATZ: Bei ungeistiger Sympathie scheint das Woher mehr im Vitalen zu liegen, bei geistiger anderswo, auf anderer Ebene.

---

a einerseits] *über der Zeile eingefügt*
b wo] *danach gestrichen:* des
c hier noch kein Wissen um die Werte selbst] *unter und über der Zeile eingefügt für gestrichen:* kein Wertwissen

GÖHRE: Beim Kind ist eine Beziehung auf den Wert der Person, aber kein Wissen darum vorhanden. Die Grenze des Ungeistigen noch oben ist dort zu setzen, wo die[a] Beziehung ins Bewußtsein gehoben wird.

HARTMANN: Beim kindlichen Vertrauen braucht keine Beziehung auf Vitalwerte zu bestehen. Es können dabei moralische Werte in Frage kommen, trotzdem bleibt der Akt ein geistloser Akt.

Frl. PAPE: Das Kind scheint stärker auf Charakter als auf Vitalwerte zu reagieren.

WEIN: Es genügt nicht das Wissen um die Werthaftigkeit als solche, es muß noch das Wissen um die dem Gegenstand adäquate Wertklasse hinzukommen. Wichtig ist dabei der Umstand, daß[b] beim Übergang zum geistigen Verhalten sich die Wertbeziehung auf eine andere Wertklasse verschiebt.

Frl. PAPE: Im geistigen Akt muß ein Wissen um den jeweilig speziellen Wert, der am Gegenstand haftet, da sein. Nur in diesem Falle kann ich andere Menschen überzeugen.

GÖHRE[c]: Es kann so sein, daß das Wissen um die Werthaftigkeit als solche genügt. Ob aber das Wissen um die besondere Wertklasse immer notwendig ist, ist mir nicht klar.

HARTMANN: Das naive Bewußtsein verfällt eher der Blendung, weil es kein Bewußtsein der Wertklasse ist. Vielleicht hängt auch dieses Moment des geistigen Schätzens an gewissen Stufen des Wertbewußtseins in dem Sinne, daß es uns als allgemeines[d] anerkennt vorschwebt und deswegen wesentlich für eine bestimmte Dingklasse ist.

SEGATZ: Ein Kind, dem[e] ungeachtet seiner Qualität ein rotes Auto gefällt, hängt am Äußeren des Objektes und zeigt damit ein geistloses Verhalten. Der Kenner verhält sich geistig, indem er ein Auto auf seine wirkliche Beschaffenheit hin beurteilt. Sein Gefallen ist auf eine höhere Wertklasse bezogen. Auch ein[f] Kind kann sich geistig verhalten, wenn es z. B. Antipathie empfindet und damit unbewußt eine höhere Wertklasse trifft. Höhere und niedere Wertklasse und[g] bewußtes oder unbewußtes Verhalten sind für unsere Grenzziehung entscheidend.

HARTMANN: Bei der Schätzung taucht das Moment des Wissens um den Wert in Form eines Bringens unter ein allgemeineres [auf]. Hier liegt der Grund, warum

---

a die] *berichtigt:* diese
b daß] *danach gestrichen:* man
c GÖHRE] *davor gestrichen:* Hartmann
d allgemeines] *hs berichtigt:* allgemein
e dem] *danach gestrichen:* ein rotes
f ein] *danach gestrichen:* kleines
g und] *danach gestrichen:* nicht

man andere überzeugen kann: man kann nämlich den^a Wertgrund angeben. Darüber hinaus kommt das Wissen um die entsprechende Wertklasse hinzu, ohne diese Klasse selbst zum Gegenstand zu machen. Frage ist: was für Typen des Ablehnens und des Anerkennens geltend zu machen sind.

SEGATZ: In der Stellungnahme z. B. zu einem Vortragenden kann man unterscheiden zwischen der Sympathie zu ihm als geistigem Exponenten und der Sympathie zu ihm als äußerer Erscheinung. Zustimmung zu der Art des Auftretens scheint^b unterhalb der Grenze^c des Geistigen zu liegen.

Frl. VON BREDOW: Die Art des Auftretens eines Menschen kann man auch auf eine geistige Art genießen.

SEGATZ: Wenn nämlich das gute Auftreten den Vortrag im günstigen Lichte erscheinen läßt.

Typoskript, Geistiges und Seelisches Sein, VII. Sitzung, von Bredow, Göhre, Hartmann, Pape, Rudko, Segatz, Stock, Wein, 1942-06-26, Berlin

Sitzung vom 26. 6. 1942^d
Vorsitz: Rudko.
Protokoll^e: Pape.

HARTMANN: Ich schlage vor zusammenzufassen: die 4 Momente, die bis jetzt für eine Grenzziehung des geistigen Bewußtseins nach unten zu herausgekommen sind, schweben mir so vor:^f
1.) Objektivität,
2.) Ablösung aus dem Drang, fast identisch mit dem Auftreten der Hemmung, die für alle Arten von Stufenfolgen charakteristisch ist. –^g
Mit diesen Momenten zugleich tritt immer das Gegenständlichwerden auf dessen, womit man es zu tun hat; das Subjekt-Objekt-Verhältnis löst sich heraus.^h

---

a den] *danach gestrichen:* Darü
b scheint] scheinen; *danach gestrichen:* unterter
c Grenze] *danach gestrichen:* zu
d Sitzung vom 26. 6. 1942] *mittig und unterstrichen; danach mit rotem Bs auf dem oberen Rand rechts:* VII.
e Protokoll] *unterstrichen*
f vor:] *danach kein Zeilenumbruch, Listung nicht im Listenformat*
g ist. –] *kein Zeilenumbruch am Ende der Listung*
h heraus.] *danach kein Zeilenumbruch, Listung nicht in Listenformat*

3.) Einsetzendes Wertbewußtsein, als Bewußtsein nicht der Werte als solcher, sondern des Wertvollseins der Sache. –
4.) Ablösung des Bewußtseinsinhaltes von der eigenen Person. Der Inhalt tritt in die Schwebe einer anderen Seinsweise, in die Sphäre des objektiven Geistes. In jeder Mitteilung ist solche Ablösung vom Subjekt, ein Fortgehen, ein Nicht-mehr-mein-sein.

PAPE: Betrifft das 4. Moment nicht bereits die obere Grenze, die des personalen Geistes zum objektiven?

GÖHRE: Es handelt sich im 4. Moment offenbar um zweierlei: einerseits um Ablösung des Inhaltes von der Person, er wird Allgemeingut; andererseits um Weiterwirken in der eigenen Person.

PAPE: Worin liegt das Moment der Allgemeinheit?

GÖHRE: Darin, daß der Gedanke objektiviert und dadurch anderen zugänglich wird.

PAPE: Und wie ist es, wenn der Gedanke anderen *nicht* zugänglich wird, wenn ich ihn nicht ausspreche oder mitteile? dann fällt das 4. Moment, das „Fortgehen oder Nicht-mehr-mein-sein" doch weg?

VON BREDOW: Das möchte ich bestreiten. Die Einsicht schwebt mir doch als allgemeingültige vor. Das Allgemeinsein setzt ein *vor* der Mitteilung.

SEGATZ: Die Ablösung des Inhaltes von der Person muß als prinzipielle Möglichkeit verstanden werden.

HARTMANN: Wir müssen streng unterscheiden: Mitteilung und Mitteilbarkeit. Wenn Sie das zugeben, hat Frl. von Bredow recht. Nicht auf die wirkliche Ablösung kommt es an, sondern auf die Ablösbarkeit. Gedanken, die mir entfallen, *hätte* ich doch in die Schwebe der Objektivation heben können. Diese Art von Objektivität gilt nicht für die Vorstellung; insofern sehe ich hier eine wichtige Grenzscheide betreffs der Ablösbarkeit von Akt und Inhalt. An den Inhalten gibt es eine Grenze, von der ab sie erst ablösbar werden. Ich muß mich also dahin ergänzen: es handelt sich um Ablösbarkeit nicht nur von der Person, sondern auch vom Akt, von diesem einmaligen, individuellen Akt.

VON BREDOW: Vom Seelischen her kann man das deutlich machen. Für ein Gefühl ist es wesentlich, dass *ich* es bin, der es fühlt; die Freude ist nur vollständig als *meine* Freude. Der geistige Akt dagegen ist gleichgültig gegen die Person, die ihn vollzieht.

HARTMANN: Wo würden Sie die Grenze ziehen gegen die sich mitteilenden Erregungen? Wenn ich z. B. beim Fußballspiel zu schreien anfange, weil alle schreien; oder denken Sie an die ansteckende Fröhlichkeit junger Gemüter.

VON BREDOW: Da bin ich doch grade als Person mit hineingerissen. Es gibt nicht ein Schreien an sich und ein Lachen an sich.

HARTMANN: Auch nach dieser Seite ist die Grenze schwer zu ziehen. Es gibt ein durchaus *geistiges* Mitlachen. Bei der Komik einer gemeinsamen Situation (Beispiel: zwei Kollegen treffen sich auf dem Maskenball) steht das Gemeinsame in sichtbarer Objektivität.

WEIN: Die Sache ist noch ganz ungeklärt. Frl. von Bredow wird man aus Kant's transzendentaler Deduktion entgegenhalten: das Hineingehören jedes Bewußtseinsinhaltes in *ein* Bewußtsein, in ein „Ich". Ich sehe hier[a] keine prinzipielle Grenze. Beim Mitschreien ist doch auch ein gemeinsamer Bewußtseinsinhalt.

PAPE: Gibt es nicht auch individuelle Gedanken und allgemeine Gefühle? Mir entgegnete einmal ein Herr auf die Behauptung, dass der Geist das Verbindende sei im Gegensatz zum Seelischen: meine Gefühle habe ich mit den meisten Menschen gemeinsam, in meinen Gedanken fühle ich mich allein. – Das Seelische ist vielleicht nur weniger mitteilbar, während dem Geist genormte Ausdrucksmöglichkeiten zur Verfügung stehen.

VON BREDOW: Das scheint mir nicht richtig. Es gibt allgemeinverständliche Gesten und in groben Zügen eine Mitteilungsmöglichkeit auch im Seelischen[.]

STOCK: Die Mitteilbarkeit im Seelischen ist gering. Gefühlsinhalte kann man schwer objektivieren.

HARTMANN: Das Allgemeine, das vorschwebt, hat nicht die Allgemeinheit des Begriffs, sondern die andere Allgemeinheit im Sinne der Gemeinsamkeit verschiedener Subjekte in einem Gedanken. Ich erinnere an die Kantische Unterscheidung des Subjektiv-Allgemeinen vom Objektiv-Allgemeinen.

Das Objektiv-Allgemeine spielt hier in Gestalt des 3. Momentes hinein: als Einsetzen des Wertbewußtseins. Wenn ich, um meine Sympathie für einen Menschen zu begründen, auf seine Eßsitten verweise, so beziehe ich mich auf ein Allgemeines, das mit der Anforderung auftritt, vom Gesprächspartner anerkannt zu werden.

WEIN: Mir scheinen hier viele Gesichtspunkte zusammengeworfen, die nicht identisch sind. Ich möchte unterscheiden: einmal Gemeinsamkeit und Mitteilbarkeit; dann für die Mitteilbarkeit: die durch Worte und die auf andere Weise; und ferner: Gemeinsamkeit und Mitteilbarkeit in Bezug auf Akte und auf Inhalte. – Wenn jemand sagt: durch meine Gefühle fühle ich mich den anderen verbunden, so ist darauf zu sagen, dass tatsächlich im Mit-Freuen, Mit-Leiden und ähnlichem ein Zusammenhang zwischen den Individuen besteht, auf den der Satz von Herrn Professor zutrifft: Gemeinsamkeit der Subjekte in einem Inhalt. Aber das Gemeinsame ist Ungeistiges, Seelisches. Daher ist die These gefährlich. Ich möchte behaupten:[b]

---

a hier] *danach gestrichen:* noch
b behaupten:] *danach kein Zeilenumbruch, Listung nicht im Listenformat*

1. These[a]: Akte sind streng individuell, kehren bei keinem anderen Individuum, ja nicht einmal bei demselben Individuum als dieselben wieder. Daraus folgt für die untere Grenze: Das Seelische ist das, was unmöglich so, wie es ist, übertragen werden kann. (Das berührt seine Mitteilbarkeit aber nicht!) – Neben die strenge Individualität der Akte ist die Analogie der Akte zu stellen: In Bezug auf Aktgrundstruktur, Aktfärbung, Aktwesen gibt es eine Übereinstimmung. –
2. These[b]: Abgesehen von der Sphäre des Unbewußten gilt der Satz: Kein Akt ist ohne Inhalt. Wenn man das zugibt, würde eine Gemeinsamkeit der Subjekte auch im Mit-Leiden und Mit-Freuen vorliegen.
3. These[c]: Worauf es ankommt, das ist das gegenseitige Verhältnis der Übereinstimmung der Akte und der Inhalte. Da wo Übereinstimmung ist[,] muß eine gewisse Identität auch der Inhalte vorliegen. Im Geistigen ist die Aktidentität belanglos. Auch das Nicht-mitteilen-können beeinträchtigt nicht im Geringsten die Objektivität des Inhaltes, d. i. die Inhaltsidentität und die nur mit ihr zusammenhängende Mitteilbarkeit durch das Wort.

HARTMANN: Was würden Sie denn sagen, wenn man sich nicht verständigen kann? Der Streit zwischen Liebenden z. B. spielt in einer Sphäre der Gefühle und Gefühlsreaktionen, in der man nicht die Möglichkeit hat, das, was man meint und empfindet, gegenständlich zu machen. Es kann etwas den Anspruch machen allgemein zu sein, ohne doch ausdrückbar zu sein. Dichter oder musikalische Menschen würden es mit anderen Mitteln ausdrücken können.

WEIN: Das hatte ich für das Gebiet des Geistigen gerade ausdrücken wollen. Die Phänomengruppe des Nicht-verständigen-könnens umgreift das Seelische und das Geistige.

SEGATZ: Das Kriterium scheint in der Verknüpfung von Inhalt und Akt zu liegen: beim Geistigen ist sie notwendig, beim Seelischen zufällig. Beispiel: einerseits Panik beim Schiffsuntergang, tritt im Nachvollziehen nicht ein, weil sie unbegründet war; andererseits Anhören einer Symphonie von Beethoven: im Nachvollziehen wird die Ergriffenheit wiedererlebt.

HARTMANN: Die Grenze liegt also nicht bei einer für mich bestehenden, sondern bei der an sich bestehenden Mitteilbarkeit, als Grenze des Inhaltes selbst. Am Inhaltlichen ist die Verständigung da, auch ohne, daß sie ausgesprochen wird. Das Hinzukommen des Ausdrucks ist unwesentlich.

---

a These] *mit Nummerierung unterstrichen*
b These] *mit Nummerierung unterstrichen*
c These] *mit Nummerierung unterstrichen*

WEIN: Für die an sich bestehende Mitteilbarkeit würde ich einsetzen: Prävalenz des Inhaltlichen über die Aktseite. Damit ist die Grenze am Inhalt angegeben: sie liegt da, wo die Inhalte den Akt überflügelnd werden. Beispiel: Panik im Kino: Der diffuse, gemeinsame Bewußtseinsinhalt hat noch keine Selbständigkeit gegen die[a] Akte, die dahinterstehen. Auf einer 2. Stufe ist dieser Inhalt erst auf dem Wege zum Objektiv-Allgemeinen, das er auf der 3. Stufe als Wiedergabe durch das Wort erreicht.

Manuskript, Geistiges und Seelisches Sein, VIII. Sitzung, von Bredow, Göhre, Hartmann, Pape, Rudko, Segatz, Wein, 1942-07-03, Berlin

Protokoll der Sitzung vom 3. 7. 42[b]
Vorsitz: Fräulein Pape.
Protokoll: Wein.[c]

PAPE:[d]
1.) Geistiges kann sich ohne Worte mitteilen, und auch Geistiges kann unausdrückbar sein. Für geistige und geistlose Akte besteht gleichmässig die Skala der Ausdrucksmöglichkeiten und -unmöglichkeiten. Aber um das Inhaltsmoment geht es.
2.) Gibt es geistlose Akte ohne Inhalt? Kann man bei nur-[e]seelischen Akten von Inhalten sprechen? Geht Freude nicht im Erleben, im Vollziehen des Aktes auf?
3.) Es wurde gesprochen von Ablösung von der Person und von Ablösung vom Akt. Fällt nicht die letztere zusammen mit dem früher genannten Moment der Objektivität, die erstere dagegen mit der Grenze gegen den objektiven Geist?

VON BREDOW: Der Inhalt eines geistlosen Aktes muss sich vom Inhalt eines geistigen unterscheiden. Beim Sichfreuen gibt es keinen Inhalt im Sinne eines von mir Unterschiedenen, Ausserpersönlichen. Alles ist hier ganz mit der Person verknüpft.
HARTMANN: Kann man sich freuen, ohne sich über etwas bezw. an etwas zu freuen?
VON BREDOW: Es gibt ein grundloses Vergnügtsein.

---

a die] die die
b Protokoll der Sitzung vom 3. 7. 42] *danach mit rotem Bs auf dem oberen Rand rechts:* VIII.
c Protokoll: Wein.] *in der darüberliegenden Zeile hinter:* Pape:
d PAPE:] *danach kein Zeilenumbruch, Listung nicht im Listenformat*
e nur-] *über der Zeile eingefügt*

HARTMANN: Das ist ein Zustand, kein Akt. Ich bin „freudig *gestimmt*."
VON BREDOW: Gibt es Stimmungen ohne Aktcharakter?
GÖHRE: Der Unterschied ist: einen Akt muss man vollziehen, eine Stimmung nicht.
HARTMANN: Alles Bewusstsein ist Bewusstsein von... In diesem Sinne werden Akte durch Inhalte definiert. Akte sind nie ohne begleitende Zustände, aber es gibt Zustände ohne Akte. Bestreitet man dies, so streitet man das Gebiet der reinen Stimmungen ab.
WEIN: Was aber soll es heissen, dass ein Akt „*vollzogen*" wird, z. B. der Akt des Sichfreuens?
GÖHRE: Im Moment des Sichfreuens setzt sich etwas in Gang, wozu Aktivität nötig ist. Die Stimmung dagegen „*habe*" ich.
HARTMANN: „Vollziehen" passt. „Aktivität" ist zuviel. Eine Stimmung kann durch einen Aktvollzug entstehen und nach ihm zurückbleiben. Ich begreife z. B. die Absichten eines Menschen und es entsteht Wut in mir.
PAPE: Aber wo sind da nun die Inhalte?
WEIN: Die Inhalte, die da allerdings das Bewusstsein erfüllen, sind die „begleitenden Vorstellungen", die eine frühere Psychologie in den Vordergrund rückte, auch bei ihrer Behandlung des emotionalen Lebens. Diese Vorstellungen brauchen keineswegs solche des Anlasses oder des Gegenstandes der Emotion sein.
HARTMANN: Anlass und Gegenstand können zusammenfallen, aber auch auseinanderfallen. Der *Gegenstand* eines Sichsehnens kann die ferne Freundin,[a] der[b] *Anlass* eine Abendstimmung sein.
PAPE: Der Akt selber kann Gegenstand des Bewusstseins werden.
HARTMANN: Die ist etwas anderes. Zu manchen Akten gehört es, dass sie von Aktbewusstsein begleitet sind, zu anderen nicht. Das ist indifferent für unsere Frage nach dem Inhalt der Akte.
WEIN: Wie sieht etwa der Inhalt des panikartigen Angstaffektes der Kinobesucher aus? Ist er nicht etwa so zu charakterisieren: „Wie komme ich da raus?"
HARTMANN: Meine These ist: auch geistlose Akte haben Inhalte, aber in anderer Weise als geistige Akte. Wodurch unterscheidet sich nun z. B. eine geistige Freude über eine großherzige Tat von geistloser Lust an der Kühle eines Abendwindes: der Art des Inhalts nach?[c]
SEGATZ: Bei geistlosen Akten sind Inhalt und Akt anders verknüpft. Ich bin beim Aufstehen grundlos vergnügt. Bewusstseinsinhalt kann der hereinfallende

---

a Freundin] *danach gestrichen:* seine
b der] *über der Zeile eingefügt*
c nach?] nach.

Sonnenschein oder irgendetwas anderes sein. Aber die eigentlichen Ursachen[a] des Vergnügtseins liegen[b] ganz woanders. Bei geistiger Freude ist die Ursache in der Vorstellung gegenwärtig, z. B. in der des Lotterietreffers.

PAPE: Ich möchte zurücklenken auf die Frage nach dem Unterschied im Inhalt selber. Der Inhalt des geistlosen Aktes hat reinen Vorstellungscharakter, der des geistigen Akts ist auf dem Weg, sich aus der blossen Vorstellung zu einem allgemein Fassbaren herauszukristallisieren.

HARTMANN: Dagegen habe ich Bedenken. Ich meine vielmehr, dass der Inhalt des geistlosen Akts noch unterhalb des Vorstellungscharakters liegt. Beim Beispiel mit der Abendkühle z. B. kommt es nicht zur klaren Vorstellung der Abkühlung, die das Wesentliche ist.

WEIN: Genau ebenso ist der beim Akt panikartiger Furcht im Bewusstsein vorfindbare Inhalt nicht die Vorstellung des Zu-befürchtenden. Dies sich klar vorstellen, ist schon etwas *anderes* gegenüber dem zunächst gegebenen Niveau sozusagen potenzierter Subjektivität.

VON BREDOW: Der Inhalt in diesem Beispiel ist, genau genommen, nicht einmal: „*Wie* kann ich da herauskommen?", sondern etwa: „Nur raus!" Entscheidend ist gerade, dass dieser Inhalt direkt so wenig mit dem objektiven Sachverhalt zu tun hat.

HARTMANN: Setzen Sie nun dagegen das Beispiel eines noch so geringfügigen Akts geistiger Freude, z. B. in der Bahn über das höfliche Verhalten eines Mitreisenden. Es darf aber nicht vergessen werden, dass der Vorstellungsinhalt nicht auf den Sachverhalt *zuzutreffen* braucht.

WEIN: Der Inhalt des geistigen Aktes hat also ausgesprochenen Vorstellungscharakter, während bei dem des geistlosen stets Körpergefühle mitspielen.

RUDKO: Beim geistigen Akt ragt stets etwas herein: das Rechnen mit dem realen Gegenstand. Der springende Punkt ist, dass er in Distanz mir gegenüber erscheint.

PAPE: Also kristallisiert sich erst das Subjekt-Objektverhältnis heraus.

HARTMANN: Die letzteren Bestimmungen sind in der Tat das Auszeichnende. Sie finden sich nicht bei den Beispielen der geistlosen Akte. Hier ist nun der Punkt der Berührung mit dem Moment der Ablösung aus dem Drang. Wo Körpergefühle und ungehemmte Motorik walten, herrscht noch Drinstehen im Drang. Aber nun *dazu*: am Anfang wurde eine Ablösung von der Person unterschieden von einer Ablösung vom Akt. Ich behaupte, dies ist eine und dieselbe Ablösung. Die Person ist der Aktvollzieher. Die Mitteilbarkeit, der schwebende

---

[a] eigentlichen Ursachen] *berichtigt:* eigentliche Ursache
[b] liegen] *berichtigt:* liegt

Zustand des Inhalts, der ihn befähigt, Inhalt fremden Bewusstseins zu werden, ist es, was durch die Ablösung bewirkt wird.

PAPE: Nur die Ablösung vom Akt bezieht sich auf die Grenze „geistig – geistlos". Diejenige von der Person auf die Grenze „personaler Geist – objektiver Geist."

SEGATZ: Die Inhalte, die dem Dichter zuerst vage vorschweben, sind schon abgelöst vom Akt. In die Sphäre des objektiven Geistes dagegen treten sie erst ein, wo sie feste Formen annehmen, wenn das Gedicht zu Papier gebracht wird, u. s. w.

VON BREDOW: Der Inhalt wird nicht verändert beim Übertritt aus der subjektiv in die objektiv geistige Sphäre durch die tatsächliche Mitteilung. Es ist gerade nicht am *Inhalt*, wo wir den Unterschied des personal u. objektiv Geistigen finden.

HARTMANN: Meine Hypothese ist: mit ihrem Inhalt ragen alle Akte eines Subjekts, die Anspruch erheben, geistige Akte zu sein, in die Sphäre des objektiven Geistes. Hinaufragen aus Motorik, Drang und Unmittelbarkeit der Reaktion ist Hineinragen dahin, wo Inhalte das Schwebende des objektiven Geists annehmen können. Ohne dass dieser etwa mit dem personalen *zusammenfiele*. Nur auf Seiten des letzteren gibt es Akte. Die *Inhalte* aber sind das Mitteilbare diesseits wirklicher Mitteilung und faktischer Möglichkeit zur Mitteilung. Wo ich etwa denke, da wird der eigene[a] Akt vor dem gedachten Inhalt seltsam gleichgültig, es[b] hängt nicht mehr an jenem. Gegenüber Drang und Motorik besteht erst recht Distanz.

RUDKO: „Ablösung vom Akt" heisst, dass ich meinen Gedanken zu Gegenstand mache. Nicht nur die Aussenwelt, auch meine innerliche Welt wird zum Objekt.

WEIN: Dem kann ich nicht zustimmen. Dagegen frage ich nach dem Verhältnis zwischen der Eröffnung des Zugangs zur Objektivität und dem Zugang zum objektiven Geist. Ich behaupte: die funktionale Verbindung ist der Einschlag des Erkenntnismässigen, die neue Art der Antwort auf das, was vom Objekt herkommt, anstelle der reaktiven Resonanz.

HARTMANN: Der Inhalt des geistigen Aktes kann aber ebensogut eine falsche Vorstellung vom Objekt sein.

WEIN: Auch die falsche Antwort ist noch Antwort, auch die „Erscheinung[c]" etwas irgendwie Erkenntnismässiges, in *dem* weiten Sinn, auf den es hier ankommt.

PAPE: Und wo soll das Erkenntnismässige bei einem geistigen Inhalts-[d]Gebilde[e] wie einem Roman sein?

---

a eigene] *über der Zeile eingefügt*
b es] *nach Streichung über der Zeile eingefügt*
c Erscheinung] *fett*
d Inhalts-] *über der Zeile eingefügt*
e Gebilde] *fett*

HARTMANN: Auch an ihn stellen wir einen gewissen Wahrheitsanspruch. – Stehen wir mit dem Einschlag und Einsetzen eines Erkenntnismoments nicht vor einem 5. Moment, das für unsere gesuchte Grenzziehung wesentlich ist? Ein durch und durch anderer als der rationalistische Erkenntnisbegriff ist vonnöten. All das überragend Lebenswichtige, das durch[a] emotionale Akte und Stellungnahmen, durch Werteinsichten und sich verallgemeinerndes Vorziehen und Einschätzen – Abschätzen zum Bewusstsein kommt, gehört hierher.

WEIN: Erkenntnis also nicht qua Ergebnis, sondern qua Grundmodus der Einstellung auf die Welt! Der Irrtum selber gehört in diese Dimension zueigenst hinein.

HARTMANN: Aber ist damit wirklich nicht *zuviel* unter Erkenntnis begriffen? Die Gegenstimme des rationalistischen Rigorismus: „Erkennen = Inbegriff wahrer Urteile," muss angehört werden.[b]

Manuskript, Geistiges und Seelisches Sein, IX. Sitzung, von Bredow, Göhre, Hartmann, Pape, Rudko, Segatz, Stock, Wein, 1942-07-10, Berlin

10. 07. 42.[c]
Vorsitz[d]: Wein
Protokoll[e]: Hartmann

WEIN: Darin ist Einigkeit: Beim Erkenntnismoment muß der Schlüssel des geistigen Bewußtseins liegen. Aber die Grenze ist nicht einfach dadurch zu ziehen – bildet das Erkenntnismoment ein aufweisbares Reich des Geistes? Geht da alles unter ein genus? Oder ist noch eine Grenze zwischen δόξα[1] und ἐπιστήμη[2]? Wenn es ein einiges genus ist, so muß es auch ein eigenartiges Verhältnis zur Welt geben.

Daneben steht noch die Frage von Frl. Pape, ob etwa Ablösung vom Akt die Grenze zieht, nicht aber Ablösung von der Person.

---

1 δόξα] *Meinung*
2 ἐπιστήμη] *Wissen*

---

a durch] *danach gestrichen:* die
b werden.] *auf der rechten Seite unterzeichnet:* Dr. Wein
c 10. 07. 42.] *auf der rechten Seite; davor und mit rotem Bs auf dem oberen Rand rechts wiederholt:* IX.
d Vorsitz] *unterstrichen*
e Protokoll] *unterstrichen*

SEGATZ: Zur ersten Frage – Es müßte schon ein sehr weiter Erkenntnisbegriff sein, der das genus bildet, hineinragend in Kunst, Religion und Mythos. Wie ist das zu machen? Dadurch daß man auf eine allgemeine Funktion des Erfassens zurückgreift, etwa im Gerichtetsein auf die Welt.

HARTMANN: Wieso allgemein?

SEGATZ: Sofern die besonderen Formen hier gleichgültig sind.

Frl. PAPE: Nein, in der Kunst sind aber Bereiche, die nicht unter Erkenntnis gehen. Im Roman könnte man es noch gelten lassen. In der Musik geht es nicht.

SEGATZ: Wenn ich es als „Erfassung" verstehe, so trifft es auch auf Musik zu: es werden da die eigenen Subjektszustände erfaßt.

RUDKO: Es handelt sich hier einfach um die Weltoffenheit des Geistes. Diese entsteht dem S – O-Verhältnis und hat die Form des Erfassens. „Erfassen" ist mit dem Auftauchen der objektiven Welt gekoppelt. Insofern ist Erkenntnis mit eine der elementaren Einstellungen zur Welt. Kunst kann man natürlich nicht unter Erkenntnis bringen; aber als Einstellung zur Welt geht Erkenntnis dennoch durch alles hindurch, auch durch die Kunst. Erk[enntnis] ist nur eine der Totalrelationen. Sie geht als solche quer durch die anderen. Darum liegt in ihr eine adäquate Bestimmung des Geistes.

HARTMANN: Dieses Hindurchgehen der Erkenntnis gibt es in der Tat, und das ist wichtig. Das bedeutet aber nicht, daß man musikalisches Auffassen unter Erk[enntnis] bringen könnte. Auch würde ich das genus der δόξα abtrennen (objektive Vorstellung, ohne Erkenntnis zu sein).

WEIN: Aber wo bleiben dann die emotionalen Akte, sofern ein Erfassen in ihnen ist? Etwa im Beispiel des Charakters, der schon am Schnitt der Nase erfaßt wird (wenn schon vielleicht irrig). Dann ist δόξα kein anderes Gebiet.

HARTMANN: So ist es richtig. Dann geht auch δόξα unter Erkenntnis.

Frl. STOCK: Jedenfalls geht Kunst und speziell Musik nicht unter Erkenntnis. Der Auffassende kann hier nicht erkenntnismäßig erleben. Was es an der Musik gibt, ist „Verstehen", aber nicht Erkennen.

GÖHRE: „Erfassen" – das ist das Berühren von etwas, was über uns hinausgeht. Dazu gehört auch das emotionale Erfaßtsein von etwas (etwa wenn wir mit der Nase auf etwas etwas gestoßen werden). Dieses Aktmoment ist es, was daran nicht im Triebleben aufgeht.

Frl. PAPE: Man muß es sich so vorstellen, daß gewisse Akte auf dem Wege zum geistigen Akt in dieses Verhältnis zur Welt eintreten, das wir das Erfassen nennen. Dann ist es garnicht nötig, eine besondere Art Erkenntnis auszuzeichnen. Das wird belanglos.

WEIN: Ja, aber ein anderes ist doch die Frage: wie sieht dieses allgemeine Erkenntnismoment aus?

SEGATZ: Es muß so weit gefaßt sein, daß es auch auf die Kunst zutrifft. In der Musikauffassung ist eben doch auch ein wesentliches Erkenntnismoment, und es wirkt als Funktion mit: nämlich in der Erfassung seelischer Zustände. Natürlich nicht im Urteil.

HARTMANN: Wie war es da mit Frl. Stocks Vorschlag: ein „Verstehen" in der Musikauffassung, das nicht Erkennen ist? Ist das eigentlich möglich? Was es hier gibt, das ist das nachträgliche Sich-Klarmachen des musikalischen Aufbaus.

Frl. STOCK: Ich meine ja gerade, das Verstehen kommt hinterher, nach dem Erleben!

HARTMANN: Aber zu fragen ist doch: kann man denn musikalisch erleben, ohne musikalisch zu verstehen??

Frl. PAPE: Soviel ist klar, daß im Aufnehmen von Musik ein echtes Erkenntnismoment – sagen wir ein Verstehen – enthalten ist. Und zwar nicht als ein nachträgliches. Dennoch aber liegt es nicht darin, daß seelische Zustände aufgefaßt werden.

SEGATZ: Noch mehr. Erkenntnis in diesem Sinne ist auch in der Komposition. Geschafft wird so, daß der Hörende den Seelenzustand erfaßt. Das nenne ich die objektive Darstellung des Zustandes.

Frl. VON BREDOW: Was in der Musik auch anderen zugänglich wird, hat objektiven Charakter. Er ist also ein Erkenntnismoment: nicht zwar daß etwas von der Welt erkannt würde; wohl aber etwas, was außerhalb der Ich-Sphäre liegt.

HARTMANN: Wie aber, wenn der Seelenzustand vielleicht garnicht dargestellt und auch garnicht erfaßt wird? Ich möchte behaupten: erfaßt wird an der Musik nur der Aufbau der Komposition, und nur er stellt sich objektiv dar. Er auch wird „verstanden" (oder nicht verstanden). Der seelische Zustand dagegen, der hier wirklich zugrundeliegt, wird weder „erfaßt" noch „verstanden", sondern unmittelbar als der eigene erlebt: man kommt selbst in die Stimmung. Das Wunder der Musik ist, daß sie den Seelenzustand einfach hervorruft – und zwar ohne ihn „darzustellen".

RUDKO: Man darf hier eben garnicht von Kunst und von Musik sprechen, sondern von den Intentionen, der künstlerischen Einstellung. Nur um sie geht es. Und in ihr ist wohl das Erkenntnismoment. Aber neben ihr ist da noch eine andere Totalintentionalität auf die Welt. Und mehr als eine.

Frl. PAPE: Ich verstehe aber nicht, was es heißt, daß verschiedene Totalrelationen zur Welt durch einander hindurchgehen, oder auch quer zu einander stehen sollen. – Und: was soll hier noch einmal das Moment der „Objektivität", das Frl. von Bredow heranzog? Das ist doch dasselbe, das wir schon als erstes Moment des geistigen Aktes erledigt hatten! Oder soll es etwa in der Auszeichnung des Allgemeinen bestehen? Und wie ist es im künstlerischen Produzieren? Wo ist da ein solches Erkenntnismoment?

RUDKO: Das Produzieren „ist" nicht Erkennen. Aber Erkennen ist mit dabei.

GÖHRE: Ich denke mir das so: der Komponist schafft aus seinem Inneren heraus – ohne Erkennen. Aber in der Komposition ist dann etwas, was sich an das Erkennen wendet.

SEGATZ: Das genügt nicht. Auch wenn ich zugebe, daß Musik nicht Darstellung des Seelenzustandes ist, dieser also auch vom Hörer nicht eigentlich erfaßt wird, so handelt es sich doch in der Komposition um „Ausdruck" des Zustandes. Der Komponist bedarf der allgemeinen Sprache, die jeder versteht. Darin ist das Erkenntnismoment greifbar.

HARTMANN: Auch „Ausdruck" ist mir fraglich; ist auch zu vieldeutig. Näher kommt man der Sache vielleicht mit Rudkos drei Totalrelationen, die sich durchdringen. Gemeint sind die drei Einstellungen auf die Welt – oder auf ein Objekt –, die theoretische, praktische und ästhetische. Sie greifen in der Tat weitgehend ineinander.

Frl. PAPE: Zugegeben. Aber darum ist doch noch kein theoretisches Moment im Praktischen. Und was die Künste angeht: im musikalischen Aufnehmen kann ich freilich das Erkenntnismoment sehen. Aber in der musikalischen Produktion nicht. Die braucht es nicht zu sein.

WEIN: In der Tat steht hier gerade die unbegrenzte Einmischbarkeit des Theoretischen in die anderen Einstellungen in Frage. Das läuft auf Frl. Papes frühere Frage hinaus: ob der Einschlag der Erkenntnis wirklich ein fünftes unterscheidendes Moment des geistigen Aktes ist. Man bringe also ein Gegenargument, man weise ein Geistesgebiet ohne Erkenntniseinschlag auf. Ich antworte: Erkenntnis ist keine Teilrelation, sie ist Totalrelation (Rudko), und zwar zur Welt überhaupt. – Kunst, Religion, Mythos sind nicht Erkenntnisfunktion, aber die Erkenntnissituation ist in ihnen mitenthalten. Und zwar liegt sie schon zugrunde.

HARTMANN: Unbedingt. Bei Religion und Mythos ist das unmittelbar klar, weil beide Weltdeutung sind. Und bei der Kunst ist es soeben klar geworden.

RUDKO: Aber Kunst,[a] Religion und Mythos gehen in Erkenntnis nicht auf.

STOCK: Das hat auch niemand behauptet.

Frl. PAPE: Wie aber mischt sich Erkenntnis in die musikalische Produktion? Da kann ich es nicht finden.

RUDKO: Man kann vielleicht sagen: auch der Komponist muß doch zu allererst etwas erschauen können.

Frl. STOCK: Da ist doch gar kein Erkenntnismoment!

GÖHRE: Es ist da doch immerhin Erkenntnis als Moment der Totalrelation – zwischen meinem Ich und einem anderen –, ebenso wie die Momente der anderen Totalrelationen.

---

a Kunst] *danach gestrichen:* ist

HARTMANN: Aufzeigen läßt sich das wohl auch direkter. Da ist z. B. die Aufbauvorstellung des Schaffenden in der Komposition vor deren Entstehung. Auch Allgemeinerkenntnis geht vorher: Gesetze der Harmonielehre, Kontrapunktion, etc...

WEIN: Das schon, aber es ist zu wenig. Es handelt sich hier um ein noch allgemeineres Erkenntnismoment. Das ist die Determination des Objekts, welche die Prävalenz der Objektivität ausmacht. – Und wo liegt der Grund dafür? Ich meine, in der Dynamik der Totalrelation selbst: es wird etwas „thematisch". Man kommt so auf einen nicht viel weiteren Erkenntnisbegriff. Erst dieser ist der gesuchte mängelhafte Moment des geistigen Bewußtseins.[a]

Typoskript, Geistiges und Seelisches Sein, X. Sitzung, von Bredow, Göhre, Hartmann, Pape, Rudko, Segatz, Wein, 1942-07-17, Berlin

Diskussionszirkel: Über die Grenzen von Seele und Geist.[b]
Sitzung vom 17. 7. 1942
Vorsitz: Hartmann,
Protokoll: Göhre.[c]

HARTMANN: Es geht immer noch um die Frage, ob man denn wirklich von der künstlerischen Produktion behaupten könnte, dass ein Erkenntnismoment in ihr steckt.

SEGATZ: Wenn ein Hund vor einem Laden angebunden ist und seinen Herrn vermisst, dann gibt er diesem Gefühl der Verlassenheit Ausdruck, er fängt an zu heulen. Der Ausdruck des Hundes setzt unmittelbar an im Gefühl. Es fehlt die Zwischeninstanz der Hemmung. Der Künstler dagegen hat eine Zwischeninstanz, diese besteht darin, dass er den Ausdruck, in dem er seinen inneren Zustand zu fassen sucht, unter Normen stellt. Er sucht bis er in Melodie, Harmonie, Rhythmus und Tempo die ihm geeignete Sprache für seinen inneren Zustand gefunden hat. Das Erkenntnismoment ist hier das Auswählen unter einer Fülle von Möglichkeiten mit der Tendenz der Objektivität.

Frl. PAPE: Mich macht die These stutzig, dass das Wesentliche in der Musik der Ausdruck des Seelischen sein soll. Mir scheint, dass mehr das Formhafte das Wesentliche ist.

---

a *horizontaler Abschlusstrich mittig unterhalb der Zeile*
b Diskussionszirkel: Über die Grenzen von Seele und Geist.] *unterstrichen; danach mit rotem Bs auf dem oberen Rand rechts:* X.
c Protokoll: Göhre.] *hinter:* Hartmann,

WEIN: Nehmen wir den Fall an, dass der Komponist mit seiner Komposition einer inneren Bewegung Ausdruck verleihen will. In Anlehnung an Heinrich Maier würde ich dann sagen, dass dann so etwas wie Phantasie im Spiele sein muss, im Gegensatz zu dem bloss emotionalen Heulen des Hundes.

Heinrich Meier versucht zu zeigen, wie in das emotionale Bewusstsein etwas hineinreicht, was sehr nahe zusammenhängt mit dem Moment der Inhaltlichkeit. Wenn es so ist, dann ist im Bewusstsein des schaffenden Künstlers eine eigene Inhaltlichkeit vorhanden, die sich keineswegs deckt mit dem seelischen Gehalt.

HARTMANN: Man denkt zunächst an ein Thema, dann an die Verarbeitung. Das ist etwas Inhaltliches und darauf richten sich ohne Zweifel Erkenntnismomente.

Frl. PAPE: Der Bildhauer erkennt nur das Funktionieren der Mittel und dann kommt das Moment der Schöpfung hinein. Dann ist die Erkenntnis nicht mehr mit im Spiel.

Frl. VON BREDOW: Das Streben des Künstlers ist darauf gerichtet, ein Werk zu schaffen, was seine eigene Gestalt hat und bestehen kann, auch abgelöst vom Akt des Schöpfers.

Wenn ein Lied komponiert wird, so liegt dem im Komponisten eine bestimmte seelische Verfassung zugrunde. Das Lied als solches aber ist viel mehr. Es nimmt eine bestimmte Gestalt an und löst sich von dem Subjektiven, das sich wandeln kann.

WEIN zu Frl. von Bredow: Sie bejahen die Frage, ob beim künstlerischen Schaffen das Hervortreten der Inhaltlichkeit vorliegt. Sie sehen es darin, dass das Lied eine bestimmte Gestalt annimmt. Das ist etwas anderes als die objektive Wiedergabe, also wiederum nicht ein Erkennen. Der vorläufige Befund scheint mir zu sein: Ein Vorliegen von Möglichkeiten, die nicht eingesetzt sind zu einer objektiven Erfassung im Sinne von Erkenntnis, die aber auch nicht da wären, ohne das Vorliegen von Erkenntnissen.

Frl. VON BREDOW: Ich meine, dass der Gegenstand des künstlerischen Schaffens, das Werk, eine ähnliche Objektivität hat, wie der Erkenntnisgegenstand. Produzieren und Erkennen ist als Akt etwas Grundverschiedenes. Es schwebt dem Künstler keine Auswahl vor, wenn er komponiert.

SEGATZ: Der Komponist, der auf eine bestimmte Absicht hin komponiert, muss unter den Möglichkeiten die Mittel wählen, die dem angepassten Zweck entsprechen. Hier liegt ein Erkenntnismoment vor und dann auch im Wechsel bei der Komposition selbst. Bei der absoluten Musik muss z. B. das Motiv, das bei einer Fuge gesetzt und ausgebaut wird, dem Komponisten vorschweben. Hinzu kommt noch das Erfassen der Möglichkeiten der Mittel zu ihrer Verwirklichung.

HARTMANN: Ich höre bei Ihnen immer die Form heraus, es muss doch etwas Objektives vorschweben. Woher wissen Sie es, wenn man es nicht aufweisen kann?[a] Das gerade wird ja bestritten. Zwei verschiedene Auffassungen stehen sich gegenüber:[b]
1.) Dem Komponisten muss erst etwas vorschweben und dann wird es in das tonische Material hineingebildet.
2.) Es liegt von vornherein ein Sichbewegen im tonischen Material vor. Ein Ausprobieren.

WEIN: Nicht zu bestreiten ist das Moment der Erkenntnis der Mittel.
3 Positionen sind herausgekommen. Die Abweichungen beziehen sich auf den Gegenstand im künstlerischen[c] Schaffen.
1.) Frl. Pape behauptet: Es ist nur ein Sich-Veränderndes im Schaffensprozess.
2.) Die Stellung Hartmann-Segatz und ich: Es gibt da etwas objektiv Geschautes, objektiv aber nicht durchaus gleich dem An-sich-Seienden Objekt, sondern nur in irgendeiner darauf bezogenen Weise.
3.) Frl. von Bredow: Es gibt da etwas Ansichseiendes im gleichen Sinne wie das Erkenntnisobjekt. Sie meint das Kunstwerk selber. Das Schaffen ist hierbei kein Erkennen des Werkes selbst.
Diese 3 Standpunkte stimmen darin überein, dass es sich nicht um ein Erfassen eines Bestimmten handelt.
Hineingekommen ist das Erkenntnismoment in unsere Diskussion aus 2 Quellen. Die erste Erkenntnisquelle ist die Frage nach dem Zusammenhang, nach dem Zugang zur Objektwelt. Die 2. Quelle ist das Prävalieren des Inhalts. Dieses Prävalieren des Inhalts könnte man durch die Fähigkeit charakterisieren, bei der Sache sein zu können, eine Thematik zu haben. Das ist etwas anderes, als das Erfassen einer ansichseienden Sache. Dieses bei der Sache sein können, als[d] Eigenschaft des menschlichen geistigen Bewusstseins, bedeutet, dass der Mensch Welt hat im Gegensatz zu der Umwelt des Tieres. Welthaben in dem Sinne, dass ihm etwas von dem Ansich-Seienden entgegentritt. Es ist ein Aufreissen aus der Enge der Gebundenheit an den Drang.

RUDKO: Ich glaube, dass auch beim künstlerischen Schaffen, zum Beispiel in dem Sichbewegen im tonischen Material, in sehr allgemeinen Zügen Erkenntnis

---
a kann?] kann.
b gegenüber:] *nachfolgende Listung nicht im Listenformat*
c künstlerischen] *danach gestrichen:* Gegenstand
d als] *danach gestrichen:* einer

vorliegt. Der Künstler wird mitgerissen vom Schaffensprozess, aber immer wieder entfernt er sich auch von ihm. In diesem Sichentfernen liegt ein Erkenntnismoment.

HARTMANN: Dem produzierenden Musiker, der das Thema für seine Komposition, das Motiv, auf seine Variationen hin, auf seine Verarbeitung hin usw. auswählt, schwebt etwas vor, auf das hin er auswählt. Hier kann man das Vorschweben aufweisen und[a] hier ist ein Moment des Passens oder Nichtpassens. Hier liegt ein Erkenntnismoment, das nicht die Mittel allein betrifft, das ganz und gar eingebettet ist in eine andere Gesamteinstellung.[b] Zur Welt ist nicht gut zu sagen, denn der schaffende Künstler geht sehr weit hinaus über die vorliegende Welt.

WEIN: Die Frage ist, wo die Funktionen der Erkenntnis als Voraussetzungen, als Bedingungen mit dabei sind. Diese würde ich buchen unter dem Stichwort Methodologie. Es kommt etwas Tragendes heraus, was nicht identisch ist mit Erkennen, was aber mit der Eigenschaft der Möglichkeit von Erkenntnis so eng zusammenhängt, das[s] auch alle nicht erkenntnismässigen Totalrelationen einen Einschlag von Erkenntnis an sich haben müssen.

HARTMANN: Einen Durchblick kann man sich leichter auf anderen Gebieten schaffen. Ich denke da an das Aufrücken des Finalverhältnisses ins Bewusstsein. Unterhalb des Bewusstseins ist kein eigentliches Finalverhältnis im Instinkt, ja sogar in[c] allgemeinen organischen Funktionen. Hier gilt das Kantische: „Als ob". Es ist ein Verhältnis, als ob es ein Finalverhältnis wäre und ist es doch nicht. Die Instinkte sind zweckmässig, aber nicht zwecktätig. Das einsetzende Bewusstsein, durch das geistlose, erfasst das entstehende Zweckmässige von dem aus, was ihm wirklich wie ein Zweck vorschwebt, und erhebt dieses zum gesetzten Zweck, und wählt dafür die Mittel nach Massgabe seiner engeren und weiteren Erfahrung. Das geistige Bewusstsein wählt die Zwecke selbst aus, natürlich unter Wertgesichtspunkten, lässt sie sich nicht geben, sei es vom Triebleben, von dem Gewoge von Lust und Unlust, oder von sonst irgend etwas. Es wählt nicht nur die Mittel aus, es probiert sie aus und wählt sie aus auf die Resultate hin. Das scheinen mir Erkenntnismomente des geistigen Bewusstseins zu sein, ganz und gar noch im praktischen Bewusstsein, weit entfernt von einem theoretischen Bewusstsein. Wenn man das hinzunimmt, dass der Akt des Tuns, des Arbeitens, des Handelns, des bewussten Wirkens auf Etwas, überhaupt charakteristisch ist für den Geist und seine beherrschende Stellung der umgebenden Natur gegenüber, ganz zu schweigen von seiner Stellung

---

a und] *danach gestrichen:* kei
b Gesamteinstellung.] Gesamteinstellung,
c in] im

den Mitmenschen gegenüber, dann fällt ein ungeheuer starkes Gewicht auf diese Stufe, von der eben die Mittel für bewusst gesetzte Zwecke auch bewusst ausgewählt, ja ausprobiert werden.

6 *Über das Denken* (Sommersemester 1948)

Der sehr ausführlich protokollierte „Disputierkreis" stellt sich die Aufgabe einer begrifflichen Bestimmung und Analyse des Denkens. Dabei werden wiederholt weite Bögen von einer phänomenologischen Analyse von Denkakten und Ausrichtungen und Tendenzen gedanklicher Bewegungen über die Klassifikation von Denkformen und bis hin zu den Übergängen zwischen individueller Trägerschaft und kollektiver Übernahme von Gedanken geführt. Ein Hauptaugenmerk des Interesses liegt immer wieder auf einer Spannung zwischen den Momenten der Wahrheitsorientierung und des „Logischen" im Denken – das heute als „propositionale Inhalte" mit ihren „inferenziellen Verknüpfungen" behandelt wird – einerseits, und imaginierten oder „unlogischen" oder nichtpropositionalen Inhalten und Inhaltsaspekten, die dennoch gedacht und tradiert werden können anderseits. Die Protokolle weisen allesamt eine hohe Qualität auf, welche den Argumentationsstrang gut nachvollziehen lässt. Darüber hinaus zeichnet sich die Skriptsammlung durch viele gelistete Zusammenfassungen aus, welche den jeweiligen Stand der Diskussion dokumentieren sowie durch ebenso vielseitige wie detaillierte Bezügen zur älteren und neueren Philosophiegeschichte.

Neben einer Auflistung verschiedenster Denkarten werden zunächst begriffliche Abgrenzungen von benachbarten Phänomenen wie dem Erkennen und dem Emotionalen vorgenommen, welche bleibende Orientierungen für die Diskussionen vorgeben. Darüber hinaus ergibt sich eine Kontroverse hinsichtlich des Verhältnisses von Denken und Sprache (I). Dem folgt eine eingehende Abgrenzung von Denken und Erkennen, welche die Funktionen des Denkens mit Bezug auf Heinrich Maiers Logik des Emotionalen sowie auch in historischer Rückschau bedenkt. Dabei wird zentral das Verhältnis von Denken und Möglichkeit bzw. Unmöglichkeit im Sinne einer Suspendierung von der Seinsgesetzlichkeit thematisiert (II). So werden ausgehend von den Seinsgesetzen neben der Thematisierung des Zufälligen und des Verhältnisses von Denken und Wahrnehmung mögliche Denkgesetze diskutiert, wobei besonders der Bezug des Denkens auf Seiendes hervorgehoben wird, der selbst im Märchen noch aufzuweisen ist, sowie Regeln, die zumindest teilweise auch das „schweifende Denken" leiten (III). Dies führt über die Frage der Gewichtung von Inhalt und Akt in diejenige nach dem unterscheidenden Moment von erkennendem und nicht erkennendem Denken (IV), für welches die Differenz zwischen *Bemühung um etwas* und einem bloßen *Bewussthaben von etwas* als Kandidat erscheint und entsprechend diskutiert wird. In diesem Zusammenhang wird mit Rekurs auf Jaspers die Rolle des Denkens für die Weltorientierung thematisiert (V), sowie die Freiheit in der Möglichkeit des Denkens, sich Dingen zuzuwenden, die weit über das Moment der Weltorientierung hinausliegen. Da

Denken wahr und unwahr sein kann, fügen sich die Betrachtung von Irrtum, Lüge, Verstellung in die Unterredung ein (VI). Zudem werden verschiedene gleichzeitige Spuren, die das Denken aufnimmt – explizites und implizites Denken, gleichzeitiges Denken in Vordergrund und Hintergrund, sowie Verhältnisse der Dominanz – diskutiert und dabei Begriffe der Intention (und doppelten Intention) und des „Denkduktus" auf die Phänomene erprobt (VII). In der anschließenden Analyse zur „Vielgleisigkeit" der Denkbewegung wird eine lange Liste mit verschiedenen Optionen zusammengetragen, das „Ineinander verschiedener gleichzeitig laufender Gedankengänge" zu beschreiben und aufzufassen. Überlegungen zur reifenden Denkbewegung in Traditionen (VIII) führen weiter zur Frage nach dem Verhältnis von personalem und „überpersonalem Denkduktus", und von „personalem Geist" und „objektivem Geist" (IX). Dabei werden deren gegenseitiger Einfluss und gegenseitige Bedingtheit thematisiert, so bspw. die Determination der Freiheitsspielräume des „personalen Geistes" aufgrund der Verfasstheit des objektiven. In der nächsten Sitzung schließt sich die Frage nach Bedingungen der Möglichkeit des Objektivwerdens personaler Gedanken bzw. des Ablösens des Gedankens von seinem personalen Träger an, was wiederholt in Auflistungen zusammengefasst wird. Dabei zeigt sich scheinbar das Ablösen als indifferent gegenüber der Erfüllung bestimmter logischer Gesetze (auch Fehlschlüsse können tradiert werden) und gegenüber objektiver Gültigkeit (auch Irrtümer können tradiert werden) (X). Desweiteren werden eine Tendenz des Denkens zur vollen Bewusstheit, zur logischen und idealen Sphäre sowie eine Tendenz auch zur Wahrheit diskutiert sowie die Differenz zwischen dem Logischen und dem Unlogischen und die Rolle der Tendenz zur idealen Sphäre im Erfolg des Denkens (XI). In diesen Zusammenhang fällt auch die Bestimmung von Logik als Wissenschaft, als Bereich des „Denkens des Denkens". Es erfolgen Überlegungen zu der Tendenz des Denkens zur logischen Sphäre, die Rolle des Logischen im Denken von Paradoxien sowie abschließend knappe Überlegungen zum Verhältnis vom Idealen zum Realen im Schlussfolgern und in der Orientierung in der Welt (XII).

Unter den philosophiehistorischen Referenzen, die teils als Bezugstheorien, teils als Beispiele für Denkformen zitiert werden, gibt es zu Beginn einen kritischen Rekurs auf Kants Identifikation von Urteil und Erkenntnis, die bereits im griechischen „Logos"- Begriff angelegt scheint; auf Cusanus mit Blick auf das principium, dem die Koinzidenz der Gegensätze inhärent ist, weil es über ihnen ist (I), sowie auf Kants erkenntniskritischen Vorbehalt, wonach Denknotwendigkeiten nichts über die Wirklichkeit aussagen. Schopenhauers Mythos vom Weltwillen wird als Beispiel für eine Metaphysik aufgerufen, in der sich die Welt „nach den Spielregeln des conzipierten Willens" richtet. Mit Blick auf ein Denken, das nicht erkenntnisorientiert ist, werden Campanella, Morus, Bacon, Platon als „Utopisten" aufgerufen (III). Es wird an Kants „Spontanität als Akt des Denkens" sowie an Descartes' Vorstellung von einem problembearbeitenden, geordneten Denken angeknüpft (IV); Nietzsches Rede von dem „Gewissenhaften des Geistes" und den „freien Geistern" bietet Stichpunkte für die Diskussion um unterschiedliche Denkbewegungen. Heideggers Auffassung von „Interessiertsein" als defizientem Modus wird rezipiert, und Thomas und Descartes werden als Beispiele zitiert, wo Irrtümer als „Sünden", als dem Willen zurechenbar aufgefasst werden (V). Schopenhauers Gedanke, dass unlogisches Denken kein Denken wäre, wird zitiert, Kants „ich denke" als Selbstbewusstsein, dass das Denken begleitet (VI). Platons „Staat", den dieser aus dem vorhandenen Staat „entstehen lässt" (VII). Im Zusammenhang mit Grenzen des Logischen, das mit Antinomien und Paradoxien mit Selbstbezüglichkeitsmoment veranschaulicht wird, wird Kants „Ringen um die Dialektik" aufgerufen, das „transzendentale" Denken, das nicht nur den Gegenstand, sondern auch das Denken des Gegenstandes thematisiert, sowie Platons Untersuchungen im „Parmenides", „die das Eine als Eines betreffen", indem ebenfalls Grenzen des Logischen ausgemacht werden (XII).

Der Dialog weist auch eine Fülle von zeitgenössischen Philosophie-Referenzen auf, beginnend mit einer kritischen Beurteilung von Ansätzen, die Denken, Erkennen. Behandelt werden Gerhard Stammlers Buch zum Erkenntnisproblem „Deutsche Logikarbeit seit dem Tode Hegels" ebenso wird Cohens Ansatz als Beispiel für eine „Verwürfelung von Denken und Erkennen" in den letzten 100 Jahren angeführt, Husserl mit einer Gleichsetzung von Erkennen und Urteilen genannt, Heinrich Maier, der mit seiner „Logik des Emotionalen" Urteile in Wollen und Gefühlen „zu finden glaubte", Gehlens Auffassung, das Denken sei „von Sprache getragen"(I) und Plessners anthropologisches Gesetz der „vermittelten Unvermitteltheit" (II) erwähnt. Meinongs Erwägung unmöglicher Elemente für mögliches Präsentieren in der Gegenstandstheorie wird zitiert (I, die Gegenstandstheorie auch in X) und seine Unterscheidung zwischen Denken als „penetrativem Verhalten" und dem Spiel mit den Möglichkeiten als „kontemplativem Verhalten" (III). Jaspers und die Weltorientierung bietet Anhaltspunkte, Heideggers In-der-Welt-Sein, desweiteren Plessner, Scheler, Lask und das ursprüngliche Interesse (V) sowie Pfänders Begriff des „Nebenwirklichen" und Husserls „Abschattung und Intention" (VII). Spenglers Auffassung der Renaissance als Parallelphänomen zur Antike (IX) wird zitiert, wie auch das Verständnis von logischen Gesetzen bei Bolzano. Ein Dissens bezüglich des Status des Logischen zwischen Husserl (Denknormen) vs. Pfänder („Logische Gesetze sind ursprünglich Gesetze des idealen Seins" wird aufgerufen (X, XI). Im Rahmen der abschließenden Überlegungen zu Grenzen des logischen Denkens wird auf die „Forschungen von Robert Heiß" zum Widerspruch und zu verschiedenen Paradoxien („Logik des Widerspruchs: eine Untersuchung zur Methode der Philosophie und zur Gültigkeit der formalen Logik", 1932) eingegangen (XII).

Schaut man auf relevante Positionierungen und Vorschläge, die in dem Cirkel entwickelt werden, gehen diese immer wieder aus Bereichen der Erkenntnistheorie in solche der philosophischen Anthropologie und Ontologie über. Hartmann sieht die Bedingung der Möglichkeit produktiven Denkens in der Ungebundenheit desselben an Sprache (I). Zum Verhältnis von Denken und Erkennen macht er geltend: „Zum einen hat Erkenntnis nicht immer die Form von Denken, gerade im Intuitiven und Zufallen, zum anderen kann Denken auch ohne Erkenntnis vollzogen werden. Zudem kann man sich alles Mögliche Denken, aber nur Erkennen, was ist." (II) Das unterstützt Wein, wenn er das Denken als Verhältnis zum Möglichen bestimmt: „Nun möchte ich das Denken als das Verhältnis des Menschen zum Möglichen charakterisieren. Das Denken ist in dem Sinne die Bedingung der Möglichkeit, daß in ihm das Mögliche zur Vorstellung kommen, präsentiert werden kann." (II)

Hartmann äußert zur Reichweite der Unabhängigkeit des Denkens, die sich seiner Ansicht nach auch in die Sphäre des „idealen Seins" erstreckt: „Suspendierung von der Wirklichkeit scheint aber doch nicht auszureichen. Es wird nicht wesentlich anders, wenn man statt ‚Realwirklichkeit' ‚Modalität Wirklichkeit' sagt. Ich glaube, es handelt sich um eine Suspendierung von den Seinsgesetzlichkeiten der beiden Seinssphären." (II)

Zur Freiheit des Denkens auch in Bezug auf logische Gesetze bemerkt Nipperdey: „Das Denken entwirft die Spielregeln nicht nur fuer das Ausgedachte, sondern auch fuer das Ausdenken, so koennen die logischen Gesetze aufgehoben werden." (II) Frl. Johannsohn betont hingegen einen notwendigen Bezug des Denkens auf Seiendes: „Auch im phantasierenden Denken wird Seiendes zusammengebracht, z. B. im fliegenden Koffer des Maerchens, das Fliegen und der Koffer. Dem Denken muss schon immer Seiendes vorgegeben sein." (III) Die Gegenüberstellung von Denken, Wahrnehmen und Urteilen komprimiert Rudko eingängig: „Die Wahrnehmung hat ein Objekt, das Urteil einen Sachverhalt. Das Denken dagegen ist ein Entlanggehen. Es hat vielleicht nicht so sehr einen Gegenstand wie ein Thema." (V) Unter den Überlegungen zur Differenz von Mensch und Tier fällt auch eine pointierte Äußerung Hartmanns mit Blick auf die Offenheit menschlichen Bewusstseins: „Der Mensch ist im Unterschiede zum Tier das Wesen, das alles etwas angehen kann." (V)

Zu einer Tendenz des Denkens zum Logischen stellt Hartmann fest: „Die Tendenz des menschlichen Denkens zur logischen Sphäre ist nicht Tendenz auf die Grenzgesetze, sondern auf die zentralen Gesetze, die immer den Charakter von idealen Seinsgesetzen haben. Die Grenze einer Sphäre bedeutet auch nicht, dass die Gültigkeit der Gesetze dieser Sphäre aufgehoben wird, diese Grenze bedeutet nur, daß sich die Gesetze in andere Gesetze abwandeln."

Entgegen der Auffassung logischer Gesetze als Tautologien behauptet Hartmann: „Die Auffassung, das[s] die logischen Operationen auf Tautologien beruhen, ist abwegig. Diese Auffassung findet ihre Stütze nur in schlechten Schulbeispielen. In Wahrheit ist der Modus barbara hoch-synthetisch." Diesen schwierigen Punkt versucht Hartmann anhand eines Syllogismus zu verdeutlichen. (XII)

Entsprechend eines bereits im Ausgangspunkt kritischen Anschlusses an die Tradition häufen sich in dem Cirkel Dissense. Hartmanns Tendenz, dem Widersprüchlichen nicht nur Denkbarkeit, sondern auch ontologische Dignität einzuräumen, zeigt sich prägnant in einem Einwand gegen Frl. Pape. Sie sagt: „Und doch scheint es, daß im Denken nicht alles denkbar ist. Auch das Denken des Unmöglichen ist an das Mögliche gebunden. Es gibt kein absolutes Schweifen-Können, sondern bloß ein Schweifen mit möglichen Elementen." Hartmann entgegnet: „Das Denken des Unmöglichen in einem bestimmten Sinne darf man ruhig hereinnehmen. Das Denken erwählt ja seine Gegenstände ohne Rücksicht darauf, ob sie in irgendeiner Sphäre vorkommen oder nicht. Meinong hat seinerzeit in seiner Gegenstandstheorie das Bestehen unmöglicher Elemente – für ein mögliches Präsentieren nämlich – erwogen. Es ist nicht unmöglich, sich hölzernes Eisen oder einen viereckigen Kreis zu denken (nicht vorzustellen). An solchen Dingen wird der Satz des Widerspruchs ontologisch fragwürdig." (I)

Das Verhältnis von Denken und Sprache wird mit Bezug auf Gehlens Ansicht, dass das Denken von der Sprache getragen wird, kontrovers diskutiert (Liebrucks, Wein, Hartmann I).

Hartmanns ontologische Antwort auf den Kantischen Kritizismus wird explizit, als Wein meint, dass seit Kant Denken und Sein nicht mehr zusammengebracht werden können, woraufhin Hartmann diese Ansicht Weins negiert (II).

Ein weiterer Dissens entsteht in der Frage nach dem Verhältnis erkennenden Denkens zu einem ursprünglichen Bedürfnis nach Orientierung in der Welt. Hartmann behauptet: „Der Duktus des Denkens, der auf dem Bedürfnis nach Weltorientierung beruht, kann durch eine Fülle von Akten hindurchgehen, ohne daß man sich seiner bewußt zu sein braucht. Vielleicht könnte der Begriff der Intention in dem eingeschränkten Sinne des vorbestehenden Daraufausseins darauf angewandt werden." Dagegen Nipperdey: „Nicht alles wissenschaftliche Wahrheitssuchen kann auf die Notwendigkeit der Weltorientierung zurückgeführt werden. So z. B. nicht das mathematische Erkennen wie z. B. die Geometrie Lobatschewskis." Hartmann entgegnet: „In einem entfernten Sinne doch. Es handelt sich beim Sein ja nicht um den realen Teil der Welt allein." Nipperdey gesteht zu: „Wenn Weltorientierung auch das ideale Sein mitmeint, dann kann ich zustimmen." Zimmermann wendet ein: „Wenn Weltorientierung den Grund für das erkennende Denken abgeben soll, dann sehe ich nicht, wie das noch mit dem Akt des theoretischen Sich-bemühens etwas zu tun haben soll." (V)

Hinsichtlich der Rolle von Traditionsbewusstsein für Tradition ergibt sich folgende Auseinandersetzung: Der angehende Historiker Nipperdey konstatiert: „Die

Beziehung zur Tradition braucht nicht bewußt zu sein. Mit Sprache, Umwelt – mit allem übernehmen wir, ohne es bewußt zu haben." Dagegen Hermann: „Tradition ist bei Nipperdey überbelastet. Tradition ist nur da wo etwas Bestimmtes überliefert, wo der rote Faden sichtbar ist." (IX.)

Sichtet man die Protokolle nach Beispielen, so werden neben den philosophiehistorischen Referenzen, in denen Denkformen exemplifiziert erscheinen, vor allem Exempel aus der Literatur, aus der Geschichte und aus dem zeithistorischen Umfeld aufgerufen. So wird beispielhaft Bezug genommen auf Swift (Aufhebung der Seinsgesetze in Fiktion, III), sowie auf den Regenmacher in Herrmann Hesses „Glasperlenspiel" als Beispiel für etwas, das zunächst mit praktischer Funktion da ist, dann sich jedoch aus dieser löst (V). Bismarck wird als Beispiel für jemanden genannt, der mit verschiedenen Rezeptionskonventionen so umzugehen verstand, dass dessen Rede sowohl im Inland sowie im Ausland gehört, und dem jeweils entsprechenden Duktus günstig interpretiert werden konnte, Göring hingegen als ein Redner, dem diese Fähigkeit fehlte (VII). Die implizite Anwendung des 2. Kongruenzsatzes im alten Ägypten noch vor der entsprechenden Formulierung des geometrischen Gesetzes exemplifiziert das Eingehen von einem Gedanken in den Objektiven Geist ohne die Verbalisierung (X). Als Beispiel für unlogisches Denken mit logischen Elementen wird das Beispiel eines Überbringers schlechter Nachrichten angebracht, der aufgrund der Nachrichten für einen schlechten Menschen gehalten und entsprechend behandelt wird, worauf hin er entsprechend unfreundlich reagiert. (XI) Der „Dorfbarbier" wird als Beispiel für logische Paradoxien diskutiert (XII). Im Jahr der „Währungsreform" (Wein) in den Westzonen 1948 gibt es auch eine rückblickende Aufklärung bezüglich eines Denkens, das nicht erkenntnisorientiert ist: „So haben wir in der NS-Schulung vermittels bestimmter *Axiome*, die einen dazu an der Hand gegeben wurden, das bewiesen, dessen Beweis erwünscht war. Das war gar nicht schwer. Die Axiome kann man auswechseln." (von Bredow) „Also ist das Denken *bei Lüge und Propaganda nur* als *Instrument* beteiligt." Frida Hartmann (VI).

Angesichts der Anknüpfungen an verschiedene erkenntnistheoretische Fragestellungen, Themen der Ontologie und der Philosophie des Geistes sind die Bezüge zu früheren oder späteren „Disputierzirkeln" breit gestreut. So bestehen Bezüge zu: *Über Cohens Logik des reinen Erkennens* (Wintersemester 1921/1922), *Wesen des idealen Seins* (Wintersemester 1923/1924), *Erkenntnistheorie* (Wintersemester 1926/1927), *Wesen der Erkenntnis* (Sommersemester 1927), *Antinomien und Paradoxien* (Wintersemester 1927/1928), *Urteil und Erkenntnis* (Wintersemester 1932/1933), *Erkenntnisphilosophie* (Sommersemester 1933), *Logische Sphären* (Wintersemester 1933/1934), *Funktion des Irrtums* (Wintersemester 1935/1936), *Über geistiges und seelisches Sein* (Sommersemester 1942), *Über den Träger der geistigen Akte* (Sommersemester 1946), *Nachdenken und Formulieren* (Wintersemester 1949/1950).

Unter den Werken Hartmanns bildet hier *Das Problem des geistigen Seins* (1933) in vielen Themenbereichen den Bezugspunkt, darunter inbesondere Kap. 10 (mit Blick auf individuelles Erkennen), sowie Kap. 20 (Sprache, Tradition u. a.). Die abschließenden Diskussionssitzungen XI und XII, die explizit über „Logik" und „logische Gesetze" handeln, könnten aufschlussreich sein bezogen auf Hartmanns „verlorene 24 Kapitel der ‚Logik'" (Hartmann, Selbstdarstellung, in: Ziegenfuß: Philosophen-Lexikon, 468/469).

Hinsichtlich der Anschlüsse des Dialoges an neuere Debatten mag auf interdisziplinäre Debatten im Anschluss an Lebensweltphänomenologie (Edmund Husserl; Alfred Schütz, Thomas Luckmann) verwiesen werden, desweiteren auf Diskurse in der „Philosophy of Mind", die Ergebnisse der Verhaltensbiologie mitberücksichtigen, so die Debatte um eine propositional strukturierte, vorsprachliche „Language-of-thought" mit Vertretern wie Jerry Fodor oder Peter Carruthers und Gegnern wie David Lewis und Paul Churchland. In der Sprechakt-theorie gibt es Parallelen zu den Untersuchungen des Ablösens der Gedanken vom personalen Geist und dessen Übergehen in den Objektiven Geist. Viele der Überlegungen finden eher Fortsetzungen in der Psychologie des Denkens und des Emotionalen (bspw. in der „Affektlogik" von Luc Ciompi, wo Beziehungen zwischen Denkbewegung und vorherrschenden Affekten grundlegend berücksichtigt sind). Überlegungen zur Rolle der Phantasie im Erkennen haben sich im Zuge neuer Erkenntnistheorie mit Blick auf Möglichkeit und Notwendigkeit („offline simulation" bei Timothy Williamson), aber auch mit Blick auf Verstehen etabliert (bspw. Daniel A. Wilkenfeld).

Manuskript, Das Denken, I. Sitzung, von Bredow, Fach, F. Hartmann, Hartmann, Herrmann, Johannessohn, Liebrucks, Nipperdey, Pape, Rudko, Trendelenburg, Wein, 1948-05-13, Göttingen

Sitzung vom 13. Mai 1948[a]
Vorsitz: Frau [F.] Hartmann
Protokoll: Rudko

Frau [F.] HARTMANN: Die Abgrenzung von Denken und Erkennen wäre wohl der nächste Punkt der Diskussion. Eine besondere Position innerhalb der von uns erörterten Problematik vertrat das 19. Jh., das Erkennen gleich Denken und gleich Urteil setzte. Auch Husserl wäre in diesem Zusammenhang zu erwähnen. Sogar[b] in der Wahrnehmungslehre haben sich diese Theorien ausgewirkt.

---

a Sitzung vom 13. Mai 1948] *mittig und unterstrichen; in der darüberliegenden Zeile mittig und mit rotem Bs auf dem oberen Rand rechts wiederholt:* II.
b Sogar] *davor gestrichen:* Bis in

WEIN: Ich möchte aber noch zu dem Thema „Denken – Sprache" zurückkommen, um bei dem Unterthema „Formalelemente"[a] einen Augenblick zu verweilen. Gemeint sind die allgemeinsten Formen des Denkens, wie Gegensetzung, Unterscheidung, Hervorhebung. Da wird eine besondere Tiefe der Problematik sichtbar. Die erwähnten Formen haben ihre sprachlogische wie auch ihre denklogische Seite (was übrigens schon das Wort λόγος[1] verrät). Damit ist die Sache noch nicht erschöpft! Der eigentliche Kern dieser Formen scheint tiefer als in der Ebene der Sprache zu liegen. So ist die Entweder-Oder-Relation so elementar, daß man sogar von ihren anthropologischen, ja existentiellen Fundamenten sprechen darf. Hier finden wir etwas vor, wie die Entzweiung eines handelnden Wesens in sich, das wählen kann. Im Hinblick auf dieses Grundsätzliche ist es nicht schwer zu konstatieren, daß das Denken in Formalstrukturen das Übergewicht vor der Sprache hat. Vielleicht war H. Maier gewissermaßen auf dem Wege dazu, als er auf dem Gebiete des Wollens und der Gefühle Urteile, die ihm mit dem Denken gleichbedeutend waren, finden zu können glaubte.

LIEBRUCKS: Weins kategoriale Momente des Denkens sind aber auch nicht nur im Wahrnehmen, sondern sogar im Erlebnis zu finden. So *unterscheide* ich z. B. in der Wahrnehmung Farben. Dies heißt eben, daß das Moment des Anderen in der Wahrnehmung schon enthalten ist. Wir suchen aber nach dem *Eigenartigen* des Denkens.

Frl. TRENDELENBURG: Ist diese „Tiefe", worauf Herr Wein hinweist, doch nicht das Emotionale? H. Maiers Anliegen scheint in diesen Zusammenhang zu gehören.

WEIN: Das[b] Gesamtmenschliche, das „Existentielle" habe ich gemeint, nicht aber ausgerechnet etwas Emotionales. Ihr Hinweis auf H. Maier ist insofern richtig, als er eine Logik des Emotionalen aufzustellen versucht.

HARTMANN: Einen hinter den sprachlichen Formen liegenden Hintergrund kann man wohl schon annehmen. Nur müßte es zunächst offen bleiben, was er eigentlich ist. Er braucht[c] nicht ein deontologischer oder axiologischer zu sein. Es könnte da einfach eine Seinsstruktur zwischen dem Gegenstand und dem denkenden Subjekt bestehen.

Frl. PAPE: Weins Behauptungen sind ein Beitrag zum Problem Denken – Erkennen. Wenn die erwähnten Denkstrukturen anthropologisch, existentiell verankert sind, ist damit nicht schon vorentschieden über das, was sich[d] erst in der

---

1 λόγος] *Wort, Rede, Sinn, Definition, Argument, Rechnung, Lehrsatz*

---

a „Formalelemente"] *danach gestrichen:* halt
b Das] *davor gestrichen:* H. M.
c braucht] *danach gestrichen:* vielle
d sich] *über der Zeile eingefügt*

Weltbegegnung, in der Erkenntnis, entscheiden kann? Was könnte man da noch als Erkenntnis bezeichnen?

HARTMANN: Hier ragt tatsächlich die Frage nach dem Verhältnis von Denken und Erkennen herein. Ihr Gewicht kann man besser im Lichte der philos[ophischen] Tradition ermessen. Die letzten 100 Jahre hindurch war die Verwürfelung von Denken und Erkennen gang und gäbe. Gerh[ard] Stammler schreibt ein Buch über die „Deutsche Logikarbeit seit dem Tode Hegels" – zum Erkenntnisproblem. Entsprechendes läßt sich auch von Cohen sagen. Schon Kant fängt an, Denken und Erkenntnis gleichzusetzen. Kein Wunder, daß[a] in der Wortbedeutung intelligere, intelligible, Intelligenz sich das eine wie das andere widerspiegelt. Ähnliches gilt von νοεῖν[1]; die Sache[b] ist also sehr alt. Bei Husserl ist alles Erkennen gleich Urteil und die Wahrnehmung ist noch nicht Erkennen. Demgegenüber muß man geltend machen: die Wahrnehmung erfaßt auch etwas. Verliert man den ontologischen Boden, so gelangt man notwendig zur Immanenzphilosophie, die der Phänomenanalyse nicht gerecht werden kann. Ohne auf große Subtilitäten einzugehen, blicken wir zunächst auf das tägliche Leben, wo die Erkenntnis sehr oft nicht die Form des Denkens hat. So geht die Wahrnehmung auf Dinge und das Erlebnis auf Geschehnisse. Einfach ist weder das eine noch das andere. Auf der *anderen* Seite gibt es ein Denken, das sehr bestimmt sein kann, ohne Erkenntnis zu sein (wie etwas schweifendes, phantasierendes, die Dinge umspielendes Denken). Denken kann man sich alles, auch dasjenige, was gar nicht zu sein braucht, erkennen kann man nur dasjenige, was ist. Manchmal ist es schwer zu unterscheiden[,] ob ein Denken ein erkennendes ist oder nicht. Das beweist nur die Tatsache, daß erkennendes wie nichterkennendes Denken beide die Form *des* Denkens haben. Lehrreich ist in dieser Beziehung das spekulative Denken. Ansich ist es schwer zu sagen, wo bei den heutigen Physikern der Boden der Tatsachen aufhört und das Denken ein spielendes und spekulatives zu sein anfängt.

Frau [F.] HARTMANN: Kann es aber so vorkommen, daß eine Wahrnehmung, die Erkenntnis ist, doch kein Denken wäre? In Wahrnehmungen werden auch Verhältnisse mit wahrgenommen, erfaßt werden sie nur vom Denken.

HARTMANN: Hier ist es bloß wichtig, daß man das eine vom anderen abheben kann.

Frl. VON BREDOW: Ist es aber notwendig, Denken und Wahrnehmen identisch zu setzen, wenn es kein Wahrnehmen gibt, in dem das Denken nicht vorkommt?

---

[1] νοεῖν] *wahrnehmen, denken*

a daß] *danach gestrichen:* sich
b Sache] *danach gestrichen:* gilt

WEIN: Meine Ausführungen, obwohl ihr Ausgangspunkt ein anderer ist, begegnen doch den Hartmannschen. Seine Formelemente, die hinter dem Sprachlichen liegen, gehören zum Weltverhältnis des Menschen und scheinen nicht außerhalb des Rahmens zu liegen, den Herr[a] Hartmann als ontologisches Verhältnis zwischen dem menschlichen Subjekt und seiender Welt bezeichnete. Und Frl. Pape möchte ich so antworten: wenn es zentrale Formen des Denkens sind, was da erwähnt wurde, so sind sie natürlich auch Formelemente des erkennenden Denkens. Ja, sie sind so maßgeblich am erkennenden Denken beteiligt, daß die zentrale Frage auftaucht, inwiefern diese Formen solche der Erkenntnis sein können.

Nun möchte ich das Denken als das Verhältnis des Menschen zum Möglichen charakterisieren. Das Denken ist in dem Sinne die Bedingung der Möglichkeit, daß in ihm das Mögliche zur Vorstellung kommen, präsentiert werden kann. Das ist die zentrale These. Die alte Gleichsetzung von Denkbarem und Möglichem ist kein schlechter Hinweis in diese[b] Richtung.

Nun noch zwei kurze Bemerkungen: das Überraschende dabei, daß auch sogar im Phantasieren und im Traum Wahrheitsgehalte stecken, ist auf die Erkenntnisseite zu buchen. Und das Zweite: Herrn Liebrucks muß man darin[c] zustimmen, daß die Formstruktur der discernio auch in der Wahrnehmung drin steckt, doch nur im Denken kommt es zur Präsentation des Möglichen nebeneinander.

Frl. PAPE: Und doch scheint es, daß im Denken nicht alles denkbar ist. Auch das Denken des Unmöglichen ist an das Mögliche gebunden. Es gibt kein absolutes Schweifen-Können, sondern bloß ein Schweifen mit möglichen Elementen.

HARTMANN: Das Denken des Unmöglichen[d] in einem bestimmten Sinne darf man ruhig hereinnehmen. Das Denken erwählt ja seine Gegenstände ohne Rücksicht darauf, ob sie in irgendeiner[e] Sphäre vorkommen oder nicht. Meinong hat seinerzeit in seiner Gegenstandstheorie das Bestehen unmöglicher Elemente – für ein mögliches Präsentieren nämlich – erwogen. Es ist nicht unmöglich, sich hölzernes Eisen oder einen viereckigen Kreis zu denken (nicht vorzustellen). An solchen Dingen wird der Satz des Widerspruchs ontologisch fragwürdig.[f] – Nun zu Frl. von Bredows Gegenfrage: Wenn es keine Wahrnehmung gibt, die kein Denken enthält, dann muß das Denken mit der Wahrnehmung identisch

---

a Herr] *über der Zeile eingefügt*
b diese] dieser
c darin] *über der Zeile eingefügt*
d Unmöglichen] *danach gestrichen:* darf man ruhig
e irgendeiner] *berichtigt:* einer
f fragwürdig] *über der Zeile eingefügt für gestrichen:* gleichgültig

sein. Die Verlegenheit ist aber nicht[a] da, beides[b] läßt sich[c] voneinander[d] abheben und ein wichtiges Moment der Unterscheidung wurde von Wein angegeben: die Präsentation des verschiedenartig Möglichen nebeneinander im Denken. Bei der Wahrnehmung ist alle Erwägung dessen, was nicht im Wahrnehmungsbilde ist, von andersher hereingetragen. Die Wahrnehmung erwägt überhaupt nicht, das Denken tut es immer. In der Bezeichnung „das Denken als Erwägung des Möglichen" ist der Genitiv „des Möglichen" beinahe überflüssig. – Und zu Frl. Papes Einwand: im Denken des Unmöglichen wird das[e] Unmögliche so gedacht, als ob es möglich wäre. Das Denken[f] greift über das Mögliche im Sinne des Kompossiblen (Leibniz) hinaus.

Frl. VON BREDOW: Der Satz des Widerspruch[s] setzt voraus, daß wir auch das Unmögliche denken[g] können. Das hölzerne Eisen müssen wir doch irgendwie als Mögliches erwägen. Wenn wir aber das Denken als Erwägen des Möglichen fassen,[h] würde dann die Erkenntnis, die im gedanklichen Fortschreiten verschiedenes Mögliche ausschließt, um sich dann für *eine* Möglichkeit zu entscheiden – würde diese Erkenntnis des Resultats aus dem Denken herausfallen?

HERRMANN: Ich würde Weins Gedanken so fassen: Das Denken[i] ist die Bedingung des Möglichen, es setzt sich die Möglichkeit seiner selbst. Dadurch, daß es etwas denkt (setzt), setzt es schon die Möglichkeit dessen, was es setzt.

WEIN: Ein solches dialektisches Vorgehen könnte Gefahren der Tautologie heraufbeschwören. Zur Klärung des Begriffs des Möglichen sei folgendes bemerkt. Es handelt sich hier nicht um das Realmögliche, auch nicht um das Idealmögliche. Es ist vielmehr das alte Problem der sog[enannten][j] sinnlosen Urteile, also das Denkmögliche als die Frage der sog[enannten] sinnlosen Urteile. Die Materie von Vorstellungen von real Unmöglichem stammt aus der Erfahrung des Realen (wie Locke und Humes es annahmen). Und jetzt einen Schritt weiter. Das Bild des Erwägens, der Waage ist zu begrüßen. Nun muß man den Sachverhalt noch schärfer als bis jetzt fassen: es ist das Erwägen des Möglichen als Möglichen, nicht bloß die Präsentation der Möglichkeiten. Mit Plessner zu

---

a aber nicht] *mit Bs über der Zeile eingefügt*
b beides] Beides
c sich] *danach gestrichen:* auseinander
d voneinander] *berichtigt:* voneinanderhalten
e das] *danach gestrichen:* Mögl.
f Denken] *danach gestrichen:* schiesst
g denken] *gesperrt*
h fassen,] *danach gestrichen:* und dann beim gedanklichen Fortsch
i Denken] *danach gestrichen:* setzt
j sog[enannten]] *über der Zeile eingefügt*

reden, erfasst der Mensch das Vermittelte als Vermitteltes und das zeichnet ihn aus. Das Tier zaudert zwischen Möglichkeiten und ergreift nur eine. Im Erwägen des Möglichen als Möglichen handelt es sich beinahe um die Schaffung einer neuen Seinsweise, um ein Suspendiertsein von der Wirklichkeit, eine Art Desobjektivation, insofern ich erwägend mir alles Mögliche ausdenken kann. Wenn ich durch Erkennen eben doch sehe, daß nur eine Möglichkeit die Wirklichkeit trifft, so kommt dadurch eine Reobjektivation jener Desobjektivation zustande. Der Mensch kann sich so zwischen das Wirkliche und das Nichtwirkliche, d[.] h. Suspendierte einschalten.

NIPPERDEY: Wird aber[a] durch Ihre Bestimmungen nicht die Weise des Unmöglichen aufgehoben? Alles ist ja möglich.

HARTMANN: Eines vermisse ich: wie steht es mit dem Denken des Unmöglichen, – ein Punkt, den Frl. Pape berührte. Wird das Denken als Erwägen des Möglichen als Möglichen bestimmt, so vermißt man dabei, daß es sich auch um das Erwägen des Unmöglichen als Möglichen handelt.

WEIN: Auch darum handelt es sich, aber dann taucht die Frage auf, wogegen man[b] diesen Bereich des Möglichen *und* Unmöglichen[c] abgrenzen soll. Hier ist ein Brennpunkt von Kontroversen,[d] die ganz besonders den Satz des Widerspruchs berühren. Man kann vom Widerspruch reden, weil man sich irgendwie doch das Widerspruchsvolle versuchsweise als Möglichkeit denken kann. Dagegen kann man Argumente anführen, z[.] B. daß man die[e] Viereckigkeit und Kreisförmigkeit nur koppeln kann.

HARTMANN: Da werden sehr ernste Probleme sichtbar, die bis in die coincidentia oppositorum gehen. So ist beim K[f][reis] Linie ein Punkt, der Kreis auch ein Punkt[.]

Frl. PAPE: Wenn man in der Weise, wie Wein es tut, das Mögliche und Unmögliche über das Denkbare hinaus erweitert, dann ist die Alternative möglich – unmöglich sinnlos, denn diese beiden Begriffe sind nur in bezug auf eine einheitliche Ebene von Gegenständen sinnvoll.

HARTMANN: Läuft das doch nicht schließlich[g] auf die Ablehnung der Weinschen Suspendierung hinaus? Ich glaube, die Suspendierung wird man kaum negieren können. Darin wurzelt ein Stück der Freiheit des Denkens.

---

a aber] *danach gestrichen:* dadurch
b wogegen man] wogegen man wogegen man
c Unmöglichen] *danach gestrichen:* abheb
d Kontroversen,] *danach gestrichen:* so kann man
e die] *über der Zeile eingefügt*
f K] *mit Bs eingefügt*
g schließlich] *über der Zeile eingefügt*

HERRMANN: Meiner Ansicht nach versteht Wein unter Suspendierung auch[a] die Suspendierung von der Idealsphäre, d[.] h. von allem Sein überhaupt.

Frl. VON BREDOW: „Die Suspendierung vom Wirklichen" ist die beste Formulierung, oder die Suspendierung der Modalität Wirklichkeit. D[.] h. im Erwägen des Möglichen sehe ich davon ab, ob dieses Mögliche in irgendeiner Sphäre wirklich ist. – Gleichsam im Ursprung von Möglichkeit und Unmöglichkeit steckt das Mögliche nochmals drin, genauso wie jede Verneinung eine Setzung voraussetzt. Ich kann nicht vom Unmöglichen sprechen, ohne das Mögliche zu setzen. Der Cusaner sagt: Im principium ist die Koinzidenz der Gegensätze drin, weil das Principium über diesen Gegensätzen ist.

WEIN: Das Denken des Unmöglichen wird aktuell von der Naturwissenschaft her. Da werden Dinge gedacht und erwogen, die in gewisser Weise unmöglich sind. So die Hypothese, daß das Weltall endlich aber unbegrenzt sei. Die Theorien darüber bewegen sich in einem reichhaltigen Denkzusammenhang bes[onderer] mathematischer Natur, das Mögliche mit dem Unmöglichen verknüpfend. An Hand von Beobachtungen, verbunden mit der Relativitätstheorie hat man Theorien aufgestellt, daß die Lichtgeschwindigkeit prinzipiell die größtmögliche Geschwindigkeit ist und das die Masse eines bewegten Körpers mit der Annäherung an die Lichtgeschwindigkeit ins Unendliche wachsen müßte. So ist das Denken des Unmöglichen kein Randphänomen mehr, sondern zentral gestellt.

NIPPERDEY: Wein bestätigt die doppelte Bedeutung des Möglichen, worauf schon Frl. von Bredow hingewiesen hat.

HERRMANN: Nach Wein schafft sich das Denken die Möglichkeiten. Ich kann nicht wissen, wohin es kommen kann. Die Sphäre der Möglichkeit und Unmöglichkeit wird hinausgeschoben.

Frl. JOHANNESSOHN: Zweierlei Bedeutung kann man im Denkunmöglichen unterscheiden: die erste verwenden wir da, wo wir von[b] etwas[c,d] sprechen, das real nicht zusammenzubringen ist. In der zweiten Bedeutung sind uns etwa kosmische Entfernungen undenkbar.

Frl. VON BREDOW: Bei der Suspendierung geht es um den Modus Wirklichkeit. Es ist etwas anderes, wenn ich den Terminus „Sein" einsetze. – Dann unterscheiden wir 2lei Unmögliches für das Denken. Es ist denkmöglich, das Unmögliche so einfach hinzustellen (Beispiel: hölzernes Eisen), aber es ist absolut unmöglich, diese Synthesis zu vollziehen.

---

a auch] *über der Zeile eingefügt*
b von] *über der Zeile eingefügt*
c von etwas] *nach Streichung wiederholt:* von etwas
d etwas] *danach gestrichen:* als real nicht [xxx]

HERRMANN: Die Beschränkung der Suspendierung auf das Wirkliche scheint doch zu eng zu sein. Ich glaube herausgehört zu haben, daß man nur von der Sphäre des Wirklichen, aber nicht den Möglichen suspendieren könnte. Demgegenüber möchte ich die Ansicht vertreten, daß es reine Möglichkeiten gibt, die unser Denken ebenso streng determinieren wie die Wirklichkeit. Souveränität und Freiheit des Denkens besteht gerade darin, daß man auch davon abgehen und zum gänzlich Widerspruchsvollen gelangen kann.

Frl. VON BREDOW: Die Wirklichkeitssphäre und die Möglichkeitssphäre haben in meiner Argumentation keinen Raum.

HARTMANN: Suspendierung von der Wirklichkeit scheint aber doch nicht auszureichen. Es wird nicht wesentlich anders, wenn man statt „Realwirklichkeit" „Modalität Wirklichkeit["] sagt. Ich glaube, es handelt sich um eine Suspendierung von den Seinsgesetzlichkeiten der *beiden*[a] Seinssphären. Damit käme man hinaus über das Beschränktsein durch den Widerspruchssatz. Es könnte denkbar sein, was auch ideal nicht möglich ist. Dahin würden gehören die Koinzidenzen des Entgegengesetzten, die Paradoxien und die echten Denkschwierigkeiten. Deswegen begrüße ich Herrmanns Formulierung, daß das Denken sich Möglichkeiten seiner selbst schafft. – Und die Denksphäre müßte man zu den *sekundären*, *unselbständigen* Sphären rechnen. Man bedenke: jede Phase eines Gedankens ist gleichsam[b] über die Zeitlichkeit erhoben und steht wie in der Idealsphäre. Anderseitig hat der Gedanke seine Geschichte. – Sekundäre Sphären haben ihre Gesetzlichkeiten. So weist das Denken über sich selbst hinaus. Das Denkunmögliche[c] wird denkmöglich. Es fiel das Wort vom[d] Schaffen der eigenen Möglichkeiten. Es braucht aber nicht immer schöpferisch zu sein. Manchmal kann[e] ein einfaches Hinausgetriebensein über sich selbst vorliegen.

Vor dem Begriff des im bestimmten Sinne Unmöglichen darf man nicht die Flucht ergreifen. Das Handeln ist die Ermöglichung von etwas, was ohne das Handeln unmöglich war. Was Wunder, wenn das Denken als die Denkermöglichung des Unmöglichen bestimmt wird.

WEIN: Die Vermutung einer eigenen Denksphäre verlangt, daß man diese Sphäre abgrenzt. Unabhängig von einer solchen Vermutung führt die Diskussion auf eine gefährliche Frage. Wenn wir das Unmögliche in die Denksphäre hineinnehmen, was ist dann das Unmögliche *und* das Mögliche? Wir sprechen vom

---

a *beiden*] gesperrt
b gleichsam] *danach gestrichen:* in die
c Denkunmögliche] *berichtigt:* Denkmögliche
d vom] *berichtigt:* von der
e kann] *danach gestrichen:* es

Denkmöglichen und Denkunmöglichen. Diese Sphäre müßte sich abgrenzen gegen das Undenkbare. Es gibt vier Begriffe des Undenkbaren:
1) der immanente Begriff des Undenkbaren: das gedachte Undenkbare; dieses ist ein Gedachtes und insofern ein Denkbares;
2) der indefinite Begriff: das Wunderbare, wozu der Denker noch hinzukommen kann;
3) der Begriff eines faktischen Undenkbaren. Es läge nahe zu sagen: ein wirklich Undenkbares, das ist, Sein hat, von dem wir Menschen nie etwas wissen werden. Gegen die vierte Bedeutung, die gleich kommt, könnte man die folgende Überlegung anstellen: mag es sein, was es will, man müßte es denken (nicht etwa[a] erkennen) *können*. Dennoch müßten wir auch diese Bedeutung nenne:[b]
4) das Undenkbare im strengen Sinne: Es kann etwas geben, was *Sein* hat, was wir aber nicht denken können.

Nun ist das Undenkbare im 1. Sinne gleichzeitig ein Unmögliches im Sinne[c] von Denkunmöglichem, von dem wir die eigentliche Synthesis nicht vollziehen können. Im Fall 2. und 3. besteht keine strenge Deckung zwischen den Begriffen undenkbar und denkunmöglich. Der Fall 4 ist das große Problem.
Zum Abschluß: Hartmanns These von der Suspendierung von der Seinsgesetzlichkeit ist zu akzeptieren. Aber es fehlt noch der Hinweis auf das Moment der Unendlichkeit der Denksphäre.
Frau [F.] HARTMANN: Muß man doch nicht in einer bestimmten Weise sagen, daß das Wirkliche eigentlich nicht denkbar[d] sei? Es ist ja die Grenze der[e] Welt. –[f]
HARTMANN: Eine solche Auffassung setzt voraus, daß das Denken ein Hineinnehmen des Objekts ins Denken ist. Man hat es den Zirkel des Denkens genannt. Indem ich etwas denke, ist es ein bloß Gedachtes. Dagegen kann man aber geltend machen, daß ich etwas denken kann, was unabhängig davon ist. So wenn ich Gedanken über den Ursprung der Welt habe. Das Denken ist umfassend gegen solches, was von Gnaden und was nicht von Gnaden des Denkaktes besteht.[g]

---

a etwa] *danach gestrichen:* erwähnen
b Gegen die vierte [...] Bedeutung nenne:] *auf der gegenüberliegenden rechten Seite eingefügt*
c Sinne] *danach gestrichen:* des
d denkbar] *danach gestrichen:* ist
e der] *danach gestrichen:* Grenzsphäre.
f Welt. –] *mit Bs eingefügt, Lesung unsicher*
g besteht.] *in der darunterliegenden Zeile gestrichen:* Frau [F.] Hartmann

Manuskript, Das Denken, II. Sitzung, von Bredow, Fach, F. Hartmann, Hartmann, Johannessohn, Liebrucks, Nipperdey, Pape, Rudko, Wein, Zimmermann, 1948-05-19, Göttingen

19. 5. 48[a]
Vorsitz[b]: Hartmann
Protokoll[c]: Frau [F.] Hartmann

HARTMANN: Aus der Mannigfaltigkeit der Arten des Denkens hatten wir schon eine Reihe an Gegensätzen zusammengestellt:
spielendes – erfassendes Denken
kontemplatives – praktisches
diskursives – intuitives
phantastisches – erkennendes
logisches – unlogisches
alltägliches – wissenschaftliches
Denken in eingefahrenen Bahnen – auf individuellen, einmaligen Wegen sich ergebendes Denken.
gemeinsames – individuelles (einsames)
Zur ungefähren Verständigung möchte ich eine Nominaldefinition vorschlagen „Denken ist eine eigene, nicht weiter zurückführbare Grundform innerer Präsentation von Gegenständen jeder Art und Seinsweise.["] Worin diese Eigenart besteht, läßt sich am ehesten zeigen durch Abgrenzung gegen benachbarte Phänomene:
1. Das Denken ist zu charakterisieren durch Absonderung von den emotionalen Bewußtseinsmomenten. Das meiste Präsentieren ist emotional gefühlsbetont, wobei die Betonungen dem Inhalt eine Prägung geben. Dagegen sondert sich das Denken ab. Es gibt emotionale Motive des Denkens (vielleicht kein Denken ohne sie), und es gibt von ihr ausgelöste Gefühle, aber kein eigentlich emotionales Denken. Wo Denkstrukturen auftreten, heben sie sich immer durch die Tendenz der Absonderung heraus. Gefühlsfaktoren werden als primär empfunden.
2. Absonderung und Gegensatz zu Wahrnehmung und Erleben. Es löst sich ab von der unmittelbaren Gegebenheit, besonders der das Reale. Aris-

---
a 19. 5. 48] *auf der rechten Seite; in der darüberliegenden Zeile mittig und mit rotem Bs auf dem oberen Rand rechts wiederholt: I.; davor Briefumschlag, darauf mit rotem Bs:* Diskussionsprotokolle S. S. 1948 *und darunter mit Bs:* Über das Denken
b Vorsitz] *unterstrichen*
c Protokoll] *unterstrichen*

toteles sagt: Das Denken ist nicht gebunden an das ποσόν,[1] darin ist es verwandt mit Vorstellen, Einbilden und Phantasie.
3. Abhebbarkeit des Denkens vom Erkennen. Erkenntnis ist immer auf Seiendes gerichtet; Denken kann auf Nichtseiendes gerichtet sein. Alles Denken kann Gegenstand sein. Es gibt erkennendes Denken und nicht erkennendes, und denkendes Erkennen und nicht denkendes Erkennen. das meiste Denken ist aber auf Erkenntnis gerichtet, denn es dient praktischen Gründen.
4. Es ist aber abhebbar vom Praktischen, von Zwecken – und Wertbezügen wie von Trieben und Neigungen. Das ist ein grundlegender Vorzug des Menschen, seine Objektivität.
5. Das Denken ist auch nicht gebunden an die Sprache: auch nicht an Begriffe. Jede Sprache ist ein System fertiger Begriffe. Begriffe entstehen erst im Denken, setzen es voraus.
6. Darin besteht die Freiheit des Denkens, daß es an all das Genannte nicht gebunden ist. Umso strenger ist seine eigene innere Notwendigkeit[.] Wir können nicht denken, was wir wollen, sondern müssen denken, was wir denken.
7. Zuletzt wäre noch hinzuweisen auf den Gegensatz der Gesetzlichkeiten, die sich im Denken überlagern: die logischen und die psychologischen. Das ergibt eine Denkpsychologie, Denkpathologie. Es taucht das Problem des normalen Denkens auf und die Frage, was die Logik mit ihren Gesetzlichkeiten damit zu tun hat.

WEIN: Ich hätte noch 2 Abgrenzungen von fast gleichwertiger Wichtigkeit anzufügen: 1. von der Intelligenz, d. h. den elementaren praktischen Denkleistungen, wie sie schon die höheren Tiere vollbringen. Sie bestehen in der Fähigkeit des Denkens, Neues erdenken zu können, – Unterschied zu sein. Das 2. wäre die Abgrenzung zum Bewußtsein.
LIEBRUCKS: In diesem Sinne produktives Denken[a] ist nur möglich, wenn es ein von der Sprache freies Denken gibt, dem die sprachlichen Mittel zunächst auch nicht zur Verfügung stehen, um die neuen Gedanken festzuhalten.
Frl. PAPE: Weins Einteilung scheint mir quer zu der Hartmanns zu stehen. An jedem Punkt von Hartmann wäre Weins genetische Perspektive zu verorten.
Frl. VON BREDOW: Das ergibt sich klar aus Punkt 5. Wenn Begriffe im Denken entstehen, wird vorausgesetzt, daß das Denken Neues entwirft. Das Denken

---

[1] ποσόν] *so viel, so groß (d. h. Quantität); eigentlich:* πόσον

[a] Denken] *danach gestrichen:* kann es nur geben

hat etwas präsent und will es nun ausdrücken. Darin besteht die Geschichte der Philosophie, und das sind dieselben produktiven Leistungen wie bei Koehlers Affen.

WEIN: Es steckt eine frappierende Dialektik im Phänomen dieses produktiven Denkens. Es ist der Ort des fruchtbaren Einfalls. Was mir nur einfallen kann, das kann ich nicht erdenken. Aber es ist erwiesen, daß Einfälle nicht zustande kommen ohne vorhergegangenes Denken.

FACH: Es hat produktive Gedanken gegeben, die zu ihrer Zeit noch keine Wirksamkeit haben konnten, weil die Begriffe noch nicht da waren und erst recht nicht die Worte. Allmählich hat das Denken die Sprache nach sich gezogen.

HARTMANN: Aber nicht jedes schweifende, sich hineinsehende, abtastende Denken ist schon produktiv, bloß weil ihm die Formulierungen, die Haltepunkte im Denken fehlen.

Frl. PAPE: Wie ist dieses Denken ohne Sprache als Denkakt charakterisierbar, wie abzuheben vom Meditieren und reinem Vorfinden?

LIEBRUCKS: Nach Gehlen ist alles Denken von der Sprache getragen. Die Worte geben dem Denken die freie Beweglichkeit.

WEIN: Das wohl, aber ursprünglich erwachsen Denken und Sprache bei ihm aus demselben Stamm von Leistungen.

LIEBRUCKS: Wenn die Sprache auch die leichteste Form von Artikulation ist, so ist doch nicht gesagt, daß diese Stützpunkte zum Wesen des Denkens gehören.

ZIMMERMANN: Es gibt ein Denken, das die Sache umspielt, ohne daß der Gedanke dazu kommt, sich vom Denken abzulösen.

Frl. VON BREDOW: Und es gibt ein Meditieren, das intuitiv erkennt und entdeckt.

WEIN: Zum Denken gehört eine gewisse Anstrengung, ein Ausgerichtetsein.

Frl. PAPE: Zimmermanns[a] spielendem Denken fehlen Sachgerichtetheit und Anstrengung. Wie aber ist Denken von intuitiver Erkenntnis abzugrenzen?

HARTMANN: Es gibt produktives, eindringendes Erkennen, das kaum vom Vorstellen abzugrenzen ist. Anderseits gibt es ein gedanklich ausgeformtes Erkennen, für das unser Begriffsschatz nicht zureicht. Wenn ich sagen will, was für ein Mensch Herr X ist, habe ich wohl einen Menschentyp vor Augen, um dessen Allgemeingültigkeit ich schon weiß, aber kein Wort dafür. So wäre zu erweisen, daß es vorbegriffliches und vorsprachliches Denken gibt, dessen Erkenntnisseite leicht erfaßbar ist, die Denkseite aber schwer.

NIPPERDEY: Dieses Denken hat wenigstens die Tendenz, in Begriffliches überführt zu werden.

WEIN: Die Angrenzungen zwischen Denken und Sprache einerseits, Denken und Vorstellen anderseits liegen in 2 verschiedenen Dimensionen. Der Sprache

---

[a] Zimmermanns] *danach gestrichen:* Schweifen

entgegen ist sowohl das Denken, das tief beim Vorstellen ist, wie das erkennende Denken höchster Leistung. Dagegen ist dasjenige Denken, das schwer vom bloßen Vorstellen wegzukommen ist, dem Träumen verwand und führt auf das Verhältnis: Denken [–] Bewußtsein hinaus. Ein anderer Gesichtspunkt ist der genetische, daß alles Denken vielleicht das Vorstellen voraussetzt.

HARTMANN: Wir gehen der Frage nach, was Denken eigentlich ist und tun es im Denken, wir handeln also von etwas, wovon wir noch keinen Begriff haben. Im Auseinanderhalten der unzähligen Phänomene, die uns dabei vorschweben, bildet sich die Möglichkeit sprachlicher Fixierung.

RUDKO: Denken und Sprache scheinen mir auf weite Strecken gleichsam parallel zu gehen und berühren sich nur in einem gewissen mittleren Abschnitt. Worin besteht diese Berührung? Darin, daß sich Denken und Sprache von einem ins andere übersetzen lassen. Das Denken hat gewisse Dimensionen, die die Sprache auch hat, was man an den Konjunktionen sieht. Es gibt Sprachen, in denen sich gut denken läßt. D. h. die Deutsche, wo alles in ein Nomen verwandelt werden kann.

WEIN: Es ist ein unbestreitbares Faktum, daß es kein wissenschaftliches Denken ohne Sprache geben könnte. Gerade bei uns, wie wir hier arbeiten, stimmt die These, daß das Denken ein inneres Sprechen ist, ein Argumentieren und Gegenargumentieren. Nicht darin besteht das Denken, daß mir etwas einfällt, sondern daß ich dem Einfall sofort selbst Einwände mache. Die[a] dem Denken und Sprechen gemeinsame Grundstruktur möchte ich die Artikuliertheit nennen. Gehlen würde sagen: es kommt nicht auf das Sprechen in Lauten an, sondern auf die Artikuliertheit in irgendwelchen Zeichen. So kommt es, daß die Aussageformen, die Kategorien, geradezu doppelsinnig auch als Formen des Denkens verstanden werden müssen[.] Ob es ein Denken ohne die Artikulationsformen gibt, darauf spitzt sich das Problem zu.

Frl. VON BREDOW: Wenn ein Maler das Wesen eines Menschen erfaßt und in einem Porträt dargestellt hat, kann man dieses Erfassen noch Denken nennen?

HARTMANN: Nein.[b]

Frau [F.] HARTMANN: Dann gibt es Erkenntnis ohne Denken.

Frl. PAPE: Ist Artikuliertheit in der Äußerung des Malers?

HARTMANN: Das wohl, aber eine andere.

LIEBRUCKS: Diese Artikulation liegt weit ab vom Denken, ja geradezu vom Bewußtsein. Ein Maler kann etwas zur Darstellung bringen, was er garnicht mit Bewußtsein gesehen hat.

---

a Die] Daß
b Nein] nein

NIPPERDEY: Der Maler sucht ja auch nicht nach sprachlichem Ausdruck. Aber,[a] was wir denkend in den Begriff bekommen, wollen wir aussprechen.

WEIN: Ich habe Artikulation im engeren Sinne gebraucht! Es handelt sich um die Frage, ob es ein Denken ohne sprachliche Artikulation gibt, ohne diese von der Logik herauspräparierten Verhältnisse des „oder", „und" die sowohl Kategorien der Rede wie des Denkens sind.

Frl. VON BREDOW: Dazu würde auch gehören die Akzentuierung von Wesentlichem und Unwesentlichem, die Einteilung und die Verknüpfung und die Beziehungen zwischen den Gliedern, darauf kommt es dem Denken an.

WEIN: Das gerade meine ich. Man kann nicht denken ohne die Beziehung des „gegen" oder des „nicht" oder „dies, dies nicht". Das sind solche Kategorien, an denen, wie ich glaube, das Verhältnis von Sprache und Denken hängt. Für falsch halte ich die These, daß alles Denken zur Sprache drängen[b] soll. Es gibt doch immerhin das von Hegel aus der Philosophie erkannte Denken, das in einem erbaulichen Nebel werden will.

Frl. JOHANNESSOHN: Aber sogar von der Personenerkenntnis, der man mit Begriffen nicht beikommen kann, muß man doch sagen, daß sie nach sprachlicher Feststellung strebt.

WEIN: Wenn alle Leute „sich Gedanken machen", so kommt es ihnen doch nicht auf eine These an.

Frl. VON BREDOW: Sie wollen etwas erkennen, intuitiv, im Hinschauen auf den Sachverhalt. Und wenn Denken nach unserer Definition eine Grundform innerer Präsentation ist, so gibt es keine intuitive Erkenntnis, die nicht Denken wäre.

Frl. PAPE: Ist dieses Denken ohne Sprache und Begriff auch ohne Artikulation?

HARTMANN: Auch hier schweben mir bestimmte Züge vor, die ich von anderen abhebe. Es gibt eben doch eine Diskrepanz zwischen der inhaltlichen Gliederung der Sache und der Gliederung, die die Sprache uns darbietet. Die Sprache ist ein geordnetes Ganzes und kann nicht allem gerecht werden. Sie muß zuerst den Lebensbedürfnissen dienen. Eine neue Wissenschaft muß sich erst ihre Sprache schaffen.

LIEBRUCKS: Sollte man die These, daß alles Denken auf Sprache tendiert nicht dahin modifizieren, daß es auf Ausdruck tendiert. Beethoven denkt in Tönen.

FACH: Wie können wir wissen, was das ist, was sich da in Musik umsetzt?

HARTMANN: Mir scheinen jedenfalls an einem gewissen Überschuß des Denkens über[c] das Gebundensein an die Sprache 2 Momente zu hängen: das produktive

---

[a] Aber] aber
[b] drängen] *Lesung unsicher:* taugen
[c] über] *danach gestrichen:* die Sprachliche

und das erkennende Moment des Denkens. Produktiv kann das Denken nur sein, wenn es sich nicht an fertige Sprachausdrücke hält, und erkennend nur, wenn wir erfassen können, wofür uns der eigentliche Ausdruck noch fehlt.

Typoskript, Das Denken, III. Sitzung, von Bredow, Fach, F. Hartmann, Hartmann, Herrmann, Johannessohn, Nipperdey, Pape, Rudko, Trendelenburg, Wein, Zimmermann, 1948-05-27, Göttingen

Sitzung v[om] 27. 05. 48[a]
Vorsitz: Rudko.[b]
Protokoll: Fach.[c]

RUDKO: Wir arbeiteten das letzte Mal Unterschiede[d] zwischen Denken und Erkennen hinsichtlich ihrer Gegenstaende heraus. Weiter, als besondere Leistung des Denkens: das Erwaegen. Das Denken kann ueber beide Sphaeren hinausgehen, so ragt es ueber die Erkenntnis hinaus. Aber ragt nicht andererseits auch das Erkennen ueber das Denken hinaus, und zwar insofern naemlich, als das Erkennen des Realwirklichen das Moegliche voraussetzt? Das ist keine Umkehrung der erstgenannten These, es ist nur eine andere Hinsicht. Um das Uebergreifen des Erkennens ueber das Denken naeher zu charakterisieren, verweise ich auf Meinong, bei dem das Erkennen als penetratives Verhalten etwas anderes ist, als das contemplative Verhalten, als das Spiel mit dem Moeglichen. Die unendliche Reichweite des Denkens, die wir herausstellten, ist erkauft durch Leerheit des Denkens. Dieses Denken ist keine primaere Praesentation. Absolut schweifendes Denken gibt es nicht, das Denken ist immer angewiesen auf Seiendes, was ihm das Schweifen ueberhaupt ermoeglicht. Die besondere Art der Praesentation des Denkens unterscheidet sich z. B. von der des Vorstellens, Wein charakterisierte sie als Erwaegen. Mir scheint, dass das Denken einen Ductus hat, der sich etwa als Denken in Kreisen oder Pyramide darstellt. Hier ist die Begriffspyramide zu erwaehnen.[e]

NIPPERDEY: Wir sprachen von der Freiheit des Denkens, es ist nun zu pruefen, wo die Gesetzlichkeiten des Denkens liegen, an die es gebunden sein muss.

WEIN: Wir muessen, glaube ich, noch stehen bleiben beim Denkbarsein.

---

a Sitzung v[om] 27. 05. 48] *mittig in der Zeile unter:* Protokoll: Fach. *und mit Punkt-Strich unterstrichen; danach mit rotem Bs auf dem oberen Rand rechts:* III.
b Vorsitz: Rudko.] *unterstrichen*
c Protokoll: Fach.] *unterstrichen*
d Unterschiede] unterschiede
e erwaehnen.] *hier und in der Folge nach jedem Sprachbeitrag Freilassung von einer Zeile*

Frau [F.] HARTMANN: Im Denken nehmen wir Zeichen und Symbole fuer die gemeinte Sache, obwohl wir wissen, dass wir so die Sachen selbst nicht erreichen.

HERRMANN: Da handelt es sich aber um Erkenntnis und Sein, nicht um Denken und Sein.

WEIN: Das Denken kann auch das Nichtgedachte denken, es kann das Undenkbare und das noch nicht Denkbare denken. Das Denken kann das Undenkbare andenken und das noch nicht Ausgedachte vorausdenken. Etwas aehnliches zeigt sich im Problembewusstsein, naemlich als das Erkennen des noch nicht Erkannten. Das von mir das letzte Mal aufgestellte Undenkbare im strengen Sinne fuehrt auf die Frage, ob ein solches Undenkbares ueberhaupt moeglich ist. Auf dem Boden der rationalen Metaphysik ist jedenfalls behaupte worden, dass ein streng Undenkbares unmoeglich ist. Ich moechte fuer unsere Diskussion feststellen,[a] das Unmoeglich hier ontologisch verstanden werden muss, als[b] das also, was nicht sein kann. Fraglich scheint mir, ob man nach Kant noch die Titel Denken und Sein in einen Satz zusammenbringen darf, denn wohl geht Erkennen auf Sein, nicht aber Denken. Ob nun das im strengen Sinn Undenkbare[c] ontologisch moeglich ist oder nicht, ist nicht zu entscheiden. Es scheint mir, dass man garnicht mehr auf Undenkbares stossen kann, da doch das Denken projektiv ist. So ist das Denken unbegrenzbar, das Undenkbare laesst sich inhaltlich nicht fuellen.

Frl. PAPE: Mir scheint, dass Sie damit Ihre vier Undenkbarkeitsbegriffe in einen zusammenziehen.

HARTMANN: Es ist richtig, dass es Undenkbares nicht gibt. Ich verstehe jedoch nicht, warum man nach Kant Denken und Sein nicht mehr zusammenbringen soll. Erkennen ist immer auf Sein bezogen, im Wesen des Denkens liegt es nicht, das Denken kann einen intentionalen Gegenstand als einen Gegenstand von Gnaden des Aktes haben, es kann aber auch einen an sich seienden Gegenstand haben.

WEIN: Bei Kant gibt es keine Philosophie, die den Satz vom Widerspruch nicht ontologisch auslegt. Ich erwaehnte Kant, weil das Erwaegen ueber das Moegliche im Denken nichts ueber die Wirklichkeit ergibt. Wichtig scheint mir die Frage, ob des Suspendiertsein des Denkens vom real[d] Moeglichen ein Suspendiertsein vom Modus ueberhaupt bedeutet. Die Vertiefung in das Wesen des Denkens zeigte, dass die Denksphaere wahrscheinlich eine sekundaere

---

a fuer unsere [...] als] *hs über der Zeile eingefügt*

b fuer unsere Diskussion feststellen, das Unmoeglich hier ontologisch verstanden werden muss, als] *davor hs auf dem linken Rand:* festhalten

c Undenkbare] undenkbare

d real] *hs auf dem linken Rand und mit Einfügungszeichen dieser Stelle zugeordnet*

Sphaere ist. Ich glaube, hier muessen wir weiter untersuchen. Methodisch scheint es mir praktisch zu sein, das Denken[,] das Beziehung zum Sein hat[,] als Erkennendes oder penetratives Denken zu bezeichnen.

Frl. von Bredow: Darin liegt, dass das Denken selbst indifferent gegen Immanenz und Transcendenz des Gegenstandes ist.

Hartmann: Bezogenheit auf Seiendes kann auch einem Denken zukommen, sofern es nicht erkennend ist. Denn auch das schweifende Denken kann zufaellig Seiendes treffen. Waere dem nicht so, so waeren viele Entdeckungen nicht gemacht. Also ist nicht nur das erkennende Denken auf Sein bezogen.

Herrmann: Erkennen und Denken scheinen nach Wein grundsaetzlich verschieden zu sein. Zu Hartmann's These ist zu fragen, ob ein Zufallstreffer des Denkens nicht bereits erkennendes Denken ist.

Frl. von Bredow: Spielendes Denken kann unter seinen Inhalten real Seiendes haben, ohne darum zu wissen. Aber was hat das mit Entdeckung zu tun?

Hartmann: Falls dieses Beispiel nicht stimmt, kann es fallengelassen werden.

Herrmann: Es liegt im Wesen der Indifferenz des Denkens indifferent gegen eine Bezogenheit zum Sein zu sein, anders als in der Erkenntnis.

Hartmann: Das steht jetzt nicht in Frage. Wenn etwa ein Zeichner gedankenlos Profile zeichnet und ich unter den Profilen eines als das des Herr X zu erkennen glaube, so ist das ein Zufallstreffer. Was ich sagte, ist ein Gleichnis, aber das phantasierende Denken zeichnet auch.

Wein: Ich stelle folgende These zur Diskussion. Die moeglichen Zufallstreffer ausgeklammert, ist dann nicht sich auf Sein beziehendes Denken Erkennen? Zu Frl. von Bredow moechte ich sagen, dass, wenn ein Mensch nicht weiss, dass er erkennt, er auch nicht erkennt.

Hartmann: Gegen Wein's These muss gesagt werden, dass Erkennen nicht immer Denken ist, es gibt auch wahrnehmende emotionale Erkenntnis. Wir muessen nur darauf aufmerksam machen, dass die Bezogenheit des Denkens auf Sein prinzipiell moeglich ist.

Wein: Inwieweit es eine vom Denken isolierte Wahrnehmung gibt, ist eine Schwierigkeit der Kant-Interpretation. Ich moechte noch einmal darauf hinweisen, dass wir die Denksphaere in ihrer Constitution diskutieren muessten. Von welchen Seinsgesetzen z. B. ist das spielende Denken eigentlich frei?

Frl. Pape: Die Nahtstelle des Uebergangs vom Denken zum Erkennen gibt fuer unser Problem nichts her. Das phantasierende Denken muss in seiner Struktur untersucht werden. Dazu scheint mir Rudko's Begriff des Duktus[a] als Fuehrung des Gedankens geeignet.

---

a Duktus] *hs unter der Zeile eingefügt für gestrichen:* Denkens

HARTMANN: Wie sieht die Sphaere des Denkens aus, des Denkens, das mit sich allein ist, des nicht erkennenden Denkens? Ein Denker stellt sich etwa ein Erkenntnisziel, kann dieses aber durch Erkenntnis nicht erreichen und setzt nun dafuer phantasierendes Denken ein. Oder der Utopist ist hier zu erwaehnen, Campanella, Morus, Bacon auch Platon. Ebenso auch Dichter wie etwa Swift oder Theodor Fischer. An diesen Beispielen laesst sich die Abloesung des phantasierenden Denkens von den Seinsgesetzen einsehen, die meisten bleiben in Geltung, nur einige werden aufgehoben, so etwa bei Swift die Grossenverhaeltnisse. Groeber zeigt sich dieses noch in den Maerchen. Immer sind nur einige, nicht aber alle Seinsgesetze aufgehoben.

NIPPERDEY: Koennen nun im phantasierenden Denken alle Seinsgesetze aufgehoben werden oder nur einige und wenn ja, welche?

Frl. PAPE: Frueher charakterisierten wir Denken als Erwaegen. Im Maerchen sehe ich ein solches Erwaegen jedoch nicht. Zu Nipperdey's Frage: Alle Seinsgesetze koennen aufgehoben werden.

Frl. JOHANNESSOHN: Auch im phantasierenden Denken wird Seiendes zusammengebracht, z. B. im fliegenden Koffer des Maerchens, das Fliegen und der Koffer. Dem Denken muss so schon immer Seiendes vorgegeben sein.

WEIN: Das schweifende Denken loest sich vom Ductus des Erkennens. Unter welchen Gesetzen stehen nun aber das schweifende Denken selbst und welches Ziel hat es? Bestimmte Gesetze muessen doch auch das schweifende Denken bestimmen. Bewegung ist eine Grundkategorie des Denkens, so koennte es z. B. unter Bewegungsgesetzen stehen. Warum denkt sich jemand eine Utopie aus? Es macht ihm Freude; hier steht das Denken unter emotionalen Impulsen. Laesst sich eigentlich die These halten, dass alles Denken eine Tendenz zur Absonderung von Gefuehlen hat? Die Psychiatrie gibt Phaenomene zu unserem Problem. So z. B. die Herabsenkung des Niveaus. Der Mensch kann nicht mehr erkennen, aber wohl noch etwas ausdenken, auch dieses Denken steht unter Gesetzen, und zwar unter emotionalen oder moderner unter Complexen. Auf Frl. Pape's Einwand erwidere ich, dass im Aussinnen einer Utopie auch Erwaegung liegt.

Frau [F.] HARTMANN: Denken will sich nicht immer von Emotionen freimachen, oft laesst es sich von ihnen lenken.

ZIMMERMANN: Wein fragte nach dem Ziel des schweifenden Denkens. Das freie Denken hat aber kein Ziel, es geht assoziative vor und ist nicht teleologisch determiniert.

Frl. JOHANNESSOHN: Es gibt auch ein Ausdenken ohne emotionale Impulse und ohne Aufhebung von Seinsgesetzen.

HERRMANN: Denken soll, so wurde behauptet, durch Wille und Gefuehl gelenkt werden. Es kommt aber darauf an festzustellen, dass es schweifendes Denken unabhaengig von emotionalen und voluntativen Impulsen gibt. Das Denken gibt sich die Moeglichkeiten seiner selbst voraus, dadurch unterscheidet es sich von Erkennen. Deshalb kann es auch nicht von anderen Gesetzen gelenkt werden. Das Denken entwirft die Moeglichkeiten seiner selbst und entwirft selbst die Gesetze unter denen es zu stehen hat. So ist es grundsaetzlich durch keine Gesetzlichkeit gebunden, vielmehr gehen die Gesetze gleichsam aus dem actus purus des Denkens hervor.

WEIN: Zu Zimmermann's Einwand muss gesagt werden, dass das Assoziative etwas verschiedenes ist von dem, was wir als Denken bezeichnen. Ich erwaehne das psychopathische Phaenomen der Ideenflucht. Oder das Beziehungsdenken, das darin besteht, dass man nur noch auf sich beziehen kann, so kommt das Denken unter die Herrschaft der Affekte. Das Denken stellt sich den Wuenschen zur Verfuegung.

Frl. JOHANNESSOHN: Wenn ich mir ausdenke, dass ich in einem halben Jahr wieder richtig gehen kann, so kann dieses ein Ausdenken sein, was nicht von Wuenschen geleitet ist.

HARTMANN: Das Denken braucht nicht unter emotionalen Impulsen zu stehen. Wodurch nun werden die aufgehobenen Seinsgesetze ersetzt? Die Beispiele zeigen, dass spielendes Denken selbst Gesetze macht. Man kann sich neue Gesetze ausdenken, das zeigen die Maerchen oder die Spielregeln, die sich Kinder geben und nach denen sie spielen. Das Ausdenken von Gesetzen ueben z. B. auch die Utopisten, so gehen z. B. bei Morus die Spielregeln bis in die Heiratssitten hinein. Zu Herrmann's These erwaehne ich, dass das metaphysische Denken sich tatsaechlich selbst Gesetze gibt, z. B. Schopenhauers Mythos vom Weltwillen. Im Denken richtet sich dann diese Welt nach den Spielregeln des conzipierten Willens.

HERRMANN: Urspruenglich meinte ich, dass die absolute Souveraenitaet des Denkens fordert, dass auch das schweifende Denken nicht durch Spielregeln eingeschraenkt wird.

Frl. PAPE: Wodurch werden die Seinsgesetze, die aufgehoben sind, ersetzt? Die Spielregeln sind doch nur Gesetze innerhalb des Denkens, aber es sind nicht die Gesetze des freien Denkens. Ist das Gesetz des freien Denkens nicht dieses, dass es sich Gesetze schaffen muss?[a]

Frl. VON BREDOW: Das schweifende Denken ordnet sich durch Spielregeln, aber es ist auch Zufaelliges darin. Im schweifenden Denken ist nicht alles in Spielregel gegruendet. Zum Problem des emotionalen Impulses des Denkens sage ich: Inhaltlich ist das Wie des Ausdenkens nicht emotional bedingt, wohl aber die Ausloesung des Denkens. Das zeigt das Beispiel von Frl. Johannessohn.

---

a ?] *hs eingefügt*

ZIMMERMANN: Durch das Maerchen laeuft der Zufall und die Spielregeln hindurch.
NIPPERDEY: Das Denken entwirft die Spielregeln nicht nur fuer das Ausgedachte, sondern auch fuer das Ausdenken, so koennen die logischen Gesetze aufgehoben werden.
WEIN: Die Psychologie muss jetzt eingeschaltet werden. Im freien Denken sind immer emotionale Motive im Spiel, sie erstrecken sich auch in die Inhalte des Denkens.
Frl. TRENDELENBURG: Gegen Wein muss gesagt werden, dass nicht alles freischwebende Denken auf emotionalen Impulsen beruht. Das zeigt sich z. B. bei Swift.
WEIN: Gerade Swift ist ein gutes Beispiel fuer meine These; es liegt eine Absicht in seinen Erzaehlungen.
HERRMANN: Ich will einige Beispiele fuer ein Denken frei von emotionalen und voluntativen Impulsen geben. Das schweifende Denken kann sich vorstellen, wie es auf der Oberflaeche eines Fixsternes aussehen mag.

Was sind dort fuer Formen? Oder es kann sich die Unendlichkeit der Welt ausdenken, oder die Begrenzung der Welt durch einen Bretterzaun. Die Gesetzlosigkeit des Denkens, die hier oft vertreten wurde, muss in zwei Hinsichten unterschieden werden. Einmal das Suspendiertsein von den Seinsgesetzlichkeiten und andererseits hat das Denken keine Gesetze fuer sich. So fordert es die Souveraenitaet des Denkens.[a]

Manuskript, Das Denken, IV. Sitzung, von Bredow, Fach, F. Hartmann, Hartmann, Herrmann, Johannessohn, Liebrucks, Nipperdey, Pape, Rudko, Trendelenburg, Wein, Zimmermann, 1948-06-03, Göttingen

3. 6. 48.[b]
Vorsitz: Fach
Protokoll: Frl. Johannessohn

HARTMANN:[c] Wein sagte in der letzten Sitzung, daß das Denken, sofern es durch emotionale Motive angeregt ist, selbst unter emotionalen Gesetzen stände. Das ist zu weit gegangen. Man muß einen Unterschied machen zwischen dem Bedingtsein des Duktus und dem Stehen des Denkens unter emotionalen Gesetzen. Bedingtsein bedeutet hier Ausgelöstsein. Stärkste Impulse des Denkens können vom Emotionalen herkommen.

---

a *gestrichelter horizontaler Abschlussstrich mittig unterhalb der Zeile*
b 3. 6. 48.] *auf der rechten Seite; davor mittig und mit rotem Bs auf dem oberen Rand rechts wiederholt:* IV.
c HARTMANN:] *Sprecher hier und in der Folge eine Zeile über dem Sprachbeitrag*

WEIN: Es gibt noch eine mittlere Position zwischen diesen beiden Unterschieden. Das bloße Ausgelöstwerden genügt nicht. Das emotionale Erleben wirkt auch, aus unbewußtem Hintergrund, in den Inhalt hinein. Wichtig ist die Frage, wie weit es sich, auch beim abstrakten Denken, im Inhalt ausprägt.

Frau [F.] HARTMANN: Will jemand etwas aus einem bestimmten Grunde wissen, so läßt er sich hinsichtlich des Inhalts seines Denkens nicht beeinflussen. Nur der Duktus wird emotional bestimmt. Andererseits gibt es den Fall, wo man wohl um das emotionale Bedingtsein des Inhalts weiß.

Frl. VON BREDOW: Da ist, wie man sagt, der Wunsch der Vater des Gedankens.

NIPPERDEY: Auch meiner Meinung nach beschränkt sich das Emotionale nicht auf das bloße Auslösen.

Frl. VON BREDOW: Wir kommen damit überhaupt zu dem Problem: das Denken als Akt und als Inhalt. Wir unterscheidet sich das erkennende Denken vom schweifenden: am Akt selbst?[a]

HARTMANN: Das geht auf Rudkos Problem hin. Er sagte, daß das Denken über das Erkennen hinausgreife, das Erkennen wiederum über das Denken. Das geht allerdings schon einen Schritt weiter als die Frage: worin unterscheidet sich erfassendes vom nichterfassenden, produktiven Denken, das seine Gegenstandsbereiche erst im Denken schafft. Kann man das schon am Denkakt sehen?

Frau [F.] HARTMANN: Warum kann erfassendes Denken nicht produktiv sein?

HARTMANN: Weil der Erkenntnisakt rezeptiv ist.

Frau [F.] HARTMANN: Man denke aber an Theorien, die sich bewahrheitet haben. Ohne Produktivität gibt es keine Theorie.

HARTMANN: Theorien sind nicht immer gleich Erkenntnis. Was aber wahr in ihnen ist, das ist eben Einsicht und nicht schöpferisch. Schöpferisch ist ein Ausdruck, der ebenso mißverständlich ist wie Spontaneität bei Kant. Spontaneität besteht nur dem Erkenntnisgebilde gegenüber. Darin kann man aufbauend sein. Schöpferisch sein im künstlerischen Sinne dagegen bedeutet, unabhängig vom Seienden etwas zustande bringen.

Frau [F.] HARTMANN: Nun kann ich aber ein Bewußtsein davon haben, ob ich erkenne oder ob ich schöpferisch bin, ob ich spiele. Ist[b] dieser Unterschied am Akt oder am Gegenstand faßbar?

LIEBRUCKS: Als Kant seine Theorie über die Nebelflanke der Milchstraße aufstellte – stellte er die nicht vermittels eines produktiven Denkens auf? Erst nachher stellte es sich heraus, daß es erfassendes war. War der Denkakt also doch schon vorher ein erfassender gewesen?

---

a selbst?] *über der Zeile eingefügt für gestrichen:* oder am Inhalt?
b Ist] ist, *davor gestrichen:* Und ich frage auch,

HARTMANN: Hier handelt es sich nicht um Denken, sondern um Erkennen, und zwar um intuitives, der Akt ist rezeptiv.

ZIMMERMANN: Produktivität und Rezeptivität brauchen sich nicht einander auszuschließen. Das Produktive besteht darin, daß der Denkakt nicht den alten Geleisen folgt. Das Denken schafft neue Gebilde, die es dann rezeptiv verwendet.

Frl. VON BREDOW: Ich erinnere an das, was Herr Hartmann in der letzten Sitzung brachte: daß das Denken auch zufällig das Seiende erfassen kann. Das wäre ein Fall, wo das schöpferische Denken das Seiende trifft, denn das erkennende Denken kann es nicht zufällig treffen. Wir müssen also einen Unterschied zwischen schöpferischem und erkennendem Denken machen. Was macht es aus, daß das Denken, das[a] das Sein zufällig trifft, Erkenntnis wird?

Frl. PAPE: Der Unterschied kann nicht am Inhalt hängen, denn dieser ist derselbe, ob es sich um einen Zufallstreffer oder ein erkennendes Denken handelt. Tendenz zu erfassen ist wichtig.[b]

HERRMANN: Der Unterschied kann noch nicht am Akte begründet werden. Denn im Falle der „Nebelflanke" bleibt der Akt sich gleich, ob es nur eine Hypothese oder Reales trifft. Es kann nur an den Inhalten entschieden werden. – Zum schöpferische Denken: entweder ist das Denken frei, d. h. richtet sich nicht auf eine Seinssphäre oder es ist erkennendes Denken.

NIPPERDEY: Das Schöpferische kann mit der Erkenntnis zusammen[c] gehen. Als Beispiel die Lobatschewskische Geometrie. Hier haben wir einen schöpferischen Akt, mit dem aber auch etwas erkannt wird.

WEIN: Der Unterschied muß schon am Akt hängen. Die Frage: Was können wir am Akt als solchen ablesen, ist das modernste Anliegen der Erkenntnistheorie überhaupt. Im Aktcharakter der Erkenntnis liegt ein sich Bemühen. Das erkennende Denken unterscheidet sich vom nichterkennenden durch das Bemühen. Es gibt allerdings auch Denkarbeit, die nicht Erkenntnisarbeit ist. Man kann drei Grundarten des Denkens unterscheiden: 1. Erkennendes Denken als Erkenntnisarbeit. 2. Denkarbeit als das praktische Ausdenken, als Planen. 3. Das Phantasieren, wobei die Arbeit fehlt. Die zwei letzteren Arten sind produktive. Zu Liebrucks: In seinem Beispiel liegt kein Gedankenblitz Kants vor. Wir sehen die Dinge zu abstrakt. Wir sehen nicht den Duktus des erkennenden Denkens. Dem Einfall überhaupt kommt eine hervorragende Erkenntnisbedeutung zu. Aber es fehlt ihm der Charakter der Bemühung.

---

a das] daß
b Tendenz zu erfassen ist wichtig.] *mit Bs eingefügt*
c zusammen] *berichtigt:* zusammenfallen

Rudko: Der Inhalt beim Denken ist ein Gebilde, aber nicht das Denken selbst. Der Unterschied kann sich nicht am Inhalt zeigen, sonst zerschlägt man den Akt. Zu Wein: Das erkennende Denken hat immer den Charakter eines bestimmten Fragens.

Hartmann: Der Akt des erkennenden Denkens intendiert anders als der des nichterkennenden Denkens, wenn sich vielleicht auch beide auf denselben Gegenstand richten. Im Erkenntnisakt liegt der Charakter des Bemühens, Erkenntnis hat Probleme. Es gibt allerdings auch ein Bemühen im Denken, das Planen ist. Denn dieses ist auch an Erkenntnis gebunden, wenn auch an bestimmte. Phantasieren liegt jenseits des Bemühens. Der Einfall kann im Zuge eifriger Bemühung stehen. Er jedoch, als Resultat, springt nur in das Bewußtsein. Er ist Erkenntnis, braucht aber nicht Erkenntnischarakter zu haben.

Frau [F.] Hartmann: Das Bemühen besteht doch wohl darin, daß das Denken sich immer neue Einwände macht. Sind das auch eine Art Einfälle?

Frl. Trendelenburg: Auch beim künstlerischen Einfall scheint eine[a] Denkanstrengung zuvor zu gehen.

Frl. Johannessohn: Das Phantasieren braucht nicht identisch mit dem[b] schweifenden Denken zu sein. Es kann auch auf einer bestimmten Weise der künstlerischen Bemühung erfordern.[c]

Hartmann: Natürlich gibt es noch anderes Bemühen als erkennendes, wie eben das dichterische oder das moralische, aber es ist kein erfassendes.

Nipperdey: Haben aber nicht die Utopisten ein Ziel vor Augen, das sie erreichen wollen? Verbindet sich damit nicht schweifendes u. erk[ennendes] Denken, in dem von d[er] Voraussetzung des Zieles her etwas erkannt wird?[d]

Frl. Johannessohn: Es scheint also doch schon so etwas wie einen Gegenstand vor dem Phantasieren zu geben.

Frl. Trendelenburg: Dem Dichter schwebt etwas Gegenständliches vor, auf das er sich richtet.

Herrmann: Der Denkinhalt ist nichts dem Denken Immanentes[,] sondern ein vom Denken Gemeintes. Das Denken kann einerseits auf einen Inhalt intendiert sein, dem in der Seinssphäre nichts entspricht, andererseits kann es sich um Erkenntnis bemühen, dabei aber ganz irrelevant frei. Der Art[e] ist z. B. das Ringen der großen Denker um die Erkenntnis des Wesen Gottes, des Ursprungs

---

a eine] *danach gestrichen:* Art
b dem] *gestrichen und gestrichelt unterstrichen, möglicherweise nach Streichung stehen geblieben*
c erfordern.] *in der darunterliegenden Zeile:* Frau [F.] Hartmann:, *danach gestrichen:* Sich in der Erkenntnis bemühen heißt aber, sich um den Gegenstand bemühen
d wird?] wird.
e Der Art] *über der Zeile eingefügt für gestrichen:* So

der Welt u. s. w. Beim Einfall liegt ein Erkennen vor, und zwar ein intuitives, das aber nicht auf den Einfall gerichtet ist.

LIEBRUCKS: Beim Einfall ist wesentlich die Arbeit vorher. Er, der nicht die Intention auf das Seiende hat, ist der Erkenntnisakt. Den Unterschied von erkennendem Denken und nichterkennendem können wir nur festhalten an der Frucht, am Inhalt, aber der eigentliche Unterschied liegt am Akt.

HARTMANN: Man darf sich nicht auf die Denkirrtümer der großen Denker berufen. Seiner Tendenz nach war das Denken etwas anderes. Das trennende Moment des erkennenden Denkens vom nichterkennenden ist das sich Bemühen. Die Tendenz zu erfassen ist das Ausschlaggebende, nicht das Erfassen selbst.

WEIN: Das besondere Bemühen des Erkennens besteht in einem Sich-unterwerfen. Descartes: Sich-entlang-bemühen. Ein problembearbeitendes Denken ist ein geordnetes Denken. Descartes sieht die Einfälle innerhalb der Erkenntnisbewegung und nicht der Denkbewegung.

LIEBRUCKS: Es ist zweifelhaft, ob das Bemühen um Erkenntnis auch ontisch erkennen bedeutet. Umgekehrt kann das Denken ontisch erkennen sein, ohne Bemühen.

WEIN: Es ist kein Erkennen, wenn der Mensch nicht darum weiß. Ein Wesen, das ohne Bewußtsein die tiefste Erkenntnis der Welt hat, ist kein erkennendes Wesen.

LIEBRUCKS: Wenn man auch bei einem Erkennen ohne Bewußtsein des Erkennens[a] nicht von Erkennen im vollen Sinne sprechen kann, so muß doch auch nicht die zufällige Tendenz zu erkennen, selber erkennen sein.

Frl. PAPE: Man kann nur von der Bemühung und dem Akt her unterscheiden. Es darf nicht ontologisch gesehen werden. Es steckt nicht im Wesen der Sache, ob sie erkannt ist. Der Unterschied der menschlichen Haltung ist wichtig.

LIEBRUCKS: Das Bewußtsein muß allerdings dazu kommen. Aber genügt die Tendenz, daß es sich wirklich um Erkennen handelt? Man kann dabei doch auch ganz verkehrt gehen.

HARTMANN: Das ist kein Einwand. Erkennendes Denken bewegt sich eben in der Dimension von Erkenntnis und Irrtum.

---

a des Erkennens] *mit Bs über der Zeile eingefügt*

Manuskript, Das Denken, V. Sitzung, von Bredow, Fach, F. Hartmann, Hartmann, Herrmann, Johannessohn, Liebrucks, Nipperdey, Pape, Rudko, Trendelenburg, Wein, Zimmermann, 1948-06-10, Göttingen

10. 6. 48.[a]
Vorsitz[b]: Frl. Johannessohn
Protokoll[c]: Liebrucks

Frl. JOHANNESSOHN: Für das erkennende Denken hatte sich ergeben, daß Erkennen im vollen Sinne erst kann gewährleistet werden, wenn es mit einem Bewußtsein des Erkennens verbunden ist. Dann die Frage: Genügt die *Tendenz* des Erfassens, um von einem erkennenden Denken zu sprechen? Das Moment des Bewußtseins im erkennenden Denken scheint mir wichtiger als das von uns bisher herausgehobene Moment der Bemühung.

Frau [F.] HARTMANN: Zu dieser These ein Beispiel: Ich kann notgedrungen etwas erkennen. Da habe ich das Moment des Bewußtseins, nicht das der Bemühung.

Frl. JOHANNESSOHN: Das Moment der Bemühung braucht deshalb nicht ausgeschaltet zu werden.

HARTMANN: Als weiteres Beispiel für das Daraufgestoßenwerden ist an die Wahrnehmung zu erinnern, die ja auch Erkenntnischarakter hat. Beim erkennenden Denken könnte es sich entsprechend verhalten.

Frl. TRENDELENBURG: Als weiteres Beispiel möchte ich aus dem Gebiet der Menschenkenntnis anführen, daß man durch das Benehmen eines Menschen auf Dinge gestoßen wird, die es nicht erlauben, weiter von ihm gut zu denken.

NIPPERDEY: In der mathematischen Wissenschaft ergeben sich die Antinomien zunächst zum größten Schrecken der Entdecker nebenbei.

Frau [F.] HARTMANN: An solcher Stelle setzt wieder das Moment des Bemühens ein. Man sucht Gegengründe.

HARTMANN: Das eklatanteste Beispiel sind die Mängel der eigenen Person, auf die man plötzlich stößt. Man glaubte etwa an die eigene Zivilcourage, die man dann doch nicht hat. Das ist schon denkendes Erkennen. Dann aber wird das Problem ernst, ob die Tendenz auf das Erkennen schon das Hauptcharakteristikum des erkennenden Denkens ist.

FACH: Handelt es sich bei diesen Beispielen wirklich um Denkakte oder nicht vielmehr um Intuition?

---

a 10. 6. 48.] *auf der rechten Seite; davor mittig und mit rotem Bs auf dem oberen Rand rechts wiederholt:* V.
b Vorsitz] *unterstrichen*
c Protokoll] *unterstrichen*

Frl. von Bredow: Zu den Stichworten „Bemühung" und „Bewußtsein". Die mathematischen Antinomien tauchen eben doch erst in einem längeren Duktus des Denkens auf. Ist da nicht doch ein Gerichtetsein auf den Erkenntnisgegenstand?

Hartmann: Das erkennende Denken ist eingebettet in das Erleben. Im Erleben machen wir bestimmte Erfahrungen. Die Charakterisierung der Beispiele als zur Intuition gehöriger genügt deshalb nicht, weil wir dort das Parallelphänomen der erfassenden und der phantasierenden Intuition haben.

Liebrucks: Erkennendes Denken hat nun ein solches Wesen, das die Fähigkeit hat, sich zu sich selbst zu verhalten. Erst indem ich z. B. Abstand nehme von mir selbst, begegnet die Welt nicht als Umwelt[,] sondern gegenständlich.

Frau [F.] Hartmann: Das Moment der Bemühung ist auch im Zustoßen der Erkenntnis eines Unangenehmen enthalten.

Hartmann: Das kann stimmen?

Nipperdey: Das Erkennen im Erleben und Wahrnehmen tritt unvermittelt auf. Das erkennende Denken dagegen setzt ein Analysieren voraus.

Rudko: Wenn sich etwas Unangenehmes meldet, so handelt es sich um Kollisionen von Strebungen und Tendenzen, mit etwas, das in ihrem Horizont steht,[a] die nicht bewußt zu sein brauchen. Es kann sich um unsere Eitelkeit handeln. – Was aber ist der Gegenstand des erkennenden *Denkens*? Gibt es für das Denken als solches einen Gegenstand? Die Wahrnehmung hat ein Objekt, das Urteil einen Sachverhalt. Das Denken dagegen ist ein Entlanggehen. Es hat vielleicht nicht so sehr einen Gegenstand wie ein Thema. Es geht entlang, es stellt sich gegen etwas, es stellt sich ganz zu etwas. Dies müßte man ansetzen.

Fach: Das erkennende Denken muß unterschieden werden von einem Denken, in dem wir zufällig etwas zur Kenntnis nehmen.

Hartmann: Wenn mir etwas zufällt, ein Licht aufgeht, so ist das, wohin die Erleuchtung hineinplatzt, eine Tendenz, ein vorbestehendes Interessiertsein, wie die Sache eigentlich ist.

Wein: Im höchsten Maße bedeutsam für die Eingrenzung des erkennenden Denkens sind erkenntnispraktische Unterscheidungen. Es müßten solche zwischen Aktgruppen wie Wahrnehmen, Erlernen, Forschen, gelegentliches Einsehen, Weltorientierung oder Existenzerhellung im Jasperschen Sinne vorgenommen werden. Der Ausdruck intuitiv scheint mir hier ganz abwegig. Ebenso das Moment des ungewollten Aufstoßens von Etwas. Das ist eine zu breite Erscheinung, die nicht dem erkennenden Denken eigentümlich ist. Zu Frau Hartmann: Solche Einsichten, die sich plötzlich ergeben, entspringen unserer dauernden animalischen Bedürftigkeit, einer Dauereinstellung auf Weltori-

---

a mit etwas, das in ihrem Horizont steht] *über der Zeile eingefügt* entierung. Hier hätten wir einen weiteren Sinn für den Terminus des Sichbemühens, das ich noch nicht aufgeben möchte. Der Ausdruck „Sich-bemühen" steht zwar mehr für das wissenschaftliche Erkennen. Dennoch liegt in ihm ein richtiger Griff.

Frau [F.] HARTMANN: Das animalische Angewiesensein auf Weltorientierung soll für Kants wissenschaftliches erkennendes Denken z. B. verantwortlich gemacht werden?

HARTMANN: Der Duktus des Denkens, der auf dem Bedürfnis nach Weltorientierung beruht, kann durch eine Fülle von Akten hindurchgehen, ohne daß man sich seiner bewußt zu sein braucht. Vielleicht könnte der Begriff der Intention in dem eingeschränkten Sinne des vorbestehenden Daraufausseins darauf angewandt werden.

NIPPERDEY: Nicht alles wissenschaftliche Wahrheitssuchen kann auf die Notwendigkeit der Weltorientierung zurückgeführt werden. So z. B. nicht das mathematische Erkennen wie z. B. die Geometrie Lobatschewskis.

HARTMANN: In einem entfernten Sinne doch. Es handelt sich beim Sein ja nicht um den realen Teil der Welt allein.

NIPPERDEY: Wenn Weltorientierung auch das ideale Sein mitmeint, dann kann ich zustimmen.

ZIMMERMANN: Wenn Weltorientierung den Grund für das erkennende Denken abgeben soll, dann sehe ich nicht, wie das noch mit dem Akt des theoretischen Sich-bemühens etwas zu tun haben soll.

HARTMANN: Zu^a Zimmermann: Selbstverständlich ist das Bemühen nur *ein* Moment am erkennenden Denken. Daß dieses Moment auch noch an anderer Stelle als im erkennenden Denken vorkommt, tut dem keinen Abbruch.

WEIN: Wir müssen die Plattform erweitern. Ich nenne die Ausdrücke Tendenz, vitales Verhältnis zur Umwelt, Interessiertsein. M. Heidegger sieht gerade das Interessiertsein als modus deficiens des Weltbegreifens an. Interessiert sei der Mensch lediglich am Vorhandenen, während er doch in erster Linie auf den Zuhandenheitszusammenhang mit der Welt angewiesen ist. Von dort aus konnte er Existenz geradezu mit Seinsverständnis gleichsetzen. Dagegen haben Scheler, Plessner, Lersch betont, daß es den Menschen auszeichnet, ein gleichursprüngliches Interesse, ja ein andächtiges Teilnehmen z. B. an der Welt der Sterne zu haben. Wenn wir ein derartiges Daraufaussein als ursprünglich gelten lassen, dann scheint mir der Einwand von Herrn Zimmermann hinfällig zu werden. Ein derartiges Daraufaussein ist eben 1) ursprünglich existenziell, 2) nicht beschränkt auf biologisch Zweckmäßiges. Es handelt sich für den Menschen gerade um ein Angewiesensein auf Erkenntnis der Welt.

---

a Zu] Zu

Wenn auch der Ausdruck des Sich-bemühens in höhere Schichten gehört, so ist ein Daraufaussein im eben beschriebenen Sinne vielleicht doch das Grundphänomen.

Frau [F.] HARTMANN: Ich stimme zu. Im „Glasperlenspiel" von Herrmann Hesse z. B. ist der Regenmacher zunächst nur für praktische Zwecke da. Aber ihm selbst sind diese nicht das eigentliche.

NIPPERDEY: Es scheint sich hier um ein dialektisches Verhältnis zu handeln. Der Mensch ist gerade als Mensch angewiesen auf die Erkenntnis von Gegenständen, auf die er als Gegenstände nicht angewiesen ist.

Frl. VON BREDOW: Der Mensch aber hat darüber hinaus die Freiheit, vom Sichbehauptenmüssen abzusehen. Er gerade hat das Interessiertsein abgelöst von diesen Bezügen. Dieses wieder deshalb, weil es das Wesen ist, das sich zu sich selbst verhält. Erst wenn wir diese These hereinnehmen, werden wir das Daraufaussein nicht mehr in einem nur biologischen Sinne verstehen.

WEIN: Das ist richtig, scheint mir aber nicht spezifisch für das erkennende Denken zu gelten.

Frl. VON BREDOW: Die Orientierungs*bedürftigkeit* scheint mir aber auch nicht das Charakteristische für das erkennende Denken. Von der bloßen Weltorientierung müssen wir fort dazu, daß der Mensch sich orientieren will.

WEIN: Ich wollte doch gerade die Angriffe auf das Moment des Sich-bemühens abfangen. Die Reflexion steckt in jedem Sich-bemühen schon drin.

HERRMANN: Für die Charakterisierung des erkennenden Denkens genügt das andächtige Interessiertsein auch wieder nicht. Es[a] muß das Moment der Interessiertheit am Seienden hinzukommen.

NIPPERDEY: Wieder möchte ich dialektisch formulieren: Der Mensch kann sich in der Welt nur behaupten, indem er vom Behauptungsverhältnis absieht.

HARTMANN: Wir haben es beim erkennenden Denken mit einer ganzen Skala von Abstufungen zu tun: Ein Grundmoment in diesen allen ist identisch. Vielleicht ist es das Daraufaussein. In dieser Skala würde ganz oben der Bemühungscharakter stehen, ganz unten dagegen das blasse Interessiertsein des Menschen an dem, was ihn nichts angeht. Der Mensch ist im Unterschiede zum Tier das Wesen, das *alles* etwas angehen kann. Dagegen ist auch Frl. von Bredows Bemerkung kein Einwand.

Frl. VON BREDOW: Aber der Mensch bestimmt selbst, was ihn angeht.

HARTMANN: Gewiß, aber die objektive Seite im Angehen darf nicht unter den Tisch fallen.

---

a Es] es

Frau [F.] HARTMANN: Z. B.ᵃ was jemand als Wahrheit annimmt, das determiniert ihn in dem Sinne, daß er darüber nicht hinwegspringen kann.

Frl. VON BREDOW: Aber der Mensch ist in der Richtung, in der er sich auf das Sein zubewegt, frei. Nietzsche hat so ein Beispiel vom Gewissenhaften des Geistes, der sich schließlich darauf konzentriert, das Gehirn des Blutegels zu erforschen. Das gerade ist menschlich.

Frau [F.] HARTMANN: Dahin gehört jenes andere Nietzschewort von den freien Geistern, die alle Dinge angehen: nichts aber bekümmert sie.

Frl. PAPE: Ich möchte in diesem Zusammenhang an das von Herrn Wein in der vorigen Stunde hervorgehobene Moment des Sich-unterwerfens erinnern.

WEIN: Das Nietzschebeispiel von der Erforschung des Gehirns des Blutegels ist nicht gut. Es herrscht gerade im erkennenden Denken sehr wenig Freizügigkeit. Dagegen möchte ich auf den kleinen Akzentunterschied zwischen Angehen und Angehenlassen hinweisen. Heidegger spricht von einem Begegnenlassen von Welt. Das scheint mir falsch.

Frl. VON BREDOW: Ich gebe zu, daß der Mensch sich nicht in beliebiger Weise auf Seiendes richten kann. Aber es gibt doch das Phänomen, daß wissenschaftliche Menschen z. B. in der Verbannung beim Forschen bleiben. Und wenn es sich dabei um einen Gegenstand handelt, der der früheren Arbeit ganz fern lag.

WEIN: Der erste Griff bei der Wahl des Themas ist zwar willkürlich. Aber in der Erkenntnispraxis muß der Mensch sich dem Erkenntnisbetrieb unterwerfen. Ein Afrikaforscher kam zu seiner Wissenschaft durch eine Schrift, die ihn zwar anzog, aber, wie sich dann herausstellte, unhaltbare Thesen vortrug. Das, was ihn anzog, sank dahin. Heute ist er Spezialist für einige unbekannte Dialekte Afrikas. Das Problem besteht hier darin, daß man von dem Seienden, das in der Erforschung dort erst in Frage steht, schon vorher eine Kunde haben muß.

HERRMANN: Der Begriff des Sich-bemühens ist jetzt dahin erweitert worden, daß es auch ein aktives Bemühen ist, wenn man sich unterwirft. Damit könnte man das Sich-bemühen mit der These koordinieren, daß erkennendes Denken nur auf Seiendes geht.

HARTMANN: Das Beispiel Nietzsches von der Erforschung des Gehirns des Blutegels ist nicht so schlecht. Das geht den Menschen insofern an, als es sich hier um die Entwicklung des Nervensystems in der Tierreihe handelt. Davon ist alles pseudowissenschaftliche Verhalten abzuheben, das um heterogener Zwecke willen an wissenschaftliche Fragen herangeht. Das aktive Sich-unterwerfen ist sehr ernst zu nehmen und steht im Gegensatz zu dem der Erkenntnis

---

ᵃ Z. B.] z. B.

nicht günstigen Streben, die Welt anders haben zu wollen[,] als sie ist. Das erkennende Denken sucht gerade über solche Momente hinwegzukommen.

NIPPERDEY: Daraus ergibt sich für den Menschen die Pflicht der aktiven Unterwerfung im erkennenden Denken.

HERRMANN: In der Wahrnehmung scheint es mir im Gegensatz zum erkennenden *Denken* ein solches aktives Unterwerfen nicht zu geben.

HARTMANN: Wenn der am Mikroskop arbeitende Biologe an die Grenze der Leistungsfähigkeit seines Instruments kommt und höher vergrößert, als das Mikroskop von sich aus leistet, wozu eine langjährig geübte Tätigkeit gehört, so haben wir auch hier ein deutliches Sich-unterwerfen wollen. Ebenso gibt es die Wahrnehmungsschulung.

WEIN: Es ist der Ursinn alles Wahrnehmens, daß es in der Mitte zwischen absoluter Spontanität und Rezeptivität liegt. In der Wahrnehmung steckt schon das Moment einer freilich nicht groben Aktivität.

Frl. VON BREDOW: Ein rein passives Wahrnehmen wäre Reizüberflutung.

Frl. PAPE: Scheler hat darauf hingewiesen, daß rein passives Wahrnehmen schon wegen des Phantasieüberschusses nicht möglich ist.

HARTMANN: Das hat aber nichts mit der bewußten Aktivität zu tun, die vor der Wahrnehmung steht.

FACH: Jede Wahrnehmung ist begleitet von einem Akt der Aufmerksamkeit[.]

Frl. VON BREDOW: Ist Aufmerksamkeit nicht ein Terminus, der ganz in der Nähe zu dem heute herausgestellten Moment des Daraufausseins steht?[a] Ich meine als Aufmerksamsein als latenten Untergrund.

HARTMANN: Bei der Aufmerksamkeit ist immer das Moment des aktiven Sichrichtens auf etwas. Aus der heutigen Diskussion ergeben sich zwei weitere Momente.[b]

    1). Wesentlich ist, daß die Weltorientierung nicht in unsere Freiheit fällt. Was wir zu erkennen glauben, das müssen wir, wenigstens innerlich, annehmen. Anders gewendet: Wir können nicht daran festhalten, was wir als irrtümlich eingesehen haben. Das deckt sich damit, daß es eine innere Notwendigkeit im Denken und zwar besonders im erkennenden Denken gibt. Das intellektuelle Gewissen Nietzsches hat dieses Moment der Unfreiheit.

    2). Dagegen steht die ebenso erstaunliche Freiheit sogar des erkennenden Denkens. Wie reimt sich die Unfreiheit des Denkens mit seiner Freiheit?

---

a steht?] steht.
b *Nummerierung vereinheitlicht*

Frl. VON BREDOW: Warum wurde die Gebundenheit des Denkens jahrhundertelang nicht erkannt?

Frl. PAPE: Der Erkenntnisirrtum wurde vielleicht deshalb im Mittelalter bestraft, weil man darin ein willentliches Stehenbleiben im Irrtum etwa aus Ressentiment oder aus habitueller Verlogenheit sah.

WEIN: Schon Thomas sah den error[1] als vitium intellectus[2] und noch Descartes spricht von der Sünde, die in der Voreiligkeit, précipitation[3] liegt.

HARTMANN: Die Mohammedaner warfen den Christen jahrhundertelang als Sünde vor, daß sie 3 Götter hätten, die Christen wiederum warfen es den Mohammedanern als Sünde vor, daß sie nicht die Dreieinigkeit Gottes erkannten. Aber das sind nur Illustrationen. Die Frage ist: Was hat es mit diesem merkwürdigen Gemisch von Freiheit und Unfreiheit sowohl im erkennenden wie im Denken überhaupt auf sich?

Manuskript, Das Denken, VI. Sitzung, von Bredow, F. Hartmann, Hartmann, Herrmann, Johannessohn, Liebrucks, Nipperdey, Pape, Rudko, Trendelenburg, Wein, Zimmermann, 1948-06-17, Göttingen

Sitzung vom 17. Juni 1948[a]
Vorsitz: Liebrucks.
Protokoll: Wein[b,c]

LIEBRUCKS: Was hat es mit dem Gemisch von Freiheit und Unfreiheit im *erkennenden* und im *Denken überhaupt* auf sich? Wir müssen die *Hinsichten* unterscheiden[,] in denen *die verschiedenen Arten* des Denkens frei bzw. unfrei sind. Wir sollten also m. E. fragen:
1. nach der Unfreiheit und 2.) nach der Freiheit des *erkennenden* Denkens; 3.) nach der Unfreiheit im[d] Denken[e] überhaupt und 4. nach dessen Freiheit. Jener ductus des Sichbemühens – inwieweit gibt es in *ihm* ein Moment der Freiheit und andererseits der Unfreiheit?

---

1 error] *Irrtum, Fehler*
2 vitium intellectus] *Fehler, Sünde des Intellekts*
3 précipitation] *Hast, Voreiligkeit*

---

a Sitzung vom 17. Juni 1948] *danach mit rotem Bs auf dem oberen Rand rechts:* VI.
b Protokoll: Wein] *in der darüberliegenden Zeile hinter:* Liebrucks.
c Sitzung vom 17. Juni 1948 Vorsitz: Liebrucks. Protokoll: Wein] *mittig*
d im] *über der Zeile eingefügt für gestrichen:* des
e Denken] *berichtigt:* Denkes

HARTMANN: Ich meine, wir müssen für die Frage nach der Freiheit des Denkens zunächst *absehen* vom Unterschied zwischen erkennendem und konstruierendem Denken.

Bei *beiden* Arten des Denkens gilt es, *zwei Formen*[a] von Freiheit zu trennen:

1. die Freiheit, die das Denken beansprucht gegenüber Anforderungen, die an es gestellt werden von ausserhalb seiner: z. B. von allen möglichen Arten von Autorität, von Kirche, Statt, praktischen *Rücksichten*. Freilich hat diese Art von Freiheit eine *eminente* Bedeutung für das erkennende Denken. Aber es *gibt* sie auch beim freischweifenden Denken. Etwas gänzlich *anderes* ist die Freiheit im 2. Sinne: = Freiheit der Zuwendung, der Intention, des Sichdaraufrichtens. Ihr steht *gegenüber* der *Zwang* zu einer gewissen Weltorientierung. Aber das Denken – u. gerade auch das erkennende Denken – kann sich eben[b] andererseits Gegenstandbereichen zuwenden, die weit über alle *praktische* Weltorientierung *hinaus*liegen. – *Wieder* etwas anderes ist das Moment der Unfreiheit, das sich aus dem *eigenen* ductus meines Denkens ergibt: von bestimmten Voraus-setzungen in Konsequenz zu *Einstimmigkeit mit sich weiter*zudenken, ist eine *Tendenz* meines Denkens, sie ist nicht bloss in meiner *Freiheit* gestellt: – Habe ich einmal begonnen, so *muss* ich in *bestimmter* Weise weiter.[c] Das Ergebnis dieser Überlegung: Freiheit und Unfreiheit des Denkens widersprechen einander *nicht*. Und ferner, dies gilt *sowohl* für das erkennende *wie* für das schweifende Denken. Beweis ist, dass das letztere *auch*[d] in sich unstimmig und inkonsequent werden kann!

Frl. PAPE: Mir leuchtet diese Parallelisierung von erkennendem u. schweifenden Denken nicht ein. Das *verschiedene* Mass der Freiheit ist doch[e] gerade das *Unterscheidende* der beiden Arten von Denken.

Frl. JOHANNESSOHN: Ich meine auch: wie soll es beim *schweifenden* D[enken] Freiheit gegenüber Forderungen an es von ausserhalb seiner geben?

HARTMANN: Ich kann doch auch aus äusseren Rücksichten[f] mein *phantasierendes* Denken *verleugnen*. Einer träumt von seiner Liebsten; er wird gefragt: woran denkst du? u. antwortet: an meine Grossmutter... *Ganz gleichgültig* also, ob meine Gedanken auch nur beanspruchen, Reales zu treffen, kann ich ihnen gegenüber das tun, was wir *lügen* heissen.

---

a *Formen*] *doppelt unterstrichen*
b eben] *über der Zeile eingefügt*
c in *bestimmter* Weise weiter.] *zwischen den Zeilen eingefügt*
d auch] *danach gestrichen:* mit
e doch] *über der Zeile eingefügt*
f aus äusseren Rücksichten] *über der Zeile eingefügt*

LIEBRUCKS: Auch schweifendes Denken kann *wahrhaftig* oder *unwahrhaftig* sein.

Frl. PAPE: Nein. Auf das freischweifende Denken lässt sich[a] der Ausdruck „unwahres Denken" *nicht sinnvoll anwenden.*

Frl. TRENDELENBURG: Soll Lügen ein unwahres Denken sein – oder nicht vielmehr ein Akt, – der *gegen* ein Denken angeht?

Fr. [F.] HARTMANN: Denken kann sich äusseren Rücksichten beugen, d. h. lügen. *Aber:* wahres *und* unwahres Denken ist *Denken!* So scheint es fast, als könnte es verschiedene *Schichten im* Denken geben.

Frl. VON BREDOW: Der innere Zusammenhang des Denkens in sich, die innere Gesetzlichkeit, der es folgen *soll:* ist *dasselbe* – wie seine Freiheit gegenüber Forderungen an es von aussen; und sein *Unfreiwerden* dagegen gleich dem *Unterbrochenwerden* seines *Zusammenhangs in sich.*

HERRMANN: Ist es eine *Sollens-* oder nicht vielmehr eine *Müssens*-Gesetzlichkeit? Die *logischen* Gesetze sind es, die sich das Denken gibt, – die, wie mir scheint, *alles* Denken *überhaupt* bestimmen. – Gegen den Einwurf von Frl. Johannessohn möchte ich sagen: das *schweifende* Denken *kann* diese[b] Eigengesetzlichkeit auch wieder *verlassen.*

Frl. TRENDELENBURG: Aber das schweifende Denken dispensiert sich *nicht bloss* von *logischen* Gesetzen.

NIPPERDEY: Und für gewisse[c] Gesetzlichkeiten des *erkennenden Denkens* stimmt nicht, dass das Denken sie sich *geben* kann: sie sind ihm vor-gegeben.

HERRMANN: Nein! Vielmehr: „Freiheit und Unfreiheit" betrifft das Denken *überhaupt;* „wahr[es] u. unwahr[es] Denken" dagegen hat *nur* in Bezug auf *erkennendes* D[enken] einen Sinn!

Frl. PAPE: Mit dem sog[enannten] „unwahrhaftigen Denken" stehen wir *beim* schweifenden Denken, aber es ist kein mögliches Prädikat: *vom* schweifenden Denken.

LIEBRUCKS: Gehört das Phänomen des „Verleugnens der eigenen Gedanken" auch nach Ihnen *vielmehr* zur Frage von Freiheit – Unfreiheit?

Frl. VON BREDOW: Man *sagt* etwas anderes als man denkt, – gleichgültig ob, was man denkt, zum Erkennen oder Phantasieren gehört; das ist das Phänomen des Lügens! Ergo: Lügen kann ich nur, wenn ich denke; es gehört sogar eine nicht zu verachtendes Denk-*technik* zu ihm.

HARTMANN: Dass ich mich u. U. meinen Gedanken gegenüber so verhalte: dass ich sie *verleugne,* zeigt, dass an ihnen etwas *Selb*ständiges ist, ein Moment das nicht aus meiner *Spontaneität* konstituiert wird.

---

a lässt sich] *über der Zeile eingefügt für gestrichen:* angewandt ist
b diese] *danach gestrichen:* logische
c gewisse] *über der Zeile eingefügt für gestrichen:* die

Fr. [F.] HARTMANN: Dagegen möchte ich das andere Phänomen stellen, das uns etwa das Zeitungs-denken zeigt: wie es gerade die politische Macht will – soll das eine bewiesen werden – und es wird bewiesen; und morgen das andere...: jegliches aber dennoch *Denken*.

Frl. VON BREDOW: So haben wir in der NS-Schulung vermittels bestimmter *Axiome*, die einen dazu an der Hand gegeben wurden, das bewiesen, dessen Beweis erwünscht war. Das war[a] gar nicht schwer. Die Axiome kann man auswechseln.

HARTMANN: Ja, dann sind wir bei der Sophistik: das *Organ*, das im Denken steckt, lässt sich *dienstbar* machen für dieses oder jenes *Wollen*[b].

Fr. [F.] HARTMANN: Also ist das Denken *bei Lüge und Propaganda nur* als *Instrument*[c] beteiligt. So scheint Denken als *eigentliches und un*-eigentliches aufzutreten: das 1.ere als eines –[d] wo in anderer Weise der *Mensch dahinter*[e]*steht*.

NIPPERDEY: Und umgekehrt steckt hinter dem, was Hartmann das Verleugnen von Gedanken nannte, etwas Tieferes, anthropologisch Umfassenderes, – so etwas wie Verschlossenheit... –

LIEBRUCKS: Ich sehe nicht, *was* dieses Verleugnen *beweisen* soll.

HARTMANN: Dass da etwas *ist*, was es zu verleugnen gibt.

Frl. PAPE: Soweit gehe ich mit. Und es[f] liegt auch[g] darin ein Beweis für die Freiheit des Sichverhaltens *zu* den Gedanken. Aber *nicht*: ein Beweis für[h] einen ductus der Gedanken[i] des *schweifenden*[j] Denkens – für die es Beweis sein sollte[k]; – also für[l] eine *ähnliche*[m] innere Ordnung, wie das *erkennende* Denken hat.

RUDKO: Wenn man einen eigenen Gedanken verleugnet, so heisst das etwa: man *über*springt etwas. Das hat nur Sinn unter der Voraussetzung: dass das Denken einen Zusammenhang haben *müsste*.

Fr. [F.] HARTMANN: Das ist das eine. Ein[n] anderes[o] ist: von einem Zusammenhang und ductus zu einem anderen springen. Das Denken hat nicht nur *einen* ductus

---

a war] *nach Streichung über der Zeile eingefügt*
b *Wollen*] wollen
c *Instrument*] *doppelt unterstrichen*
d eines –] *danach gestrichen:* anders dann
e dahinter] *doppelt unterstrichen*
f Und es] *über der Zeile eingefügt für gestrichen:* So
g auch] *über der Zeile eingefügt für gestrichen:* darin
h für] *berichigt:* dafür
i einen ductus der Gedanken] *nach Streichung über der Zeile eingefügt*
j *schweifenden*] *doppelt unterstrichen*
k für die es Beweis sein sollte] *nach Streichung über der Zeile eingefügt*
l für] *über der Zeile eingefügt*
m *ähnliche*] *doppelt unterstrichen*
n Ein] *über der Zeile eingefügt für gestrichen:* Das
o anderes] *berichtigt:* andere

und Zusammenhangs-Umkreis. Meist wird es aus einen ganzen System von Kreisen bestehen. Etwas verleugnen, Sprünge machen, nicht zusammenhängend denken heisst: einen oder den andern Kreis aus dem eigentlichen Gefüge *herausreissen.*

NIPPERDEY: Nein. *Nicht der ductus*[a] wird verleugnet; sondern vielmehr ein[b] Inhalt.

RUDKO: *Gibt es aber überhaupt Denk-Inhalte ohne Denk-ductus?*

NIPPERDEY: Dann wären sie immer noch nicht dasselbe, – auch wenn sie so aneinandergebunden wären.

HARTMANN: Rudko hat recht: wenn ich es verleugne, dass ich eben an eine bestimmte Person gedacht habe – so reisse ich da etwas aus dem tatsächlichen *Denkzusammenhang* heraus.

LIEBRUCKS: Lückenlos[c] ist das nur unter der Voraussetzung: es *gibt keinen* Inhalt im Denken ohne ductus – Zusammenhang.

WEIN: Ich finde es einen Fehler, dass wir abkommen von dem, was lange zurück schon gesagt worden ist: um *was für einen*[d] Zusammenhang es sich handelt. Ich behaupte: es ist nicht der logische; überhaupt keiner, der unmittelbar schon mit Erkennen zu tun hat. Es ist das Mit-sich-Einstimmungsein des Denkens als Denken. Jede Störung dieses Einstimmigseins *ist gleich*[e] dem Hereinspielen von Determinationen von ausserhalb des Denkens. Das kann man aus Frl. von Bredows früheren[f] Worten lesen. – Ich gehe noch weiter als Hartmann: dieses Moment, – das sich das Denken nicht frei wählt – bei aller sonstigen Freiheit des Denkens worüber... ist *nicht nur* dem schweifenden *und* erkennenden, sondern auch dem *entwerfenden* Denken *gemeinsam*. Beim letzteren ist es *besonders* plastisch zu sehen. Wenn ich irgendeine normative Ordnung ausdenke[g] – so kann ich dies in einem in[h] sich konsequenten wollen tun – oder ich tue es inkonsequent. Das ist noch einmal etwas *anderes* als die Erkenntnis- u. Logik-[i] bezw. Irrtums-Momente, die in meinem Entwerfen darin sein werden und es relativieren.

Frl. PAPE: Aber *was* stimmte hier eigentlich mit *wem* überein?

WEIN: In dem Ausdruck: man weiss, was man will ist z. B. diese innere Einstimmigkeit mit sich gemeint.

---

a *ductus*] *doppelt unterstrichen*
b ein] *über der Zeile eingefügt für gestrichen:* der
c Lückenlos] *über der Zeile eingefügt für gestrichen:* Beweiskräftig
d *was für einen*] *doppelt unterstrichen*
e *ist gleich*] *doppelt unterstrichen*
f früheren] *über der Zeile eingefügt für gestrichen:* vorigen
g ausdenke] *nach Streichung über der Zeile eingefügt*
h in] *über der Zeile eingefügt*
i u. Logik-] *über der Zeile eingefügt*

HARTMANN: Es ist nicht leicht, solche innersten Prinzipien einfach *auszusprechen*. Gesetzlichkeiten des Denkens als solchen – in je verschiedener Form – steckt in dem Denken in Gegensätzen, im Denken in dialektischen Rückläufigkeiten, im Denken in Paradoxien. Im Kleinen kennen wir etwa die Denkform der Kinder im Entwicklungsstadium des reinen Widerspruchsgeistes. – Wein ist zuzugeben: das sind Gesetzlichkeiten, die diesseits logischer oder erkenntnisrelevanter Gesetzlichkeit stehen.

ZIMMERMANN: Ist es dann vielleicht so etwas Ähnliches wie die Assoziationsgesetzlichkeit? Aber hätte das dann[a] überhaupt noch mit *Denken* zu tun?

WEIN: Nein. Die Assoziationsfähigkeit findet sich schon weit unterhalb des Menschen beim Tier, wo noch längst kein Denken vorliegen kann.

NIPPERDEY: Die Denkformen sind sogar nur Gesetzlichkeit für das *Denken in Bewegung*.

HERRMANN: Handelt es sich bei der inneren Gesetzlichkeit des Denkens um innere Widerspruchsfreiheit *oder* um die Denkformen, von denen Hartmann sprach, – die überall den Widerspruch einschliessen?

Frl. VON BREDOW: Die Einstimmigkeit-in-sich, von der Wein sprach, ist aber etwas ganz *anderes* als Widerspruchsfreiheit! Es muss etwas sein, was auch in den Denk-Formen steckt, und zwar in *allen* von ihnen, – etwas ganz *Hinter*-gründiges also, – etwas, das noch hinter dem Gefüge der Zusammenhangskreise steht, von dem Rudko sprach.

RUDKO: Widerspruchsfreiheit oder Widersprüchlichkeit können sich überhaupt nicht auf das Denken als[b] solches beziehen; sondern nur auf *Inhalte* des Denkens.

WEIN: Und kann es denn nicht *neben* den schon[c] spezielleren Denk-formen, die Hartmann aufzeigte, ein allgemeinstes Prinzip der *Konsistenz* im Denken walten?

Frl. PAPE: Es gibt aber auch die Freiheit: von einer Denkform in eine andere überzugehen.

HARTMANN: Ja; aber es ist etwas sehr Schweres. Immerhin stehen wir mit dieser *Möglichkeit* vor einer *Grenze* der Beharrungstendenz im einmal eingeschlagenen-ductus. – Es gibt also doch noch einmal eine eigene Freiheit darüber hinaus. – Auch die *logischen* Gesetze *zwingen* das Denken nicht, – so dass unlogisches Denken überhaupt kein Denken wäre, wie Schopenhauer meinte. Die logischen Gesetze[d] sind auch keine Sollensgesetze. – Andererseits steht

---

a dann] *über der Zeile eingefügt*
b als] *danach gestrichen:* Denken
c schon] *über der Zeile eingefügt*
d Gesetze] *berichtigt:* Gesetzlichkeit

eben das un-logische Denken unter dem Einfluss *psychischer* Gesetze, – z. B. der Assoziationsgesetze. – Das *gehört* wesentlich zum Denken: dass es ein Reich ist, in dem es diese zwei verschiedenen Gesetzlichkeiten – die logische und die psychische – gibt und deren Konflikt.

WEIN: Aber auch in *beiden* geht nicht auf, was mir unter dem Prinzip der Konsistenz vorschwebt: das müsste eine Determination *neben* der eigentlich logischen oder psychischen sein.

HARTMANN: Unter[a] Prinzip der Konsistenz – also des Zusammenhangs in sich, des Zusammen-bestehens, – das er*möglicht*: dass *irgend*eine einleuchtende *Ganzheit* in die Augen springt, könnte man sich vielleicht etwas vorstellen.

ZIMMERMANN: Ist nicht das, was den jeweiligen ganzen Denk-Prozess, Denk-ductus determiniert eine Zwecksetzung – zur Lösung einer bestimmten Aufgabe?

Frl. VON BREDOW: Das ist zu wenig: Wenn Wein vorher das: „Ich weiss, was ich will" anführte, so heisst das: Ich[b] identifiziere mich mit dem, was ich vorhabe. Das ist ein Sich-zu-sich-selbst-verhalten, – etwas, was Kant mit dem durchgängigen „*ich*[c] denke" meinte.

HERRMANN: Wir müssen doch das Konsistenzprinzip *unterscheiden* von denkäusseren Determinanten, wie sie sich in der *Zwecksetzung* zeigen.

LIEBRUCKS: Ja, das Konsistenzmoment als ein Unfreiheitsmoment im[d] Denken[e] ist doch etwas ganz[f] anderes als jede Vereinheitlichung des Denkens von *ausserhalb*[g] des Denkens.

Frl. PAPE: Die *Zwecksetzung* als das Einstimmig-Machende ist jedenfalls etwas völlig anderes als die *Identifizierung mit sich* als[h] Einstimmigkeitsgrund.

LIEBRUCKS: Könnte nicht *beides* bestehen?

WEIN: Vielleicht *muss* beides irgendwo aus *einer* Quelle fliessen. – Ich würde aber auch[i] die Hergehörigkeit des von Zimmermann genannten Prinzips der Zwecksetzung nicht rundweg ablehnen: Auch im *Erkennen* – als Erkenntnis-*Unternehmung* – mit Planung, Erkenntnis-Praxis und -Aufgabe gibt es Zwecksetzung: das Erkennen ist Erkenntnis-*Aktion* – obwohl zugleich[j] ein *kategorialer Unterschied* an ihr gegenüber der Sphäre der *praktischen* Aktionen besteht.

---

a Unter] *danach gestrichen:* Konsistenzen
b Ich] *über der Zeile eingefügt*
c ich] *doppelt unterstrichen*
d im] *über der Zeile eingefügt für gestrichen:* des
e Denken] *berichtigt:* Denkens
f ganz] *über der Zeile eingefügt*
g *ausserhalb*] *doppelt unterstrichen*
h als] *danach gestrichen:* das
i auch] *danach gestrichen:* Zimmermann
j obwohl zugleich] *über der Zeile eingefügt für gestrichen:* auch wenn

– Das Hervorgehen aus dem *einen, eigenen Aktionszentrum* wäre weiter die Überleitung zu dem von Frl. von Bredow herangezogenen Prinzips.

HARTMANN: Mir scheint, das Prinzip der Einstimmigkeit ist gleich der Möglichkeit immer wieder denselben Gedanken zu denken, zu wiederholen, festzuhalten.[a]

Manuskript, Das Denken, VII. Sitzung, von Bredow, Fach, F. Hartmann, Hartmann, Herrmann, Johannessohn, Liebrucks, Nipperdey, Trendelenburg, Wein, Zimmermann, 1948-06-24, Göttingen

Sitzung vom 24. 6. 48.[b]
Vorsitz: Wein
Protokoll: Frl. Trendelenburg

HARTMANN: Unsere vorige Diskussion möchte ich noch mit folgenden Bemerkungen ergänzen:[c]
1. Frl. Pape wies darauf hin, dass das schweifende Denken um eine beträchtliche Stufe freier sei, als das erkennende. Das leugne ich nicht. Mir war es nur wichtig, zu zeigen, dass in beiden dasselbe Verhältnis von Freiheit und Unfreiheit besteht. Die Momente der Unfreiheit sind beim schweifenden Denken nur verdeckter und unbemerkter als beim erkennenden.
2. Zum Punkt Lügen wäre zu sagen, dass das Lügen nicht *unwahres* Denken ist, sondern das Reden gegen eigenes Denken. Nicht der Widerspruch zur Sache, sondern der zum Denken ist dabei massgebend.
3. Zu einer Bemerkung von Wein Stellung nehmend möchte ich sagen, dass die Assoziation *doch* im gewissen Sinn in das Denken hineinspielen kann und zwar sogar oft gegen den im Denken verfolgten Duktus. Das kommt besonders bei impulsiven Naturen vor, die sich durch Assoziationen leicht von ihren Gedankengängen ablenken lassen.

Frau [F.] HARTMANN: Wir sprachen vom Duktus des Denkens. Kann es nicht vielleicht auch so sein, dass mehrere Duktus gleichzeitig nebeneinander laufen. Ich denke z. B. daran, dass ein Duktus in Vergessenheit gerät und dann wieder auftaucht, oder dass man überhaupt einen Gedanken neben dem anderen festhält.

---

a *auf der rechten Seite unterzeichnet:* Wein
b Sitzung vom 24. 6. 48.] *auf der rechten Seite; mittig davor und mit rotem Bs auf dem oberen Rand rechts wiederholt:* VII.
c ergänzen:] *kein Zeilenumbruch zu Beginn der nachfolgenden Listung, Nummerierung vereinheitlicht*

WEIN: Der erste von Ihren Hinweisen streift schon an[a] das unbewusste Denken. Das ist ein schwieriges Problem. Erfahrung und Psychologie bestätigen aber, *dass* es so etwas wie zweierlei Duktus *gibt*. Z. B[.]: In der Vorlesung fällt uns plötzlich etwas Neues ein. Ich verfolge mein Thema weiter und beschäftige mich gleichzeitig mit dem Gedanken: „soll ich das sagen, oder nicht?"

LIEBRUCKS: Pfänder spricht vom Nebenwirklichen.[b] Das geht wohl in diese Richtung.

WEIN: Auch Husserls „Abschattung der Intention" meint etwas Ähnliches.

HERRMANN: Es lässt sich doch wohl schwer behaupten, dass diese Simultanität eine *reale* ist. Können zwei nicht identische Inhalte zusammenfallen?

Frau [F.] HARTMANN: Wie wäre aber das Lügen ohne zweites Denkduktus möglich?

Frl. VON BREDOW: Beim Lügen stellt man sich gleichsam selbst auf den Boden des Gelogenen und glaubt gewissermassen daran. Das schliesst aber nicht aus, dass man gleichzeitig verschiedene Denkinhalte präsent hat.

WEIN: Nach Kant sind Bewusstseinsinhalte *immer* das Mannigfaltige, das man zugleich präsent hat.

FACH: Beim Lügen ist ein *Willensakt* in Tätigkeit. Er hält die *eine* Denkrichtung fest, zu der eine andere hinzutritt und sie abzudrängen sucht.

HERRMANN: Ich möchte mich korrigieren: Ein Nebeneinander von Denkakten ist offenbar *doch* möglich. Aber es bedarf, wie Fach bemerkt, einer *Anstrengung*, das Verschiedene zusammen- und bewusst zu halten.[c]

ZIMMERMANN: Das Willensmoment zeigt sich in Form der Aufmerksamkeit. Es gibt kein gerichtetes Denken ohne Aufmerksamkeit. Das Bewusstsein kann einen breiten Komplex vor Augen haben, im Mittelpunkt steht aber das, worauf die Aufmerks[amkeit] sich richtet.

Frl. VON BREDOW: Dass man gleichzeitig verschiedene Denkinhalte präsente hat, geht über die Kantische Einheit des Mannigfaltigen hinaus. Die Einheit ist nicht *notwendig*. So braucht z. B. auch in der Wahrnehmung das Sehen und Riechen nicht aufeinander bezogen zu sein, es kann nebeneinander laufen. Darum ist es sinnvoll, den Willensakt einzubeziehen sowohl wenn es sich um das *Zusammen*halten, als auch gelegentlich um ein *Getrennt*halten handelt.

LIEBRUCKS. Die Diskussion scheint auf die Frage nach der Bedingung der Möglichkeit zweierlei gleichzeitiger Denkduktus hinauszulaufen. Zwei Denkduktus scheinen möglich zu sein, wenn sie in einer höheren Einheit gebunden sind. Als Beispiel möchte ich Bismarck anführen. Seine Reden richteten sich gleichzeitig an das eigene Volk und an das Ausland. Beide Adressaten hörten etwas

---

a an] *über der Zeile eingefügt*
b Nebenwirklichen] *danach gestrichen:* der [xxx] Wahrnehmung, *davor stehengeblieben:* in
c halten] Halten

anderes heraus. Die Kunst bestand darin, dass er diese Zweideutigkeit in irgendeiner höheren Einheit zu verbinden verstand. Ein negatives Gegenbeispiel dazu wäre Göring, dessen Stellungnahmen zur Ernährungsfrage der besetzten Gebiete im Ausland nur schlechte Folgen haben konnten.

HARTMANN: Die Auffassung des Lügens, wie Frl. von Bredow sie vorschlug, geht zu weit. Für das Lügen ist es nur wesentlich, dass man sich so verhält *als ob* man an das Gelogenen glaubte – nicht mehr. Hier scheinen gerade zwei Denkduktus vorzuliegen: Ein reeller und ein fiktiver. Beide können konsequent durchgeführt werden, ohne einander zu stören.

Ein anders Beispiel: Während meines Vortrags beschäftige ich mich nicht nur mit der Sache, sondern auch damit, ob meine Hörer folgen oder nicht, auch wie sie folgen. Das gehört doch auch mit zum Vortrag. Hier stehen wir also dicht an der höheren Einheit, die Liebrucks erwähnte. Sie kann manchmal weit abseits liegen, muss aber irgendwo in der *Situation*, aus der heraus man denkt gegeben sein.

Zu Liebrucks Bismarck-Göring-Beispiel kann man noch andere aus dem täglichen Leben hinzufügen: Z[.] B[.]: Wie unterhalten uns mit zwei Personen zu gleich. Das ist nicht immer leicht, denn[a] jede von ihnen fasst verschieden auf; man muss Compromisse, Synthesen machen. Wir können nicht so frei wie zu einer Person sprechen. Es braucht sich also nicht nur um ein Zusammen von *reellem*[b] und *fiktivem*[c] Duktus zu handeln.

Frau [F.] HARTMANN: Liebrucks höhere Einheit scheint mir doch fraglich. Ich denke z. B. gleichzeitig an alles Mögliche, das gar nichts miteinander zu tun zu haben braucht: Wohnung, Umzug, Währungsreform.

LIEBRUCKS: Das *gibt* es *wohl*[d] als Phänomen, nur kann man es nicht lange durchhalten.

Ich möchte noch ein Beispiel für zweierlei Duktus bringen: Plato lässt in seinem Staat den Staat entstehen. Gleichzeitig wird aber nach dem Wesen der Gerechtigkeit gesucht. Ebenso sind im konkreten philosophischen Denken auch mannigfache weitreichende Zusammenhänge präsent. Was in solchen Fällen die Einheit bildet, ist schwer zu sagen. In Platos Fall könnte es die Sorge um die griechische Welt sein.

Frl. VON BREDOW: Hier scheint ein Unterschied von explizitem und inexplizitem Denken deutlich zu werden. So können die Tragweite und die Consequen-

---

a denn] *über der Zeile eingefügt*
b reellem] *teilweise unterstrichen*
c fiktivem] *teilweise unterstrichen*
d wohl] *teilweise unterstrichen*

zen eines Gedankens inexplizit vorhanden sein. Der Unterschied ist mehr als psychologisch, er ist ein denkstruktureller Unterschied.

NIPPERDEY: In einem Denkstrom können verschiedene Denkdukus nebeneinander herlaufen, aber in einem bestimmten Jetzt kann nur *einer* im Vordergrund sein.

HERRMANN: Das stimmt. Ganz besonders wenn wir kleine Zeiteinheiten betrachten. Leider ist der Begriff des Duktus nicht recht scharf genug. Versteht man unter dem Duktus nur den Akt des Denkens an sich, so kann man es vielleicht so fassen, dass diese *Denkbewegung* immer in verschiedene Gleise wechseln kann, wobei sie aber mit sich identisch bleibt. Es kommt also keine Vielheit der Denkbewegung selbst zustande, sondern nur eine Vielheit der Gleise.

Frl. JOHANNESSOHN: Es gibt zweierlei Gedankenduktus: der eine ist immer vordringlicher, der andere läuft auf dem Nebengleise. So sagen wir auch: „Wir behalten etwas im Auge."

WEIN: Es ist zweifelhaft, ob Herrmanns Versuch, mit kleinen Zeiteinheiten mit dem Identischsein der Denkbewegungen, mit sich selbst zu operieren, fruchtbar ist. Richtig ist dagegen der Hinweis auf die Unzulänglichkeit des Terminus Duktus. Ich möchte ihn hier durch Intention ersetzen. Man hat soeben in verschiedenen Äusserungen beinahe vorausgesetzt, dass es in einer Zeiteinheit nur die Intention auf Eines gibt. Es gibt aber durchaus eine *doppelte* Intention. Man macht z. B. gesellschaftliche Konventionen und legt zugleich sorgenvolle Gedanken an persönliche Dinge.

Es wurde schon richtig bemerkt, dass die beiden Intentionen nicht gleicher Art sind. Es kommt oft zu einer gewissen Zweischichtigkeit. So geben wir z. B. auch pädagogisch auf, bestimmten Ausführungen zu folgen eine gleichzeitig rückblickend bestimmte Masstäbe „im Auge zu behalten". Nur möchte ich kritisch zu Liebrucks betonen, dass eine höhere Einheit weitgehend nicht vorhanden zu sein braucht.

Frau [F.] HARTMANN: Herrmanns Versuch kann das Bestehen von zwei Gleisen nebeneinander wohl nicht erklären. Man kann viele Intentionen zugleich haben, wobei sogar[a] auch die hintergründige das Hauptgewicht tragen kann.

WEIN: So kommen wir auf zwei Gegensatzpaare heraus: Das Vordergründige und Hintergründige; das Gewichtige und[b] weniger Gewichtige. Diese Gegensätze fallen nicht zusammen.

---

a sogar] *über der Zeile eingefügt*
b und] *danach gestrichen:* Ungewichtigere

HARTMANN: Es scheint mir doch[a] nicht gut,[b] den Begriff des Duktus aufzugeben. Es besagt noch etwas, was in Intention nicht aufgeht: dass etwas fortgeführt wird, weil es eingeschlagen wurde. Man könnte ihn mit Gedanken*gang* übersetzen. Das ist nicht identisch mit Intention, obwohl nicht ohne Intention.

Herrmanns Deutung ging dahin, dass dem Duktus als Denkbewegung verschiedenen Gleise zu Gebote stehen. Er *springt über*, die Kurve aber bleibt[c] einheitlich. Damit können wir aber das Phänomen, dass wir zwei verschiedenen Intentionen gleichzeitig gerecht werden, nicht erklären. Hier ist der Gedankengang selbst gespalten.

Zu bejahen ist die Auffassung (Nipperdey)[,] dass in jedem „Jetzt" – wie er es nannte – ein Duktus vorherrschend ist. Der eine ist dominant, der andere untergeordnet. Der erste braucht nicht abzureissen oder darunter zu leiden, dass ich den anderen fortführe. Dieses ist *nicht* der Gegensatz explizit – inexplizit. *Beide* Duktus können explizit sein. Es ist also[d] nicht so, dass es nur eine einzige Denkbewegung gibt, die nur die Gleise wechselt.

Frl. VON BREDOW: Ich möchte den Gegensatz explizit inexplizit[e] noch aufgreifen. Er ist ein Strukturunterschied im Denken selbst. Was vordergründig[f] und was explizit ist, scheint durch einen klar verfolgbaren Duktus, einen Diskurs ausgezeichnet zu sein. Was im Hintergrund liegt, habe ich nicht in Form des Diskurses, sondern irgendwie als Ganzes im Intuitus. Als Kreuzphänomen kann es vielleicht zwei Gedankengänge und *beide* im Diskurs geben, während es aber[g] zweifelhaft ist, ob der hintergründige Duktus im strengen Sinne noch ein Duktus ist.

WEIN: Die vordergründige Denktätigkeit weist tatsächlich eine grössere Gliederung auf. Der Gedankengang im Hintergrunde ist irgendwie beharrender. Die zunehmende Entfernung vom Bewusstsein zieht eine grössere Beharrungstendenz nach sich.

FACH: Ich stimme dem zu, dass das Vordergründige nicht dominant zu sein braucht. Ich beeile mich z. B., zur Vorlesung zu kommen. Während ich laufe, denke ich vordergründig an alles Mögliche.

LIEBRUCKS: Hier scheint der *Wille* dominant zu sein. Ihr Beispiel ist so, dass der Wille das Hintergründige und dominante ist.

---

a doch] *über der Zeile eingefügt*
b gut] *über der Zeile eingefügt für gestrichen:* richtig
c aber bleibt] *Satzstellung durch Umstellungszeichen geändert:* bleibt aber
d also] *über der Zeile eingefügt*
e inexplizit] *danach gestrichen:* doch
f vordergründig] *danach gestrichen:* ist
g aber] *über der Zeile eingefügt*

WEIN: Soll die Dominanz ein Index sein, der von ausserhalb des Denkens herkommt? Beim erkennen wollenden Denken kommt die Dominanz aus dem Denken *selbst*, aus dem *Problem*[a] heraus. Das geht nicht auf andere Faktoren zurück.

HARTMANN: Das Verhältnis der beiden Gedankengänge kann, wie es scheint, auch noch anders aussehen: Das Übergewicht, die Dominanz, springt auf den Gedankengang über, der schon vorhanden war, aber nicht dominierte. Dieses Springen kann sogar hin- und hergehen. Als Vortragender bin ich zunächst[b] darauf aus, wie ich meine Hörer packen kann. Im Laufe des Vortrags geht dann die Dominanz auf die Sache über, ohne dass jedoch das andere verschwindet und umgekehrt. Dasselbe kann man im einfachen Gespräch erleben.

HERRMANN: Das hat mir früher vorgeschwebt. In der Diskussion sind wir von der Parallelität der Gedankengänge auf das Verhältnis der Dominanz gekommen. Zwei Dominanzen gleichzeitig sind unmöglich. Das Überspringen ist überspringen des Dominanzakzentes. Wie ist so etwas möglich, wie kommt logisch der Sprung zustande, gibt es da Gesetzmäßigkeiten?

NIPPERDEY: Ich bin auch der Ansicht, dass es im Gedankenstrom nur eine Dominanz geben kann, dass diese übersprungt und dass das Überspringen sogar hin- und hergehen kann. Dies letzte gerade scheint beim Bismarck-Beispiel vorzuliegen.

FACH: Gegen Sie und Herrmann möchte ich doch das gleichzeitige Bestehen von *zwei dominanten* Intentionen verteidigen. Wenn ich z. B. eine Hölderlinhymne lese, so richtet sich die Intention einmal auf die Worte, dann aber auch auf den tieferen Sinn.

HERRMANN: Gerade bei einer solchen Lektüre gibt es nur *eine* Dominanz. Bin ich zu sehr auf die hyletischen Data gerichtet, so kommt die Bedeutung zu kurz. Steht die Bedeutung im Vordergrund, so habe ich für Buchstaben wenig Interesse. Das Bismarckbeispiel kann man gut als ein Springen von einem Gegensatz zum anderen erklären.

FACH: Mein Beispiel hatte etwas Ähnliches wie Liebrucks['] Platon-Beispiel im Auge. Es ging einmal um den *alltäglichen*[c] *Sinn* der Worte und zum anderen um die dialektische Bedeutung.

Frau [F.] HARTMANN: Ich glaube, Ihnen schwebt doch ein Denken mit mehreren Schichten vor, wo eines durch das andere gedacht wird.

---

a *Problem*] *teilweise unterstrichen*
b zunächst] *Lesung unsicher*
c *alltäglichen*] *teilweise unterstrichen*

LIEBRUCKS: Das Überspringen der Dominanz darf man nicht auf das Bismarck-Beispiel anwenden. Es wird nur einmal gesprochen, aber von *zwei* Seiten gehört. Beides ist dominant und wird als solches auch im Auge gehalten.

WEIN: Es kann also[a] *doch* in einem Strom zwei dominante und zwei vordergründige Gedankengänge geben.

Frl. VON BREDOW: Das scheint mir gerade zweifelhaft. Zwei Gedankengänge in einem Denken nebeneinander müssen in einer höheren Einheit verbunden sein, nicht aber zusammenhangslos nebeneinanderbestehen. Eine gegenseitige Bezogenheit muss vorhanden sein.

Frl. JOHANNESSOHN: In dieser Bezogenheit scheint die Lösung des Problems zu liegen. Durch sie kommt man vielleicht zwangsläufig von einem Gedankengang zum anderen. Dann wäre auch der Sprung nicht so gross.

WEIN: Es kommt tatsächlich so vor, dass zwei nebeneinanderlaufende Denktätigkeiten sich in uns nach dem Prinzip der Cooperation zu einer aktionalen Einheit gekoppelt abspielen. Darauf passt das Bild des Springens dann nicht mehr zu. Als Beispiel nenne ich eine Übersetzertätigkeit vor den Amerikanern. Man bemühte sich, das Gesagte im Gedächtnis zu behalten und bereitet gleichzeitig die Übersetzung vor. Beide Tätigkeiten haben die gleiche Dominanz.

HARTMANN: Der Sprung braucht in der Tat nicht gross zu sein. Dass es sich um Einheit handelt, ist zugestanden. *Unter* dieser Einheit überwiegt bald das eine, bald das andere, unabhängig von der Vordergründigkeit. Das Hauptgewicht kann mit einer gewissen Flüssigkeit wandern. Der erwachsene kultivierte Mensch von heute ist ganz an die vielgleisige Art des Denkens gewöhnt. Viele begleitenden Linien spielen hinein und können für eine Zeit Übergewicht erlangen.

Frl. VON BREDOW: Die Polemik gegen die zwei Dominanzen muss man ganz scharf nehmen. Es gibt keine zwei Dominanzen nebeneinander. Wo eine richtige Einheit besteht, da haben wir nur eine Dominanz, und da gibt es kein Springen. Wo man aber mit Recht vom Überspringen der Dominanz redet, da ist irgendeine Einheit der *Beziehung* die Voraussetzung. Nur ist diese Einheit eine hintergründigere (Sie kann auf das Bismarck-Beispiel *keine* Anwendung finden). *Ohne* Verbindung ist kein Springen möglich.

WEIN: Kann es nicht auch ein Springen quasi über einen geben? Man kann im Denken weitauseinanderliegende Dinge zusammenhalten!

Frau [F.] HARTMANN: Ist die Einheit nicht vielleicht nur die Einheit eines Menschen, den Verschiedenes[b] angehen kann?

---

a also] *über der Zeile eingefügt*
b Verschiedenes] verschiedenes

HARTMANN: Die übergeordnete Einheit kann viel näher liegen. Der Vortragende z. B. ist *als Vortragender* gehalten, an sein Thema und an seine Hörer zu denken.

WEIN: Das ist aktionale Einheit, die durchaus nicht ins Transzendentale geht. Kein Vortrag ohne Cooperation verschiedener Einstellungen.

Ein Beispiel für weit Auseinanderliegendes: Vor[a] der Währungsreform stemple ich die Seminarrechnungen ab und bin gleichzeitig mit einem Studenten in einem zähen philosophischen Gespräch begriffen. Wo ist da die höhere Einheit? Das Denken kann sich, während es[b] Eines intendiert zugleich noch auf etwas anderes richten, was mit dem ersten sachlich nicht verbunden zu sein braucht. Das weist auf eine Art „Räumlichkeit", „Dimensionalität" des Denkens hin. Das Denken hat eine Breite.

Dies Problem wäre im Zusammenhang mit dem Thema der Weite und Enge des Bewusstseins zu erwägen.

Manuskript, Das Denken, VIII. Sitzung, von Bredow, Fach, F. Hartmann, Hartmann, Liebrucks, Nipperdey, Pape, Rudko, Trendelenburg, Wein, 1948-07-01, Göttingen

Sitzung vom 1. VII. 48.[c]
Vorsitz: Frl. Trendelenburg.
Protokoll: Nipperdey.

Frl. TRENDELENBURG: Wir hatten zuletzt vom gleichzeitigen Nebeneinander mehrerer Denkduktus gesprochen, wobei sich einerseits ein mehrgleisiges Denken unter einer beherrschenden Einheit zeigte, andererseits ein Nebeneinander relativ verschiedener Duktus anscheinend ohne höhere Einheit. Wein schlug in diesem Zusammenhang vor, die Dimensionalität des Denkens zu besprechen.

Frl. VON BREDOW: Dabei müssen wir uns vor der Gefahr hüten, ins Psychologische abzugleiten. Es kommt darauf an, die Struktur der Weite des Raumes, den sich das Denken mit einer Fülle gleichzeitiger Inhalte setzt, zu besprechen.

Frau [F.] HARTMANN: Ist es nicht eine besondere Struktur des Denkens, daß das inexplizite immer wieder erneuert werden muß? Neben einem durchgängigen gibt es ein wiederholendes Denken, das in je ganz verschiedener Weise und Stärke etwas Hintergründiges wieder hervorholen kann.

---

a Vor] *davor gestrichen:* Ich
b es] *über der Zeile eingefügt*
c Sitzung vom 1. VII. 48.] *auf der rechten Seite; in der darüberliegenden Zeile mittig und mit rotem Bs auf dem oberen Rand rechts wiederholt:* VIII.

Frl. von Bredow: Das inexplizite Denken geht nicht verloren, sondern ist in einer unausdrücklichen Form beharrend präsent.

Liebrucks: Mehrere Duktus können sich auf die Dauer im Denken nur halten, wenn sie von einer darüber oder[a, b] dahinterliegenden höheren Einheit getragen sind.[c]

Rudko: Wenn wir von der Vielgleisigkeit des Denkens sprechen, so müssen wir auch fragen: Wieweit ist die Vielgleisigkeit *wichtig* für das Denken? Ist sie nicht sogar gefordert, damit das Denken im praktischen und wissenschaftlichen Bereich richtig verlaufen kann? – Vergleichsweise haben wir in der Wahrnehmung ein Wahrnehmungsfeld mit zentralen Punkten und einem Nebenfeld. Das vollkommenste Denken *wäre* vielleicht das, das *einen* Faden hätte, um den gleichsam wie ein Schimmer das Nebenfeld gelagert wäre. Aber sobald unser Denken konzentriert und intensiv verlaufen, verantwortlich sein soll, haben wir auch Gegenfäden. Solches Denken fordert geradezu mehrere andere Fäden als Widerstände, gegen die es seinen eigentlichen Duktus erst durchsetzen kann. Diese Nebenfäden, Glieder, Zweige, die gerade das straffe Denken braucht, sind nicht nur *nicht*[d] verwaschen wie das Nebenfeld in der Wahrnehmung, sondern können außerordentlich scharfe Konturen anreichern.[e]

Liebrucks: Es scheint mir gerade die Gefahr des konzentrierten Denkens zu sein, daß es eingleisig wird. Wenn die Einheit im mehrgleisigen Denken zu schwach ist, so zerfällt die Verbindung, das Denken beschränkt sich auf nur noch ein Gleis. Wir sagen dann, es verrennt sich in einer Sackgasse.

Hartmann: Wir haben es nunmehr mit verschiedenen Auffassungen vom Ineinander gleichzeitig laufender Gedankengängen zu tun.
1. Ein inhaltlicher Hauptduktus springt auf verschiedene Gleise über.
2. Verschiedene inhaltliche Züge sind einem Hauptzug subordiniert.
3. Der im Moment nicht dominante Gang verschwindet, er muß im weiteren Aufbau immer wieder erneuert werden.
4. Ein einheitlicher Duktus bleibt im Hintergrund stehen.
5. Es besteht ein explizites und ein inexplizites Denken.
6. Das Denken benötigt anderweitige Züge, um sich auf einen Zug zu konzentrieren. Es sucht den Widerstand, um sich durchzusetzen. Dies Verhältnis können wir als Dialogik bezeichnen.

---

a oder] der
b oder] *Lesung unsicher*
c oder dahinterliegenden höheren Einheit getragen sind.] *davor Anmerkungszeichen, der zugehörige Text am Ende des Protokolls:* z. b. So ist in Weins Assistentenbeispiel die Einheit die, daß man solche Stunde mit solchen Inhalten ausfüllt.
d nicht] *unter der Zeile eingefügt*
e anreichern] *Lesung unsicher*

7. Der Gedankengang ist geschichtet. Ein Zug ist mehrschichtig aufgebaut, wobei sich diese Schichten bedingen können.[a]
8. Das Denkfeld hat eine Weite, die größer als die des wahrnehmenden Bewußtseins ist.
9. In dieser Aufzählung folgt die Auffassung von Liebrucks, daß die Eingleisigkeit gerade die Gefahr des Denkens ist. Dem steht die andere Auffassung entgegen, daß Eingleisigkeit unbedingtes Denkerfordernis ist.

LIEBRUCKS: Die Gefahr der Eingleisigkeit und die Forderung der Einheitlichkeit stehen *nicht* nur gegeneinander. Es kann vielmehr so sein, daß mehrere Duktus nebeneinanderlaufen, deren Einheit im Hintergrund liegt. Einheit und Vielheit bestehen zusammen im Denken, so aber, daß diese Einheit einen anderen Ort hat.

Frl. PAPE: Mir scheint die Mehrgleisigkeit nur aus innerer Einheit möglich zu sein. Die Beziehung auf einen Einheitspunkt ist erforderlich.

WEIN: Die Vielheit der vorgetragenen Auffassungen hängt am verschiedenen Gebrauch des Begriffs Duktus. Es scheinen mir darin 3 Bedeutungen neben- oder ineinander zu gehen:
1. Die straffste Form des Duktus: der discursus, d. i. einfach die Denkbewegung im Fortschreiten des Problemdenkens und jeder Denkarbeit. Es herrscht hier die Struktur der Dialogik, des Sich-Einwände-Machens.
2. Die mittlere Form möchte ich vorläufig fassen im Bild des Fadens, den man hat oder verliert. So verläuft das Denken in der Rede.
3. Die am wenigsten straffe, strukturierte Form: der Denkfluß, das Sich-Fortwälzen des Denkens, zu beschreiben etwa durch das, das man auf die Frage: [„]Woran hast du in der letzten halben Stunde gedacht[“] antwortet. Hier kann das Denken am Dinge denken, die inhaltlich nichts miteinander zu tun haben. – Auf diese 3 Auffassungen lassen sich die Hartmannschen Punkte zurückführen: der discursus liegt 2 und 6 zugrunde. Diese Struktur gilt auch für praktisches Denken, das konzentriert gerade ein gleichzeitiges Erwägen verschiedener Möglichkeiten ist. Der Duktus des Fadens liegt bei 1 und 4 zugrunde, der Denkfluß bei 3 und 8. Für alle 3 Arten bleiben 5 und 7.

Frl. VON BREDOW: Meine beiden Punkte (4, 5) sind nicht verschiedene Auffassungen, sondern Momente an ein und demselben. Muß es einander widersprechen, wenn von den Schichten des Gedankengangs dem Hintergrund oder einer Subordination gesprochen wird?

---

a können.] *am Ende der darunterliegenden Zeile*

HARTMANN: Ich habe nicht vorentscheiden wollen, ob die Auffassungen einander ausschließen. Alles paßt zweifellos nicht zueinander: etwa das Springen *eines* Duktus und das mehrere Züge haben. Es könnte sein, daß beides zuträfe, aber nicht auf jeden Fall des Denkens. Das Denken könnte je nach seiner Aufgabe verschiedene Taktiken haben, wenn es z. B. angestrengt[a] oder wenn es frei denkt. Hier könnte ein fundamentaler Unterschied in den Arten von Vielgleisigkeit und Einheitlichkeit liegen. Es gibt einen Typ wissenschaftlichen Denkens, der einen Weg isoliert zu gehen sucht – dagegen einen andern, der kombinierendes Denken gerade erfordert. Dabei müssen mehrere Züge gleichzeitig durchgeführt werden, um einen zu seinem Recht kommen zu lassen.

Frau [F.] HARTMANN: Wie ist es mit dem Gedankengang als etwas Objektivem? Er ist irgendwie festgelegt, ein Gleis, in dem ich mich immer wieder bewege.

HARTMANN: Objektiv ist ein Gedanke im Sinne inhaltlicher Festgelegtheit, wenn ich ihn aufschreibe, vorlese, andere ihn denken lassen kann. Dabei werden die Nebenlinien[b] nicht mitübertragen.

Frl. PAPE: Wie stehen Gleis und Duktus zueinander, sind sie dasselbe?

HARTMANN: Das wird an Beispiel des Vortragenden klar. Der Gegenstand zeichnet ein bestimmtes Gleis des logischen Aufbaus vor. Die Betrachtung der Wirkung darf da nicht hineinspielen. Es handelt sich nicht nur um einen anderen Duktus, sondern um ein 2. Inhaltsfeld, wie 2. Gleis, das von dem ersten gänzlich getrennt bleiben muß.

WEIN: Das Verhältnis beim Reden gilt nicht für das Problemdenken. Hier fordert das Mehrerlei notwendig die wesentliche Anstrengung der Konspektivität. – Meine 3. Form fällt nicht mit schweifendem Denken zusammen; das unter affektiven Komplexen steht. Schweifendes Denken hat ein Thema, das ist *nicht* gleich einem intentionalen Gegenstand. Denn beim umspielenden Denken wird man schwerlich von einem Gegenstand sprechen können, der ein solcher nicht umrissen ist. Bei der Rede allerdings ist das Thema Sachgegenstand.

RUDKO: Entspricht das Thema des Denkens nicht doch dem intentionalen Gegenstand, wenn wir Intention hier nur innerhalb des Denkens meinen? Allerdings ist das Wort Gegenstand hier ursprünglich. Was bei Akt Gegenstand ist, ist beim Denken das Thema. Dieses braucht kein Wirklichkeitsgewicht zu haben, es kann in Spiel oder Ernst Thema sein.

HARTMANN: Wie ist es mit der Anstrengung der Konspektivität?

WEIN: Ich meine damit das originäre Zusammenhängen im Zusammenschauen, wie es eminent im erkennenden und im Problemdenken hervortritt.

---

a angestrengt] *Lesung unsicher*
b Nebenlinien] *Lesung unsicher*

HARTMANN: Es gibt sehr verschiedene Arten der Zusammenfassung auch außerhalb des Problemdenkens.

RUDKO: Konspektivität scheint mit zu wenig, besser ist Anstrengung des Zusammenhaltens, darin liegt ein mehr dynamisches Moment.

WEIN: Das ist gut, aber nur die eine Seite. Nach Hartmanns Erkenntnistheorie besteht eine primäre Erkenntnisleistung im Finden einer neuen Auffassung, in einer konspektiven Intuition. Wenn uns ein Gedanke glückt, handelt es sich um ein Zusammenbringen von Dingen im Sinne von Anschauung – θεωρία.[1]

HARTMANN: Im Gegensatz zum konspektiven Denken, das ja einen Zug zum Kontemplativen hat, steht das pennetrative, um das es sich gerade im Problemdenken handelt.

WEIN: Durch das von Rudko betonte organische[a] Moment ist auch im konspektiven Denken die penetrative Note enthalten.

Frl. VON BREDOW: Das konspektive Moment des Problemdenkens ist vom discursus zu unterscheiden. Neben dem straffen Denkduktus des eins ans andere Reihens haben wir im Problemdenken das Zusammenschauen und -halten, die Anstrengung des Miteinanderhabens. Es wird keine Synthesis im Nacheinander vollzogen, sondern verschiedene Gleise oder Schichten werden zusammengegriffen.

FACH: Die Einheit, von der wir sprachen, ist noch nicht näher bestimmt. Liegt sie noch im Bereich des Denkens?

Frl. PAPE: Ist die Einheit jenseits des Denkens (etwa in Liebrucks Beispiel), Einheit des Ich, des Aktgefüges? (vielleicht in Richtung auf die transzendentale Apperzeption) *oder* Einheit des Denkens, des Inhaltsgefüges.

LIEBRUCKS: Es gibt ganz verschiedene Einheiten, die nicht eindeutig auf Eins zu bringen sind. Das Denken spielt zwischen Subjekt und Gegenstand. Einheit des Subjekts hat sofort Einheit des Objekts zu Folge und umgekehrt. Die Einheit des Denkens ist weder Einheit des Subjekts noch Objekts, sondern diese setzen sie voraus.

RUDKO: Frl. Pape sprach von der Einheit als Zusammenhalten der Inhalte. Aber nicht nur die Inhalte, sondern die ganzen Denkvorgänge werden zusammen*gehalten*.

Frl. PAPE: Es handelt sich hier um ein Zusammen-*spielen* von subjektiver und objektiver Einheit. Es entsteht das Problem eines objektiv Einenden in der[b] subjektiven Anstrengung des Zusammenhaltens.

---

1 θεωρία] *Überlegung, Einsicht, wissenschaftliche / ästhetische Betrachtung, Anschauung*

---

a organische] Organische
b in der] *Lesung unsicher*

HARTMANN: Ist der Schluß nach der Seite des Subjekts in Richtung auf die transzendentale Apperzeption richtig? Der Gedankengang kann doch auch in einem anderen Subjekt weitergehen. Es gibt einen geschichtlichen Zug menschlicher Erkenntnis, wobei der Einzelne nur als Glied im überwiegend dunklen Denkprozeß steht. Die Einheit des Subjekts ist darin nicht von der Einheit des Gedankenganges involviert[,] viel eher die Einheit des Objekts.

Frl. PAPE: Ist die Einheit des Denkprozesses das Einigende des Problems oder liegt – über das Thema hinaus – noch im Duktus etwas Einigendes?

HARTMANN: Ja. Dies besteht noch und ist geschichtlich nachweisbar. Ein Gedanke braucht Jahrhunderte,[a] um auszureifen. So zog sich etwa das Problem der Zahl π von seiner Entdeckung zu Platons Zeit bis in die Neuzeit hin; und gerade in der Entfaltung des Gedankenaufrisses lag ein einigendes Moment.

LIEBRUCKS: Handelt es sich hier nicht um ein überindividuelles Subjekt, das durch die Jahrhunderte denkt? Die Schwierigkeit besteht darin, daß ein jahrhundertelanges Unterbrechen möglich ist. Dennoch müssen aus dem Zwang der Sache heraus, aus der notwendigen Korrelation des Subjekts und seiner Einheit mit dem Objekt und seiner Einheit gemeinsamer Züge des Denkens nicht bloß auf der Objektsseite, sondern auch auf der Subjektsseite aufgewiesen werden können.

WEIN: Die Einheit des Denkens: ist *nicht* gleich der des Gedachten und nicht gleich der des denkenden Subjekts. Das läßt sich am Phänomen des *ersten* Entdeckens eines Problemgegenstandes zeigen, wo das Problem erstmalig auftaucht, ohne schon voll gefaßt zu sein. Die Sache macht sich auch erkennbar, ohne sich schon in ihrer Einheitlichkeit zu zeigen. Worin besteht bei der Einsicht ins Problem die Synthesis?[b]

LIEBRUCKS: Wenn Denken nur gegenüber einem gegenständlich Geformten möglich wäre, wäre Problemerfassen Schau, Intuition. Erst beim Gegenständlichwerden könnte das Denken mit Begriffen begreifen. Erst wenn das Objekt gegenständliche Konturen gewönne (ebenso wäre das korrelierende Subjekt), kann im Problemdenken von Denken gesprochen werden.

HARTMANN: Zu Wein: Könnte die Problemfassung Bedeutung für die Lösungsmöglichkeiten haben, wenn sie nicht synthetisch wäre? Das Problemwissen ist ein Wissen um das, was man noch nicht weiß. Darin ist schon eine Synthesis enthalten, sonst wäre das Unterscheiden von ungelösten Problemen unmöglich. Das Problem wird nur greifbar im Formulieren seiner besonderen Ungelöstheit. In diesem Sinn ist Einheit des Denkens unabhängig von der Einheit des Subjekts und von der des Objekts als eines schon gefaßten.

---

a Jahrhunderte] *Lesung unsicher*
b die Synthesis?] *am Ende der darunterliegenden Zeile*

Frl. PAPE: Ihre Erörterung geht auf meinen Einheitspunkt hin. Es besteht der Bezug auf ein einheitliches Problem, die Sache zieht uns in den Duktus hinein.

HARTMANN: Es gibt aber doch ein Stadium des Verhältnisses zur Sache, ehe sie noch als Sache gefaßt wird.

WEIN: Formal ist zwar zu schließen, daß die Seiten der Sache sich im Problemerfassen bemerkbar machen. So ist es in der Problemsituation aber nicht. Es handelt sich um die vorgeformte Synthesis in der Problemerfassung, nicht im Problemgegenstand. Die Synthesis der Problemfassung kommt zustande, bevor ich den Gegenstand als Gegenstand begreife. Dieser Vorgriff – wie er sich ausdrückt in dem: da ist vielleicht etwas zu machen – ist nur möglich durch intuitives[a] Hervorheben verschiedener Methodenansätze. Dies führt uns auf erkenntnispraktische Ausdrücke wie Erkenntnisprojekt, Erkenntnisentwurf. Diese Synthesis ist noch weit ab von derjenigen im Problemgegenstand, das Etwas ist hier noch wie ein großer Nebel. – Dabei ist noch zu bedenken: Im 1. Stadium unterscheidet der Entdecker das Problem nur für sich selbst – bis zum Mitteilenkönnen dagegen ist von dort noch ein weiter Weg.

Frl. VON BREDOW: Das Haben des Problems ist nicht Haben des Problemgegenstandes. Das Problem stößt nicht als Sache, sondern als Loch auf: die wissenschaftlichen Einsichten reichen an einem Punkt nicht mehr zu. Da ist dann so etwas, dessen Was ich gar nicht weiß, das aber ausgegrenzt ist. Für eine fruchtbare Problemfassung scheint mir der methodische Ansatz, die Antizipation einer einzuschlagenden Richtung, nicht unbedingt notwendig. Wichtiger ist das *begrenzte* Zureichen des Gehabten, das: [„]Hier fehlt etwas[“] zu präzisieren. Kann man das noch als Synthesis bezeichnen, ist es nicht eher ein: [„]hier müßte eine Synthesis geschehen[“]?

HARTMANN: Hier liegt doch schon Synthesis. In einer mir in Worte gefaßten unthematischen Aufgabe (die weder die Gleichung noch gar die Lösung zu involvieren braucht[)] – steckt, wie in jeder 1. Problemstellung Synthesis. Vorher geht ein Stadium, in dem einer noch nicht weiß, wo die Akzente liegen.

WEIN: Auch in der negativen, projektiven Begriffsbildung, in dem, was Husserl als Leerform bezeichnet, steckt Synthesis. Ich behaupte: Diese Synthesis geschieht zwischen gegenständlicher und transzendental-funktionaler und ist nicht daraus abzuleiten.

LIEBRUCKS: Es ist notwendig, diese Mitte zu gewinnen. Die Resultate des Denkens sind gegenständlich. Der eigentliche Denkprozeß aber liegt zwischen Gegenstand und Subjekt. Dieser Prozeß, dies Zwischen konstituiert so etwas wie Gegenstand und wie Apperzeption als Erscheinung. – Dies überindividuelle Einheitsmoment konstituiert sich durch die Jahrhunderte im Prozeß.

---

a intuitives] *Lesung unsicher*

HARTMANN: Das Wichtige an der verflossenen Diskussion ist die Herausstellung eines sozusagen[a] makrokosmischen Denkduktus. Wie im personalen, so spielt auch im geschichtlichen Denken die Problematik von Einheit und Vielheit im Duktus und verdoppelt sich damit. Es ist aber eine *Einheit*, die hinter der Zweiheit der Aspekte (Individuum und objektiver Geist) steht. Die herausgearbeiteten Momente übertragen sich auf das geschichtliche Denken, das ist bei vielem aufweisbar. Es gibt eine stete Erneuerung alter Gedanken über jede Abschweifung hinweg, ein Wiederaufnehmen nach jahrhundertelangem Schweigen. Ebenso kann ein Problem im Hintergrund stehen bleiben. So die kausale Methodik des Archimedes und in der aristotelisch bestimmten Naturwissenschaft des Mittelalters.[b] Weiter zeigt sich auch geschichtlich die dialogische[c] Struktur. Mit aller Gewalt wird in der Tradition nach einem Gegner, nach Widerständen gesucht oder man konstruiert gar solche. Die Einheit eines Duktus, der verschiedene Gleise wechseln kann,[d] zeigt sich in der Entwicklung des logischen Problems im 19. Jahrhundert in seiner Verschiebung von Hegel zum Psychologischen. Diese Wiederkehr der gleichen Momente war zu verwerten.[e] Wichtig scheint mir zu sein, daß wir dasselbe Phänomen auf 2 verschiedenen Stufen verfolgen können, so daß das, was wir auf der einen nicht sehen, aus der anderen ergänzbar ist. So hat Platon gemeint, daß das Wesen des Menschen und sein Ethos nicht sichtbar wird, wenn man es nur individuell verfolgt, sondern erst, wenn man es auch von der πόλις[1] her sieht.

WEIN: Die Einsicht in das Aufkommen neuer Probleme zwingt die besondere Bewandtnis des Beginns eines jeden Duktus. Dieser beginnt doch immer im Einzelnen, im personalen Geist,[f] gleichgültig ob er in einem Menschengeist bleibt oder sich historisch weiter fortsetzt.

LIEBRUCKS: Diese Ansicht könnte die aufgestellte Parallelität gefährden. Der Duktus im überpersonalen Geist beginnt auch im Subjekt des objektiven Geistes, neben seinem Beginnen im Einzelsubjekt.[g] Dabei gibt es verschiedene Subjekte des objektiven Geistes, die sich nicht im Duktus konstituieren.

---

1 πόλις] *Stadt, Staat, (pol. Gemeinschaft)*

---

a sozusagen] *Lesung unsicher*
b Kausale Methodik [...] des Mittelalters] *Lesung unsicher*
c dialogische] *Lesung unsicher*
d kann] *Lesung unsicher*
e in seiner Verschiebung [...] zu verwerten.] *Lesung unsicher*
f Geist] *über der Zeile eingefügt für gestrichen:* Duktus
g Subjekt des objektiven Geistes, neben seinem Beginnen im Einzelsubjekt.] *Lesung unsicher*

Frl. VON BREDOW: Diese These scheint mir gefährlich. Die Personalität muß inhaltlich untersucht werden, sie hängt nicht vom Begriff der Subjekte des objektiven Geistes ab.[a]

Manuskript, Das Denken, IX. Sitzung, Fach, F. Hartmann, Hartmann, Herrmann, Johannessohn, Nipperdey, Pape, Trendelenburg, Wein, Zimmermann, 1948-07-08, Göttingen

Sitzung vom 8. VII. 1948[b]
Vorsitz: Nipperdey
Protokoll: Pape

NIPPERDEY: Als neues Moment stellte sich die Parallelität des überpersonal-geschichtlichen Duktus mit dem personalen Denken heraus. Zum Bedingungsverhältnis beider möchte ich folgende Gesichtspunkte vorschlagen:
1.) Der überpersonale Duktus ist vom individuellen bedingt u. getragen. Freiheit gegen Außenanstöße und Gebundenheit an die Konsequenz des eingeschlagenen Weges gelten für beide:
2.) Der personale Duktus ist weitgehend vom überpersonalen bedingt u. getragen. Ersteht in einer Denk*tradition* als seiner Vergangenheit u. in einer dadurch bedingten Denk*situation* als seiner Gegenwart.
3.) Die Gesetzlichkeit eines historischen Denkduktus scheint übergreifend zu sein u. damit die Freiheit personalen Denkens einzuschränken, sodaß das Anheben des personalen[c] Duktus nur innerhalb des überpersonalen möglich ist, d. h. unter dessen bestimmten Möglichkeiten u. Konsequenzen steht.
4.) Die Freiheit alles Mögliche zu denken, ist für das konkrete Individuum so eingeschränkt, daß bestimmte Personen in bestimmter historischer Situation gewisse Denkmöglichkeiten (auch als Unmöglichkeiten) nicht haben. Erst unter bestimmten Voraussetzungen treten gewisse Gedanken in den Bereich des Denkmöglichen ein.
5.) Ein neuer Duktus entsteht nur in Fortführung oder Erweiterung eines schon vorhandenen Duktus oder Problems. Aber der historische Duktus *begrenzt nur die Freiheit,* er *vernichtet sie nicht.*

---

a *horizontaler Trennstrich unterhalb der Zeile*
b Sitzung vom 8. VII. 1948] *auf der rechten Seite; in der darüberliegenden Zeile und mit rotem Bs auf dem oberen Rand rechts wiederholt:* IX.
c personalen] *berichtigt:* überpersonalen

6.) Der (nicht biologische) *Zwang zur Weltorientierung* fundiert die notwendige Zuwendung des Duktus; diese wird wiederum vom histor[ischen] Duktus beschränkt u. in ihrer Ursprünglichkeit geschwächt. – Zusammenfassend möchte ich sagen: Tradition *trägt* das Denken, indem sie im Möglichkeiten gibt u. versagt; sie *belastet* es aber auch durch einen Zwang, der ein ursprüngliches erstes Anheben unmöglich macht.

HARTMANN: Ich möchte dem zwei Dinge als Gedanken gegenüberstellen:
1.) Eine[a] Grundbedingung, die Wein so angab: daß die Einheit eines Gedankenganges weder die Einheit eines Subjekts noch die eines Objekts ist, d. h. auch nicht die eines Problems. Erst dadurch wird ein Miteinanderbestehen des großen Duktus im kleinen möglich. Jeder Gedankenzug, sagte Wein, beginnt als subjektiver u. erweitert sich zum objektiven. Auch dieses Verhältnis ist nur möglich, wenn die Einheit des Denkens in jedem Gedankenzug eine andere ist als die des Problems.
2.) Die Konsequenz von Punkt 6, daß das Anheben eines neuen Gedankenganges unmöglich [ist], ist zu weit gegangen. Im Zuge eines geschichtl[ichen] Gedankenganges großen Stils gibt es Abzweigungen, die vom Individuum ausgehend, neues Beginnen eines naiven Gedankenganges sind. Sonst wäre Tradition lähmend. Beispiel: Einsetzen d[es] Kantischen Freiheitsgedankens in seiner Causalantinomie, im Gegensatz zu der großen deterministischen Linie aus dem 17. Jahrhundert.

NIPPERDEY: Das gerade wollte ich behaupten, daß[b] bei allen geschichtl[ichen] Neuansätzen, eine Antithese zum Vergangenen vorliegt.

Fr. [F.] HARTMANN: Tradition ist doch nur insofern lähmend, als das Denken nicht von vorn anfangen kann.

HARTMANN: Kann es nicht doch auch an den Anfang zurücktreten? Dort einen Fehler aufdecken z. B. eine falsche Alternative?

NIPPERDEY: Das wäre doch ein Berücksichtigen der Tradition. Man kann heute nicht mehr philosophieren wie die Vorsokratiker. Unser Denken ist insofern belastet von der Tradition, als es sie nicht loswerden kann.

HARTMANN: Wie ist es mit dem Über-Bord-werfen von Dingen, die man jahrhundertelang für richtig gehalten?

NIPPERDEY: Man ist immer an die Tradition gebunden: sei es in Auseinandersetzung, sei es in Übernahme.

---

a Eine] eine
b daß] *danach gestrichen:* immer

WEIN: Das Positive von Nipperdeys Ausfrührungen sehe ich in der Behauptung, daß das schöpferische originäre Denken nur das erkennen kann, was *spruchreif*, was in der Luft liegt. Das ist etwas Gewichtiges daran. Gegen Nipperdey aber möchte ich behaupten, daß nicht immer Auseinandersetzung mit dem Früheren vorliegt. Es gibt nicht nur das Über-Bord-werfen, es gibt das Einschlagen der ganz neuen Richtung durch *neue Methode*. Und zwar nicht so sehr die bewußte als die gehandhabte Methode. Ich behaupte, daß es *neue Einfälle* gibt, die irgendwo in die zeitgenössische Richtung eingreifen: so tritt Lavoisier[a] in der Chemie mit der Wage[b] auf, mit dem Einfall, Chemie qualitativ zu betreiben. So tritt Galilei[c,d] mit dem neuen Einfall auf: Kugeln eine schiefe Ebene herunterrollen zu lassen. So fiel es den *Arabern* ein, in der Mathematik mit Buchstaben zu rechnen. Das kommt nicht *aus* der Tradition, steht nicht *gegen* die Tradition, sondern *schafft neue Tradition*.

ZIMMERMANN: Der objektive historische Zusammenhang ist viel souveräner als wir ihn sehen. Ich denke da weniger an Wissenschaft als an ein Denken in mittlerer Höhe. Da ist meist keine bewußte Auseinandersetzung mit dem Bisherigen, sondern nicht einmal ein Begreifen der alten Problemstellung. Die neue Generation denkt unabhängig von den vorgefundenen Gehalten. So hat Spengler gezeigt, daß das Denken der Renaissance nicht Aufnahme antiken Geistesgutes war, sondern Bewältigen einer bestimmten Situation mit Kategorien, die sich *nachher* als denen der Antike analog herausstellten. Ein bewußtes Fortschreiten ist da nicht.

NIPPERDEY: Die Beziehung zur Tradition braucht nicht bewußt zu sein. Mit Sprache, Umwelt – mit allem *übernehmen* wir, ohne es bewußt zu haben.

ZIMMERMANN: Dann liegt Tradition tiefer als Denken.

HERRMANN: Tradition ist bei Nipperdey überbelastet. Tradition ist nur da, wo etwas Bestimmtes überliefert, wo der rote Faden sichtbar ist.

1.) Wie erklärt sich, daß rassisch u. sprachlich zusammenhängende Gruppen wie die Germanen zu gänzlich verschiedenen Kulturen gekommen sind? Wie kann ich indisches und abendländisches Philosophieren aus der gemeinsamen Wurzel ableiten?

2.) Wie ist es mit dem Aufpfropfen einer Tradition auf eine andere, z. B. der abendländischen auf die japanische? Die Japaner müßten für die abendländische Tradition gar kein Aufnahmeorgan haben, wenn die Tradition die Aufnahmebereitschafft einschränkt.

---

a Lavoisier] *unterstrichen*
b Wage] *Lesung unsicher*
c Galilei] *unterstrichen*
d Galilei] *unterstrichen*

FACH: Das Verhältnis von Denken u. Tradition erklärt sich aus dem von Denken u. Sprache. Solange sich Denken in Worten vollzieht, ist es an Tradition gebunden; erst der Denker, der neue Begriffe prägt, kann sich von der Tradition lösen.

Frl. TRENDELENBURG: Ist es nicht doch mehr als Sache der Sprache? nämlich eine wirkliche Denktradition, bei der jeweils eine Generation in der Verknüpfung übersprungen wird. Der überpersonale Duktus ist nicht *ein* roter Faden, sondern mehrere Duktus laufen nebeneinander.

ZIMMERMANN: Ich wollte nicht Tradition leugnen, sondern nur ihren Ort bestimmen. Zwischen den Fundamentalstrukturen des Denkens u. den einzelnen Denkabläufen gibt es wahrscheinlich noch zeitgebundene Strukturen, Kategorien, die das eigentlich Tradierende sind u. aus denen Neuartiges kommen kann.

Fr. [F.] HARTMANN: Was Herrmann sagte, unterstützt Nipperdeys These. Eine fremde Tradition kann nur wirken, wenn sie *gebraucht* wird.

HARTMANN: Ja, das Japanerbeispiel ist richtig. Denkmöglichkeiten sind u. bleiben bedingt, aber das schließt nicht aus, daß man nicht in eine andere Tradition eintreten könnte. Es macht den Ostasiaten unendliche Mühe in abendländisches Denken einzutauchen. Sie müssen erst ein Stück des Weges nachvollziehen, um selbst Neues zu finden.

HERRMANN: Diese Synthese überzeugt. Die Tradition begrenzt also die Sichtweise nicht absolut, wenn ich neue Traditionen aufnehmen kann.

NIPPERDEY: Ich meinte die Einschränkung der Denkmöglichkeiten so, daß es etwa einen antiken Menschen nicht möglich war, einen nicht euklidischen Raum zu denken.

WEIN: Das ist eindeutig zuzugeben. Die modere historische Geschichtsforschung hat das bewiesen. Wir können uns nicht Denkleistungen in beliebigen geschichtlichen Welten, nicht an beliebiger Zeitstelle denken.

Ich möchte 5 Punkte bringen zu dem Verhältnis des individuellen Denkens zum überindividuellen, eingeschränkt auf das erkennende:

1.) Eine geistige Neuleistung kann aussprechen, was *in der Luft hängt*, was im Grunde schon spruchreif war, d. h. was im überindividuellen Denken schon vorbereitet war. So erklärt sich gleichzeitiges Aufkommen derselben Entdeckung, z. B. der Infinitesimalrechnung bei Newton u. Leibniz.

2.) Auch die Anwendung einer grundsätzlich neuen Methode *kann* abhängig sein von der geschichtl[ichen] Bege[benheit]. Sezieren am Leichnam z. B. war gebunden an gewisse historische Entwicklungen. Hier ist das Verhältnis ein Bedingtsein des individuellen Einfalls durch die geistesgeschichtl[iche] Situation.

3.) Der reine Fall der *Entdeckung*: ausgezeichnet dadurch, daß der entdeckende Geist nicht notwendig die Tragweite der Sache bemißt, noch Einordnung in Tradition vollzieht. Volta sieht Froschschenkel zittern, ohne das er sich klar war, eine neue Naturkraft zu entdecken.

4.) Gegenverhältnis zu 2.): ein *methodischer Einfall*, der nicht von der Tradition getragen, die Voraussetzung gibt für größere historische Entwicklungen, wobei aber der Zusammenhang mit einem überindividuellen Duktus noch nicht hergestellt wird. Beispiel: Berechnung der Lichtgeschwindigkeit aus der Beobachtung der Jupitermonde durch Olaf Römer.

5.) Das Anheben eines personalen Duktus *unabhängig von der Tradition*, wobei der Entdecker selbst die Einordung in die Tradition vollzieht, eine *neue Tradition schafft*. Galilei hat die Tradition nicht geholfen; sie war in Gegenteil zu überwinden. Gegenüber der Tradition war es ein kindisches Gebaren, Kugeln eine schiefe Ebene herunterrollen zu lassen. Daneben bleibt bestehen, daß die Freiheit des individuellen Duktus durch die historische Situation eingeengt wird.

HERRMANN: Das gerade ist nicht einsichtig. Für die Neger der Vereinigten Staaten, die heute Komponisten u. Literaten, deren Großväter in den Urwäldern noch vom Dämonenglauben befangen waren, setzte eben eine neue geschichtliche Situation ein, als man sie aus den Wäldern holte. Die alte Tradition war abgebrochen.

Fr. [F.] HARTMANN: Das ist ein merkwürdiger Begriff von Tradition: als ob das etwas im Menschen Drinsteckendes wäre. Tradition ist doch nur Überlieferung. Die Neger wachsen eben in eine neue Tradition hinein.

HARTMANN: Sie verwechseln Tradition u. Heredität. Geist ist nicht erblich. So wachsen europäische Kinder in Japan in die andere Denkweise hinein, in die der Erwachsene sich mühsam hineinversetzen muß.

NIPPERDEY: Zu Weins 4. Punkt möchte ich sagen: Ist es nicht so, daß auch die Möglichkeiten zeitbedingt sind? Galilei ist ohne die Renaissance nicht zu denken. Und neue Möglichkeiten kommen durch neue Probleme auf, wenn die alten Möglichkeiten nicht zureichen. Da ist wieder Einfluß der Tradition.

WEIN: In der Frage nach d[em] Zahlverhältnis von Fallzeit u. Fallraum steckt doch ein ganz neues Problem. Im Falle der Anatomie würde ich zugeben, daß erst die Tradition das ermöglicht. Man hat immer gewußt, daß es Dinge im Körper zu ermitteln gilt. Anders im Falle Galilei: auch da ist ein Anheben, d. h. es ist erst ungefähr in diesem Jahrh. möglich. Aber das Neuartige ist: nun einmal zu messen u. Kugeln fallen zu lassen. Ist da nicht doch ein Unterschied zwischen der allgemeinen Lage u. d[em] Stand der wachsenden Naturwissenschaft?

NIPPERDEY: Die Möglichkeit war trotzdem erst durch die historische Lage geschaffen. Daß Galilei sie ergriff, ist seine persönliche Initiative.

WEIN: Da wird Möglichkeit äquivok. Natürlich war das erst i[m] 17. Jahrh. möglich: das ist eine notwendige, durchaus keine zureichende Bedingung. Aus der Auseinandersetzung mit der Tradition ergibt sich nicht d[ie] fruchtbare methodische Linie.

HERRMANN: Die Tatsache, daß Galilei die Tradition überwinden wollte, ist nicht als dialektischer Gegenschlag zu verstehen: dann müßte alle Geschichte vorausberechenbar werden. – Zur Frage Tradition/ Heredität, da ist doch ein merkwürdiger, geschichtlich zu erfassender Zusammenhang. Gerade das, was wir Tradition nennen, finden wir bei d[en] Primitiven: während die anderen Beispiele sich auf die Sphäre des rein Geistigen erstrecken.

HARTMANN: Es handelt sich nicht um diesen Zusammenhang. Wie weit hier Momente der Erblichkeit hineinspielen können wir nicht entscheiden.

Frl. JOHANNESSOHN: Etwas kann unabhängig von der Tradition, aber dennoch eingebettet i[n] d[er] historischen Situation sein: Etwa wenn man dem Gegner nur verständnislos nicht in Kontraposition gegenübersteht. Da fehlt der Übergang.

NIPPERDEY: Übergang könnte trotzdem da sein, nur später erst gesehen werden.

ZIMMERMANN: Es wendet sich eine Zeit von der vorhergehenden ab, weil die bisherigen Denkinhalte zur Weltorientierung nicht genügen. Man muß neue finden aus einer tieferliegenden Schicht von Grundstrukturen.

HARTMANN: Auch Galilei fußt auf einer Tradition, die von den Pariser Occamisten ausgeht. Schon mit d[er] Impetustheorie u. Funktionentheorie begriff man, daß Prozesse mit starren Formen nicht gedanklich einzufangen sind; daß man mit der forma fluens arbeiten müsse. Galilei wußte noch nicht, daß sein Fallgesetz die Form einer mathematischen Funktion hat. Das war im Denken vorbereitet: über Nik[olaus]. v. Oresme u. Petrus[a] Lombardus kommt man auf eine Linie, die mit Roger Bacon beginnt. Galilei hat direkt wenig damit zu tun; bei ihm ist das neu herausgekommen. Solche Dinge gehen eben nicht gradlinig.

NIPPERDEY: Hier zeigt sich, daß Tradition nicht d[as] Hintergründige,[b] sondern das in ausdrücklichen Gedankengängen Aufweisbare.

WEIN: Aber da ist d[as] Methodenmoment nicht berücksichtigt, an dem ich es gerade zu zeigen suchte. Man muß unterscheiden zwischen d[er] histor[ischen] Situation u. dem erkenntnispraktischen Einfall d[es] Operierens. Beweis dafür sind Roger [Bacon] u. Descartes: von beiden ist bekannt, daß sie Hauptbegründer d[er] Tradition nicht-mittelalterl[ichen]-Denkens [waren] u. von beiden

---

a Petrus] *nach Streichung über der Zeile eingefügt*
b Hintergründige] *berichtigt:* Vordergründige

wissen wir, daß gewisse[a] experimentelle Forschung von ihnen abgelehnt wurde. Die theoretischen Wegbereiter neuer Richtungen erkennen oft nicht ihre Verwirklichung. Gibt es nicht auch das Solassen der neuen Tradition. Durch d[en] personalen Geist? Führende Atomphysiker bekennen offen, daß sie von Niels Bohr abhängig sind.

NIPPERDEY: Nur wenn das Denken in eingefahrenen Bahnen beginnt, kann es zu neuen Bahnen kommen, die dann wiederum zu eingefahrenen werden.

HERRMANN: Der Antagonismus besteht fort: einerseits gibt es nach Wein ein personales Neuschaffen von Trad[ition]. Andererseits ist dies nach Nipperdey nur innerhalb festgezogener Grenzen möglich.

HARTMANN: Wir dürfen hier nicht zu sehr ins Detail gehen. Überall: ein Glauben, in d[er] Kunst, i[m] Rechtsleben[b] gibt es das gleiche Phänomen: der neuen Wegfindungen. Wir sind aus dem Problem des Denkens in das des Erkennens hinaus geglitten.

Ich möchte zurücklenken auf d[as] Problem d[es] Denkens: es gibt da ein großes Wunder des Denkens, das dem Ineinander v[on] persönl[ichem] u. überpersönl[ichem] Denken schon zugrunde liegt: u. zwar ist das die Fähigkeit d[es] Gedankens überhaupt, i[n] solche Objektivität herauszutreten, sodaß ein geschichtl[ich] über die Person hinausgehendes Denken daraus wird. Man kann das: Erhebung i[n] die Idealität nennen, d[as] ist Erheben in eine Sphäre, in der solche Gesetzlichkeiten wie die logischen gelten. Daß der Gedanke in diese Sphäre treten kann, in der er jederzeit wiedererkannt u. wiedergedacht werden kann, das setzt schon die Ablösung d[es] Gedankens vom denkenden Subjekte voraus. Dies scheint mir für d[as] Problem wichtiger als das Ineinandergreifen verschiedener Ordnungen.

Typoskript, Das Denken, X. Sitzung, von Bredow, Fach, F. Hartmann, Hartmann, Liebrucks, Nipperdey, Pape, Rudko, Wein, Zimmermann, 1948-07-15, Göttingen

Sitzung vom 15. Juli 1948[c]
Vorsitz: Frl. Pape
Protokoll: Zimmermann

Frl. PAPE: Auf Grund der Ergebnisse der letzten Sitzung ist zu fragen, welche Bedingungen erfüllt sein müssen, damit ein Gedanke von der Person abgelöst

---

a gewisse] *über der Zeile eingefügt*
b Rechtsleben] *Lesung unsicher*
c Sitzung vom 15. Juli 1948] *in der darüberliegenden Zeile und mit rotem Bs auf dem oberen Rand rechts wiederholt*: X.

und objektiv werden kann. Es ist möglich, dass diese Bedingungen in der Formulierbarkeit in Schrift und Sprache bestehen. Vielleicht aber ist es auch eine bestimmte Gesetzlichkeit, die logische oder eine andere, die den Gedanken zu einem objektiven macht? Ist es dieses, dann erhebt sich die Gegenfrage, ob nicht auch ein unlogisches Denken überpersonal und traditionsschaffend sein kann?

Ich möchte drei Thesen zur Diskussion stellen:
1. Das Abgelöstwerden des Gedankens vom subjektiven Denken ist indifferent gegen Erfüllung bestimmter logischer Gesetze. Auch Fehlschlüsse werden tradiert[.]
2. Objektivität des Gedankens ist indifferent gegen obj[ektive] Gültigkeit, d. h. Zutreffen des Gedankens auf reale oder ideale Gegenstände.
3. Objektivität des Gedankens definiert sich einerseits als Unabhängigkeit vom Vollzogenwerden eines subj[ektiven] Denkens und andererseits als Selbständigkeit, die sich aus der Nachvollziehbarkeit für jedes[a] subj[ektive] Denken herleitet.

HARTMANN: Grundsätzlich ist *jeder* Gedanke in die schwebende Seinsweise der Abgelöstheit erhebbar. Das ist bereits mit der inhaltlichen Ausgeformtheit gegeben. Kaum ausgesprochen und mitgeteilt, gehört der Gedanke jedem, der ihn erfassen kann. Das Wunder ist das, dass eine Sache hier vielen zugleich gehören kann, – im Gegensatz zu allem ungeistigen Sein.

Wenn nun auch jeder Gedanke grundsätzlich erhebbar ist[,] so gelangt doch faktisch nicht jeder in die andere Sphäre. Die Grenze für den faktischen Aufstieg bildet die empfundene Bedeutungsgewichtigkeit des Gedankens, für die es keinen obj[ektiven] Masstab gibt. Hierher gehört die Gleichgültigkeit gegen wahr und unwahr.

Frl. PAPE: Wie steht es mit der Indifferenz gegen die logischen Gesetze?

HARTMANN: Das ist nicht leicht zu sagen. Eine völlige Indifferenz gegen die log[ischen] Gesetze scheint nicht zu bestehen. Grössere Gedankenzusammenhänge würden ohne einen log[ischen] Zusammenhang zerflattern. Es besteht offensichtlich nicht die gleiche Unabhängigkeit gegen log[ische], wie gegen obj[ektive] Gültigkeit.

Frl. VON BREDOW: Muss man nicht berücksichtigen, dass im Denken selbst[,] sofern es denkt, keine völlige Indifferenz gegen log[ische] Gesetze besteht? Vielleicht ist die Indifferenz des abgelösten Gedankens gegen die log[ische] Gesetzlichkeit dieselbe, wie sie für das Denken besteht? Ein Denken ohne log[ische] Gesetze ist kein Denken mehr, – jedes Denken aber kann die log[ischen] Gesetze

---

[a] jedes] *danach gestrichen:* für jedes

verletzen. In Bezug auf die Indiff[erenz] gegen die log[ischen] Gesetze besteht für die Objektivität des Gedankens kein Novum gegenüber dem subj[ektiven] Denken.

WEIN: Das Verhältnis der beiden Sphären von Objektivität und Gedanklichkeit wird merkwürdig, wenn man es so grundsätzlich ausspricht, wie Hartmann. Die Frage ist nicht, ob und wann das Denken obj[ektiv] ist, sondern wann Obj[ektivität] eine solche des Gedankens ist; denn: inhaltliche Ausgeformtheit hat anderes auch, das nicht erhebbar und aussprechbar ist, – z. B. eine Stimmung. Für sie gilt, dass sie sich nicht vermitteln lässt. Vielleicht liegt das Kriterium für die Obj[ektivität] in der Aussprechbarkeit?

Fr. [F.] HARTMANN: Es gibt aber bestimmte Stimmungen, die sich der Sphäre der Objektivität dadurch nähern, dass man sie sich wiederholen und zurückrufen kann.

Frl. VON BREDOW: Wiederholbarkeit ist kein Zeichen für Obj[ektivität.] Dass ich etwas für mich wiederholen kann, bedeutet nicht[,] dass es von mir ablösbar ist.

FACH: Es ist fraglich, ob Gedanken total obj[ektiv] werden können. Es bleibt wohl immer ein Rest, der nicht obj[ektiv] werden kann. Das sieht man daran, dass Gedanken verschieden interpretiert werden können. Andererseits können auch Gefühle – aber wiederum nicht total, – obj[ektiv] werden. An Dichtungen kann man sehen, dass Gefühle sich vermitteln lassen.

Fr. [F.] HARTMANN: So scheint es mir auch zu sein. Der obj[ektive] Gedanke wird jedesmal in anderer subj[ektiver] Färbung nachvollzogen.

HARTMANN: Die subj[ektive] Färbung ist das, was aus dem eigentlichen Wesen des Gedankens stets herausbleibt. Es ist eine Grenze des Denkens überhaupt, dass es sich bemüht[,] die subj[ektiven] Momente auszuschalten.

Wein hatte gefragt, wann Obj[ektivität] eine solche des Gedankens ist. Das setzt voraus, dass es auch eine andere Obj[ektivität] gibt, als die des Denkens. Das Kriterium könnte für das Denken in der Aussprechbarkeit liegen. Es gibt nun aber denkerische Verhältnisse, die in dieselbe Obj[ektivität] erhoben sind, ohne an der Aussprechbarkeit zu hängen. So begann einst die Geometrie im alten Ägypten als priesterliche Geheimkunst und diente der Wiederfindung der Landmarken der Felder nach Überschwemmungen. Es handelte sich dabei um eine Anwendung des 2. Kongruenzsatzes, *ohne* dass der Satz selbst ausformuliert bekannt war. Der Satz selbst wurde erst später gefunden. Das ist ein Beispiel für Erhobenheit in die Obj[ektivität] ohne Aussprechbarkeit. Wir müssen also die Grenze anders ziehen als Wein.

Frl. VON BREDOW: Denken ist stets Denken eines Inhalts. In dem angeführten Beispiel scheint nicht der Kongruenzsatz[,] sondern ein anderer *aussprechbarer* Gehalt der Inhalt des Denkens zu sein.

HARTMANN: Dann wäre die Geheimkunst keine Geheimkunst gewesen.
Frl. VON BREDOW: Eine Kunst ist nicht deswegen geheim, weil sie nicht aussprechbar ist, sondern weil sie nur einer kleinen Kaste gehört.
HARTMANN: Nein. Die Priester hatten die Kunst[,] aber nicht das Wissen. Der eine sah sie dem anderen ab und lernte, indem er mitmachte. Es handelt sich nicht um ein Weitergeben durch das Wort.
Fr. [F.] HARTMANN: Das ist umso leichter, als ja in der Geometrie der Gedanke nicht am Wort[,] sondern an der Raumvorstellung haftet.
RUDKO: Der Schlüssel für unser Problem scheint in einer anderen Richtung, als der der Aussprechbarkeit zu liegen[.] In jedem Denken handelt es sich darum, dass sich eine Mannigfaltigkeit inhaltlicher Momente zu einem Gedanken zusammenschliesst. Dieses Sich-Ineinanderfügen geschieht noch vor der inhaltlichen Ausgeformtheit und ist der Ansatz zur Erhobenheit in die andere Sphäre.
NIPPERDEY: Das ist kein Spezifikum des Denkens, da dasselbe Verhältnis auch im Bereich des Psychischen spielt[.]
LIEBRUCKS: Das Problem der Einheit hat hier wohl seinen Ort. Das Vereinheitlichende führt zur Obj[ektivität.] Man sieht das zwar am Denken am besten – aber es gibt das auch bei psychischen Phänomenen. Es gibt obj[ektive] Stimmungen. Sie sind z. B. an einem Ort und können einem begegnen.
Frl. PAPE: Haben wir im Bisherigen nicht die Grenze der Obj[ektivität] immer weiter zurückverlegt? Zuerst wurde sie in der Bedeutsamkeit gesehen, dann in der Aussprechbarkeit, dann in der Mannigfaltigkeit und nun in der Einheit.
HARTMANN: Ich glaube das nicht. Es kann etwas Äusserliches, u. U. ein Missverständnis sein, das den Gedanken obj[ektiv] macht. Durch die Aufweisung der verschiedenen Momente haben wir die Grenze verengert.
LIEBRUCKS. Ich meine auch, dass die verschiedenen Momente zusammengehen und dass nicht *ein* Moment die Obj[ektivität] angeben kann. In jeder Bedeutsamkeit liegt z. B. Einheitlichk[eit.]
RUDKO: Nicht das Denken als Denken hat schon Obj[ektivität,] sondern erst die Inhaltlichkeit des Denkens. Indem Gehalte zusammenschiessen, lösen sie sich idealiter vom Subj[ekt.]
PAPE: Ich sehe jetzt sehr verschiedene Grenzen von Obj[ektivität.] Die innerste ist die von Rudko, die äusserste die der Bedeutsamkeit.
HARTMANN: Jeder Gedanke ist erhebbar. Die Bedeutsamkeit aber verleiht nicht die *Möglichkeit* des Erhobenwerdens[,] sondern das Faktische der Erhebung.
Frl. VON BREDOW: Was heisst aber dann Erhebung in die Obj[ektivität]? Ist es die Erhebbarkeit oder die faktische Erhebung?
LIEBRUCKS: Obj[ektivität] kann nur tatsächliche Erhebung meinen[.]

Frl. PAPE: Aber wenn ich mir einen Gedanken überlege, dann ist er obj[ektiv] auch vor jeder Mitteilung.

HARTMANN: Wenn ich nur etwas denke[,] aber nicht ausspreche, dann stirbt der Gedanke mit mir.

Frl. VON BREDOW: Das Problem der Obj[ektivität] sagt uns nichts zum Problem des Denkens, da die Obj[ektivität] von Zufälligkeiten abhängt, die nichts mit dem Denken zu tun haben. Das eigentliche Problem ist das der Erhebbarkeit.

Fr. [F.] HARTMANN: In *jedem* Denken spielt sich der Vorgang ab, dass sich ein Inhalt vom Vorgang des Denkens ablöst und in eine andere Sphäre erhoben wird, in der die Zeit keine Rolle spielt.

Frl. VON BREDOW: Erhebung in die andere Sphäre kann heissen: Erhebung in die ideale Sphäre oder die des obj[ektiven] Geistes.

HARTMANN: Ich sage: Erhebung in die intersubjektive Sphäre. Was dahintersteht, bleibt ungesagt.

Frl. VON BREDOW: Gerade das aber ist wichtig. Ich sehe nämlich zwei Sphären.

WEIN: Ich möchte vier Bemerkungen machen:
1. Ich glaube, dass es eine solche intersubj[ektive] Sphäre des Denkens gibt, die nicht an die Sprachvermittlung gebunden ist. Sie nimmt aber keinen grossen Raum ein und ist relativ bedeutungslos.
2. Ich glaube auch, dass es anderes Objektives gibt als Denkobj[ektives.] So tritt die Natur allen Wesen mit gleichen Organen in gleicher Stimmung entgegen.
3. Ich sehe die Aussprechbarkeit nicht als Kriterium, sondern als Folge der Obj[ektivität] an.
4. Welches ist die Bedingung der Möglichkeit von *Denk*inhaltlichkeit? Die *Denk*inhaltlichkeit hat (als ihr Spezifikum) zur Folge, dass der Gedanke aussprechbar wird, aus meinem Bewusstsein heraustritt und allgemein werden kann. – Andererseits muss die Denkinhaltlichkeit der Bedingung genügen, unabhängig vom Vollzogenwerden zu sein (was nicht intersubj[ektive] Sphäre heisst[a]). Das Auszeichnende beim Denken ist, dass sich hier eine Zwischensphäre bildet, die sich als die der Bedeutung, des Sinnes bestimmt. Die besondere Unabhängigkeit vom Vollzogenwerden gibt es nur beim Denken. Auch bei Stimmungen gibt es etwas, das nicht von Gnaden des Aktes besteht, aber nie die Sphäre von Sinn und Bedeutung. Diese Formel ist zwar gefährlich, da sie sich in der Nähe der „Sätze an sich" befindet. Die gemeinte Sphäre ist aber nicht gleich der log[ischen].

---

a heisst] heisst.

HARTMANN: Diese Unterscheidung zur idealen Sphäre ist ebenso wichtig, wie die zur psychischen. Die ideale Sph[äre] hat zeitloses Sein. Die uns interessierenden Gebilde aber sind geschichtlich, sie kommen und gehen. Das sieht man gut an der Geschichte der Begriffe. Begriffe sind nicht ideal, es gibt nichts Beweglicheres als sie. Aber sie sind auch nicht gefesselt an den Denkakt eines Subj[ekts.] Im Anfang kann man ihre Sphäre intersubj[ektiv] nennen. Dennoch haben auch Begriffe etwas vom Idealen, Ueberzeitlichen an sich. In alten Texten in ihrem ursprünglichen Zusammenhang stehend erhalten sie sich ohne jeden Wandel. Sie sind in die erscheinende Idealität erhoben. Die von uns gesuchte Sphäre ist nicht die der Bedeutung. Husserl und Bolzano hatten nicht die geschichtl[iche] Sphäre im Blick. Pfänder ist da wohl richtiger gegangen, indem er die log[ischen] Gesetze für solche des idealen Seins hielt, denen äusserlich ist, dass ein Denken sie zu seinen Normen macht. Wir haben also auf der einen Seite die beiden Realsphären der subj[ektiven] und obj[ektiven] Denkgehalte und auf der anderen Seite die ideale und die log[ische] Sphäre. Letztere ist weder identisch mit der idealen, noch sind die in ihr geltenden Gesetze identisch mit denen des Denkens.

WEIN: Wenn der Ausdruck „Gegenstand" nicht so abgegriffen wäre, würde für das, was ich Denkinhaltlichkeit, bezw. Zwischensphäre nenne[,] der Meinong'sche Gegenstandsbegriff passen. Der schlichte Ausdruck Bedeutsamkeit gehört schon hierher. Es ist paradox: Begriffe wandeln sich, aber jedes Stadium ist gleichzeitig eine Bedeutung, die als solche zeitlos und für immer besteht. Durch das Denken nehmen die Stadien ihre Form an und daran sieht man[,] dass zum Inhalt des Denkens beides gehört: zeitlose und zeitliche Bedeutung. – Innerhalb der Bereiche des Denkens gibt es Unterschiede der Ablösbarkeit von Denkinhalten. So lässt sich z. B. das Mathematische besser in die andere Sphäre erheben, als das Aufklärerische im Denken Descartes[`].

HARTMANN (zu Wein): Würden Sie zugeben, dass die Tendenz der Wissenschaft zur Objektivität (im anderen Sinne) und Überzeitlichkeit nicht eine Tendenz in die geschichtl[iche] obj[ektive] Sphäre ist[,] sondern in die logische?

WEIN: Ja! Das[a] schwebte mit gerade zu Anfang vor. Ich glaube auch, dass man hier den Ausdruck „log[ische] Sphäre" nicht umgehen kann. Es ist ein Phänomen, dass eine Tendenz in eine andere Sphäre besteht und je nach Art der Wissenschaft ist sie verschieden.

HARTMANN: Auch in der Geschichtswissenschaft ist sie trotz aller Erschütterung durch den Relativismus da.

Frl. PAPE: Hängt diese Tendenz nicht am Erkenntnischarakter und nicht am Denken als Denken?

---

[a] Das] das

WEIN: Nein! Schon im frühen religiösen und mythischen Denken besteht eine Tendenz auf eine log[ische] Sphäre, eine gewisse Denkinhaltlichkeit.

HARTMANN: Diese Tendenz zur log[ischen] Sphäre geht noch über die Tendenz zum Gegenstand hinaus. Es ist eine Tendenz zu überzeitlicher Geltung.

LIEBRUCKS: Die Erhebung eines Gedankens in die Sphäre des obj[ektiven] Geistes hängt also zusammen mit der Tendenz, den Gedanken in die log[ische] Sphäre zu erheben?

HARTMANN: Das ist die richtige Konsequenz. Jede Wissenschaft hat die Tendenz[,] ihre Gehalte in die log[ische] Sphäre zu erheben. In Wirklichkeit aber gelangen sie nur in die geschichtl[iche] obj[ektive] Sphäre. Nur einiges gelangt in die log[ische] Sphäre. Meistens kommt es nur zur Ausformung bestimmter Gedanken, die ihre Gültigkeit nur für bestimmte Epochen haben.

NIPPERDEY: Woran liegt es, dass diese Erhebung in die logische Sphäre nicht gelingt? Liegt es an der seltenen Logizität des Denkens?

WEIN: Die Frage ist sehr berechtigt. Es ist doch so, dass ein Gedanke von der Art des mathematischen Elementargedankens weitgehend vor der Relativierung gefeit ist. Es gibt aber wenig innerhalb der Wissenschaften, das invariabel, relevant und allgemein bleibt. Woran liegt das? Man sagt heute vielfach, dass es an der besonderen Sprache liegt, in der die mathematischen Gehalte ausdrückbar sind, an der Symbolsprache. Alles so Ausdrückbare lasse sich streng und eindeutig fassen. Zweitens kann die Invarianz eines Gedankens bedingt sein durch die Art und Weise, wie sich der betr[effende] Stoff logisch durchstrukturieren lässt.

NIPPERDEY: Die Mathematik erreicht auch deswegen ihr Ziel besser, weil ihre Gegenstände in der idealen Sphäre liegen.

Frl. PAPE: Ist dann nicht für andere Wissenschaften die Tendenz zur Symbolsprache und zum log[ischen] Durchstrukturieren eine Fehltendenz?

NIPPERDEY: Ich glaube ja!

LIEBRUCKS: Es kann sein, dass für die Mathematiker bisher allein eine Sprache gefunden worden ist, die ihrer Erhebbarkeit in die andere Sphäre genügt und dass für andere Wissenschaften auch noch eine solche Sprache gefunden wird?

NIPPERDEY: Ist es nicht vielmehr so, dass mit dem math[ematischen] Gegenstand die math[ematische] Sprache gegeben ist?

HARTMANN: Für unser Problem handelt es sich nicht um die Erhebung in die ideale[,] sondern in die log[ische] Sphäre. Diese beiden Sphären sind vom Menschen her schlecht zu unterscheiden. Den Tatbestand, dass math[ematische] Gegenstände besser erhebbar sind, als andere[,] kann man nur beschreiben, als eine Nahstellung des Bewusstseins zum idealen Sein. Das νοεῖν[1] findet seine Gegenstände, ohne aus sich heraus in die Welt äusserer Gegenstände greifen zu müssen. Es handelt sich dabei um die innere Gegebenheit von Etwas, das nicht aufgeht im Gedachtsein von uns und in der Zwingkraft auf unser Denken.[a] Es ist hier also ein Unterschied der Gegenstände vorhanden und wären die Gegenstände der Geisteswissenschaften von derselben Seinsweise, wie die math[ematischen], so ständen auch sie dem Bewusstsein nahe. – Andererseits können auch math[ematische] Gegenstände in die geschichtl[iche] Sphäre geraten. Es gibt ein Schwanken der Auffassungen in der Mathematik. Man denke da nur an die Diskussion der Theorien der unendlichen Reihen[,] in der sich eine Theorie des Grenzüberganges herausbildete. Das ist ein Beispiel für das Ringen mit einem idealen Gegenstand, in dem gewisse Stadien ein ephemeres Dasein in der Gesch[ichte] gehabt haben. Ähnliche Beispiele bietet die Quadratur des Zirkels und das perpetuum mobile.

WEIN: Man darf die Rolle der log[ischen] Formen für die Math[ematik] nicht überschätzen. Descartes hat in scharfer Form[b] die relative Unergiebigkeit der log[ischen] Formen für die Wissenschaft von den Proportionen betont. Das Verhältnis von Logik und Math[ematik] ist heute soweit geklärt, dass wir die Frage nach der Math[ematik] nicht mit der nach der Logik verquicken sollten.

NIPPERDEY: Wenn die Nicht-Erhebbarkeit in die log[ische] Sphäre bei den nicht-math[ematischen] Wissenschaften an ihren Gegenständen liegt, wie konnte dann aber die Erhebung ab und zu doch gelingen?

HARTMANN: Meistens handelt es sich um die wissenschaftliche Konstatierung von etwas, das als[c] Tatsächlichkeit fraglich war, in seiner Tatsächlichkeit.

---

1 νοεῖν] *wahrnehmen, verstehen, denken*

---

a Denken.] Denken,
b Form] Form,
c als] *über der Zeile eingefügt für gestrichen:* in seiner

Typoskript, Das Denken, XI. Sitzung, von Bredow, Fach, F. Hartmann, Hartmann, Herrmann, Liebrucks, Nipperdey, Pape, Rudko, Wein, 1948-07-22, Göttingen

Protokoll[a]
vom 22. 7. 1948.[b]
Vorsitz: Herr Wein
Protokoll: L. Herrmann

Hr. HARTMANN: Auf Grund unserer Überlegungen in der vorigen Sitzung haben wir m. E. vier Tendenzen des seinsrelevanten Denkens zu unterscheiden:
1. die Tendenz zur vollen Bewußtheit
2. die Tendenz zur Wahrheit
3. die Tendenz zur logischen Sphäre
4. die Tendenz zur geschichtlich-geistigen Sphäre.

Die Diskussion hätte folglich an diesem Punkte anzusetzen.

Hr. WEIN: Es scheint mir zweckmäßig, von den 4 aufgezählten Tendenzen zunächst die auf die logische Sphäre hingerichtete Tendenz zu untersuchen. Diese Tendenz läßt sich wohl in vierfacher Weise deuten:
1. Das auf die logische Sphäre hin tendierende Denken richtet sich nach einer logischen Gesetzmäßigkeit des Denkens. Diese jedoch ist nicht unbedingt determinierend. Das Denken *braucht* sich nicht nach ihr[c] zu richten.
2. Das sich auf die logische Sphäre hin richtende Denken steht unter einer Gesetzmäßigkeit, die in keiner Weise zwingend ist, sondern nur ein Sollen darstellt. Diese Gesetzmäßigkeit ist also rein normativ.
3. Die Prinzipien, die das auf die logische Sphäre sich richtende Denken bestimmen, sind Gesetze des idealen Seins. Logisches Denken richtet sich daher nach objektiven Sachverhalten, freilich nicht nach realen, sondern idealen Sachverhalten.
4. Die [d]logischen Gesetze sind notwendige Mittel zum erfolgreichen Denken, zu einem Denken, das sich in der Welt bewährt. Es gibt dem Prinzip der Utilität nach ein gutes und schlechtes, ein normales und entartetes, ein gesundes und pathologisches Denken.

Wir müssen an das Problem des logischen Denkens herangehen von der gemeinsamen Grenze, die letzteres mit dem Psychologischen hat. Alles

---

a Protokoll] *mittig und gestrichelt unterstrichen*
b vom 22. 7. 1948.] *mittig; darunter: Nr. XI., unterstrichen; mit rotem Bs auf dem oberen Rand rechts:* XI.
c ihr] ihm
d Die] *davor:* 3.

Denken hat eine Tendenz zur Objektivität. Praktisch genommen aber ist alles Denken von störenden Tendenzen, die ihren Ursprung im Psychischen haben, durchzogen. Es ist falsch, zumindesten oberflächlich, das einfach als Einschläge des soge[nannten] unlogischen Denkens anzusehen. Der Begriff des Unlogischen ist zu leer und ist noch nicht klar definiert worden: Was meinen wir, wenn wir sagen, daß etwas unlogisch ist?

Beispiel: Jemand bringt mir eine unangenehme Nachricht, und ich halte nun den Überbringer dieser Nachricht für den Urheber des Übels, oder aber: ich behandle den A schlecht, A behandelt mich darauf ebenfalls schlecht, und ich halte ihn aus diesem Grunde für einen schlechten Menschen. In jedem unlogischen Denken sind auch logische Momente, ganze Partien des unlogischen Denkens können streng logisch sein. Das eigentlich Unlogische aber liegt im Abreißen dieser Kette, d. h. die Elemente, die sich in den logischen Duktus einschieben und ihn unterbrechen, wären zu untersuchen.

Bei dem ersten Beispiel ist unlogisch die Verschiebung, die darin beruht, daß ich einem objektiv Unschuldigen die Schuld an der für mich unangenehmen Neuigkeit zuschiebe.

Eine Tendenz in die logische Sphäre scheint bei allem sich auf Seiendes richtenden Denken gegeben. Ebenso aber liegt bei allem solchen Denken das Gegenspiel anderer Tendenzen vor.

Frl. PAPE: Unlogisch scheint mir gerade nicht das Abbrechen, sondern das scheinbar um objektive Sachverhalte völlig unbekümmerte Fortsetzen der logischen Kette. Darum sind oft Trugschlüsse für Gegner ihrer Argumentation fast unwiderleglich.

Hr. RUDKO: Unlogisches Denken ist ein Denken, das keinen Boden hat. Man sucht das zu erschüttern, was als Tatsache feststeht und anderes an seine Stelle zu setzen, was im wahrsten Sinne des Wortes aus der Luft gegriffen ist.

Hr. LIEBRUCKS: Wenn wir etwas „unlogisch" nennen, so wollen wir oft damit sagen, „das entspricht nicht der Wirklichkeit". Irgendwie stellt sich logisches Denken immer unter Sachverhalte. Entscheidend für das logische Denken ist es, daß es ein „koinon[1]", ein gemeinsames Allgemeingültiges, eine intersubjektive Geltung besitzt. Hier liegt auch das ethische Moment des logischen Denkens, das ein Denken für die und in der Gemeinschaft ist.

---

1 koinon] *Gemeinsames*

Hr. NIPPERDEY: Es ist unmöglich, vom Unlogischen her das Logische zu[a] bestimmen.[b]

Hr. FACH: Das unlogische Denken wird oft als das Unwahre verstanden, aber fälschlicherweise. Denn logisches Denken und wahres Denken haben nichts miteinander zu tun. Ersteres erstreckt sich nur auf die formale Richtigkeit und Selbstübereinstimmung eines Gedankenduktus, letzteres aber auf die objektive Wahrheit, d. h. auf die Übereinstimmung mit dem Gegenstande, auf den sich das Denken bezieht.

Frl. VON BREDOW: Das Wesen des Logischen und des Unlogischen ist noch näher herauszuarbeiten. Beruht das Unlogische nicht darin, daß einer Norm, unter der das logische Denken steht, nicht gehorcht wird?[c] Was wird denn abgebrochen, wenn eine logische Kette im Sinne von Herrn Wein durchbrochen wird?[d] Ich glaube[,] es ist der Gedankengang, der einer logischen Norm gehorcht. Verhält es sich aber so, dann ist das Wesen des Logischen wie das des Unlogischen nicht zu begründen, denn es liegt im Begriff einer Norm und der von ihr ausgehenden Forderung, daß sie unbegründbar[e] ist. Mit der logischen Form aber ist immer auch eine Tendenz auf Wahrheit verknüpft (nicht nur eine solche auf formale Richtigkeit).

Frl. PAPE (zu Liebrucks): Was verstehen Sie unter Sachverhalten? Es scheint mir diskutabel, das logische Denken auf seine Abhängigkeit von objektiven Sachverhalten begründen zu wollen. Eine zweite Möglichkeit[f] es zu begründen wäre die von Ihnen aufgezeigte Fundierung des Logischen im koinon, in der intersubjektiven Allgemeingültigkeit.

Hr. HARTMANN: Es gibt kein vollkommen freies Kombinieren von Gedanken. In einem solchen kann daher unlogisches Denken keine Ursache haben. Die Ursache für unlogisches Denken kann vielmehr in psychischen Ablaufgesetzen, d. h. in den Assoziationsgesetzen gesucht werden. Es ist keinesfalls so, daß wir schrankenlose Freiheit haben und denken können, was wir wollen. Wir sind zunächst einmal an Geleise gebunden, die nicht die logischen sind und die subjektiv psychisch sein können. Aus der psychischen Sphäre[:] volitive Einflüsse sind in der Tat oft für unser Denken bestimmend. Warum überhaupt bemühen wir uns logisch zu denken? Weil nur auf Grund von logischer Richtigkeit *Wahrheit* erreichbar ist. (Zu Herrn Fach) Wahrheit und Richtigkeit sind zwar nicht dasselbe, aber keineswegs indifferent gegeneinander, vielmehr ist

---

a zu] *über der Zeile eingefügt*
b bestimmen.] *danach gestrichen:* zu
c wird?] wird.
d wird?] wird.
e unbegründbar] unbegründbar.
f Möglichkeit] Möglichkeit,

die Richtigkeit des Denkens die Voraussetzung für seine Wahrheit. Sie ist die Mindestforderung, die ein allgemeingültiges Denken zu erfüllen hat, ohne sie kann keine Wahrheit[a] des Denkens bestehen. Daher zwingt uns unser eigenstes Interesse dazu, unser Denken logischen Gesetzen zu unterwerfen. Nun aber ist zu fragen, was für[b] einen Charakter haben denn logische Gesetze? Pfänder sagt: Logische Gesetze sind ursprünglich Gesetze des idealen Seins, denen es nur äußerlich ist, Gesetze des Denkens werden zu können. Logische Gesetze beziehen sich außerdem immer nur auf Relationen oder, wie Spinoza sagen würde: auf ordo et connectio, niemals aber auf die relata. Denkfehler aber können gleichgültig, in welcher Schicht des Denkens sie vorkommen, in die objektiv-geschichtliche Sphäre erhoben werden. Lange Zeitalter können von denselben Denkfehlern beherrscht sein. Beispiele dafür sind die abergläubischen Vorstellungen und der Glaube an die Strafbarkeit des Andersdenkens im Mittelalter. Solche falschen Denkstrukturen können in die logische Sphäre vordringen, d. h. es kann erkannt werden, daß sich in der logischen Sphäre bewegende Gedankengänge im Wesen identisch mit vorlogischen Gedankengängen gleicher Art sind.

Hr. LIEBRUCKS: Wenn die Prämissen eines Denkens wahr sind, und wenn es nach logischer Gesetzmäßigkeit verläuft, dann muß auch der durch dieses Denken ermittelte Schluß objektive Gültigkeit haben. Ich habe in diesem Falle die Gewähr, daß mein logisches Denken an den Sachverhalten „daran geblieben" ist. Also steht logisches Denken immer in einer Beziehung zu objektiven Sachverhalten idealer oder realer Natur. Gegen meine These der Bestimmung des logischen Denkens als eines Denkens der intersubjektiven Allgemeingültigkeit kann eingewandt werden, daß es auch falsche Allgemeingültigkeiten gibt, aber das ist eben doch[c] keine echte Gemeinsamkeit.

Hr. NIPPERDEY: Unser Problem ist die Fundierung des Logischen. Hier spricht man aber schon von vorausgesetzten logischen Gesetzen, aber gibt es nicht mehrere Logiken, z. B. nicht-aristotelische?

Frl. VON BREDOW: Wir müssen unterscheiden zwischen der logischen Sphäre und der streng logischen Gesetzlichkeit. Die[d] Inhalte der logischen Sphäre erfüllen die logische Gesetzlichkeit nicht. Daher die Trugschlüsse der Sophisten.

Hr. WEIN: Auch das unlogische Denken erhebt Anspruch auf Allgemeingültigkeit. Im unlogischen Denken herrscht gewisse Strecken Richtigkeit. Nur dann bricht

---

a Wahrheit] *danach gestrichen:* bestehen
b für] *mit Bs über der Zeile eingefügt für gestrichen:* wir
c doch] *mit Bs über der Zeile eingefügt*
d Die] *davor gestrichen:* Wir müs

die logische Denkkette ab. Man kann zweierlei Art von unlogischem Denken unterscheiden:
1. nicht assoziatives Denken, sondern bewußtes Räsonieren, das Anspruch auf Überzeugung erhebt – meistens mit Erfolg;
2. unrichtiges Denken als nicht in-sich-einstimmiges Denken.
Wenn aber das logische Denken in der Herstellung richtiger Relationen beruht, so beruht auch das unlogische[a] in der Herstellung gewisser Relationen.

Frl. PAPE: Unlogisches Denken kann nicht richtig, d. h. nie wahrhaft in sich einstimmig sein, unlogisch wird das Denken erst, wo das Denken aus der logischen Sphäre heraustritt.

Hr. WEIN: Könnte man nicht sagen, daß es ein Denken gibt, das logische Fehler macht und dennoch logische Struktur hat und in der logischen Sphäre ist?

Fr. [F.] HARTMANN: Der Gedanke ist doch immer schon in der logischen Sphäre.

Hr. HARTMANN: Schon der Satz von der Identität oder der Satz vom Widerspruch genügen, um[b] einen Gedanken in die logische Sphäre zu stellen.

Hr. NIPPERDEY: Logisch scheint mir hier als Oberbegriff von im eigentlichen Sinne Logischem und Unlogischen verstanden zu werden.

Hr. RUDKO: Wenn wir von logischer Sphäre sprechen, so meinen wir damit etwas, was[c] auch unlogisch sein kann. Die Lösung scheint mir bei Pfänder zu liegen. Alles logische Denken ist Bezogenheit auf ein ideales Sein, aber auch das Unlogische. Logisches und Unlogisches unterscheiden sich nur dadurch, daß das erstere das ideale Sein wahrhaft nachbildet, während das letztere es verfehlt. In diesem Sinne[d] kann auch Unlogisches zur logischen Sphäre gerechnet werden, da es wie das Logische auf ideale logische Gesetze abzielt.

Hr. HARTMANN: Es gibt in der Tat Gedankengänge, die in der logischen Sphäre sind und trotzdem nicht schließen. Die Unsterblichkeitsbeweise bei Platon[e,f] und die Trugschlüsse der Sophisten sind Beweis dafür.

Hr. WEIN: Also scheint es damit erwiesen, daß die logische Sphäre auch unlogisches Denken in sich faßt.

Hr. NIPPERDEY: Das scheint mir in der Tat unlogisch[.] Denn das Unlogische kann nur dort beginnen, wo eben das Logische aufhört.

---

a unlogische] Unlogische
b um] *danach gestrichen:* ihn
c was] *danach gestrichen:* innerhalb dieser Sphäre
d Sinne] *mit Bs über der Zeile eingefügt*
e bei Platon] *mit Bs auf dem rechten Rand eingefügt*
f bei Platon] *Lesung unsicher*

Hr. WEIN: (zu Nipperdey) Wie erklären Sie sich dann, daß es Schlüsse gibt, die eine logisch richtige Form haben,[a] also doch irgendwie der logischen Sphäre angehören, aber dennoch falsch sind.

VON BREDOW: Das erklärt sich daraus, daß ihre sachlichen Prämissen unwahr sind.

Hr. WEIN: Ist das der einzige Erklärungsgrund für die Falschheit logischen Denkens, daß seine aus der Objektsphäre stammenden Prämissen falsch sind. Ich glaube vielmehr, daß es sich hierbei, d. h. bei der Unterscheidung zwischen falsch und richtig, um Unterscheidungen innerhalb der logischen Sphäre selbst handelt.

Hr. LIEBRUCKS: Hieraus geht klar hervor, daß hier zwei grundverschiedene Ansichten hinsichtlich dessen[,] was man unter logischer Sphäre versteht, bestehen. Die einen nennen logisch nur das, was unter strenger logischer Gesetzmäßigkeit steht, die anderen aber das, was überhaupt die Form eines Logischen hat.

Hr. WEIN: Wir stehen hier in der Tat an einem Grundproblem des logischen Denkens und damit des Denkens überhaupt. Wir müßten meiner Ansicht nach daher dieses Thema in der nächsten Sitzung weiterdiskutieren.[b]

Typoskript, Das Denken, XII. Sitzung, Fach, Hartmann, Herrmann, Liebrucks, Nipperdey, Rudko, Wein, 1948-07-29, Göttingen

Sitzung vom 29. 7. 1948[c]
Vorsitz: Herrmann.
Protokoll: Fach.

HERRMANN: Wir haben zwei antagonistische Auffassungen des Begriffs logische Sphäre herausdisputiert. Einmal die Auffassung, daß alles zur logischen Sphäre gehört, was logische Form hat, was logisch erscheinen will, nach dieser Auffassung gehört auch das räsonierende Denken in die logische Sphäre; andererseits wurde die Auffassung vertreten, dass nur das Denken in die logische Sphäre gehört, in welchem die logischen Gesetze erfüllt sind, alles Denken, was sich den logischen Gesetzen nicht unterworfen hat, soll unlogisch sein. Daraus ergeben sich folgende Fragen für unser Problem:

1.) Erstreckt sich die logische Sphäre über alles, was der Form nach logisch ist, oder

---

a haben,] *danach gestrichen:* und dennoch
b *doppelter, gestrichelter, horizontaler Abschlussstrich mittig unterhalb der Zeile*
c Sitzung vom 29. 7. 1948] *mittig und unterstrichen; danach mit rotem Bs auf dem oberen Rand rechts:* XII.

2.) ist nur das logisch, was unter logischer Gesetzmässigkeit steht, wobei wir bedenken müssen, dass die logische Gesetzmässigkeit noch nicht eindeutig bestimmt ist und

3.) die Frage, ob das logisch falsche Denken in der Unwahrheit der Prämissen begründet ist oder darin, dass die Denkkette innerhalb der logischen Sphäre unterbrochen wird.

HARTMANN: Es gehört nicht allein das Denken zur logischen Sphäre, in welchem die logischen Gesetze erfüllt sind. Wir müssen vielmehr daran erinnern, daß unser Denken die Tendenz zur logischen Sphäre hat, was mittelbar eine Tendenz zur Wahrheit ist. Der Mensch hat die Tendenz, seine Gedanken in die logische Sphäre zu heben. Es gibt folgerichtiges Denken, das[a] in seinem Verlauf wohl einen Verstoß gegen die logischen Gesetze begehen kann und doch logisch weiterdenkt. Auf die Frage nach der logischen Gesetzmässigkeit ist zu antworten, daß diese durch alle logischen Gesetze constituiert wird, so etwa durch die Kontraposition, die Consequentia modalis, die Aequivalenz- und die Aequipollenzgesetze,[b] durch die vier Gesetze der Schlußfigur. Dagegen ist es zweifelhaft, ob die Induktionsschlüsse noch zur logischen Gesetzmässigkeit gehören, da sie je nach Gegenstandsgebiet variieren.

WEIN: Es stellte sich heraus, daß es eine Logik des Widerspruches gibt, die sich etwa im Auftreten der Paradoxien oder auch in Kant's Ringen um die Dialektik ausdrückt. In diesem Zusammenhang ist an die Forschung Robert Heiß' zu erinnern. Nach ihm hat diese Logik des Widerspruchs logoide oder logikähnliche Gesetze.

NIPPERDEY: Sind diese Gesetze auch Gesetze des idealen Seins?

HARTMANN: Ja, die Gesetzlichkeit der Grenzgebiete des Logischen ist auch Gesetzlichkeit des idealen Seins. Das lässt sich an verschiedenen Beispielen aufzeigen. Nach Robert Heiß gehört zum Auftreten einer streng logischen Paradoxie dreierlei: 1. die Allgemeinheit, 2. die Selbstbezogenheit und 3. die Negation. Das zeigt sich etwa am Beispiel des „Dorfbarbiers"[.] Der Dorfbarbier ist der, der alle rasiert, die sich nicht selbst rasieren. Rasiert er sich selbst, so ist er nicht der Definierte, rasiert er sich nicht selbst, rasiert er nicht alle, wie behauptet, die sich nicht selbst rasieren. Ebenso in Kreisbewegung schliesst das Denken beim „Krokodil" und „Lügner" und auch beim Mengenparadoxon. Es handelt sich um die Menge aller Mengen, die sich nicht selbst enthalten. Enthält diese Menge sich selbst, so enthält sie sich nicht selbst, enthält sie sich nicht selbst, so enthält sie nicht alle Mengen, die sich nicht selbst

---

a das] daß
b Consequentia modalis, die Aequivalenz- und die Aequipollenzgesetze] *Lesung unsicher*

enthalten. An diesem Beispiel zeigt sich deutlich die Allgemeinheit und die Selbstbezogenheit dieser logischen Paradoxien. Ernster ist der Widerspruch der dynamischen Antinomien Kants, die die determinativen Reihen betreffen. So das absolut notwendige Wesen, das sich einer eindringenden Analyse als das absolut zufällige Wesen erweist. An diesem letzten Beispiel taucht die Realität des Widerspruchs auf, die Aufhebung des Widerspruchs im Sein ist.[a]

LIEBRUCKS: Unsere Tendenz geht zunächst mehr darauf, diese Widersprüche auszuschalten. Erst die Sachen selbst zwingen unser Denken zur Dialektik. Natürlicherweise sind wir nicht auf Dialektik aus, nur philosophisch reifes Denken kann Tendenz zur Dialektik haben.

NIPPERDEY: Nach dem bisher Gesagten sind in der logischen Sphäre die Widersprüche und Gegensätze zusammengeschlossen. Muß aber die Logik ihrem Wesen nach nicht danach trachten[,] die Widersprüche und Paradoxien aus ihrem Bereich auszuschliessen?

HARTMANN: Die Tendenz des menschlichen Denkens zur logischen Sphäre ist nicht Tendenz auf die Grenzgesetze, sondern auf die zentralen Gesetze, die immer den Charakter von idealen Seinsgesetzen haben. Die Grenze einer Sphäre bedeutet auch nicht, dass die Gültigkeit der Gesetze dieser Sphäre aufgehoben wird, diese Grenze bedeutet nur, daß sich die Gesetze in andere Gesetze abwandeln.

WEIN: Zum Wesen des Denkens gehört vielleicht die Funktion, daß das Denken sich selbst denken kann. Die mathematisch-logische Forschung versucht die Bedingungen der Möglichkeit des Auftretens der Paradoxien zu beseitigen. Dabei zeigt sich, daß diese Bedingung die Selbstanwendung des Denkens auf sich selbst ist. Das Denken soll auf sich selbst gründen. Dies ist möglich, weil das Denken die Möglichkeit hat, auf sich selbst zu reflektieren. Dieses Denken des Denkens ist breiter als die intentio obliqua, ist der Ansatzpunkt für den Kantischen Transzendentalismus. Das Denken unterliegt so vielleicht nicht allein logischen und psychologischen Gesetzen, sondern auch der Möglichkeit, sich selbst zu denken.

HARTMANN: Die Erforschung der logischen Gesetzlichkeit, die Logik als Wissenschaft ist das Denken des Denkens. Die intentio obliqua hat verschiedene Modifikationen, so geht die psychologische intentio obliqua auf den Akt, die logische, auf den Gedankenzusammenhang, die ethische geht auf die Selbsterkenntnis im moralischen Sinne und die erkenntnistheoretische geht auf den Moment des Erfassens von etwas, was Kant meinte, wenn er sagte: „ich nenne alle Erkenntnis transzendental, die sich nicht sowohl mit Gegenständen, sondern mit unserer Erkenntnis von Gegenständen beschäftigt["].

---

[a] ist.] *mit Bs eingefügt*

NIPPERDEY: Die Logik als solche ist nur formal und inhaltsleer, die logischen Operationen legen auseinander ohne neues zu finden. So taucht die Frage auf, ob die logischen Operationen[a] als solche nicht tautologisch sind.

HARTMANN: Der Satz der Identität ist synthetisch. Ein Syllogismus schliesst nur, wenn der terminus medius im Ober- und Untersatz identisch ist, trotzdem steht der terminus medius in den Prämissen verschieden da, in dieser Verschiedenheit muss er identisch sein. Hier zeigt sich der synthetische Sinn der Identität. Da nun alle übrigen logischen Gesetze auf den Satz der Identität gründen, so können die logischen Operationen nicht tautologisch sein.

WEIN: Dass die logischen Sätze nicht tautologisch sind, beruht auf der Komplexheit alles Identischen in sich, so spricht Jakobi von einer Logik der Identität, wobei die Identität nicht als Tautologie gefasst wird.

LIEBRUCKS: Die Dialektik dient nicht, wenn das Denken sich selbst denkt, sondern, wenn sich das Denken der Wirklichkeit voll stellt. In dem bekannten Beispiel ist Gaius in anderer Hinsicht Mensch als alle Menschen, die quatternio terminorum tritt deshalb nicht ein, weil nur das [„]sterblich[“] berücksichtigt wird. So stellt sich der Schluss nicht voll der Wirklichkeit. Daher möchte ich behaupten, dass ein logischer Schluss nur auf Grund einer Tautologie möglich ist. Mir scheint des Satz des Widerspruchs nur so weit zu reichen, wie die Realität des Allgemeinen reicht.

HERRMANN: Streng logische Gültigkeit soll also nur solchen Sätzen zukommen, die nichts Neues aussagen. Daher müsste jetzt untersucht werden, ob das erweiternde Denken wirklich im strengen Sinne logisch verfahren kann.

NIPPERDEY: Die These von Liebrucks scheint mir den Wert des Schlusses völlig aufzuheben.

LIEBRUCKS: Ich glaube nicht, dass der Wert des Schlusses dadurch aufgehoben wird.

Als Beweis führe ich Platons Untersuchung in Parmenides an, die das Eine als Eines betreffen. Das Denken, will die Dialektik vermeinen, nun zeigt sich aber der Widerstand des Seins selbst, aber nur einem solchen Denken, das mit logischen Gesetzen das Sein zu fassen sucht.

WEIN: Man mag zur Logistik stehen wie man will, die These von Liebrucks ist jedoch mit ihr zu widerlegen. Es braucht hier nur an die Mengenlehre erinnert zu werden. Auf dem Boden der Logistik kann man klarstellen, ob ein bestimmtes Etwas unter eine bestimmte Klasse fällt.

---

[a] Operationen] Operationen.

HARTMANN:[a]
1.) Die[b] Auffassung, das[s] die logischen Operationen auf Tautologien beruhen, ist abwegig. Diese Auffassung findet ihre Stütze nur in schlechten Schulbeispielen. In Wahrheit ist der Modus barbara hoch-synthetisch. Das zeigt etwa folgende Schlussfigur: Alle Planeten beschreiben eine Ellipsenbahn, die Erde ist ein Planet; also beschreibt die Erde eine Ellipsenbahn. Die These[,] dass alle logischen Urteile tautologisch sein müssten, wurde schon von Antistenes vertreten. Er soll nämlich gelehrt haben, man könne nur sagen Mensch ist Mensch, aber nicht der Mensch ist gut. So wollte er den synthetischen Charakter der Urteile anfechten. Wir müssen jedoch daran festhalten, dass im menschlichen Denken die logischen Gesetze synthetische Bedeutung haben.
2.) Das Herausgehen des Denkens über die logische Sphäre, wobei eine Vermehrung verschiedener Gesetzlichkeiten stattfindet, muss noch eingehender disputiert werden.
3.) Auch die Paradoxien stehen unter idealen Seinsgesetzen. Diese sind zunächst in bezeugten Bereichen greifbar, darüberhinaus, etwa in den Paradoxien, wandeln sie sich vielleicht in eine allgemeinere Gesetzlichkeit ab.

WEIN: In der Klassenlogik der Mengenlehre handelt es sich um eine Form der Mathematik[,] die nicht auf dem Zählen aufgebaut ist. Das ABC der Mengenlehre kann man am klarsten am[c] folgenden primitiven Beispiel erläutern: Von einer Schafherde werden je ein weisses und ein schwarzes Schaf durch ein Tor getrieben. So müssen schliesslich weisse und schwarze übrig bleiben. Die Methode hat ihren Wert natürlich nur bei Mengen, die man nicht zählen kann. Man wendet sie vorzüglich bei verschiedenen Unendlichkeiten an. Es herrscht hier das Prinzip der Zuordnung von 1.) gleich grossen Mengen[,] 2.) Teilmengen, 3.) Mengen von Mengen und 4.) Mengen, die sich ausschliessen. Diese Klassifikationen sind anwendbar hinsichtlich der Präzision der Subsumption. Nach allem ist a) eine dem Umfang gleich gesetzte Menge, diese Zuordnung ist aber keine Tautologie.
Vom Logischen kann man in verschiedener Weise reden:[d]

---

a HARTMANN:] *danach kein Zeilenumbruch*
b Die] *Nummerierung vereinheitlicht*
c am] an
d reden:] *danach kein Zeilenumbruch, Listung nicht im Listenformat*

1.) Logisch wird das genannt, was aus dem Denkakt zu isolieren ist und die Form von Wesensgesetzen, wie es Husserl nannte oder die Form von idealen Gesetzen, wie es Hartmann nannte, annimmt.
2.) Nennt[a] man das logisch, was sich im Denken betätigt, dasjenige, was das Denken partiell unter logische Gesetze stellt. Hier ist zu unterscheiden:[b]
a) das erkennende Denken, das zur Wahrheit führt, weil das Logische[c] in ihm steckt.
b) Das Logische,[d] wie es in der intersubjektiven Erkenntnispraxis steckt.
c) Das Logische,[e] das im nicht-erkennenden Denken steckt, auch dieses Denken muss in sich konsequent sein.
d) Das logische Moment im schlechten Denken, in dem Denken, das populär unlogisch genannt wird, das Denken, das falsche Relationen in sich hat.
e) Das Logische[f] im Denken, das der Weltorientierung dient, in dem Denken, das man Zweckdenken nennen kann[.] Und
3.) kann man vom Logischen[g] im Sein sprechen, im Sinne der ordo et connexio[1][.]

RUDKO: Ergänzend zu Weins Ausführungen möchte ich die Frage nach dem Logischen[h] etwa so stellen: Das Logische[i] hat sich als etwas Relationales[j] herausgestellt, das ontisch Gewicht hat. Räsonierendes Denken nennen wir das, wo wir die Relationen vermissen. Liegt nun das Gewicht des Logischen[k] auf den relata[2]?

WEIN: Die Relationalität scheint mir zur Charakteristik des Logischen nicht zu genügen.

---

1 ordo et connexio] *Ordnung und Verbindung*
2 relata] *zweites Glied einer aus zwei Objekten bestehenden Relation, das dasjenige Objekt wiedergibt, auf das die Handlung gerichtet ist*

---

a Nennt] nennt
b unterscheiden:] *danach kein Zeilenumbruch, Listung nicht im Listenformat*
c Logische] logische
d Logische] logische
e Logische] logische
f Logische] logische
g Logischen] logischen
h Logischen] logischen
i Logische] logischen
j Relationales] relationales
k Logischen] logischen

LIEBRUCKS: Woran liegt es, dass wir beim Schliessen an der Wirklichkeit bleiben, obwohl die erste Prämisse im Ausserlogischen[a] verankert ist?

HERRMANN: Jetzt scheint sich herauszustellen, dass das Logische in einer ontischen Schicht fundiert ist.

HARTMANN: Wir können das Problem des Logischen nicht zu Ende diskutieren. Daher will ich zum Abschluss noch einige Bemerkungen zum Logischen machen, die wir nicht mehr diskutieren können. Das eigentlich Logische im Denken ist reine ideale Struktur, es ist ideal-ontologische Gesetzlichkeit. Das Denken ist aber nach zwei Seiten gebunden, nicht nur an die logische ideal-ontologische Gesetzlichkeit, sondern auch an die Realität. Soll das logische Denken Erkenntniswerte haben, so setzt es Erfahrungsgegebenheit voraus. Das heisst aber, dass dieselben Abhängigkeiten, die im Syllogismus sich vollzeihen, sich auch im Realen vollziehen müssen; nur soweit diese Identität reicht, können reale Verhältnisse erschlossen werden. Das heisst also, dass die logisch-idealen Gesetze sowohl den Gedanken, als auch wenigstens zum Teil die Realität beherrschen, was ihnen selbst jedoch äusserlich ist. Nur wenn dieses Verhältnis anerkannt wird, kann das Denken der Weltorientierung dienen. Das Denken steht unter verschiedenen Gesetzlichkeiten, unter logischen, unter Assoziationsgesetzen, unter voluntativen und emotionalen Gesetzen. Die kategorialen Momente der logischen Sphäre lassen sich auf einige Gesetzlichkeiten reduzieren. Diese stehen den Fundamentalkategorien nahe, wie ihre Allgemeinheit und Inhaltsleere zeigt. Diese Gesetze werden in der höchsten Schicht, in der des geistigen Seins, wieder verschärft sichtbar, nachdem sie in den übrigen Schichten hinter speziellen Kategorien zurückgetreten waren.

---

[a] Ausserlogischen] ausserlogischen

Anhang

1 Editorischer Bericht

Thomas Kessel

1.1 Zur Gestaltung des Textes

A. Zeichen, Siglen, Abbreviaturen

Majuskelschrift	*Hervorhebung des Sprechers durch den Editor*
Kursivdruck	*Hervorhebung durch den Verfasser*
[ ]	*Eckige Klammern: Hinzufügungen des Editors und Auflösung ungebräuchlicher Kürzel durch den Editor*
( )	*Runde Klammern: Hinzufügungen als auch Ausklammerungen des Verfassers*
{ }	*Geschwungene Klammern: in den Protokollen*
]	*Schließende eckige Klammer: Abgrenzung des Lemmas*

Abbreviaturen und Siglen

hs	*handschriftlich*
mit Bs	*mit Bleistift*
msl.	*maschinenschriftlich*
Ms., Mss.	*Manuskript, Manuskripte*
Ts., Tss.	*Typoskript, Typoskripte*
NHCP	Nicolai Hartmann: Cirkelprotokolle

B. Regeln der Textgestaltung

Den einzelnen Protokollen, die in ihrem gesamten Umfang ohne Auslassung ediert sind, ist jeweils ein Header vorangestellt, welcher in normierter Form über Textart (Ms., Ts.) Titel, Sitzungsnummer, Namen der Teilnehmer, Ort und Datum der jeweiligen Sitzung Auskunft gibt. Diesem folgt der in den Ts. und Ms. aufgeführte Protokollkopf, welcher aus Gründen der Übersichtlichkeit vereinheitlicht wurde. Die Struktur des Kopfes (Datum, Vorsitzender, Protokollant) entspricht der in den Protokollen etablierten Form. Auf vorkommende Abweichungen wird in den Anmerkungen hingewiesen.

Es sind drei Arten von Anmerkungen zu unterscheiden:

1. Anmerkungen und Fußnoten, die sich in den einzelnen Protokollen befinden, seien sie vom Verfasser oder von fremder Hand vorgenommen, sind im Text mit hochgestellten lateinischen Indexziffern (I, II, III...) versehen und stehen durchnummeriert jeweils am Seitenende;

2. philologische Anmerkungen des Editors zum Textbefund sind im Text durch hochgestellte lateinische Kleinbuchstaben (a, b, c...) gekennzeichnet und befinden sich mit Lemma-Angabe ebenfalls als Fußnote am Ende jeder Seite; in diesen werden sowohl alle Konjekturen und Emendationen von Textstellen, als auch vom Verfasser (oder fremder Hand) vorgenommene Streichungen mitgeteilt, die auf eine inhaltliche Überarbeitung des Textes hinweisen.

3. editorische Kommentare werden mit hochgestellten arabischen Indexziffern (1, 2, 3...) durchnummeriert und befinden sich auf jeder Seite, über den philologischen Anmerkungen; da dieser Anmerkungstyp durch das jedem Text vorausgehende Abstract entlastet ist, ist er weitgehend der Übersetzung altgriechischer Begriffe vorbehalten und als Hilfestellung für Leser*innen gedacht.

Ergänzungen ausgesparter Wörter, Auflösungen von Kürzel und nicht gesetzter, bzw. am Zeilenende abgerutschter Satzzeichen (und davor fehlender Buchstaben) als auch Abkürzungspunkte sind durch eckigen Klammern gekennzeichnet; Änderungen von Satzzeichen, Groß- und Kleinschreibung, der Satzstellung, des Aufbaus und der Nummerierung von Listungen sind im philologischen Kommentar aufgenommen. Auf Hinweise zum Seiten- bzw. Zeilenumbruch wird verzichtet; eingefügte Trenn- und Abschlussstriche hingegen werden dokumentiert. Doppelpunkte hinter den Sprechernamen zu Beginn eines jeden Sprachbeitrages sind nach der sich in den Protokollen etablierten Form stillschweigend vereinheitlicht.

Besonderheiten der Zitierweise in Mss. und Tss. mit einfachen, doppelten Anführungen („...', „..."") als auch mit guillemets (›...‹, »...«) werden beibehalten; Anführungen im Ts., die aus technischen Gründen in der Weise "..." gesetzt sind, werden stillschweigend normalisiert. Orthographische Eigenheiten und Uneinheitlichkeiten der einzelnen Verfasser (*Mass* statt *Maß*, *bloss* oder *blos* statt *bloß*, *dasz* statt *dass* bzw. *daß*, *giebt* satt *gibt*) werden diplomatisch behandelt. Die oftmals ungewöhnliche Interpunktion in den Ms. und Ts. wird nur in solchen Fällen geändert, in denen eine Sinnentstellung droht; zudem wird aus Gründen der Lesbarkeit das Komma vor *sondern* ergänzt; in weiteren Fällen (Aber wenn..., Doch wenn...) wird auf die Ergänzung der Interpunktion verzichtet.

Offenkundige Schreib- bzw. Tippfehler werden stillschweigend korrigiert, dies gilt im Besonderen für die Schreibweise von Eigennamen (*Ballauf* statt *Ballauff*, *Wolf*, statt *Wolff*). Fehlende oder verschliffene Buchstaben werden ohne Hinweis ergänzt, wenn sich dadurch nicht eine Änderung des Wortes, bzw. der Wortart ergibt (*das* statt *das[s]*, im letzteren Falle werden die Buchstaben zur Dokumentation in eckigen Klammern ergänzt. Kommentiert werden zudem Änderungen des Kasus oder des Numerus. Belassen hingegen wird die in den Ms. und Ts. verwendete Schreibweise von Wortgruppen, bzw. Wortverbindungen (an sich Sein, Ansichsein, an-sich-sein, an sich sein). Korrekturen einzelner Buchstaben (*ein* statt *eine*) oder der Interpunktion werden unkommentiert übernommen; Korrekturen hingegen, die eine Änderung des Gedankenganges erkennen lassen, werden in den Anmerkungen aufgenommen. In die Groß- und Kleinschreibung wird nur in eindeutigen Fällen kommentierend eingegriffen. So wird bspw. nach Doppelpunkt die Schreibweise aus den Ms. und Ts. übernommen.

Zur leichteren Zuordnung der Sprecher und Teilnehmer werden abgekürzte Namen (*H.* statt *Hartmann*, *W.* statt *Wein*, *v. Löringhoff* statt *von Freytag-Löringhoff*) ohne Anmerkung aufgelöst. In den Ms. verwendete Vornamen werden im Text durch die entsprechenden Nachnamen ersetzt und die Änderung im philologischen Kommentar ausgewiesen (von Bredow] Gerda); dies gilt im besonderen Maße für Takiyettin Mengüşoğlu, welcher in allen Protokollen zu den Sitzungen, an denen er teilgenommen hat, als *Taki* bzw. *Taky* aufgeführt wird.

Sämtliche Hervorhebungen aus den Ms. und Ts. werden in der Edition übernommen und in zwei Arten von Hervorhebungen unterteilt: 1. schwache Hervorhebungen, welche eine Unterstreichung aus Gründen der Textgliederung nahelegen und im philologischen Kommentar aufgeführt werden; 2. starke Hervorhebungen, welche der Emphatisierung von einzelnen Wörtern bis hin zu ganzen Textpassagen zu dienen scheinen und in der Edition durch Kursivschrift ausgewiesen sind. Letztere werden von einem jeweils entsprechenden philologischen Kommentar begleitet, sofern sie durch mehr als eine Unterstreichung, Fettschrift, oder Sperrung hervorgehoben wurden. Dies gilt für Teilunterstreichungen. Hervorhebungen durch einfache, doppelte und ä. vertikale Anstreichungen am Seitenrand werden ebenfalls kommentiert; gleiches gilt für Verweiszeichen (Pfeile, Ausrufe- oder Fragezeichen). Als schwache Hervorhebung werden auch die Unterstreichungen der Sprecher behandelt, welche ihrerseits nicht im Kommentar aufgenommen werden, sondern durch Majuskelschrift ausgewiesen sind; nicht unterstrichene Sprecher werden stillschweigend angepasst.

Aufzählungen, welche in den Ms. und Ts. nicht gelistet sind, werden, wo es sich aufgrund des Befundes anbietet, in Listenformat überführt, dabei werden einerseits Uneinheitlichkeiten der Nummerierung vereinheitlicht und mit einem Kommentar belegt (1.] i). Dagegen werden die Ziffern 1–12 auch in Funktion einer Abbreviatur (1erlei, 2erlei) beibehalten.

Altgriechische Wörter und Termini, wie in den Ms. und Ts. verwendet, werden mit altgriechischen Buchstaben gesetzt und kommentarlos korrigiert. Unsicherheiten in der Transkription und nicht mehr zu rekonstruierende Begriffe werden als solche gekennzeichnet.

1.2 Editorische Hinweise

A. Ziel und Korpus

Ziel der NHCP ist die Bereitstellung der bis dato unveröffentlichten Schriften aus dem „Disputierkreis" (vgl. Einleitung) um Nicolai Hartmann, in denen der Verlauf der wöchentlich sattfindenden Diskussionsabende zwischen 1920–1950 dokumentiert wird. Diese geben einen Eindruck vom Spektrum der philosophischen Arbeit Hartmanns. Bei der Rekonstruktion der Ms. und Ts. wird auf eine weitgehend textdiplomatische Präsentation gesetzt. Dabei wird von editorischer Seite nur soweit in den Text eingegriffen (Emendationen und Konjekturen) wie es sachlich geboten ist und der Lesbarkeit entgegenkommt.

Der Nachlass Nicolai Hartmanns, welcher 2012 dem Deutschen Literaturarchiv Marbach übergeben wurde, enthält neben den Dokumenten zum Disputierkreis, den „Cirkelprotokollen" aus den Jahren zwischen 1920 und 1950 die vollständige Privatbibliothek Hartmanns, d. h. sowohl Briefe, Korrespondenzbücher, Aufzeichnungen als auch Entwürfe seiner publizierten Schriften.

Die Cirkelprotokolle sind in drei Schobern aufbewahrt. In den Schobern sind die Protokolle von jeweils zehn Jahren enthalten (1920–30, 1930–1940, 1940–1950); diese sind wiederum in einzelnen Mappen chronologisch nach Semestern sortiert. Jedes Semester umfasst durchschnittlich zwölf bis vierzehn Sitzungen, wobei der Umfang der einzelnen Protokolle stark variiert. Der Textumfang eines jeden Semesters schwankt zwischen 80 und 100 Blatt, sodass sich ein Gesamtumfang von ca. 2800 Blatt ergibt. Doch der Bestand weist Lücken auf. Einige Protokolle sind bis dato nicht auffindbar; zu diesen gehören die Aufzeichnungen zu folgenden Semestern: Sommersemester 1924 – Sommersemester 1925, Sommersemester 1928, Sommersemester 1929; Wintersemester 1930/1931, Sommersemester 1940 – Wintersemester 1941/1942, Sommersemester 1943 – Wintersemester 1945/1946. Nach Maßgabe des Deckblattes zum Wintersemester 1928/1929 lässt sich rekonstruieren, dass es Seminaraufzeichnungen des Sommersemesters 1928 zum Thema *Religionsphilosophie* sowie des Sommersemesters 1929 zum Thema *Exist[enz]. d[es] Allg[emeinen]* gegeben hat. Gleiches gilt von den Dokumenten des Wintersemester 1930/1931, welche zum Thema *Realdialektik* verfasst wurden. Zu den Protokollen der Sitzungen des Wintersemester 1931/1932, Sommersemester 1932 und des Wintersemesters 1946/1947 liegen eigenhändig verfasste Aufzeichnungen Hartmanns vor, in denen die Kernpunkte der Diskussionen zusammengefasst werden. Zudem liegen zu einigen Protokollen sowohl eine handschriftlich geführte als auch eine maschinenschriftlich verfasste Version mit nahezu identischem Wortlaut vor.

B. Beschreibung der Manuskripte

Für eine allgemeine Beschreibung der Dokumente sind folgende Merkmale festzuhalten: Die Protokolle sind zum größten Teil handschriftlich (Ms.) in Deutscher Kurrentschrift oder Sütterlin verfasst, nur ein geringer Anteil liegt als Typoskript (Ts.) vor. Die Protokolle sind besonders in den ersten Jahren auf annähernd DIN A5 großen, linierten und beidseitig mit einem Rand versehenen Bögen verfasst, welche aus entsprechenden Schreibheften herausgelöst zu sein scheinen. Andere Protokolle sind auf DIN A4 Bögen geschrieben, welche der Breite nach gefaltet und zu Heftchen zusammengefügt wurden. Dabei beginnen die Protokolle meist auf der rechten Seite des ersten gefalteten Bogens (recto) und enden auf der linken desselben (verso). Nur in wenige Fällen wurden DIN A4-große, meist unlinierte Bögen in voller Größe zur Aufzeichnung benutzt. Die einzelnen Protokolle sind fast durchgängig von fremder Hand mit roten Buntstift in lateinischer Zählung auf dem oberen rechten Rand durchnummeriert. Andere weisen Seitenzählungen der einzelnen Seiten in arabischen Ziffern auf. Zudem enthalten die Protokolle zahlreiche Streichungen und Korrekturen vom Protokollanten sowie von fremder Hand, nicht zuletzt von Hartmann selbst, wie die durchgeführten Schriftvergleiche eindeutig belegt haben. Hartmanns Eingriffe befinden sich teils in, teils über oder unter der Zeile sowie auf dem Rand. Auf den Rändern und in wenigen Fällen auch am unteren Seitenrand finden sich Anmerkungen und Kommentare. In wenigen Fällen sind diese aufgrund ihres Umfangs auf gesonderten Blättern eingefügt. Teilweise sind sowohl in den Manuskripten als auch in den Typoskripten die Korrekturen mit dem gleichen Stift, entsprechend mit der Schreibmaschine, teils mit einem anderen Schreibwerkzeug durchgeführt.

2 Das Protokoll und seine Bedeutung im Werk Nicolai Hartmanns

Thomas Kessel

2.1 Einleitung

Die im Rahmen von Nicolai Hartmanns (1882–1950) privat gehaltenen Oberseminaren zwischen 1920–1950 entstandenen Protokolle sind wegen ihres historischen Zeugnisses, ihrer philosophiegeschichtlichen Bedeutung, als auch der Diskussion zeitgenössischer Werke, ihrer werkinternen Signifikanz und ihres Stellenwertes innerhalb der philosophischen Arbeit Hartmanns von größtem Interesse. Hinzu kommt die Besonderheit der literarischen Gattung „Protokoll" und der diese auszeichnenden Charakteristika. So gilt es zunächst die wesentlichen Momente herauszuarbeiten, welche das Protokoll als Textgattung auszeichnen. Des Weiteren ist die Bedeutung des Protokolls im Wirken und Werk Hartmanns zu beleuchten, bevor der Prozess der Kultivierung des Protokollierens als institutionalisierender Akt zur Dokumentation kommt. In diesem Zusammenhang ist ein besonderes Augenmerk auf die Jahre zwischen 1920 und 1924 zu legen.

2.2 Das Protokoll als literarische Gattung

Protokolle gibt es in mannigfaltiger Ausprägung: Protokolle zu Zeugenaussagen, zu Rechtsakten oder Parlamentsdebatten, Protokolle eines Krankheitsverlaufes oder einer Prüfung, Sitzungsprotokolle und sogar Gebärdenprotokolle, welche je nach Bedürfnis in ihrer Form variieren, aber dennoch gewisse gemeinsame Charakterzüge tragen, welche sie als eine eigenständige literarische Gattung gegenüber anderen Gattungen auszeichnen. Einen solchen Charakterzug finden wir in ihrem Verweis auf ihren institutionellen Zusammenhang, der sie bereits seit ihrem ersten Auftreten auszeichnet. Denn als Protokoll bezeichnete man im mittelgriechischen jene Vorsatzblätter, welche amtlichen Papyrusrollen im alten Ägypten aufgeleimt wurden, um vor Gericht als ein Zeichen ihrer Echtheit und Gültigkeit anerkannt zu werden.[70] „Das Problem, Geschriebenem Gültigkeit zu verleihen, ist eine Folge der

---

[70] Der Begriff *Protokoll* im Mittelgriechischen πρωτόκολλον, *protókollon*, setzt sich zusammen aus πρῶτος *prótos* (erster) und κόλλα, *kólla*, (der Leim) und bezeichnet jenes der Papysrusrolle

Schrifttechnologie selbst. Soll die Schrift als Medium der Speicherung genutzt [...] werden, bedarf es in institutionellen Kontexten zusätzlicher Techniken, die dem Gültigkeitsanspruch zusammen mit dem fixierten Inhalt Dauer verleihen."[71]

Während sich diese Funktion des ‚Protokollon' in unseren Tagen von der amtlichen Apostille[72] als Beglaubigungsform im internationalen Urkundenverkehr abgelöst sieht, so wurde der authentifizierende Charakter desselben im Laufe der Zeit dem Protokoll selbst zugesprochen, und so zeichnen der Anspruch auf Echtheit und Gültigkeit des Inhaltes das Protokoll als Testgattung auch heute noch aus. Diese Legitimität wird durch ein weiteres Merkmal gesichert, namentlich die zeitliche Nähe, welche zum Protokollierten besteht, wobei die Präsenz des Protokollanten beim Protokollierten den Idealfall darstellt. Nachträglich verfassten Protokollen (Gedächtnisprotokolle) kann ein solches Maß an Legitimität nicht zugesprochen werden. „Idealerweise hat die Protokollierung [...] in Echtzeit statt, zumindest soll sich der Schreibakt so unmittelbar wie möglich an die ergangenen Reden anschließen. Findet die Verschriftlichung erst nach Abschluß der unmittelbaren Sprechsituation statt, so spricht man von einem Gedächtnisprotokoll. Dieses kann als solches nicht die Autorität eines vollgültigen Protokolls für sich beanspruchen."[73]

Darüber hinaus unterliegt ein jedes Protokoll im Akt seiner Verfertigung je nach institutioneller Ausrichtung und Funktion einer je spezifischen Technik, welche sich durch stete Kultivierung der formalen Bedingungen ausbildet. Damit werden bestimmte Richtlinien bereitgestellt, welchen den Rahmen dafür bilden, was in ein Protokoll hineingehört und was nicht. „Immer schon war das Führen eines Protokolls ein *Amt*, das nicht nur die Beherrschung der erforderlichen Kulturtechniken voraussetzte, sondern auch an institutionelle Qualifizierungsprozeduren geknüpft war."[74]

Ein weiteres Charakteristikum des Protokolls stellt seine Unterschriftsfähigkeit dar. Was zu Protokoll gegeben wird, steht fest und was mit dieser Festgestelltheit gesichert ist, kann unterschrieben werden und damit der Unterschreibende zur Rechenschaft gezogen werden. Damit wird das Protokoll selbst zur Institution.

---

aufgeklebte Blatt, welches über die Entstehung des Schriftstückes Auskunft gab. Vgl. Kluge, Friedrich (2002): Protokoll, in: *Etymologisches Wörterbuch der deutschen Sprache*. Bearbeitet von Wolfgang Seebold. Berlin / New York 2002, 725.
71 Niehaus, Michael / Schmidt-Hannisa, Hans-Walter (2005): Textsorte Protokoll. Ein Aufriss. In: *Das Protokoll. Kulturelle Funktion einer Textsorte*. Hrsg. von Michael Niehaus / Hans-Walter Schmidt-Hannisa. Frankfurt am Main 2005, 7–8.
72 Haager Apostille.
73 Niehaus, Michael / Schmidt-Hannisa, Hans-Walter (2005), 8.
74 Niehaus, Michael / Schmidt-Hannisa, Hans-Walter (2005), 11.

Während das Protokoll noch im 18. und 19. Jahrhundert ausschließlich eine Praktik des Rechtswesens darzustellen schien, zeigte sich ab der ersten Hälfte des 20. Jahrhunderts seine gewinnbringende Nutzung auch in den Natur- und Geisteswissenschaften. Auf diesen Sachverhalt soll in der Folge detailliert eingegangen werden, um zum einen weitere Charakteristika der Textgattung Protokoll aufzuweisen, und zum anderen eine Art Kategorisierung zu erreichen. Auf diese Weise soll es möglich werden, einerseits die Bedeutsamkeit der Protokolle aus dem Kreise Hartmanns herauszustellen und andererseits die Aufgaben und Herausforderungen, denen die Teilnehmer sich gegenübersahen, in den Blick zu bekommen. Dieser Schritt scheint zudem unerlässlich für die editorischen Fragen nach Textgenese und dem schon erwähnten Anspruch auf Gültigkeit des Inhalts sowie des Anspruchs auf Wahrhaftigkeit.

Als Ausgang der weiteren Charakterisierung bietet sich der Übergang vom Diskurs zum Text an, welcher durchaus komplexere Strukturen aufweist als es auf den ersten Blick zu scheinen mag und das Protokoll gleichsam von anderen ebenfalls komprimierenden Textformen unterscheidet. „Mit einem Protokoll wird der Übergang vom Diskurs zum schriftlichen Text und damit zur Fixierung mündlich erarbeiteter Wissensbestände realisiert. Es verlangt von seinen jeweiligen ProduzentInnen also rezeptive und produktive sprachliche Fähigkeiten, und zwar sowohl in der gesprochenen Sprache als auch in der Schriftsprache."[75]

Entscheidend für diesen Übergang ist dabei eine klare Trennung von Diskurs, also sprachlicher Situation, Mitschrift und Nachschrift, d. h. dem endgültigen Protokolltext. Denn der Protokolltext ist nicht einfach als Fixierung sprachlichen Ausdrucks zu verstehen, sondern als eine Überwindung der Flüchtigkeit der Sprachsituation, welche durch das Herauslösen aus einer ersten sprachlichen Situation für eine weitere durch den Protokolltext festgestellt wird.[76] Ein Akt, der gleichsam in die Richtung einer sonst kaum berücksichtigten sozialen Funktionen des Protokollierens hinweist, auf welche noch in der Folge näher eingegangen werden soll. „Durch den Prozess des Herauslösens aus einer Sprechsituation und des Feststellens werden dem Gesprochenen durch die Hand des Protokollanten einerseits bestimmte Mittel entzogen, wie Pausen, Betonungen und dergleichen, andererseits werden ihm aber auch andere Mittel eingefügt, die letztendlich auf einer der Verschriftlichung immanenten Zerdehnung beruhen."[77] Hinzu kommen strukturelle Veränderungen, wie Gliederungspunkte, Inhaltangaben, zusätzlich recherchierte

---

[75] Moll, Melanie, *Das wissenschaftliche Protokoll. Vom Seminardiskurs zur Textart: empirische Rekonstruktionen und Erfordernisse für die Praxis*. In: Studien Deutsch. Bd. 30., hg. von Konrad Ehlich und Angelika Redder, München 2001, 22.
[76] Moll, *Das wissenschaftliche Protokoll*, 23.
[77] Vgl. Moll, *Das wissenschaftliche Protokoll*, 161.

Materialien, Literaturangeben etc., welche auch dem wissenschaftlichen Anspruch auf Präzession nachkommen.

Die Ausmaße des Eingriffs korrespondieren naturgemäß den jeweiligen Bedürfnissen, Ansprüchen und Funktionen der Protokollanten, bzw. der Institutionen deren sie als Amtsinhaber verpflichtet sind. Während das Verlaufsprotokoll auf möglichst wortgetreue und chronologisch einwandfreie Wiedergabe Anspruch erhebt und sowohl in direkter als auch indirekter Rede verfasst sein kann, in dem auch teilweise die jeweiligen Sprechakteure protokolliert sind, kommt es beispielsweise beim Ergebnisprotokoll allein auf die Wiedergabe von Beschlüssen etc. an. Bei ihnen steht die Rücksicht auf Sprecher, Verlaufsstruktur und Nachvollziehbarkeit der Argumentationslinie nicht im Mittelpunkt, welche hingegen beim Verlaufsprotokoll ausdrücklich erwünscht sind. Dabei ist festzuhalten, dass die Grenzen zwischen den eben genannten Protokolltypen fließend sind, was den Versuch einer eindeutigen Zuweisung ad absurdum führt.

Durch die ausführliche und oft direkte Form mancher Protokolle, welche die Nachvollziehbarkeit des Argumentationsstranges in allen Schritten erlaubt, – so auch bei einer Vielzahl der Cirkelprotokolle – entsteht bei vielen Lesern zumeist der Eindruck, es handele sich tatsächlich um eine wortgetreue, chronologisch einwandfreie Wiedergabe des Erstgespräches. „Ein Laie [...] könnte auf die Meinung verfallen, die Reden und Gegenreden, Vorträge und Erzählungen seien wörtlich so aneinandergefolgt, wie sie in den Acten stehen."[78] Dass dies aber nicht der Fall sein kann, sollen die folgenden Ausführungen zeigen, welche sich in erster Linie auf die Ergebnisse der empirischen Untersuchungen von Melanie Moll stützen.[79]

„Zwischen Diskurs und Protokolltext steht die Mitschrift und dies besonders aber nicht allein in Zeiten, in denen Stenographie noch zu den Fähigkeiten vieler Protokollanten gezählt werden konnte. Diese Mitschriften korrespondieren in ihrer Qualität mit verschiedenen, didaktisch vermittelbaren Fähigkeiten, seitens der Protokollanten. Zum einen spielt das Vorwissen hinsichtlich des Diskursgegenstandes eine gewichtige Rolle. Dies zeigt einschlägig die Fähigkeit fachkompetenter Protokollanten aus wenigen Aufzeichnungen einer unmittelbaren, stichwortartigen Mitschrift ein inhaltlich hochwertiges Protokoll zu erstellen. Aufgrund dieser Fähigkeit können sich beispielweise in der Sprechsituation ungeschickte und unsichere Äußerungen im Protokolltext als fachlich eindeutige und belegbare Sprachbeiträge ausweisen. Eine weitere Anforderung des Protokollierens stellt die Kenntnis des im Protokoll Intendierten, d. h. der Funktion des Protokolls innerhalb des

---

78 Jagemann, L. H. F. v., *Handbuch der gerichtlichen Untersuchungsurkunde*, Bd. I.: Die Theorie der Untersuchungskunde enthaltend, Frankfurt am Main 1838, 657.
79 Moll, *Das wissenschaftliche Protokoll*, 108 ff.

Diskurses des gesamten Seminars dar. Unbezweifelbar ist auch das Vermögen Relevantes von Irrelevantem zu unterscheiden eine unabdingbare Voraussetzung für eine gelungene Mitschrift. Auch die Fähigkeit des Multitasking, des gleichzeitigen Hörens, Verstehens und Aufzeichnens wird als eine der notwendigen Grundfähigkeiten des Protokollierenden verstanden, begleitet von Konzentrations- und Gedächtnisfähigkeit, sowie schreibökonomischer Strategien. So entsteht ein dem Protokoll vorangehender Primärtext, der gegen alle zeitgeistlich geforderte Kreativität, absolute und unpersönliche Objektivität fordert."[80]

Die nächsten Hindernisse zu einer wortgetreuen Wiedergabe, welche allein den Anspruch auf absolute Gültigkeit des Protokollierten verbürgen könnte, stellen neben der Lückenhaftigkeit der Mitschrift, welche allein durch Fachkenntnisse und Gedächtnisleistung zu füllen wären, die Lesbarkeit bzw. Unlesbarkeit des Mitgeschriebenen dar. Sind nun diese letzten genannten Schwierigkeiten überwunden, beginnt die eigentliche Protokollerarbeitung. In dieser wiederholen sich gleichsam die Prozesse des Unterscheidens von Relevantem und Irrelevanten, des Auslassens und Hinzufügens, die den Protokolltext in seiner Analogie zur Sprachsituation verändernd beeinflussen. Zudem müssen sich in diesem Prozess die jeweilige Fachkompetenz des Protokollanten und dessen sprachlichen Fähigkeiten erneut bewähren.

Nicht zuletzt besitzt das Protokollieren soziale Aspekte. Dazu zählt beispielsweise die oben angesprochene Herausstellung einer Sprachsituation aus ihrer Flüchtigkeit als Bereitstellung für eine weitere Sprachsituation, sprich der Protokollbesprechung, in welcher die Teilnehmer zum Protokollierten Stellung nehmen, ihre eigenen Aussagen reflektieren und Vorschläge zur Verbesserung einbringen können. Ähnliches gilt für den Protokollanten, welcher sich autoreflexiv auf das von ihm Verfasste richten kann. Die gemeinsame fachgerechte Unterredung schafft dabei nicht nur Bindungen, sondern ermöglicht auch einen gemeinsamen Wiedereinstieg in den behandelten Stoff. So wird „der erarbeitete Begriff, die terminologische Zuordnung als Refexionsprodukt erlebt, so enthält jedes Protokoll [...] das Angebot, eine wiederholbare Erkenntnis- und Lernhilfe zu sein."[81]

---

[80] Vgl. Gebhard, Walter, Für eine Kultur des Protokolls. Zur didaktischen Bedeutung einer wenig geliebten Textsorte, in: *Das Protokoll. Kulturelle Funktion einer Textsorte*, hg. von Michael Niehaus / Hans-Walter Schmidt-Hannisa, Frankfurt am Main 2005, 271.
[81] Gebhard, Für eine Kultur des Protokolls, 286.

2.3 Die Bedeutung des Protokolls im Werk Hartmanns

Glaubt man Walter Gebhards Analysen, so wird das Protokollieren heute von Studierenden eher als ein „störrisches Kind"[82] oder als Strafe empfunden. Dies nimmt sich im Selbstverständnis des Philosophen Nicolai Hartmanns, wie Zeitzeugen berichten, vollkommen anders aus. So heißt es in den Aufzeichnungen von Frida Hartmann, dass er zwischen 1903 und 1905 zusammen mit seinem Studienfreund in seiner Sankt Petersburger Zeit den Disputierkreis des Kommilitonen Weidemann besuchte: „Reine Männergeselligkeit mochte er nicht sehr, wenn da nicht wirklich Interessengemeinschaft war oder gar ein Disputierkreis. Einen solchen mußte er zeitlebens um sich haben. Er suchte die Kontrolle durch ein fremdes Denken, um sich nicht in einsamen Denken zu verspinnen. Einen solchen Kreis gab es schon in Sankt Petersburg."[83]

Ein solcher Kreis gab ihm stets die Gelegenheit sein Denken durch die Disputanten zu kontrollieren und gegen andere Positionen abzuwägen, ein Bestreben, welches durch die vorliegenden Cirkelprotokolle bis 1950 belegt ist. Ob zu dieser Zeit (1903–1905) auch schon Protokoll geführt wurde, kann aufgrund des Nachlasses nicht belegt werden, könnte also durchaus Gegenstand weiterer Forschungsarbeit werden.

In ähnlicher Weise berichtet José Ortega y Gaset von seinem zweiten Aufenthalt in Marburg um 1910 in *Schriften zur Phänomenologie* von Hartmanns unermüdlicher Freude am Disputieren: „Mit Nicolai Hartmann, mit Paul Scheffer, mit Heinz Heimsoeth habe ich über Kant und Parmenides diskutiert, oft mitten in der Nacht, bei Spaziergängen auf verschneiten Wegen, die beim Bahnübergang endeten [...]".[84]

Nimmt man die Berichte des ehemaligen Teilnehmers am Berliner Gesprächskreis Bruno Baron von Freytag-Löringhoff[85] aus dessen Vortrag *Erinnerungen an Nicolai Hartmann*,[86] den er am 28.06.1986 bei den Baltischen Kulturtagen auf Schloss Stettenfels hielt, nicht nostalgisch, sondern mit editionswissenschaftlichem Ernst, so enthält er nicht nur eine Reihe an Informationen über die herrschenden Um-

---

[82] Gebhard, Für eine Kultur des Protokolls, 271.
[83] Hartmann, Frida, Aufzeichnungen von Frida Hartmann, geborene Rosenfeld (1979), in: *Nicolai Hartmann. Facetten der Persönlichkeit*. Unveröffentlichte Ausgabe. Zusammengestellt von Lise Krämer. Kalletal 2003, S. 13.
[84] Ortega y Gaset, José, *Schriften zur Phänomenologie*, hg. v. Javier San Martin, Freiburg-München 1998, 236.
[85] Bruno Baron von Freytag-Löringhoff war Teilnehmer des Berliner Gesprächskreises in den Wintersemestern 1938/1939 und 1942/1943.
[86] Freytag-Löringhoff Bruno Baron von, Erinnerungen an Nicolai Hartmann, in: *Nicolai Hartmann. Facetten der Persönlichkeit*, 54.

gangsformen und Abläufe, die Genese der Protokolle, ihrer institutionellen und sozialen Funktion und den damit einhergehenden Anforderungen, sondern ebenfalls über ihre Bedeutsamkeit sowohl für die Teilnehmer als auch Hartmann selbst. Darüber hinaus verweist von Freytag-Löringhoff auf die hohe Konzentrationsfähigkeit, welche den Protokollanten zur Erstellung ihrer jeweiligen Mit- und Nachschriften abverlangt wurde, um die dreistündige Sitzung angemessen fixieren zu können: „In diesem Kreis seiner intimsten Schüler gab sich Hartmann ganz als primus inter pares. Die Rolle des Sitzungsleiters und die des Protokollanten gingen unter dem guten Dutzend der Teilnehmer reihum. Ein solches etwa dreistündiges Gespräch festzuhalten und in die Form eines in den wichtigsten Punkten ausführlichen Protokolls zu bringen ist schwer. Hartmann schloß sich da nicht aus [...]. Ich habe jeweils viele Tage an die Erstellung eines solchen Protokolls gewandt."[87]

Mit diesem Zeugnis scheint auch endgültig die Annahme, die Protokolle seien direkte Mitschriften der Sprechsituation, von der Hand gewiesen. In seinen Erinnerungen spricht von Freytag-Löringhoff auch die soziale Komponente an, welche den Ernst, mit dem die Protokolle erstellt wurden, und deren Funktion dokumentiert: „An das Protokoll wurden in der nächsten Sitzung große Erwartungen gestellt. Alle nahmen es unter die Lupe [...]. Der Protokollant bekam für die nächste Sitzung, in der er verlas, quasi zur Belohnung die Leitung [...]. War das Protokoll aber schwach, so wurden die ersten Minuten nach der Verlesung peinlich, und der Verbleib des Protokollanten im Zirkel sowie seine Promotion konnten gefährdet sein."[88]

Diese entscheidungsträchtigen Situationen sind auch in einigen Protokollen festgehalten. So heißt es zu Beginn des Protokolls vom 19.01.1923: „Zu dem Protokoll der 6. Sitzung fügt der Referent des betreffenden Abends (Karsch) hinzu, daß sich die Einwände der Schlußsätze gegen die Ottosche Glaubenslehre zum größten Teil lediglich durch die Unvollständigkeit seines Referates ergäben. Gerade die Ausführungen Ottos im zweiten Teil seiner Glaubenslehre, z. B. betreffs „Mystik des Bösen" könne der Vorwurf des „Abstrakten" kaum treffen. Neunhoeffer beschränkt darauf seine Schlußangriffe auf den Ottoschen Terminus <angustum> etc. – Von anderer Seite wird darauf hingewiesen, daß das Protokoll bei aller Klarheit der Durchführung die entgegengesetzten Meinungen der Diskussionsredner zum Teil etwas nivelliert habe. (Prof. Hartmann)[...]."[89]

Und im Protokoll vom 24.06.1926 heißt es: „Jacob hat mit Rücksicht darauf, daß ihm seine Ausführungen im Protokoll von Frl. Bräger nicht ganz sachlich

---

[87] von Freytag Löringhoff, Erinnerungen an Nicolai Hartmann, 57.
[88] von Freytag Löringhoff, Erinnerungen an Nicolai Hartmann, 57.
[89] Protokoll vom 19.01.1923, 1.

getreu wiedergegeben zu sein scheinen, jene Bemerkungen zu Papier gebracht."[90] Hartmann, so erfahren wir aus dem Bericht des Zeitzeugen von Freytag-Löringhoff, nahm sich nicht aus der Pflicht des Protokollierens und erstellt selbst einige, da sie für ihn den Ansatzpunkt der nächsten Sitzung darstellten, worin sich auch hier das Protokoll nicht einfach als die Verschriftlichung einer Sprachsituation zeigt, sondern als das Herausgelöstsein einer Sprachsituation aus der ihr immanenten Flüchtigkeit, als Verfügbarmachung für eine folgenden Sprachsituation. Eine Sprachsituation, die Hartmann in Gegenwart als den wichtigsten Teil seines Wirkens charakterisierte: „Nicolai Hartmann legte den Diskussionen in diesem Kreise, seinem ‚Philosophischen Cirkel', größte Bedeutung bei. Mit einem Lächeln nannte er sie gelegentlich den wichtigsten Teil seines Wirkens, sicherlich war er ihm der liebste."[91]

Allein aufgrund von Zeitzeugenaussagen können wir den Stellenwert der Cirkelprotokolle in annähernder Weise ermessen: Disputieren und Protokollieren zeigen sich aus obigen Zeugnissen als zwei Grundpfeiler im Werk und Wirken Hartmanns, und so kann man Hartmanns Auffassung diesen Praktiken gegenüber vielleicht am besten mit Wilfried Staches Worten wiedergeben: „Philosophische Gespräche sind eine literarische Kunstform, die einige der großen Philosophen wirkungsvoll für die Darstellung ihrer Gedanken benutzt haben. Der philosophische Gedanke kommt ihr entgegen; er zeigt sich im verstehenden Übernehmen oder im Widerstreit der Argumente näher bei seinem Ursprung, als ihn die systematische Darstellung sehen läßt. Der Reiz des Gesprächs, die gemeinsame Sache im Medium des Denkens und Sprechens erscheinen zu sehen, ist im philosophischen Gespräch auf besondere Weise gegeben."[92]

2.4 Kultivierung und Institutionalisierung des Protokolls

Im Laufe der ersten drei Jahre wird das Protokollieren im Kreis der Teilnehmer entweder durch Nicolai Hartmann selbst, Anregungen seitens der Studierenden oder in gemeinsamer Absprache formal kultiviert und in eins damit institutionalisiert.

In den ersten Protokollen, wie beispielsweise dem Dokument vom 18.11.1920 finden wir am Kopf der Nachschrift den nachgetragenen Namen des möglichen Protokollanten und die Angabe des Datums. Die Protokolle sind in dieser Zeit eher als Ergebnisprotokolle zu bewerten, da in ihnen das Gewicht auf der Wiedergabe

---

[90] Protokoll vom 24.06.1926, 1.
[91] Hartmann, Nicolai, *Philosophische Gespräche*, hg. v. Wilfried Stache, Göttingen 1955, 3.
[92] Ebd. Vgl. Heimsoeth, Heinz; Heiss, Robert, *Nicolai Hartmann. Der Denker und sein Werk*, Göttingen 1952, 20–22.

von Resultaten gelegt wird ohne die jeweiligen Sprecher namentlich zu nennen, aber dennoch Wert auf die Nachvollziehbarkeit der Argumentationslinie gelegt wird. Schlagworte sind in der Regel durch einfache Unterstreichung hervorgehoben.

-1-

Klein 1.

Protokoll der Sitzung vom 18. November 1920.

Es steht zur Untersuchung das
Wesen des Zweckes.
Zunächst werden zwei Bedeutungen
des Zweckes angegeben, und zwar eine,

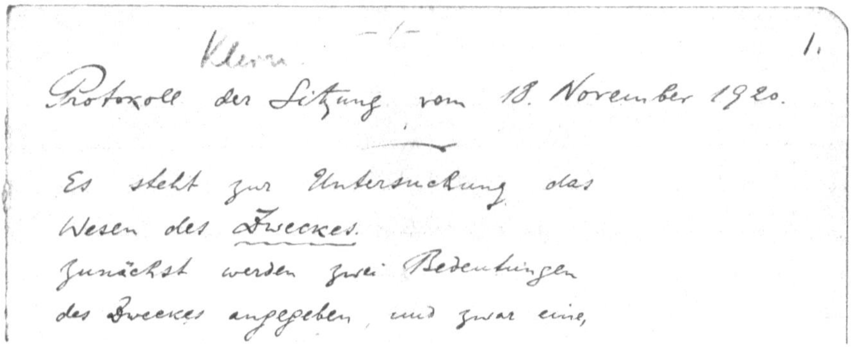

Abb. 2.1: Ausschnitt des Protokolls vom 18.11.1920

Bei dem ebenfalls von Klein verfassten Protokoll vom 03.02.1921 werden erstmals die Namen der Sprecher auf dem linken bzw. rechten Rand jedoch noch ohne konkrete Zuordnung angegeben.

Klein: 37.

Protokoll vom 3. Februar 1921.

Im Anschluss an das Protokoll wird
die Frage aufgeworfen, ob die Betrachtung
des Wollens wesensgemäss in eine Untersuchung über die Zwecksetzung hineingehört.
Es könnte wohl sein, dass Zwecksetzung

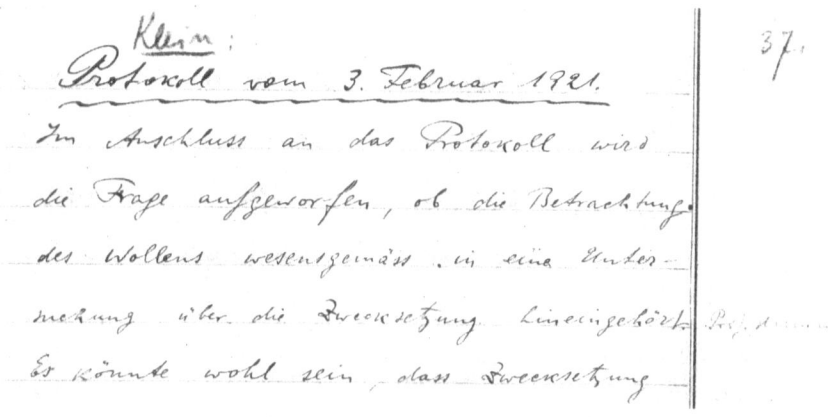

Abb. 2.2: Ausschnitt des Protokolls vom 03.02.1921

Im Protokoll vom 11.02.1921 wird die Nennung zum erstem Mal in Klammern in den Text integriert und in dem Dokument vom 24.02.1921 erfahren die Sprechernamen zur leichteren Identifizierung zusätzlich eine Unterstreichung.

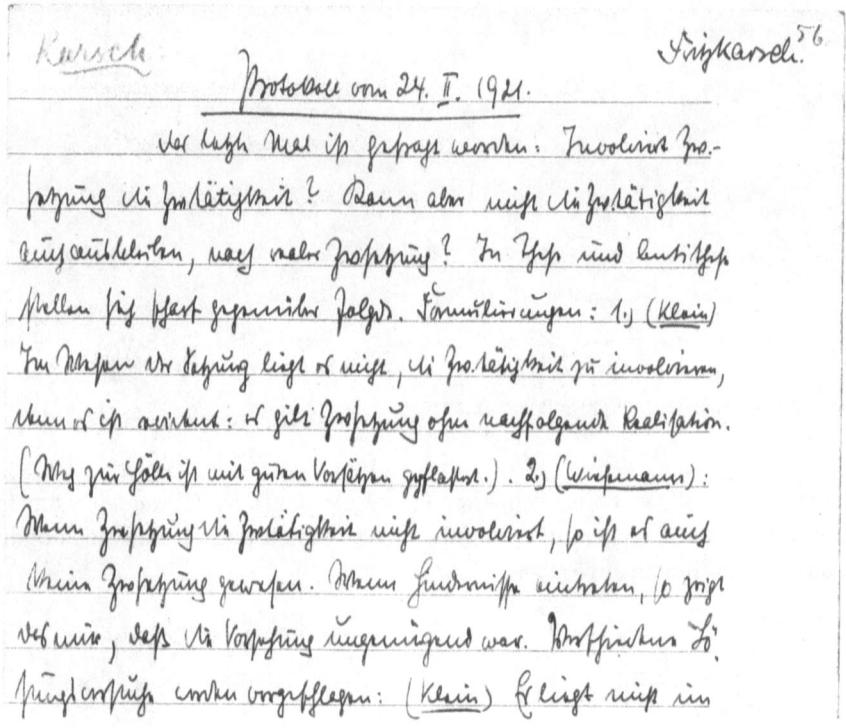

Abb. 2.3: Ausschnitt des Protokolls vom 24.02.1921

Der Verfasser des Protokolls vom 27.05.192 setzt erstmals die Sprecher unterstrichen auf an linken Rand und bezieht streckenweise wörtliche Rede mit ein, ohne jedoch die Form des Ergebnisprotokolls vollends abzulegen.

Eine erste Beurkundung durch Unterschrift befindet sich am Ende des Protokolls vom 08.07.1921. Diese Praxis setzt sich aber weder zu Kölner, noch Berliner oder Göttinger Zeiten durch und bleibt sporadisch, d. h. sie scheint nicht ein Moment der Institutionalisierung ausgemacht zu haben. Die Gestaltung des Protokollkopfes mit der Nennung des Datums, der Sitzungsnummer, als auch der Namen des Vorsitzenden und des Protokollanten beginnt sich ab dem 11.11.1921 inszeniert durch Hilde Sopp zu formieren, der Wechsel vom Ergebnisprotokoll zum Verlaufsprotokoll mit vorangestelltem und unterstrichenem Sprecher, der

Hartmann wirft die Frage auf: wie ist die „Person" gefasst? Was heisst das, dass Person nie Gegenstand werden kann? Daraus, dass die Person die Einheit der Akte ist, darin ~~aufgeht~~ lebt, folgt nicht, dass sie darin aufgeht, sie könnte zum mindesten noch mehr sein. Der Fehler liegt in der Gegenüber-

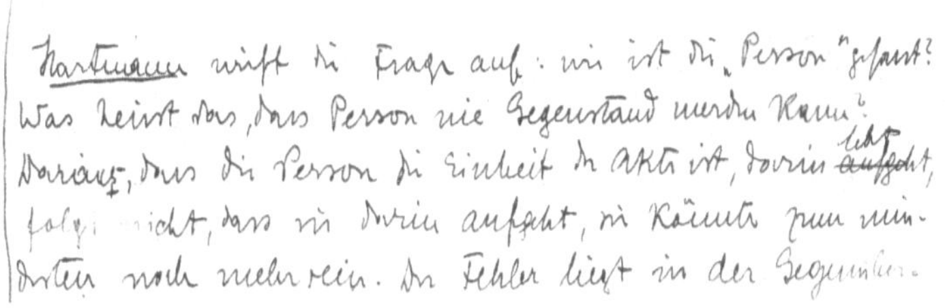

Abb. 2.4: Ausschnitt des Protokolls vom 27.05.1921

durch Doppelpunkt vom jeweiligen Sprachbeitrag abgesetzt ist, wird von Frida Rosenfeld (später: Hartmann) vorgenommen. Eine erste einheitliche Verwendung des besagten Protokollkopfes in Verbindung mit der von Rosenfeld eingeführten äußern Form der Textgestaltung findet sich im Protokoll Hartmanns vom 01.12.1923.

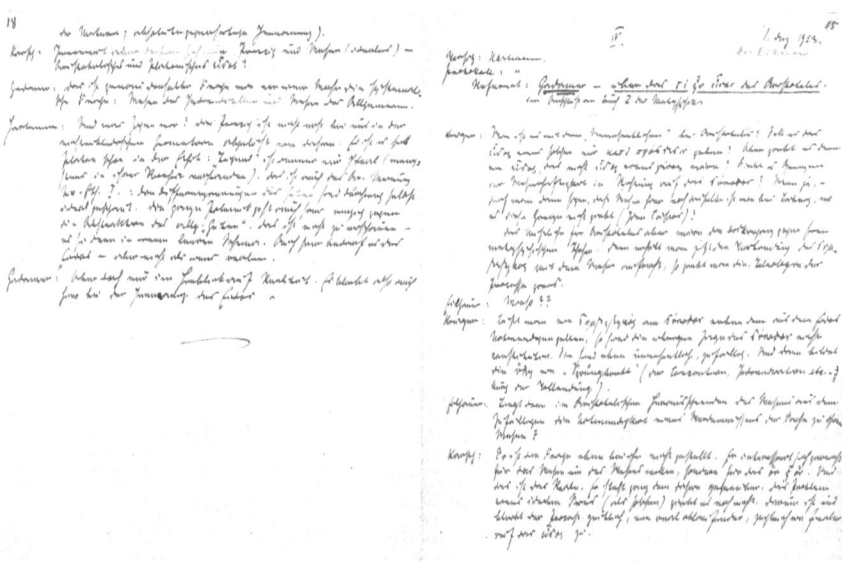

Abb. 2.5: Auszug aus dem Protokoll vom 01.12.1923

Diese Form etabliert sich in den folgenden Semestern und wird so selbst zum institutionalisierten Symbol des Gesprächskreises von Hartmann, wie die Übernahme derselben sowohl bei dem Lehrstuhlwechsel nach Köln, Berlin und Göttingen vermuten lässt. Dafür spricht auch der Umstand, dass Abweichungen, welche hier und dort durch neue Teilnehmer, welche mit der üblichen Form nicht vertraut waren, umgehend nivelliert wurden. Zu den Momenten der Institutionalisierung mögen neben Hartmanns eigener phänomenologischer Methode dessen Richtlinien zur Erstellung eines jeweiligen Protokolls gezählt werden können, wie sie beispielsweise im Protokoll vom 05.05.1922 zutage treten:

„Es ergibt sich auf Grund des Protokolls, 1) dass im Großen u. Ganzen zwei verschiedene Arten von Gegenständen gebraucht u. 2) dem entsprechend auch für die aufgestellte These zwei verschiedene Weisen der Argumentation neben einander hergingen und 3) ferner dass sich aus der daraus entstandenen Unklarheit u. Unbestimmtheit auch die gegen die These vorgebrachten Argumente erklärten. Um diese beobachteten Zusammenhänge zu /analysieren, soll das Protokoll in die Form gebracht werden, dass in zwei Abschnitten gezeigt werden soll, wie in der Diskussion ein jeder der beiden Gegenstände hinsichtlich folgender Fragen sich verschieden abwandelte, nämlich 1.) hinsichtlich der Frage, wie die Einheit 2.) der Frage, wie die für das behauptete Verhältnis vorausgesetzte Identität des Inhalts u. 3.) wie das Verhältnis selbst zu verstehen sei!"[93]

Selbstverständlich tragen die vorliegenden Protokolle nicht nur formal, sondern auch inhaltlich die Handschrift Nicolai Hartmanns und dies sowohl in Bezug auf Hartmanns Konzeptionen des Aufbaus der realen Welt, deren Erkenntnisgründe und Modalitäten als auch der materialen Wertethik und seines Entwurfes einer an Hegel angelehnten und gleichsam gegen Hegel gerichteten philosophischen Ästhetik des Schönen, welche allesamt in den Sitzungen eingeübt, vertieft, auf weitere Bereiche ausgeweitet und gegen andere, seien es historische oder zeitgenössischen Theorien, durchaus kritisch abgewogen wurden.

2.5 Fazit

Als Ergebnis der Analyse lässt sich festhalten: Das Protokoll stellt in der editorischen Behandlung und Erforschung eine eigene Textgattung dar, die eine Definition erforderlich macht, die über das Moment der Verschriftlichung von Sprachbeiträgen hinausgeht, um die wesentlichen Momente der Herausstellung des Gesprochenen aus seiner Flüchtigkeit und der Bereitstellung für anknüpfende Diskurse, dessen soziale Funktion u. a. zu erfassen. Und gerade diese von Niehaus und Moll gehobenen Momente sind es, die für ein Verständnis der Protokolle zu Hartmanns Zirkeln unerlässlich sind und der Forschung einen tieferen Einblick in Hartmanns Bemühen um eine Klärung philosophischer Problemstellungen liefern. In dieser

---

[93] Protokoll vom 05.05.1922, 1.

Hinsicht bieten die hier publizierten Dokumenten eine Einsicht in Hartmanns Denkwerkstatt, wie sie das bis dato erschienene Werk nicht ermöglicht.

Literaturhinweise

Freytag-Löringhoff, Bruno Baron v., „Erinnerungen an Nicolai Hartmann" (Vortrag auf Burg Stettenfels 1986), in: Lise Krämer (Hg), Nicolai Hartmann. Facetten der Persönlichkeit [Privatdruck], Kalletal 2003, 54–63.

Gebhard, Walter, Für eine Kultur des Protokolls. Zur didaktischen Bedeutung einer wenig geliebten Textsorte. In: Das Protokoll. Kulturelle Funktion einer Textsorte. Hrsg. von Michael Niehaus / Hans-Walter Schmidt-Hannisa, Frankfurt a. M. 2005, 271–288.

Hartmann, Frida, „Aufzeichnungen von Frida Hartmann, geborene Rosenfeld (1979)", in: Lise Krämer (Hg), Nicolai Hartmann. Facetten der Persönlichkeit [Privatdruck], Kalletal 2003, 5–15.

Hartmann, Nicolai, Philosophische Gespräche. Hrsg. v. Wilfried Stache, Göttingen 1955.

Heimsoeth, Heinz/ Heiss, Robert, Nicolai Hartmann. Der Denker und sein Werk, Göttingen 1952.

Jagemann, L. H. F. v., Handbuch der gerichtlichen Untersuchungsurkunde. Bd. I.: Die Theorie der Untersuchungskunde enthaltend, Frankfurt a. M. 1838.

Kluge, Friedrich, Protokoll, in: Etymologisches Wörterbuch der deutschen Sprache. Bearbeitet von Wolfgang Seebold, Berlin-New York 2002, 725.

Moll, Melanie, Das wissenschaftliche Protokoll. Vom Seminardiskurs zur Textart: empirische Rekonstruktionen und Erfordernisse für die Praxis, in: Studien Deutsch. Bd. 30, hg. v. Konrad Ehlich und Angelika Redder, München 2001.

Niehaus, Michael / Schmidt-Hannisa, Hans-Walter, Textsorte Protokoll. Ein Aufriss. in: Das Protokoll. Kulturelle Funktion einer Textsorte, hg. v. Michael Niehaus / Hans-Walter Schmidt-Hannisa, Frankfurt a. M. 2005, 7–26.

Ortega y Gaset, José, Schriften zur Phänomenologie, hg. v. Javier San Martin, übers. V. Arturo Campos, Jürgen Uscatescu, Freiburg-München 1998.

3 Bericht zur Erstellung der Abstracts

Friedrich Hausen

Hartmanns erhaltene „Cirkelprotokolle" bilden einen Textkorpus von 46 Protokollreihen aus 44 Semestern. Dabei setzen sich die primären Semesterthemen nur in seltenen Fällen in späteren Semestern fort, überschneiden sich jedoch vielfältig hinsichtlich der Bezugsbegriffe und Seitenthemen. In den weitverzweigten Gedankenbewegungen der zumeist jeweils 11–14 Einzelprotokolle pro Semester wird in den meisten Fällen ein Hauptthema im Blick gehalten, jedoch auch viele Seitenwege ausgeschritten und eine Vielzahl von Beispielen und zeitgenössischen und historischen Rückbindungen und Querbezügen aufgerufen.

Wir haben uns im Editions-Projekt früh entschlossen, jeweils vor dem Abdruck eines transkribierten Protokolls einen jeweiligen Zugang, eine Treppenführung zu dem komplexen Dokument zu bauen und zu bahnen, um dem Leser den Einstieg in und den Durchstieg durch den jeweiligen Gesprächskreis zu erleichtern. Wir nennen diese Leitfäden „Abstracts" – einfach um den Charakter des Abrisses, der knappen Zusammenfassung eines komplexen dialogischen Textgefüges zu unterstreichen. Sie sollen *Hartmanns Dialoge* in ihrer besonderen Form erfassbar machen.

Die Gesprächskreise mit ihren jeweiligen Teilnehmerinnen und Teilnehmern öffnen Hartmanns ansonsten monologisches Werk deutlich und ergänzen es um eine elementare, produktive Hintergrundstruktur. Obwohl angesichts oft dichter Gegnerschaft in den Gesprächen oft eine neue Prägnanz von Hartmanns Position selbst ermöglicht wird, stellt die freie, oft von kreisenden Verläufen und Brüchen mitbestimmte Form der Gesprächsverläufe eine große Herausforderung für die Erarbeitung eines Abstracts dar. Dies gilt für den jeweiligen Überblick über einzelne Semesterprotokolle, und noch mehr auch für denjenigen über den protokollierten ganzen Semesterverlauf. Anstelle einer hierarchisch gegliederten Textarchitektur bei monologischen Texten, wo bereits aus einleitenden Sätzen, Unterüberschriften, Abschnittsanfängen ein grober inhaltlicher Bogen von Gedankengängen erfasst werden kann, steht hier im Vordergrund eine lebendige Präsenz und Dynamik des Gesprächs, bei der oftmals spontane Einfälle und überraschende Wendungen besonderes Gewicht erlangen und den folgenden Gesprächsverlauf bestimmen. Entsprechend erscheinen oftmals die systematisch interessantesten Punkte nicht in den Fluchtlinien der zu Semesterbeginn eröffnend explizierten Perspektiven, sondern sie kommen abrupt und plötzlich aus einem Seitenthema herauf. Auch gibt die Dauer des Verweilens bei einem Problem nicht immer einen Hinweis auf die Relevanz desselben, insofern sich manche Dissense – anscheinend mangels metasprachlicher Klärungen – lange hinziehen, ohne dass überhaupt klar wird, ob es sich bei dem Kern tatsächlich primär um ein inhaltliches Problem oder nicht vielmehr um ein bloßes Begriffsproblem handelt. Divergenzen zwischen einerseits Textverlauf und andererseits systematischer Form und Einbettung der aufgerufenen Gedanken, sowie ein Divergenzen zwischen Relevanz eines Punktes einerseits und der Exponierung und der Breite der Repräsentation im Text andererseits, erschweren die inhaltliche Rekonstruktion sowie das Erfassen der Ordnungen, in denen sich die Gespräche bewegen.

Zu diesen allgemeinen Herausforderungen treten solche, die für einzelne Semester oder auch nur einzelne Protokolle betreffen. Manche der Dialoge folgen einer Frage mit niederschwelligem Verständniszugang und rekurrieren auf viele Beispiele aus Alltagsleben und verbreitetem Kulturwissen. Dies gilt im vorliegenden Band für die Protokolle über „Anschauung und Begriff" und „Was sind ästhetische Werte?" (1940), darüber hinaus in den weiteren, für die Online-Version vorgesehenen Protokolle über „Religionsphilosophie", oder „Zur Formulierung" (1935), „Funktion des Irrtums" (1935/1936), „Von Klugheit und Weisheit", und „Der Wahrheitsanspruch der Dichtung" (193619/37), oder „Über das Sichauskennen" (1937/1938). Andere schließen an terminologisch hochspezialisierte Diskurse aus dem zeitgenössischen Umfeld an und erfordern zum Gewinn einer Prägnanz des Inhalts vertiefte Kenntnisse und eine hinreichende Gewöhnung an spezifische Besonderheiten der Begriffsverwendungen. Zu letzterem zählt das in die vorliegende Sammlung nicht aufgenommene Cirkelprotokoll über die Logik Cohens (1921/1922).

Insbesondere bei den terminologisch voraussetzungsreicheren Diskursen wird das Verständnis bisweilen noch erheblich durch eine Heterogenität hinsichtlich der philosophischen Reife der Positionen sowie hinsichtlich der sprachlichen Qualität der Protokollierung erschwert. Gerade die Sitzungen zu den früheren Gesprächsreihen sind bisweilen sehr abgekürzt protokolliert, mit einer Tendenz zu elliptischen Sätzen und diskontinuierlichen Terminologien. Die führt dazu, dass die Kernrelevanzen einer Überlegung manchmal eher erahnt als eindeutig erfasst werden können.

Die „Abstracts" im vorliegenden Band sollen dem Gewinn einer *Vogelperspektive* einerseits über das Spektrum der Dialoge Hartmanns sowie andererseits über die einzelnen Disputierkreis dienen. Joachim Fischer, der die Abstract-Idee zu *Hartmanns Dialogen* für das Team konzipiert hat, hat eine erste Reihe von Gesichtspunkten entwickelt, die in zahlreichen Überarbeitungsgesprächen mit dem Verfasser erweitert wurden. Fischers Kernintuition war, alle Hartmannschen Dialoge so zu bündeln, also würde man einen Abriss je zu den überlieferten Platonischen Dialogen verfassen.

Die ersten Abstractskizzen folgen einem Schema mit thematischer Fokussierung, philosophiehistorischen Referenzen, Anschlüssen an neuere Diskurse, Exempel und einer abschließenden Einschätzung. Später wird die Struktur erweitert: ein einleitender Themenüberblick (1.) gefolgt von historischen und zeitgenössischen Anschlüssen (2.), vor einen Abschnitt mit interessanten Positionierungen (3.), und einem Abschnitt mit Dissensen und Spannungen (4.). Dem darauffolgenden Abschnitt über Exempel und Anschauungshintergründe (5.) folgen dann die Anschlüsse an andere Disputierkreise (6.), an Hartmanns Werk (7.) sowie in neuere Diskurse (8.), gefolgt von der zusammenfassenden Einschätzung nach Merkmalen der inhaltlichen Relevanz (systematisch, historisch und mit Blick auf die Erforschung der Philosophie Hartmanns); ergänzend werden Niveau der Gedankenführung und die sprachliche Qualität (9.) eingeschätzt.

Zur Erarbeitung der Zusammenfassungen werden zunächst für das Herausgeberteam selbst Abstract*skizzen* entworfen, die in Überarbeitungsprozessen, die die Arbeit an den Manuskripten und Transkriptionen begleiteten, immer wieder verbessert wurden. Thomas Kessel und der Verfasser haben in einer Arbeitsteilung bezogen auf die 44 Disputierkreis die Abstract-Skizzen entlang dieses Schema entworfen, das noch einmal detaillierter dargestellt werden soll:

1. Der erste Abschnitt steht unter der Frage: Worum geht es? Um welches systematische Problem kreist das Gespräch? Dieser Abschnitt, der die verhandelten Inhalte zusammenfasst, hat primär den Charakter einer Inhaltsangabe, so dass der Leser sofort wissen kann, worum es thematisch im jeweiligen Protokoll geht. Einleitenden Sätzen, die den Bogen der Überlegungen verdeutlichen, folgt die thematische Entfaltung entlang der einzelnen Sitzungen.

2. In dem zweiten Abschnitt geht es um die Referenzen zur Philosophiegeschichte und zur zeitgenössischen Philosophie, die durch Namen von den jeweiligen Teilnehmern ins Spiel gebracht werden; sowie um Konzepte, Traditionen, die auch ohne explizite Nennung tragend werden. Dabei wird unterschieden zwischen a. historischen Referenzen: Philosophischen Positionen von der Antike bis zum 19. Jahrhundert, und b. zeitgenössischen Referenzen: Philosophische Positionen aus dem frühen bis mittleren 20. Jahrhundert, die den Teilnehmern unmittelbar als aktuelle philosophische Debatte, als Gegenwartsphilosophie präsent waren.

3. Unter einem Abschnitt „Positionen" werden interessante Thesen und Argumente von den Gesprächsteilnehmerinnen und -teilnehmern gesammelt, aber auch prägnante Analysevorschläge und Charakterisierungen. In der fortschreitenden Arbeit an den Zusammenfassungen wird dieser Teil, ebenso wie der nachfolgende mit prägnanten Textzitaten ergänzt.

4. Unter Spannungen und Dissensen werden solche Entgegensetzungen gesammelt, die über bloße vorübergehende Einnahmen von Positionen in kommunikativ dialektischen Suchbewegungen hinausgehen, und die im Disputieren insgesamt

typische Dissense zwischen Überzeugungen darstellen. In Ausnamefällen sollen auch vorrübergehende „Rollenübernahmen"-Dissense genannt werden, wenn sie besonders lehrreich, prägnant und anschaulich scheinen und wichtige Punkte treffen (Aporetik). Auch hier sind oftmals Beispiele dynamischen Thesenstreits mit Zitaten wiedergegeben.

5. In dem Abschnitt über Beispiele und geteilte Anschauungshintergründe werden historische Personen, Kunstwerke, Erzählungen, Romanhelden, Beispiele aus der Öffentlichkeit, aus dem privaten Leben usw., aber auch Beispiele und Beispielklassen (Unterklassen) zu einem Begriff genannt, sowie die Rolle, die sie in einer Analyse, in einem Argument usw. spielen. Darüber hinaus werden geteilte Anschauungshintergründe (bspw. aus zeitgenössischem Geschehen und jüngerer Geschichte), die eine explizite oder hintergründige Präsenz in den Diskussionen entfalten, benannt.

6. Ein weiterer Abschnitt stellt das jeweilige Dokument thematisch in einem Verhältnis zu einer früheren oder späteren. Die Einbettung in den Strom der Gespräche lässt sich immer nur soweit klären, wie ein Überblick über die Themen aller Disputationen gewonnen ist. Für die Abstracts besteht u. a. das Ziel, die interne Vernetztheit der Gesprächsrunden herauszuarbeiten und somit Empfehlungen für eine zeitnahe oder simultane Beschäftigung mit Teilen verschiedener Protokolle empfehlen (gleichsam eine Konkordanz derselben).

7. In dem Abschnitt zum Verhältnis der Protokolle zum Werk von Hartmanns werden Bezüge sowohl zu solchen Werken Hartmanns zum Thema des protokollierten Gesprächs, die zum Zeitpunkt schon vorlagen, genannt, als auch solche, die noch nicht vorlagen (mit entsprechendem Vermerk) und möglicherweise u. a. im Disputierkreis vorbereitet wurden.

8. In dem folgenden Abschnitt über thematische Anschlüsse an neuere Diskurse werden ausgewählt Diskurse benannt, in denen die Themen und Probleme des jeweiligen Protokolls in neueren Debatten der Philosophie indirekt weiterbehandelt. Hier lassen sich selektive Verknüpfungen zu neueren Diskursen aus der Phänomenologie und französischen Philosophie, der Philosophischen Anthropologie sowie der Analytischen Philosophie des Geistes, Ontologie und Erkenntnistheorie herstellen, eventuell auch zu einzelnen Disziplinen (Bildwissenschaften; Kultur- und Sozialwissenschaften, Psychologie).

Im Erarbeitungsprozess sollte am Ende der Abstractskizzen (9.) seitens der Bearbeiter der Transskriptionen ein internes Statement zur Bewertung und zur Eignung oder Nichteignung für eine Buchveröffentlichung erfolgen – etwas was dann in die Auswahl für die Buchveröffentlichung eingegangen ist, ohne in den hier abgedruckten „Abstracts" noch einmal erwähnt zu werden.

Die nun vorliegenden „Abstracts" selbst im Buch folgen also in ihrem Aufbau diesen acht Punkten, ohne dass die hier erläuterte Gliederung im jeweiligen Text noch einmal formal wiederholt wird. Es geht uns im Ergebnis einfach darum, jeweils einen gut lesbaren Überblickstext zu bieten. Besondere Herausforderungen für den thematischen Überblick bestehen darin, in einem alles andere als komponierten Text inhaltliche Zentren und Knotenpunkte auszumachen, von denen aus so etwas wie eine fassbare Gestalt der zentralen Denkbewegung beschrieben werden kann. Die Arbeit an den Zusammenfassungen macht nicht nur deutlich, was die inhaltlich fruchtbare, sprachlich prägnante Textsorte „Protokoll" leisten kann, sondern auch, was andere Textsorten wie Traktate und Essays in systematischer Philosophie an Mitteln einsetzen, um das Erfassen von gedanklichen Hauptsträngen und ihrer Argumentationsstruktur zu erleichtern.

Da in dem Projekt die Hauptlast der Arbeit auf die Transkription, Kommentierung und Kollationierung fiel, verblieben begrenzte Zeitfenster dafür, die Materialfülle der vorhandenen Dokumente, die sich durch nahezu sämtliche Gebiete der systematischen Philosophie bewegt und dabei teils hochspezialisierte Terminologien beansprucht, zu erfassen und zu ordnen. Die Herausforderung, auch in bisher wenig vertrauten Fachgebieten den Blick an den entsprechenden Diskurs zu gewöhnen, angesichts der Detailfülle die relevanten tragenden Strukturen auszumachen, hat manch Beteiligter zunächst als Überforderung der kognitiven Fähigkeiten erfahren. Und bei der Einordnung in nicht explizit genannte Kontexte musste – anders als ursprünglich angedacht – aufgrund des immensen Zeitaufwandes der Transkriptionen selbst verzichtet werden, eingehende Recherchen vorzunehmen. Hier waren die Beteiligten oft darauf verwiesen, ihren bereits erarbeiteten philosophischen Wissens- und Erfahrungshorizont abzufragen, so dass durchaus Spielräume Entwicklungsmöglichkeiten für eine Präzisierung und Ergänzung anhand gründlicherer Recherchen sowohl bezüglich der historischen Einbettung als auch der Anschlüsse an neuere Debatten bestehen bleiben. Diese Arbeit wird also zukünftiger Forschung zum Werk Hartmanns im Kontext vorbehalten bleiben.

Neben den grundsätzlichen Besonderheiten der Menge an relevanten Einsichten und Wissenshintergründe für die präzise Kontextualisierung der Dialoge gab es einige speziellere Herausforderungen: Gerade bei den schwer lesbaren Manuskripten blieben zunächst auch viele unsichere Lesungen oder als unleserlich klassifizierte Ausdrücke stehen, die erst nach den Kollationierungen der Transkriptionen beseitigt wurden, wodurch sich die Prägnanz der thematischen Linien erhöhte.

Ein besonderes Merkmal protokollierter Gesprächsführung ist noch hervorzuheben: Bei den markierten Dissensen gibt es unaufgelöste Schwebezustände, wobei nicht klar ist, ob es sich um Dissense oder bloße Divergenzen in der Begriffsverwendung handelt, so dass nicht immer einfach zu entscheiden ist, ob es sich nun um eine inhaltlich relevante Spannung handelt, oder eher um einen unglücklichen Gesprächsverlauf mit unglücklichen Missverständnissen. Zuweilen tauchen auch Grenzfragen bezüglich der Zuordnung zu „zeitgenössischen oder historischen Referenzen" auf, oder in metaphilosophischen Diskursen überschneiden sich philosophische Referenzen mit Exempeln, oder es ist nicht immer klar, ob ein Widerspruch bereits als aussagekräftiger Dissens zu werten ist, oder als beiläufige Reaktion auf eine Positionierung, so dass auch hier fließende Übergänge bezüglich der angemessenen Zuordnung bestehen. Entsprechende Schwierigkeiten ergeben Sich flächendenkend mit Fragen bezüglich des Relevanzniveaus, das nötig ist, um eine Äußerung als nennenswert zu machen, sowie bezüglich der Relevanz in den Einzelfällen.

Die „Abstracts" bescheiden sich also insgesamt in ihrer Aufgabe als Türöffner, als Navigationshilfe, der Leserin und dem Leser einen ganz eigenen Nachvollzug – und kognitiven Genuss – der *Dialoge Hartmanns* zu ermöglichen.

4 Teilnehmerprofile

Joachim Fischer

4.1 Vorbemerkung

Bei den Hartmannschen Dialogen handelt es sich durch drei Jahrzehnte um „Disputierkreise" pro Semester mit je ungefähr 12 Teilnehmer und Teilnehmerinnen, die – neben Nicolai Hartmann – als Gleichberechtigte für die drei Stunden des Dialoges wöchentlich sich namentlich identifizierbar mit ihren Gedanken, Beispielen, Argumenten, Fragen in die sachfokussierte Diskussion einbrachten. Die Dialoge lebten von Rede und Gegenrede, von Spruch und Einspruch – und vom wechselnden Vorsitz bei den Sitzungen und wechselnder Verantwortung für das Protokoll. Insofern ist interessant: Wer waren die Partizipanten – außer Hartmann? Was kann man über sie in Erfahrung bringen? Wo kamen sie her, was studierten sie, wie war ihr weiterer (eventuell akademischer oder intellektueller) Lebensweg?

Es war früh das Ziel der Edition, von den beteiligten Sprechern und Sprecherinnen der Dialoge „Teilnehmerprofile" zu erstellen, so dass die je engagierten Beteiligten als konkrete Personen greifbar werden. Von den insgesamt 115 Teilnehmern sind in den sechs ausgewählten Dialogen 41 Teilnehmer präsent. Von einigen Teilnehmern weiß man viel, sehr viel, von anderen fast gar nichts – bis auf ihre Cirkelbeteiligungen, die sich aus den Protokollen ergibt.

Die Hauptaufgabe war, sachliche biographische Informationen zu ermitteln, angefangen bei den Lebensdaten, eventuell Studium und berufliche Lebenswege, Bezüge zu Hartmann, Vernetzungen mit anderen Teilnehmern, vielleicht Schriften und Beobachtungen durch Zeugen.

Wir haben zur Recherche verschiedenste Quellen verwendet.[94] Zunächst Philosophie-Lexika, soweit sie Personen-Artikel enthalten.[95] Dann die „Deutsche Biogra-

---

[94] An dem Zusammentragen von Informationen und Quellen zu allen Teilnehmern in einer umfassenden Worddatei waren in Wuppertal Nina Bausch, in Dresden Julia Kappler maßgeblich beteiligt; die wichtigen Recherchen in verschiedenen Universitätsarchiven und Universitätsbibliotheken wurden dann von Fabio Rovigo als Wissenschaftlicher Hilfskraft des Dresdner Teilprojektes geleistet.

[95] Schischkoff, Georg, Philosophisches Wörterbuch, Stuttgart 1982: Personenartikel zu Theodor Ballauff, Hans Georg Gadamer, Gerhard Krüger, Bruno Liebrucks, Helmuth Plessner, Hermann Wein.

phie" mit ihren Personen-Artikeln.[96] Auch die Online-Enzyklopädie „Wikipedia" mit ihrer gezielten „Wikipedia-Personen-Suche" erwies sich mit Hartmann als Knoten im Netz als hilfreich.[97] Weiter die akademischen Personen-Informationen aus Christian Tilitzkis „Geschichte der deutschen Universitätsphilosophie in der ersten Hälfte des 20. Jahrhunderts".[98]

Bei den unbekannten Personen wurde auf Universitätsarchive in Marburg, Köln, Berlin und Göttingen zurückgegriffen – bis in die Matrikelverzeichnisse.

Als ergiebig erwiesen sich vor allem die nicht als Bücher veröffentlichten, von Hartmann betreuten maschinenschriftlichen Dissertationen von Teilnehmern, insofern diese Universitäts-Dissertations-Exemplare am Schluss unter dem Titel ‚Lebenslauf' obligatorisch biographische Angaben enthalten.[99]

Zusätzliche Quellen sind Hartmanns Briefe im Marbacher Nachlass, unter anderem der Briefwechsel mit Heinz Heimsoeth.[100] Aber auch Erinnerungen von Frieda Hartmann,[101] Dorothea Johannessohn,[102] Juliane Trendelenburg-Lepsius an den Cirkel und Cirkel-Teilnehmer sind aufschlussreich.[103]

---

[96] Deutsche Biographie, hg. v. der Historischen Kommission bei der Bayrischen Akademie der Wissenschaften (Stand Juli 2020): Theodor Ballauff; Gerda v. Bredow; Bernhard Bruch; Hans Georg Gadamer; Hans Jacob; Fritz Karsch; Jacob Klein; Charlotte Kogon; Gerhard Krüger; Hans Kudszus; Bruno Liebrucks; Thomas Nipperdey; Ingetrud Pape; Manfred Thiel; Juliane Lepsius-Trendelenburg; Hermann Wein.
[97] Wikipedia 2020, Personenartikel: Theodor Ballauff, Hans Georg Gadamer, Fritz Karsch, Jacob Klein, Gerhard Krüger, Hans Kudszus, Bruno Liebrucks, Thomas Nipperdey, Helmuth Plessner, Manfred Thiel.
[98] Tilitzki, Christian, Die deutsche Universitätsphilosophie in der Weimarer Republik und im Dritten Reich, 2 Bde., Berlin 2002: Informationen zu: Hans Georg Gadamer; Karin Homann, Bruno Liebrucks; Helmuth Plessner; Heinrich Springmeier; Hermann Wein.
[99] Maschinenschriftliche Dissertationen mit Angaben zum biographisch-akademischen Werdegang: Ludger Adam; Theodor Ballauff; Gerda v. Bredow; Chung-Hwan Chen; Dorothea Johannessohn; Fritz Karsch; Charlotte Kogon; Gerhard Krüger; Ingetrud Pape; Wassyl Rudko; Heinrich Springmeyer, Wilfried Stache; Manfred Thiel; Juliane Trendelenburg; Hermann Wein.
[100] Nicolai Hartmann – Heinz Heimsoeth, unveröffentlichter Briefwechsel 1920–1950, Nachlass Nicolai Hartmann, Literaturarchiv Marbach, Briefkontakte Nicolai Hartmann, Box 7, 2 Abteilung: Briefe von Nicolai Hartmann.
[101] Hartmann, Frida, „Aufzeichnungen von Frida Hartmann, geborene Rosenfeld (1979)", in: Lise Krämer (Hg), Nicolai Hartmann. Facetten der Persönlichkeit [Privatdruck], Kalletal 2003, 5–15.
[102] Johannessohn, Dorothea ([1952] 2003), „Erinnerungen an Nicolai Hartmann (1952)", in: Lise Krämer (Hg), Nicolai Hartmann. Facetten der Persönlichkeit [Privatdruck], Kalletal 2003, 43–49.
[103] Lepsius-Trendelenburg, Juliane, Ratinger Erinnerungen. Eine Generation erzählt aus ihrem Leben, Ratingen 1984.

Weiter wurden spezielle Informationen zu einzelnen Partizipanten aufgetan wie Hans Georg Gadamer,[104] Hans Jacob,[105] Jacob Klein,[106] Thomas Nipperdey,[107] Ingetrud Pape,[108] Helmuth Plessner,[109] Heinrich Springmeyer,[110] Hermann Wein.[111] Auch biobibliographische Angaben der Beiträger in Hartmann-Gedenkschriften führten weiter.[112]

Da es sich bei den Dialogen nicht um eine Universitätsveranstaltung, sondern um Hartmanns „Hausprivatissimum" (Helmuth Plessner) handelte, wurde noch eine weitere Quelle für Informationen über die Partizipanten erschlossen: Die beiden Kinder von Nicolai Hartmann und Frida Hartmann, Olaf Hartmann (Jg. 1930) und Lise Hartmann (1932), verh. Krämer. Beide haben in jungen Jahren mitunter den Berliner und dann Göttinger Gesprächen lauschen dürfen. Außerdem hat die Familie Hartmann, besonders Frida Hartmann, auch später freundschaftliche Beziehungen zu einigen Mitgliedern des Cirkels gepflegt, in die auch die heranwachsenden Jugendlichen einbezogen waren. Deshalb hat auf Bitten der Herausgeber Lise Krämer eine erste Gesamtteilnehmerliste mit kurzen Kommentaren versehen,[113] Olaf Hartmann hat dann zu dieser kommentierten Liste einen hand-

---

[104] Gadamer, Hans Georg, Philosophische Lehrjahre. Eine Rückschau, Frankfurt a. M. 1977.
[105] Lauth, Reinhard, „Dr. Hans Jacob: 70 Jahre", in: Zeitschrift für philosophische Forschung. Bd. 22, H. 2 (Apr.–Jun., 1968), 286–288.
[106] Burt C. Hopkins, „The philosophical achievement of Jacob Klein", in: New Yearbook of Phenomenology and Phenomenological Philosophy, Band 11, 2011, 282–296.
[107] Nolte, Paul, Lebens Werk. Thomas Nipperdeys ‚Deutsche Geschichte'. Biographie eines Buches, München 2018.
[108] Recki, Birgit, „Erinnerungen an Ingetrud Pape" [Email an den Verf. 4. Januar 2018]. Agnes Hollling, „Ingetrud Pape", in: Starke Frauen: Lebensbilder von Frauen aus dem Oldenburger Münsterland im 19. und 20. Jahrhundert. Begleitband zur gleichnamigen Ausstellung in der Galerie Luzie Uptmoor im Industriemuseum, hg. von Maria Anna Zumholz unter Mitarb. von Mechthild Beckermann, Münster, 155–166.
[109] König, Josef, Helmuth Plessner, Briefwechsel 1923–1933, hg. v. Hans Ulrich Lessing, Almut Mutzenbecher, München / Freiburg 1994; Plessner, Helmuth, „Selbstdarstellung", in: Ders., Gesammelte Schriften, hg. v. G. Dux, O. Marquard, E. Ströker, Frankfurt a. M. 1985, 302–341. Fischer, Joachim, Philosophische Anthropologie. Eine Denkrichtung des 20. Jahrhunderts, Freiburg/München 2008.
[110] Heinrich Springmeyer 1897–1971: Ein Philosoph im Gespräch mit Naturwissenschaftlern. Vorträge für die Erwachsenenbildung in verständlicher Sprache, hg. v. Verena Billeter-Guggenbühl, Marburg 1973.
[111] Dietze, Carola, Nachgeholtes Leben. Helmuth Plessner 1892–1985, Göttingen 2006.
[112] Patzig, Günther (Hg.), Symposium zum Gedenken an Nicolai Hartmann (1882–1950), Göttingen 1982: Biobibliographische Selbstdarstellungen von Ingetrud Pape und Klaus Zimmermann.
[113] Krämer, Lise, Kommentierte Teilnehmerliste 29.9.2016, Typoskript (unveröffentlicht), zitiert als ‚Krämer'.

schriftlichen Abriss mit weiteren interessanten Informationen zu ausgewählten Teilnehmern verfasst.[114]

Der Aufbau der Teilnehmerprofile, der Miniaturen enthält 1) Lebensdaten, 2) Cirkelteilnahmen, 3) Bildungsgang und Studium, 4) berufliche Tätigkeit, eventuell einschlägige Schriften, 5) Charakteristisches, 6) bibliographische Angaben zu Dissertationen und Habilitationen sowie Texte der Betreffenden zu Hartmann – soweit es im jeweiligen Fall überhaupt recherchierbar war.

Das Ziel der „Teilnehmerprofile" in diesem Band ist, über die elementare sachliche Information hinaus die jeweiligen ausgewählten Hartmannschen Disputierkreise zu verlebendigen, die Teilnehmer, so weit möglich, farbig werden zu lassen. So sehr die Disputierzirkel strenge Regeln befolgten und damit das Niveau der jeweiligen themengebundenen, sachbezogenen Diskussion überhaupt erreichten, so waren sie doch zugleich in der Lebenswelt der Beteiligten verankert – ihrer Schicksale.

Insgesamt deutet sich mit „Hartmanns Dialogen" von 1920 bis 1950 ein eigenes Netzwerk in der deutschsprachigen Philosophie der ersten Hälfte des 20. Jahrhunderts an mit Ausstrahlung in die zweite Hälfte. Auf Grund der Auswahl von bloß sechs Dialogen aus der Zeit zwischen 1920 und 1950 können in diesem Band nur 41 Teilnehmerprofile erstellt werden, immerhin ein gutes Drittel der 115 Partizipanten der Dialoge. Das verzweigte Hartmann-Netzwerk bleibt ein Desiderat für künftige philosophiegeschichtliche Forschungen zur deutschen Philosophiegeschichte des 20. Jahrhunderts.

---

[114] Hartmann, Olaf, Notizen zu einigen Teilnehmern des Cirkels, Manuskript 2015, 15 S. (unveröffentlicht), zitiert als ‚O. Hartmann'.

Adam, Ludger

*1913 †1994

Cirkelteilnahme
Berlin, Wintersemester 1940: Was sind ästhetische Werte?
Göttingen, Wintersemester 1946/1947: Über das Begründen
Göttingen, Sommersemester 47: Über Aufmerksamkeit und Interesse
Göttingen, Wintersemester 47/48: Das Individuelle und das Allgemeine

Geb. in Recklinghausen in Westfalen, gest. in Sourbrot (Ostbelgien). Sechstes Kind einer Reviersteigerfamilie im Steinkohlenbergbau. Römisch-katholisch getauft und erzogen; 1933 Reifeprüfung am humanistischen Gymnasium in Recklinghausen. Nach 1950 ist sein Vorname in allen Quellen „Ludgerus". Vom Sommersemester 1936 an Studium der Philosophie, Germanistik, Kunstgeschichte und Zeitungswissenschaft an den Universitäten Münster, Hamburg und Berlin. „Anfang 1940 begann ich bei Prof. Nicolai Hartmann in Berlin die vorliegende Dissertation, welche im Herbst 1943 so gut wie abgeschlossen vorlag. Die mündliche Prüfung kam infolge verwickelter Kriegs- und Nachkriegsverhältnisse jedoch erst im Frühjahr 1947 in Göttingen zustande, wohin Prof. Hartmann inzwischen berufen worden war." (Adam, Diss. 1947). Als Dozent tätig.

Dissertation
Das Wahrheitsproblem bei Demokrit, Epikur und Zenon dem Epikureer (nach Philodem). – Göttingen, Phil. Diss. 1947.

Über N. Hartmann
Nicolai Hartmann, in: Deutsche Allgemeine Zeitung (20. 2. 1942).

Ballauff, Theodor

*1911 †1995

Cirkelteilnahme
Berlin, Wintersemester 1933/34: Logische Sphären
Berlin Sommersemester 1934: Problem der Individualität
Berlin Wintersemester 1934/35: Das Wesen des Erlebens
Berlin Sommersemester 1935: Die Formulierung (Kleiner Cirkel)
Berlin Wintersemester 1935/36: Funktion des Irrtums

Berlin Sommersemester 1936: Anthropologie
Berlin Wintersemester 1936/37: Wahrheitsanspruch in der Dichtung
Berlin Sommersemester 1937: Wandel der Begriffe. Begriff und Begriffswandel
Berlin Wintersemester 1937/38: Der Wille
Berlin Wintersemester 1940 (Januar–März): Was sind ästhetische Werte?

Geb. in Magdeburg, gest. in Mainz. Sohn des Oberlehrers Ballauff und dessen Ehefrau Marie, geb. Carl. 1915 Übersiedlung nach Kassel (ohne den Vater, der 1914 als Leutnant der Reserve in Rußland gefallen war). Nach Abschluss des humanistischen Gymnasiums Studium zunächst der Naturwissenschaften (Chemie, Biologie) und Philosophie in Göttingen, dann weiter unter Einbeziehung der Psychologie und Religionswissenschaft an den Universitäten Wien und Berlin. Besondere Bedeutung für sein Studium hatten Alfred Bäumler, Nicolai Hartmann, Hans Lipps, Eduard Spranger, Heinrich Springmeyer. Promotion 1938 in Berlin: „Vorzüglichen Dank schulde ich Prof. Dr. Nicolai Hartmann, dem ich Anregung und Förderung dieser Arbeit verdanke." (Ballauff Diss. 1938). Prüfung für das höhere Lehramt; Referendar an der Universitätsbibliothek Halle; gleichzeitig im Nebenamt für das Amt für Wissenschaft der NSDAP tätig. Durch Alfred Bäumler als Dozent an die Universität Halle vermittelt. Nach 1946 Anbindung als Privatdozent an der Universität Köln. Veröffentlichung *Das Problem des Lebendigen* 1949. 1952 dort außerordentlicher Professor; dann 1955 Extraordinariat an der Universität Mainz, 1956 bis 1979 Lehrstuhl für Pädagogik und Direktorat des Instituts für Pädagogik. „Ursprünglich von naturwissenschaftlichen Konzeptionen seines Lehrers N. Hartmann ausgehend, gelangt B[allauff] zu einer eigenen Philosophie des Lebendigen, die sich auf seine geschichtlichen und systematischen Untersuchungen zu Bildungsfragen [...] befruchtend auswirkten." (Schischkoff 1982, 55).

Dissertation
Über den Vorstellungsbegriff bei Kant. – Berlin: Verl. f. Staatswiss. u. Gesch. 1938. VII, 135 S. 8° (Philos. Untersuchgn. Bd. 5.). – Berlin, Phil. Diss. 1938.

Habilitation
Das transzendentale Problem in der gegenwärtigen Philosophie. – Berlin, Phil. Habil. Schr. 1943. 305 gez. Bl. 4° [Maschinenschr.]

Über N. Hartmann
Bibliographie der Werke von und über Nicolai Hartmann einschließlich der Übersetzungen, in: Nicolai Hartmann. Der Denker und sein Werk, hg. v. Heinz Heimsoeth / Robert Heiß, Göttingen 1952, 286–309.
Marburger Philosophen, in: Hessenland 50 (1939), 81–86.

Vom Aufbau der realen Welt. Zum 60. Geburtstag von N. Hartmann, in: Mitteldeutsche Nationalzeitung v. 20.2.1942, 4.

Nicolai Hartmanns Philosophie der Natur. Zur ihren Voraussetzungen und Grenzen, in: Philosophia naturalis 2 (1952/53), H. 1.

Bosse, Lona

*1907 †1991

Cirkelteilnahme
Berlin, Wintersemester 1931/32: Werte I
Berlin, Sommersemester 1932: Werte II
Berlin, Wintersemester 1934/35: Das Wesen des Erlebens
Berlin, Sommersemester 1935 a: Die Formulierung (Kleiner Cirkel)
Berlin, Wintersemester 1935/36: Funktion des Irrtums
Berlin, Sommersemester 1936: Anthropologie
Berlin, Wintersemester 1936/37: Wahrheitsanspruch in der Dichtung
Berlin, Sommersemester 1937: Wandel der Begriffe. Begriff und Begriffswandel
Berlin, Sommersemester 1938: Über das Sichauskennen
Berlin, Wintersemester 1938/39: Das Wesen der Wissenschaft
Berlin, Sommersemester 1939: Vom Wertbewusstsein in den Werterschließenden Akten
Berlin, Wintersemester 1940 (Januar–März): Was sind ästhetische Werte?

Geb. in Domnau (Ostpreußen) 1907, gest. in Hannover 1991. Zuerst Studium in Königsberg, dann vermutlich 1929 Studentin der Philosophie in München. „Lona Bosse war später Lehrerin für Englisch und Französisch am französischen Gymnasium Berlin" (Krämer). Nicolai Hartmann „war mit ihr befreundet und auch mal bei Berchtesgaden unterwegs" (O. Hartmann). Von Hartmann her ein schwärmerisches Verhältnis, wie aus einem Brief an Heinz Heimsoeth hervorgeht: „Ach liebster Heinz, wenn Du wüßtest, wie reizend Lona ist! [...] Die letzten Kölner Monate sind verklärt durch sie." (Hartmann an Heimsoeth, 21.3.31) „Das ist in Köln die erste, die ganz nach meinem Herzen ist. [...] Der letzte Winter war durch sie voll Spannung, Schönheit und zarter Fäden ... Ein solches Gesicht im Auditorium verwandelt alles – es ist Feststimmung, Sonnenglanz." (Hartmann an Heimsoeth 6.4.31)

Bosse wurde „eine Art Vorbild" für Hartmanns Tochter Lise Hartmann, „die mit ihr die ganzen letzten Jahre befreundet war" (Krämer). „Sie konnte einem schlagartig imponieren" (ebd.). „Meine [Juliane Trendelenburg] verehrte Französischlehrerin Lona Bosse [...] war Mitglied des ‚Zirkels' von Nicolai Hartmann gewesen, wo er im engsten Kreis mit Schülern philosophierte, die er als begabten Nachwuchs ausbilden wollte". Der „berühmte Philosoph [...], der ihr mehr bedeutete, als sie jemals preisgeben wollte, denn er war gerade zum zweiten Mal verheiratet." (Trendelenburg 53) „Sie hat auch nie wieder irgendeinen anderen Mann angeguckt, sie wusste eben, dass sie den nicht haben konnte" (Krämer). Zus. m. Ernst Schütt Mitautorin eines Spanisch-Lehrbuches: *Curso práctico de la lengua española*. Frankfurt a. M. 1963, 11. Aufl.

v. Bredow, Gerda

*1914 †2005

Cirkelteilnahme
Berlin, Sommersemester 1942: Über geistiges und seelisches Sein
Berlin, Wintersemester 1942/43: Phänomenanalyse der Arbeit
Göttingen, Sommersemester 1946: Über den Träger der geistigen Akte
Göttingen, Wintersemester 1946/47: Über das Begründen
Göttingen, Sommersemester 1947: Über Aufmerksamkeit und Interesse
Göttingen, Wintersemester 1947/48: Das Individuelle und das Allgemeine
Göttingen, Sommersemester 1948: Über das Denken

Geb. in Vietznitz, gest. in Emsdetten. Wurde in Berlin 1941 promoviert. Seit Ende Sommer 1944 Assistentin von Hartmann in Berlin, dann dessen Privatassistentin in Göttingen. „Sie war viel im Haus der Hartmanns; ein eher untersetzter Typ; nicht der Fall der schwärmerischen Verbindung" zu Nicolai Hartmann (Krämer). „Sehr selbständiger Geist, auch in ihren Ansichten, aber auch schnell bei der Hand im Ausprobieren von Neuem." (O. Hartmann). „Gerda [von Bredow] sprach gern und viel mit meiner Mutter. Vor dem Haus [im Göttinger Ostviertel] mit der dicken, großen, alten Buche Ecke Dahlmannstraße/Rohnsweg in Göttingen setzten sie nach dem Cirkel ihre Diskussion oft noch lange fort." (ebd.). „Später katholisches Bekenntnis" (Krämer): „Merkwürdig und ganz überraschend erschien meinen Eltern [...] ihre Konversion zum Katholizismus, für eine märkische Adelige sehr ungewöhnlich." (O. Hartmann) „Eine eigene Position erarbeitete sich [im Hartmann-Kreis] die zum Katholizismus konvertierte Gerda von Bredow mit ihren mittelalterlichen Studien." (Trendelenburg, 75). 1953 Dr. habil. in Münster (Westfalen). 1961 apl. Professorin für Philosophie. Veröffentlichungen zur mittelalterlichen Philosophie: *Nikolaus von Cues, Gespräch über das Globusspiel. Dialogus de ludo globi*, übers. u. hg. v. Gerda von Bredow, 2000; verfasste Artikel zu den Grundbegriffen der cusanischen Philosophie „Ars coniecturalis", „Complicatio/explicatio",

„Docta ignorantia", „Non aliud", „Possest" im ‚Historischen Wörterbuch der Philosophie'. Gerda von Bredow, *Im Gespräch mit Nikolaus von Kues. Gesammelte Aufsätze 1948–1993*, hg. von Hermann Schnarr, Münster 1995. Lebte im Ruhestand in Glücksburg.

Dissertation
Wertanalyse zu Schleiermachers Güterethik. – Würzburg: Triltsch 1941 – Berlin, Phil. Diss.

Über N. Hartmann
Sittlicher Wert und Realwert. Studie zur Problematik des Wertreichs, Göttingen 1947.

Bruch, Bernhard

*1900 †1977

Cirkelteilnahme
Köln, Wintersemester 1925/26: Vom Wesen des Wesens
Köln, Sommersemester 1926: Ästhetischer Gegenstand

Geb. auf Sumatra (Niederl. Indien). Vater evangelischer Missionar und später Pfarrer in Westfalen. Besuchte das Gymnasium zu Barmen; Ostern 1919 die Notreifeprüfung. „Einige Monate als Freiwilliger im Volkswehrbataillon (Pommern) in Schlesien gegen die Polen an der Posen-Niederschlesischen Grenze" (Bruch Diss. 1928). Ab Winter 1919/1920 in Berlin Studium der Deutschen Philologie, Geschichte und Philosophie, dann Göttingen, München und im Wintersemester 1921 in Bonn immatrikuliert.„Als Schüler von Prof. Dr. Ernst Bertram, bei dem ich zu promovieren wünschte, begann ich nach dessen Berufung nach Köln gleichzeitig dort mehrere Semester hindurch Vorlesungen und Übungen zu besuchen, wo ich mich im WS 1925/1926 auch immatrikulieren ließ."Dort hörte er neben seinem Doktorvater, dem Germanisten Ernst Bertram, auch die Philosophen Max Scheler und Nicolai Hartmann. 1928 Promotion in Köln. „Zu besonderem Dank für vielfältig empfangene Anregungen und freundliche Bemühungen bin ich den Herren Prof. Dr. E. Bertram, Dr. Hankamer und Dr. Nic. Hartmann verpflichtet." (Bruch Diss. 1928). Später Bibliothekar.

Dissertation
Novelle und Tragödie : Zwei Kunstformen u. Weltanschauungen ; Ein Problem aus der Geistesgeschichte des 19. und 20. Jahrhunderts, Stuttgart 1928. (Köln, Phil. Diss., 1928).

Bruchhagen, Peter Paul

*1902 †?

Cirkelteilnahme
Köln, Wintersemester 1925/26: Vom Wesen des Wesens
Köln Sommersemester 1926: Ästhetischer Gegenstand
Köln Wintersemester 1926/27: Erkenntnistheorie

Geb. in Essen-Borbeck als Sohn eines Bergwerksbeamten Karl Bruchhagen und seiner Gemahlin Katharina geb. Janz; katholische Konfession.1922 Reifezeugnis des humanistischen Gymnasiums zu Essen-Borbeck. Seit 1922 Studium der Philosophie, Musikwissenschaften und Philologie, zunächst an der Universität Berlin, dann von Wintersemester 1924/1925 – Sommersemester 1931 in Köln. Dort hörte er neben den Philosophen Scheler, Hartmann, Plessner auch die Psychologen bzw. Psychiater Lindworsky und Schneider; außerdem musikwissenschaftliche und philologische Vorlesungen. Von Sommersemester 1931–Sommersemester 1932 Studium in Bonn, dort Promotion am 27. Juli 1932 bei Erich Rothacker; Zweitgutachter Nicolai Hartmann (Bruchhagen Diss. 1932).

Dissertation
Über die Grundlagen von Hermann Cohens Idealismus. Phil. Diss. Universität Bonn 1932.

Chen, Chung-Hwan

*1902 †1992

Cirkelteilnahme
Berlin, Wintersemester 1940 (Januar–März): Was sind ästhetische Werte?

Geb. in Yangchow, Kiangsu, China; Sohn des Akademikers Heng-Kang Chen. Abitur 1924 am Gymnasium zu Yangchow. 1924–1929 Studium an der National-Zentral-Universität zu Nanking der Philosophie, Psychologie und Englisch (Bachelor of

Arts). 1929–30 Studium in England und Deutschland: an der University of London ab 1929, dann ab 1931 Studium in Berlin und Halle. 1935 Anfang der Promotion bei dem Germanisten und Sprachtheoretiker Julius Stenzel in Halle. „Im Winter desselben Jahres kehrte ich nach Berlin zurück und setzte meine Arbeit bei Prof. Dr. Nicolai Hartmann fort." (Chen Diss. 1940). Er hörte Vorlesungen vor allem bei Hartmann, Werner Jaeger, Arthur Liebert, Heinrich Maier, Eduard Spranger u. a. Entscheidend für die Promotion die Anregung von Julius Stenzel. Ich „danke [...] Herrn Prof. Nicolai Hartmann, ohne dessen Anregungen ich die vorliegende Arbeit nicht in dieser Form abschließen konnte." (Chen Diss 1940). Bis 1940 in Berlin. Aus einem Brief an Hartmann vom 20.8.1948 geht hervor, dass er seit 1947 an der National-Zentral-Universität in Nanking, seit 1948 an der Universität Taiwan Vorlesungen zur Philosophie hält. Er liest Erkenntnistheorie und Ontologie des Aristoteles mit Bezug auf Hartmann. Er arbeitete an verschiedenen Universitäten in den USA: Texas, Emory, Montana, Tampa.

Dissertation
Das Chorismus-Problem bei Aristoteles. – Berlin: Limbach (1940). XII, 186 8°
  (Philos. Untersuchungen, Bd. 9). – Berlin, Phil. Diss. 1940.

Eilhauer, Hans

*? †?

Cirkelteilnahme
Marburg, Wintersemester 1920/21: Über das Wesen des Zweckes
Marburg, Sommersemester 1922: Über die Struktur des ästhetischen Gegenstandes
Marburg, Wintersemester 1923/24: Über das Wesen des idealen Seins

Nicht gesicherte Angaben: Promotion in Rechtswissenschaften 1925 in Marburg. Referent: Prof. Dr. Leonard. 1925 (zur Zeit der Promotion) Geschichtsreferendar in Marburg a. Lahn. Vielleicht 1946 Rechtsanwalt und Notar in Berlin.

Fach, Werner

*1920 †?

Cirkelteilnahme
Göttingen, Wintersemester 1947/48: Das Individuelle und das Allgemeine

Göttingen, Sommersemester 1948: Über das Denken
Göttingen, Wintersemester 1948/49: Das Kriterium der Wahrheit

Geb. in Hannover als Sohn des Kaufmanns Raul Fach und seiner Ehefrau. In Hannover Besuch von Volksschule und Realgymnasium bis zur Reifeprüfung 1941. Zunächst ein Semester Studium der Medizin. Danach Studium der Philosophie, Neuere Deutsche Literaturgeschichte, Psychologie und Kunstgeschichte an den Universitäten Berlin, Göttingen und Freiburg. „An diesen Universitäten hörte ich die Dozenten: Hartmann, Spranger, [...], Heidegger, [...], Ziegler." (Fach Diss 1949). 1945 In Göttingen immatrikuliert ab dem 15.9.1945 bis zum 15.5.1948 – in diesem Zeitraum Teilnahme am Cirkel. Promotion in Freiburg. Referent: Prof. Dr. Szilasi; Korreferent: Prof. Dr. Fink 1949.

Dissertation
Untersuchungen zur Seinstheorie Friedrich Nietzsches, Phil. Diss. 1949 Freiburg.

Fritzen

*? †?

Cirkelteilnahme
Berlin, Wintersemester 1940 (Januar–März): Was sind ästhetische Werte?

Keine weiteren Angaben ermittelt.

Gadamer, Hans-Georg

*1900 †2002

Cirkelteilnahme
Marburg, Wintersemester 1920/21: Über das Wesen des Zweckes
Marburg, Wintersemester 1921/22: Über Cohens Logik der reinen Erkenntnis
Marburg, Sommersemester 1922: Über die Struktur des ästhetischen Gegenstandes
Marburg, Wintersemester 1922/23: Religionsphilosophie
Marburg, Wintersemester 1923/24: Über das Wesen des idealen Seins

Geb. in Marburg, gest. in Heidelberg. Sohn des Professors für pharmazeutische Chemie Johannes Gadamer und seiner Frau Johanna, geb. Gewiese (sie starb, als Gadamer 4 Jahre alt war). Schulbesuch in Breslau bis zum Abitur 1918. Studium der Germanistik, Geschichte, Kunstgeschichte, Philosophie und Pädagogik an den Universitäten Breslau (Richard Hönigswald), Marburg und München. In Marburg Begegnung mit N. Hartmann: „Nicolai Hartman, mehr und mehr seinen Abstand von dem Marburger Idealismus suchend und ermessend, schloß uns alle zusammen und übertrug etwas von der wilden Intensität endloser nächtlicher Diskussionen aus seinem Petersburger Studentenleben in das bäuerlich-bürgerliche Marburg." (Gadamer 223f) Mit der Dissertation *Das Wesen der Lust nach den platonischen Dialogen* wurde Gadamer von Natorp und Hartmann zum Dr. phil. promoviert. Dann in Freiburg Begegnung mit Husserl und vor allem mit Heidegger, mit dem er nach dessen Berufung nach Marburg zurückkehrte, wo er zusätzlich das Studium der Klassischen Philologie aufnahm. Die Habilitationsschrift 1928 *Platos dialektische Ethik. Phänomenologische Interpretationen zum ‚Philebos'* entfaltet mit dem Verhältnis von sokratischem Dialog und platonischer Dialektik Gadamers zentrale Thematik, die er später zur „philosophischen Hermeneutik" ausarbeitet. Nach 1933 Fortsetzung seiner akademischen Laufbahn, wobei Gadamer eine zu starke politische Exponierung während der NS-Zeit vermied (Tilitzki). Seit 1939 Ordinarius in Leipzig (bis 1947), danach Ordinariat in Frankfurt am Main, dann 1949 in Heidelberg bis zu Emeritierung 1968. In Heidelberg entstand sein Hauptwerk *Wahrheit und Methode. Grundzüge einer philosophischen Hermeneutik* (1960).

Obwohl es durch Gadamers Wende zu Heideggers Existenzphilosophie zu einer Abkühlung mit Hartmann kam, erinnert Gadamer später diese frühe spannende Marburger Zeit mit Sympathie: „Er übte auf uns alle damals eine starke Wirkung aus. [...] Und vor allem, wenn er meinen kindlich-scharfsinnigen Einwendungen oder Weiterdenkungen Beifall zollte, fühlte ich mich doch sehr erhoben. Es war schon ungewöhnlich, daß ein junger Professor sich mit einem jungen Studenten so freundschaftlich einließ. Dass er einen mit Vornamen nannte, dass man jederzeit in sein Haus kommen konnte [...]. Nicolai Hartmann hatte eine wunderbare Gabe, mit jungen Leuten kameradschaftlich umzugehen." (Gadamer 21 f.) Inwieweit die Teilnahme an fünf intensiven Dialogen des Hartmannschen Disputierzirkels Gadamers forschenden Nacherleben der Platonischen Dialoge und der späteren Formulierung einer Gespräch-Hermeneutik auf die Sprünge geholfen haben, sei dahingestellt.

Dissertation
Das Wesen der Lust nach den platonischen Dialogen, Diss. Marburg 1922.

Über N. Hartmann
Metaphysik der Erkenntnis. Zu dem gleichnamigen Buch von N. Hartmann, in: Logos 12 (1923), 340–359.
Philosophische Lehrjahre. Eine Rückschau, Frankfurt a. M. 1977.

Göhre

*? †?

Cirkelteilnahme
Berlin, Wintersemester 1940 (Januar–März): Was sind ästhetische Werte?
Berlin, Sommersemester 1942: Über geistiges und seelisches Sein
Berlin, Wintersemester 1942/43: Phänomenanalyse der Arbeit

Keine weiteren Angaben ermittelt.

Hermann, Lutz

*1924 †?

Cirkelteilnahme
Göttingen, Sommersemester 1948 Über das Denken.
Göttingen, Sommersemester 1949: Die Beziehung zur fremden Person
Göttingen, Wintersemester 1949/ 1950: Nachdenken und Formulieren

Göttingen, Sommersemester 1950: Über reziproke Akte

„Herrmann, Lutz, geboren am 24.01.1924, studierte bis zum Sommersemester 1957 in Göttingen. Das Immatrikulationsdatum ist leider nicht überliefert. Der Studierende erscheint erstmalig im Wintersemester 45/46 im Studierendenverzeichnis." (Auskunft des Universitätsarchivs Göttingen)

Homann, Karin

*1901 †?

Cirkelteilnahme
Berlin, Wintersemester 1940 (Januar–März): Was sind ästhetische Werte?

„Homann, 1901 in Breslau, 1920–22 Metallographin, dann Schauspielerin, ab 1929 Journalistin, 1931 Schriftleiterin des Weimarer NS-Parteiblattes, 1931: NSDAP; ausgetreten, 1934 neu aufgenommen. 1932–1935 freie Journalistin, ab Wintersemester 1933/34 Leiterin der Hochschule der Frau an der Lessing-Hochschule (Weiterbildung von Frauen-Führerinnen aus NS-Gliederungen); 1935 ausgeschieden, 1935/36 an Nietzsche-Archiv, dann Philosophiestudium an der FWU." (Tilitzki 2002, 289, UA-HUB, Phil. Fak. Nr. 980;). „Auch eine Reihe von philosophiehistorischen Dissertationen versuchten, die anthropologisch-historischen Begriffe Rasse und Volk zur Kritik traditionell bewußtseinsidealistischer Positionen fruchtbar zu machen, während eine systematische Studie von Karin Homann (‚Das anthropologische Wertprinzip', 1939/40), von der eine entsprechende Auseinandersetzung zu erwarten gewesen wäre, nicht zum Abschluß kam." (Tilitzki 2002, 994)

Jacob, Hans

*1898 †1969

Cirkelteilnahme
Köln, Wintersemester 1925/26: Vom Wesen des Wesens
Köln, Sommersemester 1926: Ästhetischer Gegenstand

Köln, Wintersemester 1926/27: Erkenntnistheorie
Köln, Sommersemester 1927: Wesen der Erkenntnis
Köln Wintersemester 1927/28: Antinomien und Paradoxien

Geb. in Witzenhausen (Hessen). Seit 1919 Studium der Philosophie in Göttingen, u. a. bei Georg Misch, Moritz Geiger, Hermann Nohl, Hans Lipps. Studium auch der Mathematik und Kunstgeschichte. Von Misch auf den weitgehend unerschlossenen Fichte-Nachlass an der Preußischen Staatsbibliothek Berlin hingewiesen. „Nach dem beendigten Studium in Göttingen ging Jacob zunächst nach Köln zu Nicolai Hartmann, an dessen philosophischen Seminaren und privaten Arbeitskreisen er teilnahm. Hier traf er mit Persönlichkeiten wie M. Scheler und H. Plessner zusammen." (Lauth 1969) Jacob ließ sich in dieser Kölner Zeit nach und nach Bestandteile des Berliner Fichte-Nachlasses in die Kölner Stadtbibliothek kommen, wo er sich eigenständig in die Handschrift des „großen sächsischen Philosophen" (Lauth) einarbeitete.

Zunächst eine Habilitation bei dem Hartmann-Freund Heimsoeth in Köln planend, ließ sich Jacob, als man „seine außerordentlichen philologischen und editorischen Fähigkeiten erkannt hatte" (Lauth 1969), für das Fichte-Editionsprojekt in den 30er Jahren motivieren (Kommission Rothacker, Spranger, Bäumler). Nach Kriegseinsatz und russischer Kriegsgefangenschaft seit 1950 für vier Jahre Lehrer für Mathematik in Bad Harzburg. Zusammen mit Reinhard Lauth dann zweiter Mitherausgeber der großen Fichte-Edition, dabei auch involviert in die Zusammenführung der Fichte-Bestände zwischen den beiden deutschen Staaten als

Nachfolgeberechtigten der Preußischen Staatsbibliothek. Mitherausgeber von *Johann Gottlieb Fichte, Gesamtausgabe der Bayrischen Akademie der Wissenschaften, Bd. I, 1–3: Werke* in den 1950er und 1960er Jahren.

Dissertation
Der Begriff von Fichtes Lehre vom Wissen. Ein Beitrag zur philosophischen Logik der Gegenwart. Göttingen Diss. 1926.

Johannessohn, Dorothea

*1920 †?

Cirkelteilnahme
Göttingen, Wintersemester 1946/47: Über das Begründen
Göttingen, Sommersemester 1948: Über das Denken
Göttingen, Wintersemester 1948/49: Das Kriterium der Wahrheit
Göttingen, Sommersemester 1949: Die Beziehung zur fremden Person
Göttingen, Wintersemester 1949/50: Nachdenken und Formulieren
Göttingen, Sommersemester 1950: Über reziproke Akte

Geb. in Berlin als Tochter des Studienrates a. D. Dr. phil. Martin Johannessohn und seiner Ehefrau Elise, geb. Iserland. Besuch der Berliner Schulen, zunächst der Volksschule, dann bis 1934 des Oberlyceums Berlin-Pankow und dann bis zur Reifeprüfung 1940 der Humanistischen Studienanstalt am Berlinischen Gymnasium zum Grauen Kloster. „1940 begann ich mit meinem Studium an der Universität Berlin in Philosophie (Professor Nicolai Hartmann und Professor Spranger), Psychologie (Professor Rupp) und Kunstgeschichte (Professor Pinder)." (Johannessohn 1948). Sie war in Berlin eine „wichtige Mitarbeiterin von Nicolai Hartmann Anfang bis Ende der 40er Jahre (v.a. an der Ästhetik)" (Krämer). „Im Sommersemester 1946 setzte ich meine Studien, die ich durch die Zeitumstände 1945 abbrechen musste, in Göttingen und bei Herrn Professor Hartmann fort, um sie am 15.Juli 1947 mit dem Doktorexamen abzuschliessen. 1944 hatte ich mit meiner Dissertation bei Herrn Professor Hartmann begonnen, dem ich besonderen Dank schulde" (Johannessohn 1948). „Dorothea wurde im Hause Hartmann besonders betreut, seitdem sie auf dem Weg zu dem Lehrer nach Potsdam vom Fahrrad gerissen und vergewaltigt worden war." (Trendelenburg 77).

Dissertation
Die Formen der Geschichtsteleologie des Deutschen Idealismus. – Göttingen, Phil. Diss. 1948. 114 gez. Bl. 4° [Maschinenschr.].

Über N. Hartmann
Erinnerung an Nicolai Hartmann, in: İstanbul Üniversitesi Felsefe Arkivi DergisiIssue 3 (1) , 25–34. Auszug in: „Erinnerungen an Nicolai Hartmann (1952)", in: Lise Krämer (Hg), Nicolai Hartmann. Facetten der Persönlichkeit [Privatdruck], Kalletal 2003, 43–49.

Karsch, Fritz

*1893 †1971

Cirkelteilnahme
Marburg, Wintersemester 1920/21: Über das Wesen des Zweckes
Marburg, Sommersemester 1921: Über den Begriff des Unbewussten
Marburg, Wintersemester 1921/22: Über Cohens Logik der reinen
Marburg, Sommersemester 1922: Über die Struktur des ästhetischen Gegenstandes
Marburg, Wintersemester 1922/23: Religionsphilosophie
Marburg, Sommersemester 1923: Philosophische Weltgeschichte
Marburg, Wintersemester 1923/24: Über das Wesen des idealen Seins

Geb. in Dresden Blasewitz, gest. in Kassel. Besuch der Grundschule und des Gymnasiums Dresden-Neustadt. Studium 1914 an der Technischen Hochschule Dresden unterbrochen wegen Kriegsdienst. Ab 1919 Studium der Philosophie an der Universität Marburg, in diesem Zeitraum Teilnehmer des Marburger Cirkels; 1923 Promotion bei Nicolai Hartmann. „Auf Einladung der japanischen Regierung unterrichtete er von 1925 bis 1939 am Matsue Senior-Gymnasium in Japan Deutsch und deutsche Literatur [später Shimane-Universität]." (Wikipedia „Fritz Karsch" 2020) Während des Zweiten Weltkrieges in Tokyo an der Deutschen Botschaft tätig und darüber hinaus bis 1947. Nach 1947 Dozent für Philosophie und Pädagogik in Marburg bis seiner Pensionierung 1961. Karsch leistete Beiträge zur Einführung in Rudolf Steiners Pädagogik (Wikipedia „Fritz Karsch" 2020).

Dissertation
Christoph Gottfried Bardili, der Vertreter des logischen Realismus im Zeitalter des Deutschen Idealismus. – Marburg, Phil. Diss. 1923. III, 122 [Maschinenschr.].

Über N. Hartmann
Das Freiheitsproblem bei Kant und Nicolai Hartmann, Tokyo, Japan, Hihiya-Koen, Sisei Kwai-kwan, Japan- Deutsches Kulturinstitut. In: Japanisch-deutscher Geistesaustausch. Heft. 1. 1928.
Zus. mit Kiichi Nagaya: Die Philosophie von Hartmann (Harutoman no Tetsugaku), Chubunkan-shoten, Tokyo 1936.

Klein, Jacob

*1899 †1978

Cirkelteilnahme
Marburg, Wintersemester 1920/21: Über das Wesen des Zweckes
Marburg, Sommersemester 1921: Über den Begriff des Unbewussten
Marburg, Wintersemester 1921/22: Über Cohens Logik der reinen Vernunft
Marburg, Wintersemester 1922/23: Religionsphilosophie
Marburg, Wintersemester 1923/24: Über das Wesen des idealen Seins
Berlin, Sommersemester 1931: Anschauung und Begriff

Geb. in Liepaj (Russisches Kaiserreich; heute Lettland); gest. in Annapolis, Maryland (USA); jüdischer Abstammung. Wegen früher Scheidung der Eltern im konservativ-jüdischen Haushalt der Großeltern aufgewachsen mit einem Rabbi als Tutor. Schulen in Lettland, Belgien und Deutschland. Ab 1917 Studium der Mathematik und Physik in Berlin; Edmund Husserl in Freiburg verweist ihn für das Philosophie-Studium an Natorp in Marburg. Dort Bekanntschaft mit Nicolai Hartmann. Teilnahmen am „Cirkel". Promotion bei ihm 1922. 1924–1928 besuchte er Heideggers Seminare in Marburg. Er war von einem Seminar Heideggers zu Aristoteles besonders begeistert. 1928/29 Studium der Theoretischen Physik in Berlin, dort erneut Cirkelteilnahme. Plan einer Habilitationsschrift in Berlin: „[The Habilitationsschrift] which was the first part of his ‚Die griechische Logistik und die Entstehung der Algebra'. [...] Nicolai Hartmann was going to be his sponsor." „By 1933, he had completed his Habilitationschrift, but he was prevented from habilitating by the Nazi Law for the Restitution of the Professional Civil Service (Gesetz zur Wiederherstellung des Berufsbeamtentums), which was passed April 7, 1933 and which banned Jews from the civil service." (Hopkins, 284–286). Nach 1933 Aufenthalt in Prag und Berlin; 1937 Emigration in die USA, seit 1937 lehrt er am St. John's College in Annapolis, Maryland bis zu seinem Tod.

Sein Hauptwerk geht aus dem Thema der Habilitationsschrift hervor: Die griechische Logistik und die Entstehung der Algebra (1934 und 1936); 1968 wiederveröffentlicht als Übersetzung: Greek Mathematical Thought and the Origin of Algebra (The M. I. T. Press). Darin untersucht er die Entwicklung von der antiken Mathematik hin zur modernen Mathematik, unter besonderer Beachtung des jeweiligen Verständnisses der Zahl. (Wikipedia: ‚Jacob Klein' 2020). Außerdem Kommentare zu Platonischen Dialogen (Theaetus, Sophistes, Der Staat). Klein war mit Leo Strauss befreundet (Briefwechsel).

Dissertation
Das logische und geschichtliche Element in Hegels Philosophie. 87 5. Marburg, Phil. 1924.

Kogon, Charlotte

*1904 †?

Cirkelteilnahme
Berlin, Wintersemester 1940 (Januar–März): Was sind ästhetische Werte?

Geb. in Berlin als Tochter des Kaufmanns Otto Klischat und seiner Ehefrau Wilhelmine, geb. Wätzel. Schulbildung bis zur Obersekundareife 1920. „Anschließend 13 Jahre in der Industrie tätig." (Kogon Diss. 1941) 1933 Zulassung zum Studium ohne Reifezeugnis an der Universität Berlin, das sie bis zum Sommersemester 1937 fortsetzt. Zu ihren akademischen Lehrern gehören Nicolai Hartmann und Eduard Spranger. „Den Herren Professoren Erich Rothacker und Nicolai Hartmann fühle ich mich ganz besonders verpflichtet." (ebd.) Ihre Dissertation von 1941 ist u. a. eine philosophische Auseinandersetzung mit der damals aktuellen Vergleichenden Verhaltensforschung von Konrad Lorenz, die wiederum von diesem gewürdigt wird (Lorenz, Vergleichende Verhaltensforschung. Grundlagen der Ethologie (1978), 6, 88).

Dissertation
Das Instinktive als philosophisches Problem. Berlin, Phil. Diss., 1941. Promotion in Berlin. Berichterstatter: Prof. Dr. E. Rothacker, Prof. Dr. Nicolai Hartmann.

Krüger, Gerhard

*1902 †1972

Cirkelteilnahme
Marburg, Wintersemester 1922/23: Religionsphilosophie
Marburg, Sommersemester 1923: Philosophische Weltgeschichte
Marburg, Wintersemester 1923/24: Über das Wesen des idealen Seins

Geb. in Berlin, gest. in Heidelberg. Evangelisch, seit 1950 katholisch. Sohn von Max Krüger, Regierungsrat, und dessen Frau Martha, geb. Jähnigen. Besuch des Gymnasiums in Berlin Friedenau. Studium der Philosophie, Evangelischen Theologie und Geschichte an den Universitäten Jena, Tübingen und vor allem Marburg, um bei Natorp zu studieren. „Dort erlebte er die Krise des Neukantianismus in der Auseinandersetzung zwischen Natorp und N. Hartmann, als dessen Schüler er 1925 mit einer Arbeit über ‚Kants Lehre von der Sinnesaffektion' promoviert wurde." (Deutsche Biographie). In Marburg entwickelte er sich dann zu einem der jüngeren Köpfe der „Marburger Hermeneutik": „Gemeinsam mit K. Löwith und H. G. Gadamer nahm K. in Marburg lebhaften Anteil an der Begegnung zwischen M. Heidegger und R. Bultmann, aus der das Programm hervorging, in einer Hermeneutik des Daseins sowohl die Frage nach dem Sein als auch das theologische Verständnis der christlichen Glaubensverkündigung neu zu begründen." (Deutsche Biographie)

1929 habilitierte er sich als Privatdozent in Marburg mit der Schrift Philosophie und Moral in der Kantischen Kritik. Sein philosophisches Interesse lenkte er auf Platons Dialoge, die er 1939 im Buch Einsicht und Leidenschaft. Das Wesen des platonischen Denkens interpretierte. 1940 wurde er ordentlicher Professor der Philosophie in Münster, 1946 in Tübingen. 1952 wechselte er nach Frankfurt/Main auf den Lehrstuhl für Geschichte der Philosophie, Geschichtsphilosophie und Metaphysik. Ende 1952 erlitt er einen schweren Schlaganfall, so dass er die Lehre aufgeben musste. Er lebte fast zwei Jahrzehnte zurückgezogen in München, Baden-Baden und zuletzt Heidelberg.

Krüger war seit 1925 verheiratet mit „Erna Bock (1895–1986), damals Studentin der Botanik und Philosophie in Marburg", die von Sommersemester 1921 bis Sommersemester 1922 ebenfalls an Hartmanns Disputiercirkel teilnahm (Göckeritz, 2002, 278). Ihr gemeinsamer Sohn war der Philosoph Lorenz Krüger (1932–1994).

Dissertation
Kants Lehre von der Sinnesaffektion. – Marburg, Phil. Diss. 1927. 171 S. (Auszug in: Jahrb. d. Phil. Fak. Marburg 1925. I. S. 139–140).

Über N. Hartmann
Besprechung *Nicolai Hartmann: Das Problem des geistigen Seins. 1933*, in: Deutsche Literatur-Zeitung. 3. Folge, 6 (1935), 758–768.

Kudszus, Hans

*1901 †1977

Cirkelteilnahme
Berlin, Sommersemester 1931: Anschauung und Begriff

Geb. in Schleswig, gest. in Berlin. Sohn des Gendarmeriewachtmeisters Max Kudszus und seiner Ehefrau Berta, geb. Schmidt. Nach Besuch der Domschule und des Gymnasiums 1920 Reifeprüfung. „Studium zuerst der Theologie, dann der Philosophie, Mathematik und der Klassischen Philologie in Kiel, München und Berlin. Nach 18 Semestern Abbruch des Studiums ohne Examen. Wichtigste akademische Lehrer: Heinrich Scholz, Werner Jaeger und Nicolai Hartmann." (Pfundt 2008, 81–84). Ab 1931 Versicherungsmathematiker bei der Berlinischen Lebensversicherung. Dann freier Mitarbeiter der *Deutschen Allgemeinen Zeitung* zu philosophischen Themen. Eingezogen, am Ende des Krieges Oberleutnant und Bataillonsadjutant. Englische Kriegsgefangenschaft. Seit 1947 Mitarbeit am *Tagesspiegel*, „wieder schrieb er ausschließlich über philosophische Themen." (Pfundt 2008). Seit 1951 Hervortreten als Aphoristiker in der Rubrik „Kleine Einfälle". Ab 1954 außerdem Mitarbeit an den *Neuen deutschen Heften*, hg. v. seinem Freund Joachim Günther. Durch die Initiative des Philosophen Wilhelm Weischedel erfolgte 1967 die Verleihung der Ehrendoktorwürde der Philosophischen Fakultät der FU Berlin. Prominentester Fürsprecher war Theodor W. Adorno, mit dem Hans Kudszus seit den 50er Jahren befreundet war und seitdem auch im Briefwechsel stand." (Pfundt 2008) In dessen Gutachten stand: „Kudszus ist von einer wahrhaft geistigen Produktivität, die sich in ganz außerordentlich geprägten und substantiellen Aphorismen niedergeschlagen hat, deren Gehalt manche dicken Bücher aufwiegt." (Pfundt 2008) Auf Anregung von Joachim Günther entstand 1970 der Aphorismenband *Jaworte, Neinworte*, mit einer Einleitung von Dieter Hildebrandt.

Liebrucks, Bruno

*1911 †1986

Cirkelteilnahme
Göttingen, Sommersemester 1946: Über den Träger der geistigen Akte
Göttingen, Wintersemester 1946/47: Über das Begründen
Göttingen, Sommersemester 1947: Über Aufmerksamkeit und Interesse
Göttingen, Wintersemester 1947/48: Das Individuelle und das Allgemeine
Göttingen, Sommersemester 1948: Über das Denken

Geb. in Budupönen (Ostpreußen), gest. in Frankfurt a. M. Sohn eines Volksschullehrers. Besuch des humanistischen Gymnasiums in Tilsit und Insterburg. Studium der Germanistik, Geschichte, Theologie und Philosophie an der Universität Königsberg. Promotion 1933. Von 1933–1936 Assistent von Hans Heyse in Königsberg, dann in Göttingen. Wechselndes Verhältnis zum Nationalsozialismus in den 30er Jahren (Tilitzki 868–872). 1938 an der Universität Berlin, Habilitationsprojekt über die Entwicklung von Platons Denken vom Eleatismus zur Dialektik. Während eines Habilitationsurlaubes im Krieg Fertigstellung. Nicolai Hartmann als Erstgutachter seiner Arbeit „Über das Problem des Eleatismus", über die Dialoge Parmenides und Sophistes. 1945 bis 1950 Privatdozent an der Universität Göttingen, in dieser Zeit die Cirkelteilnahmen. „Von Nicolai Hartmann als Assistent in Aussicht genommen, aber die Sache war mit Wein abgemacht." (Krämer). Nach Hartmanns Tod ao. Professor in Köln, seit 1959 Ordinarius an der Universität Frankfurt a. M. Liebrucks wurde „führender Sprachphilosoph der Gegenwart, der das Problem der Sprache auf breitester Basis systematischer und historischer Aspekte untersucht." (Schischkoff 410). Den Gedanken, dass das Bewusstsein und der Zugang zur Wirklichkeit durch das Medium der Sprache strukturiert ist, entfaltet Liebrucks im Rückgang auf Vico, Herder, Hamann, Kant, Hegel, W. v. Humboldt, Cassirer, Gehlen, Bühler im achtbändigen Hauptwerk *Sprache und Bewußtsein* (1964–1979).

Dissertation
Probleme der Subjekt-Objekt-Relation, Königsberg, Phil. Diss. 1934.

Habilitation
Platons Entwicklung zur Dialektik. Untersuchungen zum Problem des Eleatismus, Frankfurt a. M. 1949 (Habil.Schr. Berlin 1943)

Über Hartmann
Philosophische Freundschaft. Zum Briefwechsel zwischen N. Hartmann und H. Heimsoeth. In: Kant-Studien 73, 1982, 82–86.

Neunhoeffer, Fritz

*? †?

Cirkelteilnahme
Marburg, Sommersemester 1921: Über den Begriff des Unbewussten
Marburg, Wintersemester 1921/22: Über Cohens Logik der reinen Erkenntnis
Marburg, Sommersemester 1922: Über die Struktur des ästhetischen Gegenstandes
Marburg, Wintersemester 1922/23: Religionsphilosophie
Marburg, Sommersemester 1923: Philosophische Weltgeschichte
Marburg, Wintersemester 1923/24: Über das Wesen des idealen Seins

Aus dem Verzeichnis der Studierenden der Universität Marburg (Sommersemester 1921):

„106 21 Neunhoeffer, Fritz, Memmingen, Bayern, Philosof. O, Universitätsstr. 48I."

Keine weiteren Angaben ermittelt.

Nipperdey, Thomas

*1927 †1992

Cirkelteilnahme
Göttingen, Sommersemester 1948: Über das Denken
Göttingen, Wintersemester 1948/ 1949: Das Kriterium der Wahrheit

Geb. in Köln, gest. in München. Sohn des Professors für Bürgerliches Recht und späteren Präsidenten des Bundesarbeitsgerichts Hans Carl Nipperdey und dessen Frau Hildegard, geb. Eißer. Nipperdey stammte mit seinen musischen Interessen (Klavier- und Cello) aus dem „traditionellen Bildungsbürgertum des 19. Jahrhunderts". Schulbesuch in Köln, 1943 als Flakhelfer eingezogen. Ab 1946 studierte er Philosophie und Geschichte an den Universitäten Köln, Göttingen und Cambridge. Auf die spätere Frage nach „hervorragenden ‚Studienvätern' [nannte er] Nicolai Hartmann, Hermann Heimpel und Theodor Schieder." (Nolte 105) Während der Göttinger Zeit des Philosophiestudiums Teilnehmer von Hartmanns Cirkel. „Die Herkunft aus der Philosophie und der durch sie vermittelten Schulung im systematischen Denken hat er nie verleugnet." (Deutsche Biographie 2019)

Im Cirkel lernte er Bruno Liebrucks kennen, bei dem er 1953 nach dessen Wechsel nach Köln dort mit einer Arbeit über „Positivität und Christentum bei Hegel" promovierte. Unter Einfluss des Kölner Historikers Theodor Schieder Konzentration auf Geschichtswissenschaft. 1957 Forschungsassistent am Göttinger Max-Planck-Institut für Geschichte (Hermann Heimpel). Habilitation über die Geschichte der politischen Parteien und Interessenverbände in Deutschland vor 1918. Er lehrte dann an der TU Karlsruhe (1963–67), der FU Berlin (1967–1971) und der Universität München (1971–1992). Seit 1972 arbeitete Nipperdey an „seiner großen dreibändigen Synthese der deutschen Geschichte des 19. Jh.": *Deutsche Geschichte 1800–1966: Bürgerwelt und starker Staat* (1983); *Deutsche Geschichte 1866–1918: Bd. 1 Arbeitswelt und Bürgertum* (1990); *Bd. 2: Machtstaat vor der Demokratie* (1992), „deren Vollendung er einer schweren und fortschreitenden Krankheit mit bewundernswerter Arbeitsdisziplin abtrotzen mußte." (Deutsche Biographie 2019).

Nipperdeys zahlreiche historische Studien zeichneten sich dadurch aus, dass sie „die den Menschen als zentralen Gegenstand der Geschichtswissenschaft wiederentdeckten, für eine Symbiose von Sozial-, Kultur- und Mentalitätsgeschichte eintraten und der Erforschung von Gestalt und Erbe der bürgerlichen Gesellschaft entscheidende Impulse gaben." (Deutsche Biographie 2019). „N[ipperdey] war einer der großen Historiker des 20. Jh. Er hat neue Forschungsfelder eröffnet und insbesondere der Geschichtsschreibung der Bundesrepublik entscheidende Anstöße gegeben." (ebd.).

Nipperdey, der im politischen Engagement zunächst der Sozialdemokratie zuneigte, dann nach 1968 ‚liberalkonservative' Positionen vertrat (Wikipedia 2020), „hatte eine ganz reizende Schwester Dorothé, später verheiratete Dorothé Sölle, die in der Öffentlichkeit bekannter wurde als er durch irgendwelche Religionsfragen und/oder vielleicht auch Kirchenkritik." (O. Hartmann)

Pape, Ingetrud

*1912 †1984

Cirkelteilnahme
Berlin, Wintersemester 1940 (Januar–März): Was sind ästhetische Werte?
Berlin, Sommersemester 1942: Über geistiges und seelisches Sein
Berlin, Wintersemester 1942/43: Phänomenanalyse der Arbeit
Göttingen, Sommersemester 1946: Über den Träger der geistigen Akte

Göttingen, Wintersemester 1946/47: Über das Begründen
Göttingen, Sommersemester 1947: Über Aufmerksamkeit und Interesse
Göttingen, Wintersemester 1947/48: Das Individuelle und das Allgemeine
Göttingen, Sommersemester 1948: Über das Denken

Geb. in Beverungen/Weser als Tochter des Bankdirektors Fritz Pape und seiner Frau Elisabeth, geb. Toell. Seit 1919 Schule in Münster, 1931 Reifeprüfung am Oberlyzeum. Einjähriger Sonderlehrgang für Abiturientinnen an der Frauen-Oberschule und zweijährige Tätigkeit als Hauslehrerin in Berlin und Florenz. Ab 1934 Studium der Philosophie, Geschichte und Staatswissenschaft in Berlin, Jena (Bruno Bauch) und Göttingen; „Seit dem 7. Semester studierte ich in Berlin und habe dort insbesondere in Vorlesungen und Übungen der Herren Prof. Nicolai Hartmann und Eduard Spranger Führung und Förderung in meinem Studium erfahren." (Pape Diss. 1943). Promotion 1943 in Berlin bei Nicolai Hartmann. Mitarbeit am Kongressband *Symphilosophein: Bericht über den Dritten Deutschen Kongress für Philosophie Bremen 1950*, hg. v. Helmuth Plessner, „im Einvernehmen mit der Allgemeinen Gesellschaft für Philosophie in Deutschland bearbeitet von Ingetrud Pape und Wilfried Stache". Im Bericht über diesen wichtigen Nachkriegskongress der deutschen Philosophie 1950, an dem Hartmann aus Gesundheitsgründen nicht mehr teilnehmen konnte, fügt sie in der *Zeitschrift für philosophische Forschung* die Bemerkung ein: „Nicolai Hartmann – der ungekrönte König der Philosophie".

1951–1953 mit Herausgabe des Scheler-Nachlasses beauftragt von der DFG im Namen der Max-Scheler-Gesellschaft – „Arbeit am Scheler-Nachlass (aber in der Arbeit blockiert durch Maria Scheler)" (Krämer). Assistentin von Heinz Heimsoeth am Philosophischen Seminar der Universität Köln (1953–1958); Forschungsstipendium der DFG für die Untersuchung der Problemgeschichte der Modalität; Habilitation an der Universität Münster 1962. Professorin für Philosophie in Osnabrück, Abt. Vechta, Pädagogische Hochschule (seit 1960, em. 1980); seit 1968 gleichzeitig apl. Professorin der Universität Münster. „Das Spektrum ihres Philosophierens reichte vom Existentialismus bis zum Strukturalismus, [...], von Fragen der Anthropologie bis zur Meta-Ethik, von den Problemen der Ästhetik bis zu den Grundlagen einer Philosophie des Friedens." (Holling) „Sie hat [in Münster] zum Beispiel französischen Existentialismus und Kritische Theorie der Gesellschaft und andere Varianten des Neo-Marxismus gelehrt, Lukács, Bloch, Walter Benjamin [...]." (Birgit Recki)

Sie „sah gut aus, sie war wirklich eine Dame." (Krämer).„Sie war auch sehr geschickt und beredt im sprachlichen Ausdruck, und sie sprach oft, ja meist, dermaßen schnell, dass man kaum folgen konnte, obgleich man alles deutlich verstehen konnte; [...] konnte sich gut ausdrücken, so polyglott fast; sie war [mir] fast ein bisschen zu glatt und zu schnell, was nicht so gut zu Nicolai Hartmann passte, der alles mit Ruhe [be]sprechen wollte." (O. Hartmann) „Die hochintelligente, schöne Dr. Ingetrud Pape, die mich [Juliane Trendelenburg] in der Diskussion vollends verunsichert hintan liess." (Trendelenburg 75). „Frau Pape war ein jugendbewegtes Gesprächsgenie, explizit der romantischen Idee des Sym-Philosophierens verpflichtet. Sie hat sich in all den Jahren auch gänzlich im lebendigen Gespräch verausgabt. Sie hat dabei durch ihre jugendliche Begeisterungsfähigkeit, Korresponsivität und Liberalität sehr anregend gewirkt und die Studierenden sehr ermutigt." (Birgit Recki)

Dissertation
Leibniz. Zugang u. Deutung aus dem Wahrheitsproblem, Stuttgart: Dr. Riederer-Verl. (1949). 184 S. 8°

Habilitation
Tradition und Transformation der Modalität, Bd. 1: Möglichkeit und Unmöglichkeit, Hamburg 1966.

Über N. Hartmann
Das Individuum in der Geschichte. Untersuchungen zur Geschichtsphilosophie von N. Hartmann und M. Scheler, in: Nicolai Hartmann. Der Denker und sein Werk, hg. v. Heinz Heimsoeth / Robert Heiß, Göttingen 1952, 47–80.
Wirklichkeit – dem Begriff und der Sache nach, in: Patzig, Günther (Hg.), Symposium zum Gedenken an Nicolai Hartmann (1882–1950), Göttingen 1982, 24–39.

Plessner, Helmuth

*1892 †1985

Cirkelteilnahme
Köln, Wintersemester 1925/26: Vom Wesen des Wesens

Geb. in Wiesbaden, gest. in Göttingen. Sohn des Sanitätsrates Dr. Fedor Plessner und seiner Frau Elisabeth, geb. Eschmann. Schulbesuch in Wiesbaden bis zum Abitur 1910. Ab 1910 Studium der Medizin, Zoologie und Philosophie in Freiburg, Berlin, Heidelberg (Driesch, v. Uexküll, Windelband), Göttingen (Husserl). Promoviert 1916 in Erlangen mit einer Dissertation über Kants Kritizismus. 1920 Habilitation mit einer weiteren Arbeit zu Kant an der neuen Universität Köln. Dort Privatdozent für Philosophie und Soziologie neben dem Ordinarius Max Scheler. Hier verfasste er sein Hauptwerk *Die Stufen des Organischen und der Mensch*.

Einleitung in die philosophische Anthropologie (1928), das unter Voraussetzung einer philosophischen Biologie die Sonderstellung des Menschen als „exzentrische Positionalität" exponiert. Da Scheler und Plessner das Unternehmen einer modernen Philosophischen Anthropologie in einer Art Parallelaktion betrieben, kommt es zu einem Prioritätenstreit. „Das Verdienst, Scheler von der Unsinnigkeit des Plagiatsvorwurfes an Hand des Manuskriptes zu überzeugen, gebührt Nicolai Hartmann. Ihm habe ich das ganze Manuskript vorlesen können. Er kannte es Wort für Wort." (Plessner 329). Seit 1926 war Plessner Prof. für Philosophie in Köln. Wegen der jüdischen Herkunft seines getauften Vaters musste Plessner 1933 auf Grund des nationalsozialistischen Berufsbeamtengesetzes ins Exil gehen. Seit 1936 in Groningen Dozent für Philosophie, dann Professor für Soziologie. Nach der deutschen Besetzung der Niederlande musste er untertauchen und überlebte knapp. 1946 Ordinarius für Philosophie in Groningen. Rückkehr nach Deutschland, 1952 Ordinarius für Soziologie in Göttingen. Öffentlich bekannt wurde Plessner durch die Exilschrift *Schicksal deutschen Geistes im Ausgang seiner bürgerlichen Epoche* (1935), die in der Bundesrepublik unter dem Titel *Verspätete Nation* (1959) als einflussreiche Untersuchung zu den mentalitätsgeschichtlichen Voraussetzungen der bürgerlichen Akzeptanz des Nationalsozialismus fungierte.

Plessner war seit der Erstbegegnung 1924 in Marburg von dem 10 Jahre älteren Hartmann und seinem philosophischen Ethos tief beeindruckt. (Plessner/König 58) Als Hartmann 1926 nach Köln berufen wurde, profitierte Plessner von dieser Kölner Konstellation: „Mit Hartmann bin ich täglich zusammen, diskutiere auch viel; er ist in vielem schmiegsamer und möglichkeitsreicher als in seinen Büchern." (Plessner/König 108) Hartmann hat von Köln aus Plessner in der zweiten Hälfte der 20er Jahre mehrfach in Berufungsangelegenheiten zu fördern versucht, obwohl er Anfang der 30er Jahre intern Heimsoeth gegenüber Plessners akademische Stärken, aber auch Schwächen deutlich markierte (Hartmann an Heimsoeth, 29.3.32). Bereits 1945 gab es in Göttingen Pläne, Plessner für die absehbare Emeritierung Hartmanns 1949 zu dessen Nachfolger auf dem philosophischen Lehrstuhl zu machen: „In wenigen Jahren die Nachfolge Hartmanns, der Sie will [...]. Damit haben Sie das nach dem Ausscheiden Heideggers [...] bedeutsamste Ordinariat aller vier Zonen Deutschlands." (Brief des Dekans der Phil. Fakultät Herbert Schoeffler an Plessner 14.11.1945, zit. bei Fischer 2008, 209). Dazu kam es u. a. deshalb nicht, weil Plessner bei Hartmanns Tod 1950 bereits den Ruf auf den neuen Lehrstuhl für Soziologie in Göttingen angenommen hatte (Fischer 226).

Über N. Hartmann
Geistiges Sein. Nicolai Hartmanns neues Buch, in: Kant-Studien. Philosophische
   Zeitschrift, 38. Jg. / Band 38, 406–433.

Offene Problemgeschichte, in: Nicolai Hartmann. Der Denker und sein Werk. hg. v. Heinz Heimsoeth / Robert Heiss, Göttingen 1952, 97–104.

Rathschlag, Hans

*1909 †?

Cirkelteilnahme
Köln, Wintersemester 1929/30: Geschichtsphilosophie
Köln, Sommersemester 1930: Geschichtsphilosophie
Berlin, Sommersemester 1931: Anschauung und Begriff

Geb. in Köln als Sohn des Pfarrers Fritz Rathschlag. Volksschule und Gymnasium in Köln, 1928 Reifeprüfung. Studium der Philosophie, Germanischen Philologie, Romanischen Philologie, Kunstgeschichte, Theatergeschichte und Geographie an der Universität Köln. „Meine Lehrer waren vor allen die Herren Professoren Hartmann, Heimsoeth, Bertram, von der Leyen, Moldenhauer, Friedrich." (Rathschlag Diss. 1935) Nach Hartmanns Wechsel nach Berlin Promotion in Köln bei Heimsoeth 1935.

Dissertation
Die Bedeutung der Antinomien für den Kritizismus. Köln, Phil. Diss., 1935.

Rosenfeld, Frida, verh. Hartmann

*1902 †1988

Cirkelteilnahme
Marburg, Wintersemester 1921/22: Über Cohens Logik der reinen Erkenntnis
Marburg, Sommersemester 1922: Über die Struktur des ästhetischen Gegenstandes
Köln, Wintersemester 1928/29: Religionsphilosophie
Köln, Wintersemester 1929/30: Geschichtsphilosophie
Köln, Sommersemester 1930: Geschichtsphilosophie
Berlin, Wintersemester 1932/33: Urteil und Erkenntnis
Berlin, Wintersemester 1932/33: Urteil und Erkenntnis
Berlin, Sommersemester 1933: Erkenntnisphilosophie
Berlin, Wintersemester 1933/34: Logische Sphären
Berlin, Sommersemester 1934: Problem der Individualität

Berlin, Sommersemester 1935: Zur Geschichtsphilosophie
Göttingen, Sommersemester 1946: Über den Träger der geistigen Akte
Göttingen, Wintersemester 1946/47: Über das Begründen
Göttingen, Sommersemester 1947: Über Aufmerksamkeit und Interesse
Göttingen, Wintersemester 1947/48: Das Individuelle und das Allgemeine
Göttingen, Sommersemester 1948: Über das Denken
Göttingen, Sommersemester 1950: Über reziproke Akte

„In Magdeburg geboren; Vater war Archivrat mit Dienstwohnung auf dem Schloß in Marburg; zwei Schwestern; studierte Geschichte und Geographie (für Lehramt) [...]. Referendarin in Düsseldorf (nicht beendet)" (Krämer). Zweite Frau von Nicolai Hartmann, „Heirat Anfang 1929", „20 Jahre Altersunterschied" (Krämer); zwei Kinder, Olaf *1930 und Liese *1932. „Gemeinsame Wohnung in Köln-Weihental, besseres Viertel im Südwesten"; dann in den 30er und 40er Jahren ein gemietetes Haus in Neubabelsberg; in Göttingen schließlich eine Wohnung im Professoren- bzw. Ostviertel am Hainholzweg – alle diese Wohnstätten waren die Orte, an denen der Cirkel tagte.

Frida Hartmann wurde die Person mit den meisten Cirkelteilnahmen. Über die Bedeutung des Cirkels für N. Hartmann schrieb sie im Rückblick 1977: „Reine Männergesellikeit mochte er nicht so sehr, wenn da nicht wirklich Interessengemeinschaft war oder gar ein Disputierkreis. Einen solchen Kreis mußte er zeit seines Lebens um sich haben. Er suchte die Kontrolle durch ein fremdes Denken, um sich nicht in einsamen Denken zu verspinnen." (Frida Hartmann 1977, 13). Nach seinem Tod ließ sie in Elliehausen in der Nähe von Göttingen für sich und ihren Sohn Olaf Hartmann ein Haus bauen, in dem bis 2013 auch der Hartmann-Nachlass lag. Sie gab den ersten Teil des Briefwechsels (1907–1918) zwischen Hartmann und seinem Philosophenfreund Heinz Heimsoeth heraus. „Frida Hartmann war in den späten Jahren (der 80er Jahre) für die Grünen (in Göttingen/Dransfeld) aufgeschlossen." (Krämer)

Über N. Hartmann

Biographische Notizen zu Nicolai Hartmann (1882–1950), in: Dies./Renate Heimsoeth (Hg.), Nicolai Hartmannn und Heinz Heimsoeth im Briefwechsel, Bonn 1978, 317–322.

Aufzeichnungen von Frieda Hartmann, geb. Rosenfeld, für das Familientreffen 1977 in Lüneburg, in: Lise Krämer (Hg.), Nicolai Hartmann. Facetten der Persönlichkeit, Kalletal 2003 [Privatdruck], 5–15.

Rudko, Wassyl

*1910 †?

Cirkelteilnahme
Berlin, Sommersemester 1942: Über geistiges und seelisches Sein
Berlin, Wintersemester 1942/43: Phänomenanalyse der Arbeit
Göttingen, Sommersemester 1946: Über den Träger der geistigen Akte
Göttingen, Wintersemester 1946/47: Über das Begründen
Göttingen, Sommersemester 1947: Über Aufmerksamkeit und Interesse
Göttingen, Wintersemester 1947/48: Das Individuelle und das Allgemeine
Göttingen, Sommersemester 1948. Über das Denken
Göttingen, Sommersemester 1950: Über reziproke Akte

Geb. in Perewoloczna, Kreis Zolocziw, Galizien, als Sohn des ukrainischen Bauern Stefan Rudko und seiner Frau Katharina geb. Iwaniw, also in „der Gegend von Lemberg, dem damaligen Westgalizien, das bis zum Ende des Ersten Weltkrieges zu Österreich gehörte." (Trendelenburg 78). 1929 Reifeprüfung am Staatlichen Gymnasium mit ukrainischer Unterrichtssprache in Lemberg. „Den Lemberger Professoren K. Twardowski, insbesondere aber K. Ajdukiewicz und R. Ingarden verdanke ich die ersten Anfänge meiner philosophischen Bildung" (Rudko Diss. 1947). Unterbrechung des Studiums, Arbeit als Journalist, Nachhilfelehrer und Arbeiter. Nach dem polnischen Zusammenbruch und der sowjetischen Besatzung seiner ukrainischen Heimat 1939 geht er nach Krakau. „An der Krakauer Universität konnte er bei Ingarden studieren. [...] Anfang 1940 bat [Ingarden] Rudko, der nach Deutschland strebte, dieses Buch [*Das literarische Kunstwerk*] für Nicolai Hartmann mitzunehmen. Hartmann bat den ukrainischen Studenten, ihm das Buch zu übersetzen und zog ihn daraufhin in seinen engeren Kreis." (Trendelenburg 77) „Im Jahre 1941 gelang es mir, das philosophische Studium an der Philosophischen Fakultät der Berliner Universität bei den Professoren Nicolai Hartmann und Eduard Spranger aufzunehmen und bis zum Anfang des Jahres 1945 fortzusetzen. Dies ist zum entscheidenden Ereignis in meinem Leben geworden." (Rudko Diss. 1947).

„Von meinem Vater als Diskutant im Cirkel geschätzt. Im sprachlichen Ausdruck langsam, fast wie gehemmt [...]. Im Umgang liebenswürdig und aufmerksam, aber zurückhaltend." (O. Hartmann) „Einem spürbaren Lieblingsschüler des Meisters, der aus der Denkschule Husserls kam und die Gespräche ‚zu den Sachen selbst' zu führen suchte, schwerblütig um Formulierungen ringend und mit leicht ukrainischen Akzent." (Trendelenburg 75) „Durch seine Doktorarbeit über ‚materiale Wertethik' stand er Hartmanns Denken besonders nah und durchdrang dessen Probleme mit eigenem schöpferischen Denken." (Trendelenburg 77) Habilitationsversuche in Göttingen 1945/46 offensichtlich von Hartmann nicht mehr unterstützt (ebd.). Befreundet im Cirkel mit Juliane Trendelenburg. „Ging später nach New York, wo er sehr bescheiden lebte, in [einer] Bibliothek [an der Universität Yale] gearbeitet und ein winziges Zimmerchen irgendwo gehabt, aber er war damit zufrieden" (Krämer).

Dissertation
Das Wesen der sittlichen Wertmaterie. Ein Beitrag zum Strukturproblem des sittlichen Phänomens. – Göttingen 1947. 254 gez. Bl 4° [Maschinenschr.]. Göttingen, Phil. Diss. 1947.

Schilling, Harald

*? †?

Cirkelteilnahme
Köln, Wintersemester 1925/26: Vom Wesen des Wesens
Köln, Sommersemester 1926: Ästhetischer Gegenstand
Köln, Wintersemester 1926/27: Erkenntnistheorie
Köln, Sommersemester 1927: Wesen der Erkenntnis
Köln, Wintersemester 1927/28: Antinomien und Paradoxien

Dissertation

Das Ethos der Mesotes. Eine Studie zur Nikomachischen Ethik des Aristoteles. – Tübingen: Mohr 1930. IV, 103 S. 8° (Heidelberg. Abhandlgn. z. Philos. u. ihrer Gesch. H. 22). – Köln, Phil. Diss. 1930. Dazu die Rezension von Hans Georg Gadamer: Harald Schilling: Das Ethos des Mesotes: Eine Studie zur nikomachischen Ethik des Aristoteles. In: Gnomon 1932 (8) H. 10, 554–556.

Schulze, Dora

*1899 †?

Cirkelteilnahme
Köln, Wintersemester 1925/26: Vom Wesen des Wesens
Köln, Sommersemester 1926: Ästhetischer Gegenstand
Köln, Wintersemester 1926/27: Erkenntnistheorie

Köln, Sommersemester 1927: Wesen der Erkenntnis
Köln, Wintersemester 1927/28: Antinomien und Paradoxien

„Es könnte eine immer wieder wichtige Dora sein, Nicolai Hartmanns Assistentin in Köln. [...]; Frida Hartmann kannte sie aus Marburg, auch sonst in Marburg bekannt; Nicolai Hartmann hat versucht bei ihr Englisch zu lernen [für seine USA-Reise]; [er] überlegt (in Briefen), ob sie Lehrerin werden sollte; hatte ein Zimmer im Haus Hartmann." (Krämer)

Segatz, Hans

*? †?

Cirkelteilnahme
Berlin, Sommersemester 1942: Über geistiges und seelisches Sein
Berlin, Wintersemester 1942/43: Phänomenanalyse der Arbeit

Segatz schreibt 1945–1948 Briefe an Nicolai Hartmann über sein Dissertationsprojekt über die „Bewegung als Prinzip der Erkenntnis" aus Waldhaus Oberöd, Lam Ndb. 13a (Nachlass Hartmann, Marbach, Briefe von Segatz). „Segatz lebte 1946 bei Lam im bayerischen Wald. Ich [Olaf Hartmann] besuchte ihn dort in seiner sehr abgelegenen Wald-Klause, [...] damals noch so einsam, wie es [...] Herrn Segatz offenbar gefiel. [...] „Er war aber auch ein erfinderischer Geist, der die Ausstattung seiner Hütte mit einfachsten Mitteln wie Ästen vervollkommnete, während seine Frau, die gut zu Fuß war, die schwierigen Besorgungen bei hilfsbereiten Bauern übernahm." (O. Hartmann)

Springmeyer, Heinrich

*1898 †1971

Cirkelteilnahme
Berlin, Sommersemester 1931: Anschauung und Begriff
Berlin, Wintersemester 1931/32: Werte I
Berlin, Sommersemester 1932: Werte II
Berlin, Wintersemester 1932/33: Urteil und Erkenntnis
Berlin, Sommersemester 1933: Erkenntnisphilosophie
Berlin, Sommersemester 1934: Problem der Individualität

Berlin, Wintersemester 1934/35: Das Wesen des Erlebens
Berlin, Sommersemester 1935: Zur Geschichtsphilosophie

Geb. in Köln als Sohn des Kaufmanns Heinrich Bernard Springmeyer und seiner Ehefrau Eva Maria geb. Schmitt. Ev. Konfession. Volksschulen in Köln und Umgebung, ab dem vierzehnten Jahre an einer Lehrerbildungsanstalt. Von Juli 1917 bis April 1920 im Bezirk Düsseldorf Volksschullehrer. Ab 1920 Immatrikulation an der neuen Kölner Universität; im Winter 1922/23 nachgeholtes Reifezeugnis eines Realgymnasiums. Studium der Philosophie, Soziologie und Germanistik, insbesondere der neueren Deutschen Literaturgeschichte. „Mit Dankbarkeit und Verehrung gedenke ich meine Lehrer, der Herren Professoren Nicolai Hartmann, Max Scheler, Artur Schneider, Helmut Plessner, Ernst Bertram, Friedrich von der Leyen, Paul Honigsheim." (Springmeyer Diss. 1929) 1929 Dissertation in Köln. „Besonderen Dank schulde ich [...] Professor Nicolai Hartmann für seine gütige und sichere Führung." (ebd.) 1929–1931 Studien in Heidelberg, Freiburg, Köln und Paris. Seit 1931 Assistent von Hartmann am Philosophischen Seminar der Friedrich-Wilhelm-Universität Berlin. 1933 Habilitation. 1937 ein Lehrauftrag für Geschichte der Neueren Philosophie. 1938 vertrat er den Lehrstuhl für Philosophie (in Verbindung mit Pädagogik) an der Universität Halle. 1939 Ernennung zum planmäßigen außerordentlichen Professor – „Prof. während der Nazi-Zeit in Halle" (Krämer). 1942 nebenamtlich als Hauptlektor für Philosophie im Amt Rosenberg. 1942 zum ordentlichen Professor ernannt. 1943–1945 Dekan der Philosophischen Fakultät. Februar 1945 bis Mai 1945 Prorektor. (Tilitzki)

„Befreundete Familie mit den Hartmanns [in Berlin-Babelsberg]; von Nicolai Hartmann hochgeschätzt, aber zu wenig Veröffentlichungen" (Krämer). „Springmeier wohnt bei uns und ist mein bestallter Assistent." (Hartmann an Heimsoeth 10.5.31) „Er war ein guter Freund meines Vaters und wurde mir [Olaf Hartmann] zum Paten bestimmt. Seine überlegte, ruhige und verständnisvolle Art, sein sicheres Auftreten und gewinnendes Wesen – er war groß und auch kräftig und sah gut aus – ließen alle [...] bewundernd zu ihm aufblicken. Seine Begabung und Stärke war insbesondere die stets überzeigende freie Rede, auch in den Diskussionen im Cirkel, und seine Fähigkeit, wirklich beim Thema zu bleiben, [et]was von allen Seiten zu untersuchen. Er teilte dabei auch Nicolai Hartmanns Abneigung gegen raschen Themenwechsel; ganz wie ebenfalls gegen politische Betätigung und Betriebsamkeit." (O. Hartmann) Trotzdem „ließ er es [...] zu, dass die Nazis ihn wegen seiner imponierenden Erscheinung und vor allem seiner bewunderungswürdigen Rednergabe insofern vereinnahmten, als sie ihm die Professur für Philosophie in Halle übertrugen." (O. Hartmann) Es begann „eine unglückliche Wendung seiner Laufbahn, auf deren Gefahren ihn schon zuvor mein Vater hingewiesen hatte. Dieser sah voraus, dass er späteren Vorwürfen würde zuvorkommen müssen: Vorwürfen der Art, dass er etwa seine Bevorzugung nur allein dieser Gunst der Nazis verdanke, nicht aber eigener fachlicher Bedeutung. Daher N[icolai] H[artmanns]'s Rat, nun beizeiten überzeugende Arbeiten vorzulegen, die jedes Manko solcher Art ausgleichen würden, denn in der Tat hatte er bis dahin noch nichts, oder vielleicht nichts von besonderem Gewicht, veröffentlicht." (O. Hartmann)

1945 Verhaftung durch amerikanisches Militär, Internierung für zwei Jahre in Darmstadt, Rektor der Lageruniversität. Trotz Entlastung gelang es ihm nicht mehr, an einer deutschen Universität Fuß zu fassen. „Als er [...] nach Krieg und Nazi-Irrsinn mit leeren Händen dastand und die Hallenser Professur verloren hatte, [...] fand sich seine ganze Familie" schließlich 1945 im abgelegenen Dorf Rattlar bei Willingen im Rothaargebirge vor. „Der früher erhoffte ‚große Wurf'" kam nicht zustande. (O. Hartmann) Später Umzug der Familie nach Marburg, wo er als Dozent von Bildungseinrichtungen tätig war. In formaler Hinsicht wurde als Professor der Universität Marburg emeritiert. Veröffentlichung: *Heinrich Springmeyer 1897–1971: Ein Philosoph im Gespräch mit Naturwissenschaftlern. Vorträge für die Erwachsenenbildung in verständlicher Sprache*, hg. v. Verena Billeter-Guggenbühl (1973).

Dissertation
Herders Lehre vom Naturschönen. – Jena: Diederichs 1929. VIII, 79 S. 8°. (Auch als: Dt. Arbeiten d. Univ. Köln. Nr. 1.) – Köln, Phil. Diss. 1929.

Habilitation
Untersuchungen zum Problem der Geschichtlichkeit des Geistes, 1933.

Über N. Hartmann
[Redaktion der] „Diskussionsprotokolle aus dem Sommersemester 1933: Klugheit und Weisheit", in: Heinz Heimsoeth/Robert Heiß, 256–285.

Stache, Wilfried

*1913 †1983

Cirkelteilnahme
Berlin, Wintersemester 1936/37: Wahrheitsanspruch in der Dichtung
Berlin, Wintersemester 1937/38: Der Wille
Berlin, Sommersemester 1938: Über das Sichauskennen
Berlin, Wintersemester 1938/39: Das Wesen der Wissenschaft

Berlin, Sommersemester 1939: Vom Wertbewusstsein in den Werterschließenden Akten
Berlin, Wintersemester 1940 (Januar–März): Was sind ästhetische Werte?
Göttingen, Sommersemester 1946: Über den Träger der geistigen Akte
Göttingen, Sommersemester 1946: Über den Träger der geistigen Akte
Göttingen, Wintersemester 1946/ 1947: Über das Begründen
Göttingen, Sommersemester 1947: Über Aufmerksamkeit und Interesse

Geb. in Buer in Westfalen; der Vater Prof. W. Stache 1916 im Kriege gefallen. Grundschule und Gymnasium in Buer, Reifeprüfung 1933. Studium der Philosophie, Germanistik, Geschichte an den Universitäten Münster, München, Rostock und Berlin. „Daneben habe ich Vorlesungen in Kunstgeschichte und Psychologie gehört und Studien über naturwissenschaftliche Gegenstände." (Stache Diss. 1940) Seit 1936 an der Universität Berlin: „Meine Lehrer waren hier die Professoren Nicolai Hartmann und Eduard Spranger. Für viele Anregungen bin ich den Professoren Peter Wust (Münster), Josef Geyser (München) und Julius Ebbinghaus (Rostock) verpflichtet. Im Übrigen habe ich Vorlesungen bei Alexander Pfänder, Heinrich Springmeyer und Heinrich Scholz gehört, sowie für Germanistik bei Günther Müller, J. Trier; für Kunstgeschichte bei Wackernagel, Sedlmayr und W. Pinder." (Stache Diss. 1940). „Meine philosophische Ausbildung habe ich in den wesentlichen Punkten durch Herrn Prof. N. Hartmann erhalten. Ihm verdanke ich auch den Hinweis auf das philosophische Werk von K. Chr. Krause. [...] Ich war seit dem 15.6.1939 zum Heeresdienst eingezogen. Die Niederschrift der Dissertation erfolgte in wenigen Wochen eines Urlaubs und trägt im Umfang und Gestaltung die Spuren dieser Umstanden wohl an sich." (Stache Diss. 1940).

„Er hielt auch von der Ostfront aus stets Kontakt zu meinem Vater" (O. Hartmann). Ab 1947 Lektor im Philosophie-Verlag Anton Hain, Meisenheim am Glan. Er gab Anfang der 50er Jahre den Band mit zwei Hartmann-Dialogen aus den Cirkel-Protokollen in einem Göttinger Verlag heraus (*Philosophische Gespräche*, Göttingen: Vandenhoeck). „Er heiratete Dr. Valentina Rosen, eine weltgewandte Diplomatentochter, die bereits durch den Auslandsdienst ihres Vaters die Welt kannte und viele Sprachen beherrschte. Mit ihr hatte er eine Tochter namens Agnes und ging, wohl auch durch ihre Vermittlung, als Leiter des Goethe-Instituts in verschiedene Hauptstädte, so u. a. auch nach Kabul (Afghanistan)und nach Bangalore (Bundesstaat Karnataka, Südwest-Indien), wo Agnes im indischen Ausdruckstanz glänzte." (O. Hartmann). Stache lebte zuletzt in Grafing nahe München.

Dissertation
Die Kategorienlehre des K. Chr. Fr. Krause. – Berlin, Phil. Diss. 1940. 163 gez. Bl. 4°
   [Maschinenschr.]

Über N. Hartmann
Stache, Wilfried (Hg.), Nicolai Hartmann. Philosophische Gespräche, Göttingen
   1953.

Stock, Erika

*? †?

Cirkelteilnahme
Berlin, Sommersemester 1942: Über geistiges und seelisches Sein
Berlin, Wintersemester 1942/43: Phänomenanalyse der Arbeit

Sehr wahrscheinlich Erika Stock, Studentin der Friedrich-Wilhelms-Universität („kult.") im Wintersemester 1942/43. Aus dem Verzeichnis der Studierenden der Friedrich-Wilhelms-Universität (Wintersemester 1942/43).
   Keine weiteren Angaben ermittelt.

Thiel, Manfred

*1917 †2014

Cirkelteilnahme
Berlin, Wintersemester 1940 (Januar–März): Was sind ästhetische Werte?

Geb. in Görlitz, gest. in Heidelberg. Besuch des humanistischen Gymnasiums in Görlitz bis zum Abitur 1936. Ab 1936 an der Hochschule für Lehrerbildung in Weilburg/Lahn. Studium in Freiburg (Heidegger), Bonn (Rothacker), Berlin (Hartmann; Spranger) und Heidelberg (Jaspers). In der Berliner Zeit Teilnahme am Hartmanns Cirkel. Unterbrechung des Studiums durch Militärdienst und Kriegsgefangenschaft 1941–1946. Promotion in Heidelberg bei Karl Jaspers (1946). Seit 1947 Redakteur der Zeitschrift *Studium generale*. Weitere berufliche Tätigkeiten: Übersetzer, Lyriker, Redakteur, wissenschaftlicher Herausgeber, philosophischer Publizist. Gründer und Geschäftsführer des Elpis-Verlages, in dem er zahlreiche Bücher veröffentlichte wie z. B. *Nietzsche: ein analytischer Aufbau seiner Denkstruktur* (1980) und *Karl Jaspers – Deutschlands Weg in die Emanzipation*, 2 Bde. (1986).

Dissertation
Moralität und Persönlichkeitsideal: Eine systematische Untersuchung. Heidelberg,
   Phil. Diss., 1946

Über N. Hartmann
Versuch einer Ontologie der Persönlichkeit. Bd. 1, Berlin/Göttingen/Heidelberg 1950.

Trendelenburg, Juliane

*1924 †2017

Cirkelteilnahme
Göttingen, Sommersemester 1946: Über den Träger der geistigen Akte
Göttingen, Wintersemester 1946/47: Über das Begründen
Göttingen, Sommersemester 1947: Über Aufmerksamkeit und Interesse
Göttingen, Wintersemester 1947/48: Das Individuelle und das Allgemeine
Göttingen, Sommersemester 1948: Über das Denken
Göttingen, Wintersemester 1948/49: Das Kriterium der Wahrheit
Göttingen, Sommersemester 1949: Die Beziehung zur fremden Person

Geb. in Berlin als Tochter von Friedrich Trendelenburg, Ministerialrat und Jurist im Preußischen Kulturministerium, und seiner Ehefrau Gabriele, geb. von Geradorff; Halb-Bruder: Prof. Dr. med. Trendelenburg, Friedrich, Arzt, Internist, Pneumologe; Enkelin des Philosophieprofessors Friedrich Adolf Trendelenburg. Grundschule und Berliner Gymnasien, Reifeprüfung 1941. In Berlin, Tübingen, Wien und dann wieder Berlin Studium „meiner ursprünglichen Fächer Deutsch, Französisch und Geschichte, die ich für das Lehramt gewählt hatte." (Trendelenburg Diss. 1951) „Schon in Berlin kam dazu das philosophische Studium bei Professor Nicolai Hartmann, das später immer mehr in den Vordergrund rückte, ohne dass die philologischen Fächer aufgegeben wurden." (Trendelenburg Diss. 1951) Studierte durch private Philosophie-Ausbildung bei und durch Empfehlung ihrer Berliner Französischlehrerin Lona Bosse Anfang der 40er Jahre bei Hartmann: „Während viele Schülerinnen für den strahlend schönen Nicolai Hartmann schwärmten, der ihnen die ganze Welt zu ordnen schien, waren männliche Studenten in diesen Jahren eine Seltenheit." (Trendelenburg, 54). „Von innerer Emigration konnte bei ihm kaum die Rede sein, aber er hatte Mut und konnte sich als die Persönlichkeit, als die er weithin bekannt war, auch mehr als andere leisten. So sagte er bei einem Thema in seinem Seminar: ‚darüber hat Hermann Cohen geschrieben. Das ist ein Name, den man heute in Deutschland nicht aussprechen darf. Ich empfehle Ihnen das Buch auf das Herzlichste." (Trendelenburg, 55).

„1946 kam ich nach Göttingen, wo ich die Dissertation unter Anleitung von Professor Hartmann begonnen und durchgeführt habe. [...] Meine besondere Dankbarkeit gilt meinem Lehrer Nicolai Hartmann, der mein philosophisches Studium von Beginn an geleitet […]. Zu großen Dank bin ich auch Professor Stavenhagen verpflichtet, der nach dem Tode Nicolai Hartmanns die Betreuung der Arbeit übernommen hat." (Trendelenburg Diss. 1951). „Mein enger Freund aus Hartmanns Zirkel aber wurde Wassyl Rudko." (Trendelenburg 77). Später Buchautorin (z. B. *Zusammenbruch und Neubeginn* (1988), *Es taucht in Träumen wieder auf* (1991)) und Diplomatin (Legationsrätin). Verheirate Lepsius, lebte in Düsseldorf.

Dissertation
Die Ethik der deutschen Schulmetaphysik im 18. Jahrhundert. – Göttingen, Phil. Diss. 1951.

Über N. Hartmann
Ratinger Erinnerungen. Eine Generation erzählt aus ihrem Leben, Ratingen 1984

Wagner, Ludwig

*1896 †?

Cirkelteilnahme
Marburg, Wintersemester 1920/21: Über das Wesen des Zweckes
Marburg, Wintersemester 1921/22: Über Cohens Logik der reinen Erkenntnis
Marburg, Sommersemester 1922: Über die Struktur des ästhetischen Gegenstandes
Marburg, Wintersemester 1922/23: Religionsphilosophie
Marburg, Wintersemester 1923/24: Über das Wesen des idealen Seins

Geb. in Marienwerder, Westpreußen, als Sohn des Färbereibesitzers Ludwig Wagner. Unterbrochen von einer zweijährigen Krankheit (1910–1912) Besuch des humanistischen Gymnasiums bis zur Reifeprüfung 1913. 1916–1920 Studium in Jena, Freiburg und München der Naturwissenschaften, Mathematik, Philosophie; „für den Frontdienst infolge erwähnter Krankheit untauglich, [stand ich] als Leiter unserer Fabrik in vaterländischem Hilfsdienst." (Wagner Diss. 1924) „Ab Herbst 1920 wandte ich mich in Marburg und Freiburg ganz zum Studium der Philosophie, und im Übrigen zu mehr geisteswissenschaftlicher Beschäftigung (Kunstgeschichte, Literatur). Philosophische Vorlesungen habe ich besucht bei den Herren Professoren: von Aster in München, Bauch, Eucken, Grisebach und Linke in Jena, Natorp, Hartmann, Heimsoeth in Marburg, Kroner, Cohn, Husserl, Heidegger, Ebbinghaus, Becker in Freiburg. Zu besonderem Danke fühle ich mich verpflichtet meinen verehrten

Lehrern, Herren Geheimrat Natorp und Professor Hartmann in Marburg, Herrn Professor Kroner in Freiburg." (Wagner Diss 1924)

Dissertation
Untersuchungen über das Verhältnis der Dialektik Hegels zu den Grundgesetzen der formalen Logik. Freiburg i. Br., Phil. Diss. 1924.

Wein, Herrmann

*1912 †1981

Cirkelteilnahme
Berlin, Sommersemester 1934: Problem der Individualität
Berlin, Wintersemester 1934/35: Das Wesen des Erlebens
Berlin, Sommersemester 1935 a: Die Formulierung (Kleiner Cirkel)
Berlin, Wintersemester 1935/36: Funktion des Irrtums
Berlin, Sommersemester 1936: Anthropologie
Berlin, Wintersemester 1936/37: Wahrheitsanspruch in der Dichtung
Berlin, Sommersemester 1937: Wandel der Begriffe. Begriff und Begriffswandel
Berlin, Wintersemester 1937/38: Der Wille
Berlin, Sommersemester 1938: Über das Sichauskennen
Berlin, Wintersemester 1938/39: Das Wesen der Wissenschaft
Berlin, Sommersemester 1939: Vom Wertbewusstsein in den Werterschließenden Akten
Berlin, Wintersemester 1940 (Januar–März): Was sind ästhetische Werte?
Berlin, Sommersemester 1942: Über geistiges und seelisches Sein
Berlin, Wintersemester 1942/43: Phänomenanalyse der Arbeit
Göttingen, Sommersemester 1947: Über Aufmerksamkeit und Interesse

Geb. in München als Sohn des Notariatspraktikanten Dr. Hermann Wein, gest. in Aidling/Riegsee. Römisch-katholisch getauft. Von 1922–1931 Besuch des humanistischen Maxgymnasiums in München. In den Sommerferien 1929 „Hellas-Studienreise" nach Griechenland. Seit Sommer 1931 Studium der Philosophie in Berlin; dann 1931/32 Jura und Philosophie an der Universität Wien; 1932 Jura, Philosophie und Volkswirtschaftslehre an der Universität Heidelberg; 1932/33 Jura, Philosophie und moderne Sprachen an der Universität Berlin. „Im Sommer 1933 Reine Philosophie an der Universität Freiburg i. B. Dort beteiligte ich mich u. a. an einer Seminar-Übung von Prof. Martin Heidegger." (Wein Diss. 1937). Seit 1933/34 Studium der Philosophie und der Nebenfächer Vergleichende Religionsgeschichte,

Volkswirtschaftslehre und Jura an der Universität Berlin. „Ich studierte vor allem bei den Professoren Nicolai Hartmann, D. Witte und von Gottl-Ottlilienfeld [...] sowie bei Dozent Dr. Springmeyer." (Wein Diss. 1937). „Im Sommer 1933 nahm ich an der Geländesportausbildung in Freiburg i. B. teil. Im Sommer-Semester 1933, im Winter-Semester 1933/34 und im Sommer-Semester 1934 beteiligte ich mich an der Fachschaftsarbeit aktiv. 1935 trat ich in das NSKK ein. [...] Zu hauptsächlichem Dank für meine wissenschaftliche Ausbildung bin ich Herrn Prof. Nicolai Hartmann verpflichtet." Promotion 1936; Habilitation 1942. In den 40er Jahren Publizistik über Nicolai Hartmanns Philosophie. „Assistent von Nicolai Hartmann zunächst in Berlin, später auch in Göttingen (dort hätte Nicolai Hartmann eher Bruno Liebrucks bevorzugt, aber die Sache war mit Wein verabredet)." (Krämer). In Göttingen nach 1946 „Privatdozent Dr. phil. habil. Hermann K. Wein" (O. Hartmann). 1950 apl. Prof. in Göttingen. Aufenthalt in den USA, Rezeption von Alfred N. Whitehead und der Sprachphilosophie. Publikationen zu *Zugang zur philosophischen Kosmologie* (1954), *Realdialektik* (1964); *Sprachphilosophie der Gegenwart* (1967). 1972 Frühpensionierung.

„Wein war sehr gesellig und umgänglich, Typ des ‚Salonlöwen'; stammte aus Bayern." (Krämer) „Das Diskutieren (mit den Abwägungs- und Denkpausen, die im Grunde das Wichtigste dabei waren, aber natürlich in den Protokollen nicht aufscheinen) war ihm, glaube ich, nicht das, was mein Vater und andere im Cirkel darunter verstanden. Vielleicht ging es ihm nicht fix genug, wenn es bei verwendeten Begriffen doch oft gerade um deren mühevolle Bestimmung ging. Dagegen lebte er geradezu auf im Gespräch und damit auch in gesellschaftlichen Beziehungen. Mit seiner lauten Stimme, deutlichen Aussprache und raschen Reaktion auf sein Gegenüber war er zudem ein glänzender Unterhalter." Nicolai Hartmann und Hermann Wein nahmen am Garmischer Philosophen-Kongress 1947 teil: „Bei dieser Gelegenheit wurde auch die einzige erhaltene Tonaufnahme der Stimme meines Vaters gemacht, und zwar in der Form eines interviewartigen „Gespräches" von Wein mit ihm beim Bayerischen Rundfunk in München. Wein verstand sich auch ganz hervorragend darauf, so etwas in die Wege zu leiten. Ich bin sicher, dass mein Vater überhaupt nicht auf eine solche Idee gekommen wäre." (O. Hartmann).

„Schüler Nicolai Hartmanns, ging jedoch bald eigene Wege, indem er versuchte, nicht nur im geistigen, sondern auch im natürlichen Sein dialektische Strukturen nachzuweisen; es ging ihm darum, aus dem metaphysischem System Hegels wesentliche, realistische Einsichten in die menschlich-gesellschaftliche Wirklichkeit zu gewinnen und sie für eine kritisch-wissenschaftliche Philosophie fruchtbar zu machen, die weder metaphysisch noch antimetaphysisch sein soll." (Schischkoff 1982, 740).

„Nach dem Tod Hartmanns setzte Wein seine Hoffnungen auf Plessner", den er bei dessen Deutschlandreisen nach dem Krieg kennen- und schätzengelernt hatte (Dietze 430). Plessner bemühte sich durch die 50er Jahre, „den ‚vaterlos' gewordenen Nachwuchsphilosophen zu fördern" (ebd.) und ihm zu einem bundesrepublikanischen Philosophie- Lehrstuhl zu verhelfen – was nicht gelang. Erst in den 60er Jahren erfuhr der Exilant und Remigrant Plessner durch Gadamer, dass Wein – was dieser ihm trotz freundschaftlicher Verbundenheit verschwiegen hatte – während der Nazi-Zeit Lektor im Hauptamt Schrifttumspflege des Amtes Rosenberg gewesen war. (Dietze 431)

1981 veröffentliche der in München als Pensionist lebende Wein unter dem Pseudonym Hermann K.A. Döll das Buch Philosoph in Haar: Tagebuch Über mein Vierteljahr in einer Irrenanstalt, Frankfurt a. M.: Syndikat. Als 67jähriger unter einer Stoffwechselkrankheit leidend, verbunden mit Verwirrung, Angst, Aggressivität, gerät Wein durch Einweisung hilfloser Angehöriger in eine psychiatrische Anstalt. Der Bericht über den dreimonatigen unfreiwilligen Aufenthalt im psychiatrischen Großkrankenhaus Haar wurde bei Erscheinen als Dokument der zeitgenössischen Kritik an der Psychiatrie rezipiert.

Dissertation
Untersuchungen über das Problembewußtsein. – Berlin: Verl. f. Staatswiss. u. Gesch. 1937. VIII, 182 S. 8°. (Arch. f. Rechts- u. Sozialphilos. Beih. 33.) – Berlin, Phil. Diss.

Habilitation
Das Problem des Relativismus, Berlin 1942.

Über N. Hartmann
Gedanken zur Wiedererweckung einer philosophischen Seinswissenschaft durch Nicolai Hartmann, in: Geistige Arbeit 9 (1942), H. 5., 5.
Die deutsche Philosophie der letzten Jahre, in: Forschungen und Fortschritte 20 (1944), 4/6, 36–43, u. 7/9, 63–68.
Nicolai Hartmann als Lehrer" in: Neue Zürcher Zeitung, Nr. 33, vom Samstag 3. Februar, 8.
Nicolai Hartmanns Kategorialanalyse und die Idee einer Strukturlogik, in: Nicolai Hartmann. Der Denker und sein Werk, hg. v. Heinz Heimsoeth / Robert Heiß, Göttingen 1952, 173–186.

Yue, Jui-Jen

*? †?

Cirkelteilnahme
Berlin, Wintersemester 1940 (Januar–März): Was sind ästhetische Werte?

Dr. Yü ist Dr. Jui-Jen Yue, Angestellter der Chinesischen Militärkommission in Berlin 1947 (Brief an Nicolai Hartmann 1947; Nachlass Hartmann Marbach, Briefe an Hartmann).

Zimmermann, Klaus

*1921 †?

Cirkelteilnahme
Göttingen, Wintersemester 1946/47: Über das Begründen
Göttingen, Sommersemester 1947: Über Aufmerksamkeit und Interesse
Göttingen, Sommersemester 1948: Über das Denken
Göttingen, Wintersemester 1949/50: Nachdenken und Formulieren
Göttingen, Sommersemester 1950: Über reziproke Akte

Geb. in Königsberg; Studium der Philosophie, Geschichte und Literaturwissenschaft in Königsberg, Berlin und Göttingen. Promotion in Göttingen 1961. Berichterstatter: Prof. Helmuth Plessner. Mitberichterstatter: Prof. Josef Klein. Seit 1962 Professor der Philosophie an der Pädagogischen Hochschule Göttingen; nach deren Eingliederung seit 1978 am Fachbereich Erziehungswissenschaften der Universität Göttingen.

Dissertation
Geschichte und Arbeit: Untersuchungen über das Problem und die Genesis der Geschichte. Göttingen, Diss. 1962.

Über N. Hartmann
Nicolai Hartmann und das Problem des geistigen Seins, in: Symposium zum Gedenken an Nicolai Hartmann (1882–1950), hg. v. Günter Patzig, Göttingen 1982, 54–69.

5 Bibliographie der Schriften Nicolai Hartmanns

Nina Bausch / Sebastian Danck

I. Eigene Veröffentlichungen

1908

Über das Seinsproblem in der griechischen Philosophie vor Plato. Inauguraldissertation zur Erlangung der Doktorwürde der Hohen Philosophischen Fakultät der Universität Marburg. Vorgelegt aus Riga, Marburg 1908.

1909

Des Proklus Diadochus philosophische Anfangsgründe der Mathematik nach den ersten zwei Büchern des Euklidkommentars dargestellt. Gießen: Verlag v. Alfred Töpelmann (vormals J. Ricker) 1909. [Photomechanischer Nachdruck: Philosophische Arbeiten. Hg. v. Hermann Cohen/Paul Natorp. IV. Band, 1. Heft. Berlin 1969].
Platos Logik des Seins. 2. Auflage. Berlin: Walter de Gruyter & Co. 1965. [Unv. Nachdruck der 1909 als 3. Band der „Philosophischen Arbeiten", hg. v. Hermann Cohen u. Paul Natorp im Verlag v. Alfred Töpelmann (vormals J. Ricker) erschienenen I. Aufl.].
Selbstanzeige zu Platos Logik des Seins. In: Kant-Studien 14. (1909). S. 548–550. → Kleinere Schriften III, 1958.

1910

Zur Methode der Philosophiegeschichte. In: Kant-Studien 15. (1910). S. 459–485. → Kleinere Schriften III, 1958.

1912

Philosophische Grundfragen der Biologie. Göttingen: Vandenhoeck & Ruprecht 1912 (Wege zur Philosophie. Schriften zur Einführung in das Philosophische Denken Bd. 6). → Kleinere Schriften III, 1958.
Systematische Methode. In: Logos Bd. III, Heft 2. (1912). S. 121–163. → Kleinere Schriften III, 1958.
Systembildung und Idealismus. In: Philosophische Abhandlungen. Hermann Cohen zum 70. Geburtstag (4. Juli 1912) dargebracht. Berlin: Bruno Cassirer Verlag 1912. S. 1–23. → Kleinere Schriften III, 1958.
Zu Hermann Cohens 70. Geburtstag. 4. Juli 1912. In: Frankfurter Zeitung und Handelsblatt Nr. 183. Erstes Morgenblatt, 4. Juli 1912, S. 1–3.

[Rezension]: Charles Werner: Aristote et l'idéalisme Platonicien (collection historique des grands philosophes). In: Kant-Studien 17. (1912). S. 288–289.

[Rezension]: Heinz Heimsoeth: Die Methode der Erkenntnis bei Descartes und Leibniz; erste Hälfte: Historische Einleitung; Descartes' Methode der klaren und deutlichen Erkenntnis. In: Kant-Studien 17. (1912). S. 289–291.

1914

[Rezension]: Franz Brentano: Aristoteles und seine Weltanschauung. Und: Aristoteles Lehre vom Ursprung des menschlichen Geistes. In: Deutsche Literaturzeitung, 35. Jg., 25. April 1914. Sp. 1048–1050.

1915

Logische und ontologische Wirklichkeit. In: Kant-Studien 20. (1915). S. 1–28. → Kleinere Schriften III, 1958.

Über die Erkennbarkeit des Apriorischen. In: Logos Bd. V, Heft 3. (1914/15). S. 290–329.
→ Kleinere Schriften III, 1958.

1920

Die Frage der Beweisbarkeit des Kausalgesetzes. In: Kant-Studien 24. (1920). S. 261–290.
→ Kleinere Schriften III, 1958.

1921

Grundzüge einer Metaphysik der Erkenntnis. Berlin u. Leipzig: Vereinigung wissenschaftlicher Verleger 1921.
- 2., erg. Aufl. Berlin u. Leipzig: de Gruyter 1925.
- 3., unv. Aufl. Berlin: de Gruyter 1941.
- 4. Aufl. Berlin: de Gruyter 1949.
- 5. Aufl. Berlin: de Gruyter 1965.
- Les Principes d'une métaphysique de la conaissance. Bd. I. Übers. v. Vancourt, Raymond. Paris: Aubier Éditions Montaigne 1945.
- Les Principes d'une métaphysique de la conaissance. Bd. II. Übers. v. Vancourt, Raymond. Paris: Aubier Éditions Montaigne 1946.
- Rasgos fundamentales de una metafísica del conocimiento. Bd. I. Übers. v. Rovira Armengol, J. Buenos Aires: Editorial Losada S. A. 1957.
- Rasgos fundamentales de una metafísica del conocimiento. Bd. II. Übers. v. Rovira Armengol, J. Buenos Aires: Editorial Losada S. A. 1957.

1923

Aristoteles und Hegel. In: Beiträge zur Philosophie des Deutschen Idealismus. Hg. v. Arthur Hoffmann. Bd. 3, Heft 1. (1923). S. 1–36. → Kleinere Schriften II, 1957.

- 2. Aufl. Erfurt 1933 (Weisheit und Tat. Eine Folge philosophischer Schriften. Hg. v. Arthur Hoffmann. Heft 12).
- Aristóteles y Hegel. In: Pensamiento. Revista Trimestral de Investigacion e Informacion Filosofica. Band 39. (1983). Übers. v. Sorondo, Marcelo Sánchez. S. 177–222.

Die Philosophie des Deutschen Idealismus. I. Teil: Fichte, Schelling und die Romantik. Berlin u. Leipzig: de Gruyter 1923. (Geschichte der Philosophie Bd. 8).
- 2. Aufl. Berlin: de Gruyter 1960.[115]
- 3., unv. Aufl. Berlin, New York: de Gruyter 1974.
- La filosofía del idealismo alemán. Bd I. Fichte, Schelling y los Románticos. Übers. v. Zucchi, Hernán. Buenos Aires: Editorial Sudamericana 1960.
- La filosofía del idealismo alemán. Bd. II. Hegel. Übers. v. Estiú, Emilio. Buenos Aires: Editorial Sudamericana 1960.
- La filosofia dell'idealismo tedesco. Übers. v. Bianco, Bruno. Hg. v. Verra, Valerio. Mailand: U. Mursia & C. 1972.[116]
- A Filosofía do idealismo alemão. Übers. v. Goncalves Belo, José. Lissabon: Fundacão Calouste Gulbenkain 1976.

1924

Diesseits von Idealismus und Realismus. Ein Beitrag zur Scheidung des Geschichtlichen und Übergeschichtlichen in der Kantischen Philosophie. In: Kant-Studien 29. (1924). S. 160–206.[117] → Kleinere Schriften II, 1957.

Kants Metaphysik der Sitten und die Ethik unserer Tage. In: Philosophische Blätter der Kantgesellschaft. (1924). → Kleinere Schriften III, 1958.

Kant und die Philosophie unsrer Tage. Gedanken zum 200. Geburtstage Kants. In: Kölnische Zeitung. Nr. 279. Erste Morgen-Ausgabe. Literatur- und Unterhaltungsblatt Nr. 279a, 19. April 1924. S. 5. → Kleinere Schriften III, 1958.

Wie ist kritische Ontologie überhaupt möglich? In: Festschrift für Paul Natorp. Zum siebzigsten Geburtstage von Schülern und Freunden gewidmet. Berlin u. Leipzig: de Gruyter 1924. S. 124–177. → Kleinere Schriften III, 1958.

1926

Ethik. Berlin: de Gruyter 1926.
- 2. Aufl. Berlin: de Gruyter 1935.
- 3. Aufl. Berlin: de Gruyter 1949.
- 4. Aufl. Berlin: de Gruyter 1962.
- Ethics. Vol. I: Moral Phenomena. Übers. v. Coit, Stanton. Hg. v. J. H. Muirhead. London: George Allen & Unwin LTD, New York: The Macmillan Company 1932.

---

115 Darin auch enthalten: 2. Teil: Hegel. (1929)
116 Übersetzung der 2. Auflage von 1960
117 Erweiterte Fassung auf der Basis eines am 13. Dezember 1922 in Berlin gehaltenen Vortrags vor der Kantgesellschaft

- Ethics. Vol. II: Moral Values. Übers. v. Coit, Stanton. Hg. v. J. H. Muirhead. London: George Allen & Unwin LTD, New York: The Macmillan Company 1932.
- Ethics. Vol. III: Moral Freedom. Übers. v. Coit, Stanton. Hg. v. J. H. Muirhead. London: George Allen & Unwin LTD, New York: The Macmillan Company 1932.
- Etica. Bd. I. Fenomenologia dei costumi. Übers. v. Filippone Thaulero, Vincenzo. Neapel: Guida Editori 1969.
- Etica. Bd. II. Assiologia dei costumi. Bd. II. Übers. v. Filippone Thaulero, Vincenzo. Neapel: Guida Editori 1970.
- Etica. Bd. III. Metafisica dei costumi. Übers. v. Filippone Thaulero, Vincenzo. Neapel: Guida Editori 1972.
- Ética. Präsentiert u. übers. v. Palacios, Javier. Madrid: Ediciones Encuentro 2011.

Kategoriale Gesetze. In: Philosophischer Anzeiger Jg. 1. (1925–1926). S. 201–266.

1927

Über die Stellung der ästhetischen Werte im Reich der Werte überhaupt. In: Proceedings of the Sixth International Congress of Philosophy 13.–17. September 1926. Hg. v. Edgar Sheffield Brightman. New York 1927. S. 428–436. [Nachdruck des gesamten Zeitschriftenbandes: Nendeln/Liechtenstein: Kraus Reprint 1968].→ Kleinere Schriften III, 1958.

Zum Thema: Philosophie und internationale Beziehungen. In: Proceedings of the Sixth International Congress of Philosophy. 13.–17. September 1926. Hg. v. Edgar Sheffield Brightman. New York 1927. S. 386–389. [Nachdruck (des gesamten Bandes): Nendeln/Liechtenstein: Kraus Reprint Limited 1968].

1928

Max Scheler †. In: Kant-Studien 33. (1928). S. IX–XVI. → Kleinere Schriften III, 1958.

1929

Die Philosophie des deutschen Idealismus II. Teil: Hegel. Berlin/Leipzig: de Gruyter 1929. (Geschichte der Philosophie dargestellt v. B. Bauch, N. Hartmann, R. Königswald u. a. Bd. 8).

1931

Hegel/Zum 100. Todestag am 14. November. In: Unterhaltungsblatt der Vossischen Zeitung, Nr. 269, 13. November 1931. S. 5–6. → Kleinere Schriften III, 1958.

Kategorien der Geschichte. In: Proceedings of the Seventh International Congress of Philosophy. 1.–6. September 1930. Hg. v. Gilbert Ryle. Oxford 1931. S. 24–30 [Nachdruck (des gesamten Bandes): Nendeln/Liechtenstein: Kraus Reprint Limited 1968]. → Kleinere Schriften III, 1958.

Systematische Philosophie in eigener Darstellung. In: Deutsche systematische Philosophie nach ihren Gestaltern. Bd. 1. Hg. v. Herrmann Schwarz. Berlin: Junker & Dünnhaupt 1931. S. 283–340. → Kleinere Schriften I, 1955.
- Sonderausgabe: Berlin: Junker & Dünnhaupt 1933.
- 2. Aufl. der Sonderausgabe: Berlin: Junker & Dünnhaupt 1935.

- Filosofia sistematica. In: Filosofia sistematica. Übers. v. Denti, A. u. Cantoni, R. Mailand: Bompiani 1943.
- Autoexposición sistemática. Übers. v. Navarro, Bernabé. Mexico: Centro de Estudios Filosoficós. Universidad Nacional Autonóma de Mexico 1964.
- Filosofia sistematica. In: Introduzione all'ontologia critica. Übers. v. Cantoni, Remo. Neapel: Guida Editori 1972. S. 97–170.
- Nézeteim rendszeres kifejtése. In: Létélméleti vizsgálódások. Válogatás Kisebb Írásaiból. Übers. v. Redl, Károly. Budapest: Gondolat Kiadó 1972. S. 39–126.

Zum Problem der Realitätsgegebenheit. Philosophische Vorträge 32. Veröffentlicht von der Kant-Gesellschaft. Hg. v. Paul Menzer u. Arthur Liebert. Berlin: Pan-Verlag 1931.

1933

Das Problem des geistigen Seins. Untersuchungen zur Grundlegung der Geschichtsphilosophie und Geschichtswissenschaften. Berlin: de Gruyter 1933.
- 2. Aufl. Berlin: de Gruyter 1949.
- 3., unv. Aufl. Berlin: de Gruyter 1962.
- Il problema dell'essere spirituale. Übers. v. Marini, Alfredo. Florenz: La nuova italia editrice 1971
- El problema del ser espiritual. Investigaciones para la fundamentación de la filosofía de la historia y de las ciencias del espíritu. Mit einem Prolog v. Ricardo Maliandi. Übers. v. Dalmasso, Mateo u. Mailluquet, Miguel Angel. Buenos Aires: Leviatán 2007.

Majorität und öffentliche Meinung. In: Natur und Geist. Monatshefte für Wissenschaft, Weltanschauung und Lebensgestaltung. Band I, Heft 5. (1933). S. 129–133.

[Rezension]: Wilhelm Sesemann: Die logischen Gesetze und das Sein. In: Kant-Studien 38. (1933). S. 227–232. → Kleinere Schriften III, 1958.

1934

Antrittsrede des Hrn. Nicolai Hartmann. In: Sitzungsberichte der Preußischen Akademie der Wissenschaften. Berlin: Verlag der Akademie der Wissenschaften 1934, S. XCVIII–XCIX.
- Sonderausgabe: Berlin: Reichsdruckerei 1934.

Sinngebung und Sinnerfüllung. In: Blätter für Deutsche Philosophie. Zeitschrift der Deutschen Philosophischen Gesellschaft. Bd. 8 (1934/35). S. 1–38. [Nachdruck mit Genehmigung des Deutschen Buchvertrieb Schmidt & Co., Bad Godesberg von: Amsterdam: Swets & Zeitlinger N. V. 1971]. → Kleinere Schriften I, 1955.
- Auch erschienen in: Der philosophische Gedanke und seine Geschichte. Aufsätze. Stuttgart: Reclam 1957. S. 133–187.
- Értelemadás és értelemteljesülés. In: Létélméleti vizsgálódások. Válogatás Kisebb Írásaiból. Übers. v. Redl, Károly. Budapest: Gondolat Kiadó 1972. S. 451–510.

1935

Das Problem des Apriorismus in der Platonischen Philosophie. In: Sitzungsberichte der Preußischen Akademie der Wissenschaften 1935. Philosophisch-historische Klasse. Berlin:

Verlag der Akademie der Wissenschaften in Kommission bei Walter de Gruyter u. Co. 1935.
S. 223–260. → Kleinere Schriften II, 1957.
- Sonderausgabe: Berlin: Verlag der Akademie der Wissenschaften 1935.

Hegel und das Problem der Realdialektik. In: Blätter für Deutsche Philosophie. Zeitschrift der Deutschen Philosophischen Gesellschaft. Bd. 9 (1935/36). S. 1–27. [Nachdruck des gesamten Zeitschriftenbandes Amsterdam: Swets & Zeitlinger 1971.]. → Kleinere Schriften II, 1957.
- Hegel et le Problème de la Dialectique du Réel. In: Revue de Métaphysique et de Morale. Hg. v. M. Xavier Léon. Übers. v. Klee, M. R.-L. Jg. 38. Heft 3. (1931). S. 285–316.

Zur Grundlegung der Ontologie. Berlin: de Gruyter 1935.
- 2., unv. Aufl. Berlin: de Gruyter 1941.
- 3. Aufl. Meisenheim am Glan: Westkulturverlag 1948. [Lizenzauflage des Verlags Walter de Gruyter & Co., Berlin.].
- 4. Aufl. Berlin: de Gruyter 1965.
- Fundamentos. In: Ontologia I. Übers. v. Gaos, José. México: Fondo de Cultura Económica 1954. S. 1–370.
  - 2. Auflage, México: Fondo de Cultura Económica 1965.
  - 3. Auflage, México: Fondo de Cultura Económica 1986.
- La fondazione dell'Ontologia. Übers. v. Barone, Francesco. Mailand: Fratelli Fabbri Editori, 1963.

Zur philosophischen Lage der Gegenwart. Aus: Grundlegung der Ontologie. (1935) In: Protestantenblatt. Wochenschrift für den deutschen Protestantismus. Nr. 3. 74. Jg. 19. Januar 1941. S. 32–33.

1936

Das Wertproblem in der Philosophie der Gegenwart. In: Actes du Huitième Congrès International de Philosophie à Prague, 2.–7. Septembre 1934. Prag: Comité d'organisation du Congrès 1936. S. 975–981 [Essay], S. 997–999 [Diskussion]. → Kleinere Schriften III, 1958.

Der philosophische Gedanke und seine Geschichte. In: Abhandlungen der Preußischen Akademie der Wissenschaften. Jg. 1936. Philosophisch-historische Klasse. Nr. 5. Berlin: Verlag der Akademie der Wissenschaften in Kommission bei de Gruyter 1936. S. 3–47. → Kleinere Schriften II, 1957.
- Auch erschienen in: Der philosophische Gedanke und seine Geschichte. Aufsätze. Stuttgart: Reclam 1957. S. 3–77.
- Il pensiero filosofico e la sua storia. In: Filosofia sistematica. Übers. v. Denti, A. u. Cantoni, R. Mailand: Bompiani 1943.
- El pensamiento filosofico y su historia. Übers. v. del Campo, Anibal. Montevideo: Claudio Garcia 1944.
- Il pensiero filosofico e la sua storia. In: Introduzione all'ontologia critica. Übers. v. Cantoni, Remo. Neapel: Guida Editori 1972. S. 31–96.

1937

Der Megarische und der Aristotelische Möglichkeitsbegriff. Ein Beitrag zur Geschichte des ontologischen Modalitätsproblems. In: Sitzungsberichte der Preußischen Akademie

der Wissenschaften. Philosophisch-historische Klasse, Berlin: Verlag der Akademie der Wissenschaften 1937. S. 44–58. → Kleinere Schriften II, 1957.
- Sonderausgabe: Berlin: Verlag der Akademie der Wissenschaften 1937.

Gedächtnisrede auf Carl Stumpf. In: Sitzungsberichte der Preußischen Akademie der Wissenschaften. Philosophisch-historische Klasse, Berlin: Verlag der Akademie der Wissenschaften in Kommission bei Walter de Gruyter u. Co. 1937. S. CXVI–CXX.

[Rezension]: Balduin Schwarz: Der Irrtum in der Philosophie. Untersuchungen über das Wesen, die Formen und die psychologische Genese des Irrtums im Bereich der Philosophie, mit einem Überblick über die Geschichte der Irrtumsproblematik in der abendländischen Philosophie. In: Blätter für Deutsche Philosophie. Zeitschrift der Deutschen Philosophischen Gesellschaft. Bd. 10. (1937). S. 342–344. [Nachdruck des gesamten Zeitschriftenbandes Amsterdam: Swets & Zeitlinger 1971] → Kleinere Schriften III, 1958.

1938

Bericht über die Kant-Ausgabe. In: Sitzungsberichte der Preußischen Akademie der Wissenschaften 1938. Philosophisch-historische Klasse. Öffentliche Sitzung zur Feier des Jahrestages König Friedrichs II. vom 27. Januar 1938. Berlin: Verlag der Akademie der Wissenschaften in Kommission bei Walter de Gruyter u. Co. 1938. S. XXXI–XXXVII.
- Sonderausgabe: Berlin: Reichsdruckerei 1938.

Heinrich Maiers Beitrag zum Problem der Kategorien. In: Sitzungsberichte der Preußischen Akademie der Wissenschaften 1938. Philosophisch-historische Klasse. Berlin: Verlag der Akademie der Wissenschaften in Kommission bei Walter de Gruyter u. Co. 1938. S. 38–54. → Kleinere Schriften II, 1957.
- Sonderausgabe: Berlin: de Gruyter 1938.

Möglichkeit und Wirklichkeit. Berlin: de Gruyter 1938.
- 2. Aufl. Meisenheim am Glan: Westkulturverlag 1949.
- 3. Aufl. Berlin: de Gruyter 1966.
- Posibilidad y efectividad. In: Ontologia II. Übers. v. Gaos, José. Buenos Aires: Fondo de Cultura Económica 1956. S. 1–549.
- 2. Auflage, Buenos Aires: Fondo de Cultura Económica 1986.
- La possibilità e il mondo del bello. In: L'estetica. Übers. v. Cacciari, Massimo. Padova: Liviana Editrice 1969. S. 31–78.
- Possibility and Actuality. Übers. v. Scott, Alex u. Adair, Stephanie mit einer Einleitung v. Roberto Poli. Berlin/Boston: De Gruyter 2013.

1939

Aristoteles und das Problem des Begriffs. In: Abhandlungen der Preußischen Akademie der Wissenschaften. Jg. 1939. Philosophisch-historische Klasse. Nr. 5. Berlin: Verlag der Akademie der Wissenschaften in Kommission bei de Gruyter 1939. S. 3–32. → Kleinere Schriften II, 1957.
- Aristoteles und das Problem des Begriffs [Sonderabdruck].
- Aristóteles y el problema del concepto. In: Cuadernos des Centro de Estudios Filosóficos/ Universidad Nacional Autónoma de México, Cuaderno 16. Übers. v. Navarro B., Bernabé. Hg. v. Bernabé Navarro B. u. Huberto Batis, Mexico D. F.: UNAM 1964. S. 7–48.

Zeitlichkeit und Substantialität. In: Blätter für Deutsche Philosophie. Zeitschrift der Deutschen Philosophischen Gesellschaft. Bd. 12. (1938/39). S. 1–38. [Nachdruck mit Genehmigung des Deutschen Buchvertrieb Schmidt & Co., Bad Godesberg von: Amsterdam: Swets & Zeitlinger N. V. 1971.]. → Kleinere Schriften I, 1955.
- Auch erschienen in: Der philosophische Gedanke und seine Geschichte. Aufsätze. Stuttgart: Reclam 1957. S. 79–132.
- Időbeliség és szubsztancialitás. In: Létemléleti vizsgálódások. Válogatás Kisebb Írásaiból. Übers. v. Redl, Károly. Budapest: Gondolat Kiadó 1972. S. 341–398.

1940

Ausgabe der Werke von Leibniz (Bericht). In: Jahrbuch der Preußischen Akademie der Wissenschaften. Jahrgang 1939. Berlin: Verlag der Akademie der Wissenschaften in Kommission bei Walter de Gruyter u. Co 1940. S. 41.
Der Aufbau der realen Welt. Grundriß der allgemeinen Kategorienlehre. Berlin: de Gruyter 1940.
- 2. Aufl. Meisenheim am Glan: Weltkulturverlag 1949.
- 3. Aufl. Berlin: de Gruyter, 1964.
- La fábrica del mundo real. In: Ontologia III. Übers. v. Gaos, José. Buenos Aires: Fondo de Cultura Económica 1959. S. 1–670.
- 2. Auflage, Buenos Aires: Fondo de Cultura Económica 1986.
Kant-Ausgabe (Bericht). In: Jahrbuch der Preußischen Akademie der Wissenschaften. Jahrgang 1939. Berlin: Verlag der Akademie der Wissenschaften in Kommission bei Walter de Gruyter u. Co 1940. S. 73–74.

1941

Ausgabe der Werke Kants (Bericht). In: Jahrbuch der Preußischen Akademie der Wissenschaften. Jahrgang 1940. Berlin: Verlag der Akademie der Wissenschaften in Kommission bei Walter de Gruyter u. Co 1941. S. 70–71.
Una nueva ontología en alemania. In: Ensayos y Estudios. Revista bimestral de Cultura y Filosofia. Jg. 3, Heft 1–2. (1941). S. 3–50.[118]
- Sonderausgabe: Bonn u. Berlin: Dümmlers 1941.
Zur Lehre vom Eidos bei Platon und Aristoteles. In: Abhandlungen der Preußischen Akademie der Wissenschaften. Jg. 1941. Philosophisch-historische Klasse. Nr. 8. Berlin: Verlag der Akademie der Wissenschaften in Kommission bei de Gruyter 1941. S. 3–38. → Kleinere Schriften II, 1957.
- Sonderausgabe: Berlin: de Gruyter 1941.
- Sobre la Doctrina del *Eidos* en Platón y Aristóteles. In: Cuadernos des Centro de Estudios Filosóficos/ Universidad Nacional Autónoma de México, Cuaderno 16. Übers. v. Navarro B., Bernabé. Hg. v. Bernabé Navarro B. u. Huberto Batis, Mexico D. F.: UNAM 1964. S. 51–98.

---

[118] Spanische (von Hartmann selbst verfasste) Version von „Neue Ontologie in Deutschland" (1946)

1942

Ausgabe der Werke Kants (Bericht 1940). In: Jahrbuch der Preußischen Akademie der Wissenschaften. Jahrgang 1941. Berlin: Verlag der Akademie der Wissenschaften in Kommission bei Walter de Gruyter u. Co 1942. S. 67.
Ausgabe der Werke Kants (Bericht 1941). In: Jahrbuch der Preußischen Akademie der Wissenschaften. Jahrgang 1941. Berlin: Verlag der Akademie der Wissenschaften in Kommission bei Walter de Gruyter u. Co 1942. S. 106.
[Rezension]: Neue Anthropologie in Deutschland. Betrachtung zu Arnold Gehlens Werk: „Der Mensch, seine Natur und seine Stellung in der Welt". In: Blätter für Deutsche Philosophie. Zeitschrift der Deutschen Philosophischen Gesellschaft. Bd. 15. (1941/42). S. 195–177. [Nachdruck des gesamten Zeitschriftenbandes Amsterdam: Swets & Zeitlinger 1971].
→ Kleinere Schriften III, 1958.

1943

Ausgabe der Werke Kants (Bericht). In: Jahrbuch der Preußischen Akademie der Wissenschaften. Jahrgang 1942. Berlin: Verlag der Akademie der Wissenschaften in Kommission bei Walter de Gruyter u. Co 1943. S. 71.
Die Anfänge des Schichtungsgedankens in der alten Philosophie. In: Abhandlungen der Preußischen Akademie der Wissenschaften. Jg. 1943. Philosophisch-historische Klasse. Nr. 3. Berlin: Akademie der Wissenschaften in Kommission bei de Gruyter u. Co. 1943. S. 3–31.
→ Kleinere Schriften II, 1957.
- Einzelausgabe: Berlin: Akademie der Wissenschaften in Kommission bei de Gruyter u. Co. 1943.

Neue Wege der Ontologie. Stuttgart: W. Kohlhammer 1949. [Teildruck aus: Systematische Philosophie. Hg. v. Nicolai Hartmann, 2 Auflage. Stuttgart: W. Kohlhammer 1947; S. 201–311.]
- 3. Aufl. Stuttgart: Kohlhammer 1949.
- 5., unv. Aufl. [Unveränderter reprografischer Nachdruck der 3. Auflage, Stuttgart 1949 (Teildruck aus: Systematische Philosophie. Hg. v. Nicolai Hartmann. 2. Aufl. 1947, S. 201–301. Stuttgart: W. Kohlhammer), 1968 Stuttgart].
- New Ways of Ontology. Übers. v. Kuhn, Reinhard C. Chicago: Henry Regnery Company 1953.
- La nueva ontologia. Übers. v. Estiú, Emilio. Buenos Aires: Editorial Sudamericana 1954.
- Novi putevi ontologije. Übers. v. Pavićević, Vuko. Belgrad: Beogradski izdavačko-grafički zavod 1973.
- Nuove vie dell'ontologia. Übers. v. Penati, Giancarlo. Brescia: Editrice La Scuola 1975.
- Nové cesty ontológie. Übers. v. Novosad, František. Bratislava: Nakladateľstvo Pravda 1976.

1944

Die Wertdimensionen der Nikomachischen Ethik. In: Abhandlungen der Preußischen Akademie der Wissenschaften. Jg. 1944. Philosophisch-historische Klasse. Nr. 5. Berlin: Akademie der Wissenschaften in Kommission bei de Gruyter u. Co 1944. S. 3–27. → Kleinere Schriften II, 1957.
- Einzelausgabe: Berlin: Akademie der Wissenschaften in Kommission bei de Gruyter u. Co. 1944.

Naturphilosophie und Anthropologie. In: Blätter für Deutsche Philosophie. Zeitschrift der
    Deutschen Philosophischen Gesellschaft. Bd. 18. Hg. v. Heinz Heimsoeth. (1944). S. 1–39.
    [Nachdruck des gesamten Zeitschriftenbandes Amsterdam: Swets & Zeitlinger 1971].
    → Kleinere Schriften I, 1955.
- Természetfilozófia és antropológia. In: Létel méleti vizsgálódások. Válogatás Kisebb
    Írásaiból. Übers. v. Redl, Károly. Budapest: Gondolat Kiadó 1972. S. 399–450.

1946

Leibniz als Metaphysiker. In: Leibniz zu seinem 300. Geburtstag. Hg. v. Erich Hochstetter. Berlin:
    de Gruyter 1946. S. 1–28. → Kleinere Schriften II, 1957.
Max Hartmann und die Philosophie. In: Zeitschrift für Naturforschung. Bd. 1.Hg. v. H. Friedrich
    Freska u. A. Klemm. Wiesbaden: Dieterich'sche Verlagsbuchhandlung 1946. S. 353–357.
Neue Ontologie in Deutschland. In: Felsefe Arkivi. Bd. I, Heft 2–3. (1946). S. 1–50. → Kleinere
    Schriften I, 1955.
- Ontologia nuova in Germania. In: Introduzione all'ontologia critica. Übers. v. Cantoni, Remo.
    Neapel: Guida Editori 1972. S.171–222.
- Új ontológia Németországban. In: Létel méleti vizsgálódások. Válogatás Kisebb Írásaiból.
    Übers. v. Redl, Károly. Budapest: Gondolat Kiadó 1972. S. 127–190.

1948

Die Wahrheit ist das Ganze. N. Hartmann über „Die Stellung des Menschen im Kosmos". In:
    Allgemeine Hamburger Zeitung 3 (1948). S. 3.
Ziele und Wege der Kategorialanalyse. In: Zeitschrift für philosophische Forschung. Bd. II, Heft 4.
    (1948). S. 499–536.[119] → Kleinere Schriften I, 1955.
- Tareas actuales del análisis categorial. In: Notas y Estudios de Filosofia. Bd. I, Heft 3–4.
    (1949). S. 225–259.
- A kategóriaelemzés céljai és útjai. In: Létel méleti vizsgálódások. Válogatás Kisebb Írásaiból.
    Übers. v. Redl, Károly. Budapest: Gondolat Kiadó 1972. S. 191–244.

1949

Alte und neue Ontologie. In: Actas del Primer Congreso Nacional de Filosofía. Bd. II,
    30.3–9.4.1949. Mendoza: Universidad Nacional De Cuyo 1949. S. 782–787. → Kleinere
    Schriften III, 1958.
- Vieja y nueva ontología. In: Actas del Primer Congreso Nacional de Filosofía. Bd. II,
    30.3–9.4.1949. Mendoza: Universidad Nacional De Cuyo 1949. S. 787–791.

---

[119] Erweiterte Fassung des Vortrages „Heutige Aufgaben der theoretischen Philosophie", den
Nicolai Hartmann in einer komprimierten Version am 2. September 1947 in Garmisch-Partenkirchen auf dem „Philosophenkongreß" vorgelegt haben soll. Der aufgeführte Aufsatz soll dem
ursprünglichen Entwurf näherkommen

Das Ethos der Persönlichkeit. In: Actas del Primer Congreso Nacional de Filosofía. Bd. I, 30.3–9.4.1949. Mendoza: Universidad Nacional De Cuyo 1949. S. 300–308. → Kleinere Schriften I, 1955.
- Auch erschienen in: Nicolai Hartmann. Der Denker und sein Werk. Hg. v. Heinz Heimsoeth u. Robert Heiß, Göttingen: Vandenhoeck & Ruprecht 1952. S. 7–14.
- El „ethos" de la personalidad. In: Actas del Primer Congreso Nacional de Filosofía. Bd. I, 30.3–9.4.1949. Mendoza: Universidad Nacional De Cuyo 1949, S. 308–315.
- A személyiség éthosza. In: Létlelméleti vizsgálódások. Válogatás Kisebb Írásaiból. Übers. v. Redl, Károly. Budapest: Gondolat Kiadó 1972. S. 567–578.

Einführung in die Philosophie. 5. Aufl. Hannover: Luise Hanckel Verlag o. J. [Überarbeitete, vom Verfasser genehmigte Nachschrift der Vorlesung im Sommersemester 1949 in Göttingen].
- Einführung in die Philosophie. 7. Aufl. Hannover: Verlag Buchhandlung Hackel o. J.
- Introducción a la Filosofía. Übers. v. Gaos, José. México: Centro de Estudios Filosóficos, 1961.

German philosophy in the last ten years. Übers. v. Ladd, John. In: Mind: a Quarterly Review of Psychology and Philosophy. Vol. LVIII, No. 232. (1949). S. 413–433.

Hartmann, Nicolai. In: Philosophen-Lexikon. Handwörterbuch der Philosophie nach Personen. Hg. v. Werner Ziegenfuss. Bd. 1. Berlin: De Gruyter 1949. S. 454–471.[120] → Kleinere Schriften III, 1958 (nicht komplett).

1950

Philosophie der Natur. Abriß der speziellen Kategorienlehre. Berlin: de Gruyter 1950.
- Filosofía de la naturaleza. Teoría especial de las categorías. Primera y Segunda Partes. In: Ontologia IV. Übers. v. Gaos, José. Buenos Aires: Fondo de Cultura Económica 1960. S. 47–564.[121]
- 2. Auflage, Buenos Aires: Fondo de Cultura Económica 1986.
- Filosofía de la naturaleza. Teoría especial de las categorías. Tercera Parte. In: Ontologia V. Übers. v. Gaos, José. México/Buenos Aires: Fondo de Cultura Económica 1964. S. 5–226.[122]
- 2. Auflage, Buenos Aires: Fondo de Cultura Económica 1986.

[Rezension]: Robert Heiß: Der Gang des Geistes. „Ein Buch der Unruhe". In: Die Welt. Nr. 86. 13. April 1950. S. 3. → Kleinere Schriften III, 1958.

1951

Teleologisches Denken. Berlin: de Gruyter 1951.
- 2., unv. Aufl. Berlin: de Gruyter 1966.
- El pensar teleológico. In: Ontologia V. Übers. v. Gaos, José. México/Buenos Aires: Fondo de Cultura Económica 1964. S. 227–385.

---

[120] NH hat den ganzen Eintrag geschrieben; in den KS III wurden aber nur die „Thesen zur Logik" erneut veröffentlicht.
[121] Enthält die ersten zwei Teile der Filosofía de la naturaleza
[122] Enthält den dritten Teil der Filosofía de la naturaleza

- 2. Auflage, Buenos Aires: Fondo de Cultura Económica 1986.

1952

Klugheit und Weisheit. Diskussionsprotokolle aus dem Sommersemester 1933. In: Nicolai Hartmann. Der Denker und sein Werk. Hg. v. Heinz Heimsoeth/Robert Heiß. Göttingen: Vandenhoeck & Ruprecht 1952. S. 256–285.

1953

Ästhetik. Berlin: de Gruyter 1953.[123]
- 2., unv. Aufl. Berlin: de Gruyter 1966.
- Estetika. Übers. v. Pavicevit, Vuko. Belgrad: Kultura 1968.
- Problemi di Estetica. In: L'estetica. Übers. v. Cacciari, Massimo. Padua: Liviana Editrice 1969. S. 79–185.
- Estetica. Übers. v. Floru, Constantin. Bukarest: Editura Univers 1974.
- Aesthetics. Übers. v. u. mit einer Einl. v. Kelly, Eugene. Berlin/Boston: De Gruyter 2014.

1954

Philosophische Gespräche. Göttingen: Vandenhoeck & Ruprecht 1954.

1955

Kleinere Schriften I. Abhandlungen zur Systematischen Philosophie. Berlin: de Gruyter 1955.
- 1. Systematische Selbstdarstellung. S. 1–51.[124]
- 2. Neue Ontologie in Deutschland. S. 51–89.
- 3. Ziele und Wege der Kategorialanalyse. S. 89–122.
- 4. Die Erkenntnis im Lichte der Ontologie. S. 122–180.[125]
- 5. Zeitlichkeit und Substantialität. S. 180–214.
- 6. Naturphilosophie und Anthropologie. S. 214–244.
- 7. Sinngebung und Sinnerfüllung. S. 245–279.
- 8. Vom Wesen sittlicher Forderungen. S. 279–311.[126]
    - Az erkölcsi követelmények lényegéről. In: Lételméleti vizsgálódások. Válogatás Kisebb Írásaiból. Übers. v. Redl, Károly. Budapest: Gondolat Kiadó 1972. S. 511–566.
- 9. Das Ethos der Persönlichkeit. S. 311–318.
- Lételméleti vizsgálódások. Válogatás Kisebb Írásaiból. Übers. v. Redl, Károly. Budapest: Gondolat Kiadó, 1972.

---

[123] Mit einem Nachwort von Frida Hartmann.
[124] Identisch mit Systematische Philosophie in eigener Darstellung. 1931
[125] Als Vortrag in der Münchener Kantgesellschaft gehalten am 26.4.49. Erstveröffentlichung in Kleinere Schriften I. 1955.
[126] Aufsatz von 1949, Erstveröffentlichung in Kleinere Schriften I. 1955.

1957

Kleinere Schriften II. Abhandlungen zur Philosophie-Geschichte. Berlin: De Gruyter 1957.
- 1. Der philosophische Gedanke und seine Geschichte. S. 1–48.
- 2. Das Problem des Apriorismus in der Platonischen Philosophie. S. 48–85.
- 3. Der Megarische und der Aristotelische Möglichkeitsbegriff. S. 85–100.
- 4. Aristoteles und das Problem des Begriffs. S. 100–129.
- 5. Zur Lehre vom Eidos bei Platon und Aristoteles. S.129–164.
- 6. Die Anfänge des Schichtungsgedankens in der alten Philosophie. S. 164–191.
- 7. Die Wertdimensionen der Nikomachischen Ethik. S. 191–214.
- 8. Aristoteles und Hegel. S. 214–252.
- 9. Leibniz als Metaphysiker. S. 252–277.
- 10. Diesseits von Idealismus und Realismus. S. 278–322.
- 11. Hegel und das Problem der Realdialektik. S. 323–346.
- 12. Heinrich Maiers Beitrag zum Problem der Kategorien. S. 346–364.

1958

Kleinere Schriften III. Vom Neukantianismus zur Ontologie. Berlin: De Gruyter 1958.
Abhandlungen und Schriften aus den Jahren 1910–23.[127]
- 1. Zur Methode der Philosophiegeschichte. 1909. S. 1–22.
- 2. Systematische Methode. 1912. S. 22–60.
- 3. Systembildung und Idealismus. 1912. S. 60–78.
- 4. Philosophische Grundfragen der Biologie. 1912. S. 78–185.
- 5. Über die Erkennbarkeit des Apriorischen. 1914. S. 186–220.
- 6. Logische und ontologische Wirklichkeit. 1914. S. 220–242.
- 7. Die Frage der Beweisbarkeit des Kausalgesetzes. 1919. S. 243–267.
- 8. Wie ist kritische Ontologie überhaupt möglich? 1923. S. 268–313.

Beiträge zu Kongress-Vorträgen 1926–49.
- 9. Über die Stellung der ästhetischen Werte im Reich der Werte überhaupt. 1926. S. 314–321.
- 10. Kategorien der Geschichte. 1931. S. 321–327.
- 11. Das Wertproblem in der Philosophie der Gegenwart. 1936. S. 327–332.
- 12. Alte und neue Ontologie. 1949. S. 333–337.
- 13. Thesen zur Logik (aus dem Philosophenlexikon). 1949. S. 337–339.

Aufsätze zu Gedenktagen 1924–31.
- 14. Kant und die Philosophie unserer Tage. 1924. S. 339–345.
- 15. Kants Metaphysik der Sitten und die Ethik unserer Tage. 1924. S. 345–350.
- 16. Max Scheler †. 1928. S. 350–357.
- 17. Hegel. 1931. S. 357–362.

Anhang – Buchbesprechungen.
- 18. Selbstanzeige in den Kantstudien zu: Platos Logik des Seins. 1909. S. 363–364.
- 19. Zum Jahrbuch für Philosophie und phänomenologische Forschung. 1913/14. S. 365–368.

---

[127] Die Jahreszahlen geben, soweit feststellbar, das Jahr der Niederschrift an, andernfalls das Jahr des Erscheinens

- 20. Zu Wilhelm Sesemann. 1933. S. 368-374.
- 21. Zu Balduin Schwarz. 1936. S. 374-377.
- 22. Zu Arnold Gehlen. 1941. S. 378-393.
- 23. Zu Robert Heiß. 1950. S. 393-395.

1960

Die Metaphysik der Probleme. Hg. v. Werner Hartkopf u. Wolfgang Pesewin. Frankfurt am Main: Hirschgraben-Verlag 1960.[128]

1978

Nicolai Hartmann und Heinz Heimsoeth im Briefwechsel. Bonn: Bouvier 1978. [Hg. v. Frida Hartmann/Renate Heimsoeth].

1979

Thruthfulness and Uprightness. In: War, morality, and the military profession. Übers. v. Coit, Stanton. Hg. v. Malham M. Wakin. Boulder, Colorado: Westview Press 1979. S. 191-195.[129]

1982

Die Erkenntnis im Lichte der Ontologie. Hamburg: Meiner 1982. [Aus: Kleinere Schriften Bd. 1, mit einer Einführung v. Josef Stallmach]
- A megismerés az ontológia fényében. In: Lételméleti vizsgálódások. Válogatás Kisebb Írásaiból. Übers. v. Redl, Károly. Budapest: Gondolat Kiadó 1972. S. 245-340.

II. Herausgeberschaft

1932-1934

Episteme. Arbeiten zur Philosophie und zu ihren Grenzgebieten. Hg. v. N. Hartmann/R. Kroner/J. Stenzel. Berlin: Junker & Dünnhaupt 1932-1934. Bd. 1-3.

---

128 Enthält Auszüge aus den Werken „Systematische Philosophie in eigener Darstellung" (1931) und „Das Problem des geistigen Seins" (1933)
129 Bei *Thruthfulness and Uprightness* handelt es sich um einen Auszug aus: Ethics.Vol. II: Moral Values. Übers. v. Coit, Stanton. Hg. v. J. H. Muirhead. London: George Allen & Unwin LTD, New York: The Macmillan Company 1932. S. 281-285.

1937

Raab, Friedrich. Philosophische Gespräche über den Sinn des Lebens. Philosophische Untersuchungen. Im Auftrage der Internationalen Vereinigung für Rechts- und Sozialphilosophie. Band 1. Hg. v. C. A. Emge u. N. Hartmann. Mit einem Geleitwort von Werner Büngel. Berlin: Verlag für Staatswissenschaften und Geschichte 1937.

Temuralp, Takiyettin. Über die Grenzen der Erkennbarkeit bei Husserl und Scheler. Philosophische Untersuchungen. Im Auftrage der Internationalen Vereinigung für Rechts- und Sozialphilosophie. Band 2. Hg. v. C. A. Emge u. N. Hartmann. Berlin: Verlag für Staatswissenschaften und Geschichte 1937.

Grebe, Wilhelm. Der tätige Mensch. Untersuchungen zur Philosophie des Handelns. Philosophische Untersuchungen. Im Auftrage der Internationalen Vereinigung für Rechts- und Sozialphilosophie. Band 3. Hg. v. C. A. Emge u. N. Hartmann. Berlin: Verlag für Staatswissenschaften und Geschichte 1937.

1938

Dürr, Agnes. Zum Problem der Hegelschen Dialektik und ihrer Formen. Philosophische Untersuchungen. Im Auftrage der Internationalen Vereinigung für Rechts- und Sozialphilosophie. Band 4. Hg. v. C. A. Emge u. N. Hartmann. Berlin: Verlag für Staatswissenschaften und Geschichte 1938.

Ballauff, Theodor. Über den Vorstellungsbegriff bei Kant. Philosophische Untersuchungen. Im Auftrage der Internationalen Vereinigung für Rechts- und Sozialphilosophie. Band 5. Hg. v. C. A. Emge u. N. Hartmann. Berlin: Verlag für Staatswissenschaften und Geschichte 1938.

Gedächtnisschrift für Arthur Schopenhauer zur 150. Wiederkehr seines Geburtstages. Philosophische Untersuchungen. Im Auftrage der Internationalen Vereinigung für Rechts- und Sozialphilosophie. Band 6. Hg. v. C. A. Emge, N. Hartmann u. Otto v. Schweinichen. Berlin: Verlag für Staatswissenschaften und Geschichte 1938.

1939

Osske, Ita. Ganzheit, Unendlichkeit und Form. Studien zu Shaftesburys Naturbegriff. Philosophische Untersuchungen. Im Auftrage der Internationalen Vereinigung für Rechts- und Sozialphilosophie. Band 7. Hg. v. C. A. Emge u. N. Hartmann. Berlin: Albert Limbach Verlag 1939.

1940

Graf zu Dohna, Alexander. Kernprobleme der Rechtsphilosophie. Philosophische Untersuchungen. Im Auftrage der Internationalen Vereinigung für Rechts- und Sozialphilosophie. Band 8. Hg. v. C. A. Emge u. N. Hartmann. Berlin: Albert Limbach Verlag 1940.

Chen, Chung-Hwan. Das Chorismos-Problem bei Aristoteles. Philosophische Untersuchungen. Im Auftrage der Internationalen Vereinigung für Rechts- und Sozialphilosophie. Band 9. Hg. v. C. A. Emge u. N. Hartmann. Berlin: Albert Limbach Verlag 1940.

1942

Systematische Philosophie. Hg. v. N. Hartmann. Stuttgart/Berlin: Kohlhammer 1942.[130]

III. Wissenschaftlicher Beirat

Blätter für deutsche Philosophie. Zeitschrift der deutschen Philosophischen Gesellschaft, Berlin: Junker & Dünnhaupt 1927/28.
Kant-Studien. Philosophische Zeitschrift, Berlin: Pan-Verlag (seit Heft 34. 1929).
Philosophischer Anzeiger. Zeitschrift für die Zusammenarbeit von Philosophie und Einzelwissenschaft, hg. v. Helmuth Plessner. Bonn: Cohen. 1930.
Zeitschrift für deutsche Kulturphilosophie. Neue Folge des Logos. Tübingen: Mohr. 1935.
Pohlen, Heinrich: Die Erkenntnislehre Dionysus' des Karthäusers. Leipzig: Meiner 1942. (Forschungen zur Geschichte der Philosophie und der Pädagogik. In Verb. m. Th. L. Haering, N. Hartmann, B. v. Waltershausen, hg. v. Arthur Schneider. Heft 19).
Zeitschrift für philosophische Forschung. Meisenheim am Glan: Westkulturverlag 1948.
Philosophia Naturalis. Archiv für Naturphilosophie und die philosophischen Grenzgebiete der exakten Wissenschaften und Wissenschaftsgeschichte. Band 1. Hg. v. Eduard May, Wilfried Stache u. Hermann Wein. Unter Mitwirkung von Nicolai Hartmann u. a. Meisenheim/Glan: Westkulturverlag Anton Hain 1950.[131]

---

130 In diesem Band befindet sich außerdem *Neue Wege der Ontologie* von N. Hartmann, S. 199–311.
131 In welcher Form NH an der Zeitschrift „mitgewirkt" hat ist unklar, in der Zeitschrift gibt es bereits einen Verweis auf sein Ableben (auf S. 177.)

6 Vorlesungsverzeichnis Nicolai Hartmann (ab 1919)

Thomas Kessel

I. Marburg

Semesterjahr	Art	Titel	Termin
FZS[132] 1919	o. A.[133]	Die Philosophie Kants	2 St. Di., Do. 17–18 Uhr
	Üb.	Übung über Kants „Kritik der reinen Vernunft"	2 St. Di. 18–20 Uhr
SS 1919	o. A.	Geschichte der neueren Philosophie	4 St. Mo., Di., Do., Fr. 17–18 Uhr
	Üb.	Übungen zur neueren Philosophie (Besprechung von Spinozas „Ethik")	2 St. Di. 18–20 Uhr
HZS[134] 1922	o. A.	Einleitung in die Philosophie (die philosophischen Grundprobleme und ihre Lösungen).	4 St. Mo., Di., Do., Fr. 16–17 Uhr
	Üb.	Übungen zur Einleitung in die Philosophie (philosophische Disputation)	2 St. Di. 18–20 Uhr
WS 1919/20	o. A.	Erkenntnistheorie und Logik	4 St. Mo., Di., Do., Fr. 16–17 Uhr
	Üb.	Übungen zur Erkenntnistheorie und Logik (Besprechung neuerer Autoren und Disputation)	2 St. Di. 18–20 Uhr
SS 1920	o. A.	Geschichte der alten Philosophie	4 St. Mo., Di., Do., Fr. 16–17 Uhr
	Üb.	Übungen zur Geschichte der alten Philosophie (ausgewählte Abschnitte aus Platons Dialogen)	2 St. Di. 18–20 Uhr
	Üb.	Besprechung ausgewählter Abschnitte aus Friedrich Nietzsches Nachlasswerk „Der Wille zur Macht" (WW Bd. XV), N. Hartmann gemeinsam mit H. Heimsoeth	2 St. Mo. 18–20 Uhr

---

132 Frühjahrszwischensemester (Februar – April)
133 Hier und in der Folge ohne Angabe. Es handelt sich mit großer Wahrscheinlichkeit um die Vorlesungen zu den Übungen.
134 Herbstzwischensemester (Oktober – Dezember) (22.09.1919 – 20.12.1919)

Semesterjahr	Art	Titel	Termin
WS 1920/21	o. A.	Metaphysik als philosophische Grundwissenschaft (die ewigen Aporien der Weltanschauung, allgemeine Kategorienlehre und Phänomenologie der metaphysischen Theorien)	4 St. Mo., Di., Do., Fr. 16–17 Uhr
	Üb.	Übungen über Plotin, P. Natorp gemeinsam mit N. Hartmann	2 St. Mo. 18–20 Uhr
	Üb.	Übungen zur Metaphysik (Lektüre und Besprechung von Leibniz' „Monadologie" und Chr. Wolffs „Ontologie)	2 St. Di. 18–20 Uhr
SS 1921	o. A.	Ethik	4 St. Mo., Di., Do., Fr. 16–17 Uhr
	Üb.	Übungen zur Philosophie der Vorsokratiker (Lektüre der Fragmente nach Diels)	2 St. Mo. 18–20 Uhr
	Üb.	Übungen zur Ethik (Besprechung zeitgenössischer Werke zur Grundlegung der Ethik)	2 St. Di. 18–20 Uhr
WS 1921/22	o. A.	Einführung in die Philosophie	4 St. Mo., Di., Do., Fr. 16–17 Uhr
	o. A.	Die Philosophie der Stoa	1 St. Fr. 15–16 Uhr
	Üb.	Übungen zur Einführung in die Philosophie	2 St. Di. 18–20 Uhr
SS 1922	o. A.	Logik und Erkenntnistheorie	4 St. Mo., Di., Do., Fr. 16–17 Uhr
	Üb.	Übungen zur Erkenntnistheorie	2 St. Di. 18–20 Uhr
	Üb.	Übungen über die Metaphysik des Aristoteles (für Fortgeschrittene)	2 St. Do. 18–20 Uhr
WS 1922/23	o. A.	Geschichte der alten Philosophie (von Thales bis auf den Neuplatonismus)	4 St. Mo., Di., Do., Fr. 16–17 Uhr
	Üb.	Übungen über Platons „Parmenides" (für Fortgeschrittene)	2 St. Di. 18–20 Uhr
	Üb.	Übungen über Grenzfragen der Logik und Metaphysik	2 St. Do. 18–20 Uhr
SS 1923	o. A.	Ethik	4 St. Mo., Di., Do., Fr. 16–17 Uhr
	Üb.	Übungen zur Ethik (zeitgenössische Theorien)	2 St. Di. 18–20 Uhr
		Übungen über Platons Ideenlehre (Menon, Phädrus, Theätet, Phädon, Republik)	2 St. Do. 18–20 Uhr
WS 1923/24	o. A.	Die Philosophie des deutschen Idealismus (Kant bis Hegel)	4 St. Mo., Di., Do., Fr. 16–17 Uhr

Semesterjahr	Art	Titel	Termin
	Üb.	Übungen über Hegel (für Fortgeschrittene)	2 St. Di. 18–20 Uhr
	Üb.	Übungen über Kant	2 St. Do. 18–20 Uhr
SS 1924	o. A.	Kategorienlehre (Analyse und Aporetik der philosophischen Prinzipien nebst ontologischer Einleitung)	4 St. Mo., Di., Do., Fr. 16–17 Uhr
	Üb.	Übungen zur Kategorienlehre (Christian Wolffs Ontologie und freie Diskussionen)	2 St. Di. 18–20 Uhr
	Üb.	Logische Übungen (mit Zugrundelegung von A. Pfänders Logik)	2 St. Do. 18–20 Uhr
	o. A.	Logik	4 St. Mo., Di., Do., Fr. 16–17 Uhr
	Üb.	Übungen über Spinozas Ethik	2 St. Di. 18–20 Uhr
	Üb.	Ausgewählte Texte der Vorsokratiker	2 St. Do. 18–20 Uhr
SS 1925	o. A.	Erkenntnistheorie	4 St. Mo., Di., Do., Fr. 16–17 Uhr
	Üb.	Übungen über Kant (Kritik der reinen Vernunft)	2 St. Di. 18–20 Uhr
	Üb.	Übungen über die Nikomachische Ethik des Aristoteles	2 St. Do. 18–20 Uhr

II. Köln

Semesterjahr	Art	Titel	Termin
WS 1925/26[135]	Private Vorl.	Ethik (Phänomenologie, Axiologie und Metaphysik der Sitten)	4 St. Mo., Di., Do., Fr. 12–13 Uhr
	Üb.	Kants Kritik der Urteilskraft (privatissime).	2 St. Do. 17–19 Uhr
	ÜB.	Nikomachische Ethik des Aristoteles (ausgewählte Kapitel) für Kenner des Griechischen (privatissime et gratis).	2 St. Di. 17–19 Uhr

---

[135] Das Seminar wurde im Vorlesungs- und Personalverzeichnis der Universität Köln angekündigt, da aber kein Kassenbuch aus diesem Semesterjahr vorhanden ist, lässt sich nicht sagen, ob Vorlesung und Übungen auch tatsächlich stattgefunden haben.

Semesterjahr	Art	Titel	Termin
SS 1926[136]	Vorl.	Geschichte der alten Philosophie (die Frühzeit, Platon, Aristoteles, hellenistische Philosophie und Plotin).	4 St. Mo., Di., Do., Fr. 12–13 Uhr
	Üb.	Übungen über Platons „Republik" und „Philebus" (für Kenner des Griechischen) (privatissime et gratis).	2 St. Di. 17–19 Uhr
	Üb.	Übungen über Hegels „Wissenschaft der Logik" I. Buch in Auswahl (gratis)	2 St. Do. 17–19 Uhr
WS 1926/27	Private Vorl.	Die „Kritik der reinen Vernunft" (fortlaufende Interpretation für Anfänger)	2 St. Di. 17–19 Uhr
	Private Vorl.	Philosophia prima sive Ontologia (1. Aporetik des Seins und ihre Geschichte, 2. Sphären und Prinzipien des Seins, 3. Kategoriale Gesetzte, 4. Materiale Kategorienlehre).	4 St. Mo., Di., Do., Fr. 12–13 Uhr
	Üb.	Übungen zur Ontologie (Referate und Diskussion), privatissime.	2 St. Do. 17–19 Uhr
SS 1927	Vorl.	Die Philosophie der Neuzeit (von Nicolaus Cusanus bis auf den frühen Kant).[137]	4 St. Mo., Di., Do., Fr. 12–13 Uhr
	Üb.	Philosophische Diskussion und Referate über systematische Fragen (privatissime et gratis).	2 St. Di. 17–19 Uhr
	Üb.	Übungen über Plotin (für Kenner des Griechischen).	2 St. Do. 17–19 Uhr

---

136 Das Seminar wurde im Vorlesungs- und Personalverzeichnis der Universität Köln angekündigt, da aber kein Kassenbuch aus diesem Semesterjahr vorhanden ist, lässt sich nicht sagen, ob Vorlesung und Übungen auch tatsächlich stattgefunden haben.
137 Es gibt kein verlässliches Indiz dafür, dass die Vorlesung stattgefunden hat, da sie im Gegenteil zu den Übungen nicht im Kassenbuch gefunden wurde.

Semesterjahr	Art	Titel	Termin
WS 1927/28	Vorl.	Einführung in die Philosophie (1. Die Problemgebiete, 2. Behandlungsarten und Systeme, 3. Metaphysik und Geschichte, 4. Der heutige Stand der Philosophie).	4 St. Mo., Di., Do., Fr. 12–13 Uhr
	Üb.	Übungen über Platons Philebus, Sophistes und Parmenides (für Kenner des Griechischen) (privatissime et gratis).	2 St. Di. 17–19 Uhr
	Üb.	Übungen zur Analyse der Werte	2 St. Do. 17–19 Uhr
SS 1928	Vorl.	Philosophie des deutschen Idealismus (1. Kantianer und Kantgegner, 2. Fichte, 3. Die Romantiker, 4. Schelling, 5. Hegel).	4 St. Mo., Di., Do., Fr. 12–13 Uhr
	Üb.	Übungen über die Fragmente der alten Stoiker und die Skepsis (für Kenner des Griechischen) (privatissime et gratis).	2 St. Di. 17–19 Uhr
	Üb.	Übungen über metaphysische Fragen (Referate und Diskussion).	2 St. Do. 17–19 Uhr
WS 1928/29	Vorl.	Logik (1. Abriß der formalen Logik; 2. Theorie des Urteils und der logischen Sphäre; 3. Theorie des Begriffs).	4 St. Mo., Di., Do., Fr. 12–13 Uhr
	Üb.	Übungen: Ausgewählte Stücke aus der Metaphysik des Aristoteles (am griechischen Text) (privatissime et gratis).	2 St. Di. 17–19 Uhr
	Üb.	Übungen: Diskussion und Referate zur Ästhetik	2 St. Do. 17–19 Uhr
SS 1929[138]	Vorl.	Erkenntnistheorie (1. Phänomenologie der Erkenntnis; 2. Aporetik der Erkenntnis und die spekulativen Theorien; 3. Lösungen der Aporien).	4 St. Mo., Di., Do., Fr. 12–13 Uhr

---

[138] Es gibt kein verlässliches Indiz dafür, dass die Vorlesung stattgefunden hat, da nichts im Kassenbuch gefunden wurde. (ggfs. hat Hartmann die Gastprofessur in Kalifornien angenommen).

Semesterjahr	Art	Titel	Termin
	Üb.	Übungen über Platon (am griechischen Text) (privatissime et gratis).	2 St. Di. 17–19 Uhr
	Üb.	Übungen zur Geschichtsphilosophie (Diskussion und Referate).	2 St. Do., 17–19 Uhr
WS 1929/30	Vorl.	Ethik (1. Handlung, Wille und Wunschbewußtsein; 2. Das Gute und die Wertklassen; 3. Verantwortung und Freiheit)	4 St. Mo., Di., Do., Fr. 12–13 Uhr
	Üb.	Übungen über Kants „Kritik der praktischen Vernunft" mit sich anschließender Besprechung ethischer Fragen.	2 St. Do. 17–19 Uhr
	Üb.	Übungen über Aristoteles (Physik) (privatissime et gratis).	2 St. Di. 17–19 Uhr
SS 1930	Vorl.	Geschichte der alten Philosophie (1. Die Anfänge, 2. die attische Philosophie, 3. die Systeme des Helenismus).	4 St. Mo., Di., Do., Fr. 12–13 Uhr
	Üb.	Übungen über die Fragmente der Vorsokratiker (am griechischen Text) (privatissime et gratis).	2 St. Di. 17–19 Uhr
	Üb.	Übungen zur Erkenntnistheorie (Diskussion und Referate).	2 St. Do. 17–19 Uhr
WS 1930/31[139]	Vorl.	Metaphysik (1. Realität und Determination; 2. Kategorien der Natur; 3. Personaler und objektiver Geist).	4 St. Mo., Di., Do., Fr. 12–13 Uhr

---

139 Die angekündigte Vorlesung wurde nicht von Hartmann gehalten, sondern in Vertretung von Herrn Dr. Kallen (siehe Kopie des Semesterjahres, S. 9 und Kassenbuch)

III. Berlin

Semesterjahr	Art	Titel	Termin
SS 1931	Vorl.	Geschichtsphilosophie	Mo., Do. 16–18 Uhr
	Üb.	Übungen über die Nikomachische Ethik des Aristoteles (am griechischen Text)	Mi. 18–20 Uhr
	Üb.	Übungen zur Metaphysik (Diskussion und Referate)	Di. 18–20 Uhr
WS 1931–32	Vorl.	Logik	Mo., Do. 11–13 Uhr
	Üb.	Platons Ideenlehre (am griechischen Text)	Mi. 18–20 Uhr
	Üb.	Kants Kritik der reinen Vernunft (Lektüre, Referate und Diskussion)	Di. 18–20 Uhr
SS 1932	Vorl.	Die Philosophie des deutschen Idealismus (Kant bis Hegel)	Mo., Di., Do., Fr. 15–16 Uhr
	Üb.	Übungen über Platons Sophistes und Parmenides	Mi. 18–20 Uhr
	Üb.	Übungen über das Wesen der Anschauung (Diskussion und Referate)	Di. 18–20 Uhr
WS 1932–33	Vorl.	Erkenntnistheorie	Mo., Di., Do., Fr. 15–16 Uhr
	Üb.	Übungen zur Geschichtsphilosophie	Di. 18–20 Uhr
	Üb.	Übungen über die Metaphysik des Aristoteles (am griechischen Text)	Mi. 18–20 Uhr
SS 1933	Vorl.	Einführung in die Philosophie	Mo., Di., Do., Fr. 15–16 Uhr
	Üb.	Übungen über die Metaphysik des Aristoteles (am griechischen Text)	Mi. 18–20 Uhr
	Üb.	Übungen zur Ethik (Diskussions-Seminar)	Di. 18–20 Uhr
WS 1933–34	Vorl.	Ethik	Mo., Di., Do., Fr. 15–16 Uhr
	Üb.	Übungen über Kants transzendentale Dialektik	Di. 18–20 Uhr
	Üb.	Übungen über die Vorsokratiker (am griechischen Text)	Mi. 18–20 Uhr
SS 1934	Vorl.	Geschichte der alten Philosophie	Mo., Di., Do., Fr. 15–16 Uhr

Semesterjahr	Art	Titel	Termin
	Üb.	Übungen zur Erkenntnistheorie	Di. 18–20 Uhr
	Üb.	Übungen über Plotin (am griechischen Text)	Mo. 18–20 Uhr
WS 1934–35	Vorl.	Metaphysik	Mo., Di., Do., Fr. 15–16 Uhr
	Üb.	Übungen über Aristoteles, De anima	Mo. 18–20 Uhr
	Üb.	Übungen über Hegels Logik	Di. 18–20 Uhr
SS 1935	Vorl.	Geschichtsphilosophie	Mo., Di., Do., Fr. 15–16 Uhr
	Üb.	Übungen zur Ästhetik (Diskussion und Referate)	Di. 18–20 Uhr
	Üb.	Übungen über die „Physik" des Aristoteles (am griechischen Text)	Mo. 18–20 Uhr
WS 1935–36	Vorl.	Philosophie der Natur	Mo., Di., Do., Fr. 15–16 Uhr
	Üb.	Übungen über Platons „Staat", Buch VI und VII (am griechischen Text)	Mo. 18–20 Uhr
	Üb.	Übungen über Kants „Kritik der praktischen Vernunft"	Di. 18–20 Uhr
SS 1936	Vorl.	Die Philosophie des deutschen Idealismus	Mo., Di., Do., Fr. 15–16 Uhr
	Üb.	Übungen über die Nikomachische Ethik (am griechischen Text)	Mo. 18–20 Uhr
	Üb.	Übungen über Grundformen der Metaphysik (Diskussion und Referate)	Di. 18–20 Uhr
WS 1936–37	Vorl.	Erkenntnistheorie	Mo., Di., Do., Fr. 15–16 Uhr
	Üb.	Übungen zur Geschichtsphilosophie (Diskussion und Referate)	Di. 18–20 Uhr
		Übungen über Platon (Menon und Phaidon, am griech[ischem] Text)	Mo. 18–20 Uhr
SS 1937	Vorl.	Geschichte der neueren Philosophie	Mo., Di., Do., Fr. 15–16 Uhr
	Üb.	Übungen zur Ethik (Diskussion und Referate)	Di. 18–20 Uhr
	Üb.	Übungen über die Metaphysik des Aristoteles (am griech[ischem] Text)	Mo. 18–20 Uhr

Semesterjahr	Art	Titel	Termin
WS 1937–38	Vorl.	Ethik	Mo., Di., Do., Fr. 15–16 Uhr
	Üb.	Übungen über Kant, Kritik der reinen Vernunft	Di. 18–20 Uhr
	Üb.	Übungen über die Philosophie der Vorsokratiker (am griechischen Text)	Mo. 18–20 Uhr
SS 1938	Vorl.	Einführung in die Philosophie	Mo., Di., Do., Fr. 15–16 Uhr
	Üb.	Übungen zur Erkenntnistheorie	Di. 18–20 Uhr
	Üb.	Übungen über Plotin (am griechischen Text)	Mo. 18–20 Uhr
WS 1938–39	Vorl.	Geschichte der Alten Philosophie	Mo., Di., Do., Fr. 15–16 Uhr
	Üb.	Übungen zur Theorie der Werte	Di. 18–20 Uhr
	Üb.	Übungen über Aristoteles de anima	Mo. 18–20 Uhr
SS 1939	Vorl.	Metaphysik	Mo., Di., Do., Fr. 15–16 Uhr
	Üb.	Übungen über das Problem der philosophischen Anthropologie	Di. 18–20 Uhr
	Üb.	Übungen über die Metaphysik des Aristoteles Buch Φ und Λ (am griechischen Text)	Mo. 18–20 Uhr
WS 1939–40	Vorl.	Philosophie der Natur (Metaphysik II.)	Mo., Di., Do., Fr. 15–16 Uhr
	Üb.	Übungen zur Ästhetik	Di. 18–20 Uhr
	Üb.	Übungen über Platon, rep[bulica] VI und VII (am griechischen Text)	Mo. 18–20 Uhr
SS 1941	Vorl.	Geschichte der neueren Philosophie	Mo., Di., Do., Fr. 15–16 Uhr
	Üb.	Übungen zur Psychologie der Erkenntnis	Di. 18–20 Uhr
	Üb.	Übungen über Platons Phaidros, Sympositon, Phaidon (am griechischen Text)	Mo. 18–20 Uhr
Trimester	Vorl.	Erkenntnistheorie	Mo., Di., Do., Fr. 15–16 Uhr

Semesterjahr	Art	Titel	Termin
	Üb.	Übungen über Grundprobleme der Metaphysik	Di. 18–20 Uhr
WS 1941–42	Vorl.	Ethik	Mo., Di., Do., Fr. 15–16 Uhr
	Üb.	Übungen über die Fragmente der Vorsokratiker (am griechischen Text)	Mo. 18–20 Uhr
	Üb.	Übungen über Kants Analytik der Grundsätze	Di. 18–20 Uhr
SS 1942	Vorl.	Einführung in die Philosophie	Mo., Di., Do., Fr. 15–16 Uhr
	Üb.	Übungen zur Erkenntnistheorie	Di. 18–20 Uhr
	Üb.	Übungen über Aristoteles Metaphysik Buch 1 und 3 am griechischen Text	Mo. 18–20 Uhr
WS 1942–43	Vorl.	Geschichte der Alten Philosophie	Mo., Di., Do., Fr. 15–16 Uhr
	Üb.	Übungen über Platons Parmenides und Sophistes (am griechischen Text)	Mo. 18–20 Uhr
	Üb.	Übungen über die ethische[n] Theorien (Diskussion und Referat)	Di. 18–20 Uhr
SS 1943	Vorl.	Metaphysik	Mo., Di., Do., Fr. 15–16 Uhr
	Üb.	Übungen über Aristoteles de anima	Mo. 18–20 Uhr
	Üb.	Übungen über Kant, Kritik der Urteilskraft	Di. 18–20 Uhr
WS 1943–44	Vorl.	Naturphilosophie	Mo., Di., Do., Fr. 15–16 Uhr
	Üb.	Übungen über die Metaphysik des Aristoteles Buch Φ und Λ (am griechischen Text)	Mo. 18–20 Uhr
	Üb.	Übungen zur Ästhetik	Di. 18–20 Uhr
SS 1944	Vorl.	Logik	Mo., Di., Do., Fr. 15–16 Uhr
	Üb.	Übungen über die Nikomachische Ethik des Aristoteles (am griechischen Text)	Mo. 18–20 Uhr
	Üb.	Übungen über Kants transzendentale Dialektik	Di. 18–20 Uhr

Semesterjahr	Art	Titel	Termin
WS 1944–45	Vorl.	Philosophie der Geschichte	Mo., Di., Do., Fr. 15–16 Uhr
	Üb.	Übungen über das Problem von Wahrheit und Irrtum	Di. 18–20 Uhr
	Üb.	Übungen über Platons „Staat", Buch VI und VII (am griechischen Text)	Mo. 18–20 Uhr

IV. Göttingen

Semesterjahr	Art	Titel	Termin
SS 1946	o. A.	Erkenntnistheorie	4 St. Mo., Di., Do., Fr. 16–17 Uhr
	Üb.	Übungen über die Metaphysik des Aristoteles (am griechischen Text)	Mo. 18–20 Uhr
	Üb.	Übungen über das Problem der Werttheorie (Diskussion und Referate)	Di. 18–20 Uhr
WS 1946–47	o. A.	Ethik	4 St. Mo., Di., Do., Fr. 16–17 Uhr
	Seminar	Platon: Menon, Phaidon (Übungen am griechischen Text	Mo. 18–20 Uhr
	Proseminar	Kants Kritik der reinen Vernunft	Di. 18–20 Uhr
SS 1947	o. A.	Geschichte der alten Philosophie	4 St. Mo., Di., Do., Fr. 16–17 Uhr
	Üb.	Übungen über das Buch Θ der aristotelischen Metaphysik	Mo. 18–20 Uhr
	Üb.	Übungen über Hegel, Philosophie des Rechts	Di. 18–20 Uhr
WS 1947–48	o. A.	Metaphysik	4 St. Mo., Di., Do., Fr. 16–17 Uhr
	Seminar	Übungen über Platon, Sophistes und Parmenides (am griechischen Text)	Mo. 18–20 Uhr
	Seminar	Übungen über das Problem der Intuition (Diskussion und Referate)	Di. 18–20 Uhr
SS 1948	o. A.	Philosophie des deutschen Idealismus (Kant bis Hegel)	4 St. Mo., Di., Do., Fr. 16–17 Uhr
	Seminar	Übungen über Aristoteles, De anima (am griechischen Text)	Mo. 18–20 Uhr
	Seminar	Übungen über Spinoza, Ethica	Di. 18–20 Uhr

Semesterjahr	Art	Titel	Termin
WS 1948–49	Öffentliche Vorlesung[140]	Das Klassische in der deutschen Philosophie	
	o. A.	Metaphysik II. Teil (spezielle Kategorienlehre und Naturphilosophie)	4 St. Mo., Di., Do., Fr. 16–17 Uhr
		Übungen über die Fragmente der alten Stoa (am griechischen Text)	Mo. 18–20 Uhr
	Üb.	Übungen zur Ästhetik (Diskussion und Referate)	Di. 18–20 Uhr
SS 1949	o. A.	Einführung in die Philosophie (für Hörer aller Fakultäten)	4 St. Mo., Di., Do., Fr. 16–17 Uhr
	Seminar	Übungen über die Fragmente der Vorsokratiker (am griechischen Text)	Mo. 18–20 Uhr
	Seminar	Übungen über das Freiheitsproblem (Diskussion und Referate)	Di. 18–20 Uhr
WS 1949–50	o. A.	Philosophie des Geistes	4 St. Mo., Di., Do., Fr. 16–17 Uhr
	Üb.	Übungen über Platon, rep. VI und VII (am griechischen Text)	Mo. 18–20 Uhr
	Proseminar	Kant, Transzendentale Dialektik	Di. 18–20 Uhr
SS 1950	o. A.	Logik	4 St. Mo., Di., Do., Fr. 16–17 Uhr
	Üb.	Übungen über Aristoteles, Nikomachische Ethik (am griechischen Text)	Mo. 18–20 Uhr
	Üb.	Übungen über das transzendentale Problem (Diskussion und Referate)	Di. 18–20 Uhr
WS 1950–51	o. A.	Ästhetik	4 St. Mo., Di., Do., Fr. 16–17 Uhr
	Üb.	Übungen über Aristoteles, Metaphysik Z (am griechischen Text)	Mo. 18–20 Uhr
	Üb.	Übungen zur Kategorienlehre (für Fortgeschrittene)	Di. 18–20 Uhr

---

[140] Diese Vorlesung hat im Rahmen einer politisch-historischen Vorlesungsreihe für Hörer aller Fakultäten stattgefunden.

Abkürzungen

bezw.	beziehungsweise	m. E.	meines Erachtens
bzw.	beziehungsweise	Prof.	Professor
cf.	[lat. confer] vergleiche	resp.	respektive
d. h.	das heißt	sog.	sogenannte(r)
d. i.	das ist	U.	Und
desgl.	desgleichen	u.	und
dgl.	dergleichen	U. a.	Unter anderem
Dr.	Doktor	u. a.	unter anderem
etc.	et cetera	u. dgl.	und dergleichen
evtl.	eventuell	u. s. w.	und so weiter
Fr.	Frau	u. U.	unter Umständen
Frl.	Fräulein	usw.	und so weiter
Frln.	Fräulein	Vgl.	Vergleiche
Hr.	Herr	vgl.	vergleiche
Jahrh.	Jahrhundert	Z. B.	Zum Beispiel
Jh.	Jahrhundert	z. B.	zum Beispiel
Jhdts.	Jahrhunderts	z. T.	zum Teil
M. E.	Meines Erachtens		

Personenregister

Adam, Ludger 206, 210, 214, 218, 222, 224, 230, 235, 240, 245, 251
Anaximander 132
Antisthenes 384
Archimedes 360
Aristoteles 39, 48, 50, 51, 52, 53, 85, 139, 150, 165, 168, 169, 239, 319, 360, 378

Ballauff, Theodor 200, 203, 205, 206, 207, 210, 211, 214, 218, 219, 223, 224, 225, 226
Bohr, Niels 367
Bolzano, Bernard 47, 91, 372
Bosse, Lona 200, 206, 210, 212, 214, 216, 218, 224, 230, 233, 235, 240, 245, 248, 251
Bredow, Gerda von 261, 265, 268, 269, 272, 278, 281, 285, 286, 287, 289, 293, 295, 297, 298, 299, 309, 312, 315, 318, 323, 325, 328, 333, 336, 339, 343, 346, 348, 353, 367, 375
Bruch, Bernhard 102, 119, 129
Bruchhagen, Peter Paul 102, 108, 113, 119

Cavalieri, Bonaventura 188
Chen, Chung-Hwan 214, 215, 217, 230, 232
Cohen, Hermann 77, 311
Comte, Auguste 175

Demokrit 164
Descartes, René 132, 180, 189, 332, 339, 366, 372, 374
Driesch, Hans 104, 105
Droste-Hülshoff, Annette von 224

Eilhauer, Hans 42, 46, 49, 50, 51, 54, 58, 64, 69, 72, 73, 76, 78, 79, 84, 89, 93
Einstein, Albert 172
Euklid 157

Fach, Werner 309, 318, 323, 328, 333, 346, 347, 353, 361, 367, 375, 377, 380
Fichte, Johann Gottlieb 73, 88
Fischer, Theodor 326
Francis Bacon, Baron Verulam 326
Fritzen, [nicht bekannter Vorname] 206, 210, 214, 218, 230, 235, 245

Gadamer, Hans Georg 38, 42, 45, 46, 50, 54, 58, 64, 65, 69, 72, 76, 81, 84, 85, 89, 93, 96
Galileo Galilei 138, 141, 171, 172, 177, 363, 365, 366
Gauß, Carl Friedrich 150
Gehlen, Arnold 320, 321
Göhre, [nicht bekannter Vorname] 200, 206, 210, 214, 218, 224, 235, 240, 245, 251, 261, 265, 269, 272, 277, 278, 281, 285, 289, 293, 297

Hamsun, Knut 228, 253
Hartmann, Frida 206, 309, 318, 323, 328, 333, 339, 346, 353, 361, 367, 375
Hartmann, Nicolai 38, 42, 43, 46, 50, 54, 58, 64, 67, 69, 72, 76, 81, 84, 89, 93, 96, 102, 108, 113, 119, 121, 129, 131, 136, 148, 151, 153, 156, 157, 163, 168, 173, 176, 178, 179, 183, 185, 200, 206, 210, 211, 213, 214, 215, 218, 224, 230, 235, 240, 245, 250, 251, 261, 265, 267, 269, 272, 278, 281, 285, 289, 293, 297, 299, 309, 312, 317, 318, 319, 323, 325, 328, 330, 333, 334, 339, 342, 343, 344, 346, 353, 355, 357, 361, 367, 369, 375, 380, 385
Hegel, Georg Wilhelm Friedrich 43, 45, 49, 56, 57, 94, 119, 132, 134, 140, 261, 311, 322, 360
Heidegger, Martin 335, 337
Heiß, Robert 381
Heraklit 134
Herrmann, Lutz 309, 316, 323, 327, 328, 333, 339, 346, 349, 350, 351, 361, 364, 375, 380
Hesse, Herrmann 336
Homann, Karin 200, 202, 204, 206, 208, 210, 213, 214, 216, 218, 224, 230, 231, 235, 236, 237, 239, 240, 241, 243, 245, 248, 251
Hume, David 93, 152, 164, 165, 166, 168, 169, 313
Husserl, Edmund 38, 47, 133, 137, 138, 161, 309, 311, 347, 359, 372, 385
Hölderlin, Friedrich 351

Jacob, Hans 102, 105, 108, 113
Jacobi, Friedrich Heinrich 383
Jaspers, Karl 334

Johannes Duns Scotus 106
Johannessohn, Dorothea 309, 318, 323, 327, 328, 333, 339, 341, 346, 361

Kant, Immanuel 84, 88, 114, 134, 135, 148, 149, 158, 160, 161, 162, 164, 166, 167, 168, 169, 176, 184, 190, 206, 236, 239, 287, 300, 311, 324, 325, 329, 330, 335, 345, 347, 362, 381, 382
Karsch, Fritz 38, 42, 43, 46, 50, 51, 54, 58, 64, 65, 69, 72, 76, 81, 84, 89, 93, 94, 96
Kepler, Johannes 45, 61, 177, 182, 183
Klein, Jacob 89, 93, 96, 148, 150, 151, 153, 156, 157, 160, 163, 168, 169, 172, 173, 179, 184, 185, 188
Koehler, Wolfgang 320
Kogon, Charlotte 200, 205, 206, 218, 220, 224, 230, 234, 235, 238, 240, 251
Krüger, Gerhard 38, 42, 46, 47, 50, 54, 55, 56, 57, 58, 64, 67, 69, 72, 76, 81, 83, 84, 85, 89, 93, 94, 96
Kudszus, Hans 148, 151, 157, 159, 160, 163, 167, 168, 173, 179, 180, 185

Lavoisier, Antoine Laurent de 363
Leibniz, Gottfried Wilhelm 43, 50, 67, 114, 132, 188, 236, 313, 364
Lersch 335
Liebrucks, Bruno 309, 312, 318, 328, 330, 333, 339, 346, 348, 349, 351, 353, 355, 357, 367, 375, 377, 380, 383
Lobatschewski, Nikolai Iwanowitsch 330, 335
Locke, John 313

Maier, Heinrich 298, 310
Mann, Thomas 253
Meinong, Alexius 43, 312, 323, 372
Morus, Thomas 326, 327

Neunhoeffer, Fritz 54, 58, 64, 67, 68, 69
Newton, Isaac 114, 156, 164, 169, 176, 177, 182, 364
Nietzsche, Friedrich 83, 86, 337, 338
Nikolaus von Oresme 366
Nikolaus von Cusa 315
Nipperdey, Thomas 308, 309, 318, 323, 326, 328, 333, 339, 346, 350, 353, 361, 363, 364, 367, 375, 380

Ockham, Wilhelm von 366

Pape, Ingetrud 200, 206, 210, 214, 218, 224, 230, 235, 236, 237, 239, 240, 245, 248, 249, 251, 261, 265, 267, 281, 285, 289, 293, 296, 297, 299, 309, 312, 313, 314, 318, 323, 326, 328, 333, 337, 339, 346, 353, 357, 361, 367, 375
Paulus 84, 88, 93, 94
Petrus 366
Pfänder, Alexander 347, 372, 378, 379
Platon 38, 51, 52, 53, 58, 88, 97, 108, 124, 127, 135, 138, 176, 177, 181, 236, 326, 348, 351, 358, 360, 379, 383
Plessner, Helmuth 102, 108, 113, 116, 119, 120, 122, 123, 129, 130, 140, 313, 335
Plotin 49, 106
Pythagoras 115, 116, 174, 176

Ranke, Leopold von 55
Rathschlag, Hans 163, 168
Reinach, Adolf 75
Rickert, Heinrich 110, 236
Roger Bacon 366
Rudko, Wassyl 261, 265, 269, 272, 273, 274, 278, 281, 285, 289, 293, 296, 297, 309, 318, 323, 325, 328, 329, 333, 339, 343, 344, 353, 357, 367, 370, 375, 380
Römer, Olaf 365

Scheler, Max 48, 119, 121, 122, 123, 262, 335, 338
Schelling, Friedrich Wilhelm Joseph 91, 140
Schiller, Friedrich 239, 244
Schilling, Harald 113
Schopenhauer, Arthur 74, 83, 327, 344
Schulze, Dora 108, 113, 119, 123, 127, 129
Segatz, Hans 265, 269, 272, 274, 276, 278, 281, 285, 289, 293, 297, 299
Sokrates 49, 113, 149
Spengler, Oswald 363
Spinoza, Baruch de 378
Springmeyer, Heinrich 148, 151, 157, 161, 163, 173, 179, 180, 182, 185
Stache, Wilfried 245, 248, 250, 251
Stammler, Gerhard 311
Stock, Erika 265, 269, 272, 278, 281, 285, 293, 295
Swift, Jonathan 326, 328

Thiel, Manfred 200, 206, 207, 210, 214, 218, 230, 235, 238, 239, 240, 251
Thomas von Aquin 339
Tommaso Campanella 326
Trendelenburg, Juliane 309, 323, 328, 333, 339, 346, 353, 361

Volta, Allessandro 365
Voltaire (eigentlich François-Marie Arouet) 175

Wagner, Ludwig 42, 43, 46
Weber, Max 86

Wein, Hermann 200, 206, 210, 212, 213, 214, 240, 244, 251, 252, 253, 261, 272, 278, 281, 285, 289, 293, 297, 309, 310, 313, 314, 315, 318, 319, 323, 325, 326, 328, 331, 333, 337, 339, 344, 345, 346, 353, 354, 358, 361, 362, 365, 367, 369, 372, 375, 377, 380, 385

Yü (Yue, Jui-Jen) 200, 210, 218, 221, 224, 230, 231, 235, 240, 245, 251

Zeno 134
Zimmermann, Klaus 318, 320, 323, 327, 328, 333, 335, 339, 345, 346, 361, 367

www.ingramcontent.com/pod-product-compliance
Lightning Source LLC
Chambersburg PA
CBHW031843220426
43663CB00006B/477